林汉达 曹余章 编著

上下五千年

〔上〕

Five Thousand Years of Chinese Nation

上海人民出版社

新版说明

由已故知名作者林汉达、曹余章于三十多年前首创并撰写的名著《上下五千年》一书自面世后，畅销上千万册，影响数代人。2001年应作者家人的要求，改由上海人民出版社出版。如今，这部经典作品再次以新的面貌推出。

《上下五千年》问世三十余年，以其精心的编排、独特的畅笔、精彩的描述，深得数百万读者的喜爱，如今该书已深入人心，家喻户晓。三十余年中，这部书伴随了代代青少年的成长，滋润着他们求知若渴的心灵，使他们从少年时代起，就潜移默化地感受源远流长的中国历史文化的魅力；可以说他们对中国历史文化的了解和浓厚的兴趣，是从这部书开始的，并永久载入他们记忆的史册，成为他们终生的财富。该书作为当代中国通俗历史文化的经典，已成为并将长久地成为青少年的必读之物，因此，它又是家长送给孩子们的珍贵礼物。

在《上下五千年》新版之际，为了更好地满足读者的需求，我们在目录上增加了每篇故事的导读，改变了读物的开本和字号；重新配置了精彩的图画；设计了让人乐见的新版式，并全部彩色印制，使该书从内容到形式焕然一新，充满了活力。

我们衷心希望彩色精装版《上下五千年》与成千上万的青少年结下良缘。

前　言

《上下五千年》原是已故林汉达教授的一份未完成的遗稿。林先生生前曾打算写一套包括整个古代史时期的故事。由于他过早地离开了人世,他只写到东汉以前的部分,没能实现他的写作计划。少年儿童出版社的编辑同志把他的遗稿交给我,要我整理和补写一些篇目,并且把林先生未写的部分(从三国到清代鸦片战争前)续写完成。

林汉达教授是一位教育家和语言学家。他在写历史故事方面,是下过一番功夫的。他把写历史故事作为对"新语文的尝试和旧故事的整理"。他所写的不少历史故事读物,有其独特的风格,早已脍炙人口。要续写他的稿子,是相当困难的。但是经过再三考虑,我还是接受了这个任务。

我接受这个任务的主要原因是我自己也一直有这样的愿望,想给少年读者写一本介绍中国历史的读物。我认为做一个中国人,应该了解一点中国的历史。我们的祖国是一个伟大的国家。中华民族是一个有悠久、灿烂文化的民族。了解祖国的过去,才能更加热爱祖国的现在和将来。在我国漫长的历史过程中,发生过许多有意义的事件,涌现出许多优秀的人物,把这些历史事件和人物介绍给少年读者,可以开阔他们的眼界,启发他们的智慧,培养他们的民族自尊心和爱国热情。尽管时代不同了,但是历史上许多故事,从各个不同角度,对我们都有一定的教育和借鉴作用。

我曾经从事中小学教育工作，在工作实践中，体会到要提高学生的文化素养，除了加强读写教学以外，扩大学生知识面也是必不可少的条件之一。尤其是历史知识，跟语文知识的关系十分密切。现代汉语中有不少词语，特别是成语典故，多半出自于各种历史书籍。在一些古今的典范作品中，运用史实的地方更不少见。因此，让学生从小读一些历史，对提高他们的文化素养，陶冶他们的美好情操无疑是有益的。

我国的史籍太多，而且古代史的原著都是用文言文写的。一般少年读者要读这些书当然很困难，何况现在学生要学的学科门类那么多，很少有可能去接触原作。为了解决这个问题，我觉得运用史籍中的丰富材料，来整理一套浅近的比较有系统的历史读物，这个工作是很有意义的。

《上下五千年》是一套故事化的历史读物。在这套书中，作者选择重要和著名的人物和事件，根据史籍材料，加以组织和剪裁，用通俗的现代语言写出来，不加铺叙和描写，基本上没有虚构。这样，在情节的生动性方面，不能不受到史料的限制；而对读者了解历史，提供的材料是比较可靠的，有根据的。

用故事化形式来讲述历史，有它的局限性。通过故事，读者只能了解某一历史事件或某一人物活动的片断；有的故事，可能只反映事件的现象。至于它的经济、政治的背景（特别是经济背景）以及它和思想文化发展的关系，不大可能用故事形式来详细论述。因此，《上下五千年》可以作为一种学习历史的辅助读物，不能代替历史教科书。

写历史读物，不能不涉及一些观点问题，在这方面，仍旧保持林先生的做法，即作者尽量不发议论，少作分析；有些问题，留给读者自己去分析、思考、批判。当然，在材料的取舍上，语气的褒贬上，作者实际上已经表示了自己的态度。我觉得还有两点需要说明：第一，在运用原史籍材料的时候，作者力求用历史唯物主义观点加以选择、剪裁。但是不用现代的观点去修改史料。故事中人物的活动、语言，基本上是按照原来的历史原样写的。第二，对历史事件、历史人物的评价，不能离开具体的历史条件，也不能轻易地全盘肯定或者全盘否定。不能一说好人，就什么都好；一提坏人，就坏到底。本书里的每则历史故事，只反映事件或人物的一个侧面，一个片断，不能凭它来对某一事件或者人物作全面的评价。

《上下五千年》按历史顺序编写，涉及的时间自远古至清朝鸦片战争前。

曹　余　章

一九八一年一月完稿

一九八四年修订

一九九一年重阅

目　录

瓦岗军是反抗隋朝的一支起义队伍。瓦岗军的首领翟让得到李密的帮助，打败了隋朝的军队，并占领了隋朝的一个大粮仓兴洛仓，他们把粮食分给四面八方的百姓，得到了百姓的拥护。

李渊是隋朝的贵族，被派到太原当留守，他看到造反的人越来越多，也招兵买马、起兵反隋。李渊的军队占领了长安，先是让隋炀帝的孙子做挂名皇帝，后来自己称帝，建立了唐朝。

李渊派李世民率军进攻占领东都洛阳的王世充，王世充的军队被李世民打得一败涂地，向河北的义军首领窦建德求救，窦建德率领大军来救援。李世民先打败了窦建德，接着又围攻东都，王世充只好投降。

唐朝建立后，太子李建成和弟弟李元吉忌恨立了大功的李世民，几次想要加害他。李世民乘父亲李渊召见兄弟三人之机，在玄武门伏兵，杀死了李建成和李元吉。

魏徵原来是李建成的手下，李世民做了皇帝后提拔了他。魏徵说话直爽，看到李世民有不对的地方，就当面力争。李世民感叹，用人作镜子，可以发现自己做得对不对。而魏徵死后，自己就少了一面好镜子。

唐朝初期的主要威胁来自东突厥。有一年，东突厥因为天灾发生了饥荒，又产生了内讧。唐太宗抓住这个机会，派李靖袭击东突厥。李靖率军到了阴山，夜袭突厥军队，俘虏了颉利可汗。

1

开天辟地的神话

我们伟大祖国有非常悠久的历史。按照古代的传统说法，从传说中的黄帝到现在，大约有四千多年的历史，通常叫做“上下五千年”。

在上下五千年的历史里，有许多动人的有意义的故事。其中有许多是有文字记载的。至于五千年以前远古时期的情况，没有文字记载，但是也流传了一些神话和传说。

譬如，我们人类的祖先，究竟是从哪里来的？古时候流传着一个盘古开天地的神话，说的是在天地开辟之前，宇宙不过是混混沌沌的一团气，里面没有光，没有声音。这时候，出了一个盘古氏，用大斧把这一团混沌劈了开来。轻的气往上浮，就成了天；重的气往下沉，就成了地。

以后，天每天高出一丈，地每天加厚一丈，盘古氏本人也每天长高了一丈。这样过了一万八千年，天就很高很高，

地就很厚很厚，盘古氏当然也成了顶天立地的巨人。后来，盘古氏死了，他的身体的各个部分就变成了太阳、月亮、星星、高山、河流、草木等等。

这就是开天辟地的神话。

神话毕竟只是神话，现在谁也不会相信真有这样的事。但是人们喜欢这个神话，一谈起历史，常常说从“盘古开天地”起。这是因为它象征着人类征服自然的伟大气魄和丰富的创造力。

那么，人类历史究竟应该从哪儿说起呢？后来，科学发达了，人们从地下发掘出来的化石，证明人类最早的祖先是一种从古猿转变而来的猿人。

我国科学工作者在祖国各地先后发掘了许多猿人的遗骨和遗物的化石，可以看到我们祖国境内最早的原始人，已经有一百万年以上的历史。像云南发现的元谋猿人，大约有一百七十万年历史；陕西出土的蓝田猿人，大约有八十万年历史；拿有名的北京猿人来说，也有四五十万年的历史了。

这里，我们就从北京猿人说起。北京猿人生活在周口店一带。那时候，中国北方的气候比现在温和湿润。山上山下，生长着树林、灌木和丰茂的野草。凶猛的虎、豹、狼、熊等野兽，出没在树林和山野中。那里还生长着大象、犀（音 xī）牛和梅花鹿。

猿人的力气比不上这些凶猛的野兽，但是他们和任何动物根本不同的地方，就是猿人能够制造和使用工具。这种工具十分简单，一件是木棒，一件是石头。木棒，树林里多的是，但它是经过人砍削的；石头呢，是经过人工砸打过的，虽然很粗糙，但毕竟是人制造的工具。

他们就是用这种简单的工具来采集果子，挖植物的根茎吃。他们还用木棒、石器来同野兽作斗争，猎取食物。

但是，这种工具毕竟太简陋了，他们获取的食物是很有限的，靠单个人的力量，没法生活下去，只好过着群居的生活，共同劳动，共同对付猛兽的侵袭。这种人群就叫原始人群。

几十万年过去了，猿人在艰苦的斗争中进化了。在北京周口店龙骨山的山顶洞穴里，发现另一种原始人的遗迹。这种原始人的样子，已经和现代人没有什么两样。我们把他们叫做“山顶洞人”。

山顶洞人的劳动工具有了很大的改进，他们不但能够把石头砸成石斧、石锤，而且还把野兽的骨头磨制成骨针。别看这一枚小小的骨针，在那时候，人们能磨制骨针可不是一件简单的事。有了骨针，人们可以把兽皮缝成衣服，不像北京猿人时期那样赤身裸体。

山顶洞人过的也是群居生活。但他们的群居生活已经按照血统关系固定下来。一个集体的成员都是共同祖先生下来的，也就是同一氏族的人。这样，人类社会就进入了氏族公社时期了。

2

钻木取火的传说

原始人群到氏族公社初期人类生活是怎样进化的，我国古代也有许多传说。传说中有一些大人物，这些人往往既是首领，又是一个发明家。这种传说多半是古人根据远古时代的原始人生活想象出来的。

原始人的工具十分简单，周围又有许多猛兽，随时随地会遭到它们的伤害。后来，他们看到鸟儿在树上做窝，野兽爬不上去，不能伤害它们。原始人就学着鸟儿的样，在树上做起窝来，也就是在树上造一座小屋。这样就安全得多了。后来的人把这叫做“构木为巢”（巢音 cháo，就是鸟窝）。是谁发明的呢？当然是大家一起摸索出来的。但是在传说中，却把这件事说成有一个人教大家这样做的，他的名字叫做“有巢氏”。

最早的原始人，还不知道利用火，东西都是生吃的，生吃植物果实还不算，就是打来的野兽，也是生吞活剥，连毛带血地吃了。后来，才发明了用火（在周口店的北京人遗址上，已发现用火的痕迹，说明那时候已经知道利用火）。

火的现象，自然界早就有了，火山爆发，有火；打雷闪电的时候，树林里也会起火。可是原始人开始看到火，不会利用，反而怕得要命。后来偶尔捡到被火烧死的野兽，拿来一尝，味道挺香。经过多少次的试验，人们渐渐学会用火烧东西吃，并且想法子把火种保存下来，使它常年不灭。

又过了相当长的时期，人们把坚硬而尖锐的木头，在另一块硬木头上使劲地钻，钻出火星来；也有的把燧石（燧音suì）敲敲打打，敲出火来。这就懂得了人工能够取火（从考古材料发现，山顶洞人已经懂得人工取火）。是谁发明的呢？当然是劳动人民，但是传说中又说成是一个人，叫做“燧人氏”。

人工取火是一个了不起的发明。从那时候起，人们就随时可以吃到烧熟的东西，而且食物的品种也增加了。据说，燧人氏还教人捕鱼。原来像鱼、鳖、蚌、蛤一类东西，生的有腥臊味不能吃，有了取火办法，就可以烧熟来吃了。

不知过了多少长的时间，人们开始用绳子结网，用网去打猎，还发明了弓箭，这比光用木棒、石器打猎要强得多。不但平地上的走兽，就是天空中的飞鸟，水里的游鱼，都可以射杀、捕捉起来。捕来的鸟兽，多半是活的，一时吃不完，还可以留着、养着，留到下次吃，这样，人们又学会了饲养。这种结网、打猎、养牲口的活，都是人们在劳动中共同积累起来的经验。传说中却说发明这些事的人是“伏羲氏”，或

者叫“庖牺氏”（庖牺音 páo xī，庖是厨房，牺是牲口的意思）。

这种渔猎的时期又不知经过了多少年，人类的文明越来越进步。开始，人们偶尔把一把野谷子撒在地上，到了第二年，发现地面上生出苗来，一到秋天，又长成了更多谷子。于是，人们就大量栽种起来。他们用木头制造一种耕地的农具，叫做耒耜（音 lěi sì，一种带把的木锹）。他们用耒耜耕地，种植五谷，收获量就更大了。后来传说中把这些种庄稼的人说成是一个人，名叫“神农氏”。

传说中的神农氏还亲自尝过各种野草野果的味儿，有甜的，也有苦的，甚至碰到有毒的。他不但发现了许多可以吃的食物，还发现了许多可以治病的药材。据说，医药事业，就是从那时候开始的。

从有巢氏到神农氏，这些传说中的大人物实际上是不存在的。但是从构木为巢，钻木取火，一直到渔猎、畜牧，发展农业，反映了原始人生产力的发展，倒是有一定道理的。公元 1952 年，在陕西西安半坡村发现了一处大约六七千年以前的氏族村落遗址。从遗址中发掘出来的东西，知道那个时期的人已经学会饲养和农耕了。

3

黄帝战蚩尤

大约在四千多年以前，我国黄河、长江流域一带住着许多氏族和部落。黄帝是传说中最有名的一个部落首领。

以黄帝为首领的部落，最早住在我国西北方的姬水附近，后来搬到涿鹿（今河北涿鹿、怀来一带），开始发展畜牧业和农业，定居下来。

跟黄帝同时的另一个部落首领叫做炎帝，最早住在我国西北方姜水附近。据说跟黄帝族是近亲。炎帝族渐渐衰落，而黄帝族正在兴盛起来。

这时候，有一个九黎族的首领名叫蚩尤（音 chī yóu），十分强悍。传说蚩尤有八十一个兄弟，他们全是猛兽的身体，铜头铁额，吃的是沙石，凶猛无比。他们还制造刀戟弓弩等各种各样的兵器，常常带领他的部落，侵略别的部落。

有一次，蚩尤侵占了炎帝的地方，炎帝起兵抵抗，但他不是蚩尤的对手,被蚩尤杀得一败涂地。炎帝没法子,逃到涿鹿请求黄帝帮助。黄帝早就想除去这个各部落的祸害,就联合各部落,准备人马,在涿鹿的田野上和蚩尤展开一场大决战。

关于这次大战,有许多神话式的传说。据说黄帝平时驯养了熊、罴(音 pí)、貔(音 pí)、貅(音 xiū)、貙(音 chū)、虎六种野兽,在打仗的时候,就把这些猛兽放出来助战(有人认为,传说中的六种野兽实际上是以野兽命名的六个氏族)。蚩尤的兵士虽然凶猛,但是遇到黄帝的军队,加上这一群猛虎凶兽,也抵挡不住,纷纷败逃。

黄帝带领兵士乘胜追杀,忽然天昏地黑,浓雾迷漫,狂风大作,雷电交加,使黄帝的兵士无法追赶。原来蚩尤请来了"风伯雨师"助战。黄帝也不甘示弱,请天女帮助,驱散了风雨。一刹那之间,风止雨停,晴空万里,终于把蚩尤打败了。也有一种传说,说是蚩尤用妖术制造了一场大雾,使黄帝的兵士迷失了方向。黄帝用"指南车"来指引,带领兵士,依着蚩尤逃跑的方向追击,结果把蚩尤捉住杀了。这些神话反映这场战争是非常激烈的。

各部落看到黄帝打败了蚩尤,都挺高兴。黄帝受到了许多部落的拥护。但是,炎帝族和黄帝族也发生了冲突,双方在阪泉(今河北涿鹿县东南)地方打了一仗,炎帝失败。从此,黄帝成了中原地区的部落联盟首领。

传说中的黄帝时代,有许多发明创造,像造宫室、造车、造船、制作五色衣裳,等等,这些当然不会是一个人发明的,但是后来的人都把它记在黄帝账上了。

传说黄帝有个妻子名叫嫘（音 léi）祖，亲自参加劳动。本来，蚕只有野生的，人们还不知道蚕的用处。嫘祖教妇女养蚕、缫丝、织帛。打那时候起，就有了丝和帛了。

黄帝还有一个史官仓颉（音 cāng jié），创制过古代文字。我们没有见到过那个时期的文字，也没法查考了。

中国古代的传说都十分推崇黄帝，后代的人都认为黄帝是华夏族的始祖，自己是黄帝的子孙。因为炎帝族和黄帝族原来是近亲，后来又融合在一起，所以我们也常常把自己称为炎黄子孙。为了纪念这位传说中的共同祖先，后代的人还在现在陕西黄陵县北面的桥山上造了一座“黄帝陵”。

4

尧舜让位

传说黄帝以后，先后出了三个很出名的部落联盟首领，名叫尧（音 yáo）、舜（音 shùn）和禹（音 yǔ）。他们原来都是一个部落的首领，后来被推选为部落联盟的首领。

那时候，做部落联盟首领的，有什么大事，都要找各部落首领一起商量。

尧年纪老了，想找一个继承他职位的人。有一次，他召集四方部落首领来商议。

尧说出他的打算后，有个名叫放齐的说：“你的儿子丹朱是个开明的人，继承你的位子很合适。”

尧严肃地说：“不行，这小子品德不好，专爱跟人争吵。”

另一个叫讙兜（音 huān dōu）的说：“管水利的共工，工作倒做得挺不错。”

尧摇摇头说："共工能说会道，表面恭谨，心里另是一套。用这号人，我不放心。"

这次讨论没有结果，尧继续物色他的继承人。有一次，他又把四方部落首领找来商量，要大家推荐。到会的一致推荐舜。

尧点点头说："哦！我也听到这个人挺好。你们能不能把他的事迹详细说说？"

大家便把舜的情况说开了：舜的父亲是个糊涂透顶的人，人们叫他瞽叟（音 gǔ sǒu，就是瞎老头儿的意思）。舜的生母早死了，后母很坏。后母生的弟弟名叫象，傲慢得没法说，瞽叟却很宠他。舜生活在这样一个家庭里，待他的父母、弟弟挺好。所以，大家认为舜是个德行好的人。

尧听了挺高兴，决定先把舜考察一下。他把自己两个女儿娥皇、女英嫁给舜，还替舜筑了粮仓，分给他很多牛羊。那后母和弟弟见了，又是羡慕，又是妒忌，和瞽叟一起用计，几次三番想暗害舜。

有一回，瞽叟叫舜修补粮仓的顶。当舜用梯子爬上仓顶的时候，瞽叟就在下面放起火来，想把舜烧死。舜在仓顶上一见起火，想找梯子，梯子已经不知去向。幸好舜随身带着两顶遮太阳用的笠帽。他双手拿着笠帽，像鸟张翅膀一样跳下来。笠帽随风飘荡，舜轻轻地落在地上，一点也没受伤。

瞽叟和象并不甘心，他们又叫舜去淘井。舜跳下井去后，瞽叟和象就在地面上把一块块土石丢下去，把井填没，想把舜活活埋在里面，没想到舜下井后，在井边掘了一个孔道，钻了出来，又安全地回家了。

象不知道舜早已脱险，得意洋洋地回到家里，跟瞽叟说：“这一回哥哥准死了，这个妙计是我想出来的。现在我们可以把哥哥的财产分一分了。”说完，他向舜住的屋子走去。哪知道，他一进屋子，舜正坐在床边弹琴呢。象心里暗暗吃惊，很不好意思地说：“哎，我多么想念您呀！”

舜也装作若无其事，说：“你来得正好，我的事情多，正需要你帮助我来料理呢。”

以后，舜还是像过去一样和和气气对待他的父母和弟弟，瞽叟和象也不敢再暗害舜了。

尧听了大家介绍的舜的事迹，又经过考察，认为舜确是个品德好又挺能干的人，就把首领的位子让给了舜。这种让位，历史上称作“禅让”（禅音 shàn）。其实，在氏族公社时期，部落首领老了，用选举的办法推选新的首领，并不是什么稀罕事儿。

舜接位后，也是又勤劳，又俭朴，跟老百姓一样劳动，受到大家的信任。过了几年，尧死了，舜还想把部落联盟首领的位子让给尧的儿子丹朱，可是大家都不赞成。舜才正式当上了首领。

5

大禹治水

尧在位的时候，黄河流域发生了很大的水灾，庄稼被淹了，房子被毁了，老百姓只好往高处搬。不少地方还有毒蛇猛兽，伤害人和牲口，叫人们过不了日子。

尧召开部落联盟会议，商量治水的问题。他征求四方部落首领的意见：派谁去治理洪水呢？首领们都推荐鲧（音gǔn）。

尧对鲧不大信任。首领们说："现在没有比鲧更强的人才啦，你试一下吧！"尧才勉强同意。

鲧花了九年时间治水，没有把洪水制服。因为他只懂得水来土掩，造堤筑坝，结果洪水冲塌了堤坝，水灾反而闹得更凶了。

舜接替尧当部落联盟首领以后，亲自到治水的地方去考察。他发现鲧办事不力，就把鲧杀了，又让鲧的儿子禹去

治水。

禹改变了他父亲的做法，用开渠排水、疏通河道的办法，把洪水引到大海中去。他和老百姓一起劳动，戴着箬帽，拿着锹子，带头挖土、挑土，累得磨光了小腿上的毛。

经过十三年的努力，终于把洪水引到大海里去，地面上又可以供人种庄稼了。

禹新婚不久，为了治水，到处奔波，多次经过自己的家门，都没有进去。有一次，他妻子涂山氏生下了儿子启，婴儿正在哇哇地哭，禹在门外经过，听见哭声，也狠下心没进去探望。

当时，黄河中游有一座大山，叫龙门山（在今山西河津县西北）。它堵塞了河水的去路，把河道挤得十分狭窄。奔腾东下的河水受到龙门山的阻挡，常常溢出河道，闹起水灾来。禹到了那里，观察好地形，带领人们开凿龙门，把这座大山凿开了一个大口子。这样，河水就畅通无阻了。

后代的人都称颂禹治水的功绩，尊称他为大禹。

舜年老以后，也像尧一样，物色继承人。因为禹治水有功，大家都推选禹。到舜一死，禹就继任了部落联盟首领。

这时候，已到了氏族公社后期。生产力发展了，一个人生产的东西，除了维持自己的生活，还有了剩余。氏族、部落的首领们利用自己的地位，把剩余产品作为自己的私人财产，变成氏族的贵族。有了剩余的产品，部落和部落之间发生战争，捉住了俘虏，不再把他们杀掉，而把他们变成奴隶，为贵族劳动。这样，就渐渐形成奴隶和奴隶主两个阶级，氏族公社开始瓦解。

由于禹在治水中的功绩，提高了部落联盟首领的威信和权力。传说禹年老的时候，曾经到东方视察，并且在会稽山（在今浙江绍兴一带）召集许多部落的首领。去朝见禹的人手里都拿着玉帛，仪式十分隆重。有一个叫做防风氏的部落首领，到会最晚。禹认为怠慢了他的命令，把防风氏斩了。这说明，那时候的禹已经从部落联盟首领变成名副其实的国王了。

禹原来有个助手叫做皋陶（音 gāo yáo），曾经帮助禹治理政事。皋陶死后，皋陶的儿子伯益也做过禹的助手。按照禅让的制度，本来是应该让伯益做禹的继承人的。但是，禹死以后，禹所在的夏部落的贵族却拥戴禹的儿子启继承了禹的位子。

这样一来，氏族公社时期的部落联盟的选举制度正式被废除，变为王位世袭的制度。我国历史上第一个奴隶制王朝——夏朝出现了。

6

神箭手后羿

夏启当上国王以后，有一个部落有扈（音 hù）氏不服，起兵反抗。启和有扈氏的部落发生了一场战争，最后启把有扈氏灭了，把俘虏来的人罚做牧奴。其他部落看到有扈氏的样子，没有人再反抗了。

夏启死后，他的儿子太康即位。太康是个十分昏庸的君主。他不管政事，专爱打猎。有一次，太康带着随从到洛水南岸去打猎。他越打越起劲，去了一百天还没有回家。

那时候，黄河下游的夷族，有个部落首领名叫后羿（羿音 yì），野心勃勃，想夺取夏王的权力。他看到太康出去打猎，觉得是个机会，就亲自带兵守住洛水北岸。等到太康带着一大批猎得的野兽，兴高采烈地回来的时候，走到洛水边，对岸全是后羿的军队，拦住他的归路。太康没法，只好在洛水南面过着流亡生活。后羿还不敢自立为王，另立太康的兄弟仲康当夏王，把实权抓在自己手里。

后羿是一个著名的弓箭手，他射箭是百发百中的。有一个神话，说古时候天空里本来有十个太阳，地面上热得像烤焦似的，给庄稼带来严重的灾害。大家请后羿想法子，后羿张弓搭箭，“嗖嗖”地几下，把天空里的九个太阳射了下来，只留下一个太阳。这样，地面上气候适宜，不再闹干旱了。又说，古时候大河里有许多怪兽，经常兴风作浪，造成水灾，把禾苗淹没，人畜淹死，也是后羿用箭把这些怪兽都射死了，人们的生活才恢复了正常。这些神话说明后羿的箭术很高明，是大家公认的。

后羿开始还只是做个仲康的助手。到了仲康一死，他干脆把仲康的儿子相撵（音 niǎn）走，夺了夏朝的王位。他仗着射箭的本领，也作威作福起来。他和太康一样，四出打猎，把国家政事交给他的亲信寒浞（音 zhuó）。寒浞瞒着后羿，收买人心。有一次，后羿打猎回来，寒浞派人把他杀了。

寒浞杀了后羿，夺了王位，怕夏族再跟他争夺，一定要杀死被后羿撵走的相。

相逃到哪儿，寒浞就追到哪儿。后来，相终于被寒浞杀了。那时候，相的妻子正怀着孕，被寒浞逼得没法，从墙洞里爬了出去，逃到娘家有仍氏部落，生下个儿子叫少康。

少康长大后，给姥姥家看牲口；后来听到寒浞正在派人追捕他，又逃到舜的后代有虞氏那儿。

少康从小在艰难的环境中长大，练了一身本领。他在有虞氏那里招收人马，开始有了自己的队伍；后来，又得到忠于夏朝的大臣、部落帮助，反攻寒浞，终于把王位夺了回来。

夏朝从太康到少康，中间经过大约一百年的混战，才恢复过来。历史上称作“少康中兴”。

少康灭了寒浞，可是夷族和夏朝之间的斗争还没完。夷族人有很多出名的射手，他们的弓箭很厉害。后来少康的儿子帝杼（音 zhù）即位，发明了一种可以避箭的护身衣，叫做“甲”，战胜了夷族，夏的势力又向东发展了。

7

商汤和伊尹

黄河下游有个部落叫商。传说商的祖先契(音 xiè)在尧舜时期,跟禹一起治过洪水,是个有功的人。后来,商部落因为畜牧业发展得快,到了夏朝末年,汤做了首领的时候,已经成为一个强大的部落了。

夏王朝统治了大约四百多年,到了公元前十六世纪,夏朝最后的一个王夏桀(音 jié)在位。夏桀是个出名的暴君,他和奴隶主贵族残酷压迫人民,对奴隶镇压更重。夏桀还大兴土木,建造宫殿,过着荒淫奢侈的生活。

大臣关龙逄(音 páng)劝说夏桀,认为这样下去会丧失人心。夏桀勃然大怒,把关龙逄杀了。百姓恨透了夏桀,诅咒说:"这个太阳什么时候才会灭亡,我们宁愿跟你同归于尽。"

商汤看到夏桀十分腐败,决心消灭夏朝。他表面上对桀服从，暗地里不断扩大自己的势力。

那时候，部落的贵族都是迷信鬼神的，把祭祀天地祖宗看作最要紧的事。商部落附近有一个部落叫葛，那儿的首领葛伯不按时祭祀。汤派人去责问葛伯。葛伯回答说："我们这儿穷，没有牲口作祭品。"

汤送了一批牛羊给葛伯作祭品。葛伯把牛羊杀掉吃了，又不祭祀。汤又派人去责问，葛伯说："我没有粮食，拿什么来祭呢？"

汤又派人帮助葛伯耕田，还派一些老弱的人给耕作的人送酒送饭，不料在半路上，葛伯把那些酒饭都抢走，还杀了一个送饭的小孩。

葛伯这样做，激起了大家的公愤。汤抓住这件事，就出兵把葛先消灭了。接着，又连续攻取了附近几个部落。商汤的势力渐渐发展了，但是并没引起昏庸的夏桀注意。

商汤妻子带来的陪嫁奴隶中，有一个名叫伊尹（音 yī yǐn）。传说伊尹开始到商汤家的时候，做个厨师，服侍商汤。后来，商汤渐渐发现伊尹跟一般奴隶不一样，商汤和他交谈以后，才知道他是有心装扮作陪嫁奴隶来找汤的。伊尹向汤谈了许多治国的道理，汤马上把伊尹提拔做他的助手。

商汤和伊尹商量讨伐夏桀的事。伊尹说："现在夏桀还有力量，我们先不去朝贡，试探一下，看他怎么样。"

商汤按照伊尹的计策，停止了对夏桀的进贡。夏桀果然大怒，命令九夷发兵攻打商汤。伊尹一看夷族还服从夏桀的指挥，赶快向夏桀请罪，恢复了进贡。

过了一年，九夷中一些部落忍受不了夏朝的压榨勒索，逐渐叛离夏朝，汤和伊尹才决定大举进攻。

自从夏启以来，同姓相传已经四百多年，要把夏王朝推翻，也不是一件简单的事。汤和伊尹商量了一番，决定召集商军将士，由汤亲自向大家誓师。

汤说："我不是敢进行叛乱，实在是夏桀作恶多端，上天的意旨要我消灭他，我不敢不听从天命啊！"他接着又宣布了赏罚的纪律。

商汤借上天的意旨来动员将士，再加上将士恨不得夏桀早早灭亡，因此，作战非常勇敢。夏、商两军在鸣条（今山西运城安邑镇北）打了一仗，夏桀的军队被打败了。

最后，夏桀逃到南巢（今安徽巢县西南），汤追到那里，把桀流放在南巢，一直到他死去。

这样，夏朝就被新建立的商朝代替了。历史上把商汤伐夏称为商汤革命，因为古代统治阶级把改朝换代说成是天命的变革，所以称为"革命"。这和现在所说的革命完全是两回事。

8

盘庚迁都

商汤建立商朝的时候,最早的国都在亳(音 bó,今河南商丘)。在以后三百年当中,都城一共搬迁了五次。这是因为王族内部经常争夺王位,发生内乱;再加上黄河下游常常闹水灾。有一次发大水,把都城全淹了,就不得不搬家。

从商汤开始传了二十个王,王位传到盘庚手里。盘庚是个能干的君主。他为了改变当时社会不安定的局面,决心再一次迁都。

可是,大多数贵族贪图安逸,都不愿意搬迁。一部分有势力的贵族还煽动平民起来反对,闹得很厉害。

盘庚面对强大的反对势力,并没有动摇迁都的决心。他把反对迁都的贵族找来,耐心地劝说他们:“我要你们搬迁,是为了想安定我们的国家。你们不但不谅解我的苦心,反而发生无谓的惊慌。你们想要改变我的主意,这是办不到的。”

由于盘庚坚持迁都的主张，挫败了反对势力，终于带着平民和奴隶，渡过黄河，搬迁到殷（今河南安阳小屯村）。在那里整顿商朝的政治，使衰落的商朝出现了复兴的局面，以后二百多年，一直没有迁都。所以商朝又称作殷商，或者殷朝。

从那时候起，经过三千多年的漫长日子，商朝的国都早就变为废墟了。到了近代，人们在安阳小屯村一带发掘出大量古代的遗物，证明那里曾经是商朝国都的遗址，就叫它“殷墟”。

从殷墟发掘出来的遗物中，有龟甲（就是龟壳）和兽骨十多万片，在这些龟甲和兽骨上面都刻着很难认的文字。经过考古学家的研究，才把这些文字弄清楚。原来商朝的统治阶级是十分迷信鬼神的。他们在祭祀、打猎、出征的时候，都要用龟甲和兽骨来占卜一下，是吉利或是不吉利。占卜之后，就把当时发生的情况和占卜的结果用文字刻在龟甲、兽骨上。这种文字和现在的文字有很大的不同，后来就把它叫做“甲骨文”。现在我们使用的汉字就是从甲骨文演变过来的。

在殷墟发掘的遗物中，还发现大量的青铜器皿、兵器，种类很多，制作很精巧。有一个叫做“司母戊”的大方鼎，重量有八百七十五公斤，高一百三十三厘米，横长一百一十厘米，宽七十八厘米，大鼎上还刻着富丽堂皇的花纹。这样大的青铜器，说明在殷商时期，冶铜的技术和艺术水平都是很高的。但是也可以想象得出，像这样巨大的精美的大鼎，不知道渗透着多少奴隶的血汗哩！

考古工作者还在殷墟发掘了殷商奴隶主的墓穴。在安阳武官村一座商王大墓中，除了大量的珍珠宝玉等奢侈的陪葬品之外，还有许多奴隶被活活杀死殉葬。在大墓旁边的墓道里，一面堆着许多无头尸骨，一面排列着许多头颅。据甲骨片上的文字记载，他们祭祀祖先，也大批屠杀奴隶做供品，最多的竟达到二千六百多个。这是当年奴隶主残酷迫害奴隶的罪证。

从殷墟出土的甲骨文中，我们对殷商时期的社会情况有了比较确凿的考证。所以说，我国最早有文字记载的历史，是从商朝开始的。

9

姜太公钓鱼

盘庚死后又传了十一个王，最后一个王叫做纣（音zhòu）。纣原来是一个相当聪敏，又有勇力的人。他早年曾经亲自带兵和东夷进行一场长期的战争。他很有军事才能，在作战中百战百胜，最后平定了东夷，把商朝的文化传播到淮水和长江流域一带。在这件事上，商纣是起了一定作用的。但是在长期战争中，消耗也大，加重了商朝人民的负担，人民的痛苦越来越深了。

纣和夏桀一样，只知道自己享乐，根本不管人民的死活。他没完没了地建造宫殿，他在他的别都朝歌（今河南淇县）造了一个富丽堂皇的“鹿台”，把搜刮得来的金银珍宝都贮藏在里面；他又造了一个极大的仓库，叫做“鉅桥”，把剥削来的粮食堆积起来。他把酒倒在池里，把肉挂得像树林一样。他和宠姬妲己（妲音dá）过着穷奢极欲的生活。

他还用各种残酷的刑罚来镇压人民。凡是诸侯背叛他或者百姓反对他，他就把人捉起来放在烧红的铜柱上烤死。这种刑罚叫做“炮烙”（音 páo luò）。

纣的残暴行为，加速了商朝的灭亡。这时候，在西部的一个部落却正在一天天兴盛起来，这就是周。

周本是一个古老的部落。夏朝末年，这个部落在现在陕西、甘肃一带活动。后来，因为遭到戎、狄等游牧部落的侵扰，周部落的首领古公亶父（亶音 dǎn）率领周人迁移到岐山（今陕西岐山县东北）下的平原定居下来。

到了古公亶父的孙子姬昌（后来称为周文王）继位的时候，周部落已经很强大了。周文王是一个能干的政治家。他的生活跟纣王正相反。纣王喜欢喝酒、打猎，对人民滥施刑罚。周文王禁止喝酒，不准贵族打猎，糟蹋庄稼。他鼓励人民多养牛羊，多种粮食。他还虚心接待一些有才能的人，因此，一些有才能的人都来投奔他。

周部落强大起来，对商朝是个很大的威胁。有个大臣崇侯虎在纣王面前说周文王的坏话，说周文王的影响太大了，这样下去，对商朝不利。

纣王下了一道命令，把周文王拿住，关在羑里（今河南汤阴县一带，羑音 yǒu）地方。周部落的贵族把许多美女、骏马和别的珍宝，献给纣王，又送了许多礼物给纣王的亲信大臣。

纣王见了美女珍宝，高兴得眉开眼笑，说：“光是一样就可以赎姬昌了。”立刻把周文王释放了。

周文王见纣王昏庸残暴，丧失民心，就决定讨伐商朝。

可是他身边缺少一个有军事才能的人来帮助他指挥作战。他暗暗想办法物色这种人才。

有一天,周文王坐着车,带着他儿子和兵士到渭水北岸去打猎。在渭水边,他看见一个老头儿在河岸上坐着钓鱼。大队人马过去,那个老头儿只当没看见,还是安安静静钓他的鱼。文王看了很奇怪,就下了车,走到老头儿跟前,跟他聊起来。

经过一番谈话,知道他叫姜尚(又叫吕尚,“吕”是他祖先的封地),是一个精通兵法的能人。

文王非常高兴,说:“我祖父在世时曾经对我说过,将来会有个了不起的能人帮助你把周族兴盛起来。您正是这样的人。我的祖父盼望您已经很久了。”说罢,就请姜尚一起回宫。那老人家理了理胡子,就跟着文王上了车。

因为姜尚是文王的祖父所盼望的人,所以后来叫他太公望;在民间传说中,叫他姜太公。

太公望是周文王的好帮手。他一面提倡生产,一面训练兵马。周族的势力越来越大。有一次,文王问太公望:“我要征伐暴君,您看咱们应当先去征伐哪一国?”

太公望说:“先去征伐密须。”

有人反对他,说:“密须国君厉害得很,恐怕打不过他。”

太公望说:“密须国君虐待老百姓,早已失去民心,他就是再厉害十倍,也用不着怕。”

周文王发兵到了密须,还没开战,密须的老百姓先暴动了。他们绑着密须的国君归附了文王。

过了三年，文王又发兵征伐崇（今陕西户县东）。这是商朝西边最大的一个属国。文王灭了崇国，就在那里筑起城墙，建立了都城，叫做丰邑。没过几年，周族逐渐占领了大部分商朝统治的地区，归附文王的部落也越来越多了。

但是，周文王并没有完成灭商的事业。在他打算征伐纣王的时候，害了一场病死了。

10

奴隶倒戈

周文王死了以后，他儿子姬发即位，就是周武王。周武王拜太公望为师，并且要他的兄弟周公旦、召公奭（音 shì）作他的助手，继续整顿内政，扩充兵力，准备讨伐商纣。

第二年，周武王把军队开到盟津（今河南孟津东北）地方，举行一次检阅，有八百多个小国诸侯，不约而同地来到盟津会师。大家都向武王提出，要他带领大家伐商。但是武王认为时机未到，检阅结束后又回到丰京。

这时候，纣的暴政越来越厉害了。商朝的贵族王子比干和箕子、微子非常担心，苦苦地劝说他别这样胡闹下去。纣不但不听，反而发起火来，把比干杀了，还惨无人道地叫人剖开比干的胸膛，把他的心掏出来，说要看看比干长的是什么心眼儿。箕子装作发疯，总算免了一死，被罚作奴隶，囚禁起来。微子看见商朝已经没有希望，就离开别都朝歌出走了。

大约在公元前十一世纪的一年，武王听到探子的报告，知道纣已经到了众叛亲离的地步，认为时机已经成熟，就发兵五万，请精通兵法的太公望做元帅，渡过黄河东进。到了盟津，八百诸侯又重新会师在一起。周武王在盟津举行一次誓师大会，宣布了纣残害人民的罪状，鼓励大家同心伐纣。

在武王进军的路上，一天，有两个老人挡住了大军去路，要见武王。有人认出来，这两人本来是孤竹国（今河北卢龙）国王的两个儿子，哥哥叫伯夷，弟弟叫叔齐。孤竹国王钟爱叔齐，想把王位传给他，伯夷知道父王的心意，主动离开孤竹；叔齐不愿接受哥哥让给他的王位，也躲了起来。在周文王在世的时候，他们两人一起投奔周国，定居下来。这回听到武王伐纣，就赶来阻止。

周武王接见他们时，两人拉住武王的马缰绳说："纣王是天子，你是个臣子。臣子怎能讨伐天子，这可是大逆不道的事啊。"

武王左右将士听了这些话，非常生气。有的把剑拔出来，想杀他们。

太公望知道这两人不过是两个书呆子，吩咐左右将士不要为难他们，把他们拉开。哪知道这两个人想不开，后来，竟躲到首阳山上，绝食自杀。

周武王的讨纣大军士气旺盛，一路上势如破竹，很快就打到离开朝歌仅仅七十里的牧野（今河南淇县西南）。

纣听到这个消息，立刻拼凑了七十万人马，由他亲自率

领，到牧野迎战。他想，武王的兵力不过五万人，七十万人还打不过五万人吗？

可是，那七十万商军有一大半是临时武装起来的奴隶和从东夷抓来的俘虏。他们平日受尽纣的压迫和虐待，早就对纣恨透了，谁也不想为纣卖命。在牧野战场上，当周军勇猛进攻的时候，他们就掉转矛头，纷纷倒戈，大批奴隶配合周军一起攻打商军。七十万商军，一下子就土崩瓦解。太公望指挥周军，趁势追击，一直追到商都朝歌。

商纣逃回朝歌，眼看大势已去，当夜，就躲进鹿台，放了一把火，跳到火堆里自杀了。

周武王灭了商朝，把国都从丰搬到镐京（今陕西西安西），建立了周王朝。

为了巩固周朝的统治，从周武王起，把自己的亲属和功臣分封各地，建立诸侯国，像太公望被封在齐国；他的弟弟周公旦被封在鲁国，召公奭被封在燕国。据说从武王到他的儿子成王，一共封了七十多个诸侯国。

商朝虽然灭亡了，但是它留下的贵族和奴隶主在社会上还有一部分势力。为了安抚这些人，武王把纣王的儿子武庚封为殷侯，留在殷都，又派自己的三个兄弟管叔、蔡叔和霍叔去帮助武庚。名义上是帮助，实际上是监视，所以叫做“三监”。

11

周公辅成王

周武王建立了周王朝以后，过了两年就害病死了。他的儿子姬诵继承王位，这就是周成王。那时候，周成王才十三岁，再说，刚建立的周王朝还不大稳固。于是由武王的弟弟周公旦辅助成王掌管国家大事，实际上是代理天子的职权。历史上通常不称周公旦的名字，只叫他周公。

周公的封地在鲁国，因为他要留在京城处理政事，不能到封地去，等他的儿子伯禽长大了，就派伯禽代他到鲁国去做国君。

伯禽临走的时候，问他父亲有什么嘱咐。周公说："我是文王的儿子，武王的弟弟，当今天子的叔叔，你说我的地位怎么样？"

伯禽说："那自然是很高的了。"

周公说："对呀！我的地位确实很高，但是我每次洗头发的时候，一碰到急事，就马上停止洗发，把头发握在手里去办事；每次吃饭的时候，听说有人求见，我就把来不及咽下的饭菜吐出来，去接见那些求见的人。我这样做，还怕天下的人才不肯到我这儿来吗？你到了鲁国，不过是个国君，可不能骄傲啊！”

伯禽连连点头，表示一定记住父亲的教导。

周公尽心尽意辅助成王，管理国事，可是他的弟弟管叔、蔡叔却在外面造谣，说周公有野心，想要篡夺王位啦！

纣王的儿子武庚虽然被封为殷侯，但是受到周朝的监视，觉得很不自由，巴不得周朝发生内乱，重新恢复他的殷商的王位，就和管叔、蔡叔串通一气，联络了一批殷商的旧贵族，还煽动东夷中几个部落，闹起叛乱来。

武庚和管叔等人制造的谣言，闹得镐京也沸沸扬扬，连召公奭听了也怀疑起来。成王年小不大懂事，更闹不清是真是假，对这位辅助他的叔父也有点信不过。

周公心里很难过，他首先向召公奭披肝沥胆地谈了一次话，告诉召公奭，他决没有野心，要他顾全大局，不要轻信谣言。召公奭被他这番诚恳的话感动，消除了误会，重新和周公合作。周公在安定了内部之后，毅然调动大军，亲自率领大军东征。

这时候，东方有几个部落像淮夷、徐戎等，都配合武庚，蠢蠢欲动。周公下命令给太公望，授权给他，各国诸侯，有不服周朝的，都由太公望征讨。这样，由太公望控制了东方，他自己全力对付武庚。

费了三年的工夫，周公终于平定了武庚的叛乱，把带头叛乱的武庚杀了。管叔一看武庚失败，自己觉得没有面目见他的哥哥和侄儿，上吊自杀了。周公平定了叛乱，把霍叔革了职，对蔡叔办了一个充军的罪。

在周公东征的过程中，一大批商朝的贵族成了俘虏。因为他们反抗周朝，所以叫他们是"顽民"。周公觉得让这批人留在原来的地方不放心；同时，又觉得镐京在西边，要控制东部的广大中原地区很不方便，就在东面新建一座都城，叫做洛邑(今河南洛阳)，把殷朝的"顽民"都迁到那里，派兵监视他们。

打那以后，周朝就有了两座都城。西部是镐京，又叫宗周；东部是洛邑，又叫成周。

周公辅助成王执政了七年，总算把周王朝的统治巩固下来，他还制定了周朝一套典章制度。到周成王满二十岁的时候，周公把政权交给成王管理。

从周成王到他的儿子康王两代，前后约五十多年，是周朝强盛和统一的时期，历史上叫做"成康之治"。

12

国人暴动

在成王、康王统治的时期，周朝政局比较安定。后来，由于奴隶主贵族加重剥削，加上不断发动战争，平民和奴隶的不满情绪也随着增长。周朝的统治者为了镇压人民，采用十分严酷的刑罚。周穆王的时候，制定了三千条刑法，犯法的人受的刑罚有五种，叫做“五刑”。像额上刺字、割鼻、砍脚等等。但是，刑罚再严，也阻止不了人民的反抗。

到了西周第十个王周厉王即位后，对人民的压迫更重了。周厉王宠信一个名叫荣夷公的大臣，实行“专利”，他们霸占了一切湖泊、河流，不准人民利用这些天然资源谋生；他们还勒索财物，虐待人民。

那时候，住在野外的农夫叫“野人”，住在都城里的平民叫“国人”。周都镐京的国人不满厉王的暴虐措施，怨声载道。

大臣召公虎听到国人的议论越来越多，进宫告诉厉王说："百姓忍受不了啦，大王如果不趁早改变做法，出了乱子就不好收拾了。"

厉王满不在乎地说："你不用急，我自有办法对付。"

于是，他下了一道命令，禁止国人批评朝政，还从卫国找来一个巫师，要他专门刺探批评朝政的人，说："如果发现有人在背后诽谤我，你就立即报告。"

卫巫为了讨好厉王，派了一批人到处察听。那批人还敲诈勒索，谁不服他们，他们就随便诬告。

厉王听信了卫巫的报告，杀了不少国人。在这样的压力下，国人真的不敢在公开场合里议论了。人们在路上碰到熟人，也不敢交谈招呼，只交换了一个眼色，就匆匆地走开。

厉王见卫巫报告批评朝政的人渐渐少了下来，十分满意。有一次，召公虎去见厉王，厉王洋洋得意地说："你看，这回儿不是已经没有人议论了吗？"

召公虎叹了一口气说："唉，这怎么行呢？堵住人的嘴，不让人说话，比堵住河流还要危险哪！治水必须疏通河道，让水流到大海；治国家也是一样，必须引导百姓说话。硬堵住河流，就要决口；硬堵住人的嘴，是要闯大祸的呀！"

厉王撇撇嘴，不去理他，召公虎只好退出。

厉王和荣夷公的暴政越来越厉害，过了三年，也就是公元前 841 年，国人忍无可忍，终于举行了一次大规模的暴动。起义的国人围攻王宫，要杀厉王。厉王得知风声，慌慌忙忙带了一批人逃命，一直逃过黄河，到彘（音 zhì，今山西霍县东北)地方才停下来。

国人打进王宫,没有搜到厉王。有人探知厉王的太子静逃到召公虎家躲了起来,又围住召公虎家,要召公虎交出太子。召公虎没奈何,只好把自己的儿子冒充太子送出去,才算把太子保护了下来。

厉王出走后,朝廷里没有国王,怎么办呢。经大臣们商议,由召公虎和另一个大臣周公主持贵族会议,暂时代替周天子行使职权,历史上称为“共和行政”。从共和元年,也就是公元前 841 年起,中国历史才有了确切的纪年。

共和行政维持了十四年之后,周厉王在彘死去。大臣们立太子姬静即位,就是周宣王。宣王在政治上比较开明,得到诸侯的支持。但是,经过这一场国人暴动,周朝统治者已经外强中干,兴盛不起来啦!

13

骊山上的烽火

周宣王死了以后，儿子姬宫涅（音 niè）即位，就是周幽王。周幽王什么国家大事都不管，光知道吃喝玩乐，打发人到处找美女。有个大臣名褒珦（音 bāo xiàng）劝谏幽王，周幽王不但不听，反把褒珦下了监狱。

褒珦在监狱里被关了三年。褒家的人千方百计要把褒珦救出来。他们在乡下买了一个挺漂亮的姑娘，教会她唱歌跳舞，把她打扮起来，献给幽王，替褒珦赎罪。这个姑娘算是褒家人，叫褒姒（音 sì）。

幽王得了褒姒，高兴得不得了，就把褒珦释放了。他十分宠爱褒姒，可是褒姒自从进宫以后，心情闷闷不乐，没有开过一次笑脸。幽王想尽办法叫她笑，她怎么也笑不出来。

周幽王出了一个赏格：有谁能让王妃娘娘笑一下，就赏他一千两金子。

有个马屁鬼叫虢(音 guó)石父,替周幽王想了一个鬼主意。原来,周王朝为了防备犬戎的进攻,在骊山(今陕西临潼东南,骊音 lí)一带造了二十多座烽火台,每隔几里地就是一座。如果犬戎打过来,把守第一道关的兵士就把烽火烧起来;第二道关上的兵士见到烟火,也把烽火烧起来。这样一个接一个烧着烽火,附近的诸侯见到了,就会发兵来救。虢石父对周幽王说:"现在天下太平,烽火台长久没有使用了。我想请大王跟娘娘上骊山去玩几天。到了晚上,咱们把烽火点起来,让附近的诸侯见了赶来,上个大当。娘娘见了这许多兵马扑了个空,保管会笑起来。"

周幽王拍着手说:"好极了,就这么办吧!"

他们上了骊山,真的在骊山上把烽火点了起来。邻近的诸侯得了这个警报,以为犬戎打过来了,赶快带领兵马来救。没想到赶到那儿,连一个犬戎兵的影儿也没有,只听到山上一阵阵奏乐和唱歌的声音,大伙儿都愣了。

幽王派人告诉他们说,辛苦了大家,这儿没什么事,不过是大王和王妃放烟火玩儿,你们回去吧!

诸侯知道上了当,憋了一肚子气回去了。

褒姒不知道他们闹的是什么玩意,看见骊山脚下来了好几路兵马,乱哄哄的样子,就问幽王是怎么回事。幽王一五一十告诉了她。褒姒真的笑了一下。

幽王见褒姒开了笑脸,就赏给虢石父一千两金子。

幽王宠着褒姒,后来干脆把王后和太子废了,立褒姒为王后,立褒姒生的儿子伯服为太子。原来王后的父亲是申国的诸侯,得到这个消息,就连结犬戎进攻镐京。

幽王听到犬戎进攻的消息，惊慌失措，连忙下命令把骊山的烽火点起来。烽火倒是烧起来了，可是诸侯因为上次上了当，谁也不来理会他们。

烽火台上白天冒着浓烟，夜里火光烛天，可就是没有一个救兵到来。

犬戎兵一到，镐京的兵马不多，勉强抵挡了一阵，被犬戎兵打得落花流水。犬戎的人马像潮水一样涌进城来，把周幽王、虢石父和褒姒生的伯服杀了。那个不开笑脸的褒姒，也给抢走了。

到这时候，诸侯们知道犬戎真的打进了镐京，这才联合起来，带着大队人马来救。犬戎的首领看到诸侯的大军到了，就命令手下的人把周朝多少年聚敛起来的宝贝财物一抢而空，放了一把火才退走。

中原诸侯打退了犬戎，立原来的太子姬宜臼(音 jiù)为天子，就是周平王。诸侯也回到各自的封地去了。

没想到诸侯一走，犬戎又打过来，周朝西边大多土地都被犬戎占了去。平王恐怕镐京保不住，打定主意，把国都搬到洛邑去。

公元前 770 年，周平王迁都洛邑。因为镐京在西边，洛邑在东边，所以历史上把周朝在镐京做国都的时期，称为西周；迁都洛邑以后，称为东周。

14

囚车里的人才

周平王东迁洛邑以后的东周，又分“春秋”和“战国”两个时期。春秋时期，周王室衰落，周天子名义上是各国共同的君主，实际上他的地位只相当一个中等国的诸侯。一些比较强大的诸侯国家用武力兼并小国，大国之间也互相争夺土地，经常打仗。战胜的大国诸侯，可以号令其他诸侯。这种人称作霸主。

春秋时期第一个称霸的是齐国（都城临淄，在今山东淄博）。齐国是周武王的大功臣太公望的封国，本来是个大国，再加上它利用沿海的资源，生产比较发达，国力就比较强。

公元前686年，齐国发生了一次内乱。国君齐襄公被杀。襄公有两个兄弟，一个叫公子纠，当时在鲁国（都城在今山东曲阜）；一个叫公子小白，当时在莒（音jǔ）国（都城在

今山东莒县）。两个人身边都有个师傅，公子纠的师傅叫管仲，公子小白的师傅叫鲍叔牙。两个公子听到齐襄公被杀的消息，都急着要回齐国争夺君位。

鲁国国君鲁庄公决定亲自护送公子纠回齐国。管仲对鲁庄公说："公子小白在莒国，离齐国很近。万一让他先进齐国，事情就麻烦了。让我先带一支人马去截住他。"

不出管仲所料，公子小白正在莒国的护送下赶回齐国，路上，遇到管仲的拦截。管仲拈弓搭箭，对准小白射去。只见小白大叫一声，倒在车里。

管仲以为小白已经死了，就不慌不忙护送公子纠回到齐国去。哪里知道，他射中的不过是公子小白衣带的钩子，公子小白大叫倒下，原来是他的计策。等到公子纠和管仲进入齐国国境，小白和鲍叔牙早已抄小道抢先到了国都临淄，小白当上了齐国国君，这就是齐桓公。

齐桓公即位以后，立即发兵打败鲁国，并且通知鲁庄公，一定要鲁国杀了公子纠，把管仲送回齐国办罪。鲁庄公没有办法，只好照办。

管仲被关在囚车里送到齐国。鲍叔牙立即向齐桓公推荐管仲。

齐桓公气愤地说："管仲拿箭射我，要我的命，我还能用他吗？"

鲍叔牙说："那回他是公子纠的师傅，他用箭射您，正是他对公子纠的忠心。论本领，他比我强得多。主公如果要干一番大事业，管仲可是个用得着的人。"

齐桓公也是个豁达大度的人，听了鲍叔牙的话，不但不办管仲的罪，还立刻任命他为相，让他管理国政。

管仲帮着齐桓公整顿内政，开发富源，大开铁矿，多制农具，提高耕种技术，又大规模拿海水煮盐，鼓励老百姓入海捕鱼。离海比较远的诸侯国不得不依靠齐国供应食盐和海产。别的东西可以不买，盐是非吃不可的。齐国就越来越富强了。

齐桓公一心想当诸侯的霸主，做了霸主就能够发号施令，别的诸侯就得向他进贡，听他的指挥。他对管仲说："现在咱们兵精粮足，是不是可以会合诸侯，共同订立个盟约呢？"

管仲说："咱们凭什么去会合诸侯呢？大家都是周天子下面的诸侯，谁能服谁呢？天子虽说失了势，毕竟是天子，比谁都大。如果主公能够奉天子的命令，会合诸侯，订立盟约，共同尊重天子，抵抗别的部落，往后谁有难处，大伙儿帮他，谁不讲理，大伙儿管他。到了那时候，主公就是自己不要做霸主，别人也得推举您。"

齐桓公说："你说得对，可是怎么着手呢？"

管仲说："办法倒有一个。这回新天子（指周釐王，釐音xī）才即位。主公可以派个使者向天子朝贺，顺便帮他出个主意，说宋国（都城在今商丘南）现在正发生内乱，新国君位子不稳，国内很不安定。请天子下命令，明确宣布宋国国君的地位。主公拿到天子的命令，就可以用天子的命令来召集诸侯了。这样做，谁也不能反对。"

齐桓公听了，连连点头，决定照着管仲的意见办。

这时候，周朝的天子早已没有实权了。列国诸侯只知道抢夺地盘，兼并土地，已经完全忘记还有朝见天子这回事。周釐王刚刚即位，居然有齐国这样一个大国打发使臣来朝贺，打心眼里喜欢。他就请齐桓公去宣布宋君的君位。

公元前 681 年，齐桓公奉了周釐王的命令，通知各国诸侯到齐国西南边境上北杏（今山东东阿县北）开会。

这时候，齐桓公的威望还不高。发出通知以后，一共只来了宋、陈、蔡、邾四个国家。还有几个诸侯国，像鲁、卫、曹、郑（都城在今河南新郑）等国，想瞧瞧风头再说，没有来。

在北杏会议上，大家公推齐桓公当盟主，订立了盟约。盟约上主要的是三条：一是尊重天子，扶助王室；二是抵御别的部落，不让他们进入中原；第三是帮助弱小的和有困难的诸侯。

15

曹刿抗击齐军

齐桓公即位后，依靠管仲的帮助，争取霸主的地位。但是，在他对鲁国的战争中，却遭到一次不小的挫折。

在齐桓公即位的第二年，也就是公元前684年，齐桓公派兵进攻鲁国。鲁庄公认为齐国一再欺负他们，忍无可忍，决心跟齐国拼死一战。

齐国进攻鲁国，也激起鲁国人民的愤慨。有个鲁国人曹刿（音 guì），准备去见鲁庄公，要求参加抗齐的战争。有人劝曹刿说："国家大事，有当大官的操心，您何必去插手呢？"

曹刿说："当大官的目光短浅，未必有好办法。眼看国家危急，哪能不管呢？"说完，他一直到宫门前求见鲁庄公。鲁庄公正在为没有个谋士发愁，听说曹刿求见，连忙把他请进来。

曹刿见了鲁庄公提出了自己的要求,并且问:“请问主公凭什么去抵抗齐军?”

鲁庄公说:“平时有什么好吃好穿的,我没敢独占,总是分给大家一起享用。凭这一点,我想大家会支持我。”

曹刿听了直摇头,说:“这种小恩小惠,得到好处的人不多,百姓不会为这个支持您。”

鲁庄公说:“我在祭祀的时候,倒是挺虔诚的。”

曹刿笑笑说:“这种虔诚也算不了什么,神帮不了您的忙。”

鲁庄公想了一下,说:“遇到百姓吃官司的时候,我虽然不能一件件查得很清楚,但是尽可能处理得合情合理。”

曹刿才点头说:“这倒是件得民心的事,我看凭这一点可以和齐国打上一仗。”

曹刿请求跟鲁庄公一起上阵,鲁庄公看曹刿这种胸有成竹的样子,也巴不得他一起去。两个人坐着一辆兵车,带领人马出发。

齐鲁两军在长勺(今山东莱芜东北)摆开阵势。齐军仗人多,一开始就擂响了战鼓,发动进攻。鲁庄公也准备下令反击,曹刿连忙阻止,说:“且慢,还不到时候呢!”

当齐军擂响第二通战鼓的时候,曹刿还是叫鲁庄公按兵不动。鲁军将士看到齐军张牙舞爪的样子,气得摩拳擦掌,但是没有主帅的命令,只好憋着气等待。

齐军主帅看鲁军毫无动静,又下令打第三通鼓。齐军兵士以为鲁军胆怯怕战,耀武扬威地杀过来。

曹刿这才对鲁庄公说:“现在可以下令反攻了。”

鲁军阵地上响起了进军鼓，兵士士气高涨，像猛虎下山般扑了过去。齐军兵士没防到这一着，招架不住鲁军的凌厉攻势，败下阵来。

鲁庄公看到齐军败退，忙不迭要下令追击，曹刿又拉住他说："别着急！"说着，他跳下战车，低下头观察齐军战车留下的车辙，接着，又上车爬到车杆子上，望了望敌方撤退的队形，才说："请主公下令追击吧！"

鲁军兵士听到追击的命令，个个奋勇当先，乘胜追击，终于把齐军赶出鲁国国境。

鲁军取得反攻的胜利，鲁庄公对曹刿镇静自若的指挥，暗暗佩服，但是心里总还有个没打开的闷葫芦。回到宫里，他先向曹刿慰劳了几句，就问："头两回齐军击鼓，你为什么不让我反击？"

曹刿说："打仗这件事，全凭士气。对方擂第一通鼓的时候，士气最足；第二通鼓，气就松了一些，到第三通鼓，气已经泄了。对方泄气的时候，我们的兵士却鼓足士气，哪有不打赢的道理？"

鲁庄公接着又问为什么不立刻追击。曹刿说："齐军虽然败退，但它是个大国，兵力强大，说不定他们假装败退，在什么地方设下埋伏，我们不能不防着点儿。后来我看到他们的旗帜东倒西歪，车辙也乱七八糟，才相信他们阵势全乱了，所以才请您下令追击。"

鲁庄公这才恍然大悟，称赞曹刿想得周到。

在曹刿指挥下，鲁国击退了齐军，局势才稳定了下来。

16

齐桓公九合诸侯

齐国虽然在长勺打了一次败仗，但是这并没有影响齐桓公后来的霸主地位。过了十多年，北方的燕国（都城在今北京）派使者来讨救兵，说燕国被附近的一个部落山戎侵犯，打了败仗。齐桓公就决定率领大军去救燕国。

公元前663年，齐国大军到了燕国，山戎已经抢了一批百姓和财宝逃回去了。

齐国和燕国的军队联合起来，一直向北追去。没想到他们被敌人引进了一个迷谷。那迷谷就像大海一样，没边没沿，怎么也找不到原来的道儿。

还是管仲想出一个主意来。他对齐桓公说："马也许能认得路，不如找几匹当地的老马，让它们在头里走，也许能走出这个地方。"

齐桓公叫人挑了几匹老马，让它们领路。这几匹老马果然领着人马出了迷谷。

齐桓公帮助燕国打败山戎以后,邢国也遭到另一个部落狄人的侵犯。齐桓公又带着人马去赶跑了狄人,帮助邢国重筑了城墙。接着,狄人又侵犯卫国,齐桓公帮助卫国在黄河南岸重建国都。就因为这几件事,齐桓公的威望就提高了。

只有南方的楚国(都城在今湖北江陵西北),不但不服齐国,还跟齐国对立起来,要跟齐国比个高低。

楚国在中国南部,向来不和中原诸侯来往。那时候,中原诸侯把楚国当做"蛮子"看待。但是,楚国人开垦南方的土地,逐步收服了附近的一些部落,慢慢地变成了大国。后来,干脆自称楚王,不把周朝的天子放在眼里。

公元前656年,齐桓公约会了宋、鲁、陈、卫、郑、曹、许七国军队,联合进攻楚国。

楚成王得知消息,也集合了人马准备抵抗。他派了使者去见齐桓公,说:"我们大王叫我来请问,齐国在北面,楚国在南面,两国素不往来,真叫做风马牛不相及。为什么你们的兵马要跑到这儿来呢?"

管仲责问说:"我们两国虽然相隔很远,但都是周天子封的。当初齐国太公受封的时候,曾经接受一个命令:谁要是不服从天子,齐国有权征讨。你们楚国本来每年向天子进贡包茅(用来滤酒的一种青茅),为什么现在不进贡呢?"

使者说:"没进贡包茅,这是我们的不是,以后一定进贡。"

使者走后,齐国和诸侯联军又拔营前进,一直到达召陵

（今河南郾城县，召音 shào）。

楚成王又派屈完去探问。齐桓公为了显示自己的军威，请屈完一起坐上车去看中原来的各路兵马。屈完一看，果然军容整齐，兵强马壮。

齐桓公趾高气扬地对屈完说："你瞧瞧，这样强大的兵马，谁能抵挡得了？"

屈完淡淡地笑了笑，说："君侯协助天子，讲道义，扶助弱小，人家才佩服你。要是光凭武力的话，那么，咱们国力虽不强，但是用方城（楚国所筑的长城，在今河南方城北至泌阳东北）作城墙，用汉水作壕沟。您就是再多带些人马来，也未必能打得进去。"

齐桓公听屈完说得挺强硬，估计也未必能轻易打败楚国，而且楚国既然已经认了错，答应进贡包茅，也算有了面子。就这样，中原八国诸侯和楚国一起在召陵订立了盟约，各自回国去了。

后来，周王室发生纠纷，齐桓公又帮助太子姬郑巩固了地位。太子即位后，就是周襄王。周襄王为了报答齐桓公，特地派使者把祭祀太庙的祭肉送给齐桓公，算是一份厚礼。

齐桓公趁此机会，又在宋国的葵丘（今河南兰考东）会合诸侯，招待天子使者。并且订立了一个盟约，主要内容是：修水利，防水患，不准把邻国作为水坑；邻国有灾荒来买粮食，不应该禁止；凡是同盟的诸侯，在订立盟约以后，都要友好相待。

这是齐桓公最后一次会合诸侯。像这样大的会合，一共有许多次，历史上称作"九合诸侯"。

公元前645年，管仲病死。过了两年，齐桓公也死去。齐桓公一死，他的五个儿子抢夺君位，齐国发生了内乱，公子昭逃到宋国。齐国的霸主地位也就结束了。

17

愚蠢的宋襄公

宋襄公见齐国发生内乱，就通知各国诸侯，请他们共同护送公子昭到齐国去接替君位。但是宋襄公的号召力不大，多数诸侯把宋国的通知搁在一边，只有三个小国带了点人马前来。

宋襄公率领四国的兵马打到齐国去。齐国一批大臣一见四国人马打来，就投降了宋国，迎接公子昭即位。这就是齐孝公。

齐国本来是诸侯的盟主国，如今齐孝公靠宋国帮助得了君位，宋国的地位就自然提高了。

宋襄公雄心勃勃，想继承齐桓公的霸主事业。这次他约会诸侯，只有三个小国听从他的命令，几个中原大国没理他。宋襄公想借重大国去压服小国，就决定去联络楚国。他认为要是楚国能跟他合作的话，那么在楚国势力底下的

那些国家自然也都归服他了。

他把自己的主张告诉了大臣们，公子目夷不赞成这么办。他认为宋国是个小国，想要当盟主，不会有什么好处。宋襄公哪里肯听他的话，他邀请楚成王和齐孝公先在宋国开个会，商议会合诸侯订立盟约的事。楚成王、齐孝公都同意，决定那年（公元前 639 年）七月约各国诸侯在宋国盂（今河南睢县西北，盂音 yú）地开大会。

到了七月，宋襄公驾着车去开大会。公子目夷说："万一楚君不怀好意，可怎么办？主公还得多带些兵马去。"

宋襄公说："那不行，我们为了不再打仗才开大会，怎么自己倒带兵马去呢？"

公子目夷怎么也说不服他，只好空着手跟着去。

果然，在开大会的时候，楚成王和宋襄公都想当盟主，争闹起来。楚国的势力大，依附楚国的诸侯多。宋襄公气呼呼地还想争论，只见楚国的一班随从官员立即脱了外衣，露出一身亮堂堂的铠甲，一窝蜂地把宋襄公逮了去。

后来，经过鲁国和齐国的调解，让楚成王做了盟主，才把宋襄公放了回去。

宋襄公回去后，怎么也不服气，特别是邻近的郑国国君也跟楚成王一起反对他，更加使他恼恨。宋襄公为了出这口气，决定先征伐郑国。

公元前 638 年，宋襄公出兵攻打郑国。郑国向楚国求救。楚成王可厉害，他不去救郑国，反倒派大将带领大队人马直接去打宋国。宋襄公没提防这一着，连忙赶回来。宋军在泓水（在河南柘城西北，泓音 hóng）的南岸，驻扎下来。

两军隔岸对阵以后，楚军开始渡过泓水，进攻宋军。公子目夷瞧见楚人忙着过河，就对宋襄公说："楚国仗着他们人多兵强，白天渡河，不把咱们放在眼里。咱们趁他们还没渡完的时候，迎头打过去，一定能打个胜仗。"

宋襄公说："不行！咱们是讲仁义的国家。敌人渡河还没有结束，咱们就打过去，还算什么仁义呢。"

说着说着，全部楚军已经渡河上岸，正在乱哄哄地排队摆阵势。公子目夷心里着急，又对宋襄公说："这会儿可不能再等了！趁他们还没摆好阵势，咱们赶快打过去，还能抵挡一阵。要是再不动手，就来不及了。"

宋襄公责备他说："你太不讲仁义了！人家队伍都没有排好，怎么可以打呢。"

不多工夫，楚国的兵马已经摆好阵势。一阵战鼓响，楚军像大水冲堤坝那样，哗啦啦地直冲过来。宋国军队哪儿挡得住，纷纷败下阵来。

宋襄公指手画脚，还想抵抗，可是大腿上已经中了一箭。还亏得宋国的将军带着一部分兵马，拼着命保护宋襄公逃跑，总算保住了他的命。

宋襄公逃回国都商丘，宋国人议论纷纷，都埋怨他不该跟楚国人打仗，更不该那么打法。

公子目夷把大家的议论告诉宋襄公。宋襄公揉着受伤的大腿，说："依我说，讲仁义的人就应该这样打仗。比如说，见到已经受了伤的人，就别再去伤害他；对头发花白的人，就不能捉他当俘虏。"

公子目夷真的耐不住了，他气愤地说："打仗就是为了打胜敌人。如果怕伤害敌人，那还不如不打；如果碰到头发花白的人就不抓，那就干脆让人家抓走。”

宋襄公受了重伤，过了一年死了。临死时，他嘱咐太子说：“楚国是我们的仇人，要报这个仇。我看晋国（都城在今山西翼城东南）的公子重耳是个有志气的人，将来一定是个霸主。你有困难的时候，找他准没错儿。”

18

流亡公子重耳

公子重耳是晋献公的儿子，晋献公老年的时候，宠爱一个妃子骊姬，想把骊姬生的小儿子奚齐立为太子，把原来的太子申生杀了。太子一死，献公另外两个儿子重耳和夷吾都感到危险，逃到别的诸侯国去避难了。

晋献公死后，晋国发生了内乱。后来夷吾回国夺取了君位，也想除掉重耳，重耳不得不到处逃难。重耳在晋国算是一个有声望的公子。因此一批有才能的大臣都愿意跟着他。

重耳先在狄国住了十二年，因为发现有人行刺他，又逃到卫国。卫国看他是个倒运的公子，不肯接待他。他们一路走去。走到五鹿（今河南濮阳东南）地方，实在饿得厉害，正瞧见几个庄稼人在田边吃饭。重耳他们看得更加口馋，就叫人向他们讨点吃的。

庄稼人懒得理他们，其中有一个人跟他们开个玩笑，拿起一块泥巴给他们。重耳冒了火，他手下的人也想动手揍人了。随从的有个叫狐偃的连忙拦住，接过泥巴，安慰重耳说："泥巴就是土地，百姓给我们送土地来啦，这不是一个好兆头吗？"

重耳也只好趁此下了台阶，苦笑着向前走去。

重耳一班人流亡来到齐国。那时齐桓公还在，待他挺客气，送给重耳不少车马和房子，还把本族一个姑娘嫁给重耳。重耳觉得留在齐国挺不错，可是跟随的人都想回晋国。

随从们背着重耳，聚集在桑树林里商量回国的事。没想到桑树林里有一个女奴在采桑叶，把他们的话偷听了去，告诉重耳的妻子姜氏。姜氏对重耳说："听说你们要想回晋国去，这很好哇！"

重耳赶快辩白，说："没有那回事。"

姜氏一再劝他回国，说："您在这儿贪图享乐，是没有出息的。"可重耳总是不愿意走。当天晚上，姜氏和重耳的随从们商量好，把重耳灌醉了，放在车里，送出齐国，等重耳醒来，已离开齐国很远了。

以后，重耳又到了宋国。宋襄公正在害病，他手下的臣子对狐偃说："宋襄公是非常器重公子的。但是我们实在没有力量发兵送他回去。"

狐偃说："这我们全明白，我们就不再打扰你们了。"

离开宋国，又到了楚国。楚成王把重耳当做贵宾，还用招待诸侯的礼节招待他。楚成王对待重耳好，重耳也对成王十分尊敬。两个人就这样交上了朋友。

有一次，楚成王在宴请重耳的时候，开玩笑地说："公子要是回到晋国，将来怎样报答我呢？"

重耳说："金银财宝贵国有的是，叫我拿什么东西来报答大王的恩德呢？"

楚成王笑着说："这么说，难道就不报答了吗？"

重耳说："要是托大王的福，我能够回到晋国，我愿意跟贵国交好，让两国的百姓过太平的日子。万一两国发生战争，在两军相遇的时候，我一定退避三舍。"（古时候行军，每三十里叫做一"舍"。"退避三舍"就是自动撤退九十里的意思。）

楚成王听了并不在意，却惹恼了旁边的楚国大将成得臣。等宴会结束，重耳离开后，成得臣对楚成王说："重耳说话没有分寸，将来准是个忘恩负义的家伙。还不如趁早杀了他，免得以后吃他的亏。"

楚成王不同意成得臣的意见，正好秦穆公派人来接重耳，就把重耳送到秦国（都城雍，在今陕西凤翔东南）去了。

原来秦穆公曾经帮助重耳的异母兄弟夷吾当了晋国国君。没想到夷吾做了晋国国君以后，反倒跟秦国作对，还发生了战争。夷吾一死，他儿子又同秦国不和。秦穆公才决定帮助重耳回国。

公元前 636 年，秦国护送重耳的大军过了黄河，流亡了十九年的重耳回国即位。这就是晋文公。

19

晋文公退避三舍

晋文公即位以后，整顿内政，发展生产，把晋国治理得渐渐强盛起来。他也想能像齐桓公那样，做个中原的霸主。

这时候，正好周朝的天子周襄王派人来讨救兵。周襄王有个异母兄弟叫太叔带，联合了一些大臣，向狄国借兵，夺了王位。周襄王带着几十个随从逃到郑国。他发出命令，要求各国诸侯护送他回洛邑去。列国诸侯有派人去慰问天子的，也有送食物去的，可就是没有人愿意发兵打狄人。

有人对周襄王说："现在诸侯当中，只有秦、晋两国有力量打退狄人，别人恐怕不中用。"襄王才打发使者去请晋文公护送他回朝。

晋文公马上发兵往东打过去，把狄人打败，又杀了太叔带和他那一帮人，护送天子回到京城。

过了两年，又有宋襄公的儿子宋成公来讨救兵，说楚国派大将成得臣率领楚、陈、蔡、郑、许五国兵马攻打宋国。大臣们都说："楚国老是欺负中原诸侯，主公要扶助有困难的国家，建立霸业，这可是时候啦。"

晋文公早就看出，要当上中原霸主，就得打败楚国。他就扩充队伍，建立了三个军，浩浩荡荡去救宋国。

公元前632年，晋军打下了归附楚国的两个小国——曹国和卫国，把两国国君都俘虏了。

楚成王本来并不想同晋文公交战，听到晋国出兵，立刻派人下命令叫成得臣退兵。可是成得臣以为宋国迟早可以拿下来，不肯半途而废。他派部将去对楚成王说："我虽然不敢说一定打胜仗，也要拼一个死活。"

楚成王很不痛快，只派了少量兵力归成得臣指挥。

成得臣先派人通知晋军，要他们释放卫、曹两国国君。晋文公却暗地通知这两国国君，答应恢复他们的君位，但是要他们先跟楚国断交。曹、卫两国真的按晋文公的意思办了。

成得臣本想救这两个国家，不料他们倒先来跟楚国绝交。这一来，真气得他双脚直跳。他嚷着说："这分明是重耳这个老贼逼他们做的。"他立即下令，催动全军赶到晋军驻扎的地方去。

楚军一进军，晋文公立刻命令往后撤。晋军中有些将士可想不开啦，说："我们的统帅是国君，对方带兵的是臣子，哪有国君让臣子的理儿？"

狐偃解释说："打仗先要凭个理，理直气就壮。当初楚

王曾经帮助过主公，主公在楚王面前答应过：要是两国交战，晋国情愿退避三舍。今天后撤，就是为了实现这个诺言啊。要是我们对楚国失了信，那么我们就理亏了。我们退了兵，如果他们还不罢休，步步进逼，那就是他们输了理，我们再跟他们交手也不迟。”

晋军一口气后撤了九十里，到了城濮（今山东鄄城西南），才停下来，布置好了阵势。

楚国有些将军见晋军后撤，想停止进攻。可是成得臣却不答应，一步盯一步地追到城濮，跟晋军遥遥相对。

成得臣还派人向晋文公下战书，措辞十分傲慢。晋文公也派人回答说：“贵国的恩惠，我们从来都不敢忘记，所以退让到这儿。现在既然你们不肯谅解，那么只好在战场上比个高低啦。”

大战展开了。才一交手，晋国的将军用两面大旗，指挥军队向后败退。他们还在战车后面拖着伐下的树枝，战车后退时，地下扬起一阵阵的尘土，显出十分慌乱的模样。

成得臣一向骄傲自大，不把晋人放在眼里。他不顾前后地直追上去，正中了晋军的埋伏。晋军的中军精锐，猛冲过来，把成得臣的军队拦腰切断。原来假装败退的晋军又回过头来，前后夹击，把楚军杀得七零八落。

晋文公连忙下令，吩咐将士们只要把楚军赶跑就是了，不再追杀。成得臣带了败兵残将回到半路上，自己觉得没法向楚成王交代，就自杀了。

晋军占领了楚国营地。把楚军遗弃下来的粮食吃了三天，才凯旋。

晋国打败楚国的消息传到周都洛邑，周襄王和大臣都认为晋文公立了大功。周襄王还亲自到践土（今河南原阳西南，践音 jiàn）慰劳晋军。晋文公趁此机会，在践土给天子造了一座新宫，还约了各国诸侯开个大会，订立盟约。这样，晋文公就当上了中原的霸主。

20

弦高智退秦军

晋文公打败了楚国，会合诸侯，连一向归附楚国的陈、蔡、郑三国的国君也都来了。郑国虽然跟晋国订了盟约，但是因为害怕楚国，暗地里又跟楚国结了盟。

晋文公知道这件事，打算再一次会合诸侯去征伐郑国。大臣们说："会合诸侯已经好几次了。咱们本国兵马已足够对付郑国，何必去麻烦人家呢？"

晋文公说："也好，不过秦国跟我们约定，有事一起出兵，可不能不去请他。"

秦穆公正想向东扩张势力，就亲自带着兵马到了郑国。晋国的兵马驻扎在西边，秦国的兵马驻扎在东边。声势十分浩大。郑国的国君慌了神，派了个能说会道的烛之武去劝说秦穆公退兵。

烛之武对秦穆公说："秦晋两国一起攻打郑国，郑国准

得亡国了。但是郑国和秦国相隔很远，郑国一亡，土地全归了晋国，晋国的势力就更大了。它今天在东边灭了郑国，明天也可能向西侵犯秦国，对您有什么好处呢？再说，要是秦国和我们讲和，以后你们有什么使者来往，经过郑国，我们还可以当个东道主接待使者，对您也没有坏处。您瞧着办吧。”

秦穆公考虑到自己的利害关系，答应跟郑国单独讲和，还派了三个将军带了两千人马，替郑国守卫北门，自己带领其余的兵马回国了。

晋国人一瞧秦军走了，都很生气。有的主张追上去打一阵子，有的说把留在北门外的两千秦兵消灭掉。

晋文公说：“我要是没有秦君的帮助，怎么能回国呢？”他不同意攻打秦军，却想办法把郑国拉到晋国一边，订了盟约，撤兵回去了。

留在郑国的三个秦国将军听到郑国又投靠了晋国，气得吹胡子瞪眼睛，连忙派人向秦穆公报告，要求再讨伐郑国。秦穆公得到消息，虽然很不痛快，但是他不愿跟晋文公扯破脸，只好暂时忍着。

过了两年，也就是公元前 628 年，晋文公病死，他的儿子襄公即位。有人再一次劝说秦穆公讨伐郑国。他们说：“晋国国君重耳刚死去，还没举行丧礼。趁这个机会攻打郑国，晋国决不会插手。”

留在郑国的将军也送信给秦穆公说：“郑国北门的防守掌握在我们手里，要是秘密派兵来偷袭，保管成功。”

秦穆公召集大臣们商量怎样攻打郑国。两个经验丰富的老臣蹇叔（蹇音 jiǎn）和百里奚都反对。蹇叔说："调动大军想偷袭这么远的国家，我们赶得精疲力乏，对方早就有了准备，怎么能够取胜；而且行军路线这样长，还能瞒得了谁？"

秦穆公不听，派百里奚的儿子孟明视为大将，蹇叔的两个儿子西乞术、白乙丙为副将，率领三百辆兵车，偷偷地去打郑国。

第二年二月，秦国的大军进入滑国地界（在今河南睢县西北）。忽然有人拦住去路，说是郑国派来的使臣，求见秦国主将。

孟明视大吃一惊，亲自接见那个自称使臣的人，并问他前来干什么。

那"使臣"说："我叫弦高。我们的国君听到三位将军要到郑国来，特地派我送上一份微薄的礼物，慰劳贵军将士，表示我们一点心意。"接着，他献上四张熟牛皮和十二头肥牛。

孟明视原来打算在郑国毫无准备的时候，进行突然袭击。现在郑国使臣老远地跑来犒劳军队，这说明郑国早已有了准备，要偷袭是不可能了。

他收下了弦高送给他们的礼物，对弦高说："我们并不是到贵国去的，你们何必这么费心。你就回去吧。"

弦高走了以后，孟明视对他手下的将军说："郑国有了准备，偷袭没有成功的希望。我们还是回国吧。"说罢，就灭掉滑国，回国了。

其实，孟明视上了弦高的当。弦高是个牛贩子。他赶了牛到洛邑去做买卖，正好碰到秦军。他看出了秦军的来意，要向郑国报告已经来不及。他急中生智，冒充郑国使臣骗了孟明视，一面派人连夜赶回郑国向国君报告。

郑国的国君接到弦高的信，急忙叫人到北门去观察秦军的动静。果然发现秦军把刀枪磨擦得雪亮，马匹喂得饱饱的，正在作打仗的准备。他就老实不客气，向秦国的三个将军下了逐客令，说："各位在郑国住得太久，我们实在供应不起。听说你们就要离开，就请便吧。"

三个将军知道已经泄露了机密，眼看呆不下去，只好连夜把人马带走。

21

崤山大战

秦国的大军想偷袭郑国，晋国那边早就得到情报。晋国的大将先轸认为这是打击秦国的好机会，劝说新即位的晋襄公在崤山（今河南洛宁县北，崤音 yáo）地方拦击。

晋襄公亲自率领大军开到崤山。崤山本是形势十分险要的地方，晋军在那里布下了天罗地网，只等秦军到来。孟明视他们一进崤山，就中了埋伏，被晋军团团围住，进退两难。秦国的士卒死的死，降的降。孟明视、西乞术、白乙丙三员大将全都被活捉了。

晋襄公得胜回朝。他的母亲文嬴（音 yíng）原是秦国人，不愿同秦国结仇，对襄公说："秦国和晋国原是亲戚，一向彼此帮助。孟明视这帮武人为了自己要争功，闹得两国伤了和气。要是把这三个人杀了，恐怕两国的冤仇越结越深，不如把他们放了，让秦君自己去惩办他们。"

晋襄公听母亲说得有道理，就把孟明视等三个俘虏释放了。

大将先轸一听让孟明视跑了，立刻去见晋襄公，说："将士们拼死拼活，好容易把他们捉住，怎么轻易把他们放走呢？"一面说，一面气得向地上吐唾沫。

晋襄公听了，也感到后悔，立刻派将军阳处父带领一队人马飞快地追上去。

孟明视三人被释放之后，使劲地逃跑。到了黄河边，发现后面已经有晋兵追上来。在这紧急的关头，幸好有一只小船停在河边，他们就跳了上去。

等阳处父赶到，船已经离了岸。阳处父在岸边大声喊叫："请你们回来！我们主公忘了给你们准备车马，特地叫我赶来送几匹好马，请你们收下！"

孟明视哪里肯上这个当。他站在船头上行了礼，说："承蒙晋君宽恕了我们，已经万分感激，哪里还敢再收受礼物。要是我们回去还能保全性命，那么，过了三年，再来报答贵国吧。"

阳处父还想说什么，那只小船哗啦哗啦地，已经越划越远了。

阳处父回去向晋襄公回报了孟明视的话，晋襄公懊悔不及，但也无可奈何了。

孟明视等三个人回到秦国。秦穆公听到全军覆没，穿了素服，亲自到城外去迎接他们。

孟明视三个人跪在地上请罪。秦穆公说："这是我的不是，没有听你们父亲的劝告，害得你们打了败仗，哪儿能

怪你们呢？再说，我也不能因为一个人犯了一点小过失，就抹杀他的大功啊”。

三个人感激得直淌眼泪，打这以后，他们认真操练兵马，一心一意要为秦国报仇。

公元前625年，孟明视要求秦穆公发兵去报崤山的仇，秦穆公答应了。孟明视等三员大将率领四百辆兵车打到晋国。没想到晋襄公早有防备，孟明视又打了败仗。

秦穆公仍旧没有办他的罪，但孟明视实在过意不去，好像对国家欠下一笔债。他把自己的财产和俸禄全拿出来，送给在战争中死亡将士的家属。他跟兵士一块儿过苦日子。兵士吃粗粮，他也吃粗粮；兵士啃菜根，他也啃菜根，天天苦练兵马，一心要报仇雪耻。

这年冬天，晋国联合了宋、陈、郑三国打到秦国的边界上来了。孟明视嘱咐将士守住城，不准随便跟晋国人交战，结果又让晋国夺去了两座城。

这一来，秦国就有人说孟明视的坏话，说他不该这么胆小。附近的小国和西戎瞧着秦国一连打了三个败仗，纷纷脱离秦国，不受管了。

公元前624年，也就是崤山交战以后第三年的夏天。孟明视作好一切准备，挑选了国内精兵，拨发了五百辆兵车。秦穆公拿出大量的粮食和财帛，把将士的家属安顿好。将士的斗志旺盛，整装出发。

大军渡黄河的时候，孟明视对将士说：“咱们这回出来，可是有进没退，我想把船烧了，大家看怎么样？”大伙说：“烧吧！打胜了还怕没有船吗？打败了，也别回来了。”

孟明视的兵士们憋了几年的气闷和仇恨,全在这时候迸发出来。没有几天工夫,就一举夺回了上次丢了的两个城,接着又攻下晋国的几座大城。

晋国这才感到秦国攻势的厉害,上上下下都着了慌。晋襄公跟大臣商量以后,下了命令:只许守城,不许跟秦国人开战。秦国的大军在晋国的地面上来回挑战,没有一个晋国人敢出来。

有人对秦穆公说:“晋国已经认输了。他们不敢出来交战。主公不如埋了崤山的尸骨回去,也可以洗刷以前的耻辱了。”

秦穆公就率领大军到崤山,把三年前作战死亡将士留下的尸骨收拾起来,埋在山坡里。秦穆公带领孟明视等将士,祭奠了一番,才班师回国。

西部小国和西戎部落,一听到秦国打败了中原的霸主晋国,争先恐后地向秦国进贡。秦国从此就做了西戎的霸主。

22

一鸣惊人的楚庄王

秦国打败晋国之后，一连十几年两国没有发生战事。可是南方的楚国却一天比一天强大，一心要跟中原的霸主晋国争夺地位。

公元前 613 年，楚成王的孙子楚庄王新即位，做了国君。晋国趁这个机会，把几个一向归附楚国的国家又拉了过去，订立盟约。楚国的大臣们很不服气，都向楚庄王提出要他出兵争霸权。

无奈楚庄王不听那一套，白天打猎，晚上喝酒，听音乐，什么国家大事，全不放在心上，就这样窝窝囊囊地过了三年。他知道大臣们对他的作为很不满意，还下了一道命令：谁要是敢劝谏，就判谁的死罪。

有个名叫伍举的大臣，实在看不过去，决心去见楚庄王。楚庄王正在那里寻欢作乐，听到伍举要见他，就把伍举

召到面前，问："你来干什么？"

伍举说："有人让我猜个谜儿，我猜不着。大王是个聪明人，请您猜猜吧。"

楚庄王听说要他猜谜儿，觉得怪有意思，就笑着说："你说出来听听。"

伍举说："楚国山上，有一只大鸟，身披五彩，样子挺神气。可是一停三年，不飞也不叫，这是什么鸟？"

楚庄王心里明白伍举说的是谁。他说："这可不是普通的鸟。这种鸟，不飞则已，一飞将要冲天；不鸣则已，一鸣将要惊人。你去吧，我已经明白了。"

过了一段时期，另一个大臣苏从看看楚庄王没有动静，又去劝说楚庄王。

楚庄王问他："你难道不知道我下的禁令吗？"

苏从说："我知道。只要大王能够听我的意见，我就是触犯了禁令，被判了死罪，也是心甘情愿的。"

楚庄王高兴地说："你们都是真心为了国家好，我哪会不明白呢？"

打这以后，楚庄王决心改革政治，把一批奉承拍马的人撤了职，把敢于进谏的伍举、苏从提拔起来，帮助他处理国家大事；一面制造武器，操练兵马。当年，就收服了南方许多部落。第六年，打败了宋国。第八年，又打败了陆浑（在今河南嵩县东北）的戎族，一直打到周都洛邑附近。

为了显示楚国的兵威，楚庄王在洛邑的郊外举行了一次大检阅。

这一来，可把那个挂名的周天子吓坏了。他派一个大臣王孙满到郊外去慰劳楚军。

楚庄王和王孙满交谈的时候，楚庄王问起周王宫里藏着的九鼎大小轻重怎么样。九鼎是象征周王室权威的礼器。楚庄王问起九鼎，就是表示他有夺取周天子权力的野心。

王孙满是个善于应付的人。他劝说楚庄王：国家的强盛，主要靠德行服人，不必去打听鼎的轻重。楚庄王自己知道当时还没有灭掉周朝的条件，也就带兵回国了。

以后，楚庄王又请了一位楚国有名的隐士孙叔敖当令尹（楚国的国相）。孙叔敖当了令尹以后，开垦荒地，挖掘河道，奖励生产。为了免除水灾旱灾，他还组织楚国人开辟河道，能灌溉成百万亩庄稼，每年多打了不少粮食。没几年工夫，楚国更加强大起来，先后平定了郑国和陈国的两次内乱，终于和中原霸主晋国冲突起来。

公元前597年，楚庄王率领大军攻打郑国，晋国派兵救郑。在邲地（今河南郑州市东）和楚国发生了一次大战。晋国从来没有打过这么惨的败仗，人马死了一半，另一半逃到黄河边。船少人多，兵士争着渡河，许多人被挤到水里去了。掉到水里的人往船上爬，船上的兵士怕翻船，拿刀把往船上爬的兵士手指头都砍了下来。

有人劝楚庄王追上去，把晋军赶尽杀绝。楚庄王说："楚国自从城濮失败以来，一直抬不起头来。这回打了这么大的胜仗，总算洗刷了以前的耻辱，何必多杀人呢？"

说着，立即下令收兵，让晋国的残兵逃了回去。

打那以后，这个一鸣惊人的楚庄王就成了霸主。

从齐桓公、晋文公、宋襄公、秦穆公到楚庄王，前前后后总共五个霸主，历史上通常称他们是“春秋五霸”。

23

伍子胥过昭关

在诸侯大国争夺霸权的斗争中，大国兼并小国，扩张了土地。可是大国的诸侯不得不把新得到的土地分封给立了功的大夫。大夫的势力大了起来。他们之间也经常发生斗争。大国国内的矛盾尖锐起来，都想把争夺霸权的战争暂时停止下来。

为了这个缘故，宋国大夫向戌（音 xū）在晋、楚两国之间奔走，做调停人。

公元前546年，晋楚两国和其他几个国家，在宋国举行了“弭兵会议”（弭音 mǐ，弭兵就是停止战争）。在这次会议上，晋国的大夫和楚国的大夫代表南北两个集团讲了和，订了盟约。规定除齐、秦两个大国外，各小国都要向晋、楚两国同样朝贡。晋楚两国平分霸权，以后五十多年里，没发生大的战争。

到楚庄王的孙子楚平王即位之后，楚国渐渐衰落了。

公元前522年，楚平王要把原来的太子建废掉。这时候，太子建和他的老师伍奢正在城父（在河南襄城西）镇守。楚平王怕伍奢不同意，先把伍奢叫来，诬说太子建正在谋反。

伍奢说什么也不承认，立刻被关进监狱。

楚平王一面派人去杀太子建，一面又逼伍奢写信给他的两个儿子伍尚和伍子胥，叫他们回来，以便一起除掉。大儿子伍尚回到郢都（今湖北江陵西北，郢音 yǐng），就跟父亲伍奢一起，被楚平王杀害。太子建事先得到风声，带着儿子公子胜逃到宋国去了。

伍奢的另一个儿子伍子胥，也从楚国逃出来，他赶到宋国，找到了太子建。不巧宋国发生内乱，伍子胥又带着太子建、公子胜逃到郑国，想请郑国帮他们报仇。可是郑国国君郑定公没有同意。

太子建报仇心切，竟勾结郑国的一些大臣想夺郑定公的权，被郑定公杀了。伍子胥只好带着公子胜逃出郑国，投奔吴国（都城在今江苏苏州）。

楚平王早就下令悬赏捉拿伍子胥，叫人画了伍子胥的像，挂在楚国各地的城门口，嘱咐各地官吏盘查。

伍子胥带着公子胜逃出郑国后，白天躲藏，晚上赶路，来到吴楚两国交界的昭关（在今安徽含山县北）。关上的官吏盘查得很紧。传说伍子胥一连几夜愁得睡不着觉，连头发也愁白了。幸亏他们遇到了一个好心人东皋公，同情伍子胥，把他接到自己家里。东皋公有个朋友，模样有点像伍

子胥。东皋公让他冒充伍子胥过关。守关的逮住了这个假伍子胥,而那个真伍子胥因为头发全白,面貌变了,守关的认不出来,就被他混出关去。

伍子胥出了昭关,害怕后面有追兵,急忙往前跑。前面是一条大江拦住去路。伍子胥正在着急,江上有个打鱼的老头儿划着一只小船过来,把伍子胥渡过江去。

过了大江,伍子胥感激万分,摘下身边的宝剑,交给老渔人,说:"这把宝剑是楚王赐给我祖父的,值一百两金子。现在送给你,好歹表表我的心意。"

老渔人说:"楚王为了追捕你,出了五万石粮食的赏金,还答应封告发人大夫爵位。我不贪图这个赏金、爵位,难道会要你这宝剑吗?"

伍子胥连忙向老渔人赔礼,收了宝剑,辞别老渔人走了。

伍子胥到了吴国,吴国的公子光正想夺取王位。在伍子胥帮助下,公子光杀了吴王僚(音 liáo),自立为王。这就是吴王阖闾(音 hé lǘ)。

吴王阖闾即位之后,封伍子胥为大夫,帮助他处理国家大事;又用了一位将军孙武,是个善于用兵的大军事家。吴王依靠伍子胥和孙武这两个人,整顿兵马,先兼并了临近几个小国。

公元前 506 年,吴王阖闾拜孙武为大将,伍子胥为副将,亲自率领大军,向楚国进攻,连战连胜,把楚国的军队打得一败涂地,一直打到郢都。

那时,楚平王已经死去,他的儿子楚昭王也逃走了。伍子胥恨透了楚平王，刨了他的坟，还把平王的尸首挖出来狠狠鞭打了一顿。

吴军占领了郢都。楚国人申包胥逃到秦国，向秦国求救。秦哀公没同意出兵。申包胥在秦国宫门外赖着不走，日日夜夜痛哭，竟哭了七天七夜。秦哀公终于被感动了，说："楚国虽然暴虐无道，但是有这样好的臣子，怎能眼看他们亡国！"

秦哀公派兵救楚国，击败了吴军，吴王阖闾才撤兵回国。

吴王阖闾回到吴国都城，把第一大功归给孙武。孙武不愿意做官，回乡隐居去了。他留下的一部《孙子兵法》，是我国最早的杰出的军事著作。

24

孔子周游列国

吴王阖闾在伍子胥、孙武的帮助下，大败楚国，声势很大，连中原一些大国都受到威胁，首先受到威胁的是齐国。齐国自从齐桓公死后，国内一直很不安定。后来到齐景公当了国君，用了一位有才能的大臣晏婴当相国，刷新朝政，齐国又开始兴盛起来。

公元前500年，齐景公和晏婴想拉拢邻国鲁国和中原诸侯，把齐桓公当年的事业重新干一下，就写信给鲁定公，约他在齐鲁交界的夹谷地方开个会。

那时候，诸侯开会，都得有个大臣当助手，称作“相礼”。鲁定公决定让鲁国的司寇（管司法的长官）孔子担任这件事。

孔子名叫孔丘，是鲁国陬邑（今山东曲阜东南，陬音zōu）人。他父亲是个地位不高的武官。孔子三岁时父亲就死了，靠他母亲带着他搬到曲阜住下来，把他抚养成人。据说他从小很爱学礼节，没有事儿，就摆上小盆小盘什么的，学着大人祭天祭祖的样子。

孔子年轻时候，读书很用功。他十分崇拜周朝初年那位制礼作乐的周公，对古礼特别熟悉。当时读书人应当学的“六艺”，也就是礼节、音乐、射箭、驾车、书写、计算，他都比较精通。他办事认真。开头他当过管理仓库的小吏，物资从来没有缺少；后来又当管理牧业的小吏，牛羊就繁殖得很多。没到三十岁，名声就渐渐大了起来。

有些人愿意拜他做老师，他就索性办了个私塾，收起学生来。鲁国的大夫孟僖子（僖音 xī）临死时，嘱咐他的两个儿子孟懿子和南宫敬叔到孔子那儿去学礼。靠南宫敬叔的推荐，鲁昭公还让孔子到周朝的都城洛邑去考察周朝的礼乐。

孔子三十五岁那年，鲁昭公被鲁国掌权的三家大夫——季孙氏、孟孙氏、叔孙氏轰走了。孔子就到齐国去，求见齐景公，跟齐景公谈了他的政治主张。齐景公待他很客气，还想用他。但是相国晏婴认为孔子的主张不切实际，结果齐景公没用他。孔子再回到鲁国，仍旧教他的书。跟随孔子学习的学生越来越多。

到了公元前501年，鲁定公派孔子做中都（今山东汶上县）宰，第二年，做了司空（管理工程的长官），又从司空调做了司寇。

这一回，鲁定公把准备到夹谷跟齐国会盟的事告诉了孔子，孔子说：“齐国屡次侵犯我边境，这次约我们会盟，我

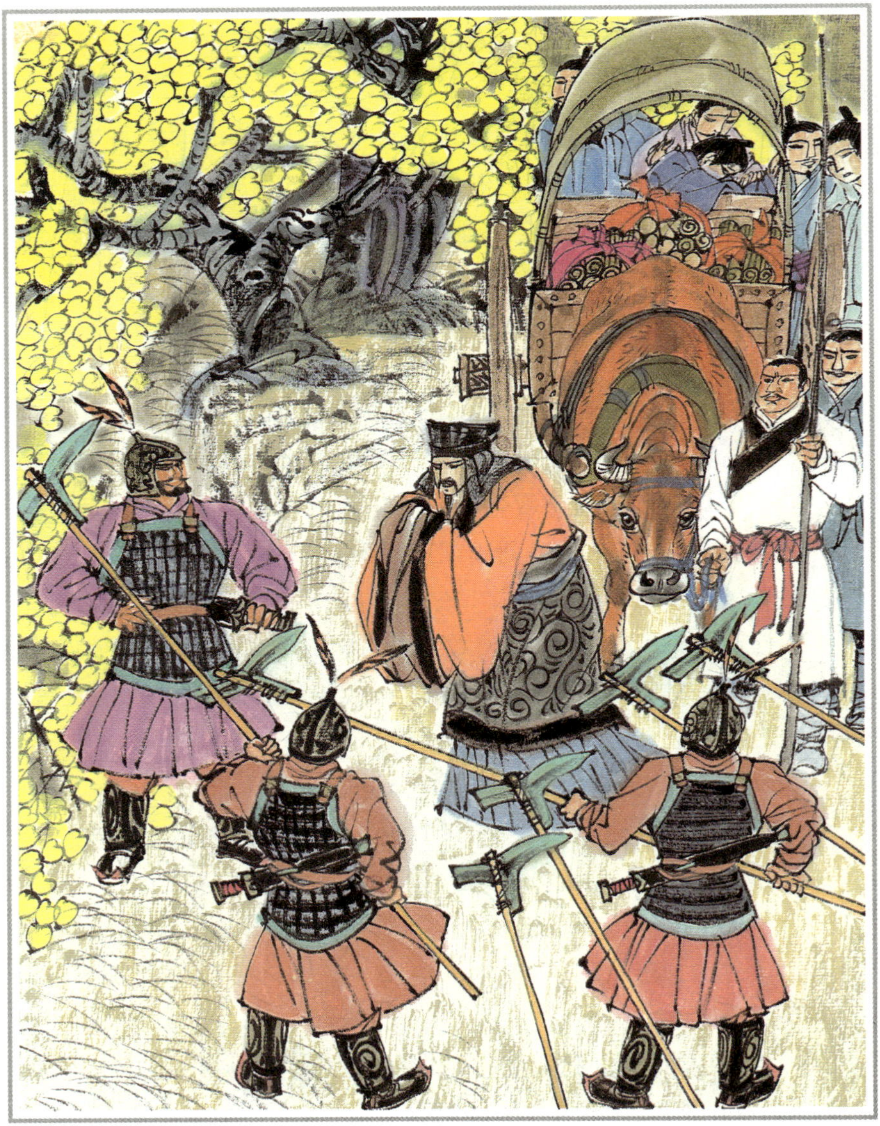

们也得有兵马防备着。希望把左右司马都带去。”

鲁定公同意孔子的主张，又派了两员大将带了一些人马，随同他上夹谷去。

在夹谷会议上，由于孔子的相礼，鲁国取得了外交上的胜利。会后，齐景公决定把从鲁国侵占过来的汶阳（今山东泰安西南）地方的三处土地还给鲁国。

齐国的大夫黎鉏（chú）认为孔子留在鲁国做官对齐国不利，劝齐景公给鲁定公送一班女乐去。齐景公同意了，就挑选了八十名歌女送到鲁国去。

鲁定公接受了这班女乐，天天吃喝玩乐，不管国家政事。孔子想劝说他，他躲着孔子。这件事使孔子感到很失望。孔子的学生说：“鲁君不办正事，咱们走吧！”

打那以后，孔子离开鲁国，带着一批学生周游列国，希望找个机会实行他的政治主张。可是，那个时候，大国都忙于争霸的战争，小国都面临着被并吞的危险，整个社会正在发生变革。孔子宣传的一套恢复周朝初年礼乐制度的主张，当然没有人接受。

他先后到过卫国、曹国、宋国、郑国、陈国、蔡国、楚国。这些国家的国君都没有用他。

有一回，孔子在陈、蔡一带，楚昭王打发人请他。陈、蔡的大夫怕孔子到了楚国，对他们不利，发兵在半路上把孔子截住。孔子被围困在那里，断了粮，几天都没吃上饭。后来，楚国派了兵来，才给他解了围。

孔子在列国奔波了七八年，碰了许多钉子，年纪也老了。末了，他还是回到鲁国，把精力放到整理古代文化典籍和教育学生上面。

孔子在晚年还整理了几种重要的古代文化典籍，像《诗经》、《尚书》、《春秋》等。《诗经》是我国最早的一部诗歌总集，共收集西周、春秋时期的诗歌三百零五篇，其中有不少是反映古代社会生活的民间歌谣，它在我国文学史上占有很重要的地位。《尚书》是一部我国上古历史文献的汇编。《春秋》是根据鲁国史料编成的一部历史书，它记载着公元前722年到前481年的大事。

公元前479年，孔子去世。他死后，他的弟子继续传授他的学说，形成了一个儒家学派，孔子成了儒家学派的创始人。孔子的学术思想在后世影响很大，他被公认为我国古代第一位大思想家、大教育家。

25

勾践卧薪尝胆

吴王阖闾打败楚国，成了南方霸主。吴国跟附近的越国（都城在今浙江绍兴）素来不和。公元前 496 年，越国国王勾践即位。吴王趁越国刚刚遭到丧事，就发兵打越国，吴越两国在槜李（今浙江嘉兴西南，槜音 zuì）地方，发生一场大战。

吴王阖闾满以为可以打赢，没想到打了个败仗，自己又中箭受了重伤，再加上上了年纪，回到吴国，就咽了气。

吴王阖闾死后，儿子夫差即位。阖闾临死时对夫差说："不要忘记报越国的仇。"

夫差记住这个嘱咐，叫人经常提醒他。他经过宫门，手下的人就扯开了嗓子喊："夫差！你忘了越王杀你父亲的仇恨吗？"

夫差流着眼泪说："不，不敢忘。"

他叫伍子胥和另一个大臣伯嚭（音 pǐ）操练兵马，准备攻打越国。

过了两年,吴王夫差亲自率领大军去打越国。越国有两个很能干的大夫,一个叫文种,一个叫范蠡(音 lǐ)。范蠡对勾践说:“吴国练兵快三年了。这回决心报仇,来势凶猛。咱们不如守住城,不要跟他们作战。”

勾践不同意,也发大军去跟吴国人拼个死活。两国的军队在太湖一带打上了。越军果然大败。

越王勾践带了五千个残兵败将逃到会稽,被吴军围困起来。

勾践弄得一点办法都没有了。他跟范蠡说:“懊悔没有听你的话,弄到这步田地。现在该怎么办?”

范蠡说:“咱们赶快去求和吧。”

勾践派文种到吴王营里去求和。文种在夫差面前把勾践愿意投降的意思说了一遍。吴王夫差想同意,可是伍子胥坚决反对。

文种回去后,打听到吴国的伯嚭是个贪财好色的小人,就把一批美女和珍宝,私下送给伯嚭,请伯嚭在夫差面前讲好话。

经过伯嚭在夫差面前一番劝说,吴王夫差不顾伍子胥的反对,答应了越国的求和,但是要勾践亲自到吴国去。

文种回去向勾践报告了。勾践把国家大事托付给文种,自己带着夫人和范蠡到吴国去。

勾践到了吴国,夫差让他们夫妇俩住在阖闾的大坟旁边一间石屋里,叫勾践给他喂马。范蠡跟着做奴仆的工作。夫差每次坐车出去,勾践就给他拉马,这样过了两年,夫差认为勾践真心归顺了他，就放勾践回国。

勾践回到越国后，立志报仇雪耻。他唯恐眼前的安逸消磨了自己的志气，在吃饭的地方挂上一个苦胆，每逢吃饭的时候，就先尝一尝苦味，还自己问：“你忘了会稽的耻辱吗？”他还把席子撤去，用柴草当作褥子。这就是后来人传颂的“卧薪尝胆”。

勾践决定要使越国富强起来，他亲自参加耕种，叫他的夫人自己织布，来鼓励生产。因为越国遭到亡国的灾难，人口大大减少，他订出奖励生育的制度。他叫文种管理国家大事，叫范蠡训练人马，自己虚心听从别人的意见，救济贫苦的百姓。全国的老百姓都巴不得多加一把劲，好叫这个受欺压的国家改变成为强国。

26

范蠡和文种

越王勾践整顿内政，努力生产，使国力渐渐强盛起来，他就和范蠡、文种两个大臣经常商议怎样讨伐吴国的事。

这时候，吴王夫差因为当上了霸主，骄傲起来，一味贪图享乐。文种劝说勾践向吴王进贡美女。越王勾践派人专门物色最美的女子。结果在苎萝山（今浙江诸暨南）上找到一个美人，名叫西施。勾践就派范蠡把西施献给夫差。

夫差一见西施，果然容貌出众，把她当作下凡的仙女，宠爱得不得了。

有一回，越国派文种去跟吴王说：越国年成不好，闹了饥荒，向吴国借一万石粮，过了年归还。夫差看在西施的面上，当然答应了。

转过年来，越国年成丰收。文种把一万石粮亲自送还吴国。

夫差见越国十分守信用,更加高兴。他把越国的粮食拿来一看,粒粒饱满,就对伯嚭说:“越国的粮食颗粒比我们大,就把这一万石卖给老百姓做种子吧。”

伯嚭把这些粮食分给农民,命令大家去种。到了春天,种子下去了,等了十几天,还没有抽芽。大家想,好种子也许出得慢一点,就耐心地等着。没想到,过不了几天,那撒下去的种子全烂了。他们想再撒自己的种子,已经误了下种的时候。

这一年,吴国闹了大饥荒,吴国的百姓全恨夫差。他们哪里想到,这是文种的计策。那还给吴国的一万石粮,原来是经过蒸熟了又晒干的粮食,怎么还能抽芽呢?

勾践听到吴国闹饥荒,就想趁此机会发兵。

文种说:“还早着呢。一来,吴国刚闹荒,国内并不空虚;二来,还有个伍子胥在,不好办。”

勾践听了,觉得文种的话有道理,就继续操练兵马,扩大军队。

公元前 484 年,吴王夫差要去打齐国。伍子胥急忙去见夫差,说:“我听说勾践卧薪尝胆,跟百姓同甘共苦,看样子一定要想报吴国的仇。不除掉他,总是个后患。希望大王先去灭了越国。”

吴王夫差哪里肯听伍子胥的话,照样带兵攻打齐国,结果打了胜仗回来。文武百官全都道贺,只有伍子胥反倒批评说:“打败齐国,只是占点小便宜;越国来灭吴国,才是大祸患。”

这样一来,夫差越来越讨厌伍子胥,再加上伯嚭在背后尽说伍子胥坏话。夫差给伍子胥送去一口宝剑，逼他自杀。

伍子胥临死的时候，气愤地对使者说：“把我的眼珠挖去，放在吴国东门，让我看看勾践是怎样打进来的。”

夫差杀了伍子胥，任命伯嚭做了太宰。

公元前482年，吴王夫差约会鲁哀公、晋定公等在黄池（河南封丘县西南）会盟，把精兵都带走了，只留了一些老弱残兵。

等夫差从黄池得意洋洋地回来，越王勾践已经率领大军攻进了吴国国都姑苏。吴国士兵远道回来，已经够累了，加上越军都是经过多年训练的，士气旺盛。两下一交手，吴军被打得大败。

夫差没奈何，只好派伯嚭去向勾践求和。勾践和范蠡一商量，决定暂时答应讲和，退兵回去。

公元前475年，越王勾践作好了充分准备，大规模地进攻吴国，吴国接连打了败仗。越军把吴都包围了两年，夫差被逼得走投无路，说：“我没有面目见伍子胥了。”说着，就用衣服遮住自己的脸，自杀了。

越王勾践灭了吴国，坐在夫差原来坐的朝堂里。范蠡、文种和别的官员都来朝见他。吴国的太宰伯嚭也站在那里等着受封，他认为自己帮了勾践不少忙呢。

勾践对伯嚭说：“你是吴国的大臣，我不敢收你做臣子，你还是去陪伴你的国君吧。”

伯嚭垂头丧气地退了出去。勾践派人追上去，把他杀了。

勾践灭了吴国，又带着大军渡过淮河，在徐州约会中原诸侯。周天子也派使臣送祭肉给勾践。打这以后，越国的兵马横行在江淮一带，诸侯都承认他是霸主。

勾践得胜回国，开了个庆功大会，大赏功臣，可就少了个范蠡。传说他带着西施，隐姓埋名跑到别国去了。

范蠡走前，留给文种一封信，说，"飞鸟打光了，好的弓箭该收藏起来；兔子打完了，就轮到把猎狗烧来吃了。越王这个人，可以跟他共患难，不可以共安乐，您还是赶快走吧。"

文种不信。有一天，勾践派人给他送来一口剑。文种一看，正是当年夫差叫伍子胥自杀的那口宝剑。文种后悔没听范蠡的话，只好自杀了。

吴越争霸已经是春秋时期的一个尾声。随着社会生产力的发展和奴隶起义的不断爆发，奴隶社会渐渐瓦解，到了公元前475年，进入战国时期。我国的封建社会是从那个时候算起的。

27

墨子破云梯

在战国初年的时候，楚国的国君楚惠王想重新恢复楚国的霸权。他扩大军队，要去攻打宋国。

楚惠王重用了一个当时最有本领的工匠。他是鲁国人，名叫公输般，也就是后来人们称为鲁班的。公输般使用斧子不用说是最灵巧的了，谁要想跟他比一比使用斧子的本领，那就是不自量力。所以后来有个成语，叫做“班门弄斧”。

公输般被楚惠王请了去，当了楚国的大夫。他替楚王设计了一种攻城的工具，比楼车还要高，看起来简直是高得可以碰到云端似的，所以叫做云梯。

楚惠王一面叫公输般赶紧制造云梯，一面准备向宋国进攻。楚国制造云梯的消息一传扬出去，列国诸侯都有点担心。特别是宋国，听到楚国要来进攻，更加觉得大祸

临头。

楚国想进攻宋国的事,也引起了一些人的反对。反对得最厉害的是墨子。

墨子,名翟(音 dí),是墨家学派的创始人。他反对铺张浪费,主张节约;他要他的门徒穿短衣草鞋,参加劳动,以吃苦为高尚的事。如果不刻苦,就是算违背他的主张。

墨子还反对那种为了争城夺地而使百姓遭到灾难的混战。这回他听到楚国要利用云梯去侵略宋国,就急急忙忙地亲自跑到楚国去,跑得脚底起了泡,出了血,他就把自己的衣服撕下一块裹着脚走。

这样奔走了十天十夜,到了楚国的都城郢都。他先去见公输般,劝他不要帮助楚惠王攻打宋国。

公输般说:"不行呀,我已经答应楚王了。"

墨子就要求公输般带他去见楚惠王,公输般答应了。在楚惠王面前,墨子很诚恳地说:"楚国土地很大,方圆五千里,地大物博;宋国土地不过五百里,土地并不好,物产也不丰富。大王为什么有了华贵的车马,还要去偷人家的破车呢?为什么要扔了自己的绣花绸袍,去偷人家一件旧短褂子呢?"

楚惠王虽然觉得墨子说得有道理,但是不肯放弃攻宋国的打算。公输般也认为用云梯攻城很有把握。

墨子直截了当地说:"你能攻,我能守,你也占不了便宜。"

他解下了身上系着的皮带,在地下围着当做城墙,再拿几块小木板当作攻城的工具,叫公输般来演习一下,比一比本领。

公输般采用一种方法攻城，墨子就用一种方法守城。一个用云梯攻城，一个就用火箭烧云梯；一个用撞车撞城门，一个就用滚木礌石砸撞车；一个用地道，一个用烟熏。

公输般用了九套攻法，把攻城的方法都使完了，可是墨子还有好些守城的高招没有使出来。

公输般呆住了，但是心里还不服，说："我想出了办法来对付你，不过现在不说。"

墨子微微一笑说："我知道你想怎样来对付我，不过我也不说。"

楚惠王听两人说话像打哑谜一样，弄得莫名其妙，问墨子说："你们究竟在说什么？"

墨子说："公输般的意思很清楚，不过是想把我杀掉，以为杀了我，宋国就没有人帮助他们守城了。其实他打错了主意。我来到楚国之前，早已派了禽滑釐等三百个徒弟守住宋城，他们每一个人都学会了我的守城办法。即使把我杀了，楚国也是占不到便宜的。"

楚惠王听了墨子一番话，又亲自看到墨子守城的本领，知道要打胜宋国没有希望，只好说："先生的话说得对，我决定不进攻宋国了。"

这样，一场战争就被墨子阻止了。

28

三家瓜分晋国

经过春秋时期长期的争霸战争，许多小的诸侯国被大国并吞了。有的国家内部发生了变革，大权渐渐落在几个大夫手里。这些大夫原来也是奴隶主贵族，后来他们采用了封建的剥削方式，转变为地主阶级。有的为了扩大自己的势力，还用减轻赋税的办法，来笼络人心。这样，他们的势力就越来越大了。

一向称为中原霸主的晋国，到了那个时候，国君的权力也衰落了，实权由六家大夫把持。他们各有各的地盘和武装，互相攻打。后来有两家被打散了，还剩下智家、赵家、韩家、魏家。这四家中，又以智家的势力最大。

智家的大夫智伯瑶想侵占其他三家的土地，对三家大夫赵襄子、魏桓子、韩康子说："晋国本来是中原霸主，后来被吴、越夺去了霸主地位。为了使晋国强大起来，我主张每家都拿出一百里土地和户口来归给公家。”

三家大夫都知道智伯瑶存心不良，想以公家的名义来压他们交出土地。可是三家心不齐，韩康子首先把土地和一万家户口割让给智家；魏桓子不愿得罪智伯瑶，也把土地、户口让了。

智伯瑶又向赵襄子要土地，赵襄子可不答应，说：“土地是上代留下来的产业，说什么也不送人。”

智伯瑶气得火冒三丈，马上命令韩、魏两家一起发兵攻打赵家。

公元前455年，智伯瑶自己率领中军，韩家的军队担任右路，魏家的军队担任左路，三队人马直奔赵家。

赵襄子自知寡不敌众，就带着赵家兵马退守晋阳（今山西太原市）。

没有多少日子，智伯瑶率领的三家人马已经把晋阳城团团围住。赵襄子吩咐将士们坚决守城，不许交战。逢到三家兵士攻城的时候，城头上箭好像飞蝗似地落下来，使三家人马没法前进一步。

晋阳城凭着弓箭死守了两年多。三家兵马始终没有能把它攻下来。

有一天，智伯瑶到城外察看地形，看到晋阳城东北的那条晋水，忽然想出了一个主意：晋水绕过晋阳城往下流去，要是把晋水引到西南边来，晋阳城不就淹了吗？他就吩咐兵士在晋水旁边另外挖一条河，一直通到晋阳，又在上游筑起坝，拦住上游的水。

这时候正赶上雨季，水坝上的水满了。智伯瑶命令兵士在水坝上开了个豁口。这样,大水就直冲晋阳,灌到城里去了。

城里的房子被淹了,老百姓不得不跑到房顶上去避难,灶头也被淹没在水里,人们不得不把锅子挂起来做饭。可是,晋阳城的老百姓恨透了智伯瑶,宁可淹死,也不肯投降。

智伯瑶约韩康子、魏桓子一起去察看水势。他指着晋阳城得意地对他们两人说:“你们看,晋阳不是快完了吗?早先我还以为晋水像城墙一样能拦住敌人,现在才知道大水也能灭掉一个国家呢。”

韩康子和魏桓子表面上顺从地答应,心里暗暗吃惊。原来魏家的封邑安邑(今山西夏县西北)、韩家的封邑平阳(今山西临汾县西南)旁边各有一条河道。智伯瑶的话正好提醒了他们,晋水既能淹晋阳,说不定哪一天安邑和平阳也会遭到晋阳同样的命运呢。

晋阳被大水淹了之后,城里的情况越来越困难了。

赵襄子非常着急,对他的门客张孟谈说:“民心固然没变,可是要是水势再涨起来,全城也就保不住了。”

张孟谈说:“我看韩家和魏家把土地割让给智伯瑶,是不会心甘情愿的,我想办法找他们两家说说去。”

当天晚上,赵襄子就派张孟谈偷偷地出城,先找到了韩康子,再找到魏桓子,约他们反过来一起攻打智伯瑶。韩、魏两家正在犹豫,给张孟谈一说,自然都同意了。

第二天夜里,过了三更,智伯瑶正在自己的营里睡着,猛然间听见一片喊杀的声音。他连忙从卧榻上爬起来,发现衣裳和被子全湿了,再定睛一看,兵营里全是水。他开始还以为大概是堤坝决口，大水灌到自己营里来了，赶紧叫兵士们去抢修。但是不一会，水势越来越大，把兵营全淹了。

智伯瑶正在惊慌不定，霎时，四面八方响起了战鼓。赵、韩、魏三家的士兵驾着小船、木筏，一齐冲杀过来。智家的兵士，被砍死的和淹死在水里的不计其数。智伯瑶全军覆没，他自己也被三家的人马逮住杀了。

赵、韩、魏三家灭了智家，不但把智伯瑶侵占两家的土地收了回来，连智家的土地也由三家平分。以后，他们又把晋国留下的其他土地也瓜分了。

公元前 403 年，韩、赵、魏三家打发使者上洛邑去见周威烈王，要求周天子把他们三家封为诸侯。周威烈王想，不承认也没有用，不如做个顺水人情，就把三家正式封为诸侯。

打那以后，韩（都城在今河南禹县，后迁至今河南新郑）、赵（都城在今山西太原东南，后迁至今河北邯郸）、魏（都城在今山西夏县西北，后迁至今河南开封）都成为中原大国，加上秦、齐、楚、燕四个大国，历史上称为“战国七雄”。

29

商鞅南门立木

在战国七雄中，秦国的政治、经济、文化各方面都比中原各诸侯国落后。毗邻的魏国就比秦国强，还从秦国夺去了河西一大片地方。

公元前361年，秦国的新君秦孝公即位。他下决心发愤图强，首先搜罗人才。他下了一道命令，说："不论是秦国人或者外来的客人，谁要是能想办法使秦国富强起来的，就封他做官。"

秦孝公这样一号召，果然吸引了不少有才干的人。有一个卫国的贵族公孙鞅（就是后来的商鞅），在卫国得不到重用，跑到秦国，托人引见，得到秦孝公的接见。

商鞅对秦孝公说："一个国家要富强，必须注意农业，奖励将士；要打算把国家治好，必须有赏有罚。有赏有罚，朝廷有了威信，一切改革也就容易进行了。"

秦孝公完全同意商鞅的主张。可是秦国的一些贵族和大臣却竭力反对。秦孝公一看反对的人这么多，自己刚刚即位，怕闹出乱子来，就把改革的事暂时搁了下来。

过了两年，秦孝公的君位坐稳了，就拜商鞅为左庶长（秦国的官名），说："从今天起，改革制度的事全由左庶长拿主意。"

商鞅起草了一个改革的法令，但是怕老百姓不信任他，不按照新法令去做，就先叫人在都城的南门竖了一根三丈高的木头，下命令说："谁能把这根木头扛到北门去，就赏十两金子。"

不一会，南门口围了一大堆人，大家议论纷纷。有的说："这根木头谁都拿得动，哪儿用得着十两赏金？"有的说："这大概是左庶长有心开玩笑吧。"

大伙儿你瞧我，我瞧你，就是没有一个敢上去扛木头的。

商鞅知道老百姓还不相信他下的命令，就把赏金提到五十两。没有想到赏金越高，看热闹的人越觉得不近情理，仍旧没人敢去扛。

正在大伙儿议论纷纷的时候，人群中有一个人跑出来，说："我来试试。"他说着，真的把木头扛起来就走，一直搬到北门。

商鞅立刻派人传出话来，赏给扛木头的人五十两黄澄澄的金子，一分也没少。

这件事立即传了开去，一下子轰动了秦国。老百姓说："左庶长的命令不含糊。"

商鞅知道，他的命令已经起了作用，就把他起草的新法令公布了出去。新法令赏罚分明，规定官职的大小和爵位的高低以打仗立功为标准。贵族没有军功的就没有爵位；多生产粮食和布帛的，免除官差；凡是为了做买卖和因为懒惰而贫穷的，连同妻子儿女都罚做官府的奴婢。

秦国自从商鞅变法以后，农业生产增加了，军事力量也强大了。不久，秦国进攻魏国的西部，从河西打到河东，把魏国的都城安邑也打了下来。

公元前350年，商鞅又实行了第二次改革，改革的主要内容是：

一、废井田，开阡陌（阡陌就是田间的大路）。秦国把这些宽阔的阡陌铲平，也种上庄稼，还把以前作为划分疆界用的土堆、荒地、树林、沟地等，也开垦起来。谁开垦荒地，就归谁所有。土地可以买卖。

二、建立县的组织，把市镇和乡村合并起来，组织成县，由国家派官吏直接管理。这样，中央政权的权力更集中了。

三、迁都咸阳。为了便于向东发展，把国都从原来的雍城（今陕西凤翔县）迁移到渭河北面的咸阳（今陕西咸阳市东北）。

这样大规模的改革，当然要引起激烈的斗争。许多贵族、大臣都反对新法。有一次，秦国的太子犯了法。商鞅对秦孝公说："国家的法令必须上下一律遵守。要是上头的人不能遵守，下面的人就不信任朝廷了。太子犯法，他的师傅应当受罚。"

结果，商鞅把太子的两个师傅公子虔和公孙贾都办了罪，一个割掉了鼻子，一个在脸上刺上字。这一来，一些贵族、大臣都不敢触犯新法了。

这样过了十年，秦国果然越来越富强，周天子打发使者送祭肉来给秦孝公，封他为“方伯”（一方诸侯的首领），中原的诸侯国也纷纷向秦国道贺。魏国不得不割让河西土地，把国都迁到大梁（今河南开封）。

30

孙膑庞涓斗智

魏惠王也学秦孝公的样，要找一个商鞅式的人才。他花了好些金钱招徕天下豪杰。当时有个魏国人叫庞涓的来求见，向他讲了些富国强兵的道理。魏惠王听了挺高兴，就拜庞涓为大将。

庞涓真有点本领。他天天操练兵马，先从附近几个小国下手，一连打了几个胜仗，后来连齐国也给他打败了。打那时候起，魏惠王更加信任庞涓。

庞涓自以为是了不起的能人。可是他知道，他有一个同学齐国人孙膑（音 bìn），本领比他强。据说孙膑是吴国大将孙武的后代，只有他知道祖传的《孙子兵法》。

魏惠王也听到孙膑的名声，有一次跟庞涓说起孙膑。庞涓派人把孙膑请来，跟他一起在魏国共事。哪儿知道庞涓存心不良，背后在魏惠王面前诬陷孙膑私通齐国。魏惠王十分恼怒，把孙膑办了罪，在孙膑的脸上刺了字，还剜掉了他的两块膝盖骨。

幸好齐国有一个使臣到魏国访问，偷偷地把孙膑救了出来，带回齐国。

齐国大将田忌听说孙膑是个将才，把他推荐给齐威王。齐威王也正在改革图强。他跟孙膑谈论兵法后，大为赏识，只恨没早点见面。

公元前354年，魏惠王派庞涓进攻赵国，围了赵国的国都邯郸（音hán dān，今河北邯郸西南）。第二年，赵国向齐威王求救。齐威王想拜孙膑为大将，孙膑忙推辞说："不行。我是个受过刑的残废人，当了大将，会给人笑话。大王还是请拜田大夫为大将吧。"

齐威王就拜田忌为大将，孙膑为军师，发兵去救赵国。孙膑坐在一辆有篷帐的车子里，帮助田忌出主意。

孙膑对田忌说："现在魏国把精锐的兵力都拿去攻赵国，国内大多是些老弱残兵，十分空虚。咱们不如去攻魏国大梁。庞涓听到了，一定会放弃邯郸，往回跑。我们在半道上等着，迎头痛击他一顿，准能把他打败。"

田忌就按照这个计策去做。庞涓的军队已经攻下邯郸，忽然听说齐国打大梁去了，立刻吩咐退兵。刚退到桂陵（今河南长垣西北）地方，正碰上齐国兵马。两下里一开仗，庞涓大败。

齐国大军得胜而归，邯郸之围也解除了。

公元前341年，魏国又派兵攻打韩国。韩国也向齐国求救。那时候，齐威王已经死了。他的儿子齐宣王派田忌、

孙膑带兵救韩国。孙膑又使出他的老法子，不去救韩，却直接去攻魏国。

庞涓得到本国的告急文书，只好退兵赶回去，齐国的兵马已经进魏国了。

魏国发动大量兵力，由太子申率领，抵抗齐军。这时候，齐军已经退了。庞涓察看一下齐军扎过营的地方，发现齐军的营盘占了很大的地方。他叫人数了数做饭的炉灶，足够十万人吃饭用的。庞涓吓得说不出话来。

第二天，庞涓带领大军赶到齐国军队第二回扎营的地方，数了数炉灶，只有能够供五万人用的了。

第三天，他们追到齐国军队第三回扎营的地方，仔细数了数炉灶，只剩了两万人用的了。庞涓这才放了心，笑着说："我早知道齐军都是胆小鬼。十万大军到了魏国，才三天工夫，就逃散了一大半。"他吩咐魏军没日没夜地按着齐国军队走过的路线追上去。

一直追到马陵（今河北大名县东南），正是天快黑的时候。马陵道十分狭窄，路旁边都是障碍物。庞涓恨不得一步赶上齐国的军队，就吩咐大军摸黑往前赶去。忽然前面的兵士回来报告说："前面的路给木头堵住啦！"

庞涓上前一看，果然见道旁的树全砍倒了，只留下一棵最大的没砍，细细瞧去，那棵树的一面还刮去了树皮，露出一条树瓤来，上面影影绰绰还写着几个大字，因为天色昏暗，看不清楚。

庞涓叫兵士拿火来照。有几个兵士点起火把来。趁着火光一瞧，那树瓤上面写的是："庞涓死于此树下。"

庞涓大吃一惊，连忙吩咐将士撤退，已经晚了。四周不知道有多少箭，像飞蝗似地朝魏军射来，一时间，马陵道两旁杀声震天，到处是齐国的兵士。

原来这是孙膑设下的计策，他故意天天减少炉灶的数目，引诱庞涓追上来。他算准魏兵在这时辰到达马陵，预先埋伏着一批弓箭手，吩咐他们只等树下有火光，就一齐放箭。庞涓走投无路，只得拔剑自杀。

齐军乘胜大破魏军，把魏国的太子申也俘虏了。

打这以后，孙膑的名气传遍了各诸侯国。他写的《孙膑兵法》一直流传到现在。

31

张仪拆散联盟

自从孙膑打败魏军，魏国失了势，秦国却越来越强大。秦孝公死后，他儿子秦惠文王掌了权，不断扩张势力，引起了其他六国的恐慌。怎样对付秦国的进攻呢？有一些政客帮六国出主意，主张六国结成联盟，联合抗秦。这种政策叫做“合纵”。还有一些政客帮助秦国到各国游说，要他们靠拢秦国，去攻击别的国家。这种政策叫做“连横”。其实这些政客并没有固定的政治主张，不过凭他们能说会道的嘴皮子混饭吃，不管哪国诸侯，不管哪种主张，只要谁能给他做大官就行。

在这些政客中，最出名的要数张仪。张仪是魏国人，在魏国穷困潦倒，跑到楚国去游说，楚王没接见他。楚国的令尹把他留在家里作门客。有一次，令尹家里丢失了一块名贵的璧。令尹家看张仪穷，怀疑璧是被张仪偷去的，把张仪抓起来打个半死。

张仪垂头丧气回到家里，他妻子抚摸着张仪满身伤痕，心疼地说："你要是不读书，不出去谋官做，哪会受这样的委屈！"

张仪张开嘴，问妻子说："我的舌头还在吗？"

妻子说："舌头当然还长着。"

张仪说："只要舌头在，就不愁没有出路。"

后来，张仪到了秦国，凭他的口才，果然得到秦惠文王的信任，当上了秦国的相国。这时候，六国正在组织合纵。公元前318年，楚、赵、魏、韩、燕五国组成一支联军，攻打秦国的函谷关。其实，五国之间内部也有矛盾，不肯齐心协力。经不起秦军一反击，五国联军就失败了。

在六国之中，齐、楚两国是大国。张仪认为要实行"连横"，非把齐国和楚国的联盟拆散不可。他向秦惠文王献了个计策，就被派到楚国去了。

张仪到了楚国，先拿贵重的礼物送给楚怀王手下的宠臣靳尚（靳音jìn），求见楚怀王。

楚怀王听到张仪的名声很大，认真地接待他，并且向张仪请教。

张仪说："秦王特地派我来跟贵国交好。要是大王下决心跟齐国断交，秦王不但情愿跟贵国永远和好，还愿意把商于（今河南淅川县西南）一带六百里的土地献给贵国。这样一来，既削弱了齐国的势力，又得了秦国的信任，岂不是两全其美。"

楚怀王是个糊涂虫，经张仪一游说，就挺高兴地说：

"秦国要是真能这么办,我何必非要拉着齐国不撒手呢?"

楚国的大臣们听说有这样便宜事儿,都向楚怀王庆贺。只有陈轸提出反对意见。他对怀王说:"秦国为什么要把商于六百里地送给大王呢?还不是因为大王跟齐国订了盟约吗?楚国有了齐国作自己的盟国,秦国才不敢来欺负咱们。要是大王跟齐国绝交,秦国不来欺负楚国才怪呢。秦国如果真的愿意把商于的土地让给咱们,大王不妨打发人先去接收。等商于六百里土地到手以后,再跟齐国绝交也不算晚。"

楚怀王听信张仪的话,拒绝陈轸的忠告,一面跟齐国绝交,一面派人跟着张仪到秦国去接收商于。

齐宣王听说楚国同齐国绝交,马上打发使臣去见秦惠文王,约他一同进攻楚国。

楚国的使者到咸阳去接收商于,想不到张仪翻脸不认账,说:"没有这回事,大概是你们大王听错了吧。秦国的土地哪儿能轻易送人呢?我说的是六里,不是六百里,而且是我自己的封地,不是秦国的土地。"

使者回来一回报,气得楚怀王直翻白眼,发兵十万人攻打秦国。秦惠文王也发兵十万人迎战,同时还约了齐国助战。楚国一败涂地。十万人马只剩了两三万,不但商于六百里地没到手,连楚国汉中六百里的土地也给秦国夺了去。楚怀王只好忍气吞声地向秦国求和,楚国从此大伤元气。

张仪用欺骗手段收服了楚国,后来又先后到齐国、赵国、燕国,说服各国诸侯"连横"亲秦。这样,六国"合纵"联盟终于被张仪拆散了。

32

赵武灵王胡服骑射

当楚国正在遭到秦国欺负的时候，北方的赵国倒在发奋图强。赵国的国君武灵王，眼光远，胆子大，想方设法要把国家改革一番。

有一天，赵武灵王对他的臣子楼缓说：“咱们东边有齐国、中山（古国名），北边有燕国、东胡，西边有秦国、韩国和楼烦（古部落名）。我们要不发奋图强，随时会被人家灭了。要发奋图强，就得好好来一番改革。我觉得咱们穿的服装，长袍大褂，干活打仗，都不方便，不如胡人（泛指北方的少数民族）短衣窄袖，脚上穿皮靴，灵活得多。我打算仿照胡人的风俗，把服装改一改，你们看怎么样？”

楼缓听了很赞成，说：“咱们仿照胡人的穿着，也能学习他们打仗的本领了，是不是？”

赵武灵王说：“对啊！咱们打仗全靠步兵，或者用马拉车，但是不会骑马打仗。我打算学胡人的穿着，就是要学胡人那样骑马射箭。”

这个议论一传开去，就有不少大臣反对。赵武灵王又跟另一个大臣肥义商量：“我想用胡服骑射来改革咱们国家的风俗，可是大家反对，怎么办。”

肥义说：“要办大事不能犹豫，犹豫就办不成大事。大王既然认为这样做对国家有利，何必怕大家讥笑？”

赵武灵王听了很高兴，说：“我看讥笑我的是些蠢人，明理的人都会赞成我。”

第二天上朝的时候，赵武灵王首先穿着胡人的服装出来。大臣们见到他短衣窄袖的穿着，都吓了一跳。赵武灵王把改穿胡服的事向大家讲了，可是大臣们总觉得这件事太丢脸，不愿这样办。赵武灵王有个叔叔公子成，是赵国一个很有影响的老臣，头脑十分顽固。他听到赵武灵王要改服装，就干脆装病不上朝。

赵武灵王下了决心，非实行改革不可。他知道要推行这个新办法，首先要打通他那老叔叔的思想，就亲自上门找公子成，跟公子成反复地讲穿胡服、学骑射的好处。公子成终于被说服了。赵武灵王立即赏给公子成一套胡服。

大臣们一见公子成也穿起胡服来了，没有话说，只好跟着改了。

赵武灵王看到条件成熟，就正式下了一道改革服装的命令。过了没有多少日子，赵国人不分贫富贵贱，都穿起胡服来了。有的人开头觉得有点不习惯，后来觉得穿了胡服，实在方便得多。

赵武灵王接着又号令大家学习骑马射箭。不到一年，训练了一支强大的骑兵队伍。公元前305年，赵武灵王亲自率领骑兵打败临近的中山，又收服了东胡和临近几个部落。到了实行胡服骑射的第七年，中山、林胡、楼烦都被收服了，还扩大了好多土地。赵武灵王就打算同秦国比个高低啦。

赵武灵王经常带兵在外打仗，把国内的事交给儿子管。公元前299年，他正式传位给儿子，就是赵惠文王。武灵王自己改称主父（意思是国君的父亲）。

赵主父为了要打败秦国，把国内的事安排好以后，决心亲自到秦国去考察一番地形，并且观察一下秦昭襄王的为人。他打扮成赵国的一名使臣，带着几个手下人，上秦国去。

到了咸阳，赵主父以使臣的身份拜见秦昭襄王，还向他报告了赵武灵王传位的事情。

秦昭襄王接见了那个假“使臣”后，觉得那个“使臣”的态度举止，既大方，又威严，不像个普通人，心里有点犯疑。过了几天，秦昭襄王又派人去请他，发现那个“使臣”已经不告而别了。客馆里留着一个赵国来的手下人。秦昭襄王把他找来一问，才知道他接见的原来就是有名的赵主父。秦昭襄王大吃一惊，立刻叫大将白起带领精兵，连夜追赶。追兵到函谷关，赵主父已经出关三天了。

33

孟尝君的门客

秦昭襄王为了拆散齐楚联盟,他使用两种手段。对楚国他用的是硬手段,对齐国他用的是软手段。他听说齐国最有势力的大臣是孟尝君,就邀请孟尝君上咸阳来,说是要拜他为丞相。

孟尝君是齐国的贵族,名叫田文。他为了巩固自己的地位,专门招收人才。凡是投奔到他门下来的,他都收留下来,供养他们。这种人叫做门客,也叫做食客。据说,孟尝君门下一共养了三千个食客。其中有许多人其实没有什么本领,只是混口饭吃。

孟尝君上咸阳去的时候,随身带了一大帮门客。秦昭襄王亲自欢迎他。孟尝君献上一件纯白的狐狸皮的袍子作见面礼。秦昭襄王知道这是很名贵的银狐皮,很高兴地把它藏在内库里。

秦昭襄王本来打算请孟尝君当丞相，有人对他说："田文是齐国的贵族，手下人又多。他当了丞相，一定先替齐国打算，秦国不就危险了吗？"

秦昭襄王说："那么，还是把他送回去吧。"

他们说："他在这儿已经住了不少日子，秦国的情况他差不多全知道，哪儿能轻易放他回去呢？"

秦昭襄王就把孟尝君软禁起来。

孟尝君十分着急，他打听到秦王身边有个宠爱的妃子，就托人向她求救。那个妃子叫人传话说："叫我跟大王说句话并不难，我只要一件银狐皮袍。"

孟尝君和手下的门客商量，说："我就这么一件，已经送给秦王了，哪里还能要得回来呢？"

其中有个门客说："我有办法。"

当天夜里，这个门客就摸黑进王宫，找到了内库，把狐皮袍偷了出来。

孟尝君把狐皮袍子送给秦昭襄王的宠妃。那个妃子得了皮袍，就向秦昭襄王劝说把孟尝君释放回去。秦昭襄王果然同意了，发下过关文书，让孟尝君他们回去。

孟尝君得到文书，急急忙忙地往函谷关跑去。他怕秦王反悔，还改名换姓，把文书上的名字也改了。到了关上，正赶上半夜里。依照秦国的规矩，每天早晨，关上要到鸡叫的时候才许放人。大伙儿正在愁眉苦脸盼天亮的时候，忽然有个门客捏着鼻子学起公鸡叫来。一声跟着一声，附近的公鸡全都叫起来了。

守关的人听到鸡叫，开了城门，验过过关文书，让孟尝

君出了关。

秦昭襄王果然后悔，派人赶到函谷关，孟尝君已经走远了。

孟尝君回到齐国，当了齐国的相国。他门下的食客就更多了。他把门客分为几等：头等的门客出去有车马，一般的门客吃的有鱼肉，至于下等的门客，就只能吃粗茶淡饭了。

有个名叫冯驩（一作冯爰）的老头子，穷苦得活不下去，投到孟尝君门下来作食客。孟尝君问管事的："这个人有什么本领？"

管事的回答说："他说没有什么本领。"

孟尝君笑着说："把他留下吧。"

管事的懂得孟尝君的意思，就把冯驩当作下等门客对待。

过了几天，冯驩靠着柱子敲敲他的剑哼起歌来："长剑呀，咱们回去吧，吃饭没有鱼呀！"

管事的报告孟尝君，孟尝君说："给他鱼吃，照一般门客的伙食办吧！"

又过了五天，冯驩又敲打他的剑唱起来："长剑呀，咱们回去吧，出门没有车呀！"

孟尝君听到这个情况，又跟管事的说："给他备车，照上等门客一样对待。"

又过了五天，孟尝君又问管事的，那位冯先生还有什么意见。管事的回答说："他又在唱歌了，说什么没有钱养家呢。"

孟尝君问了一下，知道冯驩家里有个老娘，就派人给他老娘送了些吃的穿的。这一来，冯驩果然不再唱歌了。

孟尝君养了这么多的门客，管吃管住，光靠他的俸禄是远远不够花的。他就在自己的封地薛城（今山东滕县东南）向老百姓放债收利息，来维持他家的巨大的耗费。

有一天，孟尝君派冯驩到薛城去收债。冯驩临走的时候，向孟尝君告别，问："回来的时候，要买点什么东西来？"

孟尝君说："你瞧着办吧，看我家缺什么就买什么。"

冯驩到了薛城，把欠债的百姓都召集拢来，叫他们把债券拿出来核对。老百姓正在发愁还不出这些债，冯驩却当众假传孟尝君的决定：还不出债的，一概免了。

老百姓听了将信将疑，冯驩干脆点起一把火，把债券烧掉。

冯驩赶回临淄，把收债的情况原原本本告诉孟尝君。孟尝君听了十分生气："你把债券都烧了，我这里三千人吃什么！"

冯驩不慌不忙地说："我临走的时候您不是说过，这儿缺什么就买什么吗？我觉得您这儿别的不缺少，缺少的是老百姓的情义，所以我把'情义'买回来了。"

孟尝君很不高兴地说："算了吧！"

后来，孟尝君的声望越来越大。秦昭襄王听到齐国重用孟尝君，很担心，暗中打发人到齐国去散播谣言，说孟尝君收买民心，眼看就要当上齐王了。齐湣王听信这些话，认为孟尝君名声太大，威胁他的地位，决定收回孟尝君的相印。孟尝君被革了职，只好回到他的封地薛城去。

这时候，三千多门客大都散了，只有冯驩跟着他，替他驾车上薛城。当他的车马离开薛城还差一百里的时候，只见薛城的百姓，扶老携幼，都来迎接。

孟尝君看到这番情景，十分感触。对冯驩说："你过去给我买的'情义'，我今天才看到了。"

34

燕昭王求贤

打从孟尝君被撤了相位以后，齐湣王又和楚、魏两国灭了宋国，更加骄横起来。他一心想兼并列国，自己来当天子。这一来，列国诸侯对他都不满意；特别是齐国北面的燕国，受到齐国的欺负，更想找机会报仇。

燕国本来也是个大国。后来传到燕王哙（音 kuài）手里，听信了坏人的主意，竟学起传说中尧舜让位的办法来，把王位让给了相国子之。燕国将军和太子平进攻子之，燕国发生大乱。齐国借平定燕国内乱的名义，打进燕国，燕国差点被灭掉。后来燕国军民把太子平立为国君，奋起反抗，把齐国军队赶了出去。

太子平即位，就是燕昭王。他立志使燕国强大起来，下决心物色治国的人才，可是没找到合适的人。有人提醒他，老臣郭隗（音 wěi）挺有见识，不如去找他商量一下。

燕昭王亲自登门拜访郭隗，对郭隗说："齐国趁我们国家内乱侵略我们，这个耻辱我是忘不了的。但是现在燕国国力弱小，还不能报这个仇。要是有个贤人来帮助我报仇雪耻，我宁愿伺候他。您能不能推荐这样的人才呢？"

郭隗摸了摸自己的胡子，沉思了一下说："要推荐现成的人才，我也说不上，请允许我先说个故事吧。"接着，他就说了个故事：

古时候，有个国君，最爱千里马。他派人到处寻找，找了三年都没找到。有个侍臣打听到远处某个地方有一匹名贵的千里马，就跟国君说，只要给他一千两金子，准能把千里马买回来。那个国君挺高兴，就派侍臣带了一千两金子去买。没料到侍臣到了那里，千里马已经害病死了。侍臣想，空着双手回去不好交代，就把带去的金子拿出一半，把马骨买了回来。

侍臣把马骨献给国君，国君大发雷霆，说："我要你买的是活马，谁叫你花了钱把没用的马骨买回来？"侍臣不慌不忙地说："人家听说你肯花钱买死马，还怕没有人把活马送上来？"

国君将信将疑，也不再责备侍臣。这个消息一传开，大家都认为那位国君真爱惜千里马。不出一年，果然从四面八方送来了好几匹千里马。

郭隗说完这个故事，说："大王一定要征求贤才，就不妨把我当马骨来试一试吧。"

燕昭王听了大受启发，回去以后，马上派人造了一座很精致的房子给郭隗住，还拜郭隗做老师。各国有才干的人听到燕昭王这样真心实意招请人才，纷纷赶到燕国来求见。其中最出名的是赵国人乐毅。燕昭王拜乐毅为亚卿，请他整顿国政，训练兵马，燕国果然一天天强大起来。

这时候，燕昭王看到齐湣王骄横自大，不得人心，就对乐毅说："现在齐王无道，正是我们雪耻的时候，我打算发动全国人马去打齐国，你看怎么样？"

乐毅说："齐国地广人多，靠我们一个国家去打，恐怕不行。大王要攻打齐国，一定要跟别的国家联合起来。"

燕昭王就派乐毅到赵国跟赵惠文王接上了头，另派人跟韩、魏两国取得联络，还叫赵国去联络秦国，这些国家看不惯齐国的霸道，都愿意跟燕国一起发兵。

公元前 284 年，燕昭王拜乐毅为上将军，统率五国兵马，浩浩荡荡杀奔齐国。

齐湣王听说五国联军打过来，也着了慌，把全国兵马集中起来抵抗联军，在济水的西面打了一仗。由于乐毅善于指挥，五国人马士气旺盛，把齐国军队打得一败涂地，齐湣王逃回临淄去了。

赵、韩、秦、魏的将士打了胜仗，各自占领了齐国的几座城，不想再打下去了。只有乐毅不肯罢休，他亲自率领燕国军队，长驱直入，一直打下了齐国都城临淄。齐湣王不得不出走，最后在莒城被人杀死。

燕昭王认为乐毅立了大功，亲自到济水边劳军，论功行赏，封乐毅为昌国君。

35

田单的火牛阵

乐毅出兵半年，接连攻下齐国七十多座城池。最后只剩了莒城（今山东莒县，莒音 jǔ）和即墨（今山东平度县东南）两个地方。莒城的齐国大夫立齐王儿子为新王，就是齐襄王。乐毅派兵进攻即墨，即墨的守城大夫出去抵抗，在战斗中受伤死了。

即墨城里没有守将，差点儿乱了起来。这时候，即墨城里有一个齐王远房亲戚，叫做田单，是带过兵的。大家就公推他做将军，带领大家守城。

田单跟兵士们同甘共苦，还把本族人和自己的家属都编在队伍里，抵抗燕兵。即墨人都很钦佩他，守城的士气旺盛起来了。

乐毅把莒城和即墨围困了三年，没有攻下来。燕国有人妒忌乐毅，在燕昭王面前说：乐毅能在半年之内打下七十

多座城，为什么费了三年还攻不下这两座城呢？并不是他没有这个能耐，而是想收服齐国人的心，等齐国人归顺了他，他自己当齐王。

燕昭王非常信任乐毅。他说："乐毅的功劳大得没法说，就是他真的做了齐王，也是完全应该的。你们怎么能说他的坏话！"

燕昭王还真的打发使者到临淄去见乐毅，封乐毅为齐王。乐毅十分感激燕昭王，但宁死也不肯接受封王的命令。

这样一来，乐毅的威信反而更高了。

又过了两年，燕昭王死了。太子即位，就是燕惠王。田单一听到这个消息，认为是个好机会，暗中派人到燕国去散布流言，说乐毅本来早就当上齐王了。为了讨先王（指燕昭王）的好，才没接受称号。如今新王即位，乐毅就要留在齐国做王了。要是燕国另派一个大将来，一定能攻下莒城和即墨。

燕惠王本来跟乐毅有疙瘩，听了这个谣言，就决定派大将骑劫到齐国去代替乐毅。乐毅本来是赵国人，就回到赵国去了。

骑劫当了大将，接管了乐毅的军队。燕军的将士都不服气，可大伙儿敢怒而不敢言。

骑劫下令围攻即墨，围了好几层。可是城里的田单，早已把决战的步骤准备好了。

隔了不多天，燕国兵将听到附近老百姓在谈论。有的说："以前乐将军太好了，抓了俘虏还好好对待，城里人当然用不着怕。要是燕国人把俘虏的鼻子都削去，齐国人还敢打仗吗?"

有的说:"我的祖宗的坟都在城外,要是燕国军队真的刨起坟来,可怎么办呢?"

这些议论传到骑劫耳朵里。骑劫就真的把齐国俘虏的鼻子都削去,又叫兵士把齐国城外的坟都刨了。

即墨城里的人听说燕国的军队这样虐待俘虏,全都气愤极了。他们还在城头上瞧见燕国的兵士刨他们的祖坟,恨得咬牙切齿,纷纷向田单请求,要跟燕国人拼个死活。

田单还打发几个人装作即墨的富翁,偷偷地给骑劫送去金银财宝,说:"城里的粮食已经完了,不出几天就要投降。贵国大军进城的时候,请将军保全我们的家小。"

骑劫高兴地接受了财物,满口答应。

这样一来,燕军净等着即墨人投降,认为用不到再打仗了。

田单挑选了一千多头牛,把它们打扮起来。牛身上披着一块被子,上面画着大红大绿、希奇古怪的花样。牛角上捆着两把尖刀,尾巴上系着一捆浸透了油的苇束。

一天午夜,田单下令凿开十几处城墙,把牛队赶到城外,在牛尾巴上点上了火。牛尾巴一烧着,一千多头牛被烧得牛性子发作起来,朝着燕军兵营方向猛冲过去。齐军的五千名"敢死队"拿着大刀长矛,紧跟着牛队,冲杀上去。

城里,无数的老百姓都一起来到城头,拿着铜壶、铜盆,狠命地敲打起来。

一时间,一阵震天动地的呐喊声夹杂着鼓声、铜器声,惊醒了燕国人的睡梦。大伙儿睡眼蒙眬,只见火光炫耀,成百上千脑袋上长着刀的怪兽，已经冲过来了。许多士兵吓得腿都软了，哪儿还想抵抗呢？

别说那一千多头牛角上捆的刀扎死了多少人，那五千名敢死队砍死了多少人，就是燕国军队自己乱窜狂奔，被踩死的也不计其数。

燕将骑劫坐着战车，想杀出一条活路，哪儿冲得出去，结果被齐兵围住，丢了性命。

齐军乘胜反攻。整个齐国都轰动起来了，那些被燕国占领地方的将士百姓，都纷纷起兵，杀了燕国的守将，迎接田单。田单的军队打到哪儿，哪儿的百姓群起响应。不到几个月工夫就收复了被燕国和秦、赵、韩、魏四国占领的七十多座城。

田单把齐襄王从莒城迎回临淄，齐国才从几乎亡国的境地中恢复过来。

36

屈 原 沉 江

楚国自从被秦国打败以后，一直受秦国欺负，楚怀王又想重新和齐国联合。秦昭襄王即位以后，很客气地给楚怀王写信，请他到武关（在陕西丹凤县东南）相会，当面订立盟约。

楚怀王接到秦昭襄王的信，不去呢，怕得罪秦国；去呢，又怕出危险。他就跟大臣们商量。

大夫屈原对楚怀王说："秦国强暴得像豺狼一样，咱们受秦国的欺负不止一次了。大王一去，准上他们的圈套。"

可是怀王的儿子公子子兰却一个劲儿劝楚怀王去，说："咱们为了把秦国当做敌人，结果死了好多人，又丢了土地。如今秦国愿意跟咱们和好，怎么能推辞人家呢。"

楚怀王听信了公子子兰的话，就上秦国去了。

果然不出屈原所料，楚怀王刚踏进秦国的武关，立刻被

秦国预先埋伏下的人马截断了后路。在会见时,秦昭襄王逼迫楚怀王把黔中的土地割让给秦国,楚怀王没答应。秦昭襄王就把楚怀王押到咸阳软禁起来,要楚国大臣拿土地来赎才放他。

楚国的大臣们听到国君被押,把太子立为新的国君,拒绝割让土地。这个国君就是楚顷襄王。公子子兰当了楚国的令尹。

楚怀王在秦国被押了一年多,吃尽苦头。他冒险逃出咸阳,又被秦国派兵追捕了回去。他连气带病,没有多久就死在秦国。

楚国人因为楚怀王受秦国欺负,死在外头,心里很不平。特别是大夫屈原,更是气愤。他劝楚顷襄王搜罗人才,远离小人,鼓励将士,操练兵马,为国家和怀王报仇雪耻。

可是他这种劝告不但不顶事,反倒招来了令尹子兰和靳尚等人的仇视。他们天天在顷襄王面前说屈原的坏话。

他们对楚顷襄王说:"大王没听说屈原数落您吗?他老跟人家说:大王忘了秦国的仇恨,就是不孝;大臣们不主张抵秦,就是不忠。楚国出了这种不忠不孝的君臣,哪儿能不亡国呢?大王,你想想这叫什么话!"

楚顷襄王听了大怒,把屈原革了职,放逐到湘南去。

屈原抱着救国救民的志向,富国强民的打算,反倒被奸臣排挤出去,简直气疯了。他到了湘南以后,经常在汨罗江(在今湖南东北部,汨音 mì)一带一边走,一边唱着伤心的诗歌。

附近的庄稼人知道他是一个爱国的大臣,都挺同情他。

这时候，有一个经常在汨罗江上打鱼的渔父，很佩服屈原的为人，但就是不赞成他那愁闷的样子。

有一天，屈原在江边遇见渔父。渔父对屈原说："您不是楚国的大夫吗？怎么会弄到这等地步呢？"

屈原说："许多人都是肮脏的，只有我是个干净人；许多人都喝醉了，只有我还醒着。所以我被赶到这儿来了。"

渔父不以为然地说："既然您觉得别人都是肮脏的，就不该自鸣清高；既然别人喝醉了，那么您何必独自清醒呢！"

屈原反对说："我听人说过，刚洗头的总要把帽子掸掸，刚洗澡的人总是喜欢掸掸衣上的灰尘。我宁愿跳进江心，埋在鱼肚子里去，也不能拿自己干净的身子跳到污泥里，去染得一身脏。"

由于屈原不愿意随波逐流活着，到了公元前 278 年五月初五那天，他终于抱着一块大石头，跳到汨罗江里自杀了。

附近的庄稼人，得到这个信儿，都划着小船去救屈原。可是一片汪洋大水，哪儿有屈原的影儿。大伙儿在汨罗江上捞了半天，也没有找到屈原的尸体。

渔父很难受，他对着江面，把竹筒子里的米撒了下去，算是献给屈原的。

到了第二年五月初五那一天，当地的百姓想起这是屈原投江一周年的日子，又划了船把竹筒子盛了米撒到水里去祭祀他。后来，他们又把盛着米饭的竹筒子改为粽子，划小船改为赛龙舟。这种纪念屈原的活动渐渐成为一种风俗。人们把每年农历五月初五称为端午节，据说就是这样来的。

屈原死后，留下了一些优秀的诗歌，其中最有名的是《离骚》。他在诗歌里，痛斥卖国的小人，表达了他忧国忧民的心情，对楚国的一草一木，都寄托了无限的深情。后来人们认为屈原是一位我国古代杰出的爱国诗人。

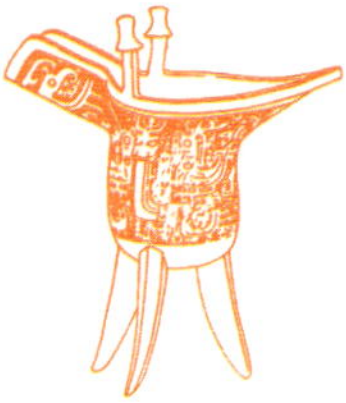

37

蔺相如完璧归赵

公元前283年，秦昭襄王派使者带着国书去见赵惠文王，说秦王情愿让出十五座城来换赵国收藏的一块珍贵的“和氏璧”，希望赵王答应。

赵惠文王就跟大臣们商量，要不要答应。要想答应，怕上秦国的当，丢了和氏璧，拿不到城；要不答应，又怕得罪秦国。议论了半天，还不能决定该怎么办。

当时有人推荐蔺（音 lìn）相如，说他是个挺有见识的人。赵惠文王就把蔺相如召来，要他出个主意。

蔺相如说：“秦国强，赵国弱，不答应不行。”

赵惠文王说：“要是把和氏璧送了去，秦国取了璧，不给城，怎么办呢？”

蔺相如说：“秦国拿出十五座城来换一块璧玉，这个价值是够高的了。要是赵国不答应，错在赵国。大王把和氏璧送了去，要是秦国不交出城来，那么错在秦国。宁可答应，叫秦国担这个错儿。”

赵惠文王说：“那么就请先生上秦国去一趟吧。可是万一秦国不守信用，怎么办呢？”

蔺相如说：“秦国交了城，我就把和氏璧留在秦国；要不然，我一定把璧完好地带回赵国。”（原文是“完璧归赵”。）

蔺相如带着和氏璧到了咸阳。秦昭襄王得意地在别宫里接见他。蔺相如把和氏璧献上去。

秦昭襄王接过璧，看了看，挺高兴。他把璧递给美人和左右侍臣，让大伙儿传着看。大臣们都向秦昭襄王庆贺。

蔺相如站在朝堂上等了老半天，也不见秦王提换城的事。他知道秦昭襄王不是真心拿城来换璧。可是璧已落到别人手里，怎么才能拿回来呢？

他急中生智，上前对秦昭襄王说：“这块璧虽说挺名贵，可是也有点小毛病，不容易瞧出来，让我来指给大王看。”

秦昭襄王信以为真，就吩咐侍从把和氏璧递给蔺相如。

蔺相如一拿到璧，往后退了几步，靠着宫殿上的一根大柱子，瞪着眼睛，怒气冲冲地说：“大王派使者到赵国来，说是情愿用十五座城来换赵国的璧。赵王诚心诚意派我把璧送来。可是，大王并没有交换的诚意。如今璧在我手里。大王要是逼我的话，我宁可把我的脑袋和这块璧在这柱子上一同砸碎！”

说着，他真的拿着和氏璧，对着柱子做出要砸的样子。

秦昭襄王怕他真的砸坏了璧，连忙向他赔不是，说：“先生别误会，我哪儿能说了不算呢？”

他就命令大臣拿上地图来，并且把准备换给赵国的十五座城指给蔺相如看。

蔺相如想，可别再上他的当，就说："赵王送璧到秦国来之前，斋戒了五天，还在朝堂上举行了一个很隆重的仪式。大王如果诚意换璧，也应当斋戒五天，然后再举行一个接受璧的仪式，我才敢把璧奉上。"

秦昭襄王想，反正你也跑不了，就说："好，就这么办吧。"他吩咐人把蔺相如送到宾馆去歇息。

蔺相如回到宾馆，叫一个随从的人打扮成买卖人的模样，把璧贴身藏着，偷偷地从小道跑回赵国去了。

过了五天，秦昭襄王召集大臣们和别国在咸阳的使臣，在朝堂举行接受和氏璧的仪式，叫蔺相如上朝。蔺相如不慌不忙地走上殿去，向秦昭襄王行了礼。

秦昭襄王说："我已经斋戒五天，现在你把璧拿出来吧。"

蔺相如说："秦国自秦穆公以来，前后二十几位君主，没有一个讲信义的。我怕受欺骗，丢了璧，对不起赵王，所以把璧送回赵国去了。请大王治我的罪吧。"

秦昭襄王听到这里，大发雷霆。说："是你欺骗了我，还是我欺骗你？"

蔺相如镇静地说："请大王别发怒，让我把话说完。天下诸侯都知道秦是强国，赵是弱国。天下只有强国欺负弱国，决没有弱国欺压强国的道理。大王真要那块璧的话，请先把那十五座城割让给赵国，然后打发使者跟我一起到赵国去取璧。赵国得到了十五座城以后，决不敢不把璧交出来。”

秦昭襄王听蔺相如说得振振有词，不好翻脸，只得说：“一块璧不过是一块璧，不应该为这件事伤了两家的和气。”

结果，还是让蔺相如回赵国去了。

蔺相如回到赵国，赵惠文王认为他完成了使命，就提拔他为上大夫。秦昭襄王本来也不存心想用十五座城去换和氏璧，不过想借这件事试探一下赵国的态度和力量。蔺相如完璧归赵后，他也没再提交换的事。

38

廉颇负荆请罪

秦昭襄王一心要使赵国屈服，接连侵入赵国边境，占了一些地方。公元前279年，他又要了个花招，请赵惠文王到秦地渑池（今河南渑池县西，渑音miǎn）去会见。赵惠文王开始怕被秦国扣留，不敢去。大将廉颇和蔺相如都认为如果不去，反倒向秦国示弱。

赵惠文王决定硬着头皮去冒一趟险。他叫蔺相如随同他一块儿去，让廉颇留在本国辅助太子留守。

为了防备意外，赵惠文王又派大将李牧带兵五千人护送，相国平原君带兵几万人，在边境接应。

到了预定会见的日期，秦王和赵王在渑池相会，并且举行了宴会，高兴地喝酒谈天。

秦昭襄王喝了几盅酒，带着醉意对赵惠文王说："听说赵王弹得一手好瑟。请赵王弹个曲儿，给大伙儿凑个热

闹。"说罢,真的吩咐左右把瑟拿上来。

赵惠文王不好推辞,只好勉强弹一个曲儿。

秦国的史官当场就把这事记了下来,并且念着说:"某年某月某日,秦王和赵王在渑池相会,秦王令赵王弹瑟。"

赵惠文王气得脸都发紫了。正在这时候,蔺相如拿了一个缶(音 fǒu,一种瓦器,可以打击配乐),突然跪到秦昭襄王跟前,说:"赵王听说秦王挺会秦国的乐器。我这里有个瓦盆,也请大王赏脸敲几下助兴吧。"

秦昭襄王勃然变色,不去理他。

蔺相如的眼睛射出愤怒的光,说:"大王未免太欺负人了。秦国的兵力虽然强大,可是在这五步之内,我可以把我的血溅到大王身上去!"

秦昭襄王见蔺相如这股势头,十分吃惊,只好拿起击棒在缶上胡乱敲了几下。

蔺相如回过头来叫赵国的史官也把这件事记下来,说:"某年某月某日,赵王和秦王在渑池相会。秦王给赵王击缶。"

秦国的大臣见蔺相如竟敢这样伤秦王的体面,很不服气。有人站起来说:"请赵王割让十五座城给秦王上寿。"

蔺相如也站起来说:"请秦王把咸阳城割让给赵国,为赵王上寿。"

秦昭襄王眼看这个局面十分紧张。他事先已探知赵国派大军驻扎在临近地方,真的动起武来,恐怕也得不到便宜,就喝住秦国大臣,说:"今天是两国君王欢会的日子,诸位不必多说。"

这样，两国渑池之会总算圆满而散。

蔺相如两次出使，保全赵国不受屈辱，立了大功。赵惠文王十分信任蔺相如，拜他为上卿，地位在大将廉颇之上。

廉颇很不服气，私下对自己的门客说："我是赵国大将，立了多少汗马功劳。蔺相如有什么了不起？倒爬到我头上来了。哼！我见到蔺相如，总要给他个颜色看看。"

这句话传到蔺相如耳朵里，蔺相如就装病不去上朝。

有一天，蔺相如带着门客坐车出门，真是冤家路窄，老远就瞧见廉颇的车马迎面而来。他叫赶车的退到小巷里去躲一躲。让廉颇的车马先过去。

这件事可把蔺相如手下的门客气坏了，他们责怪蔺相如不该这样胆小怕事。

蔺相如对他们说："你们看廉将军跟秦王比，哪一个势力大？"

他们说："当然是秦王势力大。"

蔺相如说："对呀！天下的诸侯都怕秦王。为了保卫赵国，我就敢当面责备他。怎么我见了廉将军倒反怕了呢。因为我想过，强大的秦国不敢来侵犯赵国，就因为有我和廉将军两人在。要是我们两人不和，秦国知道了，就会乘机来侵犯赵国。就为了这个，我宁愿容让点儿。"

有人把这件事传给廉颇听，廉颇感到十分惭愧。他就裸着上身，背着荆条，跑到蔺相如的家里去请罪。他见了蔺相如说："我是个粗鲁人，见识少，气量窄。哪儿知道您竟这么容让我，我实在没脸来见您。请您责打我吧。"

蔺相如连忙扶起廉颇，说："咱们两个人都是赵国的大臣。将军能体谅我，我已经万分感激了，怎么还来给我赔礼呢。”

两个人都激动得流了眼泪。打这以后，两人就做了知心朋友。

39

范雎的远交近攻计

蔺相如和廉颇同心协力保卫赵国，秦国还真的不敢去侵犯。可是秦国从楚国和魏国却得到了不少土地。那时候，秦国的实权操在秦国的太后和她的兄弟穰（音 ráng）侯魏冉手里。公元前 270 年，穰侯要派兵去打齐国。

正在这时候，秦昭襄王接到一封信，落名叫张禄，说有要紧的事求见。

张禄原是魏国人，原名叫范雎（雎音 jū，一作范睢，音 suī）。本来是魏国大夫须贾（音 gǔ）的门客。有一回，须贾带着范雎出使齐国。齐襄王听说范雎挺有才干，背地里打发人去见范雎，送给他一份厚礼，范雎坚决推辞了。

就为了这件事，须贾怀疑他私通齐国。回到魏国以后，向相国魏齐告发。魏齐将范雎严刑拷问，打得他几乎断了气，肋骨被打折，门牙也打掉了两颗。最后，魏齐叫人用破席把他裹起来，扔在厕所里。

天黑下来，范雎才从昏迷中醒过来，只见一个兵士守着他，范雎恳求他帮助。那个守兵偷偷地放走了他，却向魏齐回报，说范雎已经死了。

为了怕魏齐追捕，范雎更名换姓，自称张禄。

那时候，正好秦国有个使者到魏国去，范雎偷偷地去见使者。使者就把他带到秦国。

范雎到了秦国，给秦昭襄王上了道奏章，秦昭襄王约定日子，在离宫接见他。

到那天，范雎上离宫去，在宫内的半道上，碰见秦昭襄王坐着车子来了。范雎故意装作不知道是秦王，也不躲避。

秦王的侍从大声吆喝："大王来了。"

范雎冷淡地说："什么，秦国还有大王吗？"

正在争吵的时候，秦昭襄王到了，只听见范雎还在那儿嘟囔："只听说秦国有太后、穰侯，哪儿有什么大王？"

这句话正说到秦王的心坎上。他急忙把范雎请到离宫，命令左右退出，单独接见范雎。

秦昭襄王说："我诚恳地请先生指教。不管牵涉到谁，上至太后，下至朝廷百官，先生只管直说。"

范雎就议论开了。他说："秦国土地广大，士卒勇猛，要统治诸侯，本来是很容易办到的事，可是十五年来没有什么成就。这不能不说相国（指穰侯）对秦国没有忠心办事，大王也有失策的地方。"

秦昭襄王说："你说我失策在什么地方？"

范雎说："齐国离秦国很远，中间还隔着韩国和魏国。

大王要出兵打齐国，就算一帆风顺把齐国打败了，大王也没法把齐国和秦国连接起来。我替大王着想，最好的办法就是远交近攻。对离我们远的齐国要暂时稳住，先把一些临近的国家攻下来。这样就能够扩大秦国的地盘。打下一寸就是一寸，打下一尺就是一尺。把韩、魏两国先兼并了，齐国也就保不住了。"

秦昭襄王点头称是，说："秦国要真能打下六国，统一中原，全靠先生远交近攻的计策了。"

当下，秦昭襄王就拜范雎为客聊，并且按照他的计策，把韩国、魏国作为主要的进攻目标。

过了几年，秦昭襄王把相国穰侯撤了职，又不让太后参预朝政，正式拜范雎为丞相。

魏王受到秦国的威胁，十分惊慌。相国魏齐听说秦国的丞相是魏国人，就打发须贾到秦国去求和。

范雎听到须贾到了秦国，换了一身破旧衣服，到客馆里去见他。

须贾一见范雎还活着，吓了一大跳，说："你现在在干什么？"

范雎说："我就在这儿给人家当个使唤人。"

须贾见他身上穿得单薄，冻得打哆嗦，就拿出一件茧绸大褂来，送给范雎，并且留住他一起吃饭。

须贾说："听说秦王非常重用丞相张禄。我很想见见他，不知有没有人能够给我引见？"

范雎说："我的主人倒跟丞相相识。大夫要见丞相，我就伺候你去见他吧。"

范雎陪须贾到了相府门口,对须贾说:“大夫等一会儿,我去通报一下。”

范雎进去不久,里面传出命令:丞相升堂:叫须贾进去。须贾问守门的侍者说:“刚才同我一块儿来的范叔,怎么还不出来?”

守门的说:“哪儿来的范叔,刚才进去的不就是咱们的丞相吗?”

须贾这才知道丞相张禄就是范雎,吓得一身冷汗。他进去后,跪在地上爬到范雎面前,连连磕头,说:“我须贾瞎了眼睛,得罪了丞相,请丞相把我治罪吧。”

范雎把须贾狠狠地数落了一顿,接着说:“你今天见了我,给我这件绸袍子,总算还有点人味儿。看在这个份上,我饶了你的命。”接着,他又叫须贾捎信给魏王,要魏王杀了魏齐,才允许魏国割地求和。

须贾回到魏国,把范雎的话回报了魏王。魏王情愿割地求和。魏齐走投无路,只好自杀。

魏国求和,秦国就按照范雎远交近攻的计策,先向韩国进攻。

40

纸上谈兵的赵括

公元前262年，秦昭襄王派大将白起进攻韩国，占领了野王（今河南沁阳）。截断了上党郡（治所在今山西长治）和韩都的联系，上党形势危急。上党的韩军将领不愿意投降秦国，打发使者带着地图把上党献给赵国。

赵孝成王（赵惠文王的儿子）派军队接收了上党。过了两年，秦国又派王龁（音hé）围住上党。

赵孝成王听到消息，连忙派廉颇率领二十多万大军去救上党。他们才到长平（今山西高平县西北），上党已经被秦军攻占了。

王龁还想向长平进攻。廉颇连忙守住阵地，叫兵士们修筑堡垒，深挖壕沟，跟远来的秦军对峙，准备作长期抵抗的打算。

王龁几次三番向赵军挑战，廉颇说什么也不跟他们交

战。王龁想不出什么法子，只好派人回报秦昭襄王，说：“廉颇是个富有经验的老将，不轻易出来交战。我军老远到这儿，长期下去，就怕粮草接济不上，怎么好呢？”

秦昭襄王请范雎出主意。范雎说：“要打败赵国，必须先叫赵国把廉颇调回去。”

秦昭襄王说：“这哪儿办得到呢？”

范雎说：“让我来想办法。”

过了几天，赵孝成王听到左右纷纷在议论：“秦国就是怕让年轻力强的赵括带兵；廉颇不中用，眼看就快投降啦！”

他们所说的赵括，是赵国名将赵奢的儿子。赵括小时爱学兵法，谈起用兵的道理来，头头是道，自以为天下无敌，连他父亲也不在他眼里。

赵王听信了左右的议论，立刻把赵括找来，问他能不能打退秦军。赵括说：“要是秦国派白起来，我还得考虑怎么对付。如今来的是王龁，如果换上我，打败他不在话下。”

赵王听了很高兴，就拜赵括为大将，去接替廉颇。

蔺相如对赵王说：“赵括只懂得读父亲的兵书，不会临阵应变，不能派他做大将。”可是赵王对蔺相如的劝告听不进去。

赵括的母亲也向赵王上了一道奏章，请求赵王别派他儿子去。赵王把她召了来，问她什么理由。赵母说：“他父亲临终的时候再三嘱咐我说，‘赵括这孩子把用兵打仗看作儿戏似的，谈起兵法来，就眼空四海，目中无人。将来大王不用他还好，如果用他为大将的话，只怕赵军断送在他手里。’所以我请求大王千万别让他当大将。”

赵王说：“我已经决定了，你就别管吧。”

公元前260年，赵括领兵二十万到了长平，请廉颇验过兵符。廉颇办了移交，回邯郸去了。

赵括统率着四十万大军，声势十分浩大。他把廉颇规定的一套制度全部废除，下了命令说：“秦国再来挑战，必须迎头打回去。敌人打败了，就得追下去，非杀得他们片甲不留不算完。”

那边范雎得到赵括替换廉颇的消息，知道自己的反间计成功，就秘密派白起为上将军，去指挥秦军。白起一到长平，布置好埋伏，故意打了几阵败仗。赵括不知是计，拼命追赶。白起把赵军引到预先埋伏好的地区，派出精兵二万五千人，切断赵军的后路；另派五千骑兵，直冲赵军大营，把四十万赵军切成两段。赵括这才知道秦军的厉害，只好筑起营垒坚守，等待救兵。秦国又发兵把赵国救兵和运粮的道路切断了。

赵括的军队，内无粮草，外无救兵，守了四十多天，兵士都叫苦连天，无心作战。赵括带兵想冲出重围，秦军万箭齐发，把赵括射死了。赵军听到主将被杀，也纷纷扔了武器投降。四十万赵军，就在纸上谈兵的主帅赵括手里全部覆没了。

41

毛遂自荐

秦国大军攻打赵都邯郸，赵国虽然竭力抵抗，但因为在长平遭到惨败后，力量不足。赵孝成王要平原君赵胜想办法向楚国求救。平原君是赵国的相国，又是赵王的叔叔。他决心亲自上楚国去跟楚王谈判联合抗秦的事。

平原君打算带二十名文武全才的人跟他一起去楚国。他手下有三千个门客，可是真要找文武双全的人才，却并不容易。挑来挑去，只挑中十九个人，其余都看不中了。

他正在着急的时候，有个坐在末位的门客站了起来，自我推荐说："我能不能来凑个数呢？"

平原君有点惊异，说："您叫什么名字？到我门下来有多少日子了？"

那个门客说："我叫毛遂，到这儿已经三年了。"

平原君摇摇头，说："有才能的人活在世上，就像一把锥子放在口袋里,它的尖儿很快就冒出来了。可是您来到这儿三年,我没有听说您有什么才能啊。”

毛遂说:“这是因为我到今天才叫您看到这把锥子。要是您早点把它放在袋里,它早就戳出来了,难道光露出个尖儿就算了吗?”

旁边十九个门客认为毛遂在说大话,都带着轻蔑的眼光笑他。可平原君倒赏识毛遂的胆量和口才,就决定让毛遂凑上二十人的数,当天辞别赵王,上楚国去了。

平原君跟楚考烈王在朝堂上谈判合纵抗秦的事。毛遂和其他十九个门客都在台阶下等着。从早晨谈起,一直谈到中午,平原君为了说服楚王,把嘴唇皮都说干了,可是楚王说什么也不同意出兵抗秦。

台阶下的门客等得实在不耐烦,可是谁也不知道该怎么办。有人想起毛遂在赵国说的一番豪言壮语,就悄悄地对他说:“毛先生,看你的啦!”

毛遂不慌不忙,拿着宝剑,上了台阶,高声嚷着说:“合纵不合纵,三言两语就可以解决了。怎么从早晨说到现在,太阳都直了,还没说停当呢?”

楚王很不高兴,问平原君:“这是什么人?”

平原君说:“是我的门客毛遂。”

楚王一听是个门客,更加生气,骂毛遂说:“我跟你主人商量国家大事,轮到你来多嘴?还不赶快下去!”

毛遂按着宝剑跨前一步,说:“你用不到仗势欺人。我主人在这里,你破口骂人算什么?”

楚王看他身边带着剑,又听他说话那股狠劲儿,有点害

怕起来，就换了和气的脸色对他说："那您有什么高见，请说吧。"

毛遂说："楚国有五千多里土地，一百万兵士，原来是个称霸的大国。没有想到秦国一兴起，楚国连连打败仗，甚至堂堂的国君也当了秦国的俘虏，死在秦国。这是楚国最大的耻辱。秦国的白起，不过是个没有什么了不起的小子，带了几万人，一战就把楚国的国都——郢都夺了去，逼得大王只好迁都。这种耻辱，就连我们赵国人也替你们害羞，想不到大王倒不想雪耻呢。老实说，今天我们主人跟大王来商量合纵抗秦，主要是为了楚国，也不是单为我们赵国啊。"

毛遂这一番话，真像一把锥子一样，一句句戳痛楚王的心。他不由得脸红了，接连说："说的是，说的是。"

毛遂紧紧钉了一句："那么合纵的事就定了吗？"

楚王说："决定了。"

毛遂回过头，叫楚王的侍从马上拿鸡、狗、马的血来。他捧着铜盘子，跪在楚王的跟前说："大王是合纵的纵约长，请您先歃血（歃血就是把牲畜的血涂在嘴上，表示诚意，是古代订立盟约的时候的一种仪式。歃音 shà）。"

楚王歃血后，平原君和毛遂也当场歃了血。楚、赵结盟以后，楚考烈王就派春申君黄歇为大将，率领八万大军，奔赴赵国。

42

信陵君救赵

楚国派兵救赵的同时，魏国也接受了赵国求援的要求。魏安釐王派大将晋鄙（音 bǐ）率兵救赵国。

秦昭襄王一听到魏、楚两国发兵，亲自跑到邯郸去督战。他派人对魏安釐王说："邯郸早晚得被秦国打下来。谁敢去救，等我灭了赵国，就攻打谁。"魏安釐王被吓唬住了，连忙派人去追晋鄙，叫他就地安营，别再进兵。晋鄙就把十万兵马扎在邺城（今河北临漳县西南），按兵不动。

赵国派使者向魏国催促进兵。魏安釐王想要进兵，怕得罪秦国；不进兵吧，又怕得罪赵国，只好不进不退地停着。赵孝成王十分着急，叫平原君给魏国公子信陵君魏无忌写信求救。因为平原君的夫人是信陵君的姐姐，两家是亲戚。

信陵君接到信，三番五次地央告魏安釐王命令晋鄙进兵。魏王说什么也不答应。信陵君没有办法，对门客说：

"大王不愿意进兵,我决定自己上赵国去,要死也跟他们死在一起。"

当时,不少门客愿意跟信陵君一起去。

信陵君有个他最尊敬的朋友,叫做侯嬴(音 yíng)。信陵君跟侯嬴去告别。侯嬴说:"你们这样上赵国去打秦兵,就像把一块肥肉扔到饿虎嘴边,不是白白去送死吗?"

信陵君叹息着说:"我也知道没有什么用处。可是又有什么办法呢?"

侯嬴支开了旁人,对信陵君说:"咱们大王宫里有个最受宠爱的如姬,对不对?"

信陵君点头说:"对!"

侯嬴接着说:"听说兵符藏在大王的卧室里,只有如姬能把它拿到手。当初如姬的父亲被人害死,她要求大王给她寻找那个仇人,找了三年都没有找到。后来还是公子叫门客找到那仇人,替如姬报了仇。如姬为了这件事非常感激公子。如果公子请如姬把兵符盗出来,如姬一定会答应。公子拿到了兵符,去接管晋鄙的兵权,就能带兵和秦国作战。这比空手去送死不是强多吗?"

信陵君听了,如梦初醒。他马上派人去跟如姬商量,如姬一口答应。当天午夜,乘着魏王熟睡的时候,如姬果然把兵符盗了出来,交给一个心腹,送到信陵君那儿。

信陵君拿到兵符,再一次向侯嬴告别。侯嬴说:"将在外,君命有所不受。万一晋鄙接到兵符,不把兵权交给公子,您打算怎么办?"

信陵君一愣,皱着眉头答不出来。

侯嬴说："我已经给公子考虑好了。我的朋友朱亥（音hài）是魏国数一数二的大力士。公子可以带他去。到那时候，要是晋鄙能痛痛快快地把兵权交出来最好；要是他推三阻四，就让朱亥来对付他。"

信陵君带着朱亥和门客到了邺城，见了晋鄙。他假传魏王的命令，要晋鄙交出兵权。晋鄙验过兵符，仍旧有点怀疑，说："这是军机大事，我还要再奏明大王，才能够照办。"

晋鄙的话音刚落，站在信陵君身后的朱亥大喝一声："你不听大王命令，想反叛吗？"

不由晋鄙分说，朱亥就从袖子里拿出一个四十斤重的大铁锤，向晋鄙劈头盖脑砸过去，结果了晋鄙的性命。

信陵君拿着兵符，对将士宣布一道命令："父子都在军中的，父亲可以回去；兄弟都在军中的，哥哥可以回去；独子没兄弟的，都回去照顾他的父母；其余的人都跟我一起救赵国。"

当下，信陵君就选了八万精兵，出发去救邯郸。他亲自指挥将士向秦国的兵营冲杀。秦将王龁没防备魏国的军队会突然进攻，手忙脚乱地抵抗了一阵，渐渐支持不住了。

邯郸城里的平原君见魏国救兵来到，也带着赵国的军队杀出来。两下一夹攻，打得秦军像山崩似地倒了下来。

秦国多少年来，没有打过这么一个大败仗。王龁带兵败退，还有二万名秦兵被赵兵围困住，投降了。

信陵君救了邯郸，保全了赵国。赵孝成王和平原君十分感激，亲自到城外迎接他。

楚国春申君带领的救赵的军队，还在武关观望，听到秦国打了败仗，邯郸解了围，就带兵回楚国去了。

43

李斯谏逐客

秦国虽然在邯郸打了一次败仗，但是它的实力还很强。第二年（公元前256年）又进攻韩、赵两国，打了胜仗。后来，索性把挂名的东周王朝也灭掉了。秦昭襄王死去后，他的孙子秦庄襄王即位不到三年也死去，年才十三岁的太子嬴政即位。当时，秦国的朝政大权掌握在相国吕不韦手里。

吕不韦原是阳翟（今河南禹州）地方的一个富商，因为帮助庄襄王取得王位，当上了相国。吕不韦当相国以后，也学孟尝君的样子，收留了大批门客，其中有不少是列国来的。

战国时期有许多学派，纷纷著书立说，历史上把这种情况称作“百家争鸣”。吕不韦自己不会写书，他组织他的门客一起编写一部书，叫《吕氏春秋》。书写成后，吕不韦还派人把它挂在咸阳城门上，还发布告示，说谁能对这部书提出意见，不论添个字或者删掉个字，就赏金千两。这一来，他的名气就更响了。

秦王政年纪渐渐大起来，在他二十二岁那年，宫里发生一起叛乱，牵连到吕不韦。秦王政觉得留着吕不韦碍事，把吕不韦免了职。后来又发现吕不韦势力不小，就逼他自杀。

吕不韦一倒台，秦国一些贵族、大臣就议论起来，说列国的人跑到秦国来，都是为他们本国打算，有的说不定是来当间谍的。他们请秦王政把客卿统统撵出秦国。

秦王政接受这个意见，就下了一道逐客令。大小官员，凡不是秦国人，都得离开秦国。

有个楚国来的客卿李斯，原是著名儒家学派代表荀况的学生。他来到秦国，被吕不韦留下来当了客卿。这一回，李斯也挨到被驱逐的份儿，心里挺不服气。离开咸阳的时候，他上了一道奏章给秦王。

李斯在奏章上说："从前秦穆公用了百里奚、蹇叔，当了霸主；秦孝公用了商鞅，变法图强；惠文王用了张仪，拆散了六国联盟；昭襄王有了范雎，提高了朝廷的威望，这四位君主，都是依靠客卿建立了功业。现在到大王手里，却把外来的人才都撵走，这不是帮助敌国增加实力吗？"

秦王政觉得李斯说得有道理，连忙打发人把李斯从半路上找回来，恢复他的官职，还取消了逐客令。

秦王政用李斯当谋士后，一面加强对各国的攻势，一面派人到列国游说诸侯，还用反间、收买等手段，配合武力进攻。韩王安看到这形势，害怕起来，派公子韩非到秦国来求和，表示愿意做秦国的属国。

韩非也是荀况的学生，跟李斯同学。他在韩国看到国家一天天削弱，几次三番向韩王进谏，韩王就是不理他。韩非满肚子学问，没被重用，就关起门来写了一部书，叫《韩非子》。他在书中主张君主要集中权力，加强法治。这部书传到秦国，秦王政看到了十分赞赏，说："如果我能和这个人见见面，该多好啊。"

这一回，韩非受韩王委派来到秦国，看到秦国的强大，上书给秦王，表示愿为秦国统一天下出力。这份奏章一送上去，秦王还没考虑重用韩非，李斯倒先着急起来，怕韩非夺了他的地位。他在秦王面前说："韩非是韩国的公子，大王兼并诸侯，韩非肯定要为韩国打算；如果让他回国，也是个后患，不如找个罪名把他杀了。"

秦王政听了这话，有点犹豫，下令先把韩非扣押起来，准备审问。韩非进了监狱，想辩白也没机会。李斯却给他送来了毒药，韩非只好服药自杀了。

秦王政扣押了韩非，也有点后悔，打发人把韩非放出来，可是已经晚了。秦王政十分懊恼。正在这时候，有个魏国人缭到秦国来，秦王政找他一谈，觉得他是个难得的人才，就任用缭为秦国尉，后来人们称他尉缭。

44

荆轲刺秦王

秦王政重用尉缭，一心想统一中原，不断向各国进攻。他拆散了燕国和赵国的联盟，使燕国丢了好几座城。

燕国的太子丹原来留在秦国当人质，他见秦王政决心兼并列国，又夺去了燕国的土地，就偷偷地逃回燕国。他恨透了秦国，一心要替燕国报仇。但他既不操练兵马，也不打算联络诸侯共同抗秦，却把燕国的命运寄托在刺客身上。他把家产全拿出来，找寻能刺秦王政的人。

后来，太子丹物色到了一个很有本领的勇士，名叫荆轲。他把荆轲收在门下当上宾，把自己的车马给荆轲坐，自己的饭食、衣服让荆轲一起享用。荆轲当然很感激太子丹。

公元前230年，秦国灭了韩国，过了两年，秦国大将王翦（音jiān）占领了赵国都城邯郸，一直向北进军，逼近了燕国。

燕国的太子丹十分焦急，就去找荆轲。太子丹说："拿兵力去对付秦国，简直像拿鸡蛋去砸石头；现在要联合各国合纵抗秦，看来也办不到了。我想，派一位勇士，让他打扮成使者去见秦王，挨近秦王身边，逼他退还诸侯的土地。秦王要是答应了最好，要是不答应，就把他刺死。您看行不行？”

荆轲说：“行是行，但要挨近秦王身边，必定得先叫他相信我们是向他求和去的。听说秦王早想得到燕国最肥沃的土地督亢（在河北涿州、高碑店、固安一带），还有秦国将军樊于期，现在流亡在燕国，秦王正在悬赏通缉他。我要是能拿着樊将军的头和督亢的地图去献给秦王，他一定会接见我。这样，我就可以对付他了。”

太子丹感到为难，说：“督亢的地图好办；樊将军受秦国迫害来投奔我，我怎么忍心伤害他呢？”

荆轲知道太子丹心里不忍，就私下去找樊于期，跟樊于期说：“我有一个主意，能帮助燕国解除祸患，还能替将军报仇，可就是说不出口。”

樊于期连忙说：“什么主意，你快说啊！”

荆轲说：“我决定去行刺，怕的就是见不到秦王的面。现在秦王正在悬赏通缉你，如果我能够带着你的头颅去献给他，他准能接见我。”

樊于期说：“好，你就拿去吧！”说着，就拔出宝剑，抹脖子自杀了。

太子丹事前准备了一把锋利的匕首，叫工匠用毒药煮炼过。谁只要被这把匕首刺出一滴血，就会立刻气绝身死。他把这把匕首送给荆轲，作为行刺的武器，又派了个年才十

三岁的勇士秦舞阳，做荆轲的副手。

公元前227年，荆轲从燕国出发到咸阳去。太子丹和少数宾客穿上白衣白帽，到易水（在今河北易县）边送别。临行的时候，荆轲给大家唱了一首歌：

风萧萧兮易水寒，
壮士一去兮不复还。

大家听了他悲壮的歌声，都伤心得流下眼泪。荆轲拉着秦舞阳跳上车，头也不回地走了。

荆轲到了咸阳。秦王政一听燕国派使者把樊于期的头颅和督亢的地图都送来了，十分高兴，就命令在咸阳宫接见荆轲。

朝见的仪式开始了。荆轲捧着装了樊于期头颅的木盒子，秦舞阳捧着督亢的地图，一步步走上秦国朝堂的台阶。

秦舞阳一见秦国朝堂那副威严样子，不由得害怕得发起抖来。

秦王政左右的侍卫一见，吆喝了一声，说："使者干嘛变了脸色？"

荆轲回头一瞧，果然见秦舞阳的脸又青又白，就赔笑对秦王说："粗野的人，从来没见过大王的威严，免不了有点害怕，请大王原谅。"

秦王政毕竟有点怀疑，对荆轲说："叫秦舞阳把地图给你，你一个人上来吧。"

荆轲从秦舞阳手里接过地图，捧着木匣上去，献给秦王政。秦王政打开木匣，果然是樊于期的头颅。秦王政又叫荆轲拿地图来。荆轲把一卷地图慢慢打开，到地图全都打开时，荆轲预先卷在地图里的一把匕首就露出来了。

秦王政一见，惊得跳了起来。

荆轲连忙抓起匕首，左手拉住秦王政的袖子，右手把匕首向秦王政胸口直扎过去。

秦王政使劲地向后一转身，把那只袖子挣断了。他跳过旁边的屏风，刚要往外跑。荆轲拿着匕首追了上来，秦王政一见跑不了，就绕着朝堂上的大铜柱子跑。荆轲紧紧地逼着。两个人像走马灯似地直转悠。

旁边虽然有许多官员，但是都手无寸铁；台阶下的武士，按秦国的规矩，没有秦王命令是不准上殿的。大家都急得六神无主，也没有人召台下的武士。

官员中有个伺候秦王政的医生，急中生智，拿起手里的药袋对准荆轲扔了过去。荆轲用手一扬，那只药袋就飞到一边去了。

就在这一眨眼的工夫，秦王政往前一步，拔出宝剑，砍断了荆轲的左腿。

荆轲站立不住，倒在地上。他拿匕首直向秦王政扔过去。秦王政往右边只一闪，那把匕首就从他耳边飞过去，打在铜柱子上，“嘣”的一声，直迸火星儿。

秦王政见荆轲手里没有武器，又上前向荆轲砍了几剑。荆轲身上受了八处剑伤，自己知道这次行刺已经失败，苦笑着说：“我没有早下手，本来是想先逼你退还燕国的土地。”

这时候，侍从的武士已经一起赶上殿来，结果了荆轲的性命。台阶下的那个秦舞阳，也早就给武士们杀了。

45

秦王灭六国

秦王政杀了荆轲，当下就命令大将王翦加紧攻打燕国。燕太子丹带着兵马抵抗，哪里是秦军对手，马上给秦军打得稀里哗啦。燕王喜和太子丹逃到辽东。秦王政又派兵追击，非把太子丹拿住不肯罢休。燕王喜逼得没有办法，只好杀了太子丹，向秦国谢罪求和。

秦王政又向尉缭讨主意。尉缭说："韩国已经被咱们兼并，赵国只剩下一座代城（今河北蔚县），燕王已逃到辽东，他们都快完了。目前天冷，不如先去收服南方的魏国和楚国。"

秦王政听从尉缭的计策，就派王翦的儿子王贲（音bēn）带兵十万人先攻魏国。魏王派人向齐国求救，齐王建没有理他。

公元前225年，王贲灭了魏国，把魏王和大臣都拿住，押到咸阳。

接着，秦王政就打算去打楚国。他召集将领们议论了一下，先问青年将领李信，打楚国要多少人马。李信说："不过二十万吧。"

他又问老将军王翦。王翦回答说："楚国是个大国，用二十万人去打楚国是不够的。依臣的估计，非六十万不可。"

秦王政很不高兴，说："王将军老了，怎么这样胆小？我看还是李将军说得对。"就派李信带兵二十万往南方去。

王翦见秦王不听他的意见，就告病回老家去了。

李信带了二十万人马到了楚国，不出王翦所料，打了个大败仗，兵士死伤无数，将领也死了七个，只好逃了回来。

秦王政大怒，把李信革了职，亲自跑到王翦的家乡，请他出来带兵，说："上回是我错了，没听将军的话。李信果然误事。这回非请将军出马不可。"

王翦说："大王一定要我带兵，还是非六十万人不可。楚国地广人多，他们要发动一百万人马也不难。我说我们要出兵六十万，还怕不大够呢。再要少，那就不行了。"

秦王政赔笑说："这回听将军的啦！"就给王翦六十万兵马。出兵那天，还亲自到灞上给王翦摆酒送行。"

王翦大军浩浩荡荡向楚国进攻。楚国也出动全国兵力抵抗。

王翦到了前方，要兵士修筑壁垒，不让出战。楚国大将项燕一再挑战，他也不去理睬。

过了一段时间，项燕想："王翦原来是上这儿驻防的。"

他就不怎么把秦国的军队放在心上了。没想到在项燕不防备的时候，秦军突然发起攻势，六十万人马像排山倒海似地冲杀过去。楚国的将士好像在梦里被人家当头一棍子，晕头转向地抵抗了一阵，各自逃命。楚国的兵马越打越少，地方越失越多。秦军一直打到寿春(今安徽寿县西)俘虏了楚王负刍。

项燕得知楚王被俘的消息，渡过长江，想继续抵抗。王翦造了不少战船，训练了水军，渡江追击。项燕觉得大势已去，叹了口气，拔剑自杀。

王翦灭楚之后，回到咸阳。由他的儿子王贲接替做大将，再去收拾燕国。燕国本来已经十分虚弱，哪里抵挡得住秦军的进攻。公元前222年，王贲灭掉燕国，还攻占了赵国最后留下的代城。

到这时候，剩下的只有一个齐国啦。齐国大臣早已被秦国重金收买过去。齐王建向来是不敢得罪秦国的。每回逢到诸侯向他求救，他总是拒绝。他满以为齐国离秦国远，只要死心塌地听秦国的话，就不用担心秦国的进攻。到了其他五国一一被秦国并吞掉，他才着急起来，派兵去守西面的边界。可是已经晚了。

公元前221年，王贲带了几十万秦兵像泰山压顶一样，从燕国南部直扑临淄。这时候，齐王建才觉得自己势孤力单，可是其他诸侯国已经完了，往哪儿去讨救兵呢？没有几天，秦军就进了临淄，齐王建没说的，投降了。

六国诸侯只想保持自己的地位，彼此之间互相攻打，想拿别国的土地来补偿自己的损失，企图维持小规模割据的局面，给秦国以各个击破的机会。秦国当时不但在政治上、经济上和军事上占了优势，更重要的是符合统一的历史趋势，所以在不到十年的时间，把六国一个一个灭掉了。

自从公元前 475 年进入战国时期起，各诸侯国经过二百五十多年的纷争，终于结束了长期的诸侯割据的局面，建立了一个统一的多民族的封建国家——秦王朝。

46

第一个皇帝——秦始皇

秦王政兼并了六国，结束了战国割据的局面，统一了中国。他觉得自己的功绩比古代传说中的三皇五帝还要大，不能再用“王”的称号，应该用一个更加尊贵的称号才配得上他的功绩，就决定采用了“皇帝”的称号。他是中国第一个皇帝，就自称是始皇帝。他还规定：子孙接替他皇位的按照次序排列，第二代叫二世皇帝，第三代叫三世皇帝，这样一代一代传下去，一直传到千世万世。

全国统一了，该怎样来治理这样大的国家呢？

在一次朝会上，丞相王绾（音 wān）等对秦始皇说：“现在诸侯刚刚消灭，特别是燕、楚、齐三国离咸阳很远，不在那里封几个王不行，请皇上把几位皇子封到那里去。”

秦始皇要大臣议论一下，许多大臣都赞成王绾的意见，只有李斯反对。他说：“周武王建立周朝的时候，封了不少

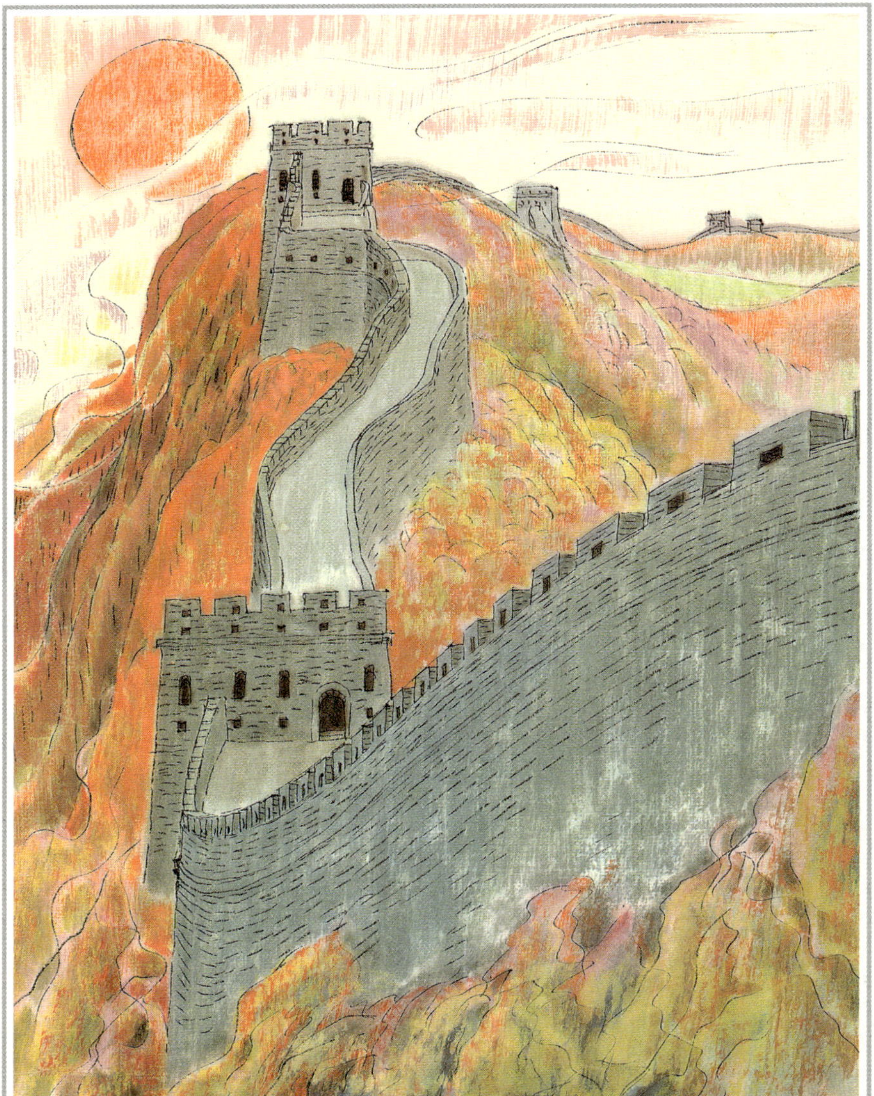

诸侯。到后来,像冤家一样互相残杀,周天子也没法禁止。可见分封的办法不好,不如在全国设立郡县。”

李斯的意见正合秦始皇的心意。他决定废除分封的办法,改用郡县制,把全国分为三十六个郡,郡下面再分县。郡的长官都由朝廷直接任命。国家的政事,不论大小,都由皇帝决定。据说秦始皇每天看下面送来的奏章,要看一百二十斤(那时的奏章都是刻在竹简上的),不看完不休息。可见他的权力是多么集中了。

在秦始皇统一中原之前,列国向来是没有统一的制度的,就拿交通来说,各地的车辆大小就不一样,因此车道也有宽有窄。国家统一了,车辆要在不同的车道上行走,多不方便。从那时候起,规定车辆上两个轮子的距离一律改为六尺,使车轮的轨道相同。这样,全国各地车辆往来就方便了。这叫做“车同轨”。

在秦始皇统一中原之前,列国的文字也很不统一。就是一样的文字,也有好几种写法。从那时候起,采用了比较方便的书法,规定了统一的文字。这样,各地的文化交流也方便多了。这叫做“书同文”。

各地交通便利,商业也发达起来,但是原来列国的尺寸、升斗、斤两的标准全不一样。从那时候起,又规定了全国用统一的度、量、衡制。这样,各地的买卖交换也没有困难了。

秦始皇正在从事国内的改革,没想到北方的匈奴打了进来。匈奴本来是我国北部一个古老的少数民族。战国后期,匈奴贵族趁北方的燕国、赵国衰落,一步步向南侵犯,把黄河河套一带大片土地夺了过去。秦始皇统一中原以后，派大将蒙恬（音 tián）带领三十万大军去抵抗，把河套一带地区都收了回来，设置了四十四个县。

为了防御匈奴的侵犯，秦始皇又征用民伕，把原来燕、赵、秦三国北方的城墙连接起来，又新造了不少城墙。这样从西面的临洮（今甘肃岷县）到东面的辽东（今辽宁辽阳西北），连成一条万里长城。这座举世闻名的古建筑，一直成为我们中华民族古老悠久文明的象征。

后来，秦始皇又派出大军五十万人，平定南方，添设了三个郡；第二年，蒙恬打败了匈奴，又添了一个郡。这样，全国总共有四十个郡。

公元前 213 年，秦始皇因为开辟了国土，在咸阳宫里举行了一个庆祝宴会，许多大臣都赞颂秦始皇统一国家的功绩。博士淳于越却重新提出分封制度不能废除，他认为不按照古代的规矩办事是行不通的。

这时候，李斯已经做了丞相。秦始皇要听听他的意见。

李斯说："现在天下已经安定，法令统一。但是有一批读书人不学现在，却去学古代，对国家大事乱发议论，在百姓中制造混乱。如果不加禁止，会影响朝廷的威信。"

秦始皇采用了李斯的主张，立刻下了一道命令：除了医药、种树等书籍以外，凡是有私藏《诗》、《书》、百家言论的书籍，一概交出来烧掉；谁要是再私下谈论这类书，办死罪；谁要是拿古代的制度来批评现在，满门抄斩。

第二年，有两个方士（一种用求神仙、炼仙丹骗钱的人）叫做卢生、侯生，在背后议论秦始皇的不是。秦始皇得知这个情况，派人去抓他们，他们早已逃跑了。

秦始皇大为恼火，再一查，又发现咸阳有一些儒生也在一起议论过他。秦始皇把那些儒生抓来审问。儒生经不起拷打，又东拉西扯地供出一大批人来。秦始皇下令，把那些犯禁严重的四百六十多个儒生都埋了，其余犯禁的就流放到边境去。这就是历史上所说的“焚书坑儒”事件。

秦始皇正在火头上，大臣们谁也不敢劝他。他的大儿子扶苏认为这样处置儒生太严厉，劝谏他不要这样做。这一来，触怒了秦始皇，命令扶苏离开咸阳，到北方去和蒙恬一起守边疆。

47

博浪沙的铁椎

秦始皇知道，他灭了六国，六国留下来的旧贵族随时都可能起来反对他。他下令把天下十二万户豪富人家一律搬到咸阳来住，这样好管住他们；他又把天下的兵器统统收集起来，除了给政府军队使用以外，都熔化了铸成十二个二十四万斤重的巨大铜人和一批大钟（一种乐器）。他以为兵器收完了，有人想造反也造不成了。

他还常常到各地去巡视，一来祭祀名山大川，要大臣们把颂扬他的话刻在山石上，好让后代的人都知道他的功绩；二来显示自己的威武，也叫六国贵族有个怕惧。

公元前218年的春天，他又带了大队人马出去巡视。有一天，到了博浪沙（在今河南原阳县），车队正在缓缓前进的时候，突然哗喇喇一声响，飞来个大铁椎，把秦始皇座车后面的副车打得粉碎。

全部车队一下子都停了下来，武士们到处搜查，刺客已经逃走了。

秦始皇可真发火了，立刻下了一道命令，在全国进行一次大搜查，一定要把那个行刺的人捉到。足足搜查了十天，没有查到，也只好算了。

这个行刺的人名叫张良。张良的祖父、父亲都做过韩国的相国。韩国被灭的时候，张良还年轻。他变卖了家产，离开了老家，到外面去结交英雄好汉，一心想替韩国报仇。

后来，他交上一个朋友，是个大力士。那个大力士使用的大铁椎，足足有一百二十斤重（相当于现在的六十斤）。两个人商量好，准备在秦始皇出外巡游的时候刺杀他。

他们探听到，秦始皇要经过博浪沙，就预先在那里树林隐蔽的地方埋伏起来。一等秦始皇的车队经过，大力士就把铁椎砸过去。哪儿知道这一椎砸得不准，只砸了一辆副车。

张良失败以后，隐姓埋名，一直逃到下邳（今江苏睢宁西北），总算躲过了秦朝官吏的搜查。他在下邳住了下来，一面钻研兵法，一面等候报仇的机会。

张良是怎样开始学兵法的呢？有一个离奇的传说。

有一次，张良一个人出去散步，走到一座大桥上，看见一个老头儿，穿着一件粗布大褂，坐在桥头上。他一见张良过来，有意无意地把脚往后一缩，他的一只鞋子直掉到桥下去了。

老头儿转过头来，很不客气地对张良说："小伙子，下去把我的鞋子捡上来。"

张良很生气，简直想动手揍他一顿。可是再一看，人家毕竟是个老头儿，就勉强忍住了气，走到桥下，捡起那只鞋子，上来递给他。

谁知道那老头儿竟连接也不接，只把脚一伸，说："给我穿上。"

张良想，既然已经把鞋捡上来了，索性好人做到底，就跪在地上恭恭敬敬地拿鞋子给他穿上。

那老头儿这才微微一笑，站起来走了。

这一下真把张良愣住了，心想这老头儿可有点怪。他盯着老头儿的背影望着，看老头儿往哪儿去。

老头儿走了里把地，又返了回来，对张良说："小伙子不错呀，我很乐意教导教导你。过五天，天一亮，你到桥上再来见我吧。"

张良听他的口气，知道是个有来历的人，赶紧跪下答应。

第五天，张良一早起来，就赶到桥上去。谁知道一到那边，老头儿已经先到啦！他生气地对张良说："你跟老人家约会，就该早一点来，怎么反叫我等你呢？"

张良只好认错。那老头儿说："去吧，再过五天，早一点儿来。"说完就走了。

又过了五天，张良一听见鸡叫，就跑到大桥那边。他还没走上桥，就见到那老头儿。

老头儿瞪了张良一眼说："过五天再来吧。"

张良吸取了前两次的教训，到了第四天半夜，就赶到桥上，静静地等着天亮。

过了一会儿，只见那老头儿一步一步地迈过来了。他一见张良，露出慈祥的笑容说："这才对了。"说罢，从袖里掏出一部书来交给张良，说："回去好好地读，将来就大有作为了。"

张良再想问他，老头儿不再多讲，头也不回地就走了。

等到天亮，张良趁着晨光，拿出书来一看，原来是部相传是周朝初年太公望编的《太公兵法》。

打那时候起，他就刻苦钻研兵法，后来成了一个有名的军事家。

48

沙丘的阴谋

公元前 210 年,秦始皇到东南一带去巡视。随他一起去的,有丞相李斯、宦官赵高。他的小儿子胡亥要求一起去。秦始皇平时挺喜欢他小儿子,当然答应了。

秦始皇渡过钱塘江,到了会稽郡,再向北到了琅邪(今山东胶南县)。从冬季出发,一直到夏天才回来。回来的路上,他感到身子不舒服,在平原津(今山东平原县南)病倒了。随从的医官给他看病、进药,都不见效。

到了沙丘(今河北广宗县西)的时候,秦始皇病势越来越重。他知道病好不了,吩咐赵高说:"快写信给扶苏,叫他赶快回咸阳去。万一我好不了,叫他主办丧事。"

信写好了,还没来得及交给使者送出,秦始皇已经咽了气。

丞相李斯跟赵高商量说:"这儿离咸阳还很远,不是一二天能赶到。万一皇上去世的消息传了开去,恐怕里里外外都会发生混乱;倒不如暂时保密,不要发丧,赶回咸阳再作道理。"

他们把秦始皇的尸体安放在车里,关上车门,放下窗帷子,外面什么人也看不见。随从的人除了胡亥、李斯、赵高和五六个内侍外,别的大臣全不知道秦始皇已经死了。车队照常向咸阳进发,每到一个地方,文武百官都照常在车外奏事。

李斯叫赵高赶快派人把信送出去,叫公子扶苏赶回咸阳。赵高是胡亥的心腹,跟蒙恬一家有冤仇。他偷偷地跟胡亥商量,准备假传秦始皇的遗嘱,杀害扶苏,让胡亥继承皇位。胡亥当然求之不得,完全同意。

赵高知道要干这样的事,非跟李斯商量不可,就去找李斯说:"现在皇上的遗诏和玉玺都在胡亥手里,要决定哪个接替皇位,全凭我们两人一句话。您看怎么办?"

李斯吃了一惊,说:"您怎么说出这种亡国的话来?这可不是我们做臣子该议论的事啊!"

赵高说:"您别急。我先问您,您的才能比得上蒙恬吗?您的功劳比得上蒙恬吗?您跟扶苏的关系比得上蒙恬吗?"

李斯愣了一会,才说:"我比不上他。"

赵高说:"要是扶苏做了皇帝,他一定拜蒙恬做丞相。到那时候,您只好回老家。这是明摆的事儿。公子胡亥心眼好、待人厚道。要是他做了皇帝,您我就一辈子受用不尽。您好好考虑考虑吧。"

经过赵高连哄带吓地说了一通，李斯怕让扶苏继承皇位以后，自己保不住丞相位置，就和赵高、胡亥合谋，假造了一份诏书给扶苏，说他在外不能立功，反而怨恨父皇；又说将军蒙恬和扶苏同谋，都该自杀，把兵权交给副将王离。

扶苏接到这封假诏书，哭泣着想自杀。蒙恬怀疑这封诏书是伪造的，要扶苏向秦始皇申诉。扶苏是个老实人，说："既然父皇要我死，哪里还能再申诉？"就这样自杀了。

赵高和李斯急急忙忙催着人马赶路。那时候，正是夏末秋初，天气还很炎热，没有多少日子，尸体已经腐烂，车子里散发出一阵阵臭味。

赵高派人去买了一大批咸鱼，叫大臣们在每辆车上放上一筐。车队周围的咸鱼气味，把秦始皇尸体的臭味掩盖过去了。

他们到了咸阳，才宣布秦始皇死去的消息，举行丧葬，并且假传秦始皇的遗诏，由胡亥继承皇位。这就是秦二世。

二世和赵高葬了秦始皇以后，做贼心虚，怕篡夺皇位的事泄露出来。赵高撺掇胡亥杀害自己的兄弟和大臣，把十二个公子和十个公主都定了死罪，受株连的大臣更是不计其数。过了一年，赵高又用诡计唆使二世把那个同谋的李斯也逮捕起来杀了。赵高自己当了丞相，独掌大权。

49

大泽乡起义

秦始皇为了抵抗匈奴，建造长城，发兵三十万，征集了民伕几十万；为了开发南方，动员了军民三十万。他又用七十万囚犯，动工建造一座巨大豪华的阿房宫（阿房音 ē páng）。到了二世即位，从各地征调了几十万囚犯和民伕，大规模修造秦始皇的陵墓。这座坟开得很大很深，把大量的铜熔化了灌下去铸地基，上面盖了石室、墓道和墓穴。二世又叫工匠在大坟里挖成江河湖海的样子，灌上了水银。然后把秦始皇葬在那里。

安葬完了，为了防备将来可能有人盗坟，还叫工匠在墓穴里装了杀人的设备，最后竟残酷地把所有造坟的工匠全都埋在墓道里，不让一个人出来。

大坟没完工，二世和赵高又继续建造阿房宫。那时候，全中国人口不过二千万，前前后后被征发去筑长城、守岭南、修阿房宫、造大坟和别的劳役合起来差不多有二三百万人，耗费了不知多少人力财力，逼得百姓怨声载道。

公元前209年，阳城（今河南登封东南）的地方官派了两个军官，押着九百名民伕送到渔阳（今北京市密云西南）去防守。军官从这批壮丁当中挑了两个个儿大、办事能干的人当屯长，叫他们管理其他的人。这两个人一个叫陈胜，阳城人，是个给人当长工的；一个叫吴广，阳夏（今河南太康县）人，是个贫苦农民。

陈胜年轻时候，就是个有志气的人。他跟别的长工一块儿给地主种田，心里常常想，我年轻力壮，为什么这样成年累月地给别人做牛做马呢，总有一天，我也要干点大事业出来。

有一次，他跟伙伴们在田边休息，对伙伴们说："咱们将来富贵了，可别忘了老朋友啊！"

大伙儿听了好笑，说："你给人家卖力气种地，打哪儿来的富贵？"

陈胜叹口气，自言自语说："唉，燕雀怎么会懂得鸿雁的志向呢！"

陈胜和吴广本来不相识，后来当了民伕，碰在一块儿，同病相怜，很快就成了朋友。他们只怕误了日期，天天急着往北赶路。

到大泽乡（今安徽宿州东南）的时候，正赶上连天大雨，水淹了道，没法通行。他们只好扎了营，停留下来，准备天一放晴再上路。

秦朝的法令很严酷，被征发的民伕如果误了期，就要被

杀头。大伙儿看看雨下个不停，急得真像热锅上的蚂蚁似的，不知道怎么办才好。

陈胜偷偷跟吴广商量："这儿离渔阳还有几千里，怎么也赶不上限期了，难道我们就白白地去送死吗？"

吴广说："那怎么行，咱们开小差逃吧。"

陈胜说："开小差被抓回来是死，起来造反也是死，一样是死，不如起来造反，就是死了也比送死强。老百姓吃秦朝的苦也吃够了。听说二世是个小儿子，本来就挨不到他做皇帝，该登基的是扶苏，大家都同情他；还有，楚国的大将项燕，立过大功，大家都知道他是条好汉，现在也不知道是死了还是活着。要是咱们借着扶苏和项燕的名义，号召天下，楚地的人一定会来响应我们。"

吴广完全赞成陈胜的主张。为了让大伙儿相信他们，他们利用当时人大多迷信鬼神，想出了一些计策。他们拿了一块白绸条，用朱砂在上面写上"陈胜王"三个大字，把它塞在一条人家网起来的鱼肚子里。兵士们买了鱼回去，剖开了鱼，发现了这块绸子上面的字，十分惊奇。

到了半夜，吴广又偷偷地跑到营房附近的一座破庙里，点起篝火，先装作狐狸叫，接着喊道："大楚兴，陈胜王。"全营的兵士听了，更是又惊又害怕。

第二天，大伙儿看到陈胜，都在背后点点戳戳地议论着这些奇怪的事，加上陈胜平日待人和气，就更加尊敬陈胜了。

有一天，两个军官喝醉了酒。吴广故意跑去激怒军官，跟他们说，反正误了期，还是让大家散伙回去吧。那军官果然大怒，拿起军棍责打吴广，还拔出宝剑来威吓他。吴广夺过剑来顺手斫倒了一个军官。陈胜也赶上去，把另一个军官杀了。

陈胜把兵士们召集起来说："男子汉大丈夫不能白白去送死，死也要死得有个名堂。王侯将相，难道是命里注定的吗！"

大伙儿一齐高喊说："对呀，我们听您的！"

陈胜叫弟兄们搭个台，做了一面大旗。旗上写了一个斗大的"楚"字。大伙对天起誓，同心协力，推翻秦朝。他们公推陈胜、吴广为首领。九百条好汉一下子就把大泽乡占领了。临近的农民听到这个消息，都拿出粮食来慰劳他们，青年们纷纷拿着锄头、铁耙到营里来投军。人多了，没有刀枪和旗子，他们就砍了许多木棒做刀枪，削了竹子做旗竿。就这样，陈胜、吴广建立了历史上第一支农民起义军。历史上把这件事称作"揭竿而起"（揭，音 jiē，就是举起的意思）。

起义军打下了陈县（今河南淮阳）。陈胜召集陈县父老商量。大家说："将军替天下百姓报仇，征伐暴虐的秦国。这样大的功劳，应该称王。"

陈胜就被拥戴称了王，国号叫做"张楚"。

50

刘邦和项羽

陈胜、吴广发动农民起义以后，各地的百姓纷纷杀了官吏，响应起义。没有多久，农民起义的风暴席卷了大半个中国。

陈胜派兵遣将分头去接应各地起义，他们节节胜利，占领了大批地方。但是因为战线长，号令不统一，有的地方被六国旧贵族占了去。起义不到三个月，赵、齐、燕、魏等地方都有人打着恢复六国的旗号，自立为王。

陈胜派出周文率领的起义军向西进攻，很快攻进关中（指函谷关以西地区），逼近秦朝都城咸阳。秦二世惊慌失措，赶快派大将章邯（音 hán）把在骊山做苦役的囚犯、奴隶放了出来，编成一支军队，向起义军反扑。原来的六国贵族各自占据自己的地盘，谁也不去支援起义军。周文的起义军孤军作战，终于失败。吴广在荥阳被部下杀死。起义后的第六个月,陈胜在撤退的路上被叛徒杀害了。

陈胜、吴广虽然死了,可是由他们点燃起来的反抗秦朝的那把火正在到处燃烧。在南方的会稽郡(治所在今江苏苏州),声势更大。

在会稽郡起兵的是项梁和他的侄儿项羽。项梁是楚国大将项燕的儿子。楚国被秦国大将王翦攻灭的时候,项燕兵败自杀。项梁老想恢复楚国。他的侄儿项羽身材魁梧,又挺聪明,项梁亲自教他念书识字。可是项羽才学了几天,就不愿学下去。项梁又教他学剑,项羽学了一阵子,也扔下了。

项梁很生气,可项羽满不在乎地说:“念书识字有什么用处?学会了,不过记忆自己的名字;剑学好了,也只能跟几个人对杀,没什么了不起。要学,就要学打大仗的本领。”

项梁听他的口气不小,就把祖传的兵书拿出来,给他学。项羽一听就懂,可是略略懂得个大意,又不肯深入钻下去了。

项梁本是下相(今江苏宿迁西南)人,因为跟人结了冤仇,避到会稽郡吴中来。吴中的年轻人见他能文能武,都很佩服他,把他当老大哥看待。项梁也教他们学兵法,练本领。

这回儿,他们听到陈胜起义,觉得是个好机会,就杀了会稽郡守,占领了会稽郡。不到几天,拉起了一支八千人的队伍。因为这支队伍里大都是当地的青年,所以称为“子弟兵”。

项梁、项羽带着八千子弟兵渡过江，很快打下了广陵（郡名，治所在今江苏扬州市），接着又渡过淮河，继续进军。一路上又有各地方的起义队伍来投奔项梁，和他们联合起来。

第二年，有一支一百多人的队伍，由刘邦带领，来投靠项梁。

刘邦本来是沛县（今江苏沛县）人，在秦朝统治下，做过一名亭长（秦朝十里是一亭，亭长是管理十里以内的小官）。

有一次，上司要他押送一批民伕到骊山去做苦工。他们一天天赶路，每天总有几个民伕开小差逃走，刘邦管也管不住。但这样下去，到了骊山也不好交差。

有一天，他和民伕们一起坐在地上休息。他对大家说："你们到骊山去做苦工，不是累死也是被打死；就算不死，也不知道哪年哪月才能回乡。我现在把你们放了，你们自己去找活路吧！"

民伕们感激得直流眼泪，说："那您怎么办呢？"

刘邦说："反正我也不能回去，逃到哪儿是哪儿。"

当时，就有十几个民伕情愿跟着他一起找活路。

刘邦同十几个民伕逃到芒砀（音 máng dàng）山躲了起来。过了几天，聚集了一百多人。

沛县县里的文书萧何和监狱官曹参（音 shēn）知道刘邦是个好汉，很同情他，暗暗地跟他们来往。

赶到陈胜打下了陈县，萧何和沛县城里的百姓杀了县官，派人到芒砀山把刘邦接了回来，请他当沛县的首领。大家称他沛公。

刘邦在沛县起兵以后，又招集了两三千人，攻占了自己的家乡丰乡。

接着他带了一部分队伍攻打别的县城，不料留在丰乡的部下叛变。刘邦得到这个消息，要回去攻打丰乡，可是自己的兵力不足，只好往别处去借兵。

他到了留城（今江苏沛县东南），正好张良也带着一百多人想投奔起义军。两人遇在一起，很谈得来。他们一商量，觉得附近的起义队伍中，只有项梁声势最大，决定去投奔项梁。

项梁见刘邦也是一个人才，就拨给他人马，帮助他收回丰乡。从此，刘邦、张良都成了项梁的部下。

陈胜、吴广等主要起义领袖死了以后，由于各地起义的领导权都落在旧六国贵族手里，彼此争夺地盘，闹得四分五裂。秦国的大将章邯、李由，想趁机会把起义军一个个击破。

在这个紧要关头，项梁在薛城召开了会议，决心把起义军整顿一下。为了扩大号召，项梁听了谋士范增的意见，把流落在民间的楚怀王的孙子（名叫心）找了来，立为楚王。因为楚国人对当年楚怀王受骗死在秦国，一直为他抱不平。为了提高号召力，大家把他的孙子仍称作楚怀王。

51

巨鹿大战

项梁在整顿了军队以后，接连打了几个胜仗，打败了秦朝大将章邯。项羽、刘邦带领另一支队伍，杀了秦将李由。项梁骄傲起来，认为秦军没有什么了不起，放松了警惕。章邯重新补充了兵力，趁项梁不防备，发动了猛烈的反扑。项梁在战斗中被杀了。项羽、刘邦也只好退守彭城。

章邯打败项梁，认为楚军大伤元气，就暂时撇开黄河以南这一头，带领秦军北上进攻赵国（这个赵国不是战国时代的赵国，而是新建立起来的一个政权），很快就攻下了赵国都城邯郸，赵王歇逃到巨鹿（今河北平乡西南）。

章邯派秦将王离把巨鹿包围起来，自己带领大军驻扎在巨鹿南面的棘原。他还在棘原和巨鹿之间修筑了一条粮道，给王离军运送粮草。

赵王歇几次三番派人向楚怀王求救。当时，楚怀王正想派人往西进攻咸阳。项羽急于想为叔父报仇,要求带兵进关。

怀王身边有几个老臣暗地对怀王说:“项羽性子太暴躁,杀人太多;刘邦倒是个忠厚人,不如派他去。”正好赵国来讨救兵。楚怀王就派刘邦打咸阳,另派宋义为上将军,项羽为副将,带领二十万大军到巨鹿去救赵国。

宋义带领的大军到了安阳(今河南安阳东南),听说秦军声势浩大,就命令楚军停了下来,想等秦军和赵军打上一阵,让秦军消耗掉一部分兵力,再进攻过去。

宋义按兵不动,在安阳一停就是四十六天。项羽耐不住性子,去跟宋义说:“秦军包围了巨鹿,形势这样紧急,咱们赶快渡河过去,跟赵军里外夹击,一定能够打败秦军。”

宋义说:“我们还是等秦军和赵军决战以后再说。”他又对项羽说:“上阵跟敌人交锋,我比不上你;要说坐在帐篷里出个计策,你就比不上我了。”

他还下了一道命令:“将士中如有不服从指挥的,就得按军法砍头!”

这道命令明明是针对项羽的,项羽气得要命。这时候已经是十一月的天气,北方天冷,又碰着大雨。楚营里军粮接济不上,兵士们受冻挨饿,都抱怨起来。

项羽说:“现在军营里没有粮食,但是上将军却按兵不动,自己喝酒作乐,这样不顾国家,不体谅兵士,哪里像个大将的样子。”

第二天,项羽趁朝会的时候,拔出剑来把宋义杀了。他提了宋义的头,对将士说:“宋义背叛大王(指楚怀王),我奉大王的命令,已经把他处死了。”

将士们大多是项梁的老部下，宋义在将士中本来没有什么威望。大伙见项羽把他杀了，都表示愿意听项羽指挥。

项羽把宋义被处死的事，派人报告了楚怀王。楚怀王虽然很不满，也只好封项羽为上将军。

项羽杀了宋义以后，先派部将英布、蒲将军率领两万人做先锋，渡过漳水，切断秦军运粮的道，把章邯和王离的军队分割开来。然后，项羽率领主力渡河。

渡过了河，项羽命令将士，每人带三天的干粮，把军队里做饭的锅子全砸了，把渡河的船只全凿沉了（文言叫作"破釜沉舟"，釜就是锅子），对将士说："咱们这次打仗，有进无退，三天之内，一定要把秦兵打退。"

项羽的决心和勇气，对将士起了很大的鼓舞作用。楚军把王离的军队包围起来，个个士气振奋，越打越勇。一个人抵得上十个秦兵，十个就可以抵上一百。经过九次激烈战斗，活捉了王离，其他的秦军将士有被杀的，也有逃走的，围巨鹿的秦军就这样瓦解了。

当时，各路将领来救赵国的有十几路人马。可是他们害怕秦军强大，都扎下营寨，不敢跟秦军交锋。这回儿，听到楚军震天动地的喊杀声，挤在壁垒上看。他们瞧见楚军横冲直撞杀进秦营的情景，吓得伸着舌头，屏住了气。等到项羽打垮了秦军，请他们到军营来相见的时候，他们都跪在地下爬着进去，连头也不敢抬起来。

大家颂扬项羽说："上将军的神威真了不起，自古到今没有第二个。我们情愿听从您的指挥。"

打那时候起，项羽实际上成了各路反秦军的首领。

52

刘邦进咸阳

秦军在巨鹿打了败仗，可章邯还有二十多万人马驻在棘原。他上了一份奏章，向朝廷讨救兵。二世和赵高不但不发救兵，反而要查办章邯。章邯怕赵高害他，只好率领部下向项羽投降了。

章邯投降的消息到了咸阳，秦王朝内部也发生了混乱。

那时候，秦朝的权完全操在赵高手里。赵高害死了李斯以后，知道大臣中有人不服他。有一次他牵着一只鹿到朝堂上，当着大臣们对二世说："我得到了一匹名贵的马，特来献给陛下。"

二世虽然是个糊涂虫，是鹿是马还分得清。他笑着说："丞相别开玩笑，这明明是头鹿，怎么说是马呢？"

赵高绷着脸说："怎么不是马？请大家说说吧。"

二世就问大臣们。不少人懂得赵高的用意，就附和着说："是匹好马呀！"

也有的害怕赵高，不吭声，只有少数大臣说是鹿。

没过几天，那几个说是鹿的大臣，都被赵高找个借口办了罪。

打那以后，宫内宫外大小官员都害怕赵高，再没有人在二世面前说赵高的不是了。

公元前206年，刘邦的人马攻破了武关（今陕西丹凤县东南），离咸阳不远了。二世吓得直打哆嗦，连忙派人叫赵高发兵去抵抗。赵高知道不能再混下去，就派心腹把二世逼死。

赵高杀了二世，召集大臣们对他们说："现在六国都已恢复了，秦国不能够再挂个皇帝的空名，应该像以前那样称王。我看二世的侄儿子婴可以立为秦王。"这些大臣不敢得罪赵高，只好同意。

子婴知道赵高杀害二世，想自己做王，只是怕大臣们和诸侯反对，才假意立他为王。他和他两个儿子商量好，到即位那天，子婴推说有病不去，趁赵高亲自去催子婴的时候，就把赵高杀了。

子婴杀了赵高，派了五万兵马守住峣关（今陕西商县西北）。刘邦用张良的计策，派兵在峣关左右的山头插上无数的旗子，作为疑兵；另派将军周勃带领全部人马绕过峣关正面，从东南侧面打进去，杀死守将，消灭了这支秦军。

刘邦的军队进了峣关，到了灞上（今陕西西安市东）。秦王子婴带着秦朝的大臣来投降了。子婴脖子上套着带子（表示请罪），手里拿着秦皇的玉玺、兵符和节杖，哈着腰等在路旁。

刘邦手下的将军主张把子婴杀了,但是刘邦说:“楚怀王派我攻咸阳,就因为相信我能待人宽厚;再说,人家已经投降,再杀他不好。”说完,他收了玉玺,把子婴交给将士看管起来。

这样,秦始皇建立起来的强大的王朝,仅仅维持了十五年,就在农民起义的浪潮中灭亡了。

刘邦的军队进了咸阳,将士们纷纷争着去找皇宫的仓库,各人都拣值钱的金银财宝拿,闹得乱哄哄的。只有萧何不希罕这些东西,他先跑到秦朝的丞相府,把有关户口、地图等文书档案都收了起来,保管好。

刘邦在将士陪同下,来到了豪华的阿房宫。他看见宫殿这么富丽,幔帐、摆设儿好看得叫人睁不开眼睛。还有许许多多的美丽的宫女。他在宫里呆了一会,心里迷迷糊糊的简直不想离开了。

这时候,他的部将樊哙(音 kuài)闯了进来,说:“沛公要打天下,还是要当个富翁呀?这些奢侈华丽的东西,使秦朝亡了,您还要这些干么?还是赶快回到军营里去吧!”

刘邦不听他的话,说:“让我歇歇吧。”

恰巧张良也进来了,听到樊哙的话,对刘邦说:“俗话说:忠言逆耳利于行,良药苦口利于病。樊哙的话说得很对呀,希望您听从他的劝告。”

刘邦是一向很信任张良的,听了他的话,马上醒悟过来,吩咐将士封了仓库,带着将士仍旧回到灞上。

接着,刘邦召集了咸阳附近各县的父老,对他们说:

“你们被秦朝残酷的法令害苦了。今天，我跟诸位父老约定三条法令：第一，杀人的偿命；第二，打伤人的办罪；第三，偷盗的办罪。除了这三条，其他秦国的法律、禁令，一律废除。父老百姓可以安居乐业，不必惊慌。”

刘邦还叫各县父老和原来秦国的官吏到咸阳附近的各县去宣布这三条法令。

百姓听到了刘邦的约法三章，高兴得了不得。大伙儿争先恐后地拿着牛肉、羊肉、酒和粮食来慰劳刘邦的将士，刘邦好言好语地劝他们把这些东西拿回去，他说：“粮仓里有的是粮食，不要再让你们费心了。”

打那时候起，刘邦的军队在关中的百姓中留下了好的印象，人们都巴不得刘邦能留在关中做王。

53

鸿 门 宴

项羽接受了章邯投降之后，想趁着秦国混乱，赶快打到咸阳去。

大军到了新安（今河南新安）投降的秦兵纷纷议论说："咱们的家都在关中，现在打进关去，受灾难的还是我们自己。要是打不进去，楚军把我们带到东边去，我们的一家老小也会被秦军杀光。怎么办？"

部将听到这些议论，去报告项羽。项羽怕管不住秦国的降兵，就起了杀心，除了章邯和两个降将之外，一夜之间，竟把二十多万秦兵全部活活地埋在大坑里。打那以后，项羽的残暴可就出了名。

项羽的大军到了函谷关，瞧见关上有兵守着，不让进去。守关的将士说："我们是奉沛公的命令，不论哪一路军队，都不准进关。"

项羽这一气非同小可，命令将士猛攻函谷关。刘邦兵力少，不消多大功夫，项羽就打进了关。大军接着往前一直到了新丰、鸿门（今陕西临潼东北），驻扎下来。

刘邦手下有个将官曹无伤，想投靠项羽，偷偷地派人到项羽那儿去密告，说："这次沛公进入咸阳，是想在关中做王。"

项羽听了，气得瞪着眼直骂刘邦不讲理。

项羽的谋士范增对项羽说："刘邦这次进咸阳，不贪图财货和美女，他的野心可不小哩。现在不消灭他，将来后患无穷。"

项羽下决心要把刘邦的兵力消灭。那时候，项羽的兵马四十万，驻扎在鸿门；刘邦的兵马只有十万，驻扎在灞上。双方相隔只有四十里地，兵力悬殊。刘邦的处境十分危险。

项羽的叔父项伯是张良的老朋友，张良曾经救过他的命。项伯怕仗一打起来，张良会陪着刘邦遭难，就连夜骑着快马到灞上去找张良，劝张良逃走。

张良不愿离开刘邦，却把项伯带来的消息告诉了刘邦。刘邦请张良陪同，会见项伯，再三辩白自己没有反对项羽的意思，请项伯帮忙在项羽面前说句好话。

项伯答应了，并且叮嘱刘邦亲自到项羽那边去赔礼。

第二天一清早，刘邦带着张良、樊哙和一百多个随从，到了鸿门拜见项羽。刘邦说："我跟将军同心协力攻打秦国，将军在河北，我在河南。我自己也没有想到能够先进了关。今天在这儿和将军相见，真是件令人高兴的事。哪儿知道有人在您面前挑拨，叫您生了气，这实在太不幸了。"

项羽见刘邦低声下气向他说话，满肚子气都消了。他老老实实地说："这都是你的部下曹无伤来说的。要不然，我也不会这样。"

当天，项羽就留刘邦在军营喝酒，还请范增、项伯、张良作陪。

酒席上，范增一再向项羽使眼色，并且举起他身上佩带的玉玦（音 jué，古代一种佩带用的玉器），要项羽下决心，乘机把刘邦杀掉。可是项羽只当没看见。

范增看项羽不忍心下手，就借个因由走出营门，找到项羽的堂兄弟项庄说："咱们大王（指项羽）心肠太软，你进去给他们敬酒，瞧个方便，把刘邦杀了算了。"

项庄进去敬了酒，说："军营里没有什么娱乐，请让我舞剑助助兴吧。"说着，就拔出剑舞起来，舞着舞着，慢慢舞到刘邦面前来了。

项伯看出项庄舞剑的用意是想杀刘邦，说："咱们两人来对舞吧。"说着，也拔剑起舞。他一面舞剑，一面老把身子护住刘邦，使项庄刺不到刘邦。

张良一看形势十分紧张，也向项羽告个便儿，离开酒席，走到营门外找樊哙。樊哙连忙上前问："怎么样了？"

张良说："情况十分危急，现在项庄正在舞剑，看来他们要对沛公下手了。"

樊哙跳了起来说："要死死在一起。"他右手提着剑，左手抱着盾牌，直往军门冲去。卫士们想拦住他。樊哙拿盾牌一顶，就把卫士撞倒在地上。他拉开帐幕，闯了进去，气呼呼地望着项羽，头发像要往上直竖起来，眼睛瞪得大大的，连眼角都要裂开了。

项羽十分吃惊，按着剑问："这是什么人，到这儿干么？"

张良已经跟了进来，替他回答说："这是替沛公驾车的樊哙。"

项羽说："好一个壮士！"接着，就吩咐侍从的兵士赏他一杯酒，一只猪腿。

樊哙一边喝酒，一边气愤地说："当初，怀王跟将士们约定，谁先进关，谁就封王。现在沛公进了关，可并没有做王。他封了库房，关了宫室，把军队驻在灞上，天天等将军来。像这样劳苦功高，没受到什么赏赐，将军反倒想杀害他。这是在走秦王的老路呀，我倒替将军担心哩。"

项羽听了，没话可以回答，只说："坐吧。"樊哙就挨着张良身边坐下了。

过了一会，刘邦起来上厕所，张良和樊哙也跟了出来。刘邦留下一些礼物，交给张良，要张良向项羽告别，自己带着樊哙从小道跑回灞上去了。

刘邦走了好一会，张良才进去向项羽说："沛公酒量小，刚才喝醉了先回去了。叫我奉上白璧一双，献给将军；玉斗一对，送给亚父（"亚父"原是项羽对范增的尊称）。"

项羽接过白璧，放在座席上。范增却非常生气，把玉斗摔在地上，拔出剑来，砸得粉碎，说："唉！真是没用的小子，没法替他出主意。将来夺取天下的，一定是刘邦，我们等着做俘虏就是了。"

一场剑拔弩张的宴会，终算暂时缓和了下来。

54

萧何追韩信

项羽进了咸阳，杀了秦王子婴和秦国贵族八百多人，还下命令烧阿房宫。跟随项羽进关的五十多万兵士，谁没受过秦朝的压迫？他们见了豪华的阿房宫，想到他们过去受的罪，心里燃烧起报仇的火焰。项羽一声令下，大伙儿就放起火来。这场火一直烧了三个月，把阿房宫烧成一堆瓦砾。

项羽原来是楚国的贵族，趁着农民起义的机会，参加了反秦战争。灭了秦朝以后，他不可能为广大农民着想。他决定重新划分封地，把统一了的中国又弄得四分五裂。

当时名义上的首领还是楚怀王。项羽把他改称为义帝，表面上承认他是帝，实际上只让义帝顶个虚名，一切分封的事，都得听他主张。他把六国旧贵族和有功的将领一共封了十八个王，自称为西楚霸王。春秋时期不是有霸主吗？项羽自称霸王，等于宣布他有权号令别的诸侯，诸侯都得由他指挥。到了第二年，项羽干脆把挂名的义帝杀了。

分封诸侯以后，各国诸侯就都分别带兵回自己的封国去，项羽也回到他的封国西楚的都城彭城（今江苏徐州市）。

在十八个诸侯中，项羽最忌的是刘邦。他把刘邦封在偏远的巴蜀和汉中，称为汉王；又把关中地区封给秦国的三名降将章邯等人，让他们挡住刘邦，不让刘邦出来。

汉王刘邦对他的封地很不满意，但是自己兵力弱小，没法跟项羽计较，只好带着人马到封国的都城南郑（今陕西汉中东）去。

汉王到了南郑，拜萧何为丞相，曹参、樊哙、周勃等为将军，养精蓄锐，准备再和项羽争夺天下。但是他手下的兵士们却都想回老家，差不多每天有人开小差逃走，急得汉王连饭也吃不下。

有一天，忽然有人来报告："丞相逃走了。"

汉王急坏了，真像突然被人斩掉了左右手一样难过。

到了第三天早晨，萧何才回来。汉王见了他，又气又高兴，责问萧何说："你怎么也逃走？"

萧何说："我怎么会逃走呢？我是去追逃走的人呀。"

汉王又问他："你追谁呢？"

萧何说："韩信。"

萧何所说的韩信，本来是淮阴人。项梁起兵以后，路过淮阴，韩信去投奔他，在楚营里当个小兵。项梁死了，又跟项羽，项羽见他比一般兵士强，就让他做个小军官。

韩信好几回向项羽献计策，项羽都没有采用。韩信感到十分失望。赶在汉王刘邦到南郑去的时候，韩信就去投奔汉王。

韩信到了南郑，汉王也只给他当个小官。有一次，韩信犯了法被抓了起来，差不多快要被砍头了。幸亏汉王部下一个将军夏侯婴经过，韩信高声呼喊，向他求救，说："汉王难道不想打天下了吗，为什么要斩壮士？"

夏侯婴看韩信的模样，真是一条好汉，把他放了，还向汉王推荐。汉王派韩信做个管粮食的官。

后来，丞相萧何见到了韩信，跟他谈了谈，认为韩信的能耐不小，很器重他，还几次三番劝汉王重用他，但汉王总是不听。

韩信知道汉王不肯重用他，趁着将士纷纷开小差的时候，也找个机会走了。

萧何得到韩信逃走的消息，急得跺脚，立即亲自骑上快马追赶上去，追了两天，才把韩信找了回来。

汉王听说萧何追的是韩信，生气地骂萧何说："逃走的将军有十来个，没听说你追过谁，单单去追韩信，是什么道理？"

萧何说："一般的将军有的是，像韩信那样的人才，简直是举世无双。大王要是准备在汉中待一辈子，那就用不到韩信；要是准备打天下，就非用他不可。大王到底准备怎么样？"

汉王说："我当然要回东边去。哪能老待在这儿呢？"

萧何说："大王一定要争天下，就赶快重用韩信；不重用他，韩信早晚还是要走的。"

汉王说："好吧，我就依着你的意思，让他做个将军。"

萧何说："叫他做将军，还是留不住他。"

汉王说："那就拜他为大将吧！"

萧何很高兴地说："这是大王的英明。"

汉王叫萧何把韩信找来，想马上拜他为大将。萧何直爽地说："大王平日不大注意礼貌。拜大将可是件大事，不能像跟小孩闹着玩似地叫他来就来。大王决心拜他为大将，要择个好日子，还得隆重地举行拜将的仪式才好。"

汉王说："好，我都依你。"

汉营里传出消息，汉王要择日子拜大将啦。几个跟随汉王多年的将军个个兴奋得睡不着觉，认为这次自己一定能当上大将。

赶到拜大将的日子，大家知道拜的大将竟是平日被他们瞧不起的韩信，一下子都愣了。

汉王举行拜将仪式以后，再接见韩信，说："丞相多次推荐将军，将军一定有好计策，请将军指教。"

韩信谢过汉王，向汉王详详细细分析了楚（项羽）汉双方的条件，认为汉王发兵东征，一定能战胜项羽。汉王越听越高兴，只后悔没早点发现这个人才。

打那以后，韩信就指挥将士，操练兵马，东征项羽的条件渐渐成熟了。

55

楚汉相争

汉王刘邦拜韩信为大将、萧何为丞相，整顿后方，训练人马。公元前 206 年八月，汉王和韩信率领汉军攻打关中。关中的百姓对“约法三章”的汉王本来有好感，汉军一到，大多不愿抵抗。不到三个月工夫，汉王消灭了原来秦国降将章邯等的兵力，关中地区就成了汉王的地盘。

这一来，可把西楚霸王项羽气坏了。项羽打算发兵往西打刘邦，可是东边也出了事，齐国的田荣轰走了项羽所封的齐王，自立为王，情况比西边更严重。项羽只好先去对付齐国。

汉王刘邦趁项羽和齐国相持不下的时候，一直向东打过来，攻下了西楚霸王的都城彭城。项羽又不得不扔了齐国那一头，赶回来在睢水上跟汉军打了一仗。

汉军大败，掉在水里淹死的不知道有多少，被俘的也不少，汉王的父亲太公和妻子吕后也被楚军俘虏了。

汉王退到荥阳、成皋（在今河南荥阳县）一带，收集散兵。这时候，萧何从关中调来一支人马，韩信也带着军队来见汉王，汉军才又振作起来。

汉王采取以攻为守的办法，一面守住荥阳，用少数兵力拖住项羽的军队；一面派韩信带领兵马，向北边收服魏国、燕国和赵国。

项羽的谋士范增劝项羽把荥阳迅速攻下来。汉王十分着急。他的谋士陈平原来是从项羽那边投奔过来的，献了一条计策，离间项羽和范增的关系。

项羽是个猜忌心很重的人，中了反间计，真的对范增怀疑起来。范增十分气愤，对项羽说："天下的大事已经定了，大王自己好好干吧。我年老体衰，该回老家了。"

范增离开荥阳，一路上又气又伤心，就害了病，没有回到彭城，脊梁上长了毒疮死去。

范增一死，楚营里再没人替霸王出主意。汉军受的压力也减轻了。汉王用少数兵力在荥阳、成皋一带牵制项羽的兵力，让韩信继续攻取北边东边，又叫将军彭越在楚军后方截断楚军的运粮道儿，使项羽的军队不得不来回作战。

楚汉双方就这样对峙了两年多。

公元前 203 年，项羽自己去攻打彭越，把手下将军曹咎留下来守住成皋，再三嘱咐他千万不要跟汉军交战。

汉王见项羽一走，就向曹咎挑战。一开始，曹咎说什么也不出来交战。汉王就叫兵士成天隔着汜水（流经荥阳西，汜音 sì）朝着楚营辱骂。

一连骂了几天，曹咎实在沉不住气了，就决定渡过汜水，和汉军拼一死战。

楚军兵多船少，只好分批渡河。汉军趁楚兵刚渡过一半的时候，把楚军的前军打败，后军乱了阵，自相践踏。曹咎觉得没有脸再见项羽，在汜水边自杀了。

项羽在东边正打了胜仗，一听成皋失守，又赶到了西边对付汉王。在广武（今河南荥阳县东北）地方，楚汉两军又对峙起来。

日子一久，楚军的粮食接应不上。项羽没法子，就把汉王的父亲绑了起来，放在宰猪的案上搁着，派人大声吆喝："刘邦还不快投降，就把你父亲宰了。"

汉王知道项羽吓唬他，也大声回答说："我跟你曾经结为兄弟，我的父亲也就是你的父亲。你要是把父亲杀了煮成肉羹，请分给我一碗尝尝。"

项羽恨得咬牙切齿，真的想把太公杀了，又是项伯劝住了他。

项羽派使者跟汉王说："现在天下闹得乱纷纷的，无非是你我两个人相持不下，你敢不敢出来跟我比个上下高低。"

汉王要使者回话说："我可以跟你斗智，不跟你比力气。"

项羽又叫汉王出来，在阵前对话。汉王当面数落项羽的十大罪状，说他不讲信义，杀害义帝，屠杀百姓等等。项羽听得发火了，用戟向前一指，后面的弓箭手一齐放起箭来。汉王赶快回马，胸口已经中了一箭，受了重伤。

他忍住疼，故意弓着腰摸摸脚，骂着说："贼人射中了我的脚趾。"

左右把汉王扶进了营帐。汉军听说汉王受伤，都着了慌。张良恐怕军心动摇，劝汉王勉强起来，到各军营巡视了一遍，大家才安定下来。

项羽听说汉王没有死，大失所望。接着，韩信在齐地大败楚军，楚军的运粮道又被彭越截断，粮草越来越少。

汉王趁项羽正在为难的时候，派人跟项羽讲和，要求把太公、吕后放回来，并且建议楚汉双方以鸿沟（今河南荥阳东南）为界，鸿沟以东归楚，鸿沟以西归汉。

项羽认为这样划定"楚河汉界"还不错，就同意了，放了太公、吕后，接着把自己的人马带回彭城。

其实，汉王这次讲和，只是一个缓兵之计。汉王用了张良、陈平的计策，不出两个月，组织了韩信、彭越、英布三路人马一齐会合，由韩信统领，追击项羽。楚、汉双方一场最后决战就开始了。

56

霸王乌江自刎

公元前202年，韩信布置十面埋伏，把项羽围困在垓下（今安徽灵璧县东南，垓音gāi）。项羽的人马少，粮食也快完了。他想带领一支人马冲杀出去。但是汉军和诸侯的人马把楚军包围得重重叠叠。项羽打退一批，又来一批；杀出一层，还有一层；这儿还没杀出去，那儿的汉兵又围了上来。

项羽没法突围，只好仍回到垓下大营，吩咐将士小心防守，准备瞅个机会再出战。

这天夜里，项羽进了营帐，愁眉不展。他身边有个宠爱的美人名叫虞姬，看见他闷闷不乐，陪伴他喝酒解闷。

到了定更的时候，只听得一阵阵西风吹得呼呼直响，风声里还夹着唱歌的声音。项羽仔细一听，歌声是由汉营里传出来的，唱的净是楚人的歌子，唱的人还真不少。

项羽听到四面到处是楚歌声，不觉愣住了。他失神似地说:“完了!难道刘邦已经打下西楚了吗?怎么汉营里有这么多的楚人呢。”

项羽再也忍不住了,随口唱起一曲悲凉的歌来:

力拔山兮气盖世,
时不利兮骓(音 zhuī)不逝。
骓不逝兮可奈何,
虞兮虞兮奈若何?

(这首歌的意思是:“力气拔得一座山,气魄能压倒天下好汉,时运不利,乌骓马不肯跑。马儿不肯跑有什么办法?虞姬呀虞姬,我拿你怎么办?”)

项羽一连唱了几遍,虞姬也跟着唱起来。霸王唱着唱着,禁不住流下了眼泪。旁边的侍从也都伤心得抬不起头。

当夜,项羽跨上乌骓马,带了八百个子弟兵冲过汉营,马不停蹄地往前跑去。到了天蒙蒙亮,汉军才发现项羽已经突围,连忙派了五千骑兵紧紧追赶。项羽一路奔跑,等到他渡过淮河,跟着他的只剩下一百多人了。又跑了一程,迷了道儿。

项羽来到一个三岔路口,瞧见一个庄稼人,就问他哪条道儿可以到彭城。那个庄稼人知道他是霸王,不愿给他指路,哄骗他说:“往左边走。”

项羽和一百多个人往左跑下去,越跑越不对头,跑到后来,只见前面是一片沼泽地带,连道儿都没有了。项羽这才

知道是受了骗,赶快拉转马头,再绕出这个沼泽地,汉兵已经追上了。

项羽又往东南跑,一路上,随从的兵士死的死,伤的伤。到了东城(今安徽定远县东南),再点了点人数,只有二十八个骑兵。但是汉军的几千名追兵却密密麻麻地围了上来。

项羽料想没法脱身,但是他仍旧不肯服输,对跟随他的兵士们说:“我起兵到现在已经八年,经历过七十多次战斗,从来没打过一次败仗,才当上了天下霸王。今天在这里被围,这是天叫我灭亡,并不是我打不过他们啊!”

他把仅有的二十八人分为四队,对他们说:“看我先斩他们一员大将,你们可以分四路跑开去,大家在东山下集合。”

说着,他猛喝一声,向汉军冲过去。汉兵抵挡不住,纷纷散开,当场被项羽杀死了一名汉将。

项羽到了东山下,那四队人马也到齐了。项羽又把他们分成三队,分三处把守。汉军也分兵三路,把楚军围住。项羽来往冲杀,又杀了汉军一名都尉和几百名兵士。最后,他又把三处人马会合在一起,点了一下人数,二十八名骑兵只损失了两名。

项羽对部下说:“你们看怎么样?”

部下都说:“大王说的一点不错。”

项羽杀出汉兵的包围,带着二十六个人一直往南跑去,到了乌江(今安徽和县东北)。恰巧乌江的亭长有一条小船停在岸边。

亭长劝项羽马上渡江,说:“江东虽然小,可还有一千多里土地，几十万人口。大王过了江，还可以在那边称王。”

项羽苦笑了一下说：“我在会稽郡起兵后，带了八千子弟渡江。到今天他们没有一个能回去，只有我一个人回到江东。即使江东父老同情我，立我为王，我还有什么脸再见他们呢。”

他把乌骓马送给了亭长，也叫兵士们都跳下马。他和二十六个兵士都拿着短刀，跟追上来的汉兵肉搏起来。他们杀了几百名汉兵，楚兵也一个个倒下。项羽受了十几处创伤，最后在乌江边拔剑自杀。

57

大　风　歌

垓下决战后，汉王刘邦得到了最后的胜利，建立了一个比秦朝更强大的汉王朝。公元前 202 年，汉王刘邦正式即了皇帝位，这就是汉高祖（西汉纪年从公元前 206 年刘邦称汉王时算起）。

汉高祖建都洛阳，后来迁都到长安（今陕西西安）。从那时候开始的 210 年，汉朝的都城一直在长安。历史上把这个时期称为"西汉"，也叫"前汉"。

汉高祖即位不久，在洛阳南宫开了一个庆功宴会。他对大臣们说："咱们今天欢聚在一起，大家说话用不到顾忌。你们说说，我是怎么得天下的？项羽又是怎样失天下的？"

大臣王陵等说："皇上派将士打下城池，有封有赏，所以大家肯为皇上效劳；项羽对有功的和有才能的人猜疑、妒忌，打了胜仗，不记人家的功劳，所以失去了天下。"

汉高祖笑了笑说："你们只知其一，不知其二。要知道成功失败，全在用人。坐在帐帷里定计划，算得准千里以外的胜利，这一点我不如张良；治理国家，安抚百姓，给前方运送军粮，这一点我比不上萧何；统领百万大军，开战就打胜仗，攻城就能拿下来，这一点我怎么也赶不上韩信。这三个人都是当代的豪杰。我能够重用他们，这就是我得天下的原因。项羽连一个范增都不能用，所以被我灭了。"

大家都佩服汉高祖说得有道理。后来，人们就把萧何、张良、韩信称作"汉初三杰"。

在楚汉战争中，有些带兵的大将立过大功，汉高祖不得不封他们为王。这些诸侯王有的虽然不是旧六国贵族，但是都想割据一块土地，不听汉朝政府的指挥。其中楚王韩信、梁王彭越、淮南王英布，功劳最大，兵力也最强。汉高祖对他们确实不放心。

有个原来在项羽手下的将军叫钟离昧，汉高祖正在缉拿他，韩信却把他收留下来。

第二年，有人向汉高祖告发韩信想谋反。汉高祖问大臣该怎么办，许多人主张发兵消灭韩信。只有陈平反对。陈平说："韩信的兵比咱们精，他手下的将军又比咱们强，用武力去对付他，是很危险的。"

后来，汉高祖采用了陈平的计策，假装巡视云梦泽，命令受封的王侯到陈地相见。韩信接到命令，不能不去。到了陈地，汉高祖就叫武士把韩信绑了起来，要办他的罪。

有人劝汉高祖看在韩信过去的功劳份上，从宽处分。汉高祖才免了他的罪，消取他的楚王封号，改封为淮阴侯。

韩信被降职以后，心里闷闷不乐，常常推说有病，不去朝见。

过了几年，有一个将军陈豨（音 xī）造反，自称代王，一下子就占领了二十多座城。

汉高祖要淮阴侯韩信和梁王彭越一起讨伐陈豨。可是两个人都推说有病，不肯出兵。汉高祖只好自己去讨伐陈豨。

汉高祖带兵离开长安后，有人向吕后告发，说韩信和陈豨是同谋，他们还想里应外合，发动叛乱。吕后跟丞相萧何商量了一个计策，故意传出消息，说陈豨已经被高祖抓到，要大臣们进宫祝贺。韩信一进宫门，就被预先埋伏好的武士拿住杀了。

韩信被杀不到三月，汉高祖灭了陈豨，回到洛阳，又有彭越的手下人告发彭越谋反。汉高祖听到这个消息，派人把彭越逮住，下了监狱。后来因为没有查到彭越谋反的真凭实据，就把他罚做平民，遣送到蜀中去。

彭越在到蜀中去的路上，正好遇到吕后，就向吕后哭诉他实在没有罪，苦苦央告吕后在汉高祖面前替他说句好话，让他回自己的老家。吕后一口答应，把彭越带回洛阳。

吕后到了洛阳，对汉高祖说："彭越是个壮士，把他送到蜀中，这不是放虎归山，自找麻烦吗？"

汉高祖听了吕后的话，就把彭越处死。

淮南王英布一听到韩信、彭越都被杀，干脆也起兵反了。他对部下说："皇上已经老了，自己一定不能来。大将中只有韩信、彭越最有能耐，但他们都已经死了，别的将军不是我的对手，没什么可怕的。”

英布一出兵，果然打了几个胜仗，把荆楚一带土地都占领了。汉高祖只好亲自发兵去对敌。

他在阵前骂英布说：“我已经封你为王，你何苦造反？”

英布直言不讳地说：“想做皇帝啰！”

汉高祖指挥大军猛击英布。英布手下兵士弓箭齐发，汉高祖当胸中了一箭。幸亏箭伤还不太重，他忍住创痛，继续进攻。英布大败逃走，在半路上被人杀了。

汉高祖平定了英布，路过他的故乡沛县住了几天，邀集了故乡的父老子弟和以前熟悉的人，举行了一次宴会，请他们一起喝酒，无拘无束地快乐几天。

他在快乐当中，想起过去自己怎样战胜了项羽，又想到以后要治理好国家，可真不容易。别说一些诸侯不肯安分守己，就是边境上也常常发生麻烦，哪儿去找勇士帮他守卫呢？想到这里，十分感慨，情不自禁地唱起歌来：

大风起兮云飞扬，
威加海内兮归故乡，
安得猛士兮守四方。

58

白登被围

自从在秦始皇统治时期打败匈奴以后，北方平静了十几年。到秦灭亡之后，中原发生了楚汉相争，匈奴就乘机一步一步向南打过来。

汉高祖的时候，匈奴的冒顿单于（音 mò dú chán yú，冒顿是人名，单于是匈奴王）带领了四十万人马包围了韩王信（原韩国贵族，和韩信是两个人）的封地马邑（今山西朔县）。韩王信抵挡不了，向冒顿求和。汉高祖得到这个消息，派使者责备韩王信。韩王信害怕汉高祖办他的罪，向匈奴投降了。

冒顿占领了马邑，又继续向南进攻，围住晋阳。汉高祖亲自赶到晋阳，和匈奴对敌。

公元前 200 年冬天，天空下着大雪，气候特别冷。中原的兵士没碰到过这样冷的天气，冻坏了不少人，有的人竟冻得掉下了手指。但是，汉朝的军队和匈奴兵一接触，匈奴兵

就败走。一连打赢了几仗。后来，听说冒顿单于逃到代谷（今山西代县西北）。

汉高祖进了晋阳，派出兵士去侦察，回来的人都说冒顿的部下全是一些老弱残兵，连他们的马都是挺瘦的。如果趁势打过去，准能打胜仗。

汉高祖还怕这些兵士的侦察不可靠，又派刘敬到匈奴营地去刺探。

刘敬回来说："我们看到的匈奴人马的确都是些老弱残兵，但我认为冒顿一定是把精兵埋伏起来，陛下千万不能上这个当。"

汉高祖大怒，说："你胆敢胡说八道，想阻拦我进军。"说着，就把刘敬关押起来。

汉高祖率领一队人马刚到平城（今山西大同市东北），突然四下里涌出无数匈奴兵来，个个人强马壮，原来的老弱残兵全不见了。汉高祖拼命杀出一条血路，退到平城东面的白登山。

冒顿单于派出四十万精兵，把汉高祖围困在白登山。周围的汉军没法救援，汉高祖的一部分人马在白登，整整被围了七天，没法脱身。

高祖身边的谋士陈平打发了一个使者带着黄金、珠宝去见冒顿的阏氏（音 yān zhī，就是匈奴的王后），请她在单于面前说些好话。阏氏一见这么多的礼物，心里挺高兴。

当天晚上，阏氏对冒顿说："我们占领了汉朝地方，没法长期住下来，再说，汉朝皇帝也有人会来救他。咱们不如早点撤兵回去吧！"

冒顿听了阏氏的话，第二天一清早，就下令将包围网撤开一角，放汉兵出去。

第二天清早，天正下着浓雾，汉高祖悄悄地撤离了白登。陈平还不放心，叫弓箭手朝着左右两旁拉满了弓，保护汉高祖下山。

汉高祖提心吊胆走出了匈奴的包围圈，快马加鞭，一口气逃到广武。他定了定神，首先把刘敬放出来，说："我没听你的话，弄得在白登被匈奴围了起来，差点儿不能和你见面了。"

汉高祖逃出了虎口，自己知道没有力量再去征服匈奴，只好回到长安。以后，匈奴一直侵犯北方，叫汉高祖大伤脑筋。他问刘敬该怎么办？刘敬说："最好采用'和亲'的办法，大家讲和，结为亲戚，彼此可以和和平平地过日子。"

汉高祖同意刘敬的意见，派刘敬到匈奴去说亲，冒顿同意了。汉高祖挑了一个宫女所生的女儿，称作大公主，送到匈奴去，冒顿就把她立为阏氏。

打那时候起，汉朝开始采取"和亲"的政策，跟匈奴的关系暂时缓和了下来。

59

白 马 盟

汉高祖晚年的时候,宠爱了一个戚夫人。戚夫人生了孩子,叫做如意,被封为赵王。汉高祖老觉得吕后所生的太子刘盈生性软弱,怕他将来干不了大事,倒是如意说话做事很像自己。因此,想改立如意为太子。

他曾经为这件事跟大臣们商量过,但大臣们都反对。连他一向敬重的张良也帮着吕后,请了当时很有名望的四个隐士叫"商山四皓"(皓,音 hào,就是白发老人的意思),来辅佐太子刘盈。汉高祖知道没法废掉太子,就对戚夫人说:"太子有了帮手,翅膀已经长硬了,没有法子改变了。"戚夫人也伤心得没法说。

汉高祖在讨伐英布的时候,胸部中了流箭。后来,伤势越来越厉害。有一次,有人偷偷地对他说:"樊哙(吕后的妹夫)和吕后串通一气,只等皇上一死,就打算杀掉戚夫人和赵王如意。”

汉高祖大怒，立即把陈平和将军周勃召进宫来，对他们说：“你们赶快到军营，立刻把樊哙的头砍下来见我。”

那时候，樊哙正带兵在燕国。陈平、周勃接受了命令，两人私下商量说：“樊哙功劳大，又是皇后的妹夫，咱们可不能随便杀他。这会儿皇上发火要杀他，以后万一后悔起来，怎么办？”

两人商量了一阵，把樊哙关在囚车里，送到长安，后来果然被吕后释放。

汉高祖病重了，他把大臣召集在他跟前，又吩咐手下人宰了一匹白马，要大臣们歃血为盟。大伙儿当着高祖的面，歃了血，起誓说：“从今以后，不是姓刘的不得封王，不是功臣不得封侯。违背这个盟约的，大家共同讨伐他。”

大臣们宣了誓，汉高祖才放下心。

汉高祖病越来越重了。他叫吕后进去，嘱咐后事。

吕后问他：“陛下百年之后，要是萧相国死了，谁可以接替他？”

汉高祖说：“可以让曹参接替。”

吕后又问：“曹参以后呢？”

汉高祖说：“王陵可以接替。不过王陵有点戆直，可以叫陈平帮助他。陈平有足够的智谋，但是不能独当一面。周勃为人厚道，办事慎重，只是不大懂得文墨。但是将来安定刘家天下的，还是靠周勃。”

吕后再问下去，汉高祖摇摇头说：“以后的事，就不是你能够知道的了。”

公元前 195 年，汉高祖死去。吕后把消息封锁起来，秘密把她的一个心腹大臣审食其（食其音 yì jī）找去，对他说："大将们和先帝都是一起起兵的。他们在先帝手下已经不大甘心。如今先帝去世，更靠不住，不如把他们都杀了。"

审食其觉得这事不好办，就约吕后的哥哥吕释之做帮手。吕释之的儿子吕禄把这个秘密消息泄露给他的好朋友郦寄，郦寄又偷偷地告诉他父亲郦商。

郦商得知这消息，赶忙去找审食其，对他说："听说皇上去世已经四天。皇后不发丧，反倒打算杀害大臣。这样做，一定激起大臣和将军们的反抗，天下大乱不用说，只怕您的性命也保不住。"

审食其吓住了，忙去找吕后。吕后也觉得杀大臣这件事没有把握，就下了发丧的命令。

大臣们安葬了汉高祖，太子刘盈即位，就是汉惠帝。吕后就成了太后。

汉惠帝的确是个老实无能的人，一切听他母亲吕太后作主。吕太后大权在手，爱怎么做就怎么做。

她最痛恨的是戚夫人和赵王如意。她先把戚夫人罚做奴隶。又派人把赵王如意从封地召回长安。

汉惠帝知道太后要害死弟弟如意，亲自把如意接到宫里，连吃饭睡觉都和他在一起，使吕太后没法下手。

有一天清晨，汉惠帝起床出外练习射箭。他想叫如意一起去，如意年轻贪睡，汉惠帝见他睡得很香，不忍叫醒他，自己出去了。等惠帝回宫，如意已经死在床上。惠帝知道弟弟是被毒死的，只好抱着尸首大哭一场。

吕太后杀了如意，还残酷地把戚夫人的手脚统统砍去，挖出她的两眼，逼她吃了哑药，把她扔在猪圈里。

汉惠帝瞧见戚夫人被太后折磨得这个样子，不禁放声大哭，还吓得生了一场大病。他派人对太后说："这种事不是人干得出来的。我是太后的儿子，没有能力治理天下。"

打那以后，汉惠帝就不愿再过问朝廷的政事。

60

萧曹两相国

汉惠帝即位第二年，年老的相国萧何病重。汉惠帝亲自去探望他，还问他将来谁来接替他合适。

萧何不愿意表示意见，只说："谁还能像陛下那样了解臣下呢？"

汉惠帝问他："你看曹参怎么样？"

萧何和曹参早年都是沛县的官吏，跟随汉高祖一起起兵。两个人本来关系很好，后来曹参立了不少战功，可是他的地位比不上萧何。两个人就不那么和好。但是萧何知道曹参是个治国的人才，所以汉惠帝一提到他，他也表示赞成，说："陛下的主意错不了。有曹参接替，我死了也安心了。"

曹参本来是个将军，汉高祖封他长子刘肥做齐王的时候，叫曹参做齐相。那时候，天下刚安定下来，曹参到了齐国，召集齐地的父老和儒生一百多人，问他们应该怎样治理百姓。这些人说了一些意见，但是各有各的说法，不知听哪个才好。

后来，曹参打听到当地有一个挺有名望的隐士，叫盖公。曹参把他请了来，向他请教。这个盖公是相信黄老学说的（黄老就是指黄帝和老子），主张治理天下的人应该清静无为，让老百姓过安定的生活。

曹参依了盖公的话，尽可能不多去打扰百姓。他做了九年齐相，齐国所属的七十多座城都比较安定。

萧何一死，汉惠帝马上命令曹参进长安，接替做相国。曹参还是用盖公清静无为的办法，一切按照萧何已经规定的章程办事，什么也不变动。

有些大臣看曹参这种无所作为的样子，有点着急，也有的去找他，想帮他出点主意。但是他们一到曹参家里，曹参就请他们一起喝酒。要是有人在他跟前提起朝廷大事，他总是把话岔开，弄得别人没法开口。最后客人喝得醉醺醺地回去，什么也没有说。

汉惠帝看到曹相国这副样子，认为他是倚老卖老，瞧不起他，心里挺不踏实。

曹参的儿子曹窋（音 zhú），在皇宫里侍候惠帝。惠帝嘱咐他说："你回家的时候，找个机会问问你父亲：高祖归了天，皇上那么年轻，国家大事全靠相国来主持。可您天天喝酒，不管事，这么下去，怎么能够治理好天下呢？看你父亲怎么说。"

曹窋趁假期回家去的时候，就照惠帝的话一五一十跟

曹参说了。

曹参一听，就上火了，他骂着说："你这种毛孩子懂得个什么，国家大事也轮到你来啰唆！"说着，竟叫仆人拿板子来，把曹窋打了一顿。

曹窋莫名其妙地受了责打，非常委屈，回宫的时候当然向汉惠帝诉说了。汉惠帝也感到很不高兴。

第二天，曹参上朝的时候，惠帝就对他说："曹窋跟你说的话，是我叫他说的，你打他干什么？"

曹参向惠帝请了罪，接着说："请问陛下，您跟高祖比，哪一个更英明？"

汉惠帝说："那还用说，我怎么能比得上高皇帝。"

曹参说："我跟萧相国比较，哪一个能干？"

汉惠帝不禁微微一笑，说："好像不如萧相国。"

曹参说："陛下说的话都对。陛下不如高皇帝，我又不如萧相国。高皇帝和萧相国平定了天下，又给我们制订了一套规章。我们只要按照他们的规定照着办，不要失职就是了。"

汉惠帝这才有点明白过来。

曹参用他的黄老学说，做了三年相国。由于那时候正在长期战争的动乱之后，百姓需要安定，他那套办法没有给百姓增加更多的负担。因此，当时有人编了歌谣称赞萧何和曹参。历史上把这件事称为"萧规曹随"。

61

周勃夺军

汉惠帝没有儿子，吕太后从外面找了一个婴儿冒充是惠帝生的，立为太子。公元前188年，惠帝一死，由这个婴儿接替皇位，吕太后就名正言顺地临朝执政。

吕太后为了巩固自己的权力，要立吕家的人为王，问问大臣们可不可以。

右丞相王陵是直筒子，说："高皇帝宰白马立下盟约，不是姓刘的不应该封王。"

吕太后听了挺不高兴，又问左丞相陈平和太尉周勃。

陈平、周勃说："高祖平定天下，分封自己的子弟为王，这当然是对的；现在太后临朝，封自己的子弟为王，也没有什么不可以。"

吕太后才高兴地点点头。

散朝以后，王陵批评陈平和周勃说："当初在先帝跟前宣誓的时候，你们不是都在场吗？现在你们违背了誓言，怎么对得起先帝？”

陈平和周勃说：“您别着急。当面在朝廷上和太后争论，我们比不上您；将来保全刘家天下，您可比不上我们了。”

打这以后，吕太后就陆续把她的内侄、侄孙，像吕台、吕产、吕禄、吕嘉、吕通等一个个都封了王，还让他们掌握了军权。整个朝廷大权几乎全落在吕家的手里了。

吕后一家夺了刘家的权，大臣中不服气的人不少，只是大多数人敢怒而不敢说罢了。

汉高祖有个孙儿刘章，封号叫朱虚侯，他的妻子是吕禄的女儿。有一次，吕太后举行宴会，指定刘章进行监督。刘章对太后说：“我是将门的后代，请允许我按军法来监督酒宴。”吕太后答应了。

刘章瞧见大伙儿喝酒喝得热闹。他提出要给吕太后唱个《耕田歌》助助兴，吕太后说：“你就唱吧！”

刘章放开嗓子唱了起来：

深耕穊（音jì）种，立苗欲疏；
非其种者，锄而去之。

（这首歌的意思是：田要耕得深，苗要栽得疏；不是好种子，就把它锄掉。）

吕太后听了，很不痛快。

不一会，有个吕家子弟喝醉了酒，不告而别。刘章追了

上去，借口他违犯宴会规矩，把他杀了。刘章回来向太后报告的时候，左右大臣吓得什么似的。吕太后因为已经允许他按军法办事，也拿他没有办法。

吕太后临朝的第八年，得了重病。临死前封赵王吕产为相国，统领北军；吕禄为上将军，率领南军，并且叮嘱他们说："现在吕氏掌权，大臣们都不服。我死了以后，你们一定要带领军队保卫宫廷，不要出去送殡，免得被人暗算。"

吕太后死后，兵权都在吕产、吕禄手里。他们想发动叛乱，但是一时不敢动手。

刘章从妻子那里知道了吕家的阴谋，就派人去告诉他哥哥齐王刘襄，约他从外面发兵打进长安来。

齐王刘襄向西进兵，吕产得到这个消息，立刻派将军灌婴带领兵马去对付。灌婴一到荥阳，就跟部将们商量说："吕氏统率大军，想夺取刘家天下。如果我们向齐王进攻，岂不是帮助吕氏叛乱吗？"

大家商量下来，决定按兵不动，还暗地里通知齐王，要他联络诸侯，等待时机成熟，一起起兵讨伐吕氏。齐王接到通知，也就暂时按兵不动。

周勃、陈平知道吕氏要发动叛乱，他们想先发制人，但是兵权在吕氏手里，怎么办呢？

他们想到大臣郦商的儿子郦寄和吕禄是好朋友，就派人要郦寄去劝说吕禄："太后死了，皇帝年纪又小，您身为赵王，却留在长安带兵，大臣诸侯都怀疑您，对您不利。如果您能把兵权交给太尉，回到自己封地，齐国的兵就会撤退，大臣们也心安了。"

吕禄相信了郦寄的话，把北军交给太尉周勃掌管。

周勃拿了将军的大印，迅速跑到北军军营中去。向将士下了一道命令："现在吕氏想夺刘氏的权，你们看怎么办？谁帮助吕家的袒露右臂，帮助刘家的袒露左臂。"

北军中的将士本来都是向着刘家的。命令一传下去，一下子全脱下左衣袖，露出左臂来（文言叫"左袒"）。周勃顺利地接管了北军，把吕禄的兵权夺了过来。

吕产还不知道吕禄的北军已落在周勃手里，他跑到未央宫想要发动叛乱。周勃派朱虚侯刘章带了一千多个兵士赶来，把吕产杀了。接着，周勃带领北军，把吕氏的势力消灭了。

到这时候，大臣们胆子就大了。他们说："从前吕太后所立皇上不是惠帝的孩子。现在我们灭了吕氏，让这种冒充的太子当皇帝，长大了不是吕氏一党吗？我们不如再在刘氏诸王中推一个最贤明的立为皇帝。"

大臣们商议的结果，认为代王刘恒在高祖的几个儿子中，年龄最大，品格又好，就派人到代郡（治所在今河北蔚县）把刘恒迎到长安，立为皇帝，这就是汉文帝。

62

缇萦救父

汉文帝的母亲薄太后出身低微，在汉高祖在世的时候是个不得宠的妃子。她怕住在宫里受吕后的陷害，就请求跟着儿子住在代郡。住在代郡不像在皇宫里那么阔气，因此，娘儿俩多少知道一些老百姓的疾苦。

汉文帝即位不久，就下了一道诏书说："一个人犯了法，定了罪也就是了。为什么要把他的父母妻儿也一起逮捕办罪呢？我不相信这种法令有什么好处，请你们商议一下改变的办法。"

大臣们一商量，按照汉文帝的意见，废除了一人犯法、全家连坐（连坐，就是被牵连一同办罪）的法令。

公元前 167 年，临淄地方有个小姑娘名叫淳于缇萦（淳于是姓，缇萦音 tí yíng）。她的父亲淳于意，本来是个读书人，因为喜欢医学，经常给人治病，出了名。后来他做了太

仓令，但他不愿意跟做官的来往，也不会拍上司的马屁。没有多久，辞了职，当起医生来了。

有一次，有个大商人的妻子生了病，请淳于意医治。那病人吃了药，病没见好转，过了几天死了。大商人仗势向官府告了淳于意一状，说他是错治了病。当地的官吏判他"肉刑"（当时的肉刑有脸上刺字，割去鼻子，砍去左足或右足等），要把他押解到长安去受刑。

淳于意有五个女儿，可没有儿子。他被押解到长安去离开家的时候，望着女儿们叹气，说："唉，可惜我没有男孩，遇到急难，一个有用的也没有。"

几个女儿都低着头伤心得直哭，只有最小的女儿缇萦又是悲伤，又是气愤。她想："为什么女儿偏没有用呢？"

她提出要陪父亲一起上长安去，家里人再三劝阻她也没有用。

缇萦到了长安，托人写了一封奏章，到宫门口递给守门的人。

汉文帝接到奏章，知道上书的是个小姑娘，倒很重视。那奏章上写着：

"我叫缇萦，是太仓令淳于意的小女儿。我父亲做官的时候，齐地的人都说他是个清官。这回儿他犯了罪，被判处肉刑。我不但为父亲难过，也为所有受肉刑的人伤心。一个人砍去脚就成了残废；割去了鼻子，不能再按上去，以后就是想改过自新，也没有办法了。我情愿给官府没收为奴婢，替父亲赎罪，好让他有个改过自新的机会。"

汉文帝看了信，十分同情这个小姑娘，又觉得她说的有道理，就召集大臣们，对大臣说："犯了罪该受罚，这是没有话说的。可是受了罚，也该让他重新做人才是。现在惩办一个犯人，在他脸上刺字或者毁坏他的肢体，这样的刑罚怎么能劝人为善呢。你们商量一个代替肉刑的办法吧！"

大臣们一商议，拟定一个办法，把肉刑改用打板子。原来判砍去脚的，改为打五百板子；原来判割鼻子的改为打三百板子。汉文帝就正式下令废除肉刑。这样，缇萦就救了她的父亲。

汉文帝废除肉刑，看起来是件好事。但是实际执行起来，却是弊病不少。有些犯人被打上五百或三百板，就给打死了，这样一来，反而加重了刑罚。后来到了他的儿子汉景帝手里，才又把打板子的刑罚减轻了一些。

63

周亚夫的细柳营

汉文帝即位之后，跟匈奴贵族继续采取和亲的政策，双方没有发生大规模的战争。但是后来匈奴的单于听信了奸细的挑拨，跟汉朝绝了交。公元前158年，匈奴的军臣单于起兵六万，侵犯上郡（治所在今陕西榆林东南）和云中（治所在今内蒙古托克托东北），杀了不少老百姓，抢掠了不少财物。边境的烽火台都放起烽火来报警，远远近近的火光，连长安也望得见。

汉文帝连忙派三位将军带领三路人马去抵抗；为了保卫长安，另外派了三位将军带兵驻扎在长安附近：将军刘礼驻扎在灞上，徐厉驻扎在棘门（今陕西咸阳市东北），周亚夫驻扎在细柳（今咸阳市西南）。

有一次，汉文帝亲自到这些地方去慰劳军队，顺便也去视察一下。

他先到灞上，刘礼和他部下将士一见皇帝驾到，都纷纷骑着马来迎接。汉文帝的车驾闯进军营，一点没有受到什么阻拦。

汉文帝慰劳了一阵走了，将士们忙不迭欢送。

接着，他又来到棘门，受到的迎送仪式也是一样隆重。

最后，汉文帝来到细柳。周亚夫军营的前哨一见远远有一彪人马过来，立刻报告周亚夫。将士们披盔带甲，弓上弦，刀出鞘，完全是准备战斗的样子。

汉文帝的先遣队到达了营门。守营的岗哨立刻拦住，不让进去。

先遣的官员威严地吆喝了一声，说："皇上马上驾到！"

营门的守将毫不慌张地回答说："军中只听将军的军令。将军没有下令，不能放你们进去。"

官员正要同守将争执，文帝的车驾已经到了。守营的将士照样挡住。

汉文帝只好命令侍从拿出皇帝的符节，派人给周亚夫传话说："我要进营来劳军。"

周亚夫下命令打开营门，让汉文帝的车驾进来。

护送文帝的人马一进营门，守营的官员又郑重地告诉他们："军中有规定：军营内不许车马奔驰。"

侍从的官员都很生气。汉文帝却吩咐大家放松缰绳，缓缓地前进。

到了中营，只见周亚夫披戴着全身盔甲，拿着兵器，威风凛凛地站在汉文帝面前，拱拱手作个揖，说："臣盔甲在身，不能下拜，请允许按照军礼朝见。"

汉文帝听了，大为震动，也扶着车前的横木欠了欠身，向周亚夫表示答礼。接着，又派人向全军将士传达他的慰问。

慰问结束后，汉文帝离开细柳。在回长安的路上，汉文帝的侍从人员都愤愤不平，认为周亚夫对皇帝太无礼了。

但是，汉文帝却赞不绝口，说："啊，这才是真正的将军啊！灞上和棘门两个地方的军队，松松垮垮，就跟孩子们闹着玩儿一样。如果敌人来偷袭，不做俘虏才怪呢。像周亚夫这样治军，敌人怎敢侵犯他啊！"

过了一个多月，前锋汉军开到北方，匈奴退了兵。防卫长安的三路军队也撤了。

汉文帝在这一次视察中，认定周亚夫是个军事人才，就把他提升为中尉（负责京城治安的军事长官）。

第二年，汉文帝害了重病。临死的时候，他把太子叫到跟前，特地嘱咐说："如果将来国家发生动乱，叫周亚夫统率军队，准错不了。"

汉文帝死了后，太子刘启即位，就是汉景帝。

64

晁 错 削 地

汉景帝也像文帝一样，采用休养生息的政策，决心把国家治理好。景帝当太子的时候，有个管家的官员叫晁错（音 cháo cuò），才能挺不错，大家把他叫做“智囊”。汉景帝即位以后，把他提升为御史大夫。

汉朝实行的是郡县制，但是同时又有二十二个诸侯国。这些诸侯都是汉高祖的子孙，也就是所谓同姓王。到了汉景帝那时候，诸侯的势力很大，土地又多，像齐国有七十多座城，吴国有五十多座城，楚国有四十多座城。有些诸侯不受朝廷的约束，特别是吴王刘濞（音 bì），更是骄横。他的封国靠海，还有铜矿，自己煮盐采铜，跟汉皇帝一样富有。他自己从来不到长安朝见皇帝，简直使吴国成为一个独立王国。

晁错眼看这样下去，对巩固中央集权不利，就对汉景帝说："吴王一直不来朝见，按理早该把他办罪。先帝（指文帝）在世时对他很宽大，他反倒越来越狂妄自大。他还私自开铜山铸钱，煮海水产盐，招兵买马，准备叛乱。不如趁早削减他们的封地。"

汉景帝还有点犹豫，说："好是好，只怕削地会激起他们造反。"

晁错说："诸侯存心造反的话，削地要反，不削地将来也要造反。现在造反，祸患还小；将来他们势力雄厚了，再反起来，祸患就更大了。"

汉景帝觉得晁错的话很有道理，决心削减诸侯的封地。诸侯大多不是荒淫无度，就是横行不法，要抓住他们的罪恶，作为削减封地的理由，还真不容易！过了不久，有的被削去一个郡，有的被削掉几个县。

晁错的父亲听到这个消息，从家乡颍川（今河南禹州）特地赶了出来。他对晁错说："你当了御史大夫，地位已经够高的了。怎么不安分守己，硬管闲事？你想想，诸侯王都是皇室的骨肉至亲，你管得着？你把他们的封地削了，他们哪一个不怨你，恨你，你这样做究竟是为的什么？"

晁错说："不这样做，皇上就没法行使权力，国家也一定要乱起来。"

他父亲叹了口气说："你这样做，刘家的天下安定，我们晁家却危险了。我老了，不愿意看到大祸临头。"

晁错又劝了他父亲一阵。可是老人不体贴晁错的心意，回到颍川老家，服毒自杀了。

晁错正跟汉景帝商议要削吴王濞的封地，吴王濞先造

起反来了。他打着“惩办奸臣晁错，救护刘氏天下”的幌子，煽动别的诸侯一同起兵叛乱。

公元前154年，吴、楚、赵、胶西、胶东、菑川（菑音zī）、济南等七个诸侯王发动叛乱。历史上称为“七国之乱”。

叛军声势很大，汉景帝有点吓了。他想起汉文帝临终的嘱咐，拜善于治军的周亚夫为太尉，统率三十六名将军去讨伐叛军。

那时候，朝廷上有个妒忌晁错的人就说七国发兵完全是晁错引起的。他劝汉景帝说：“只要答应七国的要求，杀了晁错，免了诸侯起兵的罪，恢复他们原来的封地，他们就会撤兵回去。”

汉景帝听信了这番话，说：“如果他们真能够撤兵，我又何必舍不得晁错一个人呢。”

接着，就有一批大臣上奏章弹劾晁错，说他大逆不道，应该腰斩。汉景帝为了保住自己的皇位，竟昧着良心，批准了这个奏章。

一天，中尉来到晁错家，传达皇帝的命令，要他上朝议事。晁错还完全蒙在鼓里，立刻穿上朝服，跟着中尉上车走了。

车马经过长安东市，中尉忽然拿出诏书，要晁错下车听诏。中尉宣布了汉景帝的命令，后面一群武士就一拥而上，把晁错绑起来。这个一心想维护汉家天下的晁错，竟这样莫名其妙地被腰斩了。

汉景帝杀了晁错，派人下诏书要七国退兵。这时候吴王濞已经打了几个胜仗，夺得了不少地盘。他听说要他拜受汉景帝的诏书,冷笑说:“现在我也是个皇帝,为什么要下拜?”

汉军营里有个官员名叫邓公,到长安向景帝报告军事情况。汉景帝问他说:“你从军营里来,知不知道晁错已经死了?吴楚愿不愿意退兵?”

邓公说:“吴王为了造反已经准备了几十年了。这次借削地的因头发兵,哪里是为了晁错呢?陛下把晁错错杀了,恐怕以后谁也不敢替朝廷出主意了。”

汉景帝这才知道自己做错了事,但后悔已来不及。亏得周亚夫很能用兵。他先不跟吴、楚两国的叛军正面作战,却派一队轻骑兵抄了他们的后路,断绝了叛军的粮道。吴、楚两国军队没有粮食,自己先乱起来。周亚夫才发动精兵出击,把吴、楚两国的兵马打得一败涂地。

吴、楚两国是带头叛乱的,两国一败,其余五个国家也很快地垮了。不到三个月时间,汉军就把七国的叛乱平定了。

汉景帝平定了叛乱,虽然仍旧封了七国的后代继承王位,但是打那以后,诸侯王只能在自己的封国里征收租税,不许干预地方的行政,权力大大削弱,汉朝的中央政权才巩固下来。

65

马邑诱敌战

汉文帝、汉景帝两代都采取休养生息的政策，六十多年内，除了短时期的七国叛乱，没有发生过大的战争。因此，社会的经济得到恢复和发展。据说，到了景帝的后期，国家仓库里的钱不知道积了多少万，串钱的绳子都烂断了；粮仓里的粮食多得吃不完，一年年地堆积上去，都满到露天的地上来了，有的甚至霉腐了。历史上把这段时期称为“文景之治”。

但是，强盛的汉朝却常常受到北方匈奴的威胁。从汉高祖在白登受包围以后，汉朝对匈奴一直采取“和亲”政策。这种“和亲”，实际上是一种妥协，不但要把汉朝皇室的女儿嫁给匈奴单于，每年还得送给匈奴许多财物。即使这样做，匈奴贵族还是经常侵犯中原，杀害百姓，掠夺粮食和牛羊，使北方地区不得安宁。

汉景帝死后，即位的汉武帝刘彻是个雄心勃勃的皇帝，一心要想改变这种屈辱的地位。

公元前135年，匈奴的军臣单于又派使者来要求和亲，汉武帝要大臣们议论一下。有个将军王恢说："过去朝廷同匈奴和亲，匈奴老是不守盟约，侵犯边界，我们应该发兵打击他们一下才好。"

许多大臣都反对王恢的建议，汉武帝自己觉得没有把握，只好暂时答应匈奴和亲。

过了两年，马邑地方有个大商人聂壹（聂音 niè）来找王恢，说："匈奴在边界经常侵犯，总是一个祸根。现在趁刚跟他们和亲的机会，把匈奴引进来，我们来一个伏击，准能打个大胜仗。"

王恢问他："你有什么办法能把匈奴引进来？"

聂壹说："我经常在边界上做买卖，匈奴人都认识我。我可以借做买卖的因头，假装把马邑献给单于。单于贪图马邑的货物，一定会来。我们把大军埋伏在附近地方，只要等单于一到马邑，将军就可以截断他们的后路，活捉单于。"

王恢把聂壹的主意告诉汉武帝。汉武帝决心采用聂壹的计策，派王恢、韩安国、公孙贺、李广等将军带领三十万人马埋伏在马邑旁边的山谷里。

聂壹故意逃到匈奴，跟军臣单于说："我有办法混进马邑，杀死那里的官吏，这样可以稳稳当当拿下马邑。"

军臣单于听了很高兴，但是到底有点怀疑，先派几个心腹跟聂壹一起到马邑去，只等聂壹真的把官吏杀了，再发兵进去。

聂壹回到马邑，按照事前和王恢商量好的办法，杀了几个已经定了死罪的犯人，把他们的头挂在城头上，骗匈奴使者去看，说这就是马邑县官的脑袋。

匈奴使者见了人头，信以为真，立刻回去报告军臣单于。

军臣单于亲自带领十万骑兵去接管马邑，到了离马邑大约一百多里地的武州地方（今山西左云县），只见草原上放着许多牲口，却没放牲口的人。军臣单于一边走，一边犯了疑。这时候，他见到前面有一座亭堡（亭堡是瞭望敌人、传递消息用的），就决心打下这座亭堡，问个明白。

他们打下亭堡，抓住守在那里的亭尉。军臣单于威胁他说："你把情况老实告诉我！要是说半句谎话，我马上把你的头砍了。"

那亭尉吓得要命，就把汉兵布置的埋伏全都告诉了军臣单于。

军臣单于一听，大吃一惊，赶快命令全军撤退。出了武州地界，他才喘口气说："幸亏我抓到亭尉。真是好险哪。"

埋伏在马邑的汉军，得到匈奴逃回去的消息，赶快带大军追上去，可哪儿再追得上？只好空手回来。

汉武帝的诱击战没有成功。但是，打那以后，汉朝和匈奴的和亲关系破裂，接连发生了几次大规模的战争。

66

飞将军李广

公元前129年，匈奴派兵进犯上谷（治所在今河北怀来东南）。汉武帝派卫青、公孙敖、公孙贺、李广四名将军带领人马分头出击。

在四名将军中，要数李广年纪最大，资格最老。李广在汉文帝时候就做了将军；汉景帝的时候，他跟周亚夫一起平定七国之乱，立过大功；后来，汉景帝又派他去做上郡（治所在今陕西榆林东南）太守。

有一次，匈奴进了上郡，李广带着一百个骑兵去追赶三个匈奴射手，追了几十里地才追上。他射死了其中的两个，把第三个活捉了，正准备回营，远远望见有几千名匈奴骑兵赶了上来。

李广手下的兵士突然碰到那么多匈奴兵，不由得都慌了。李广对他们说："我们离开大营还有几十里地。如果

现在往回跑，匈奴兵追上来，我们就完了。不如干脆停下来，匈奴兵以为咱们是来引诱他们的，一定不敢来攻击我们。”

接着，李广下令前进，在离开匈奴阵地仅仅两里的地方停了下来，命令兵士一齐下马，把马鞍全卸下来，就地休息。

兵士们都发急了，说：“匈奴兵马这么多，又这么近，要是他们打过来，怎么办？”

李广说：“我们这样做，表示不走，使敌人相信我们是诱骗他们的。”

匈奴的将领看到李广这样布置，真的有点害怕。他们远远地观察汉军动静，不敢上来。

这时候，匈奴阵地上有一个骑白马的将军，走出来巡视队伍。李广突然带着十几名骑兵翻身上马，飞驰过去，一箭把他射死。然后再回到自己队伍，下马躺在地上休息。

匈奴兵越看越怀疑。天黑下来，他们认定汉军一定有埋伏，怕汉军半夜袭击他们，就连夜全部逃回去。到了天亮，李广一瞧，山上已没匈奴兵，才带着一百多名骑兵安然回到大营。

这一回，汉武帝派了四路人马去抵抗匈奴。匈奴的军臣单于探明了汉兵的情况，知道四名将军中最难对付的是李广，就把大部分兵力集中在雁门，沿路布置好埋伏，命令部下活捉李广。匈奴兵多势盛，经过一场激烈的战斗，李广的人马被打散，李广自己也受了伤，被匈奴兵俘虏。

匈奴兵看李广受了重伤，把他放在用绳子络成的吊床里，用两匹马驮着，送到单于的大营去。

李广躺在那张吊床上动也不动，真的像死了似的。大约走了十几里地，他偷偷地瞅准旁边一个匈奴兵骑的一匹好马，使劲一挣扎，猛地跳上马，夺了弓箭，把那匈奴兵推下马去，调过马头拼命往南飞奔。

匈奴派了几百名骑兵追赶。李广一面使劲夹住马肚子，催马快跑，一面回转身来，拈弓搭箭，一连射死了几个追在前面的匈奴兵。匈奴兵眼看赶不上李广，只好瞪着白眼让他跑了。

李广虽然脱了险，但是因为他损兵折将，被判了死罪。汉朝有一条规矩，罪人可以拿钱赎罪。李广缴了一笔钱，总算赎了罪，回家做了平民。

过了不久，匈奴又在边境骚扰，汉武帝重新起用李广，担任右北平（郡名，治所在今辽宁凌源西南）太守。

多少年来，李广一直在北方防守。因为李广行动快，箭法精，忽来忽去，叫人摸不准他的路子，所以匈奴人给他起一个外号叫“飞将军”。李广做了右北平太守，匈奴人害怕飞将军，不敢进犯。

右北平一带没有匈奴兵进犯，可是常有老虎出来伤害人。李广只要听说哪儿有老虎，总亲自去射杀。老虎碰见他，没有不给射死的。

据说，有一次，李广回来晚了，天色朦胧，他和随从一面走，一面提防着老虎，忽然瞧见前面山脚下草丛里蹲着一只斑斓猛虎。他连忙拿起弓箭，使尽全力射了过去。凭他百发百中的箭法，自然射中了。

手下的兵士见他射中老虎，拿着刀枪跑上去捉虎。他们走近一瞧，全愣了。原来中箭的不是老虎，竟是一块大石头，而且这支箭陷得很深，几个人想去拔也拔不出来。大伙儿真是又惊奇，又佩服。

李广过去一看，自己也纳闷起来，石头怎么能射得进去呢？他回到原来的地方，对准那块石头又射了几箭，箭碰到石头，只迸出火星儿，却再也射不进去了。但就是凭这一箭，人们都传说飞将军李广的箭能射穿石头。

李广的一生，大都投入了抗击匈奴的事业。他身经大小七十几次战斗，由于他英勇善战，成为匈奴贵族心目中可怕的劲敌。但是李广在他一生的战斗中常常遭到意外的挫折。倒是两个新提拔起来的青年将军——卫青和霍去病，在抗击匈奴的战争中立了出色的战功。

67

卫青和霍去病

卫青出身低微，他的父亲是平阳侯曹寿家里当差的。卫青长大以后，在平阳侯家当了一名骑奴。后来，因为卫青的姐姐卫子夫进宫，受到汉武帝的宠幸，卫青的地位才渐渐显贵起来。

就在李广在战斗中被匈奴兵俘虏后又逃回的那年，汉军四路人马，三路都失败了，只有卫青打了个胜仗，被封为关内侯；以后，又接二连三地打败匈奴兵，立了战功。

公元前124年，卫青率领骑兵三万，追到长城外。匈奴右贤王以为汉军还离开很远，一点也没防备，在兵营里喝酒作乐，喝得酩酊大醉。

卫青在夜色的掩护下，急行军六七百里，包围了右贤王。汉兵从四面八方冲进匈奴营地，打得匈奴部队四面逃窜，乱成一团。右贤王的酒刚刚惊醒，要抵抗已来不及了，只好带着他的几百个亲信脱身逃走。

这一仗，卫青的人马一共俘获了一万五千多个俘虏，其中匈奴的小王十多人。

匈奴的左右贤王，只比单于低一级。这次战争，右贤王全军覆没，对匈奴单于是一个很大打击。

汉武帝得到捷报，立刻派使者拿着大将军印，送到军营，宣布卫青为大将军，连他的三个还没有成年的儿子也封为侯。

卫青推辞说："我几次打胜仗，都是部下将士的功劳。我那三个孩子还都是娃娃，什么事都没干过。要是皇上封他们为侯，怎么能够勉励战士立功呢！"

汉武帝经他一提醒，就封了卫青部下的七名将军为侯。

第二年，匈奴又来进攻。汉武帝又派卫青率领六个将军和大队人马去对付匈奴。

卫青有一个外甥，叫霍去病，那时候才十八岁，非常勇敢，又会骑马射箭，这次也跟着卫青一道去打匈奴。

匈奴听到汉军大批人马来进攻，立即往后逃走。卫青派四路人马分头去追赶匈奴部队，一定要把匈奴主力打败。卫青自己坐镇大营，等候消息。

到了晚上，四路兵马都回来了，没有找到匈奴主力，有的杀了几百个兵士，有的连一个敌人也没有找到，空着手回来了。

霍去病还是第一次出来打仗的小伙子，才做了个校尉。他带领了八百名壮士，组成一个小队，去找匈奴部队。他们向北跑了一阵，一路上没瞧见匈奴兵士，一直赶了几百里

路，才远远望见匈奴兵的营帐。

他们偷偷地绕道抄过去，瞅准一个最大的帐篷，猛然冲了进去。霍去病眼明手快，一刀杀了一个匈奴贵族。他手下的壮士又活捉了两个。

匈奴兵没有了头儿，四处奔逃，八百个壮士追上去又杀了两千多匈奴兵，才赶回大营。

卫青在大营正等得着急，只见霍去病提了一个人头回来，后面的兵士还押了两个俘虏。经过审问，才知道这两个俘虏，一个是单于的叔叔，一个是单于的相国，那个被霍去病杀了的还是单于爷爷一辈的王。

十八岁的霍去病第一次参加作战，就逮住了匈奴的两个将官，这功劳可真不小。战斗结束，被封为冠军侯。

公元前121年，汉武帝又封霍去病为骠骑将军，率领一万骑兵，从陇西出发，进攻匈奴。霍去病的兵马跟匈奴接连打了六天，匈奴兵抵挡不住，向后败退。霍去病和他的骑兵越过了燕支山（在今甘肃永昌县西），追击了一千多里地。那边还有不少是匈奴的属国，像浑邪（在今甘肃省境）、休屠（今甘肃武威县北，屠音tú）。汉兵到了那里，俘虏了浑邪王的王子和相国，把休屠王祭天的金人（一种铜像）也拿来了。

汉武帝为了慰劳霍去病，要替他盖一座住宅。霍去病推辞了。他说："匈奴还没消灭，哪儿顾得上安家呢！"（文言是"匈奴未灭，何以家为！"）

为了根除匈奴的侵犯，到了公元前119年，汉武帝经过充分准备之后，再次派卫青、霍去病各带五万精兵，分两路合击匈奴。

卫青从定襄郡出塞，穿过大沙漠，行军一千多里，匈奴的伊稺邪（稺音 zhì）单于亲自率领精兵严阵对抗。双方展开了一场大会战。激战到夜幕降临的时候，沙漠上突然刮起一阵狂风，夹着砂砾，吹得天昏地黑。卫青顶着狂风，冒着扑面的砂砾，命令骑兵分左右两翼夹攻。伊稺邪单于招架不了，带了几百骑兵向北突围逃去。卫青一直追到寘颜山（古山名，今蒙古高原杭爱山南面的一支，寘音 tián）下的赵信城，匈奴兵已经逃空，城里贮存了不少粮草。卫青让兵士们饱餐了一顿，把多余的积粮烧了，才胜利回师。

另一路，霍去病也横越大沙漠，前进两千多里，大破匈奴左贤王的兵马，一直追到狼居胥山（在今内蒙古自治区五原西北黄河北岸；一说在今蒙古人民共和国境内）下，在那里立了一块石碑留作纪念。

这是汉朝规模最大、进军最远的一次追击。打那以后，匈奴撤退到大沙漠以北，沙漠南面就没有匈奴的王庭了。

68

张骞通西域

汉武帝初年的时候，匈奴中有人投降了汉朝。汉武帝从他们的谈话中知道一点西域（今新疆和新疆以西一带）的情况。他们说有一个月氏（音 rú zhī）国，被匈奴打败，向西逃去，定居在西域一带。他们跟匈奴有仇，想要报复，就是没有人帮助他们。

汉武帝想，月氏既然在匈奴西边。汉朝如果能跟月氏联合起来，切断匈奴跟西域各国的联系，这不是等于切断了匈奴的右胳膊吗？

于是，他下了一道诏书，征求能干的人到月氏去联络。当时，谁也不知道月氏国在哪儿，也不知道有多远。要担负这个任务，可得有很大的勇气。

有个年轻的郎中（官名）张骞（音 qiān），觉得这是一件有意义的事，首先应征。有他一带头，别的人胆子也大了，

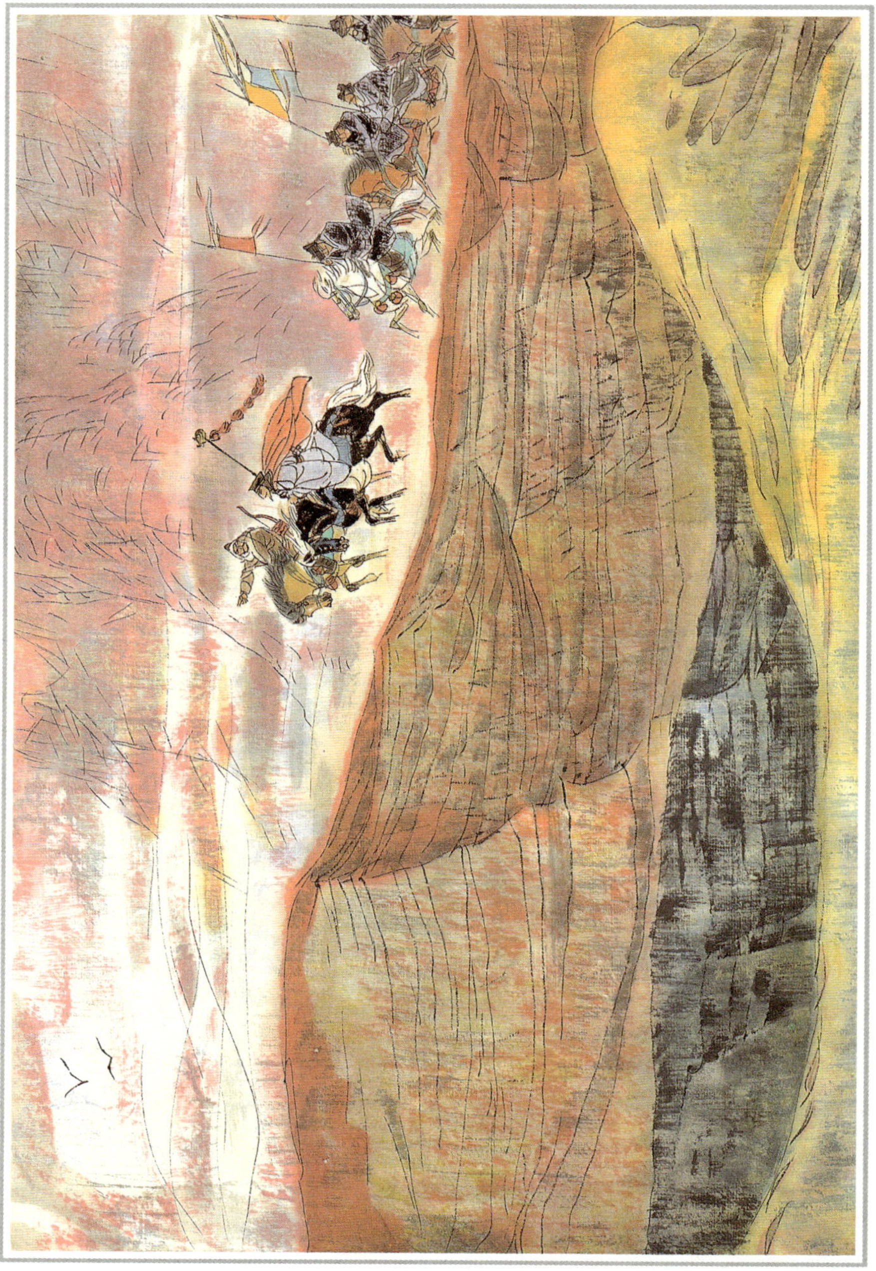

有一百名勇士应了征。有个在长安的匈奴族人叫堂邑父，也愿意跟张骞一块儿去找月氏国。

公元前138年，汉武帝就派张骞带着一百多个人出发去找月氏。但是要到月氏，一定要经过匈奴占领的地界。张骞他们小心地走了几天，还是被匈奴兵发现围住了，全都做了俘虏。

匈奴人没有杀他们，只是派人把他们分散开来管住，只有堂邑父跟张骞住在一起，一住就是十多年。

日子久了，匈奴对他们管得不那么严。张骞跟堂邑父商量了一下，瞅匈奴人不防备，骑上两匹快马逃了。

他们一直向西跑了几十天，吃尽苦头，逃出了匈奴地界，没找到月氏，却闯进了另一个国家叫大宛（在今中亚细亚）。

大宛和匈奴是近邻，当地人懂得匈奴话。张骞和堂邑父都能说匈奴话，交谈起来很方便。他们见了大宛王，大宛王早就听说汉朝是个富饶强盛的大国，这回儿听到汉朝的使者到了，很欢迎他们，并且派人护送他们到康居（约在今巴尔喀什湖和咸海之间），再由康居到了月氏。

月氏被匈奴打败了以后，迁到大夏（今阿富汗北部）附近建立了大月氏国，不想再跟匈奴作战。大月氏国王听了张骞的话，不感兴趣，但是因为张骞是个汉朝的使者，也很有礼貌地接待他。

张骞和堂邑父在大月氏住了一年多，还到大夏去了一次，看到了许多从未见到过的东西。但是他们没能说服大月氏国共同对付匈奴，只好回来。经过匈奴地界，又被扣押了一段时间，幸好匈奴发生了内乱，才逃出来回到长安。

张骞在外面足足过了十三年才回来。汉武帝认为他立了大功，封他做太中大夫。

张骞向汉武帝详细报告了西域各国的情况。他说："我在大夏看见邛山（今四川荥经西，邛音 qióng）出产的竹杖和蜀地（今四川成都）出产的细布。当地的人说这些东西是商人从天竺（就是现在的印度）贩来的。"他认为既然天竺可以买到蜀地的东西，一定离蜀地不远。

汉武帝就派张骞为使者，带着礼物从蜀地出发，去结交天竺。张骞把人马分为四队，分头去找天竺。四路人马各走了两千里地，都没有找到。有的被当地的部族打回来了。

往南走的一队人马到了昆明，也给挡住了。汉朝的使者绕过昆明，到了滇越（在今云南东部）。滇越国王的上代原是楚国人，已经有好几代跟中原隔绝了。他愿意帮助张骞找道去天竺，可是昆明在中间挡住，没能过去。

张骞回到长安，汉武帝认为他虽然没有找到天竺，但是结交了一个一直没有联系过的滇越，也很满意。

到了卫青、霍去病消灭了匈奴兵主力，匈奴逃往大沙漠北面以后，西域一带许多国家看到匈奴失了势，都不愿意向匈奴进贡纳税。汉武帝趁这个机会再派张骞去通西域。

公元前 119 年，张骞和他的几个副手，拿着汉朝的旌节，带着三百个勇士，每人两匹马，还带着一万多头牛羊和黄金、钱币、绸缎、布帛等礼物去结交西域。

张骞到了乌孙（在新疆境内），乌孙王出来迎接。张骞送了他一份厚礼，建议两国结为亲戚，共同对付匈奴。乌孙王只知道汉朝离乌孙很远，可不知道汉朝的兵力有多少强。他想得到汉朝的帮助，又不敢得罪匈奴，因此乌孙君臣对共同对付匈奴这件事商议了几天，还是决定不下来。

张骞恐怕耽误日子，打发他的副手们带着礼物，分别去联络大宛、大月氏、于阗（在今新疆和田一带，阗音 tián）等国。乌孙王还派了几个翻译帮助他们。

这许多副手去了好些日子还没回来。乌孙王先送张骞回到长安，他派了几十个人跟张骞一起到长安参观，还带了几十匹高头大马送给汉朝。

汉武帝见了他们已经很高兴了，又瞧见了乌孙王送的大马，格外优待乌孙使者。

过了一年，张骞害病死了。张骞派到西域各国去的副手也陆续回到长安。副手们把到过的地方合起一算，总共到过三十六国。

打那以后，汉武帝每年都派使节去访问西域各国，汉朝和西域各国建立了友好交往。西域派来的使节和商人也络绎不绝。中国的丝和丝织品，经过西域运到西亚，再转运到欧洲，后来人们把这条路线称作“丝绸之路”。

69

苏武牧羊

匈奴自从给卫青、霍去病打败以后，双方有好几年没打仗。他们口头上表示要跟汉朝和好，实际上还是随时想进犯中原。

匈奴的单于一次次派使者来求和，可是汉朝的使者到匈奴去回访，有的却被他们扣留了。汉朝也扣留了一些匈奴使者。

公元前100年，汉武帝正想出兵打匈奴，匈奴派使者求和了，还把汉朝的使者都放回来。汉武帝为了答复匈奴的善意表示，派中郎将苏武拿着旌节，带着副手张胜和随员常惠，出使匈奴。

苏武到了匈奴，送回扣留的使者，送上礼物。苏武正等单于写个回信让他回去，没想到就在这个时候，出了一件倒霉的事儿。

苏武没到匈奴之前，有个汉人叫卫律，在出使匈奴后投降了匈奴。单于特别重用他，封他为王。

卫律有一个部下叫做虞常，对卫律很不满意。他跟苏武的副手张胜原来是朋友，就暗地跟张胜商量，想杀了卫律，劫持单于的母亲，逃回中原去。

张胜很表示同情，没想到虞常的计划没成功，反而被匈奴人逮住了。单于大怒，叫卫律审问虞常，还要查问出同谋的人来。

苏武本来不知道这件事。到了这时候，张胜怕受到牵连，才告诉苏武。

苏武说："事情已经到这个地步，一定会牵连到我。如果让人家审问以后再死，不是更给朝廷丢脸吗？"说罢，就拔出刀来要自杀。张胜和随员常惠眼快，夺去他手里的刀，把他劝住了。

虞常受尽种种刑罚，只承认跟张胜是朋友，说过话，拼死也不承认跟他同谋。

卫律向单于报告。单于大怒，想杀死苏武，被大臣劝阻了，单于又叫卫律去逼迫苏武投降。

苏武一听卫律叫他投降，就说："我是汉朝的使者，如果违背了使命，丧失了气节，活下去还有什么脸见人。"又拔出刀来向脖子抹去。

卫律慌忙把他抱住，苏武的脖子已受了重伤，昏了过去。卫律赶快叫人抢救，苏武才慢慢苏醒过来。

单于觉得苏武是个有气节的好汉，十分钦佩他。等苏武伤痊愈了，单于又想逼苏武投降。

单于派卫律审问虞常，让苏武在旁边听着。卫律先把虞常定了死罪，杀了；接着，又举剑威胁张胜，张胜贪生怕死，投降了。

卫律对苏武说："你的副手有罪，你也得连坐。"

苏武说："我既没有跟他同谋，又不是他的亲属，为什么要连坐？"

卫律又举起剑威胁苏武，苏武不动声色。卫律没法，只好把举起的剑放下来，劝苏武说："我也是不得已才投降匈奴的，单于待我好，封我为王，给我几万名的部下和满山的牛羊，享尽富贵荣华。先生如果能够投降匈奴，明天也跟我一样。何必白白送掉性命呢？"

苏武怒气冲冲地站起来，说："卫律！你是汉人的儿子，做了汉朝的臣下。你忘恩负义，背叛了父母，背叛了朝廷，厚颜无耻地做了汉奸，还有什么脸来和我说话。我决不会投降，怎么逼我也没有用。"

卫律碰了一鼻子灰回去，向单于报告。单于把苏武关在地窖里，不给他吃的喝的，想用长期折磨的办法，逼他屈服。

这时候正是入冬天气，外面下着鹅毛大雪。苏武忍饥挨饿，渴了，就捧一把雪止渴；饿了，啃一些羊皮片充饥。过了几天，居然没有饿死。

单于见折磨他没用，把他送到北海（今贝加尔湖）边去放羊，跟他的部下常惠分隔开来，不许他们通消息，还对苏武说："等公羊生了小羊，才放你回去。"公羊怎么会生小羊呢，这不过是说要长期监禁他罢了。

苏武到了北海，旁边什么人都没有，唯一和他作伴的是那根代表朝廷的旌节。匈奴不给口粮，他就掘野鼠洞里的草根充饥。日子一久，旌节上的穗子全掉了。

一直到了公元前85年，匈奴的单于死了，匈奴发生内乱，分成了三个国家。新单于没有力量再跟汉朝打仗，又打发使者来求和。那时候，汉武帝已死去，他的儿子汉昭帝即位。汉昭帝派使者到匈奴去，要单于放回苏武，匈奴谎说苏武已经死了。使者信以为真，就没有再提。

第二次，汉使者又到匈奴去，苏武的随从常惠还在匈奴。他买通匈奴人，私下和汉使者见面，把苏武在北海牧羊的情况告诉了使者。使者见了单于，严厉责备他说："匈奴既然存心同汉朝和好，不应该欺骗汉朝。我们皇上在御花园射下一只大雁，雁脚上拴着一条绸子，上面写着苏武还活着，你怎么说他死了呢？"

单于听了，吓了一大跳。他还以为真的是苏武的忠义感动了飞鸟，连大雁也替他送消息呢。他向使者道歉说："苏武确实是活着，我们把他放回去就是了。"

苏武出使的时候，才四十岁。在匈奴受了十九年的折磨，胡须、头发全白了。回到长安的那天，长安的人民都出来迎接他。他们瞧见白胡须、白头发的苏武手里拿着光杆子的旌节，没有一个不受感动的，说他真是个有气节的大丈夫。

70

司马迁写《史记》

苏武出使匈奴的第二年，汉武帝派贰师将军李广利带兵三万，攻打匈奴，打了个大败仗，几乎全军覆没，李广利逃了回来。

李广的孙子李陵当时担任骑都尉，带着五千名步兵跟匈奴作战。单于亲自率领三万骑兵把李陵的步兵团团围困住。尽管李陵的箭法十分好，兵士也十分勇敢，五千步兵杀了五六千名匈奴骑兵，但是匈奴兵越来越多，汉军寡不敌众，后面又没救兵，最后只剩了四百多汉兵突围出来。李陵被匈奴逮住，投降了。

李陵投降匈奴的消息震动了朝廷。汉武帝把李陵的母亲和妻儿都下了监狱，并且召集大臣，要他们议一议李陵的罪行。

大臣们都谴责李陵不该贪生怕死，向匈奴投降。汉武

帝问太史令司马迁，听听他的意见。司马迁说："李陵带去的步兵不满五千，他深入到敌人的腹地，打击了几万敌人。他虽然打了败仗，可是杀了这么多的敌人，也可以向天下人交代了。李陵不肯马上去死，准有他的主意。他一定还想将功赎罪来报答皇上。"

汉武帝听了，认为司马迁这样为李陵辩护，是有意贬低李广利（李广利是汉武帝宠妃的哥哥），勃然大怒，说："你这样替投降敌人的人强辩，不是存心反对朝廷吗？"他吆喝一声，就把司马迁下了监狱，交给廷尉审问。

审问下来，把司马迁定了罪，应该受腐刑（一种肉刑）。司马迁拿不出钱赎罪，只好受了刑罚，关在监狱里。

司马迁认为受腐刑是一件很丢脸的事，他几乎想自杀。但他想到自己有一件极重要的工作没有完成，不应该死。因为当时他正在用全部精力写一部书。这就是我国古代最伟大的历史著作——《史记》。

原来，司马迁的祖上好几辈都担任史官，父亲司马谈也是汉朝的太史令。司马迁十岁的时候，就跟随父亲到了长安，从小就读了不少书籍。

为了搜集史料，开阔眼界，司马迁从二十岁开始，就游历祖国各地。他到过浙江会稽，看了传说中大禹召集部落首领开会的地方；到过长沙，在汨罗江边凭吊爱国诗人屈原；他到过曲阜，考察孔子讲学的遗址；他到过汉高祖的故乡，听取沛县父老讲述刘邦起兵的情况……这种游览和考察，使司马迁获得了大量的知识，又从民间语言中汲取了丰富的养料，给司马迁的写作打下了重要的基础。

以后，司马迁当了汉武帝的侍从官，又跟随皇帝巡行各地，还奉命到巴、蜀、昆明一带视察。

司马谈死后，司马迁继承父亲的职务，做了太史令，他阅读和搜集的史料就更多了。

在他正准备着手写作的时候，就为了替李陵辩护得罪武帝，下了监狱，受了刑。他痛苦地想：这是我自己的过错呀。现在受了刑，身子毁了，没有用了。

但是他又想：从前周文王被关在羑里（今河南汤阴，羑音yǒu），写了一部《周易》；孔子周游列国的路上被困在陈蔡，后来编了一部《春秋》；屈原遭到放逐，写了《离骚》；左丘明眼睛瞎了，写了《国语》；孙膑被剜掉膝盖骨，写了《兵法》。还有《诗经》三百篇，大都是古人在心情忧愤的情况下写的。这些著名的著作，都是作者心里有郁闷，或者理想行不通的时候，才写出来的。我为什么不利用这个时候把这部史书写好呢？

于是，他把从传说中的黄帝时代开始，一直到汉武帝太始二年（公元前95年）为止的这段时期的历史，编写成一百三十篇、五十二万字的巨大著作《史记》。

司马迁在他的《史记》中，对古代一些著名人物的事迹都作了详细的叙述。他对于农民起义的领袖陈胜、吴广，给予了高度的评价；对被压迫的下层人物往往都表示同情的态度。他还把古代文献中过于艰深的文字改写成当时比较浅近的文字。人物描写和情节描述，形象鲜明，语言生动活泼。因此，《史记》既是一部伟大的历史著作，又是一部杰出的文学著作。

司马迁出了监狱以后，担任中书令。后来，终于郁郁不乐地死去。但他和他的著作《史记》在我国的史学史、文学史上都享有很高的地位。

71

霍光辅政

汉武帝为了打匈奴，通西域，再加上他的生活奢侈，喜欢讲排场，还迷信神仙，连年大兴土木，耗费了大量的人力、物力。许多年来，把文帝、景帝时候积累起来的钱财、粮食花得差不多了。

为了弄钱，他重用残酷的官吏，加税加捐，甚至让有钱的人可以出钱买爵位，卖官职。这些人做了官，当然要拼命搜刮老百姓，再加上水灾旱灾，逼得百姓难过日子，各地方就有大批农民起来反抗官府。

到了他在位的最后几年，他才决心停止用兵，并且提倡改良农具，改进耕种技术。他还亲自下地，做个耕种的样子，吩咐全国官吏鼓励农民增加生产。这样，国内才逐渐稳定下来。

公元前 87 年，汉武帝得病死了。即位的汉昭帝年纪才八岁。按照汉武帝死前的嘱咐，由大将军霍光来辅助他。

霍光掌握了朝廷大权，帮助汉昭帝继续采取休养生息的政策，减轻税收，减少劳役，把国家大事管理得很好。

但是朝廷中有几个大臣却把霍光看作眼中钉，非把他除去不可。

左将军上官桀想把他六岁的孙女，嫁给汉昭帝做皇后，霍光没有同意。后来，上官桀靠汉昭帝的姐姐盖长公主的帮助，让孙女当上了皇后。上官桀和他的儿子上官安想封盖长公主的一个身边人做侯，霍光无论如何不依。

上官桀父子、盖长公主都把霍光看作眼中钉，他们勾结了燕王刘旦，想方设法要陷害霍光。

汉昭帝十四岁那年，有一次，霍光检阅羽林军（皇帝的禁卫军），还把一名校尉调到他的大将军府里。上官桀他们就抓住这两件事，假造了一封燕王的奏章，派一个心腹冒充燕王的使者，送给汉昭帝。

那封信上大意说：大将军霍光检阅羽林军的时候，坐的车马跟皇上坐的一样。他还自作主张，调用校尉。这里面一定有阴谋。我愿意离开自己的封地，回到京城来保卫皇上，免得坏人作乱。

汉昭帝接到那份奏章，看了又看，把它搁在一边。

第二天霍光要进宫朝见，听到燕王刘旦上书告发他的消息，吓得他不敢进宫。

汉昭帝吩咐内侍召霍光进来。霍光一进去，就脱下帽子，伏在地上请罪。

汉昭帝说："大将军尽管戴好帽子，我知道有人存心陷害你。”

霍光磕了个头说：“陛下是怎么知道的？”

汉昭帝说：“这不是很清楚吗？大将军检阅羽林军是在长安附近，调用校尉还是最近的事，一共不到十天。燕王远在北方，怎么能知道这些事？就算知道了，马上写奏章送来，还来不及赶到这儿。再说，大将军如果真的要叛乱，也用不着靠调一个校尉。这明明是有人想陷害大将军，燕王的奏章是假造的。”

霍光和别的大臣听了，没有一个不佩服少年的汉昭帝的聪明。

汉昭帝把脸一沉，对大臣们说：“你们得把那个送假奏章的人抓来查问。”

上官桀怕昭帝追查得紧，他们的阴谋要露馅，对汉昭帝说：“这种小事情，陛下就不必再追究了。”

打这儿起，汉昭帝就怀疑起上官桀这一伙人来。

上官桀等并不就此罢休，他们偷偷地商量好，由盖长公主出面，请霍光喝酒。他们布置好埋伏，准备在霍光赴宴的时候刺死他，又派人通知燕王刘旦，叫他到京师来。

上官桀还打算在杀了霍光之后再废去昭帝，由他自己来做皇帝。没想到有人早把这个秘密泄露了出去，让霍光知道了。

霍光连忙报告汉昭帝。汉昭帝命令丞相田千秋火速发兵，把上官桀一伙统统逮起来处死。

汉昭帝才二十一岁就得病死去，没有孩子。霍光听了别人的意见，把汉武帝的一个孙子、昌邑王刘贺立为皇帝。

刘贺原是个浪荡子，他从昌邑（今山东巨野东南）带来了二百多个亲信，天天跟他们一起吃喝玩乐，即位才二十七天，就做了一千一百二十七件不该做的事，把皇宫闹得乌烟瘴气。

霍光和大臣们一商量，联名上书，请皇太后下诏，把刘贺废了，另立汉武帝的曾孙刘询，就是汉宣帝。

72

王昭君出塞

汉宣帝在位的时候,汉朝又强盛了一个时期。那时候,匈奴由于贵族争夺权力,势力越来越衰落,后来,匈奴发生分裂,五个单于分立,互相攻打不休。

其中一个单于名叫呼韩邪,被他的哥哥郅支(郅音 zhì)单于打败了,死伤了不少人马。呼韩邪和大臣商量结果,决心跟汉朝和好,亲自带着部下来朝见汉宣帝。

呼韩邪是第一个到中原来朝见的单于,汉宣帝像招待贵宾一样招待他,亲自到长安郊外去迎接他,为他举行了盛大的宴会。

呼韩邪单于在长安住了一个多月。他要求汉宣帝帮助他回去。汉宣帝答应了,派了两个将军带领一万名骑兵护送他到了漠南。这时候,匈奴正缺少粮食,汉朝还送去三万四千斛(音 hú,古时候十斗为一斛)粮食。

呼韩邪单于十分感激，一心和汉朝和好。西域各国听到匈奴和汉朝和好了，也都争先恐后地同汉朝打交道。

汉宣帝死了后，他的儿子刘奭（音 shì）即位，就是汉元帝。没几年，匈奴的郅支单于侵犯西域各国，还杀了汉朝派去的使者。汉朝派兵打到康居，打败了郅支单于，把郅支单于杀了。

郅支单于一死，呼韩邪单于的地位稳定了。公元前33年，呼韩邪单于再一次到长安，要求同汉朝和亲。汉元帝同意了。

以前，汉朝和匈奴和亲，都得挑个公主或者宗室的女儿。这回，汉元帝决定挑个宫女给他，他吩咐人到后宫去传话："谁愿意到匈奴去的，皇上就把她当公主看待。"

后宫的宫女都是从民间选来的，她们一进了皇宫，就像鸟儿被关进笼里一样，都巴望有一天能把她们放出宫去。但是听说要离开本国到匈奴去，却又不乐意。

有个宫女叫王嫱（音 qiáng），也叫王昭君，长得十分美丽，又很有见识。为了自己的终身，她毅然报名，自愿到匈奴去和亲。

管事的大臣正在为没人应征焦急，听到王昭君肯去，就把她的名字上报汉元帝。汉元帝吩咐办事的大臣择个日子，让呼韩邪单于和王昭君在长安成亲。

呼韩邪单于得到这样一个年轻美貌的妻子，高兴和感激的心情是不用说的了。

呼韩邪单于和王昭君向汉元帝谢恩的时候，汉元帝看到昭君又美丽又大方，多少有点舍不得。他想把王昭君留下，可是已经晚了。

传说汉元帝回到内宫，越想越懊恼。他再叫人从宫女的画像中拿出昭君的像来看。模样虽有点像，但完全没有昭君本人那样可爱。

原来宫女进宫后，一般都是见不到皇帝的，而是由画工画了像，送到皇帝那里去听候挑选。有个画工名叫毛延寿，给宫女画像的时候，宫女们送点礼物给他，他就画得美一点。王昭君不愿意送礼物，所以毛延寿没有把王昭君的美貌如实地画出来。

汉元帝一气之下，把毛延寿杀了。

王昭君在汉朝和匈奴官员的护送下，离开了长安。她骑着马，冒着刺骨的寒风，千里迢迢地到了匈奴，做了呼韩邪单于的阏氏。日子一久，她慢慢地也就生活惯了，和匈奴人相处得很好。匈奴人都喜欢她，尊敬她。

王昭君远离自己的家乡，长期定居在匈奴。她劝呼韩邪单于不要去发动战争，还把中原的文化传给匈奴。打这以后，匈奴和汉朝和睦相处，有六十多年没有发生战争。

王昭君离开长安没有多久，汉元帝死去。他的儿子刘骜（音 ào）即位，就是汉成帝。

73

王莽复古改制

汉成帝是个荒淫的皇帝，即位以后，朝廷的大权逐渐落在外戚（太后或者皇后的亲属叫外戚）手里。成帝的母亲、皇太后王政君有八个兄弟，除了一个早死去外，其他七个都被封为侯。其中最大的王凤还被封为大司马、大将军。

王凤掌了大权，他的几个兄弟、侄儿都十分骄横奢侈。只有一个侄儿王莽，因为他父亲死得早，没有那种骄奢的习气。他像平常的读书人一样，做事谨慎小心，生活也比较节俭。人们都说王家子弟数王莽最好。

王凤死后，他的两个兄弟前后接替他做了大司马，后来又让王莽做了大司马。王莽很注意招揽人才，有些读书人慕他的名气来投奔，他都收留了。

汉成帝死了后，不出十年，换了两个皇帝——哀帝和平帝。汉平帝即位的时候，年纪才九岁，国家大事都由大司马王莽作主。有些吹捧王莽的人都说王莽是安定汉朝的大功臣，请太皇太后王政君封王莽为安汉公。王莽说什么也不肯接受封号和封地。后来，经大臣们一再劝说，他只接受了封号，把封地退了。

公元2年，中原发生了旱灾和蝗灾。由于多少年来，贵族、豪强不断兼并土地，剥削农民，逢到灾荒，老百姓没法活下去，都骚动起来。

为了缓和老百姓对朝廷和官吏的愤恨，王莽建议公家节约粮食和布帛。他自己先拿出一百万钱，三十顷地，当作救济灾民的费用。他这样一起头，有些贵族、大臣也只好拿出一些土地和钱来。

太皇太后把新野（今河南新野）的二万多顷地赏给王莽，王莽又推辞了。

王莽还派八个心腹大臣分头到各地方去观察风土人情。他们把王莽不肯接受新野封地这件事到处宣扬，说王莽怎么虚心，怎样谦让。当时，中小地主都恨透了兼并土地的豪强，一听王莽连封给他的土地都不要，就觉得他是个了不起的好人。

王莽越是不肯受封，越是有人要求太皇太后封他。据说，朝廷里的大臣和地方上的官吏、平民上书请求加封王莽的人共有四十八万多人。有人还收集了各种各样歌颂王莽的文字，一共有三万多字。王莽的威望就越来越高。

别人越是吹捧王莽，汉平帝可越觉得王莽可怕，可恨。因为王莽不准平帝的母亲留在身边，还把他舅家的人杀光。汉平帝渐渐大了，免不得背地说了些抱怨的话。

有一天，大臣们给汉平帝上寿。王莽亲自献上一杯毒酒。汉平帝没有怀疑，接过来喝了。

第二天，宫里传出话来，汉平帝得了重病，没有几天就死了。王莽还假惺惺哭了一场。汉平帝死的时候才十四岁，当然没有儿子。王莽从刘家的宗室里找了一个两岁的幼孩为皇太子，叫做孺子婴。王莽自称“假皇帝”（假是代理的意思）。

有些文武官员想做开国元勋，劝王莽即位做皇帝。王莽也觉得做代理皇帝不如做真皇帝。于是，有一批吹捧的人纷纷制造出许多迷信的东西来骗人。什么“王莽是真命天子”的图书也发现啦，什么在汉高祖庙里还发现“汉高祖让位给王莽”的铜匣子啦。

一直以推让出名的王莽这会儿不再推让了。王莽向太皇太后去讨汉朝皇帝的玉玺。王政君这才大吃一惊，不肯把玉玺交出来。后来被逼得没法子，只好气愤地把玉玺扔在地上。

公元 8 年，王莽正式即位称皇帝。改国号叫新，都城仍在长安。从汉高祖称帝开始的西汉王朝，统治了 210 年，到这时候就结束了。

王莽做了皇帝，打着复古改制的幌子，下令变法。第一，把全国土地改为“王田”，不准买卖；第二，把奴婢称为“私属”，不准买卖；第三，评定物价，改革币制。

这些改革，听起来都是好事情。可是没有一件不是办得挺糟糕的。土地改制和奴婢私属，在贵族、豪强的反对下，一开始就没法实行；评定物价的权掌握在贵族官僚手里，他们正好利用职权投机倒把、贪污勒索，反倒增加了人民的痛苦。币制改了好几次，钱越改越小，价越作越大，无形之中又刮了老百姓一笔钱。

这种复古改制，不但受到农民反对，许多中小地主也不支持他。三年以后，王莽又下了命令，王田、奴婢又可以买卖了。

王莽还想借对外战争来缓和国内的矛盾，这一来又引起了匈奴、西域、西南各部族的反对。王莽又征用民伕，加重捐税，纵容残酷的官吏，对老百姓加重刑罚。这样，就逼得农民不得不起来反抗了。

74

绿林赤眉起义

王莽的残酷压榨，加上一连串的天灾，逼得农民走投无路，纷纷起义。东方和南方都有大批的农民起来反抗官兵。

公元 17 年，南方荆州闹饥荒，老百姓不得不到沼泽地区挖野荸荠充饥。人多野荸荠少，引起了争夺。新市（今湖北京山东北）有两个有名望的人，一个叫王匡，一个叫王凤，出来给农民调解，受到农民的拥护。大家就公推他们当首领。

王匡、王凤就把这批饥民组织起来起义，一下子就聚集了好几百人，还有一些逃亡的犯人也来投奔他们。

王匡他们占领了绿林山（今湖北大洪山）作为根据地，攻占附近的乡村。不到几个月工夫，这支起义军发展到七八千人。

王莽派了两万官兵去围剿绿林军，被绿林军打得大败

而逃。绿林军趁势攻下了几座县城，打开监狱，放出囚犯；把官家粮仓里的粮食，一部分分给当地穷人，大部分搬到绿林山。投奔绿林山的穷人越来越多，起义军增加到五万多。

第二年，绿林山上不幸发生了疫病，五万人差不多死了一半。还有一半只好离开绿林山，后来分作三路人马——新市兵、平林（在今湖北随县东北）兵和下江（长江在湖北西部以下叫下江）兵。这三路人马各自占领一块地盘，队伍又强大起来了。

当南方的绿林军在荆州一带打击官兵的时候，东方的起义军也壮大起来。琅琊海曲（今山东日照县）有个姓吕的老大娘，儿子是县里的一个公差，因为没肯依县官的命令毒打没钱付税的穷人，被县官杀害了。这一来激起了公愤。有上百个穷苦农民起来替吕母的儿子报仇，杀了县官，跟着吕母逃到黄海，一有机会就上岸打官兵。

这时候，另一个起义领袖樊崇带领几百个人占领了泰山。吕母死后，她手下的人投奔樊崇起义军。不到一年工夫，就发展到一万多人，在青州和徐州之间来往打击官府、地主。

樊崇的起义军很讲纪律，规定谁杀死老百姓就要被处死，谁伤害老百姓就要受罚。所以，百姓都拥护他们。

公元22年，王莽派太师王匡（和绿林军中的王匡是两个人）和将军廉丹率领十万大军去镇压樊崇起义军。樊崇作好准备，跟官兵大战。为了避免起义兵士跟王莽的兵士混杂，樊崇叫他的部下都在自己的眉毛上涂上红颜色，作为识别的记号。这样，樊崇的起义军得了一个别名，叫“赤眉军。”

王莽的军队和赤眉军打了一仗。结果，官兵打了败仗，逃散了一大半。太师王匡的大腿被樊崇扎了一枪，逃了回去；将军廉丹在乱军之中被杀了。赤眉军越打越强，发展到了十多万人。

绿林、赤眉两支起义大军分别在南方和东方打败王莽军的消息一传开，别地方的农民也都活跃起来。黄河两岸的大平原上大大小小起义军有几十路。有一批没落的贵族和地主、豪强也乘机起兵，反对王莽。

南阳郡春陵（今湖南宁远北）乡的豪强刘縯（音 yǐn）、刘秀兄弟两人，因为王莽废除汉朝宗室的封号，不许刘姓人做官，心里怨恨，发动族人和宾客七八千人在春陵乡起兵。他们和绿林军三路人马联合起来，接连打败了几名王莽的大将，声势就强大起来了。

绿林军的几支队伍没有统一的指挥。将士们认为人马多了，必须有个首领，才能统一号令。一些贵族地主出身的将军，利用当时有些人的正统观念，认为一定要找一个姓刘的人当首领，才能符合人心。

绿林军里姓刘的人很多，该推谁做首领呢？春陵兵想推刘縯，可是新市和平林兵的将领怕刘縯势力太大，一定要立一个破落的贵族刘玄做皇帝。刘縯又提出等消灭了王莽、收服赤眉军以后，再立皇帝，也遭到反对。刘縯觉得自己力量不够，也只好同意了。

公元 23 年，绿林军各路将士就正式立刘玄做皇帝，恢复汉朝国号，年号“更始”，所以刘玄又称更始帝。更始帝拜王匡、王凤为上公，刘縯为大司徒，刘秀为太常偏将军，其他将领也各有各的封号。

打那时候起，绿林军又称为汉军。

75

昆阳大战

更始帝刘玄即位后，派王凤、王常、刘秀进攻昆阳（今河南叶县北）。他们很快地打下昆阳，接着又打下了临近的郾城（今河南郾城县）和定陵（今河南郾城县西北）。

王莽听到起义军立刘玄为皇帝，已经坐立不安，如今连失了几座城池，更是着急，立即派大将王寻、王邑率领兵马四十三万人，从洛阳出发，直奔昆阳。

为了虚张声势，王莽军不知从哪儿去物色了一个巨人，名叫巨毋霸，巨毋霸长得个子特别高，身子又像牛那样粗大。他还有一个本领，就是能够驯养一批老虎、豹、犀牛、大象。王莽派他为校尉，让他带了一批猛兽上阵助威。

驻守在昆阳的汉军只有八九千人。有的将领在昆阳城上望见王莽的军队人马众多，怕对付不了，主张放弃昆阳，回到原来的据点去。

刘秀对大家说："现在我们兵马和粮草都缺少，全靠大家同心协力打击敌人；如果大家散伙，昆阳一失守，汉军各部也马上被消灭，那就什么都完了。"

大家觉得刘秀说得有道理，但是又觉得王莽军兵力强大，死守在昆阳也不是个办法。商量的结果，就决定由王凤、王常留守昆阳，派刘秀带一支人马突围出去，到定陵和郾城去调救兵。

当天晚上，刘秀带着十二个勇士，骑着快马，趁黑夜冲杀出昆阳城南门。王莽军没有防备，就给他们冲出了重围。

昆阳城虽然不大，但是挺坚固。王莽军凭着人多武器精，认为攻下昆阳不在话下。他们制造一座座十多丈的楼车，在楼车上不断地向城里射箭，箭像雨点一样向城里射来。城里的人到井边打水，也不得不背着门板挡箭。王莽军又用橦（chōng）车撞城，还挖掘地道想打进城里去。但是昆阳城里的汉军，防守得也很严密，城始终没被王莽军攻破。

刘秀到了定陵，想把定陵和郾城的人马全部调到昆阳去。但是有些汉军将领贪图财产，不愿意离开这两座城。刘秀劝他们说："现在咱们到昆阳去，把所有的人马集中起来。打败了敌人，可以成大事，立大功。要是死守在这里，敌人打来了，咱们打了败仗，连性命都保不住，还谈得上财物吗？"

将领们被刘秀说服了，才带着所有人马跟着刘秀上昆阳来。

刘秀亲自带着步兵、骑兵一千多人组织一支先锋部队，

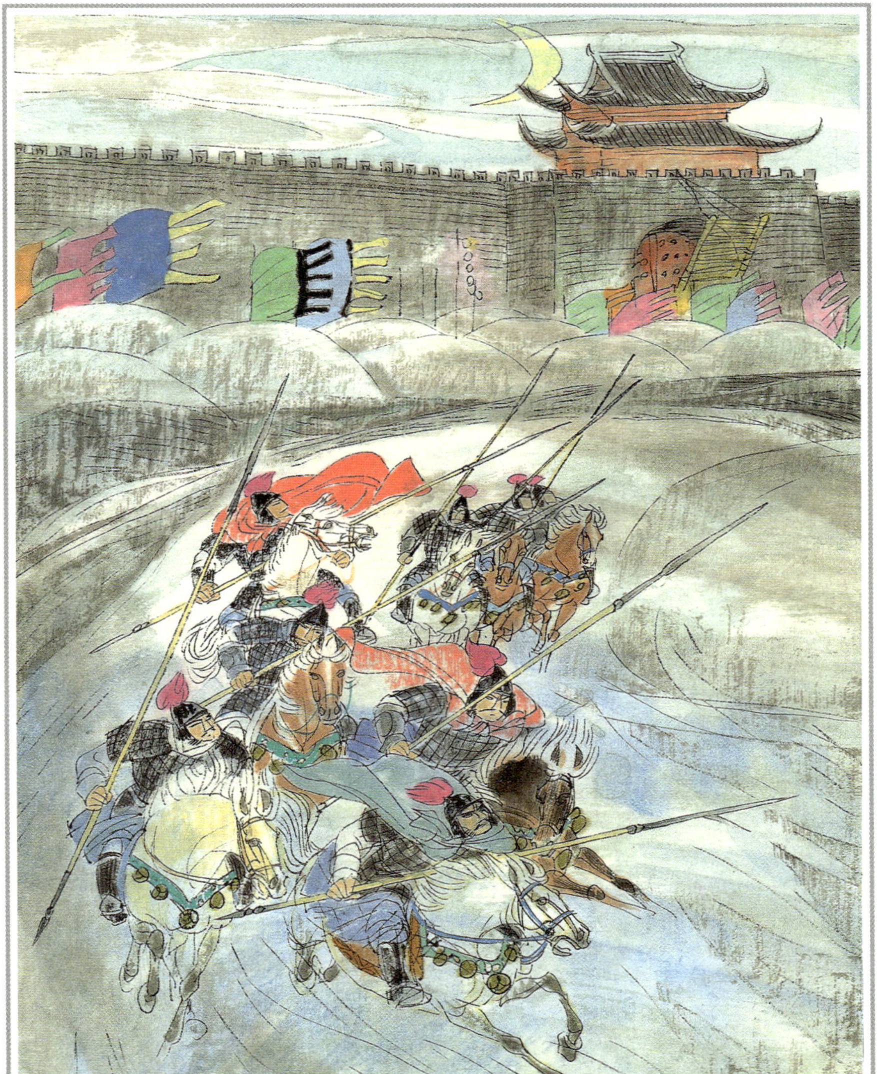

赶到昆阳，他们在离王莽军四五里的地方摆开了阵势。王寻、王邑一瞧汉军人少，只派了几千兵士对付。刘秀趁敌军还没有站稳阵脚，先发制人，亲自指挥先锋部队冲杀过去，一连杀了几十个敌人。

汉军前来救援的大队人马赶到，见刘秀的先锋部队打得勇猛，也鼓起了勇气，几路人马一齐赶杀过去，王寻、王邑被迫后退。汉兵乘胜猛击，越战越勇，一个人抵得上敌人一百个。

刘秀带着三千名敢死队，向王莽军的中坚部队冲杀过去。王寻一看汉军人少，不放在眼里。他亲自带着一万人马跟刘秀交战。但是一万人还真打不过刘秀的敢死队。打了一阵，王寻的军队开始乱了起来。汉兵越打越有劲儿，大家看准王寻，围上去乱砍乱杀，结果了王寻的性命。

昆阳城里的汉军王凤、王常，一见外面的援军打了胜仗，就打开城门冲了出去，两下夹攻，喊杀的声音震天动地。王莽军一听主将被杀，全都慌了神，乱奔乱逃，自相践踏，沿路一百多里，丢下大批王莽军的尸首。

这时候，天空突然暗了下来，响起了一声大霹雳，接着狂风呼啸，大雨像倾盆一样地直倒下来。巨毋霸带来助威的猛兽，也吓得直打哆嗦，不但不往前冲，反而往后面乱窜。汉军一股劲儿往前追杀，王莽军好像决了口子的大水一样直往滍水（在今河南鲁山，现名沙河，滍音 zhì）那边逃奔，兵士掉在水里淹死的成千上万，把滍水也堵塞了。

当王莽军大将王邑逃回洛阳的时候，四十三万大军只剩下几千人。

汉军打扫战场，战场上到处都是王莽军丢下的兵器、军车、粮草。汉军搬了一个多月，都没有搬完，最后放了把火，把剩下的烧了。

昆阳大战消灭了王莽的主力的消息，鼓舞了各地人民，纷纷起来响应汉军。有不少人杀了当地的官员，自称将军，等待汉军的命令。

更始帝派大将申屠建、李松率领汉军乘胜进攻长安。王莽惊慌失措，把关在监狱里的囚犯都放出来，拼凑一支军队，抵抗汉军。但是这样的军队怎么肯替王莽打仗，还没有接触，就陆续逃散了。

不久，汉军攻进长安城，城里的居民纷纷响应，放火烧掉未央宫的大门。大伙儿高声吆喝，要王莽出来投降。王莽走投无路，带了少数将士逃进了宫里的一座渐台。那座渐台，四面是水，火烧不到那里。

汉军把渐台一层层围起来，一直围上几百层，等渐台上的兵士把箭都射完了，汉兵冲上台去，结果了王莽的性命。

王莽新朝维持了十五年，结果土崩瓦解。

76

刘秀重建汉王朝

昆阳大战以后，刘縯和刘秀名声越来越大。有人劝更始帝把刘縯除掉。更始帝借口刘縯违抗命令，把刘縯杀了。

刘秀一听到他哥哥被杀，自己知道力量敌不过更始帝，就立刻赶到宛城(今河南南阳市)，向更始帝赔不是。有人问起他昆阳大战的情形，他也一点不居功，说全是将士们的功劳。他也不敢给他哥哥戴孝，照常吃饭喝酒，有说有笑，一点也不流露出他忧伤的心情。

更始帝以为刘秀不记他的仇，反倒有点过意不去，拜刘秀为破虏大将军，但是毕竟不敢重用。后来，长安攻下来了，王莽也给杀了。更始帝到了洛阳，才给刘秀少数兵马，让他到河北去招抚河北郡县。

这时候，各地的豪强大族有了武器，有的自称将军，有的自称为王，也有自称皇帝的，各据一方。更始帝派刘秀到河北去，正好让刘秀得到一个扩大势力的机会。他废除王莽时期的一些苛刻法令，释放一些囚犯，一面消灭了一些割据势力，一面镇压河北各路农民起义军。整个河北差不多全给刘秀占领了。

公元25年，刘秀和他的随从官员认为时机成熟，在鄗（音hào，今河北柏乡县北）自立为皇帝，这就是汉光武帝。

更始帝先建都洛阳，后来又迁到长安。他到了长安以后，认为自己的江山已经坐定，开始腐败起来。他滥封官爵，自己不管政事，成天在皇宫里喝酒作乐，还纵容他手下的兵士抢劫。原来一些绿林军将领，对他十分不满。

赤眉军的首领樊崇眼看更始帝不行了，就率领二十万人进攻长安。更始帝派兵抵抗，接连打了几个败仗，急得他不知怎样才好。绿林军中有些将领劝更始帝离开长安，反而遭到更始帝的猜疑、杀害；还有一些起义将领投奔了赤眉军。更始帝内部一乱，赤眉军就顺利地打进了函谷关。

赤眉军决定推翻更始帝，但是樊崇他们不能摆脱汉朝旧贵族正统观念的影响，定要找个姓刘的做皇帝。当时赤眉军姓刘的一共有七十多个，其中有个十五岁的放牛娃刘盆子，据说跟西汉皇族的血统最近，就硬把刘盆子立为皇帝。

赤眉军打进长安，更始帝逃到城外，樊崇派使者限令更始帝在二十天内投降。更始帝没法，只好带着玉玺向赤眉军投降。

赤眉军进了长安，声势浩大。可是几十万将士的口粮发生了困难。富商和地主乘机囤积粮食，长安天天有人饿死。这样一来，长安的混乱局面就没法收拾了。

樊崇带着军队离开长安向西流亡。但是别的地方的粮食也一样困难；到了天水（郡名，在今甘肃）一带，又遭到那里的地主豪强的拦击。樊崇只好又带着大军往东边来。

汉光武帝趁着赤眉军进长安的时候，占领了洛阳。他们一听到赤眉军向东转移，就带领二十万大军分两路埋伏在那里。

汉光武帝派大将冯异到华阴，把赤眉军引向东边来。冯异用计把一队赤眉军包围在崤山下。他下了战书，跟赤眉军约定时间和地点决战。老实的樊崇不知道敌人的计策，派了一万多赤眉军发动进攻。冯异先派出少数兵士对敌。赤眉军看见汉兵人少，就全军出击。没想到冯异的伏兵上来了，打扮得和赤眉军一模一样，双方混战在一起，分不出谁是赤眉兵，谁是汉兵。

赤眉军正在为难的时候，打扮成赤眉军的汉兵高声叫嚷着"投降！""投降！"赤眉军兵士一看有那么多人喊投降，没了主意。军心一乱，这一支赤眉军就被缴了武器。

公元 27 年 1 月，樊崇带着剩下的赤眉军向宜阳（今河南宜阳县）方向转移。冯异火速派人报告汉光武帝。汉光武帝亲自率领预先布置好的两路人马截击，把赤眉军围困起来。到了这步田地，樊崇只好派人向汉光武帝求和。

汉光武帝把刘盆子他们带回洛阳，给他们田地房屋，让他们留在洛阳。但是不到几个月，就加上谋反的罪名，把樊崇杀害了。

77

硬脖子的洛阳令

汉光武帝在镇压了绿林、赤眉两支最大的起义军之后，接着又消灭割据陇右和蜀地的两个割据政权，统一了中国。汉光武帝把洛阳作为都城。为了和刘邦建立的汉朝相区别，历史上把这个王朝称为“东汉”，或者叫“后汉”。

汉光武帝建立了东汉王朝以后，他知道老百姓对各地豪强争夺地盘的战争早已恨透了，决心采取休养生息的政策。例如减轻一些捐税，释放奴婢，减少官差，还不止一次地大赦天下。因此，东汉初年，经济得到了恢复和发展。

汉光武帝懂得打天下要靠武力，治理天下还得注意法令。不过法令也只能管老百姓，要拿它去约束皇亲国戚，那就难了。比方说，汉光武帝的大姐湖阳公主就依仗兄弟做皇帝，骄横非凡，不但她爱怎么着就怎么着，连她的奴仆也不把朝廷的法令放在眼里。

洛阳令董宣是一个硬汉子。他认为皇亲国戚犯了法，应该同样办罪。

湖阳公主有一个家奴仗势行凶杀了人。凶手躲在公主府里不出来。董宣不能进公主府去搜查，就天天派人在公主府门口守着，只等那个凶手出来。

有一天，湖阳公主坐着车马外出，跟随着她的正是那个杀人凶手。董宣得到了消息，就亲自带衙役赶来，拦住湖阳公主的车。

湖阳公主认为董宣触犯了她的尊严，沉下脸来说："好大胆的洛阳令，竟敢拦阻我的车马？"

董宣可没有被吓倒，他拔出宝剑往地下一划，当面责备湖阳公主不该放纵家奴犯法杀人。他不管公主阻挠，吩咐衙役把凶手逮起来，当场就把他处决了。

这一下，差点儿把湖阳公主气昏过去。她赶到宫里，向汉光武帝哭诉董宣怎样欺负她。

汉光武帝听了，十分恼怒，立刻召董宣进宫，吩咐内侍当着湖阳公主的面，责打董宣，想替公主消气。

董宣说："先别打我，让我说完了话，我情愿死。"

汉光武帝怒气冲冲地说："你还有什么话可说的。"

董宣说："陛下是一个中兴的皇帝，应该注重法令。现在陛下让公主放纵奴仆杀人，还能治理天下吗？用不着打，我自杀就是了。"

说罢，他挺起头就向柱子撞去。

汉光武帝连忙吩咐内侍把他拉住，董宣已经撞得血流满面了。

汉光武帝知道董宣说得有理,也觉得不该责打他。但是为了顾全湖阳公主的面子,要董宣给公主磕个头赔个礼。

董宣宁愿把自己的头砍下来,怎么也不肯磕这个头。内侍把他的脑袋往地下摁,可是董宣用两手使劲撑住地,挺着脖子,不让内侍把他的头摁下去。

内侍知道汉光武帝并不想把董宣治罪,可又得给汉光武帝下个台阶,就大声地说:"回陛下的话,董宣的脖子太硬,摁不下去。"

汉光武帝也只好笑了笑,下命令说:"把这个硬脖子撵出去!"

湖阳公主见汉光武帝放了董宣,心里很气,对汉光武帝说:"陛下从前做平民的时候,还收留过逃亡的和犯死罪的人,官吏不敢上咱家来搜查。现在做了天子,怎么反而对付不了小小的洛阳令?"

汉光武帝说:"正因为我做了天子,就不能再像做平民时候那么干了。"

结果,汉光武帝不但没办董宣的罪,还赏给他三十万钱,奖励他执法严明。董宣回到官府,把这笔钱全分给了他手下的官员。

以后,董宣继续打击不法的豪门贵族。洛阳的土豪听到他的名声都吓得发抖。人们都称他是"卧虎"(意思是"躺着的老虎")。

当时,敢于执法的官员除了董宣以外,还有一个管洛阳城门的小官,名叫郅恽(恽音 yùn)。

有一次,汉光武帝带了一批人,到洛阳郊外去打了一天猎，回城的时候，已经是晚上。皇帝的车驾到了上东门，城门早已关了。

随从打猎的侍从叫管城门的开门，郅恽拒绝了。

汉光武帝亲自来到城下，吩咐郅恽开门。不料郅恽说："夜里看不清楚，不能随便开门。"

汉光武帝碰了个钉子，只好绕道到东中门进城。

第二天，汉光武帝正想找郅恽责问，不想郅恽的奏章已经送上来了。奏章上说："陛下跑到遥远的山林里去打猎，白天还不够，直到深夜才回来。这样下去，国家大事怎么办？"

汉光武帝看了奏章，就赏给郅恽一百匹布，还把那个管东中门的官员降了职。

78

老当益壮的将军

汉光武帝靠武力夺取了天下，他手下有批出身豪强地主的大将谋臣，都是帮光武帝打天下立过功的，其中功劳最大的有二十八个。汉光武帝死后，他的儿子汉明帝刘庄把二十八人的肖像画在南宫的云台上，称为“云台二十八将”。

但是在二十八将之外，还有一名大将，他的名字虽然没有留在云台上，在历史上却很有名气。他就是老当益壮的马援。

马援在王莽统治的时候，做过扶风郡（治所在今陕西兴平东南）的督邮。有一次，郡太守派他送犯人到长安。半路上，他看犯人哭得挺伤心，就把他们放走了，自己也只好丢了官，逃亡到北地郡躲起来。后来在那边搞起畜牧业和农业来。

不到几年工夫，马援成了一个大畜牧主和地主，有了牛羊几千头，还积蓄了几万斛粮食。

但是他并不想一直留在那里过富裕生活。他把自己积贮的财产牛羊，分送给他的兄弟朋友。他说："一个人做个守财奴，太没有出息了。"

他还说："男子汉大丈夫，应该有远大志向。越穷越坚强，越老越健壮。"（文言叫作"穷当益坚，老当益壮"）

王莽失败后，马援投奔汉光武帝，立了很多战功。

公元44年秋天，马援从外面打仗回来，有人劝他说："您已经够辛苦的了。还是在家里休养休养吧。"

马援豪迈地说："不行，现在匈奴和乌桓还在骚乱，我正要向皇上请求保卫北方。男子汉大丈夫，死应该死在边疆上，让别人用马革裹着尸首送回来埋葬。怎么能老待在家里跟妻子儿女过日子呢。"

不久，匈奴和乌桓果然接连侵犯北方。汉光武帝派他去守襄国（今河北邢台西南）。匈奴和乌桓跟汉兵接触了一下，就逃走了。

北方平定下来不久，南边五溪（今湖南、湖北、广西、贵州交界的地方）有一个部族，打到了临沅县，汉光武帝两次派兵征讨，都被五溪部族打败。

汉光武帝为了这件事很担忧。那时候马援已经六十二岁了，但还是请求让他带兵去打仗。

汉光武帝瞧了瞧马援，见他的胡子都白了，说："将军老了，还是别去吧！"

可是马援不服老，就在殿前穿上铠甲，跨上战马，雄赳赳地来回跑了一圈。

汉光武帝不禁赞叹说:“好硬朗的老人家!”就派他带领马武、耿舒两名将军和四万人马去攻打五溪。

马援的军队到了五溪,因为不适应南方的气候,有好些兵士中暑死去,马援自己也得了病。有人向汉光武帝挑拨是非,说是马援指挥错误。汉光武帝就派中郎将梁松去责问马援,并且去监督马援的军队。

梁松是汉光武帝的女婿,一向骄横自大。梁松的父亲原来是马援的朋友。马援看不惯梁松那股骄横劲儿,曾经批评过他,梁松从此记下了根。

梁松到了五溪,马援已经害病死了。但是梁松还不肯罢休,向汉光武帝告了一状,说马援不但指挥作战犯了错误,而且上次在南方的时候,私下里搜刮了大批珍珠。跟马援一起的马武也跟着一起诬陷,说马援回家时确实装了整整一车珍珠。

这一下,汉光武帝真的相信了,下令革了马援的爵位(马援本来封新息侯),还要追查马援的罪。

等到马援的棺材运到家里,他妻子马夫人不敢报丧,偷偷地把棺材埋在城外,连以前跟马援要好的朋友和宾客也不敢上马家吊丧。

马夫人亲自到宫里向汉光武帝去请罪,汉光武帝怒气冲冲地把梁松的奏章扔给她。马夫人一看到奏章,才知道她丈夫受了天大的冤屈。

原来马援在南方的时候,害了风湿症。有人告诉他,当地出产的薏苡(音 yì yǐ,又叫米仁)可以治风湿。马援吃了一点，果然见效，回家的时候，叫人买了一批颗粒大的薏苡，用车装了带回来。

梁松、马武偷眼看到过这些东西，就捕风捉影，把薏苡说成珍珠，告了马援一状，害得马援革了爵位，坏了名誉。

马夫人一连六次向汉光武帝上奏章申诉。还有一个名叫朱勃的人，听到马援的冤屈，也大胆地上了奏章替马援申冤。

汉光武帝看了马夫人和朱勃的奏章，才准许马家把马援安葬，也不再追查马援的罪。

79

取经求佛像

汉光武帝到了六十三岁，害病死去。太子刘庄即位，就是汉明帝。

有一次，汉明帝做了个梦，梦里看见有个金人，头顶上有一道白光，绕着殿飞行，忽然升到天空，往西去了。

第二天，他把这个梦告诉大臣们，许多大臣说不出那个头顶发光的金人是谁。

有个博士傅毅说："天竺有神名叫佛。陛下梦见的金人准是天竺的佛。"

傅毅所说的天竺，也叫身毒（音 yuán dú），是佛教创始人释迦牟尼出生的地方（天竺是古代印度的别称，释迦牟尼出生在古印度北部迦毗罗卫国，在今尼泊尔境内）。释迦牟尼约出生在公元前565年，原是个王子。传说他在二十九岁那年，抛弃了王族的舒适生活，出家修道。他创立了一个宗教，叫做佛教。

释迦牟尼到处宣传佛教的道理。他传教四十多年，收了不少信徒，大家尊称他“佛陀”。他死了以后，他的弟子把他生前的学说记载下来，编成了经，这就是佛经。

傅毅的话，引起了汉明帝的好奇心。他就派蔡愔（音yīn）和秦景两名官员到天竺去求佛经。

蔡愔和秦景经过千山万水，终于到达了天竺国。天竺人听到中国派使者来求佛经，表示欢迎。天竺有两个沙门（就是高级僧人），一个名叫迦叶摩腾，一个叫竺法兰，帮助蔡愔和秦景懂得了一些佛教的道理。蔡愔和秦景就邀请他们到中国来。

公元67年，蔡愔、秦景带着两个沙门，用白马驮着一幅佛像和四十二章佛经，经过西域，回到了洛阳。

汉明帝并不懂佛经，对佛教的道理也不清楚，但是对送经前来的两位沙门倒很尊敬。第二年，他命令在洛阳城的西面按照天竺的式样，造一座佛寺，把送经的白马也供养在那儿，这座寺就叫白马寺（在今洛阳市东郊）。

汉明帝并不懂佛经，王公大臣也不相信佛教，到白马寺里去烧香的人不多。只有楚王刘英倒十分重视，专门派使者到洛阳，向两位沙门请教。两个沙门就画了一幅佛像，抄了一章佛经交给使者。

使者回到楚王的封国，楚王刘英真的在宫里供起佛像来，早晚礼拜。

楚王刘英是个有野心的人，他借着信佛的名义，结交一批方士，还用各种迷信的手法欺骗人。

公元70年，有人向汉明帝告发，说楚王刘英纠集党徒，自己设置官员，想造反。汉明帝派人一调查，认为刘英确实有谋反的情节，就把楚王的王位革了，把他送到丹阳。刘英到了那儿，自己觉得罪行严重，就自杀了。

汉明帝还派人专门查办跟刘英有往来的人。楚王刘英曾经把全国有名的人编在一本名册里。这个名册被搜查出来后，官府就按照名册一个个逮了来，受到牵连的人很多。这样搞了一年多，逼死了不少人。

后来，有个大臣劝说汉明帝，认为被逮的大多是受冤屈的人。汉明帝亲自查问一下，果然发现洛阳监狱关着一千多无辜受累的人。他才下了一道诏书，把他们赦免。

汉明帝虽然派人求经取佛像，但他其实并不相信佛教，倒是提倡儒家学说的。他还亲自到太学（我国古代的大学）去讲过经（这里指儒家的经典书）。据说去听讲的和观看的，竟有十万人之多。

80

班超投笔从军

汉光武帝建立东汉王朝以后，请了一个大学问家班彪整理西汉的历史。班彪有两个儿子名叫班固、班超，一个女儿叫班昭，从小都跟父亲学习文学和历史。

班彪死了以后，汉明帝叫班固做兰台令史，继续完成他父亲所编写的历史书籍，就是《汉书》（一部记载西汉历史的书）。班超跟着他哥哥做抄写工作。哥儿俩都很有学问，可是性情不一样，班固喜欢研究百家学说，专心致志写他的《汉书》。班超可不愿意老伏在案头写东西。他听到匈奴不断地侵扰边疆，掠夺居民和牲口，就扔了笔，气愤地说："大丈夫应当像张骞那样到塞外去立功，怎么能老死在书房里呢。"

就这样，他决心抛弃他的案头工作去从军（文言叫作"投笔从戎"）。

公元73年，大将军窦固出兵打匈奴，班超在他手下担任个代理司马，立了战功。

窦固为了抵抗匈奴，想采用汉武帝的办法，派人联络西域各国，共同对付匈奴。他赏识班超的才干，派班超担任使者到西域去。

班超带着随从人员三十六人先到了鄯善（在今新疆境内，鄯音 shàn）。鄯善原来是归附匈奴的，因为匈奴逼他们纳税进贡，勒索财物，鄯善王很不满意。但是这几十年来，汉朝顾不到西域那一边，他只好勉强听匈奴的命令，这次看到汉朝派了使者来，他就挺殷勤地招待着他们。

过了几天，班超发现鄯善王对待他们忽然冷淡起来。他起了疑心，跟随从的人员说："你们看得出来吗？鄯善王对待咱们跟前几天不一样。我猜想一定是匈奴的使者到了这儿。"

话虽这样说，毕竟只是一种猜想。刚巧鄯善王的仆人送酒食来。班超装得早就知道的样子说："匈奴的使者已经来了几天？住在什么地方？"

鄯善王和匈奴使者打交道，本来是瞒着班超的。那个仆人给班超一吓，以为班超已知道这件事，只好老实回答说："来了三天了，他们住的地方离这儿三十里地。"

班超把那个仆人扣留起来，立刻召集三十六个随从人员，对他们说："大家跟我一起来到西域，无非是想立功报国。现在匈奴使者才到几天，鄯善王的态度就变了。要是他把我们抓起来送给匈奴人，我们的尸骨也不能回乡了。你们看怎么办？"

大家都说："现在情况危急，死活全凭你啦！"

班超说："大丈夫不进老虎洞，怎能掏得到小老虎（文言是'不入虎穴，焉得虎子'）？现在只有一个办法，趁着黑夜，到匈奴的帐篷周围，一面放火，一面进攻。他们不知道咱们有多少人马，一定着慌。只要杀了匈奴的使者，事情就好办了。"

大家说："好，就这样拼一拼吧！"

到了半夜里，班超率领着三十六个壮士偷袭匈奴的帐篷。那天晚上，正赶上刮大风。班超吩咐十个壮士拿着鼓躲在匈奴的帐篷后面，二十个壮士埋伏在帐篷前面，自己跟其余六个人顺风放火。火一烧起来，十个人同时擂鼓、呐喊，其余二十个人大喊大叫地杀进帐篷。

匈奴人从梦里惊醒，到处乱窜。班超打头冲进帐篷，其余的壮士跟着班超杀进去，杀了匈奴使者和三十多个随从，把所有帐篷都烧了。

班超回到自己的营房里，天刚发白。班超请鄯善王过来。鄯善王一看到匈奴的使者已被班超杀了，就对班超表示愿意服从汉朝的命令。

班超回到汉朝，汉明帝提拔班超做军司马，又派他到于阗去。明帝叫他多带点人马，班超说："于阗国家大，路程又远，就是多带几百人去，也不顶事。如果遇到什么意外，人多反而添麻烦。"

结果，班超还是带了原来的三十六个人到于阗去。

于阗王见班超带的人少，接见的时候，并不怎么热情。班超劝他脱离匈奴，跟汉朝交好。他决定不下，找巫师向神请示。

那个巫师本来反对于阗王跟汉朝友好，他装神弄鬼，对于阗王说："你为什么要结交汉朝？汉朝使者那匹浅黑色的马还不错，可以拿来给我。"

于阗王派国相向班超去讨马。班超说："可以，叫巫师自己来拿吧。"

那巫师得意洋洋地到班超那儿取马。班超也不跟他多说，立刻拔出刀把他斩了。接着，他提了巫师的头去见于阗王，责备说："你要是再勾结匈奴，这巫师就是你的榜样。"

于阗王早就听说班超的威名，看到这个场面，也吓得软了，说："愿意跟汉朝和好。"

鄯善、于阗是西域的主要国家，他们结交了汉朝，别的西域国像龟兹（音 Qiū cí，在今新疆库车县一带）、疏勒（今新疆喀什噶尔一带）等也都跟着跟汉朝和好了。

西域各国从王莽执政时期起，跟汉朝不相往来已经有六十五年。到了这时候，才恢复张骞通西域时期的那个局面，双方又经常有使者和商人交往。

过了两年，汉明帝死去，他的儿子刘炟（音 dá）即位，这就是汉章帝。

81

张衡和地动仪

汉章帝在位的时期，东汉的政治比较稳定。到汉章帝一死，继承皇位的汉和帝才十岁，窦太后临朝执政，让他的哥哥窦宪掌握了朝政大权，东汉王朝就开始走下坡路了。

在这个时期，出了一位著名的科学家张衡。

张衡是南阳人。十七岁那年，他离开家乡，先后到了长安和洛阳，在太学里用功读书。当时洛阳和长安都是很繁华的城市，城里的王公贵族过的是骄奢淫逸的生活。张衡对这些都看不惯。他写了两篇文学作品《西京赋》和《东京赋》（西京就是长安，东京就是洛阳），讽刺这种现象。据说他为了写这两篇作品，经过深思熟虑，反复修改，前后一共花了十年工夫，可见他研究学问的精神是很认真严肃的。

但是张衡的特长还不是文学，他特别爱好数学和天文研究。朝廷听说张衡是个有学问的人，召他到京里做官，先

是在宫里做郎中，后来，担任了太史令，叫他负责观察天文。这个工作正好符合他研究的兴趣。

经过他的观察研究，他断定地球是圆的，月亮是借太阳的照射才反射出光来。他还认为天好像鸡蛋壳，包在地的外面；地好像鸡蛋黄，在天的中间。这种学说虽然不完全精确，但在一千八百多年以前，能说出这种科学的见解来，不能不使后来的天文学家钦佩。

不光是这样，张衡还用铜制造了一种测量天文的仪器，叫做“浑天仪”。上面刻着日月星辰等天文的现象。他设法利用水力来转动这种仪器。据说什么星从东方升起来，什么星向西方落下去，都能在浑天仪上看得清清楚楚。

那个时期，经常发生地震。有时候一年一次，也有一年两次。发生了一次大地震，就影响到好几十个郡，城墙、房屋发生倒坍，还死伤了许多人畜。

当时的封建帝王和一般人都把地震看做是不吉利的征兆，有的还乘机宣传迷信、欺骗人民。

但是，张衡却不信神、不信邪，他对记录下来的地震现象经过细心的考察和试验，发明了一个测报地震的仪器，叫做“地动仪”。

地动仪是用青铜制造的，形状有点像一个酒坛，四周刻铸着八条龙，龙头向八个方向伸着。每条龙的嘴里含了一颗小铜球；龙头下面，蹲了一个铜制的蛤蟆，对准龙嘴张着嘴。哪个方向发生了地震，朝着那个方向的龙嘴就会自动张开来，把铜球吐出。铜球掉在蛤蟆的嘴里，发出响亮的声音，就给人发出地震的警报。

公元138年2月的一天，张衡的地动仪正对西方的龙嘴突然张开来，吐出了铜球。按照张衡的设计，这就是报告西部发生了地震。

可是，那一天洛阳一点也没有地震的迹象，也没有听说附近有哪儿发生了地震。因此，大伙儿议论纷纷，都说张衡的地动仪是骗人的玩意儿，甚至有人说他有意造谣生事。

过了几天，有人骑着快马来向朝廷报告，离洛阳一千多里的金城、陇西一带发生了大地震，连山都有崩塌下来的。大伙儿这才信服。

可是在那个时候，朝廷掌权的全是宦官或是外戚，像张衡这样有才能的人不但不被重用，反而被打击排挤。张衡做侍中的时候，因为与皇帝接近，宦官怕张衡在皇帝面前揭他们的短，就在皇帝面前讲张衡很多坏话。他被调出了京城，到河间去当国相。

张衡在他六十一岁那年病死。他在我国科学史上留下了光辉的业绩。

82

跋扈将军梁冀

东汉王朝从汉和帝起，即位的皇帝大多是小孩子，最小的是只生下一百多天的婴孩。皇帝年幼，照例由太后临朝执政，太后又把政权交给她的娘家人，这样就形成了一个外戚专权的局面。有的皇帝死后没儿子，太后、外戚就从皇族里找一个孩子接替皇帝，以便他们控制政权。

但是，到了皇帝长大，渐渐懂事，就不甘心长期当个傀儡。他要想摆脱外戚的控制，可是里里外外都是外戚的亲信，跟谁去商量呢？只有一些宦官，每天在皇帝身边伺候。结果皇帝只好依靠宦官的力量，扑灭外戚的势力。这样，外戚的权力就转到宦官手里。

无论是外戚也好，宦官也好，都是豪强地主最腐朽势力的代表。外戚和宦官两大集团互相争夺，轮流把持着朝政，东汉的政治就越来越腐败了。

公元 125 年，东汉第七个皇帝汉顺帝即位，外戚梁家掌了权。梁皇后的父亲梁商、兄弟梁冀先后做了大将军。

梁冀是一个十分骄横的家伙，他胡作非为，公开勒索，全不把皇帝放在眼里。

汉顺帝死去的时候，接替他的冲帝是个两岁的娃娃，过了半年也死了。梁冀就在皇族中找了一个八岁的孩子接替，就是汉质帝。

汉质帝虽然年纪小，还真伶俐。他对梁冀的蛮横劲儿看不惯。有一次，他在朝堂上当着文武百官的面朝着梁冀说："真是个跋扈将军！"（跋扈就是强横的意思。）

梁冀听了，气得要命，当面不好发作。背后一想，这孩子这么小小年纪就那么厉害，长大了还了得，就暗暗把毒药放在煎饼里，送给质帝吃。

汉质帝哪儿知道饼里有毒，吃了饼，马上觉得肚子不舒服。

他叫内侍把太尉李固叫进来。李固看见他十分难受的样子，问他是怎么回事。

质帝说："刚刚吃了饼，只觉得肚子难过，嘴里发干，想喝点水。"

梁冀在旁边连忙说："不，不能喝，喝了水就要呕吐。"

梁冀的话还没说完，这个八岁的孩子已经倒在地上，滚了几滚，断了气。

梁冀害死了质帝，又从皇族里挑了一个十五岁的刘志接替皇帝，就是汉桓帝。

汉桓帝即位后，梁皇后成了梁太后，朝政全落在梁冀手里，梁冀更加飞扬跋扈。他为了自己享受，盖了不少高楼大厦，把洛阳近郊的民田都霸占下来，作为梁家的私人花园。里面亭台楼阁，应有尽有。他爱养兔子，在洛阳城西造了一个兔苑，命令各地交纳兔子。他还在兔子身上烙上记号，谁要是伤害梁家兔苑里兔子的，就犯死罪。有个西域到洛阳来的商人不知道这个禁令，打死了一只兔子。为了这件案子，竟株连了十多个人，丢了性命。

梁冀把几千个良家子女抓来作为奴婢，把这种奴婢称作"自卖人"。意思就是说，他们都是"自愿"卖给梁家的。他还派人去调查有钱的人家，把富人抓来，随便给他一个罪名，叫他拿出钱来赎罪，出钱少的就办死罪。有个叫孙奋的人很有钱财。梁冀送给他一匹马，向他借钱五千万。孙奋被他逼得没办法，给了他三千万。梁冀冒了火啦，他吩咐官府把孙奋抓去，诬说孙奋的母亲是他们家逃出来的奴婢，偷去大量珍珠、金子，都要追还。孙奋不肯承认，就被官府活活打死，财产全给没收了。

梁冀这样无法无天地掌了将近二十年大权，最后跟汉桓帝也闹起矛盾来。梁冀派人暗杀桓帝宠爱的梁贵人的母亲。汉桓帝忍受不了，就秘密联络了单超等五个跟梁冀有怨仇的宦官，趁梁冀不防备，发动羽林军一千多人，突然包围了梁冀的住宅。

梁冀慌里慌张直发抖，等他弄清楚是怎么回事的时候，知道活不了啦，只好吃毒药自杀。

梁家和梁冀妻子孙家的亲戚全都完了蛋，有的被处死刑，有的撤了职。朝廷上下，梁冀的爪牙心腹三百多人全撤了职。朝廷上的官员差不多一下子全空了。

梁家倒台，老百姓不用提有多高兴了。汉桓帝没收了梁冀家的家产，一共值钱三十多亿，这笔钱相当于当时全国一年租税的半数。被梁家占用作花园、兔苑的民田，仍旧给农民耕种。

汉桓帝论功行赏，把单超等五个宦官都封为侯，称作“五侯”。打那时候起，东汉政权又从外戚手里转到宦官手里了。

83

"党锢"事件

宦官五侯掌权以后，跟梁冀一样胡作非为。他们把持朝政，卖官卖爵，从朝廷到全国郡县，都有他们的亲信，搞得社会黑暗不堪。

当时有一批士族地主出身的官员，不满宦官掌权，主张改革朝政，罢斥宦官；还有一批中小地主出身的太学生，因为社会腐败，找不到出路，也要求改革。他们批评朝政，对掌权的宦官和附和宦官的人，深恶痛绝。

公元 165 年，陈蕃做了太尉，名士李膺做了司隶校尉，这两个人都是不满宦官的。太学生都拥护他们，把他们看做是模范人物。

李膺当了司隶校尉后，有人告发宦官张让的兄弟、野王（今河南沁阳县）县令张朔贪污勒索。李膺要查办张朔。张朔逃到洛阳，躲进他哥哥家里。李膺亲自带领公差到张让家搜查，在张家的夹墙里搜出张朔，把他逮走。张让赶快托人去求情，李膺已经把案子审理清楚，把张朔杀了。

张让气得什么似的，马上向汉桓帝哭诉。桓帝知道张朔确实有罪，也没有难为李膺。

这一来，李膺的名气就更大了。一些读书人都希望能见见李膺，要是受到李膺的接见，就被看做很光彩的事，称作“登龙门”。

第二年，有一个和宦官来往密切的方士（搞迷信活动的人）张成，从宦官侯览那里得知朝廷马上要颁布大赦令，就纵容他的儿子杀人。李膺马上把杀人凶手逮捕起来，准备法办。

第二天，大赦令下来，张成得意地对众人说：“诏书下来了，不怕司隶校尉不把我儿子放出来。”

这话传到李膺耳朵里，李膺更加冒火。他说：“张成预先知道大赦，故意教儿子杀人，大赦就不该轮到他儿子身上。”说完，就下令把张成的儿子砍了头。

张成哪儿肯罢休，他要宦官侯览、张让替他报仇。他们商量了一个鬼主意，叫张成的弟子牢修向桓帝告了一状，诬告李膺和太学生、名士结成一党，诽谤朝廷，败坏风俗。

汉桓帝接到牢修的控告，就下命令逮捕党人。除了李膺之外，还有杜密；陈寔和范滂等二百多人，都被他们写进党人的黑名单。朝廷出了赏格，通令各地，非要把这些人抓到不可。

杜密像李膺一样，也是敢于跟掌权的宦官作对的官员。两个人的名望差不多，人们把他们联在一起，称为“李、杜”。

李膺下了监狱，杜密当然也逃不了。

陈寔本来是个太学生，因为有名望，也被划到党人名单里去。有人劝他逃走。陈寔并不害怕，说："我逃了，别人怎么办？我进了狱，也可以壮壮别人的胆。"他说着，就上京城，自己投案，进了监狱。

范滂也跟陈寔一样，挺着腰板进了监狱。

捉拿党人的诏书到了各郡，各郡的官员都把跟党人有牵连的人报上去，多的有几百个。只有青州平原相（相，相当于郡的太守）史弼没报。

朝廷的诏书接连下来催逼他，青州还派了一个官员亲自到平原去查问。

那个官员把史弼找去，责问他为什么不报党人的名单。史弼说："我们这里没有党人，叫我报什么？"

那官员把脸一沉说："青州下面有六个郡，五个郡都有党人，怎么平原偏偏会没有？"

史弼回答说："各地的水土、风俗不一样。别的地方有党人，为什么平原就一定也有党人呢？"

那官员被他反驳得张口结舌，说不出话来。

史弼又说："你一定要冤枉好人，那么，平原家家户户都有党人。我情愿死，要我报党人，我可一个也说不上来。"

那官员拿他没有办法，就胡乱把平原的官员收在监狱里，回报朝廷。

被捕的党人在监狱里，宦官对他们进行残酷的折磨。他们的头颈、手、脚都被上了刑具，叫做"三木"，然后被蒙住头一个挨一个地拷打，就这样关了一年多。

第二年，有一个颍川人贾彪，自告奋勇到洛阳替党人申冤。汉桓帝的皇后窦氏的父亲窦武也上书要求释放党人。

李膺在狱中采取以攻为守的办法，他故意招出了好些宦官的子弟，说他们也是党人。宦官这才害怕了，对汉桓帝说："现在天时不正常，应当大赦天下了。"

汉桓帝对宦官是唯命是听的，就宣布大赦，把两百多名党人全部释放。

这批党人虽然释放，但是宦官不许他们留在京城，打发他们一律回老家，并且把他们的名字通报各地，罚他们一辈子不得做官。历史上叫做"党锢"（"锢"就是禁锢的意思）事件。

不久，汉桓帝死了。窦皇后和父亲窦武商量，从皇族中找了一个十二岁的孩子刘宏继承皇位，就是后来腐败出了名的汉灵帝。

84

范滂进监狱

汉灵帝刚即位的时候，窦太后临朝，封她父亲窦武为大将军，陈蕃为太尉。窦武和陈蕃是支持名士一派的。他们把原来受到终身禁锢的李膺、杜密又召回来做官。

陈蕃对窦武说："不消灭宦官，没法使天下太平。我已经是快八十的老人了，还贪图什么？我留在这里，只是想为朝廷除害，帮助将军立功。"

窦武本来就有这个意思。两人一商量，就由窦武向窦太后提出，要求消灭宦官。可是窦太后跟汉桓帝一样相信宦官，怎么也下不了这个决心。

陈蕃又向窦太后上奏章，举出宦官侯览、曹节、王甫等几个人的种种罪恶。窦太后仍旧把奏章搁在一边不理。

这一来，倒是打草惊了蛇。曹节、王甫来个先下手为强。他们先从窦太后那里抢了玉玺和印绶，把窦太后软禁起来；又用灵帝的名义，宣布窦武、陈蕃谋反，把他们杀了。

这样一来，宦官又掌了权，凡是窦武、陈蕃提拔的人统统被撤职。

李膺、杜密被撤职回到家乡，一些名士、太学生，更加推崇他们，也更痛恨宦官。宦官也把他们看做死对头，找机会陷害他们。

有个名士张俭，曾经告发过宦官侯览，侯览一心想报复。正好张俭家赶走了一个仆人。侯览利用那个仆人，诬告张俭跟同乡二十四个人结成一党，诽谤朝廷，企图造反。

宦官曹节抓住这个机会，吩咐他的心腹上奏章，要求汉灵帝再一次下令逮捕党人。

汉灵帝才十四岁，根本不懂得什么是党人。他问曹节："为什么要杀他们，他们有什么罪？"

曹节指手画脚把党人怎样可怕，怎样想推翻朝廷，图谋造反，乱编了一通。

汉灵帝当然相信了他们，连忙下令逮捕党人。

逮捕令一下，各州各郡又骚动起来。有人得到消息，忙去报告李膺。李膺坦然说："我一逃，反而害了别人。再说，我年纪已经六十了，死活由他去，还逃什么！"

他就自己进了监狱，被拷打死了。杜密知道免不了一死，也自杀了。

汝南郡的督邮奉命到征羌（今河南郾城）捉拿范滂。到了征羌的驿舍里，他关上门，抱着诏书伏在床上直哭。驿舍里的人听到哭声，弄不清是怎么回事。

消息传到范滂那里，范滂说："我知道督邮一定是为了

不愿意抓我才哭的。”

他就亲自跑到县里去投案。县令郭揖也是个正直人，他见范滂来了，吓了一大跳。他说：“天下这么大，哪儿不能去，您到这儿来干什么？”

他打算交出了官印，跟范滂一起逃走。

范滂感激郭揖，他说：“不用了。我死了，朝廷也许能把抓党人的事停下来。我怎么能连累您。再说，我母亲已经老了，我一逃，不是还连累她吗？”

县令没有法子，只好把范滂收在监狱里，并且派人通知范滂的老母亲和他的儿子跟范滂来见面。

范母带着孙儿随着公差到监狱来探望范滂。范滂安慰她说：“我死了以后，还有弟弟会扶养您。您不要过分伤心。”

范母说：“你能和李、杜（指李膺、杜密）两位一样留下好名声，我已经够满意了，你也用不着难过。”

范滂跪着听他母亲说完，回过头来对他的儿子说：“我要叫你做坏事吧，可是坏事毕竟是不该做的；我要叫你做好事吧，可是我一生没有做坏事，却落得这步田地。”

旁边的人听了，都禁不住流下了眼泪。

像李膺、范滂这样被杀的一共有一百多人；还有六七百个在全国有声望的，或者跟宦官有一点怨仇的，都被宦官诬指为党人，遭到逮捕，不是被杀，就是充军，至少也是禁锢终身。

只有那个宦官侯览的对头张俭，却逃过了官府搜捕。他到处躲藏，许多人情愿冒着生命危险收留他。等到官府得到消息来抓他的时候，他又躲到别处去。于是，凡是收留过他的人家都遭了祸，轻的下监狱，重的被杀，甚至整个郡县遭到灾殃。

经过这两次“党锢之祸”，朝廷里比较耿直的官员遭到沉重打击，大小官职差不多都由宦官和他们的门徒包下了。

85

黄巾军起义

昏庸透顶的汉灵帝信任宦官，只知道吃喝玩乐。库房里的钱不够用了，他们为了搜刮钱财，在西园开了一个挺特别的铺子。有钱的人可以公开到这里来买官职，买爵位。他们在鸿都门外张贴榜文，标出了买官的价格。买个郡太守定价二千万，买个县令定价四百万；一时付不出钱的可以暂时赊欠，等他上任以后加倍付款。这些花了钱买官的官吏，一上任当然更加起劲地搜刮民脂民膏。东汉王朝的黑暗和腐败可算到了家了。

朝廷的腐败，地主豪强的压迫，再加上接二连三的天灾，逼得老百姓没法活下去了，纷纷起来反抗。

先是吴郡一带农民起来攻打县城，杀了官吏。会稽人许生在句章（今浙江慈溪）起兵，没有几天工夫，聚集了一万多人。汉灵帝下令叫扬州刺史和丹阳太守发兵围剿，被起义的农民打败。许生的声势越来越大,还自称“阳明皇帝”。

公元 174 年,吴郡司马招募人马,联合州郡官兵打败了许生。吴郡的起义军虽然被镇压下去,但是更大的武装起义却正在酝酿着。

巨鹿郡有弟兄三个,老大名叫张角,老二叫张宝,老三叫张梁。三个人都挺有本事,还乐意帮助老百姓。

张角懂得医道,给穷人治病,从来不要钱,所以穷人都拥护他。

他知道农民受地主豪强的压迫和天灾的折磨,多么盼望有一个太平世界,让他们安安乐乐过日子。他决定利用宗教把群众组织起来,创立一个教门叫太平道,收了一些弟子,跟他一起传教。

相信太平道的人越来越多。张角又派他的兄弟张宝、张梁和弟子周游各地,一面治病,一面传道。大约花了十年工夫,太平道传遍了全国。老百姓不论是信或者不信,没有不知道太平道的。各地的教徒发展到几十万人。

当时,郡县的官吏也只认为太平道是劝人为善、给人治病的教门,谁也没有认真过问。朝廷里有一两个大臣看出苗子,奏请灵帝下令禁止太平道。汉灵帝正忙着建造他的林园,也没把太平道放在心里。

张角他们把全国八个州几十万农民都组织起来,分为三十六方,大方一万多人,小方六七千人,每方都推举一个首领,由张角统一指挥。

他们秘密约定三十六方在“甲子”年(公元 184 年)三月初五,京城和全国同时起义,口号是:“苍天已死,黄天当

立;岁在甲子,天下大吉。”“苍天”,就是指东汉王朝;“黄天”,就是指太平道。他们还暗暗派人在洛阳的寺庙和各州郡的官府大门上,用白粉写上“甲子”两字,作为起义的暗号。

可是,在离开起义时间还有一个多月的紧要关头,起义军内部出了叛徒,向东汉政权告了密。朝廷立刻在洛阳进行搜查。在洛阳做联络工作的马元义不幸被捕牺牲,和太平道有联系的群众一千多人也遭到杀害。

由于形势突然变化,张角当机立断,决定提前一个月起义。张角自称天公将军,称张宝为地公将军,张梁为人公将军。三十六方的起义农民,一接到张角的命令,同时起义。所有起义的农民头上都裹着黄巾,作为标志,所以称作“黄巾军”。

各地起义军攻打郡县,火烧官府,打开监狱,释放囚犯,没收官家的财物,开放粮仓,惩办官吏、地主豪强。不到十天,全国都响应起来了。各地起义军从四面八方向洛阳涌来,各郡县的告急文书像雪片一样飞向京都洛阳。

汉灵帝慌忙召集大臣,商量镇压措施。

汉灵帝拜外戚何进为大将军,同时派出大批人马,由皇甫嵩、朱儁(音 jùn)、卢植率领,分两路去镇压黄巾军。

但是,各地起义军好像大河决了口子一样,官府哪儿抵抗得了。大将军何进不得不叫汉灵帝下了一道诏书,吩咐各州郡自己招募人马,对付黄巾军。这么一来,各地的宗室贵族、州郡长官、地主豪强,都借着打黄巾军的名义,乘机抢夺地盘,扩张势力,把整个国家闹得四分五裂。

黄巾军面对东汉朝廷和各地地主豪强的血腥镇压，坚持了九个月艰苦顽强的战斗。在紧张战斗的关键时刻，黄巾军领袖张角不幸病死。张梁、张宝带领起义军将士和敌人进行殊死搏斗以后，先后在战斗中牺牲。

起义军的主力虽然失败。但是化整为零的黄巾军一直坚持战斗了二十年。东汉王朝的腐朽统治，经过这场大规模起义的致命打击，也就奄奄一息了。

86

袁绍杀宦官

经过黄巾军起义的冲击，东汉王朝本来已经摇摇欲坠，到汉灵帝一死，外戚和宦官两个集团闹了一场大火并，加速了它的崩溃。

公元189年，年才十四岁的皇子刘辩即位，这就是汉少帝。按照惯例，由何太后临朝，外戚大将军何进掌权。宦官蹇硕（音jiǎn shuò），原是禁卫军头目，想谋杀何进，没有成功。何进掌权以后，把蹇硕抓起来杀了。

何进手下有个中军校尉袁绍，是个大士族的后代。他家祖上四代都做过三公（太尉、司徒、司空）一级的大官，许多朝廷和州郡的官员是袁家的门生或者部下，所以势力特别大。

蹇硕被杀以后，袁绍劝何进把宦官势力彻底除掉。他说："以前窦武想消灭宦官，由于泄漏了机密，反被宦官杀了。现在将军执掌兵权，应该替天下除害，可别错过了机会。”

何进不敢作主，去跟太后商量。何太后说什么也不答应。

袁绍又替何进出谋划策，劝何进秘密召集各地的兵马进京，迫使太后同意除宦官。何进觉得这是个好办法，决定召各地兵马来吓唬太后。

何进的主簿（管理文书、办理事务的官员）陈琳听了，连忙阻拦说：“将军手里有的是兵马，要消灭几个宦官，还不是像炉火上烧几根毛发那样容易？如果召外兵进京城，这好比拿刀把子交给别人，不闹出乱子来才怪呢。”

何进不听陈琳的劝告。他想了想各州人马中，数并州（今山西大部、内蒙古、河北的一部分）牧（州的长官）董卓的兵力雄厚，找他帮忙错不了，就派人给董卓送了一封信，叫他迅速带兵进洛阳。

这个消息，很快就传到宦官的耳朵里。几个宦官商量说：“再不动手，咱们全完了。”他们就在皇宫里埋伏了几十个武士，假传太后的命令，召何进进宫。

何进一进宫，就被宦官围住杀了。

袁绍得知何进被杀的消息，立刻派他弟弟袁术攻打皇宫。袁术干脆放了一把火，把皇宫的大门烧了。大批的兵士冲进宫里，不分青红皂白，见了宦官就杀。有的人不是宦官，只是因为没有胡须，也被错认为宦官杀了。

经过这场火并，外戚和宦官两败俱伤。何进召来的董卓却带兵进了洛阳。

董卓本来是凉州(约当今甘肃、宁夏和青海、内蒙古一部)的豪强,在凉州结交了一批羌族豪强,称霸一方。黄巾起义以后,他又靠镇压起义军,升到并州牧的职位。他本来有侵占中原的野心。这次趁何进征召的机会,就急急忙忙带了三千人马来了。

董卓进了洛阳,就想掌握大权。可是人马太少,怕压不住洛阳的官兵。他就玩弄一个花招,在夜深人静的时候,把人马悄悄地开到城外去。到了第二天白天,再让这支人马大张旗鼓地开进来。这样一连几次进出,洛阳的人都闹不清董卓到底调来多少兵马。原来属何进手下的将士看到董卓势力大,也纷纷投靠董卓。这样一来,洛阳的兵权就全落到了董卓手里。

为了独揽大权,董卓决定废掉汉少帝,另立少帝的弟弟陈留王刘协。他知道洛阳城里的士族官员,数袁家的势力大,就请袁绍来商量这件事。

董卓说:"我看陈留王比现在的皇帝强,我打算立他为帝,您看怎么样?"

袁绍回答说:"皇上年纪轻,刚刚即位,也没有听到有什么过失。您要废他,只怕天下的人不服。"

董卓碰了个钉子,气得瞪圆双眼,用手按着剑把,威胁着说:"大权在我手里。我要这样做,谁敢反对?难道你以为我董卓的刀不够快吗?"

袁绍也气红了脸,说:"天下的好汉难道只有你姓董的一个人!"一面说,一面拔出佩刀,走了出去。他怕董卓不会放过他,就匆忙奔往冀州(约当今河北中、南部,山东西北端和河南北端）去了。袁绍的弟弟袁术听到消息，也逃出洛阳，出奔南阳（在今河南）。

袁绍兄弟走了以后，董卓就召集文武百官，宣布废立的决定。刘协即了皇位，这就是汉献帝。董卓自己当了相国。

董卓原是极其残忍的家伙。他担任相国之后，纵容兵士残杀无辜的百姓。有一次，洛阳附近的阳城（今河南登封东南）举行庙会。百姓齐集在那里赶集。董卓派兵到那里，竟把集上的男子都杀死，还把掳掠到的妇女和财物，用百姓的牛车装载着，耀武扬威地回到洛阳。一路上高呼万岁，说打了大胜仗回来啦。

董卓的倒行逆施，造成洛阳城一片混乱。一些有见识的官员纷纷离开洛阳，其中包括洛阳的典军校尉曹操。

87

曹操起兵

曹操是沛国谯县（今安徽亳县，亳音 bó）人。他父亲曹嵩，是个宦官的养子。曹操从小聪明机灵，办事能干。当时有一个名士叫许劭（音 shào），善于品评人物。曹操年轻时候，去请他评论。许劭说："你这个人呀，如果在太平时代，可能成为能臣；要是在乱世，你会成为奸雄。"

曹操二十岁那年，当上了洛阳北部尉（管理京城北部治安的官员）。他一上任，就叫工匠做了二十多根五色大棒，悬挂在衙门左右。他立下禁令，谁要是犯了禁，不管他是否豪门大族，都用大棒责打。

那时候，蹇硕有个叔父，是个出名的恶霸，依仗蹇硕的权势在洛阳横行不法，谁也不敢惹他。有一次，他在夜里带刀乱闹，触犯了曹操的禁令。曹操不管他来头多大，把他抓起来，用五色棒一阵痛打。那个恶霸经受不起，当场就死了。这件事轰动了整个洛阳。大家都称赞曹操不怕权势，执法严明。宦官对他又恨又怕，后来，把他调出洛阳，去当一名县令。

黄巾起义的时候，汉灵帝封曹操为骑都尉，派到颍川（治所在今河南禹县）一带镇压起义。他打败了波才领导的黄巾军。东汉王朝认为他作战有功，把他提升为济南相。过了几年，他才重新回到洛阳。

董卓进了洛阳，为了笼络人心，用高官厚禄收买一些官员。他听说曹操有点名气，就把曹操提升为骁骑校尉。但是曹操看出董卓倒行逆施，不得人心，迟早要垮台，不愿在董卓手下办事，他冒险逃出洛阳，到陈留（今河南陈留县）去找他父亲。

曹操的父亲在陈留有点财产。曹操回到陈留，得到父亲同意，花钱招兵买马，准备讨伐董卓。当地有个财主卫兹，也拿出很多钱和粮食来帮助曹操。不久，曹操的堂弟曹洪带着一千人来投奔曹操。曹操逐渐聚集了五千多人马。他一面操练兵马，一面派人探听各处动静。

自从黄巾起义后，各州各郡，都拥有一支人马。许多州郡的刺史、太守，本来有割据野心，趁洛阳大乱，借声讨董卓的名义，纷纷起兵。其中声势最大的要数袁绍。

袁绍自从在洛阳同董卓闹翻以后，跑到冀州，当了渤海太守。因为袁绍是个大士族，冀州牧韩馥又是袁家的老部下，所以袁绍很快就在渤海郡组织了一支人马。

公元190年，曹操和各路讨伐董卓大军一共十几万人马，在陈留附近的酸枣（今河南延津西南）集合，组成一支联

军，大家推袁绍做盟主。

各地起兵的消息传到洛阳，董卓有点害怕起来。他不顾大臣们反对，决定把汉献帝和上百万人口迁到长安，自己留在洛阳附近对付联军。献帝被迫离开洛阳的时候，董卓放了一把火，把宫室、官府、民房，全部烧掉。洛阳周围二百多里以内，被烧得鸡犬不留。老百姓被迫离开洛阳，路上有饿死的，被踩死的，打死的，倒在路边的尸体不计其数。

但是，在酸枣附近讨伐董卓的联军却互相观望，按兵不动。有一次，各路将领在袁绍的大营开会，曹操对大家说："大家起兵，为的是讨伐董卓。现在董卓劫走天子，烧毁宫室，全国人心惶惶。这正是消灭逆贼的好时机，为什么还要犹豫不决呢？"

尽管曹操说得慷慨激昂，大家可一点也不热心。连盟主袁绍都不想动，谁还愿意先动手呢？

曹操看出他们只想保存实力，不想打董卓，心里很生气，就决定单独带着五千人马，向成皋（今河南荥阳汜水镇）进兵。

董卓听到曹操向成皋进兵，早已派大军在汴水（在今河南荥阳西南，汴音 biàn）边布好阵势。曹操的人马刚刚到了汴水，就遇到董卓部将徐荣的拦击。

徐荣兵多，曹操兵少，两下里一交战，曹操的人马就垮了下来。曹操骑着马往后撤走的时候，肩上中了一箭；他赶紧拍马逃奔，又是一支箭，射伤了曹操骑的马。那马一受惊，把曹操掀了下来。

后面徐荣的追兵呐喊声越来越近。正在危急的时候，幸亏曹洪赶上。他跳下马来，扶起曹操。曹操骑上曹洪的马，才脱了险。

曹操损兵折将，回到酸枣，再看看他的同盟军，不但按兵不动，将领们还每天喝酒作乐，根本没想讨伐董卓。

他满心气愤，跑到袁绍他们摆酒宴的地方，指责他们说："你们以起义兵为名，却在这里犹豫观望，让天下百姓失望。我真替你们害臊呢。"

过了不久，酸枣的十几万兵马把粮食全消耗完，就散伙了。

曹操经过这一次讨伐战斗，觉得跟这些人一起，根本成不了大事，就单独到扬州（今安徽淮水和江苏长江以南）一带招募人马，准备重整旗鼓。

88

王允计除董卓

董卓看到反对他的那批刺史、太守，各有各的打算，没有什么可怕，就在长安自称太师，要汉献帝尊称他为“尚父”。他还把他的弟弟、侄儿都封为将军、校尉，连他的刚生下的娃娃也封为侯。

为了寻欢作乐，他在离长安二百多里的地方，建筑了一个城堡，称作郿坞。他把城墙修得又高又厚，把从百姓那里搜刮得来的金银财宝和粮食都贮藏在那里，单是粮食，足足够三十年吃的。

郿坞筑成之后，董卓十分得意地对人说：“大事成了，天下就是我的；即使不成功，我就在这里安安稳稳度晚年，谁也别想打进来。”

董卓在洛阳的时候，就杀了一批官员；到了长安以后，更加专横跋扈。文武官员说话一不小心，触犯了他，就丢了脑袋。一些大臣怕保不住自己性命,都暗暗地想除掉这个坏蛋。

董卓手下有一个心腹,名叫吕布,是一个出名的勇士。吕布的力气特别大,射箭骑马的武艺,十分高强。他本来是并州刺史丁原的部下。董卓进洛阳的时候,丁原正带兵驻守洛阳。董卓派人用大批财物去拉拢吕布,要吕布杀死丁原。吕布被董卓收买,背叛了丁原,投靠董卓。

董卓把吕布收作干儿子,叫吕布随身保护他。他走到哪里,吕布就跟到哪儿。人们害怕吕布的勇猛,就不好对董卓下手。

司徒王允决心除掉董卓。他知道要除掉董卓,先要拉拢他身边的吕布。他就常常请吕布到他家里,一起喝酒聊天。日子久了,吕布觉得王允待他好,也就把他跟董卓的关系谈了出来。

原来,吕布跟董卓虽说是父子关系,但是董卓性格暴躁,稍不如他的意,就向吕布发火。有一次,吕布说话顶撞了他,董卓竟将身边的戟扔了过去。幸亏吕布眼明手快,把身子一侧,躲过了飞来的戟,没有被刺着。

后来,吕布向董卓赔了礼,董卓也表示宽恕他。但是,吕布心里很不痛快。他把这件事告诉了王允。王允听了挺高兴,就把自己想杀董卓的打算也告诉了吕布,并且说:"董卓是国贼,我们想为民除害,您能不能帮助我们,做个内应?"

吕布听到真要杀董卓,倒有点犹豫起来,说:"我是他的干儿子,儿子怎么能杀父亲呢?"

王允摇摇头说:“唉,将军真糊涂,您姓吕,他姓董,本来不是骨肉至亲。再说,他向您掷戟的时候,还有一点父子的感情吗?”

吕布听了,觉得王允说得有道理,就答应跟王允一起干。

公元 192 年,汉献帝生了一场病刚刚痊愈,在未央宫会见大臣。董卓从郿坞到长安去。为了提防人家暗算,他在朝服里面穿上铁甲。在乘车进宫的大路两旁,派卫兵密密麻麻排成一条夹道。他还叫吕布带着长矛在他身后保卫着。经过这样安排,他认为万无一失了。

他哪儿知道王允和吕布早已商量好了。吕布约了几个心腹勇士扮作卫士混在队伍里,专门在宫门口守着。董卓的座车一进宫门,就有人拿起戟向董卓的胸口刺去。但是戟扎在董卓胸前铁甲上,刺不进去。

董卓用胳膊一挡,被戟刺伤了手臂。他忍着痛跳下车,叫着说:“吕布在哪儿?”

吕布从车后站出来,高声宣布说:“奉皇上诏书,讨伐贼臣董卓!”

董卓见他的干儿子背叛了他,就骂着说:“狗奴才,你敢……”

他的话还没说完,吕布已经举起长矛,一下子戳穿了董卓的喉头。兵士们拥了上去,把董卓的头砍了下来。

吕布从怀里拿出诏书向大家宣布:“皇上有令,只杀董卓,别的人一概不追究。”

董卓的将士们听了,都高兴地呼喊万岁。

长安的百姓受尽了董卓的残酷压迫，听到除了奸贼，成群结队跑到大街上唱着，跳着。许多人还把自己家里的衣服首饰变卖了，换了酒肉带回家大吃一顿，庆祝一番。

恶贯满盈的董卓被消灭了，但是百姓的灾难并没有完。过了不久，董卓的部将李傕（音 jué）、郭汜打进长安，杀死王允，赶跑了吕布，长安百姓又一次遭到烧杀抢掠。

89

迁都许城

董卓之乱以后，东汉王朝名存实亡，对各地州郡失去了控制。各地官僚、豪强趁机争夺地盘，形成了大大小小的割据势力。势力比较大的有冀州的袁绍、南阳的袁术、荆州（约当今湖北、湖南两省和河南、贵州、广东、广西的一部）的刘表、徐州（约当今江苏长江以北和山东东南部）的陶谦、吕布等，他们相互混战，打得昏天黑地。成千上万的百姓在混战中遭到屠杀，许多地方出现了没有人烟的荒凉景象。

曹操本来势力很小。后来，他打败了攻进兖州（今山东省西南部和河南省东部，兖音 yǎn）的黄巾军，在兖州建立了一个据点。他还从黄巾军的降兵中，挑选一部分精锐力量，扩大了武装。以后，他又打败了陶谦和吕布，成为一个强大的割据力量。

公元 195 年，长安的李傕和郭汜发生火并，外戚董承和一批大臣带着献帝逃出长安，回到洛阳。洛阳的宫殿，早已被董卓烧光了，到处是碎砖破瓦，荆棘野草。汉献帝到了洛阳，没有宫殿，住在一个官员的破旧住房里。一些文武官员，没有地方住，只好在断墙残壁旁边搭个草棚，遮避风雨。最大的难处是粮食没有来源。汉献帝派人到处奔走，要各地官员给朝廷输送粮食。但是大家正在忙着抢地盘，根本不把皇帝放在眼里，谁也不肯送粮来。

朝廷大臣没有办法，尚书郎以下的官员，都只好自己去挖野菜。这些平时养尊处优的官员，哪儿受得了这个苦，有的吃了几顿野菜，就倒在破墙边上饿死了。

这时候，曹操正驻兵在许城（今河南许昌），听到这个消息，就召集部下的谋士商量，要不要把汉献帝迎过来。

谋士荀彧（音 yù）说："从前晋文公发兵把周襄王送回洛邑（今洛阳），成为霸主；汉高祖为义帝发丧，天下人都向着他。这样的例子历史上是不少的。现在皇上到了洛阳，困苦不堪。将军如果能把皇上迎来，这正是顺从人们的愿望。要是现在不及时去接，一旦让别人抢先迎去，我们就错过机会了。"

曹操听了，觉得很有道理，立刻派出曹洪带领一支人马到洛阳去迎接汉献帝。

董承等大臣害怕曹操，发兵阻拦曹洪的人马。后来，曹操亲自到了洛阳，向他们说明现在洛阳缺少粮食。许城有粮食，但是运输不便，只好请皇上和大臣们暂时搬到那边去。免得在这里受冻挨饿。

汉献帝和大臣听说到了许城有粮食，都巴不得早点

迁都。

公元196年,曹操把汉献帝迎到了许城,打那时候起,许城成了东汉临时的都城,因此称为许都。

曹操在许都给汉献帝建立了宫殿,让献帝正式上朝。曹操自封为大将军,开始用汉献帝的名义向各地州郡豪强发号施令。

首先他用献帝名义下诏书给袁绍,责备他地广兵多,只管扩大自己势力,攻打别的州郡,不来帮助朝廷。

尽管袁绍势力大,但是名义上他还是汉献帝的臣子,接到诏书以后,没法子,只好上个奏章给自己辩护。

曹操又用汉献帝名义封袁绍为太尉。这一下,袁绍可生气了。他觉得曹操当大将军,自己反在曹操底下,太丢人啦。就气冲冲地说:“曹操要不是我,哪有今天。现在他倒用皇上的名义来号令我起来了。”他上个奏章把太尉辞了。

曹操觉得自己地位还不巩固,不愿和袁绍闹翻,就把大将军的头衔让给袁绍。自己改称为车骑将军。

许都的情况暂时稳定下来了。但是日子一久,大批官员和军队的粮食供应,就发生困难。经过十年混乱,到处都在闹饥荒。如果许都的粮食问题不解决,大家也呆不下去啦。

有个官员枣祗(音 zhī)向曹操提出一个办法,叫做“屯田”。他请曹操把流亡的农民招集到许都郊外开垦荒地,由官府租给他农具和牲口。每年收割下来的粮食一半归官府,一半归农民。

曹操接受了枣祗的建议,发布命令,实行屯田。许都附近的荒地很快就开垦出来了。一年下来，原来已经荒了的土地上获得了丰收。光是许都的郊外就收到公粮一百万斛。曹操又在他管辖的州郡都推行屯田制，设置田官。以后，凡是实行屯田制的地方，谷仓都装得满满的。

曹操用皇帝的名义号令天下，又采用屯田办法，解决了军粮问题，还吸收了荀攸、郭嘉、满宠等一批有才能的谋士，他的实力就更加强大起来了。

90

衣带里的密诏

曹操迎汉献帝到许都的那年，徐州牧刘备，受到袁术、吕布的夹攻，失败了，来投奔曹操。

刘备是河北涿郡（今河北涿县）人，原来是西汉皇室的后代。他从小死了父亲，家境很贫苦，跟他母亲一起靠贩鞋织席过日子。后来，靠同族人的帮助，才拜老师读了一点书。可是他不大爱读书，却喜欢结交豪杰。有两个贩马的大商人经过涿郡，见了刘备，很器重他，就出钱帮助他招兵买马。

当时，有两个壮士到涿郡应募，一个名叫关羽，一个名叫张飞。刘备见关羽、张飞两人武艺高强，又跟他志同道合，就待他们特别亲切。日子一久，三个人的感情真比亲兄弟还密切。因此，民间传说他们三个人曾经结拜为把兄弟。

刘备投奔曹操以后，曹操和刘备一起去攻打吕布，消灭

了吕布的割据势力。回到许都，曹操请汉献帝封刘备为左将军，并且非常尊重刘备，进进出出，都要刘备陪他在一起。

刘备见曹操这样尊重他，心里反倒不安，因为他有自己的雄心大志，生怕遭到曹操的猜疑。

曹操表面上看重刘备，暗地里也在防备他。他派人去看看刘备在家里干什么，只见刘备在自己园子里种菜浇水，没有什么可疑，也就渐渐放心了。

这时候，朝廷里出了一件事。因为曹操的权大了，汉献帝嫌他太专横，要外戚董承设法除掉曹操。他写了一道密诏缝在衣带里，又把这条衣带送给董承。

董承接到衣带中的密诏，就秘密约了他的几个亲信，商量怎样除掉曹操。他们觉得自己力量不够，认为刘备是皇室的后代，一定会帮助他们，就秘密找刘备商量，叫刘备去一起干。刘备同意了。

没多久，曹操邀请刘备去喝酒。两个人一面喝酒，一面有说有笑，谈得很融洽。他们谈着谈着，很自然地谈到天下大事上来了。

曹操拿起酒杯，说："您看现在那么多人在争夺天下，有几个算得上英雄呢？"

刘备谦虚地说："我说不上来。"

曹操面露笑容，从容地对刘备说："依我看，当代的天下英雄，只有将军和我曹操两个人。像袁绍这号人，算不上什么。"

刘备为了跟董承同谋的事，心里正在七上八下，听到曹操这句话，大吃一惊，身子打了一个寒战，连手里的筷子也掉了下来。

就在这节骨眼上，天边闪过一道电光，接着就豁喇喇响起一声响雷。刘备一面低下身子拾筷子，一面说："这个响雷可厉害，把人吓成这个样子。"

就这样，他总算把惊慌的神情掩饰过去，没让曹操看出破绽。

喝完酒出来，刘备再三捉摸曹操的话，觉得曹操把他看做唯一的敌手，将来不会轻易放过他。打这以后，他一面和董承他们联络，共同设法除掉曹操，一面找机会离开许都。

凑巧袁绍派他儿子到青州去接应袁术，要通过徐州。曹操认为刘备熟悉那一带的情况，就派他去截击袁术。

刘备巴不得趁早离开，一接到曹操命令，就飞快地和关羽、张飞带着人马走了。

曹操的谋士郭嘉等听到曹操放走刘备，赶快去找曹操，说："刘备有野心，不能放他走呀！"

经郭嘉一提醒，曹操也有些懊悔了，马上派人去追，刘备已经走远了。

刘备打败了袁术，夺取了徐州，决定不回许都去了。徐州本来是刘备做过州牧的地方，附近的郡县都响应他，背叛了曹操。

曹操一听到刘备背叛他，气得要命。到了第二年春天，有人向曹操告发了董承和刘备在许都合谋反对曹操的事。曹操把董承和他的三个心腹都杀了，并且决心亲自发兵征讨刘备。

那时候，袁绍已经兼并了幽州（在今河北北部，辽宁大部分)拥有几十万人马,扬言要进攻许都。

曹操部下的将领劝阻他说:“现在跟您争天下的主要是袁绍。听说袁绍正想打过来,您却往东打刘备。万一袁绍从北面打过来,我们怎么办?”

曹操说:“刘备是个有能耐的人。现在不趁早消灭,将来后患无穷。”

郭嘉也说:“刘备刚起来叛变,归附他的人不多,立刻打过去,一定能把他打败。袁绍的性子犹豫多疑,即使要来进攻,也没有那么快。”

曹操就决定调一部分精兵守住官渡(在今河南中牟东北),防备袁绍进攻。他亲自带领大军进攻徐州。

刘备派人向袁绍求救,袁绍手下的谋士田丰劝袁绍乘许都兵力空虚的时候偷袭曹操,袁绍没有同意。

曹操大军进攻徐州,刘备兵少,抵挡不住曹操的进攻。只好放弃徐州往冀州投奔袁绍。

91

官渡大战

刘备逃到了邺城(冀州的治所,在今河北临漳西南),袁绍才感到曹操是个强大的敌人,决心进攻许都。原来劝他攻打许都的田丰,这时候却不赞成马上进攻。他说:“现在许都已经不是空虚的了,怎么还能去袭击呢!曹操兵马虽然少,但是他善于用兵,变化多端,可不能小看他。我看还是作长期的打算。”

袁绍不听田丰的话,田丰一再劝谏,袁绍反认为他扰乱军心,把他下了监狱。他向各州郡发出文书,声讨曹操。

公元200年,袁绍集中了十万精兵,派沮授(沮音jū)为监军,从邺城出发进兵黎阳(今河南浚县)。他先派大将颜良渡过黄河,进攻白马(今河南滑县)。

这时候,曹操早已率领兵马回到官渡,听到白马被围,准备亲自去救。他的谋士荀攸劝他说:“敌人兵多,我们人少,不能跟他们硬拼。不如分一部分人马往西在延津(今河南延津西北)一带假装渡河,把袁军主力引到西边。我们就派一支轻骑兵到白马,打他个措手不及。”

曹操采纳了荀攸的意见,来个声东击西。袁绍听说曹操要在延津渡河,果然派大军来堵截。哪儿知道曹操已经亲自带领一支轻骑兵袭击白马。包围白马的袁军大将颜良没防备,被曹军杀得大败。颜良被杀,白马之围也解除了。

袁绍听得曹操救了白马,气得直跳脚。监军沮授劝袁绍把主力留在延津南面,分一部分兵力出击。但是袁绍心急火燎,不听沮授劝告,下令全军渡河追击曹军,并且派大将文丑率领五六千骑兵打先锋。这时候,曹操从白马向官渡撤退。听说袁军来追,就把六百名骑兵埋伏在延津南坡,叫兵士解下马鞍,让马在山坡下溜达,把武器盔甲丢得满地都是。

文丑的骑兵赶到南坡,看见这样子,认为曹军已经逃远了,叫兵士收拾那丢在地上的武器。曹操一声令下,六百名伏兵一齐冲杀出来。袁军来不及抵抗,被杀得七零八落。文丑也糊里糊涂地丢了脑袋。

两场仗打下来,袁绍一连损失了他手下的颜良、文丑两员大将,袁军将士被打得垂头丧气。但是袁绍不肯罢休,一定要追击曹操。监军沮授说:“我们人尽管多,可没像曹军那么勇猛;曹军虽然勇猛,但是粮食没有我们多。所以我们还是坚守在这里,等曹军粮草完了,他们自然会退兵。”

袁绍又不听沮授劝告,命令将士继续进军,一直赶到官渡,才扎下营寨。曹操的人马也早已回到官渡,布置好阵

势，坚守营垒。

袁绍看到曹军守住营垒，就吩咐兵士在曹营外面堆起土山，筑起高台，让兵士们在高台上居高临下向曹营射箭。曹军只得用盾牌遮住身子，在军营里走动。

曹操跟谋士们一商量，设计了一种霹雳车。这种车上安装着机钮。兵士们扳动机钮，把十几斤重的石头发出去，打坍了袁军的高台，许多袁军兵士被打得头破血流。

袁绍吃了亏，又想出一个办法。他叫兵士在深夜里偷偷地挖地道，打算从地道里钻到曹营去偷袭。但是他们的行动早被曹军发现。曹操吩咐兵士在兵营前挖了一条又长又深的壕沟，切断地道的出口。袁绍的偷袭计划又失败了。

就这样，双方在官渡相持了一个多月。日子一久，曹军粮食越来越少，兵士疲劳不堪。曹操也有点支持不住，写信到许都告诉荀彧，准备退兵。荀彧回信，劝曹操无论如何要坚持下去。

这时候，袁绍方面的军粮却从邺城源源不断地运来。袁绍派大将淳于琼带领一万人马运送军粮，并把大批军粮囤积在离官渡四十里的乌巢。

袁绍的谋士许攸探听到曹操缺粮的情报，向袁绍献计，劝袁绍派出一小支人马，绕过官渡，偷袭许都。袁绍很冷淡地说："不行，我要先打败曹操。"

许攸还想劝他，正好有人从邺城送给袁绍一封信，说许攸家里的人在那里犯法，已经被当地官员逮了起来。袁绍看了信，把许攸狠狠地责骂了一通。

许攸又气又恨，想起曹操是他的老朋友，就连夜逃出袁营，投奔曹操。

曹操在大营里刚脱下靴子想睡，听说许攸来投奔他，高兴得来不及穿靴子，光着脚板跑出来欢迎许攸，说："好啊！您来了，我的大事就有希望了。"

许攸坐下来后说："袁绍来势很猛，您打算怎么对付他？现在你们的粮食还有多少？"

曹操说："还可以支持一年。"

许攸冷冷一笑，说："没有那么多吧！"

曹操改口说："对，只能支持半年。"

许攸装出生气的样子说："您难道不想打败袁绍吗？为什么在老朋友面前还要说假话呢！"

曹操只好实说："军营里的粮食，只能维持一个月，您看怎么办？"

许攸说："我知道您的情况很危急，特地来给您捎个信。现在袁绍有一万多车粮食、军械，全都放在乌巢。淳于琼的防备很松。您只要带一支轻骑兵去袭击，把他的粮草全部烧光，不出三天，他就不战自败。"

曹操得到这个重要情报，立刻把荀攸、曹洪找来，吩咐他们守好官渡大营，自己带领五千骑兵，连夜向乌巢进发。他们打着袁军的旗号，沿路遇到袁军的岗哨查问，就说是袁绍派去增援乌巢的。袁军的岗哨没有怀疑，就放他们过去了。

曹军到了乌巢，就围住乌巢粮屯，放起一把火，把一万车粮食，烧得个一干二净。乌巢的守将淳于琼匆忙应战，也被曹军杀了。

正在官渡的袁军将士听说乌巢起火，都惊慌失措。袁绍手下的两员大将张郃（音 hé）、高览带兵投降。曹军乘势猛攻，袁军四下逃散。袁绍和他的儿子袁谭，连盔甲也来不及穿戴，带着剩下的八百多骑兵向北逃走。

经过这场决战，袁绍的主力已经消灭。过了两年，袁绍病死。曹操又花了七年工夫，扫平了袁绍的残余势力，统一了北方。

92

孙策占据江东

当曹操和袁绍在北方激烈争夺的时候，南方有一支割据势力逐渐壮大起来，这就是占据江东（今长江下游的江南地区）的孙策、孙权兄弟。

孙策的父亲是长沙太守孙坚，原是袁术的部下。孙坚死后，孙策带兵投靠袁术。袁术看他少年英俊，很喜欢他，对别人说：“要是我能有像孙郎那样的儿子，我死了也安心。”

话虽这样说，袁术可并不重用孙策。孙策曾经想当一个郡太守，袁术没让他做。孙策的舅父吴景在江东丹阳（今安徽宣城）当太守，被扬州刺史刘繇（音 yóu）逼走。孙策向袁术要求让他到江东去帮舅父打刘繇。袁术跟刘繇也有矛盾，才拨了一千人马给孙策。

孙策向南进兵。一路上，有许多人投奔他。到了历阳

（今安徽和县）兵力扩充到五六千人。孙策的发小周瑜也带了人马来会合，孙策的力量就壮大了。

孙策作战骁勇，再加上他的军队纪律严明，得到百姓的支持。因此，很快就渡过了江，不但打败了刘繇的人马，夺回丹阳，还攻下了吴郡和会稽郡。这样，江东六个郡的大片土地，都被孙策占领了。

孙策占据了江东，还雄心勃勃地想向北发展。他趁曹操和袁绍在官渡相持不下的时候，准备偷袭许都，把汉献帝抓在自己手里。正在调兵遣将，准备粮草的时候，想不到出了一件意外的事。

原来，孙策攻下吴郡的时候，杀了那里的太守许贡。许贡手下的门客跟孙策结下了仇。有一次，趁孙策上山打猎的时候，他们埋伏在树林里，放了一支暗箭，射中了孙策的面颊。

孙策受了重伤，请医生治疗也没有用，病势越来越重。孙策自己知道不行了，就把部下张昭等找来嘱咐，说："现在我们这里已经有了人马地盘，可以跟人家较量一番，希望你们好好辅助我弟弟。"

孙权那时才十九岁。他年纪虽然轻，但是平时喜欢结交朋友，注重人才，在江东官员中，已经很有声誉。孙策把印绶交给孙权，叫他佩带起来，说："咱们兄弟俩，要论上阵打仗的本领，你不如我；至于选拔人才，任用贤人，我比不上你。希望以后你好好保住江东这份基业。"说着，就咽了气。

孙权倒在床前哭个没完，张昭劝住了他，叫他立刻换上官服，骑着马到军营里去巡视一遍，一面赶快派人通知当时

驻扎在巴丘(在今湖南岳阳)的周瑜。周瑜连夜带兵回到吴中,跟张昭两人一起辅助孙权。

那时候,江东六郡虽说都被孙策占了,但是还有不少偏僻的地方,不服他们指挥。有一些人还要看看风向再说。亏得张昭、周瑜两人一心一意帮助孙权,才把局面稳定下来。

孙权记住他哥哥的话,用心搜罗人才。周瑜对孙权说:"我有个好友鲁肃,是个很有见识的人,请他来帮助将军,准没有错。"

孙权派人把鲁肃请了来,两个人一见面,就谈得挺对劲儿。有一次,孙权会见宾客,等别人走完了,把鲁肃单独留下来谈心。

孙权说:"现在汉室衰落,天下扰乱。我想继承父兄的事业,像齐桓公、晋文公一样,来扶助天子,建立霸业,您看怎么样?"

鲁肃说:"我仔细研究过天下大势。汉室已经不能再兴盛起来了。曹操势力已经强大,也除不了他。我替将军打算,还是保住江东这块地方,等待时机。曹操现在正忙着对付北方,顾不到我们这一头。我们可以趁这个机会,讨伐刘表,占领荆州,然后再来平定天下。这倒是汉高祖的事业呢!"

孙权听了这番话,心里豁然开朗,但是嘴里还是谦虚地说:"我哪能做到这些呢。"

由于孙权重用人才,江东地方,文臣武将,人才济济,出现了一片兴旺景象。

曹操听到孙权接替孙策的地位，为了笼络孙权，就用朝廷名义，封孙权为征虏将军，兼会稽太守。从此以后，孙权实际上在江东建立了割据的政权。

93

诸葛亮隆中对策

官渡大战以后，刘备逃到荆州，投奔刘表。刘表拨给他一些人马，让他驻在新野（今河南新野县）。

刘备在荆州住了几年，刘表一直把他当上等宾客来招待。但是刘备是一个雄心勃勃的人，因为自己的抱负没有能够实现，心里总是闷闷不乐。

有一次，他摸摸自己的大腿，心里有了感触，流下了眼泪。刘表发现了，就问他遇到什么不快活的事。刘备说："没什么！以前我经常打仗，每天不离开马鞍，大腿上的肉很结实。现在在这儿过着清闲生活，大腿的肉又长肥了。看看日子像流水般地过去，人都快老了，还干不了什么大事业，想起来就感到难过。"

刘表安慰了他一阵。但是刘备心里总在考虑着长远的打算。为了这个，他想寻找个好助手。

他打听到襄阳地方有个名士叫司马徽，就特地去拜访。司马徽很客气地接待他，问他的来意。

刘备说："不瞒先生说，我是专诚来向您请教天下大势的。"

司马徽听了，呵呵大笑起来，说："像我这样平凡的人，懂得什么天下大势。要谈天下大势，得靠有才能的俊杰。"

刘备央求他指点说："往哪里去找这样的俊杰呢？"

司马徽说："这一带有卧龙，还有凤雏（音 chú），您能请到其中一位，就可以平定天下了。"

刘备急着问卧龙、凤雏是谁，司马徽告诉他：卧龙名叫诸葛亮，字孔明；凤雏名叫庞统，字士元。

刘备向司马徽道了谢，回到新野。正好有一个读书人来见他。刘备一看他举止大方，以为他不是卧龙，就是凤雏，热情地接待了他。

经过一番谈话，才知道这个人名叫徐庶，也是当地一位名士，因为听到刘备正在招请人才，特地来投奔他。

刘备很高兴，就把徐庶留在部下当谋士。

徐庶说："我有个老朋友诸葛孔明，人们称他卧龙，将军是不是愿意见见他呢？"

刘备从徐庶那里知道了诸葛亮的情况。原来诸葛亮不是本地人，他的老家在琅琊郡阳都县（今山东沂水县南）。他少年的时候，父亲死了。他叔父诸葛玄跟刘表是朋友，就带着他到荆州来。不久，他叔父也死了，他就在隆中（今湖北襄阳西）定居下来，搭个茅屋，一面耕地种庄稼，一面读书。那时，他年纪只有二十七岁，但是学问渊博，见识丰富，朋友们都很钦佩他，他也常常把自己比作古时候的管仲、乐毅。

但是他看到天下乱纷纷，当地的刘表也不是能用人才的人，所以他宁愿隐居在隆中，过着他恬淡的生活。

刘备听了徐庶的介绍，说："既然您跟他这样熟悉，就请您辛苦一趟，把他请来吧！"

徐庶摇摇头说："这可不行。像这样的人，一定得将军亲自去请他，才能表示您的诚意。"

刘备先后听到司马徽、徐庶这样推重诸葛亮，知道诸葛亮一定是个了不起的人才，就带着关羽、张飞，一起到隆中去找诸葛亮。

诸葛亮得知刘备要来拜访他，故意躲开。刘备到了那里，扑了个空。

跟刘备一起去的关羽、张飞都感到不耐烦。但是刘备却记住徐庶的话，耐着性子去请，一次见不到，第二次再去；两次不见，第三次又去请他。

诸葛亮终于被刘备的诚意感动了，就在自己的草屋里接待刘备。

刘备把关羽、张飞留在外面，自己跟着诸葛亮进了屋子。趁屋里没有人的时候，刘备坦率地说："如今汉室衰落，大权落在奸臣手里。我自己知道能力差，却很想挽回这个局面，只是想不出好办法。所以特地来请先生指点。"

诸葛亮看到刘备这样虚心请教，也就推心置腹地跟刘备谈了自己的主张。他说："现在曹操已经战胜袁绍，拥有一百万兵力，而且他又挟持天子发号施令。这就不能光凭武力和他争胜负了。孙权占据江东一带，已经三代。江东地势险要，现在百姓归附他，还有一批有才能的人为他效力。看来,也只能和他联合,不能打他的主意。”

接着,诸葛亮分析了荆州和益州(今四川、云南和陕西、甘肃、湖北、贵州的一部)的形势,认为荆州是一个军事要地,可是刘表是守不住这块地方的。益州土地肥沃广阔,向来称为“天府之国”,可是那里的主人刘璋也是个懦弱无能的人,大家都对他不满意。

最后,他说:“将军是皇室的后代,天下闻名,如果您能占领荆、益两州的地方,对外联合孙权,对内整顿内政,一旦有机会,就可以从荆州、益州两路进军,攻击曹操。到那时,有谁不欢迎将军呢?能够这样,功业就可以成就,汉室也可以恢复了。”

刘备听着听着,不禁打心眼里钦佩眼前这个青年人,说:“先生的话真是开了我的窍。我一定照您的意见干。现在就请您一起下山吧。”

诸葛亮看到刘备这样热情诚恳,也就高高兴兴跟着刘备到新野去了。后来,人们把这件事称作“三顾茅庐”,把诸葛亮这番谈话称作“隆中对”。

打那以后,刘备把诸葛亮当老师对待,诸葛亮也把刘备当作自己的主人。两人越来越亲密。

关羽和张飞看在眼里,心里很不高兴,背后直嘀咕。他们认为诸葛亮年纪轻轻,未必有多大能耐,怪刘备把他看得太高了。

刘备向他们解释说:“我有了孔明先生,就像鱼得到水一样。以后可不许你们乱发议论。”关羽、张飞听了刘备的话,才没有话说。

94

周瑜火攻赤壁

曹操平定北方以后，公元208年，率领大军南下，进攻刘表。他的人马还没有到荆州，刘表已经病死。他的儿子刘琮听到曹军声势浩大，吓破了胆，先派人求降了。

这时候，刘备在樊城（今湖北襄樊市）驻守。他听到曹操大军南下，决定把人马撤退到江陵（今湖北江陵）。荆州的百姓听说刘备待人好，都宁愿跟着他一块撤退。

曹操赶到襄阳，听说刘备向江陵撤退，又打听到刘表在江陵积了大批军粮，怕被刘备占去，亲自率领五千轻骑兵追赶刘备。刘备的人马带了兵器、装备，还有十几万百姓跟着他，每天只能行军十几里。曹操的骑兵一天一夜就赶了三百多里，很快就在当阳长坂坡（今湖北当阳县东北）追上了刘备。

刘备的人马，被曹操的骑兵冲杀得七零八落，还亏得张飞在长坂坡抵挡了一阵，刘备、诸葛亮才带着少数人马摆脱追兵。但是往江陵的路已经被曹军截断，只好改道退到夏口（今湖北武汉市）。

曹操占领了江陵，继续沿江向东进军，很快就要到夏口了。诸葛亮对刘备说："形势紧急，我们只有向孙权求救一条路了。"

正好孙权怕荆州被曹操占领，派鲁肃来找刘备，劝说他和孙权联合抵抗曹军。诸葛亮就跟鲁肃一起到柴桑（今江西九江西南）去见孙权。

诸葛亮见了孙权，说："现在曹操攻下了荆州，马上就要进攻东吴了。将军如果决心抵抗，就趁早同曹操断绝关系，跟我们一起抵抗；要不然，干脆向他们投降。如果再犹豫不决，祸到临头就来不及了。"

孙权反问说："那么，刘将军为什么不投降曹操呢？"

诸葛亮严肃地说："刘将军是皇室后代，才能盖世，怎么肯低三下四去投降曹操呢？"

孙权听诸葛亮这么一说，也激动地说："我也不能拿江东土地和十万人马白白地送人。不过刘将军刚打了败仗，怎么还能抵抗曹军呢？"

诸葛亮说："您放心吧，刘将军虽然败了一阵，但是还有水军二万。曹操兵马虽然多，远道追来，兵士也已经筋疲力尽。再说，北方人不习惯水战，荆州的人对他们不服。只要我们协力同心，一定能够打败曹军。"

孙权听了诸葛亮的一番分析，心里挺高兴，就立刻召集部下将领，讨论抵抗曹操的办法。

正在这时候，曹操派兵士下战书来了。那信上说："我奉大汉皇帝的命令，领兵南征。现在我准备了水军八十万，愿意和将军较量一番。"

孙权把这封信递给部下看，大伙儿看了都刷地变了脸色，说不出话来。

张昭是东吴官员中资格最老的。他说："曹操用天子的名义来征讨，我们要抵抗他，道理上输了一着。再说，我们本来想靠长江天险，现在也靠不住了。曹军占领了荆州，又有上千艘战船，他们水陆两路一起下来，我们怎么也抵挡不了，我看只好投降。"

张昭这一说，马上有不少人附和。只有鲁肃在旁边冷眼旁观，一声不吭。

孙权听着听着，觉得不是滋味，就走出屋子，鲁肃也跟着出来。

孙权拉着鲁肃的手，说："你说说，该怎么办呢？"

鲁肃说："刚才张昭他们说的话全听不得。要说投降，我鲁肃可以投降，将军就不可以。因为我投降了，大不了回老家去，照样跟名士们交往，有机会还可以当个州郡官员。将军如果投降，那么江东六郡全都落在曹操手里，您上哪儿去？"

孙权叹了口气说："刚刚大家说的，真叫我失望。只有你说的才合我的心意。"

散会以后，鲁肃劝孙权赶快把正在鄱阳的大将周瑜召回来商量。

周瑜一到柴桑，孙权又召集文武官员讨论。周瑜在会上慷慨激昂地说:"曹操名为汉朝丞相,其实是汉室奸贼。这次他自己来送死,哪有投降他的道理。"他给大家分析了曹操许多不利条件,认为北方兵士不会水战,而且老远赶到这陌生地方,水土不服,一定会生病。兵马再多,也没有用。

孙权听了周瑜的话,胆也壮了。他站起来拔出宝剑,"豁"的一声,把案几砍去一角。他严厉地说:"谁要再提投降曹操,就跟这案桌一样。"

当天晚上,周瑜又单独去找孙权,说:"我已经打听清楚。曹操兵马号称八十万,这是虚张声势,其实只不过二十几万,其中还有不少是荆州兵士,不一定真心替他打仗。您只要给我五万精兵,我保管把他打败。"

第二天,孙权任命周瑜为都督,拨给他三万水军,叫他同刘备协力抵抗曹操。

周瑜领兵进军,在赤壁(今湖北武昌县西赤矶山)和曹军前哨碰上了。果然不出周瑜所料,曹军兵士很多人不服水土,已经得了疫病。双方一交锋,曹军就打了败仗,被迫撤退到长江的北岸。周瑜率领水军进驻南岸,和曹军隔江遥遥相对。

正像周瑜预料的那样,曹操的北方来的兵士不会水战,他们在战船上,遇到风浪颠簸就受不了。后来,他们把战船用铁索拴在一起,船果然平稳不少。

周瑜的部将黄盖看到这个情况,向周瑜献个计策,说:"敌人兵多,我们兵少,拖下去对我们不利。现在曹军把战船都连接在一起,我看可以用火攻的办法来打败他们。"

周瑜觉得黄盖的主意好,两人还商量好,让黄盖派人送了一封信给曹操，表示要脱离东吴，投降曹操。曹操以为东吴将领害怕他，对黄盖的假投降，一点也没怀疑。

黄盖叫兵士偷偷地准备好十艘大船，每艘船上都装着枯枝，浇足了油，外面裹着布幕，插着旗帜，另外又准备一批轻快的小船，拴在大船船尾上，准备在大船起火时转移。

隆冬的十一月，天气突然回暖，刮起了东南风。当天晚上，黄盖带领一批兵士分乘十条大船，驶在前面，后面跟随着一批船只。船队到了江心，扯满了风帆，像箭一样驶向江北。

曹军水寨的将士听说东吴的大将来投降，正纷纷挤到船头看热闹。没想到东吴船队离北岸约摸二里光景，前面十条大船突然同时起火。火借风势，风助火威。十条火船，好比十条火龙一样，闯进曹军水寨。那里的船舰，都挤在一起，又躲不开，很快地都延烧起来。一眨眼工夫，已经烧成一片火海。水寨烧了不算，岸上的营寨也着了火，曹军一大批兵士被烧死了；还有不少人被挤到江里，不会泅水的，马上淹死了。

周瑜一看北岸起火，马上带领精兵渡江进攻。他们把战鼓擂得震天响。北岸的曹军不知道后面有多少人马进攻，吓得全部崩溃。

曹操拖着残兵败将向华容（今湖北潜江县西南）的小路上逃跑。那条小路全是水洼泥坑，骑兵没法通过。曹操赶忙命令老弱兵士找了一些稻草铺路。他带着骑兵好容易才通过，可是那些填铺稻草的兵士，却被人马踩死了不少。

刘备和周瑜一起，分水陆两路紧紧追赶，一直追到南郡

（治所在今湖北江陵），曹操的几十万大军战死的加上得疫病死的，损失了一大半。曹操只好派部将曹仁、徐晃、乐进分别留守江陵和襄阳，自己带兵回到北方去了。

经过这场赤壁大战，三国分立的局面已经基本形成。

95

华佗治病

曹操在赤壁大败，回到许都，心里郁郁不乐。偏在这个时候，他最钟爱的小儿子仓舒得了重病，家里人到处请医抓药，都不见效。眼看孩子没有救了，曹操伤心地说："要是华佗在，孩子不会死得那么早。"

曹操所说的华佗，是我国历史上一位著名医学家，和曹操是同乡。华佗自小熟读经书，尤其精通医学。不管什么疑难杂症，到他手里，大都药到病除。当地官员和朝廷太尉听到华佗名声，征召他做官。华佗都推辞不去。

华佗诊病极其准确。一次，有两个官员闹头疼发热，先后找华佗看病。经华佗问明病情，给一个开了泻药，另一个开了发汗药。有人在旁边看华佗开药方，问他为什么病情相同，用药却不一样。华佗说："这种病表面看来一样，其实不同。前一个病在内部，该服泻药；后一个只是受点外感，所以让他发发汗就好了。”这两人回去抓了药服了，果然病都好了。

还有个姓李的将军，请华佗给他妻子治病。华佗去了，一摸脉，说：“这是怀孕时候伤了身子，胎儿留在肚子里了。”李将军说：“我妻子已经小产过，胎儿已经下来了。”华佗说：“按照我的判断，胎儿还在病人肚子里。”

李将军不相信。华佗走了以后，过了一百多天，他妻子的病越来越重，只好再请华佗来治。

华佗说：“肯定有个坏死的胎儿在肚子里。大概你妻子原来怀的是双胞胎，一个先小产下来了，一个留在肚子里。”

华佗给病人服了汤药，又给她扎针，果然产了一个死胎，病人很快就恢复健康了。

华佗不但能治内科，还善于开刀做手术。他配制一种麻醉剂叫麻沸散。有个病人患肚痛病，痛得厉害，过了十多天，胡须眉毛全脱落下来。华佗一诊断，说：“这是脾脏溃烂了，得赶快开腹治疗。”华佗让病人服了麻沸散，打开腹腔，把坏死的脾脏切除，再缝好创口，敷上药膏。过了四五天，创口愈合，一个月康复了。

历史书记载的有关华佗治病的传说还有很多。据说，有个太守生病，请了许多医生诊治都没治好。华佗诊治以后，认为这种病只有让病人发怒，才能治好。他故意向病人索取很贵的诊费，却拖拖拉拉不认真给他开方抓药，过了几天，竟不告而别，还留下一封信骂太守得了病是自作自受。

太守果然大怒，立刻派人追捕华佗。太守的儿子知道华佗用意，暗暗叮嘱家人不要去抓华佗。太守听说抓不到华佗，更加怒气冲天，一气之下，呕出几口黑血。不想这一呕，病反而好了。

曹操一直患头风病。一遇到工作紧张，头风病发作，痛得受不了。他听说华佗的医术高明，就把华佗请来，华佗扎了几针，头痛就止了。曹操不肯放他，把他留下来做了随从医官，好随时给他治病。

华佗虽然乐于帮助人，热心给人们治病，但他却不愿一直呆在曹操身边，给一个人管药箱。有一次，他借口回家探亲，顺便去取点药，曹操没有怀疑，让华佗走了。

华佗回到家里，托人给曹操捎了一封信，说他妻子病得厉害，一时回不了许都。曹操一再催促，华佗还是拖着不去；曹操又命令郡县官吏去催，也碰了软钉子。

这一来可惹恼了曹操。曹操派个使者到谯县去调查。并告诉使者，如果调查下来，华佗妻子确实有病，就送他四十斛（斛，音 hú，古代以十斗为一斛）小豆，听任华佗推迟假期；要是华佗谎言搪塞，就把华佗抓来。

调查结果，华佗被抓走了。

曹操把华佗抓到许都，他认为华佗故意违抗他的命令，是大逆不道的行为，下令把华佗处死。谋士荀彧认为这个处刑太重了，劝曹操说："华佗医术高明，他一死，牵涉到许多人的生命，希望丞相从宽发落。"

曹操本来也是个爱惜人才的人，自从他打败了袁绍后，有点骄傲起来；再说，他正在气头上，哪肯听荀彧的劝阻，气呼呼地说："哼，我不怕天下就没有像他那样的医生。"说完，就派人把华佗杀了。

华佗被捕离开家乡的时候，随身还带着一部医书，这是他根据多少年来积累的经验写成的。他本来没想到得罪曹操竟招来杀身大祸。他觉得自己遭到罪罚没法挽回，可是让这部书湮没太可惜。临刑前一天，他把狱吏请来，对他说："请您把这部书好好保存，将来可以靠它救病人。"

那狱吏胆小，怕接了华佗手里这部书，将来曹操追究起来，自己受到牵连，说什么也不肯保管。

华佗十分失望，他叹了口气，向狱吏要了火种，在监狱里把宝贵的医书一把火烧毁了。

打从华佗死后，曹操发头风病，就再没有找到合适的医生给他治疗。但是曹操并不肯承认自己做错了事，说："华佗这小子是有心不肯根治我的病，即使我不杀他，也不见得会治好我的病。"直到他的小儿子仓舒死了，他才懊丧万分。

华佗死后，他的几个学生继承他的事业，继续为百姓治病。可惜记下华佗的经验的那部医书竟失传了。

96

刘备进益州

赤壁之战以后，周瑜又花了一年多时间，把曹操的人马从荆州赶走。荆州究竟应该归谁呢？刘备认为，荆州本来是刘表的地盘，他和刘表是本家，刘表死了，荆州应该由他接管；但孙权认为，荆州是靠东吴的力量打下来的，应该归东吴。所以周瑜只把长江南岸的土地交给刘备管。刘备认为分给他太少了，很不满意。不久，周瑜病死了，鲁肃才劝说孙权把荆州借给刘备。

借人家地方总不是长远的办法，刘备不能不想开辟新的地盘。按照诸葛亮的计划，本来是要向益州发展的。正好在这个时候，益州的刘璋派人请刘备来了。

原来，益州牧刘璋手下有两个谋士，一个叫法正，一个叫张松，两个人是好朋友，都是很有才干的人。他们认为刘璋庸碌无能，在他手下干事没有出息，想谋个出路。

当曹操打下荆州的时候，刘璋曾经派张松到曹操那里去联络。那时候，曹操刚打了胜仗，有点骄傲，再加上派去的张松，个子矮小，外貌平常，曹操根本不把他搁在眼里。这就把张松气走了。

张松回到成都（益州的治所），对刘璋说："曹操野心很大，恐怕想并吞益州哩。"

刘璋着急起来。张松就劝他说："刘备是主公的本家，又是曹操的对头，跟他结交，就可以对付曹操。"

刘璋听信了张松的话，就派法正到荆州去联络。

法正到了荆州见到刘备。刘备很殷勤地接待他，同他一起谈天下形势，谈得十分融洽。

法正一回来，就和张松秘密商议，想把刘备接来做益州的主人。

过了不久，曹操打算向汉中（今陕西汉中市东）进兵。益州受到了威胁。张松趁机劝刘璋把刘备请来守汉中。刘璋又派法正带了四千人马到荆州去迎接刘备。

法正到了荆州，直截了当地告诉刘备说："益州是十分富庶的地方。像将军这样英明，又有张松做您的内应，取得益州，真是再容易也没有的事。"

刘备还有点犹豫不决。那时候，庞统已经当了刘备的军师。他坚决主张刘备到益州去，他说："荆州土地荒凉，而且东有孙权，北有曹操，不容易得志，要建立大业，就应该拿下益州做基础。"

刘备听从了法正、庞统的劝说，就派诸葛亮、关羽留守荆州，自己带领人马到益州去。

后来，张松做内应的事被刘璋发现了。刘璋把张松杀了，布置人马抵抗刘备。

刘备带领人马向成都进军，打到雒城（今四川广汉北，雒音 luò），受到雒城的守军坚决抵抗，打了一年还没攻下来。庞统在战斗中中箭死了。刘备攻破雒城后，进攻成都。诸葛亮也带兵从荆州赶来会师。刘璋守不住，只好投降了。

公元 214 年，刘备进了成都，自称益州牧。他论功行赏，认为这次进益州，法正功劳最大，把他封为蜀郡太守。不光成都归他管，还把他当作谋士中的主要人物。

法正这个人心胸狭窄。他有了权，就报个人恩怨。谁过去请他吃过饭，他就回礼；谁向他翻过白眼，他就报复。为了报个人的仇，甚至杀了好几个人。

诸葛亮就跟法正不一样。他帮助刘备治理益州，执法严明，不讲私情。当地有些豪门大族都埋怨起诸葛亮来。

法正劝告诸葛亮说："从前汉高祖进关，只有约法三章，百姓都拥护他。现在您刚到这儿，似乎也应该宽容些，才合大家心意。"

诸葛亮说："您只知其一，不知其二。秦朝刑法严酷，百姓怨恨，高祖废除秦法，制定约法三章，正是顺了民心。现在的情况完全不同。刘璋庸碌软弱，法令松弛，蜀地的官吏横行不法，弄得乱糟糟的。现在我要是不注重法令，地方上怎么能安定下来啊。"

法正听了诸葛亮的话，打心底里佩服诸葛亮。他自己也不敢像以前那么专横了。

97

蔡文姬归汉

曹操自从赤壁失败以来，经过几年整顿，重振军威，自封为魏公。公元 216 年，又晋爵为魏王（都城在邺城）。在北方他的威望很高，连南匈奴的呼厨泉单于也特地到邺城来拜贺。曹操把呼厨泉单于留在邺城，像贵宾一样招待他，让匈奴的右贤王回去替单于监理国家。

南匈奴跟汉朝的关系和好了。曹操就想起了他一位已经死去的朋友蔡邕（音 yōng）有一个女儿还留在南匈奴，想把她接回来。

蔡邕是东汉末年的一个名士，早年因为得罪了宦官，被放逐到朔方（今内蒙古杭锦旗北）去。董卓掌权的时候，蔡邕已回到洛阳。那时候，董卓正想笼络人心。他听到蔡邕名气大，就把他请来，封他做官，对他十分敬重，三天里连升三级。蔡邕觉得在董卓手下，比在汉灵帝时候强多了。

到了董卓被杀，蔡邕想起董卓待他不错，叹了口气。这一来惹恼了司徒王允，认为他是董卓一党的人，把他抓了起来。尽管朝廷里有许多大臣都替他说情，王允还是不同意，结果死在监狱里。

蔡邕的女儿名叫蔡琰（音 yǎn），又叫蔡文姬，跟她父亲一样，是个博学多才的人。她父亲死后，关中地区又发生李傕、郭汜的混战，长安一带百姓到处逃难。蔡文姬也跟着难民到处流亡。那时候，匈奴兵趁火打劫，掳掠百姓。有一天，蔡文姬碰上匈奴兵，被他们抢走。匈奴兵见她年轻美貌，就把她献给了匈奴的左贤王。

打这以后，她就成了左贤王的夫人，左贤王很爱她。她在南匈奴一住就是十二年，虽然过惯了匈奴的生活，还是十分想念故国。

这一回，曹操想起了蔡文姬，就派使者带着礼物到南匈奴，把她接回来。

左贤王当然舍不得把蔡文姬放走，但是不敢违抗曹操的意志，只好让蔡文姬回去。蔡文姬能回到日夜想念的故国，当然十分愿意；但是要她离开在匈奴生下的子女，又觉得悲伤。在这种矛盾的心情下，她写下了著名诗歌《胡笳十八拍》。

蔡文姬到了邺城，曹操看她一个人孤苦伶仃，又把她再嫁给一个屯田都尉（官名）董祀。

哪儿知道时隔不久，董祀犯了法，被曹操的手下人抓了去，判了死罪，眼看快要执行了。

蔡文姬急得不得了，连忙跑到魏王府里去求情。正好

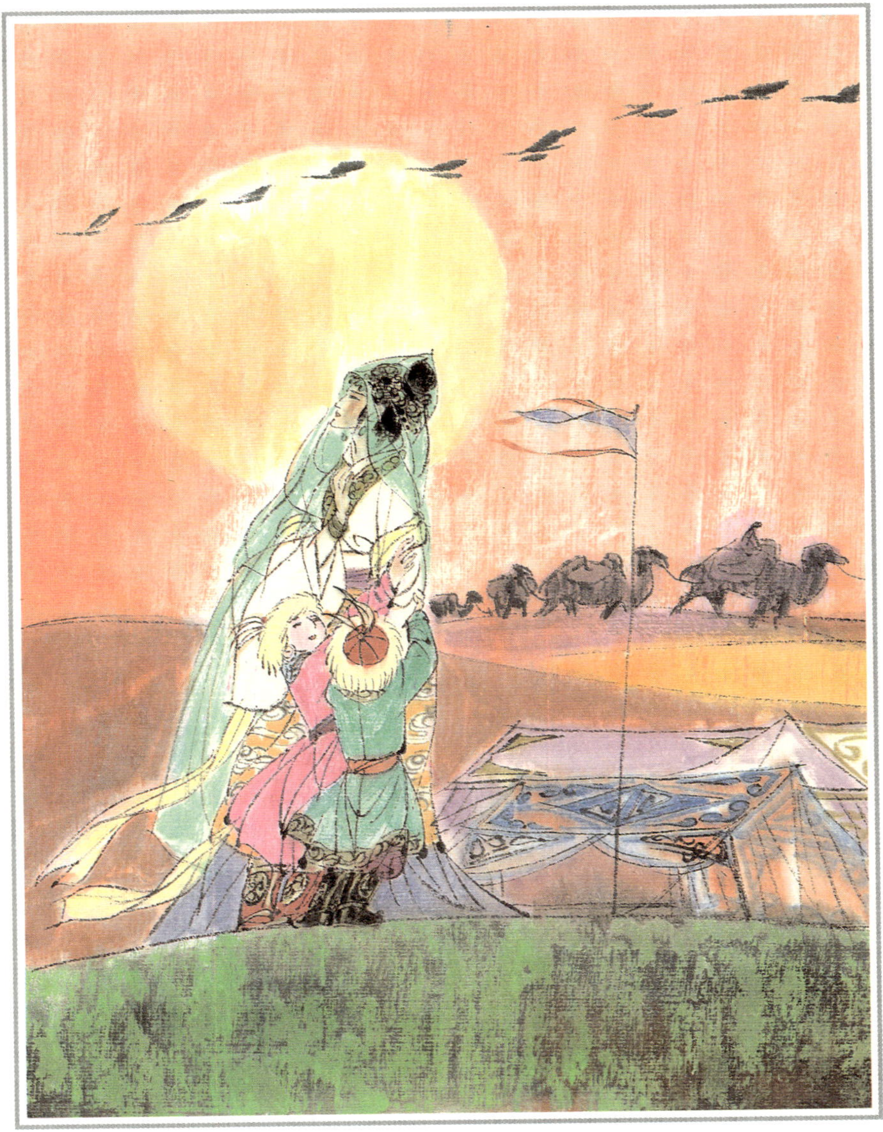

曹操在举行宴会。朝廷里的一些公卿大臣、名流学士,都聚集在魏王府里。侍从把蔡文姬求见的情况报告曹操。曹操知道在座的大臣名士中不少人都跟蔡邕相识,就对大家说:“蔡邕的女儿在外流落了多年,这次回来了。今天让她来跟大家见见面,怎么样?”

大伙儿当然都表示愿意相见。曹操就命令侍从把蔡文姬带进来。蔡文姬披散头发,赤着双脚,一进来就跪在曹操面前,替她丈夫请罪。她的嗓音清脆,话又说得十分伤心。座上有好些人原来是蔡邕的朋友,看到蔡文姬的伤心劲儿,不禁想起蔡邕,感动得连鼻子也酸了。

曹操听完了她的申诉,说:“你说的情形的确值得同情,但是判罪的文书已经发出去了,有什么办法呢?”

蔡文姬苦苦央告说:“大王马房里的马成千上万,手下的武士多得像树林,只要您派出一个武士,一匹快马,把文书追回,董祀就有救了。”

曹操就亲自批了赦免令,派了一名骑兵追上去,宣布免了董祀的死罪。

那时候,正是数九寒天。曹操见她穿得单薄,就送给她一条头巾和一双鞋袜,叫她穿戴起来。

曹操问她:“听说夫人家有不少书籍文稿,现在还保存着吗?”

蔡文姬感慨地说:“我父亲生前给我四千多卷书,但是经过大乱,散失得一卷都没留下来。不过我还能背出四百多篇。”

曹操听她还能背出那么多,就说:“我想派十个人到夫人家，让他们把你背出来的文章记下，你看怎样？”

蔡文姬说：“用不着。只要大王赏我一些纸笔，我回家就把它写下来。”

后来，蔡文姬果然把她记住的几百篇文章都默写下来，送给曹操。曹操看了，十分满意。

曹操把蔡文姬接回来，在为保存古代文化方面做了一件好事。历史上把“文姬归汉”传为美谈。

98

关羽水淹七军

刘备占领了益州以后，东吴孙权派人向他讨还荆州，刘备不同意。双方为了荆州几乎闹翻。后来听说曹操要进攻汉中，益州也受到威胁。刘备和孙权双方都感到曹操是他们强大的敌手，就讲和了。把荆州分为两部分，以湘水为界，湘水以西归刘备，湘水以东归东吴。

刘备安下了荆州那一头，就专心对付曹操，请诸葛亮坐镇成都，亲自率领大军向汉中进兵，叫法正当随军谋士。

曹操听到刘备出兵，马上组织兵力，和刘备对抗。曹操也亲自到长安去指挥汉中战事。双方相持了一年。到了第二年，在阳平关一次战役中，蜀军大胜，魏军的主将夏侯渊被杀。曹操不得不退出汉中，把魏军撤退到长安。

这么一来，刘备在益州的地位更加巩固了。公元219年，刘备在他手下一批文武官员拥戴下，自立为汉中王。

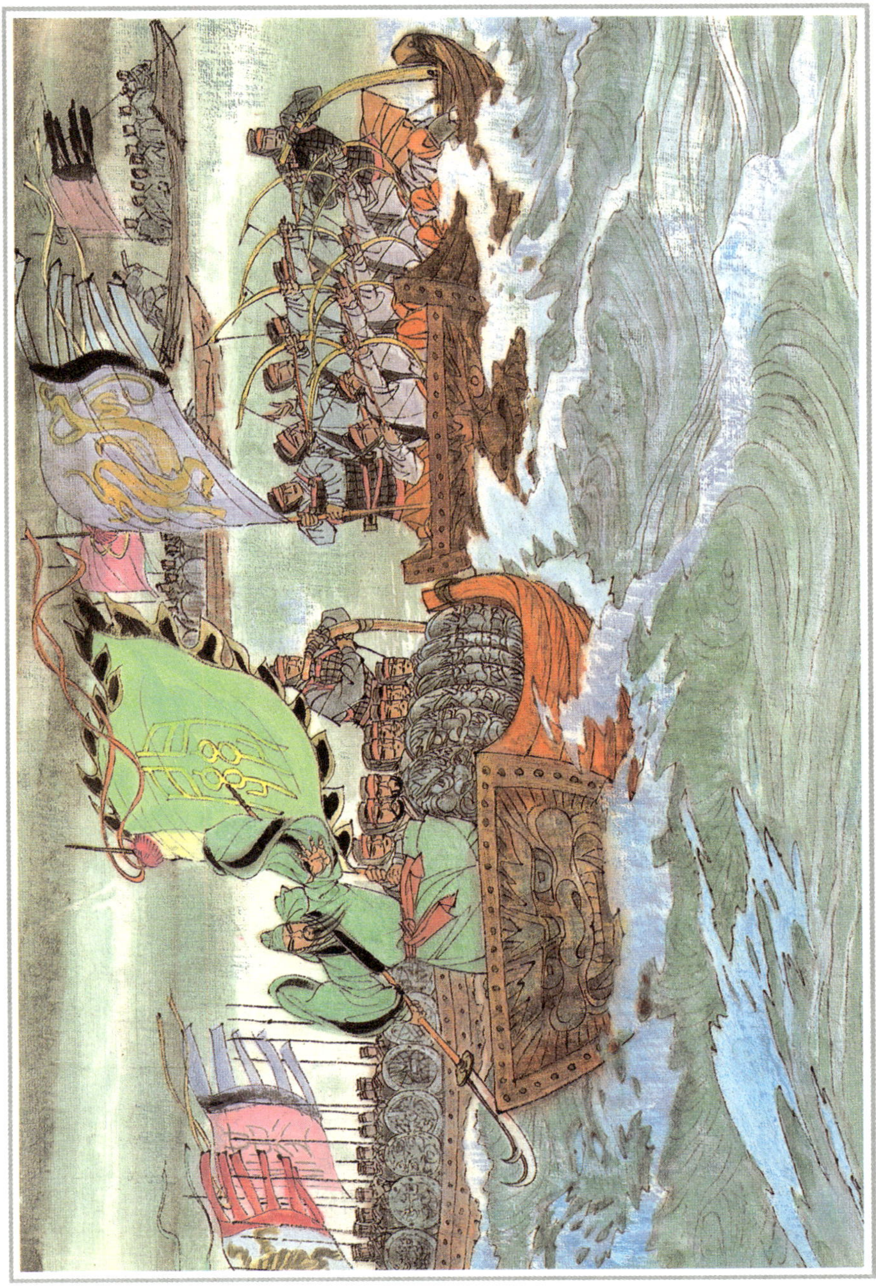

按照诸葛亮早已设计的战略,是打算从两路进攻曹操的。这一次西面的汉中打了胜仗,就得乘这个势头,再从东面的荆州直接攻打中原。

镇守荆州的是大将关羽。关羽这个人,有勇也有谋,就是骄傲自大。刘备做了汉中王,派人带了官印封他为前将军,关羽还不大满意。后来经人一解释,说汉中王怎样看重他,他才乐意地接受了。

这一次,刘备命令关羽进攻,关羽派两个部将留守江陵和公安。自己亲自率领大军进攻樊城。

樊城的魏军守将曹仁赶快向曹操求救。曹操派了于禁、庞德两员大将率领七支人马前去增援。曹仁让他们屯兵在樊城北面平地上,和城中互相呼应,使关羽没法攻城。

正在双方相持不下的时候,樊城一带下了一场大雨。汉水猛涨,平地的水高出地面有一丈多。于禁的军营扎在平地上,四面八方大水冲来,把七军的军营全淹没了。于禁和他的将士不得不泅水找个高地避水。

关羽早就抓住于禁在平地上扎营这个弱点。他趁着大水,安排好一批大小船只,率领水军向曹军进攻。他们先把主将于禁围住,叫他放下武器投降。于禁被围在一个汉水中的小土堆上,逼得无路可退,就垂头丧气地投降了。

庞德带了另一批兵士避水到一个河堤上。关羽的水军向他们围攻,船上的弓箭手一起向堤上射箭。

庞德手下有个部将害怕了,对庞德说:“我们还是投降了吧!”

庞德骂那部将没志气,拔剑把他砍死在堤上。兵士们看到庞德这样坚决，也都跟着他抵抗。庞德不慌不忙拿起弓箭回射，他的箭法很好，蜀军被射死不少。双方从早打到中午，从中午打到午后。庞德的箭使完了，就叫兵士们一起拔出短刀来搏斗。他跟身边的将士说："我听说良将不会为了怕死而逃命，烈士不会为了活命而失节。今天就是我死的日子了。"

这时候，大水越涨越高，堤上露出的地面越来越小。关羽水军的大船进攻更加猛烈，曹军的兵士纷纷投降。庞德趁着这乱哄哄的时候，带了三个将士，从蜀军兵士中抢了一只小船，想逃到樊城去。不料一个浪头袭来，把小船掀翻了。庞德掉在水里，关羽水军赶上去，把他活捉了。

将士们把庞德带回关羽大营。关羽好言好语劝他投降。庞德骂着说："魏王手里有人马一百万，威震天下；你们的主人刘备，不过是个庸碌的人，怎能和魏王相敌。我宁可做国家的鬼，也不愿做你们的将军！"

关羽大怒，一挥手，命令武士把庞德杀了。

关羽消灭了于禁、庞德的七军，乘胜进攻樊城。樊城里里外外都是水，城墙也被洪水冲坏了好几处。曹仁手下的将士都害怕了。有人对曹仁说："现在这个局面，我们也没法守了，趁现在关羽的水军还没合围，赶快乘小船逃吧！"

曹仁也觉得守下去没希望，就跟一起守城的满宠商量。满宠说："山洪暴发，不会很久，过几天水就会退下去。听说关羽已经派人在另一条道上向北进攻。他自己没有敢进兵，是因为怕咱们截他的后路。要是我们一逃，那么黄河以南，恐怕就不是我们的了。请将军再坚持一下吧。"

曹仁觉得满宠说得有理,就鼓励将士坚守下去。

这时候,陆浑(今河南嵩县东北)百姓孙狼发动起义,杀了县里的官员,响应关羽。许都以南,其他响应的人也不少。关羽的威名震动了整个中原。

魏王曹操到了洛阳,得到各方面的警报,有点着慌。他跟百官商议,准备暂时放弃许都,避避关羽的势头。

谋士司马懿说:"大王不必担心。我看刘备和孙权两家,表面很亲热,实际上互相猜忌得厉害。这次关羽得意了,孙权一定不乐意。我们何不派人去游说孙权,答应把江东封给他,约他夹攻关羽,这样,樊城之围自然会解除了。"

曹操听了司马懿的意见,真的打发使者到孙权那里去。

99

吕蒙白衣渡江

司马懿的分析是有道理的。刘备和孙权两家虽然结了盟，但是矛盾很大。鲁肃在世的时候，是主张吴蜀和好，一起对付曹操的。后来鲁肃死了，接替他职务的大将吕蒙，就和鲁肃的主张不同。

吕蒙是东吴名将。他从小就练得一身好武艺，年轻时候立了不少战功，受到孙权的器重。

有一次，孙权对吕蒙说："你现在责任重了，应该抽时间读点书才好。"

吕蒙说："在军营里事务那么多，哪儿还有时间读书呢？"

孙权笑着说："我并不是要你像博士（官名）那样精通经书，只是要你多浏览一些兵法，懂得一点历史罢了。你说事情多，总比不上我多吧！我自己就有这个经验，读了一些兵

法、历史，对自己很有帮助。你不妨试一试。”

吕蒙听了孙权的劝告，一有空就认真读书。

鲁肃刚代替周瑜当大将的时候，经过吕蒙的驻地，看望吕蒙。当时鲁肃以为吕蒙不过是一员武将，没有什么雄才大略。这回，他和吕蒙谈话以后，听到吕蒙议论风生，见解精辟，十分佩服，说：“你现在的才能胆识，跟当年吴下（即吴中）阿蒙，大不一样了。”

吕蒙自豪地说：“对一个人，三天不见就应该另眼看待（文言是“刮目相待”）。您可不能用老眼光看人哪！”

吕蒙接替了鲁肃的职位以后，率军驻扎在陆口（今湖北嘉鱼西南）。他认为关羽有兼并东吴的野心，向孙权上书要求出兵对付关羽，说：“刘备、关羽君臣，都是反复无常的人，不能把他们当盟友看待。”

孙权也觉得关羽狂妄自大。孙权曾经派人去向关羽求亲，希望关羽把女儿嫁给他儿子。关羽不但不答应，反而把使者辱骂了一顿，使孙权气得要命。这次，孙权接到了吕蒙的信，更觉得非把关羽除掉不可。

正好在这个时候，曹操派使者来联络，要他夹攻关羽。孙权马上复信，表示愿意袭击关羽的后方。

关羽也听说吕蒙厉害，他虽然亲自率大军进攻樊城，但对在他背后的吕蒙这一头，可并没有放松防备，在蜀吴交界一带，布置得严严实实。

吕蒙本来经常有病。这一回，他就装作旧病发作，而且说是病得很厉害。孙权也正式发布命令，把吕蒙调回去休养。另派了一个年轻的陆逊去接替吕蒙。

这个消息很快传到樊城。关羽听到吕蒙病重，又听说陆逊是个年轻的书生，心里暗暗高兴。

没过几天，陆逊从陆口特地派人拜见关羽。关羽接见使者，使者献上了书信和礼品。信中大意是说，听说将军在樊城水淹七军，俘获于禁，远远近近哪个不称赞将军的神威。这次曹操失败了，我们听得也高兴。我是个书生，很不称职。今后还得靠将军多多照顾呢！

关羽看了陆逊的书信，觉得陆逊态度谦虚、老实，也就放了心，把原来防备东吴的人马陆陆续续调到樊城那边去了。

陆逊把关羽人马调动的情况，随时报告给孙权和吕蒙。

这时候，关羽在樊城接受了于禁的投降兵士几万人，粮草供应发生了困难，就把东吴贮藏在湘关的粮食强占了。

孙权得知湘关的米被抢，就派吕蒙为大都督，命令他迅速袭击关羽的后方。

吕蒙到了寻阳(今湖北黄梅西南)，把所有的战船都改装作商船，选了一批精锐的兵士躲在船舱里。船上摇橹的兵士扮作商人，一律穿上商人穿的白色衣服。就这样，一列又一列商船向北岸进发了。

到了北岸，蜀军守防的兵士一看都是穿白衣的商人，就允许他们把船停在江边。没想到一到晚上，船舱里的兵士一齐出来，偷偷摸进江边岗楼，把蜀军将士全部抓住，把岗楼占了。

吕蒙大军神不知鬼不觉地占领了北岸，进军公安。留守公安、江陵的蜀军将领本来对关羽很不满意，经吕蒙一劝降，都投降了。

吕蒙进了城，派人慰问蜀军将士家属，并且吩咐东吴将士严守纪律，不许侵犯百姓。有一个东吴兵士，是吕蒙的同乡，因为天下雨，拿了老百姓家的一顶斗笠遮盖铠甲。吕蒙发现后，认为这个兵士违犯了军令。虽说是同乡人，但是犯了军令不能不办罪，就把他杀了。这样一来，全军将士都震动了，谁也不敢违反军令。

这时候，曹操派去的徐晃率领的援军，已到了靠近樊城的前线。徐晃把孙权答应曹操夹攻关羽的信抄写了许多份，射进关羽营寨里。关羽得知吕蒙袭击后方的消息，正在进退两难的时候，徐晃发起进攻，打败了关羽，使关羽不得不撤去对樊城的包围。

关羽派使者到江陵去探听情况。使者一到江陵，吕蒙派人殷勤招待，还叫使者到蜀军将士家去看望，这些家属都说东吴的人待他们不错。使者回到自己的军营后，兵士们向他探问家里情况，他就照实说了。大伙儿一听东吴人好，就不愿意再跟东吴打仗，有些兵士甚至偷偷地逃回江陵去了。

关羽到这时候，才知道对东吴的防备太大意，可是已经来不及了。他只好带了人马逃到麦城（今湖北当阳东南）。

孙权进军麦城，派人劝关羽投降。关羽带着十几个骑兵往西逃走。

孙权早已派兵埋伏在小道上，把关羽十几个骑兵截住，活捉了关羽。孙权知道关羽不肯投降，下令就地把他杀了。

曹操认为孙权立了大功，把孙权封为南昌侯，到了曹丕即位称帝以后，又封为吴王。

100

曹植七步成诗

孙权占了荆州，杀了关羽，怕刘备报复，就派使者给曹操送了封信，表示愿意归顺曹操，并且劝曹操顺应天命，趁早即位称帝。

曹操接到这封信，就随手递给他的心腹大臣看。他微笑着说："孙权这小子，是想把我放在炉火上烤哩。"

自从汉献帝迁都许都以来，朝廷大权和兵权全掌握在曹操手里。曹操要废掉汉献帝，自己称帝，还不容易？可是他考虑到汉室虽然衰落，还有个正统的名义，怕自己做了皇帝，还有人心里不服。所以他认为孙权劝他称帝，是存心要让他为难。

他沉思一下，又说："如果真有天命的话，我就做个周文王吧！"意思就是让他的儿子来做皇帝。

这件事过了不久，曹操旧病发作，请医服药都没有用，

终于死在洛阳。这一年,他六十六岁。

曹操死后,太子曹丕继承他做了魏王和丞相,掌握朝廷大权。曹丕即魏王位以后,有人告发他的弟弟、临淄侯曹植经常喝酒骂人,还把他派去的使者扣押起来。曹丕立即派人赶到临淄,把曹植逮住了押回邺城审问。

原来,曹丕和曹植都是曹操的妻子卞(音 biàn)后生的。曹操不但是个政治家、军事家,又是个文学家,兄弟俩也擅长诗文,文学史上把他们父子合称为“三曹”。曹植从小聪明非凡,十几岁的时候,就读了不少书,能写很出色的文章。有一次,曹操看了曹植的文章,有点怀疑,问曹植说:“这是你请人代写的吗?”

曹植跪下来说:“儿出口成文,下笔成章。怎么会叫人代写呢。父王不相信,可以面试。”

曹操试了曹植几次,觉得他果然才华出众,因此对他特别宠爱,多次想把他封为王太子,只是因为有些大臣反对,才决定不下来。

曹丕怕自己地位不稳,想方设法讨曹操欢喜。有一次,曹操出外打仗,曹丕、曹植都去送行。临别的时候,曹植当场念了一段颂扬曹操功德的文章,大家听了十分赞赏。

有人在曹丕耳边小声说:“大王要离开了,你只要表示伤心就是了。”曹丕果然抹着眼泪向曹操告别,曹操很受感动,也掉下了泪。

这件事使曹操觉得曹丕文才虽然不如曹植,但是心地老实,对他有感情。再加上左右侍从替曹丕说好话的人不少,曹操宠爱曹植的心渐渐变了。

曹植是个不注意小节的人。有一次，他竟在王宫里坐着车马，私自打开王宫外门出去。这件事可违反了宫里的规矩。曹操听了这件事，大为恼火，把管宫门的官员办了死罪。

又有一次，曹操派曹植带兵出征。曹丕得到消息，事先送酒食去，跟曹植一起喝酒，让曹植喝得酩酊大醉。正在这时候，曹操派人找曹植去，连催几次，曹植还没醒来。曹操只好把派曹植出征的事取消了。

打这以后，曹操就打消了把曹植立为太子的念头。

曹丕做了魏王以后，仍旧忌恨曹植。这一回，就抓住机会把曹植抓起来，要处曹植死罪。

他母亲卞太后知道了，着急得了不得，连忙在曹丕面前，给曹植求情，要他看在同胞兄弟份上，宽恕曹植。

曹丕不能不听母亲的话，再说，为了一点小事杀了兄弟，自己也不体面，就只把曹植的临淄侯爵位撤了，降为一个比较低的爵位。

据说，曹丕把曹植召来以后，为了要惩罚他一下，要他在走完七步的时间里做出一首诗。如果做得出，就免他一死。

曹植略略思索一下，就迈开步子，走一步，念一句，随口就念出了一首诗：

煮豆燃豆萁（音 qí，豆茎），
豆在釜中泣。
本是同根生，
相煎何太急。

曹丕听了，觉得自己对弟弟也逼得太狠，心里感到惭愧，就免去曹植的死罪。

曹丕做了魏王，不像他父亲那样怕人家议论。就在这一年秋天，由他的亲信联名上书，劝汉献帝让位给魏王。

汉献帝做了三十多年的挂名皇帝，接到大臣上书，就宣布让位，改称山阳公。曹丕的亲信大臣还隆重举行一个“推位让国”的禅让仪式，表示汉朝的皇权是献帝自愿让的。

公元 220 年，曹丕称帝，建立魏朝，就是魏文帝。到这时候，东汉王朝才正式结束。

101

陆逊烧连营

曹丕称帝的消息传到蜀汉，一时传说纷纷，说汉献帝已经被曹丕杀了。汉中王刘备还真的为献帝举行了丧礼。大臣们认为既然汉献帝已经死去，刘备是汉家皇室后代，理应接替皇位。公元221年，汉中王正式在成都即皇位，就是汉昭烈帝。因为他统治的地区在蜀（今四川、云南大部，贵州全部，陕西、甘肃一部分），历史上称为蜀汉或者蜀。

刘备对东吴占领荆州、关羽被杀这件事，一直是十分痛心的。他即位之后，第一件要紧的事就是进攻东吴，报仇雪耻。

大将赵云说，篡夺皇位的是曹丕，不是孙权。如果能灭掉曹魏，东吴自然就会屈服，不该放了曹魏去打东吴。

别的大臣劝谏的也不少，但是刘备说什么也听不进去。他把诸葛亮留在成都辅佐太子刘禅，亲自率领大军去征伐东吴。

刘备一面准备出兵，一面通知张飞到江州（今重庆市）会师。还没有等刘备出兵，张飞的部将叛变，杀了张飞投奔东吴。刘备一连丧失两员猛将，力量大大削弱，但他急于报仇，已经没有冷静考虑的余地了。

警报到了东吴，孙权听说刘备这次出兵声势很大，也有些害怕，派人向刘备求和，但是遭到刘备的拒绝。

没过几天，蜀汉人马已经攻下巫县（今四川巫山县北），一直打到秭归（在湖北南部，秭音 zǐ）。孙权知道讲和已经没有希望，就派陆逊为大都督，带领五万人马去抵抗。

刘备出兵没几个月，就攻占了东吴的土地五六百里地。他从秭归出发，急于向东继续进军。随军官员黄权拦住他说："东吴人打仗向来很勇猛，千万别小看他们。我们水军顺流而下，前进容易，要退兵可就难了。还是让我当先锋，在前面开路，陛下在后面接应。这样比较稳妥。"

刘备心急火燎，哪儿肯听黄权的话。他要黄权守住江北，防备魏兵；自己率主力沿着长江南岸，翻山越岭一直进军到了猇亭（今湖北宜昌西北，猇音 xiāo）。

东吴将士看到蜀军得寸进尺，步步紧迫，都摩拳擦掌，想和蜀军大战一场。可是大都督陆逊却不同意。

陆逊说："这次刘备带领大军东征，士气旺盛，战斗力强。再说他们在上游，占领险要地方，我们不容易攻破他。要是跟他们硬拼，万一失利，丢了人马，这是非同小可的事。我们还是积蓄力量，考虑战略。等日子一久，他们疲劳了，我们再找机会出击。"

陆逊部下的将军，有的还是孙策手下的老将，有的是孙氏的贵族，对孙权派年轻的书生陆逊当都督，本来已经不大服气。现在听到陆逊不同意他们出战，认为陆逊胆小怕打仗，更不满意，在背地里愤愤不平。

蜀军从巫县到彝陵（今湖北宜昌东）沿路扎下了几十个大营，又用树木编成栅栏，把大营连成一片，前前后后长达七百里地。刘备以为这样好比布下天罗地网，只等东吴人来攻，就能把他们消灭。

但是陆逊一直按兵不动。从这年（公元 222 年）一月到六月，双方相持了半年。

刘备等得急了，派将军吴班带了几千人从山上下来，在平地上扎营，向吴兵挑战。东吴的将军，耐不住性子，要求马上出击。

陆逊笑笑说："我观察过地形。蜀兵在平地里扎营的兵士虽然少，可是周围山谷一定有伏兵。他们大声嚷嚷引我们打，我们可不能上他们的当。"

将士们还是不相信。过了几天，刘备看见东吴兵不肯交战，知道陆逊识破他的计策，就把原来埋伏的八千蜀军陆续从山谷中撤出来。东吴将士这才知道陆逊说的准。

一天，陆逊突然召集将士们，宣布要向蜀军进攻。将士们说："要打刘备，早该动手了。现在让他进来了五六百里地，主要的关口要道，都让他占了。我们打过去，不会有好处。"

陆逊向他们解释说："刘备刚来的时候，士气旺盛，我们是不能轻易取胜的。现在，他们在这儿待了这么多日子，一直占不到便宜，兵士们已经很疲劳了。我们要打胜仗，是时候了。”

他派了一小部分兵力先去攻击蜀军的一个营，刚刚靠近蜀营的木栅栏，蜀兵从左右两旁冲出来厮杀；接着，附近的几个连营里的兵士也出来增援。东吴兵抵挡不住，赶快后退，已经损失不少人马。

将军们抱怨陆逊，陆逊说：“这是我试探一下他们的虚实。现在我已经有了破蜀营的办法了。”

当天晚上，陆逊命令将士每人各带一束茅草和火种，预先埋伏在南岸的密林里，只等三更时候，就直奔江边，火烧连营。

到了三更，东吴四员大将率领几万兵士，冲近蜀营，用茅草点起火把，在蜀营的木栅栏边放起火来。那天晚上，风刮得很大，蜀军的营寨都是连在一起的，点着了一个营，附近的营也就一起延烧起来。一下子就攻破了刘备的四十多个大营。

等到刘备发现火起，已经无法抵抗。在蜀兵将士的保护下，刘备总算冲出了火网，逃上了马鞍山。

陆逊命令各路吴军，围住马鞍山发起猛攻，留在马鞍山上的上万名蜀军一下子全部溃散了，死伤的不计其数。一直战斗到夜里，刘备才带着残兵败将，突围逃走。吴军发现了，紧紧在后面追赶。还亏得沿途的驿站，把丢下的辎重、盔甲堵塞在山口要道上，阻挡住了东吴的追兵，刘备才逃到了白帝城（今重庆奉节县白帝山上）。

这一场大战，蜀军几乎全军覆没，船只、器械和军用物资，全部被吴军缴获。历史上把这场战争称作“猇亭之战”，也叫“彝陵之战”。

刘备失败之后，又悔又恨，说：“我竟被陆逊打败，这岂不是天意吗？”过了一年，他在永安（今重庆奉节）病倒了。

102

七擒孟获

蜀汉先主刘备在永安病势越来越重。他把诸葛亮从成都召到永安，嘱咐后事。他对诸葛亮说："您的才能比曹丕高出十倍，一定能够把国家治理好。我的孩子阿斗（太子刘禅的小名），您认为可以辅助，就辅助他；如果不行，您就自己来做一国之主吧。"

诸葛亮流着眼泪，哽咽着说："我怎敢不尽心竭力，报答陛下，一直到死！"

刘备把小儿子刘永叫到身边，叮嘱他说："我死之后，你们兄弟要像对待父亲一样尊敬丞相。"

刘备死后，诸葛亮回到成都，扶助刘禅即了帝位，历史上称为蜀汉后主。

刘禅即位后，朝廷上的事不论大小，都由诸葛亮来决定。诸葛亮兢兢业业，治理国家，想使蜀汉兴盛起来。没料

到南中地区（今四川大渡河以南和云南、贵州一带）几个郡倒先闹起来了。

益州郡有个豪强雍闿（音 kǎi），听说刘备死去，就杀死了益州太守，发动叛变。他一面投靠东吴，一面又拉拢了南中地区一个少数民族首领孟获，叫他去联络西南一些部族起来反抗蜀汉。

经过雍闿的煽动，牂柯（音 zāng kē，在今贵州遵义一带）太守朱褒、越嶲（今四川西昌县东南，嶲音 xī）部族酋长高定，也都响应雍闿。这样一来，蜀汉差不多丢了一半土地，怎么不叫诸葛亮着急呢？

可是，当时蜀汉刚遭到猇亭大败和先主死亡，顾不上出兵。诸葛亮一面派人和东吴重新讲和，稳住了这一头；一面奖励生产，兴修水利，积蓄粮食，训练兵马。过了两年，局面稳定了，诸葛亮决定发兵南征。

公元 225 年三月，诸葛亮率领大军出发。诸葛亮好友马良的弟弟、参军马谡（音 sù）送诸葛亮出城，一直送了几十里地。

临别的时候，诸葛亮握住马谡的手，诚恳地说："我们相处好几年了。今天临别，您有什么好主意告诉我吗？"

马谡说："南中的人依仗地形险要，离开都城又远，早就不服管了。即使我们用大军把他们征服了，以后还是要闹事的。我听说用兵的办法，主要在于攻心，攻城是次要的。丞相这次南征，一定要叫南人心服，才能够一劳永逸呢。"

马谡的话，正合诸葛亮的心意。诸葛亮不禁连连点头说："谢谢您的帮助，我一定这样办。"

诸葛亮率领蜀军向南进军，节节胜利。大军还在半路上，越嶲酋长高定和雍闿已经发生火并。高定的部下杀了雍闿。蜀军打进越嶲，又把高定杀了。

诸葛亮派李恢、马忠两员大将分两路进攻，不到半个月，马忠又攻破牂柯，消灭了那里的叛军。四个郡的叛乱很快就平定了。

但是事情还没有结束。南中酋长孟获收集了雍闿的散兵，继续反抗蜀兵。诸葛亮一打听，知道孟获不但打仗骁勇，而且在南中地区各族群众中很有威望。

诸葛亮想起马谡临别的话，决心把孟获争取过来。他下了一道命令，只许活捉孟获，不能伤害他。

好在诸葛亮善于用计谋，蜀军和孟获军队交锋的时候，蜀军故意败退下来。孟获仗着他人多，一股劲儿追了过去，很快就中了蜀兵的埋伏。南兵被打得四处逃散，孟获本人就被活捉了。

孟获被押到大营，心里想，这回一定没有活路了。没想到进了大营，诸葛亮立刻叫人给他松了绑，好言好语劝说他归降。但是孟获不服气，说："我自己不小心，中了你的计，怎么能叫人心服？"

诸葛亮也不勉强他，陪着他一起骑着马在大营外兜了一圈，看看蜀军的营垒和阵容。然后又问孟获："您看我们的人马怎么样？"

孟获傲慢地说："以前我没弄清楚你们的虚实，所以败了。今天承蒙您给我看了你们的阵势，我看也不过如此。像这样的阵势，要打赢你们也不难。"

诸葛亮爽朗地笑了起来,说:“既然这样,您就回去好好准备一下再打吧!”

孟获被释放以后,逃回自己部落,重整旗鼓。又一次进攻蜀军。但是他本是一个有勇无谋的人,哪里是诸葛亮的对手,第二次又乖乖地被活捉了。

诸葛亮劝他,见孟获还是不服,又放了他。

像这样放了又捉,一次又一次,一直把孟获捉了七次。

到了孟获第七次被捉的时候,诸葛亮还要再放。孟获却不愿意走了。他流着眼泪说:“丞相七擒七纵,待我可说是仁至义尽了。我打心底里敬服。从今以后,不敢再反了。”

孟获回去以后,还说服各部落全部投降,南中地区就重新归蜀汉控制。

诸葛亮平定南中后,命令孟获和各部落的首领照旧管理他们原来的地区。有人对诸葛亮说:“我们好不容易征服了南中,为什么不派官吏来,反倒仍旧让这些头领管呢?”

诸葛亮说:“我们派官吏来,没有好处,只有不方便。因为派官吏,就得留兵。留下大批兵士,粮食接济不上,叫他们吃什么。再说,刚刚打过仗,难免死伤了一些人,如果我们留下官吏统治,一定会发生祸患。现在我们不派官吏,既不要留军队,又不需要运军粮。让各部落自己管理,汉人和各部落相安无事,岂不更好?”

大家听了诸葛亮这番话,都钦佩他想得周到。

诸葛亮率领大军回到成都。后主和朝廷大臣都到郊外迎接，大家都为平定南中而感到高兴。

打那以后，诸葛亮一面积蓄财富，一面训练人马，一心一意准备大举北伐。

103

马谡失街亭

诸葛亮平定南中之后，又经过两年准备，公元227年冬天，就带领大军驻守汉中。因为汉中接近魏、蜀的边界，在那里可以随时找机会进攻魏国。

离开成都的时候，他给后主刘禅上了一道奏章，要后主不要满足现状，妄自菲薄；要亲近贤臣，疏远小人；并且表示他决心担负起兴复汉朝的责任。这道奏章就是历史上有名的《出师表》。

过了年，诸葛亮采用声东击西的办法，传出消息，要攻打郿城（今陕西眉县），并且派大将赵云带领一支人马，进驻箕谷（今陕西褒城北），装出要攻打郿城的样子。魏军得到情报，果然把主要兵力去守郿城。诸葛亮趁魏军不防备，亲自率领大军，突然从西路扑向祁山（今甘肃礼县东）。

蜀军经过诸葛亮几年严格训练，阵容整齐，号令严明，士气十分旺盛。自从刘备死后，蜀汉多年没有动静，魏国毫无防备，这次蜀军突然袭击祁山，守在祁山的魏军抵挡不了，纷纷败退。蜀军乘胜进军，祁山北面天水、南安、安定三个郡的守将都背叛魏国，派人向诸葛亮求降。

那时候，魏文帝曹丕已经病死。魏国朝廷文武官员听到蜀汉大举进攻，都惊慌失措。刚刚即位的魏明帝曹叡（音ruì）比较镇静，立刻派张郃带领五万人马赶到祁山去抵抗，还亲自到长安去督战。

诸葛亮到了祁山，决定派出一支人马去占领街亭（今甘肃庄浪东南），作为据点。让谁来带领这支人马呢？当时他身边还有几个身经百战的老将。可是他都没有用，单单看中参军马谡。

马谡这个人确是读了不少兵书，平时很喜欢谈论军事。诸葛亮找他商量起打仗的事来，他就谈个没完，也出过一些好主意。因此诸葛亮很信任他。但是刘备在世的时候，却看出马谡不大踏实。他在生前特地叮嘱诸葛亮，说："马谡这个人言过其实，不能派他干大事，还得好好考察一下。"但是诸葛亮没有把这番话放在心上。这一回，他派马谡当先锋，王平做副将。

马谡和王平带领人马到了街亭，张郃的魏军也正从东面开过来。马谡看了地形，对王平说："这一带地形险要，街亭旁边有座山，正好在山上扎营，布置埋伏。"

王平提醒他说："丞相临走的时候嘱咐过，要坚守城池，稳扎营垒。在山上扎营太冒险。"

马谡没有打仗的经验，自以为熟读兵书，根本不听王平

的劝告,坚持要在山上扎营。王平一再劝马谡没有用,只好央求马谡拨给他一千人马,让他在山下临近的地方驻扎。

张郃率领魏军赶到街亭,看到马谡放弃现成的城池不守,却把人马驻扎在山上,暗暗高兴,马上吩咐手下将士,在山下筑好营垒,把马谡扎营的那座山围困起来。

马谡几次命令兵士冲下山去,但是由于张郃坚守住营垒,蜀军没法攻破,反而被魏军乱箭射死了不少人。

魏军切断了山上的水源。蜀军在山上断了水,连饭都做不成,时间一长,自己先乱了起来。张郃看准时机,发起总攻。蜀军兵士纷纷逃散,马谡要禁也禁不了,最后,只好自己杀出重围,往西逃跑。

王平带领一千人马,稳守营盘。他得知马谡失败,就叫兵士拼命打鼓,装出进攻的样子。张郃怀疑蜀军有埋伏,不敢逼近他们。王平整理好队伍,不慌不忙地向后撤退,不但一千人马一个也没损失,还收容了不少马谡手下的散兵。

街亭失守。蜀军失去了重要的据点。又丧失了不少人马。诸葛亮为了避免遭受更大损失,决定把人马全部撤退到汉中。

诸葛亮回到汉中,经过详细查问,知道街亭失守完全是由于马谡违反了他的作战部署。马谡也承认了他的过错。诸葛亮按照军法,把马谡下了监狱,定了死罪。

马谡自己知道免不了一死,在监狱里给诸葛亮写了封信,说:“丞相平日待我像待自己的儿子一样,我也把丞相当作自己的父亲。这次我犯了死罪,希望我死以后,丞相能够像舜杀了鲧还用禹一样,对待我的儿子,我死了也没牵挂了。”

诸葛亮杀了马谡，想起他和马谡平时的情谊，心里十分难过，流下了眼泪。以后，他真的把马谡的儿子照顾得很好。

诸葛亮认为王平在街亭曾经劝阻过马谡，在退兵的时候，又用计保全了人马，立了功，应该受奖励，就把王平提拔为参军，让他统率五部兵马。

诸葛亮对将士们说：“这次出兵失败，固然是因为马谡违反军令。可是我用人不当，也应该负责。”他就上了一份奏章给刘禅，请求把他的官职降低三级。

刘禅接到奏章，不知该怎么办才好。有个大臣说：“既然丞相有这个意见，就依着他吧。”刘禅就下诏把诸葛亮降级为右将军，仍旧办丞相的事。

由于诸葛亮赏罚分明，以身作则，蜀军将士都很感动。大家把这次失败当作教训，士气更加旺盛。这年冬天，诸葛亮又带兵杀出散关（今陕西宝鸡西南），包围了陈仓（今宝鸡东），杀了一个魏将；第二年春天，又出兵收复武都（今甘肃成县）、阴平（今甘肃文县西北）两个郡。后主刘禅认为诸葛亮立了功，下了一道诏书，恢复诸葛亮的丞相职位。

104

五 丈 原

公元 229 年四月，吴王孙权正式即位称帝。蜀汉大臣大多数认为孙权称帝是僭号，要求跟东吴断绝盟好关系。诸葛亮却认为，蜀汉眼前主要对手是魏国。他坚持和东吴保持联盟，继续准备北伐。

公元 231 年，诸葛亮第四次北伐，出兵祁山。魏国派了一个大将司马懿和张郃等一起率领人马赶往祁山。诸葛亮把一部分将士留在祁山，自己率领主力拦击司马懿。

司马懿知道诸葛亮的战略。他认为诸葛亮孤军深入，带的军粮不多，所以在险要的地方筑好营垒，叫将士只守不战。

魏军将领以为司马懿害怕诸葛亮，一再请战，说："您怕蜀军像害怕老虎一样，难道不怕天下人笑话吗？"

司马懿硬着头皮，带兵赶上去跟诸葛亮大战一场，结果

被蜀军杀得一败涂地。但是蜀军由于后方的运粮官员失职，粮草供应不上，只好主动撤兵。大将张郃带兵紧紧追赶，赶到木门一带山谷地带，被诸葛亮预先布置好的伏兵用乱箭射杀了。

诸葛亮几次出兵，往往因为粮食供应不上退兵。他接受这个教训，设计了两种运输工具，叫做“木牛”、“流马”（两种经过改革的小车），用它们把粮食运到斜谷口（在今陕西眉县西南）囤积起来。

公元234年，诸葛亮作好充分准备，发动十万大军进行最后一次北伐。他派使者到东吴，约孙权同时发起攻势，南北策应，使魏国两面受敌。

诸葛亮大军出了斜谷口，到了渭水南岸的五丈原。为了作长期打算，他派一部分兵士构筑营垒，准备作战；另派一部分兵士在五丈原屯田，跟当地老百姓夹杂在一起耕种。蜀军纪律严明，百姓和兵士相处得很好。

魏明帝派司马懿率领魏军渡过渭水，也筑起营垒防守，和蜀军对峙着。

孙权接到诸葛亮的信，马上三路出兵进攻魏国。魏明帝也厉害，他一面亲自率领大军到南面抵挡东吴的进攻；一面通知司马懿在五丈原坚持，只守不战。

诸葛亮等待东吴方面的消息，但是结果使他很失望：孙权的进攻失败了。他想跟魏军决战，但是司马懿始终稳守营垒，诸葛亮几次三番向他挑战没有用。双方在那里相持了一百多天。

要使魏军出来打，只有想法子激怒司马懿。诸葛亮利用当时轻视妇女的风俗,派人给司马懿送去一套妇女的服饰。意思就是司马懿这样胆小怕战,还是回去做个“闺房小姐”吧。

魏军将士看到主将受到嘲弄,气恼得嚷着要跟蜀军拼。司马懿知道这是诸葛亮的激将法,并不发火。他安慰将士说:“好,我向皇上上个奏章,请求准许我们跟蜀军决战一场。”

过了几天,魏明帝派了一个大臣赶到魏营,传达命令,不许出战。

蜀军将士听到消息,感到失望。只有诸葛亮懂得司马懿的用意,说:“司马懿上奏章请求打仗,这是做给将士们看的。要不然,大将率领军队在外,哪有千里迢迢去请战的道理。”

诸葛亮料到司马懿的心理,司马懿也在探听诸葛亮的情况。有一次,诸葛亮派使者到魏营去挑战,司马懿挺有礼貌地接待使者,跟使者聊天,说:“你们丞相公事一定很忙吧。近来身体可好?胃口怎么样?”

使者觉得司马懿问的都是些客套话,也就老实回答说:“丞相的确很忙,军营里大小事情都要亲自抓。他起得早,睡得很晚。只是近来胃口不好,吃得很少。”

使者走了以后,司马懿就跟左右将士说:“你们看,诸葛孔明吃得少,事务又那么繁重,能支撑得长久吗?”

不出司马懿所料,诸葛亮由于过度辛劳,终于在军营里病倒了。

后主刘禅得到诸葛亮生病的消息,赶快派大臣李福到五丈原来慰问。李福跟诸葛亮谈了一些军国大事，就走了。

过了几天，李福返了回来。他看到诸葛亮病势转重，哭了起来。诸葛亮睁开眼睛，对李福说："我懂得您回来想问些什么。您所要问的人，我看就是蒋琬吧。"

李福说："丞相说的是。皇上正要我问丞相万一身子不好，由谁来继任您的工作。那么请问蒋琬之后，谁可以继任呢？"

诸葛亮说："可以由费祎（音 yī）接替。"

李福还想再问下去，诸葛亮闭上眼睛不回答了。没几天，这个年纪才五十四岁的丞相终于在军营里去世。

按照诸葛亮生前的嘱咐，蜀军将领没有把他去世的消息透露出去。他们把尸体裹着放在车里，布置各路人马有秩序地撤退。

魏营的探子听到诸葛亮病死的风声，报告司马懿。司马懿立刻带领魏军追赶上去。刚过五丈原，忽然蜀军的旗帜转了方向，一阵战鼓响，兵士们转身掩杀过来。

司马懿大吃一惊，赶快拨转马头，下命令撤退。

蜀军将领等魏军离得远了，不慌不忙地把全部人马安全撤出五丈原。

这件事传到老百姓耳朵里，百姓编个歌谣嘲笑司马懿，说："死诸葛吓走了活仲达（仲达是司马懿的字）！"

司马懿听了也不生气，说："我只能料到活的诸葛，怎么能料到死的呢！"后来，他又亲自跑到蜀军原来扎营的地方，观察了诸葛亮布置的阵势，赞叹说："诸葛孔明真是天下奇才啊！"

诸葛亮想统一中原的愿望并没有实现，但是他的智慧和品格，一直被后代的人赞扬。在民间传说中，诸葛亮往往成为智慧的化身。在一篇相传是他写的《后出师表》里，有两句话，叫作“鞠躬尽瘁（原文是‘尽力’，后来写成‘尽瘁’，瘁音 cuì），死而后已”，人们认为这正是对他一生的评价。

105

司马懿装病

诸葛亮死后几年里，蜀汉对魏国只采取守势。魏国的势力强大起来了，但是它的内部却发生了动乱。

魏国的大将司马懿，出身大士族地主。曹操刚刚掌权的时候，曾经征召司马懿出来做官。那时候，司马懿嫌曹操出身低微，不愿意应召，但是又不敢得罪曹操，就假装得了风瘫病。曹操怀疑司马懿有意推托，派了一个刺客深夜闯进司马懿的卧室去察看，果然看到司马懿直挺挺地躺在床上。

刺客还不相信，拔出佩刀，架在司马懿的身上，装出要劈下去的样子。他以为司马懿要不是风瘫，一定会吓得跳起来。司马懿也真有一手，只瞪着眼望了望刺客，身体纹丝儿不动。刺客这才不得不相信，收起刀向曹操回报去了。

司马懿知道曹操不肯放过他。过了一段时间，让人传出消息，说风瘫病已经好了。等曹操再一次召他的时候，他就不拒绝了。

司马懿先后在曹操和魏文帝曹丕手下，担任了重要职位。到了魏明帝即位，司马懿已经是魏国的元老。由于他长期带兵在关中跟蜀国打仗，魏国兵权大部分落在他手里。后来，辽东太守公孙渊勾结鲜卑贵族，反叛魏国。魏明帝又调司马懿去对付辽东的叛乱。

司马懿平定了辽东，正要回朝的时候，洛阳派人送来紧急诏书，要他迅速赶回洛阳。

司马懿到了洛阳，魏明帝已经病重了。明帝把司马懿和皇族大臣曹爽叫到床边，嘱咐他们共同辅助太子曹芳。

魏明帝死后，太子曹芳即了位，就是魏少帝。曹爽当了大将军，司马懿当了太尉。两人各领兵三千人，轮流在皇宫值班。曹爽虽然说是皇族，但论能力、资格都跟司马懿差得远。开始的时候，他不得不尊重司马懿，有事总听听司马懿的意见。

后来，曹爽手下有一批心腹提醒曹爽说："大权不能分给外人啊！"他们替曹爽出了一个主意，用魏少帝的名义提升司马懿为太傅，实际上是夺去他的兵权。接着，曹爽又把自己的心腹、兄弟都安排了重要的职位。司马懿看在眼里，装聋作哑，一点也不干涉。

曹爽大权在手，就寻欢作乐，过起荒唐的生活来了。为了树立他的威信，他还带兵攻打蜀汉，结果被蜀军打得大败，差点全军覆没。

司马懿表面不说，暗中自有打算。好在他年纪也确实老了，就推说有病，不上朝了。

曹爽听说司马懿生病，正合他的心意。但是毕竟有点不放心，还想打听一下太傅生的是真病还是假病。

有一次，有个曹爽亲信的官员李胜，被派为荆州刺史。李胜临走的时候，到司马懿家去告别。曹爽要他顺便探探情况。

李胜到了司马懿的卧室，只见司马懿躺在床上，旁边两个使唤丫头伺候他吃粥。他没用手接碗，只把嘴凑到碗边喝。没喝上几口，粥就沿着嘴角流了下来，流得胸前衣襟都是。李胜在一边看了，觉得司马懿病得实在可怜。

李胜对司马懿说："这次蒙皇上恩典，派我担任本州刺史（李胜是荆州人，所以说是本州），特地来向太傅告辞。"

司马懿喘着气说："哦，这真委屈您啦，并州在北方，接近胡人，您要好好防备啊。我病得这样，只怕以后见不到您啦！"

李胜说："太傅听错了，我是回荆州去，不是到并州。"

司马懿还是听不清，李胜又大声说了一遍，司马懿总算有点搞清楚了，说："我实在年纪老，耳朵聋，听不清您的话。您做荆州刺史，这太好啦。"

李胜告辞出来，向曹爽一五一十地说了一遍，说："太傅只差一口气了，您就用不着担心了。"

曹爽听了，不用提有多高兴啦。

公元249年新年，魏少帝曹芳到城外去祭扫祖先的陵墓，曹爽和他的兄弟、亲信大臣全跟了去。司马懿既然病得厉害，当然也没有人请他去。

哪儿知道等曹爽一帮子人一出皇城，太傅司马懿的病全好了。他披戴起盔甲，抖擞精神，带着他两个儿子司马师、司马昭，率领兵马占领了城门和兵库，并且假传皇太后的诏令，把曹爽的大将军职务撤了。

曹爽和他的兄弟在城外得知消息，急得乱成一团。有人给他献计，要他挟持少帝退到许都，收集人马，对抗司马懿。但是曹爽和他的兄弟都是只知道吃喝玩乐的人，哪儿有这个胆量。司马懿派人去劝他投降，说是只要交出兵权，决不为难他们。曹爽就乖乖地投降了。

过了几天，就有人告发曹爽一伙谋反，司马懿派人把曹爽一伙人全下了监狱处死。

这样一来，魏国的政权名义上还是曹氏的，实际上已经转到司马氏手里。

106

司马昭的野心

司马懿杀了曹爽，过了两年，他也死了。接替他职位的是他儿子司马师。魏国大权落在司马师和司马昭兄弟两人手里。大臣中谁反对他们，司马师就把他除掉。魏少帝曹芳恨透司马师。有人曾经劝曹芳撤掉司马氏兄弟的兵权。但没有等曹芳动手，司马师已经逼着皇太后，把曹芳废了，另立魏文帝曹丕的一个孙子曹髦。

魏国有些地方将领本来不服司马氏的专权，司马师废去曹芳后，就有扬州刺史文钦和镇东将军毌丘（毌丘，姓，毌音 guàn）俭起兵声讨司马师。司马师亲自带兵征讨，打败了文钦和毌丘俭。但是在回师许都之后，司马师也得病死了。

接着，司马昭做了大将军。司马氏父子三人，一个比一个厉害，一个比一个专横。

魏帝曹髦实在忍耐不住了。有一天，他把尚书王经等三个大臣召进宫里，气愤地说："司马昭的野心，过路人都知道了（文言是'司马昭之心，路人皆知'），我不能坐着等着他来收拾我。今天，我要同你们一起去讨伐他。"

大臣们知道要跟司马昭作对，简直是鸡蛋碰石头，就劝他忍耐，不要闹出大祸来。可是曹髦从怀里掏出一道预先写好的诏书，扔在地上，说："我已经下了决心，就是拼个死也不怕，再说还不一定死呢。"说着，他进内宫去禀报太后。

哪里知道这三个大臣当中，倒有两个人偷偷溜出去向司马昭通风报信了。

二十岁的曹髦，根本不懂得怎样治司马昭。他集合了宫内的禁卫军和侍从太监，吵吵嚷嚷地从宫里杀了出来。曹髦自己拿了一口宝剑，站在车上指挥。

司马昭的心腹贾充，带了一队兵士赶来，挡住了禁卫军的去路。双方打了起来。曹髦上前大喝一声，挥动剑杀过去。贾充的手下兵士一见皇帝自己动手，毕竟有点胆怯，有的准备逃了。

贾充手下有个叫成济的，跟贾充说："您看怎么办？"

贾充厉声说："司马公平时养着你们是干什么的！还用问吗？"

贾充这一说，成济才胆大了，拿起长矛就往曹髦身上直刺去。曹髦来不及招架，被成济刺穿了胸膛，跌下车来死了。

消息传到司马昭那里。司马昭听说他手下人真的杀了皇帝，也有点着慌，连忙赶到朝堂上，召集大臣们商量。司马昭假惺惺装出悲伤的样子，跟一位老臣陈泰说："您说，叫我怎么办呢？"

陈泰说："只有斩了贾充的头，才多少可以向天下交账。"

司马昭很为难地说："还有没有其他办法，您再想想。"

陈泰说："依我说，只有比这更重的办法，没有再轻的了。"

司马昭一听不是滋味，就不吱声了。

后来，司马昭用太后名义下了一道诏书，给曹髦加上许多罪状，把他废作平民，把曹髦被杀的事轻轻掩盖过去。

但是，大伙儿还是议论纷纷，怪司马昭不办凶手的罪，司马昭没法拖下去，就把杀害皇帝的罪责一古脑儿推给成济，给成济定了一个大逆不道的罪，满门抄斩。

司马昭除掉了曹髦，另外从曹操的后代中找了一个十五岁的曹奂接替皇位，这就是魏元帝。

107

邓艾偷渡剑阁

司马昭害死了魏帝曹髦，认为内部已经稳定，决心大举进攻蜀汉。

那时候，接替诸葛亮的大臣蒋琬、费祎都已死去，蜀汉担任大将军的是姜维。姜维有心继承诸葛亮的北伐事业，几乎每年都出兵攻打魏国，但是蜀汉的力量已经越来越弱，姜维不但不能够取得胜利，反而白白消耗了不少兵力。

公元263年，司马昭派将军邓艾、诸葛绪各带兵三万，钟会带兵十几万分三路进攻蜀汉。

姜维看到魏军声势浩大，知道抵挡不了，把蜀兵集中到剑阁（今四川剑阁县），守住关口要道。钟会带兵到了剑阁，一时没法攻进去。

邓艾看到蜀军主力守在剑阁，就带了精兵偷偷绕道到剑阁西面的一条羊肠小道上向南进军。这一带本来是人迹

不到的地方。邓艾带领这支精兵，逢山开路，遇河架桥，走了七百里路，也没有被蜀军发现。

最后，他们来到一条绝路上，山高谷深，没法前进。这时候，邓艾的兵士随身带的粮草已经快完了，将士们都慌了神。

邓艾当机立断，用毡毯裹着身子，从悬崖峭壁上滚了下去。将士们见邓艾一带头，也跟着滚了下去。有的攀着树木，一个接一个慢慢地爬下了山，终于越过了这条绝路，一直赶到江油（今四川江油县）。

驻守江油的蜀军没想到邓艾会从背后杀出来，突然见到魏兵出现在城下，来不及组织抵抗，只好投降了。

邓艾继续向绵竹（今四川绵阳西南）进攻。守绵竹的是诸葛亮的儿子诸葛瞻。邓艾派人送信劝说他投降，说："如果你肯投降，就推荐你为琅琊王。"

诸葛瞻听说要他投降，气得火冒三丈，把邓艾派来劝降的使者杀了。他摆开阵势，决心和邓艾拼个死活。但是毕竟敌不过邓艾，诸葛瞻和他的儿子诸葛尚都战死了。

邓艾拿下绵竹，直奔蜀汉都城成都。成都的百姓做梦也没想到魏兵来得那么快，一听邓艾兵临城下，纷纷到山上树林里去避难。蜀汉朝廷更是乱成一团，后主赶快召集大臣商量。有人主张往南逃，有的主张投靠东吴，有人认为现在魏国大军压境，不如趁早投降。

后主是个没主意又胆小的人，根本不想抵抗。等邓艾大军到达成都，他已经叫人反绑着两手，率领文武百官出城门投降了。

邓艾进了成都，觉得自己了不起，骄傲起来，连钟会也不在他眼里。他直接向司马昭上书，要趁这次打胜仗的势头，一鼓作气把东吴灭掉。哪儿知道司马昭下个命令给邓艾，说："军事行动不许自作主张。"这件事把邓艾气得要命。

正在剑阁跟钟会对抗的蜀将姜维，得到邓艾袭击成都的消息，正想退回去保卫成都，接到后主的命令，要他向魏军投降。

蜀军将士接到这个命令，又气愤又伤心。有的兵士恨得拔出刀来，在大石头上乱砍。

姜维倒是十分冷静。他跟将士们一合计，决定向钟会投降。钟会也赏识姜维是个好汉，把他当作自己人一样看待。两个人出门一块坐车，回到军营一起议事，要好得简直拆不开。

姜维利用钟会和邓艾之间的矛盾，劝钟会秘密写信给司马昭，告发邓艾谋反。

司马昭本来猜忌心很重，接到钟会的报告，就用魏元帝的名义下道诏书，派人到成都把邓艾抓起来，用囚车押回洛阳。他怕邓艾抗拒，又命令钟会进军成都。

钟会到了成都，派一支人马用囚车把邓艾押到洛阳。半路上，邓艾被人杀了。钟会用计除掉了邓艾以后，兵权全掌握在他一个人手里，他就决定谋反了。

钟会跟姜维一商量，姜维完全赞同他。因为姜维另外有他自己的打算，他想利用钟会杀掉魏军将领，然后再除掉钟会。他偷偷地给刘禅送了一封信，说："请陛下再忍受几天委屈，臣一定把国家恢复过来。”

钟会哪儿知道姜维的打算，他以为姜维真心跟他合伙反司马昭。他假传太后的命令，说司马昭杀害魏元帝，叫他发兵讨伐。他怕魏军将领不服，把他们软禁在蜀宫里。

魏军将士对钟会的命令本来有点怀疑，后来，有人传出谣言，说钟会、姜维要把北方来的将士杀光。这一来，大家都乱了起来。有的在宫殿四周放了火。乱兵进了宫，姜维、钟会控制不住，都被乱兵杀了。

108

扶不起的阿斗

邓艾灭了蜀汉以后，后主刘禅还留在成都。到了钟会、姜维发动兵变，司马昭觉得让后主留在成都总不大妥当，就派他的心腹贾充把刘禅接到洛阳。

刘禅本来是一个昏庸无能的人。诸葛亮在世的时候，全靠诸葛亮掌管着军政大事，他也不敢自作主张。诸葛亮死后，虽然还有蒋琬、费祎、姜维一些文武大臣辅佐他，可是他毕竟不像诸葛亮在世时候那么谨慎了。到蒋琬、费祎死去后，宦官黄皓得了势，蜀汉的政治就越来越糟了。

到了蜀汉灭亡，姜维被杀，大臣们死的死了，走的走了。随同他一起到洛阳去的只有地位比较低的官员郤（音 xì）正和刘通两个人。刘禅不懂事，不知道怎样跟人打交道，一举一动全靠郤正指点。平时，刘禅根本没把郤正放在眼里，到这时候，他才觉得郤正是个忠心耿耿的人。

刘禅到了洛阳，司马昭用魏元帝的名义，封他为安乐公，还把他的子孙和原来蜀汉的大臣五十多人封了侯。司马昭这样做，无非是为了笼络人心，稳住对蜀汉地区的统治。但是在刘禅看来，却是很大的恩典了。

有一次，司马昭大摆酒宴，请刘禅和原来蜀汉的大臣参加。宴会中间，还特地叫了一班歌女演出蜀地的歌舞。

一些蜀汉的大臣看了这些歌舞，想起了亡国的痛苦，伤心得差点儿掉下眼泪。只有刘禅咧开嘴看得挺有劲，就像在他自己的宫里一样。

司马昭观察了他的神情，宴会后，对贾充说："刘禅这个人没有心肝到了这步田地，即使诸葛亮活到现在，恐怕也没法使蜀汉维持下去，何况是姜维呢！"

过了几天，司马昭在接见刘禅的时候，问刘禅说："您还想念蜀地吗？"

刘禅乐呵呵地回答说："这儿挺快活，我不想念蜀地了。"（"乐不思蜀"的成语就是这样来的。）

郤正在旁边听了，觉得太不像话。回到刘禅的府里，郤正说："您不该这样回答晋王（指司马昭）。"

刘禅说："依你的意思该怎么说呢？"

郤正说："以后如果晋王再问起您，您应该流着眼泪说：我祖上的坟墓都在蜀地，我心里很难过，没有一天不想那边。这样说，也许晋王还会放我们回去。"

刘禅点点头说："你说得很对，我记住就是了。"

后来，司马昭果然又问起刘禅，说："我们这儿待您不错，您还想念蜀地吗？"

刘禅想起郤正的话，就把郤正教他的话原原本本背了一遍。他竭力装出悲伤的样子，但是挤不出眼泪，只好闭上眼睛。

司马昭看了他这个模样，心里早明白了一大半，笑着说："这话好像是郤正说的啊！"

刘禅吃惊地睁开眼睛，傻里傻气地望着司马昭说："对，对，正是郤正教我的。"

司马昭不由得笑了，左右侍从也忍不住笑出声来。

司马昭这才看清楚刘禅的确是个糊涂人，不会对自己造成威胁，就没有想杀害他。

刘禅的昏庸无能在历史上出了名，后来，人们常用"扶不起的阿斗"比喻那种懦弱无能、没法使他振作的人。

109

王濬楼船破吴

司马昭灭了蜀汉之后，还没有来得及攻东吴，就病死了。他的儿子司马炎把挂名的魏元帝曹奂废了，自己做了皇帝，建立了晋朝，这就是晋武帝。从公元 265 年到 316 年，晋朝的国都在洛阳，历史上把这个朝代称为西晋。

西晋建立的时候，三国中唯一留下来的东吴早已衰落了。东吴最后一个皇帝孙皓是残暴出了名的。他大修宫殿，尽情享乐不算，还用剥脸皮、挖眼睛等惨无人道的刑罚镇压百姓，上上下下都把他恨透了。

公元 279 年，晋朝一些大臣认为时机成熟，劝说晋武帝消灭东吴。晋武帝就决定发兵二十多万，分几路进攻东吴国都建业（今江苏南京市）。镇南大将军杜预打中路，向江陵进兵；安东将军王浑打东路，向横江（在今安徽省）进军；还有一路水军，由益州刺史王濬（音 jùn）率领，沿着大江，顺

流向东进攻。

王濬是个有能耐的将军。他早就作了伐吴的准备,在益州督造大批战船。这种战船很大,能容纳两千多人。船上还造了城墙城楼,人站在上面,可以四面瞭望。所以也称作楼船。

为了不让东吴发觉,造船是秘密进行的。但是日子一久,难免有许多削下的碎木片掉在江里。木片顺水漂流,一直漂到东吴的地界。东吴有个太守吾彦,发现了这件事,连忙向吴主孙皓报告,说:"这些木片一定是晋军造船时劈下来的。晋军在上游造船,看来是要进攻东吴,我们要早作防守的准备。"

可是孙皓满不在乎地说:"怕什么!我不去打他,他们还敢来侵犯我!"

吾彦没有办法,但是觉得不防备总不放心。他想出一个办法,在江面险要的地方打了不少大木桩,钉上大铁链,把大江拦腰截住,又把一丈多高的铁锥安在水面下,好像无数的暗礁,使晋国水军没法通过。

过了年,打中路的杜预和打东路的王浑两路人马都节节胜利。只有王濬的水军,到了秭归,因为楼船被铁链和铁锥阻拦,不能前进。

王濬也真有办法。他吩咐晋兵造了几十只很大的木筏,每只木筏上面放着一些草人,披上盔甲,手拿刀枪。他又派几个水性好的兵士带领这一队木筏随流而下。这些木筏碰到铁锥,那些铁锥的尖头就扎在木筏子底下,被木筏扫掉了。

还有那一条条拦在江面的铁链怎么办呢？王濬又在木筏上架着一个个很大的火炬。这些火炬都灌足了麻油，一点就着。他让这些装着大火炬的木筏驶在战船前面，遇到铁链，就烧起熊熊大火，时间一长，那些铁链铁锁都被烧断了。

王濬的水军扫除了水底下的铁锥和江面上的铁链，大队战船就顺利地打进东吴地界，很快就和杜预中路的大军会师。

由陆路进攻的杜预大军也取得大胜，攻下了江陵。有人主张暂时休整一下再打。杜预说："现在我军军威大振，正像劈竹子一样，劈开了几节以后，下面的竹子，就可以迎刃而解，一劈到底了。"（"势如破竹"的成语就是这样来的。）他竭力支持王濬带领水军直扑东吴国都建业。

这时候，东路王浑率领的晋军也逼近了建业。孙皓派丞相张悌率领三万吴兵渡江去迎战，被晋军全部消灭。

王濬的楼船顺流东下，声势浩大。吴主孙皓这才着了慌，派将军张象带领水军一万人去抵抗。张象的将士一看，满江都是王濬的战船，无数面的旌旗迎风飘扬，连天空也给遮住了。东吴水军长期没有训练，看到晋军这个来势，吓得没有打就投降了。

有一个东吴将军陶濬，正在这时候去找孙皓。孙皓问他水军的消息。这个陶濬是个糊涂虫，他说："益州下来的水军情况我知道，他们的船都小得很。陛下只要给我两万水兵，把大号的战船用上，准能够把晋军打败。"

孙皓马上封他为大将，把节杖交给他，叫他指挥水军。

陶濬向将士下了命令，第二天一早就出发跟晋军作战。但是将士可不像陶濬那样糊涂，不愿送死。当天晚上，就逃得一干二净。

王濬的水军几乎没有遇到抵抗，一帆风顺地到了建业。建业附近一百里江面，全是晋军的战船，王濬率领水军将士八万人上岸，在雷鸣般的鼓噪声中进了建业城。

孙皓到了山穷水尽的田地，只得自己脱下上衣，让人反绑了双手，带领一批东吴大臣，到王濬的军营前投降。

这样，从曹丕称帝（公元220年）开始的三国分立时期宣告结束，晋朝统一了全国。

三国时期有许多生动的故事，民间也流传着不少传说。到了明朝初年，小说家罗贯中根据这一段时期的历史资料和民间话本，写成长篇历史小说《三国演义》，对曹操、诸葛亮、关羽等历史人物作了艺术上的塑造。它是我国杰出的文学巨著之一。

110

石崇王恺比富

晋武帝统一全国后，志满意得，完全沉湎在荒淫生活里。在他带头提倡下，朝廷里的大臣把摆阔气当作体面的事。

在京都洛阳，当时有三个出名的大富豪：一个是掌管禁卫军的中护军羊琇，一个是晋武帝的舅父、后将军王恺，还有一个是散骑常侍石崇。

羊琇、王恺都是外戚，他们的权势比石崇来得大，但是在豪富方面却比不上石崇。石崇的钱到底有多少，谁也说不清。这许多钱是哪儿来的呢？原来石崇当过几年荆州刺史，在这期间，他除了加紧搜刮民脂民膏之外，还干过肮脏的抢劫勾当。有些外国的使臣或商人经过荆州地面，石崇就派部下敲诈勒索，甚至像江洋大盗一样，公开杀人劫货。这样，他就掠夺了无数的钱财、珠宝，成了当时最大的富豪。

石崇到了洛阳，一听说王恺的豪富很出名，有心跟他比一比。他听说王恺家里洗锅子用饴（音 yí）糖水，就命令他家厨房用蜡烛当柴火烧。这件事一传开，人家都说石崇家比王恺家阔气。

王恺为了炫耀自己富，又在他家门前的大路两旁，夹道四十里，用紫丝编成屏障。谁要上王恺家，都要经过这四十里紫丝屏障。这个奢华的装饰，把洛阳城轰动了。

石崇存心压倒王恺。他用比紫丝贵重的彩缎，铺设了五十里屏障，比王恺的屏障更长，更豪华。

王恺又输了一着。但是他还不甘心罢休，向他的外甥晋武帝请求帮忙。晋武帝觉得这样的比赛挺有趣，就把宫里收藏的一株两尺多高的珊瑚树赐给王恺，好让王恺在众人面前夸耀一番。

有了皇帝帮忙，王恺比阔气的劲头更大了。他特地请石崇和一批官员上他家吃饭。

宴席上，王恺得意地对大家说："我家有一件罕见的珊瑚，请大家观赏一番怎么样？"

大家当然都想看一看。王恺命令侍女把珊瑚树捧了出来。那株珊瑚有两尺高，长得枝条匀称，色泽粉红鲜艳。大家看了赞不绝口，都说真是一件罕见的宝贝。

只有石崇在一边冷笑。他看到案头正好有一支铁如意（一种器物），顺手抓起，朝着大珊瑚树正中，轻轻一砸。"克朗"一声，一株珊瑚被砸得粉碎。

周围的官员们都大惊失色。主人王恺更是满脸通红，气急败坏地责问石崇："你……你这是干什么！"

石崇嬉皮笑脸地说："您用不着生气，我还您就是了。"

王恺又是痛心，又是生气，连声说："好，好，你还我来。"

石崇立刻叫他的随从回家去，把他家的珊瑚树统统搬来让王恺挑选。

不一会，一群随从回来，搬来了几十株珊瑚树。这些珊瑚中，三四尺高的就有六七株，大的竟比王恺的高出一倍。株株条干挺秀，光彩夺目。至于像王恺家那样的珊瑚，那就更多了。

周围的人都看呆了。王恺这才知道石崇家的财富，比他不知多出多少倍，也只好认输。

这场比阔气的闹剧就这样结束了。石崇的豪富就在洛阳出了名。当时有一个大臣傅咸，上了一道奏章给晋武帝。他说，这种严重的奢侈浪费，比天灾还要严重。现在这样比阔气，比奢侈，不但不被责罚，反而被认为是荣耀的事。这样下去怎么了得。

晋武帝看了奏章，根本不理睬。他跟石崇、王恺一样，一面加紧搜刮，一面穷奢极侈。西晋王朝一开始就这样腐败，这就注定要发生大乱了。

111

周处除“三害”

西晋时期，除了像王恺、石崇一类穷奢极侈的豪门官员外，还有一批士族官员，吃饱了饭不干正经事，三五成群聚在一起胡乱吹牛，尽说些脱离实际的荒诞无稽的怪话。这种谈话叫做“清谈”。这种人，往往名气很大，地位很高。这也可见当时风气的腐败了。

但是在官员中，也有比较正直肯干实事的人。像西晋初年的周处就是这样的人。他担任广汉（今四川广汉北）太守的时候，当地原来的官吏腐败，积下来的案件，有三十年没有处理的。周处一到任，就把积案都认真处理完了。后来调到京城做御史中丞，不管皇亲国戚，凡是违法的，他都能大胆揭发。

周处原是东吴义兴（今江苏宜兴县）人。年轻的时候，长得个子高，力气比一般小伙子大。他的父亲很早就死了，他自小没人管束,成天在外面游荡,不肯读书;而且脾气暴躁,动不动就拔拳打人,甚至动刀使枪。义兴地方的百姓都害怕他。

义兴邻近的南山有一只白额猛虎,经常出来伤害百姓和家畜,当地的猎户也制服不了它。

当地的长桥下,有一条大蛟(一种鳄鱼),出没无常。义兴人把周处和南山白额虎、长桥大蛟联系起来,称为义兴“三害”。这“三害”之中,最使百姓感到头痛的还是周处。

有一次,周处在外面走,看见人们都闷闷不乐。他找了一个老年人问:“今年年成挺不错,为什么大伙那样愁眉苦脸呢?”

老人没好气地回答:“三害还没有除掉,怎样高兴得起来!”

周处第一次听到“三害”这个名称,就问:“你指的是什么三害?”

老人说:“南山的白额虎,长桥的蛟,加上你,不就是三害吗?”

周处吃了一惊。他想,原来乡间百姓都把他当作虎、蛟一般的大害了。他沉吟了一会,说:“这样吧,既然大家都为‘三害’苦恼,我把它们除掉。”

过了一天,周处果然带着弓箭,背着利剑,进山找虎去了。到了密林深处,只听见一阵虎啸,从远处窜出了一只白额猛虎。周处闪在一边,躲在大树背面,拈弓搭箭,“嗖”的一下,射中猛虎前额,结果了它的性命。

周处下山告诉村里的人,有几个猎户上山把死虎扛下

山来。大家都挺高兴地向周处祝贺，周处说：“别忙，还有长桥的蛟呢。”

又过了一天，周处换了紧身衣，带了弓箭刀剑跳进水里去找蛟去了。那条蛟隐藏在水深处，发现有人下水，想跳上来咬。周处早就准备好了，在蛟身上猛刺一刀。那蛟受了重伤，就往江的下游逃窜。

周处一见蛟没有死，紧紧在后面盯住，蛟往上浮，他就往水面游；蛟往下沉，他就往水底钻。这样一会儿沉，一会儿浮，一直追踪到几十里以外。

三天三夜过去了，周处还没有回来。大家议论纷纷，认为这下子周处和蛟一定两败俱伤，都死在河底里了。本来，大家以为周处能杀死猛虎、大蛟，已经不错了；这回“三害”都死，大家喜出望外。街头巷尾，一提起这件事，都是喜气洋洋，互相庆贺。

没想到到了第四天，周处竟安然无恙地回家来了。人们大为惊奇。原来大蛟受伤以后，被周处一路追击，最后流血过多，动弹不得，终于被周处杀死。

周处回到家里，知道他离家三天后，人们以为他死去，都挺高兴。这件事使他认识到，自己平时的行为被人们痛恨到什么程度了。

他痛下决心，离开家乡到吴郡找老师学习。那时候吴郡有两个很有名望的人，一个叫陆机，一个叫陆云。周处去找他们，陆机出门去了，只有陆云在家。

周处见到陆云，把自己决心改过的想法诚恳地向陆云谈了。他说：“我后悔自己觉悟得太晚，把宝贵的时间白白浪费掉。现在想干一番事业,只怕太晚了。”

陆云勉励他说:“别灰心,您有这样的决心,前途还大有希望呢。一个人只怕没有坚定的志气,不怕没有出息。”

打那以后,周处一面跟陆机、陆云学习,刻苦读书;一面注意自己的品德修养。他的勤奋好学的精神受到大家的称赞。过了一年,州郡的官府都征召他出来做官。到了东吴被晋朝灭掉以后,他就成为晋朝的大臣。

112

白痴皇帝

晋武帝和他祖父、伯父、父亲都是善于玩弄权术的人，可是他的儿子——太子司马衷偏偏是一个什么也不懂的低能儿。朝廷里里外外都担心，要是晋武帝一死，让这个低能儿继承了皇位，不知道会闹出什么乱子来。

有些大臣想劝武帝另立太子，但是不敢明说。有一天，在晋武帝举行宴会的时候，大臣卫瓘（音 guàn）假装酒醉，倒在晋武帝的御座面前，用手抚摸着座位，嘴里含含糊糊地说："这个座位太可惜了！"

晋武帝马上懂得他说的是什么意思，但是假装听不懂，说："你在胡说些什么，准是喝醉了吧。"接着，吩咐侍从把卫瓘扶起来送走。

打那以后，谁也不敢向晋武帝再提这件事。

晋武帝毕竟也有点犹豫。他想试试他的儿子到底糊涂到什么程度。有一次，他特地送给太子一卷文书，里面提出几件公事，要太子处理。

太子的妻子贾妃，是个机灵的女人，见到这卷文书，连忙把宫里老师请来，替太子代做答案。那个老师很有学问，写出一份卷子，引经据典，答得头头是道。

贾妃看了挺满意，旁边有个略懂文墨的太监却提醒她："这份卷子好是好，可是皇上明知太子平常不大懂事，现在写出这样一份卷子，反倒叫他怀疑。万一查究起来，就把事情弄糟了。"

贾妃说："对，亏得你提醒一下。那么还是你来另写一份吧。写得好，将来还怕没你的好处！"

那个太监就另外起草了一份粗浅的答卷，让太子依样画葫芦抄写一遍，送给晋武帝。

晋武帝一看，卷子虽然写得很不高明，但是总算有问必答，可见太子的脑子还是清楚的。俗话说：癞痢头儿子自己的好，能将就也就将就过去了。

公元290年，晋武帝病重。太子司马衷已经三十多岁。按理说，三十多岁的人已经可以处理政事了。但是晋武帝到底不放心，立个遗诏，要皇后的父亲杨骏和他叔父汝南王司马亮一起辅政。晋武帝临死的时候，只有杨骏在身边。杨骏为了想独揽大权，和杨皇后串通起来，另外伪造一道遗诏，指定杨骏单独辅政。

晋武帝一死，太子司马衷即位，这就是晋惠帝。

晋惠帝即位以后，国家政事他一件也管不了，倒是闹出一些笑话来。

有一次，他带了一批太监，在御花园里玩。那是初夏季节，池塘边的草丛间，响起一片蛤蟆的叫声。

晋惠帝呆头呆脑地问身边的太监说："这些小东西叫，是为官家，还是为私人呢？"

太监面面相觑（音 qù），不知该怎样回答，有个比较机灵的太监一本正经地说："在官地里的为官家，在私地里的为私家。"

惠帝似懂非懂地点点头。

有一年，各地闹饥荒。地方的官员把灾情上报朝廷，说灾区的老百姓饿死的很多。这件事给晋惠帝知道了，就问大臣说："好端端的人怎么会饿死？"

大臣回奏说："当地闹灾荒，没粮食吃。"

惠帝忽然灵机一动，说："为什么不叫他们多吃点肉粥呢？"

大臣们听了，个个目瞪口呆。

西晋出了这样一个白痴皇帝，周围的一群野心家自然就蠢蠢欲动了。

113

八 王 混 战

晋武帝认为魏朝的灭亡，是因为没有给皇族子弟权力，使皇室孤立了。所以，他在即位以后，封了二十七个同姓王。每个王国都有自己的军队；王国里的文武官员，都由诸侯王自己选用。他以为这样一来，有许多亲属子弟支持皇室，司马氏的统治就可以稳固了。哪里知道这一来，反而种下了祸根。

晋惠帝即位以后，外戚杨骏用阴谋手段，排挤了汝南王司马亮，取得单独辅政的地位。一些诸侯王当然不甘心，只是一时没有机会动手反对他。

晋惠帝不懂事，但是他的妻子贾后却是一个心狠手辣的人。她不愿让杨骏操纵政权，秘密派人跟汝南王司马亮和楚王司马玮联络，要他们带兵进京，讨伐杨骏。

楚王玮从荆州带兵进了洛阳。贾后有了楚王玮的支持，就宣布杨骏谋反，派兵围了杨骏的家，把杨骏杀了。

杨骏被杀之后，汝南王亮进洛阳辅政。他想独揽大权，可是兵权在楚王玮手里。两个人之间就闹起矛盾来。贾后嫌留着汝南王亮碍事，就假传晋惠帝的密令，派楚王玮把汝南王亮抓起来杀了。

楚王玮本来是贾后的同党，但是贾后怕他连杀两王之后，权力太大。当天晚上，又宣布楚王玮假造皇帝诏书，擅自杀害汝南王，把楚王玮办了死罪。楚王玮知道上了贾后的当，大叫冤枉，已经没有用了。

打那以后，朝廷上没有辅政的大臣，名义上是晋惠帝做皇帝，实际上是贾后专权。

贾后掌权七八年，骄横跋扈，胡作非为，名声坏透了。太子司马遹（音 yù），不是贾后生的。贾后怕他长大起来，自己的地位保不住，就千方百计想除掉太子。

有一回，贾后事先叫人起草一封用太子口气写的信，内容是逼晋惠帝退位。贾后把太子请来喝酒，把他灌得烂醉，趁太子昏昏沉沉的时候，骗他把那封信抄了一遍。

第二天，贾后叫晋惠帝召集大臣，把太子写的信交给大家传看，宣布太子谋反。大臣们怀疑这封信不是太子写的。贾后要大家核对笔迹。大家一看果然是太子的亲笔，不敢再说。贾后就把太子废了。

朝廷大臣对贾后的凶狠本来十分不满，现在见她废掉太子，背地里十分气愤，议论纷纷。掌握禁军的赵王司马伦觉得这是个好机会，想起兵反对贾后，但他又怕让太子掌了权，也不好对付，就在外面散播空气，说大臣正在秘密打算扶植太子复位。贾后听到这个谣传，真的害怕起来，派人毒死了太子。这样一来，赵王伦抓住了把柄，派禁军校尉、齐王司马冏（音 jiǒng）带兵进宫逮捕贾后。

专门玩弄阴谋的贾后，这一下也中了别人的计。她一见齐王冏带兵进宫，大吃一惊，说："你们想干什么？"

齐王冏说："奉皇上的诏书，特来逮捕你。"

贾后说："皇上的诏书都是我发的，哪里还有什么别的诏书！"

贾后大叫大闹，指望惠帝来救她。赵王伦把她抓起来杀了。

赵王伦掌握了政权，野心更大。他当了相国还不满足。过了一年，干脆把晋惠帝软禁起来，自己称起皇帝来。他一即位，就把他的同党，不论文官武将，或是侍从、兵士，都封了大大小小的官职。那时候，当官的戴的官帽上面都用貂（音 diāo）的尾巴做装饰。赵王伦封的官实在太多太滥了，官库里收藏的貂尾不够用，只好找些狗尾巴来凑数。所以，民间就编了歌谣来讽刺他们，叫做"貂不足，狗尾续"。

各地的诸侯王听说赵王伦做了皇帝，谁都想夺这个宝座。这样，在他们之间就展开了一场又一场的厮杀。参加这场混战的是赵王司马伦、齐王司马冏、成都王司马颖、河间王司马颙（音 yóng）、长沙王司马乂（音 yì）、东海王司马越。加上已经被杀的汝南王亮、楚王玮，一共有八个诸侯王，历史上称为"八王之乱"。

八王之乱前后延续了十六年，到了公元 306 年，八王中的七个都死了，留下的最后一个东海王越，毒死了晋惠帝，另立了惠帝的弟弟司马炽（音 chì），这就是晋怀帝。

114

李特的流民大营

西晋的腐朽统治和混战，给百姓带来无穷无尽的灾难，加上接连不断的天灾，许多地方的农民没有粮吃，被迫离开自己的故乡，成群结队到别的地方逃荒。这种逃荒的农民叫做“流民”。

公元298年，关中地区闹了一场大饥荒，略阳（治所在今甘肃天水东北）、天水等六郡十几万流民逃荒到蜀地。有一个氐（音dī）族人李特和他兄弟李庠、李流，也跟着流民一起逃荒。一路上，流民中间有挨饿的、生病的，李特兄弟常常接济他们，照顾他们。流民都很感激、敬重李特兄弟。

蜀地离开中原地区比较远，百姓生活比较安定。流民进了蜀地后，就分散在各地，靠给富户人家打长工过活。

益州刺史罗尚，却要把这批流民赶回关中去。他们还在要道上设立关卡，准备抢夺流民的财物。

流民们听到官府要逼他们离开蜀地，想到家乡正在闹饥荒，回去也没法过日子，人人都发愁叫苦。

流民们向李特诉苦，李特几次向官府请求放宽遣送流民的限期。流民听到这个消息，感戴李特，纷纷投奔他。

李特在绵竹地方设了一个大营，收容流民。不到一个月，流民越聚越多，约摸有两万人。他的弟弟李流也设营收容了几千流民。

李特收容流民之后，派使者阎彧（音 yù）去见罗尚，再次请求缓期遣送流民。

阎彧来到罗尚的刺史府，看到那里正在修筑营寨，调动人马，知道他们不怀好意。他见了罗尚，说明了来意。罗尚对阎彧说："我已经准许流民缓期遣送了，你回去告诉他们吧！"

阎彧直爽地对他说："罗公听了别人的坏话，看样子恐怕不会饶过他们。不过我倒要劝您，不要小看了老百姓。百姓看起来是软弱的，您若逼得他们无路可走，众怒难犯，只怕对您没有好处。"

罗尚假惺惺地说："我不会骗你，你就这样去说吧！"

阎彧回到绵竹，把罗尚那里的情况一五一十告诉李特，并且对李特说："罗尚虽然这样说，但是我们不能轻信他，要防备他偷袭。"

李特也怀疑罗尚的话不可靠，立刻把流民组织起来，准备好武器，布置阵势，准备抵抗晋兵的进攻。

到了晚上，罗尚果然派部将带了步兵、骑兵三万人，偷袭绵竹大营。

晋军进入李特的营地，李特故意镇静自若躺在大营里。晋将自以为得计，一声号令，叫兵士猛攻李特大营。

三万晋军刚进了营地，只听得四面八方响起了一阵震耳的锣鼓声。大营里预先埋伏好的流民，手拿长矛大刀，一起杀了出来。这批流民勇猛无比。一个抵十个，十个抵百个。晋军没有料到流民早有准备，心里一慌，已经没有斗志，被流民杀得丢盔弃甲，四散逃窜。两三个晋将逃脱不了，被流民们杀了。

流民们杀散晋军，知道晋朝统治者不会罢休，就请求李特替他们作主，领导他们抗击官府。

李特和六郡流民首领一商量，大家推李特为镇北大将军，李流为镇东将军，几个流民首领都被推举为将领。他们整顿兵马，军威大振。过不了几天，就攻下了附近的广汉，赶走了那里的太守。

李特进了广汉，学汉高祖刘邦的样子，宣布约法三章，打开了官府的粮仓，救济当地的贫苦百姓。流民组成的军队在李特领导下，纪律严明。蜀地的百姓平时受尽晋朝官府的压迫，现在来了李特，生活倒安定起来，怎么不高兴。民间编了一个歌谣说："李特尚可，罗尚杀我。"

罗尚表面上派使者向李特求和，暗地里勾结当地豪强势力，围攻李特。李特在奋勇抵抗之后，战败牺牲。他的儿子李雄继续率领流民战斗。公元304年，李雄自立为成都王。过了两年，又自称皇帝，国号大成。后来到李雄侄儿李寿在位时，改国号为汉。所以历史上又称"成汉"。

115

匈奴人称汉帝

李雄在成都称王的同一年（公元 304 年），北方的匈奴贵族刘渊也反晋独立，自称汉王。

自从西汉末年起，有一部分匈奴人分散居住在北方边远郡县，他们和汉族人相处久了，接受了汉族的文化。匈奴贵族认为上代多次跟汉朝和亲，是汉朝皇室的亲戚，后来就改用汉皇帝的姓——刘。曹操统一北方后，把匈奴三万个部落分为五个部，每个部都设部帅，匈奴贵族刘豹是其中一部的部帅。

刘渊是刘豹的儿子，从小读了许多汉族人的书，力气大，武艺高，能够拉三百斤重的大弓。刘豹死后，刘渊继承他父亲的职位。后来，在西晋的成都王司马颖（八王之一）部下当将军，留在邺城，专管五部匈奴军队。

八王混战开始后，匈奴部落里一些贵族们在左国城（今

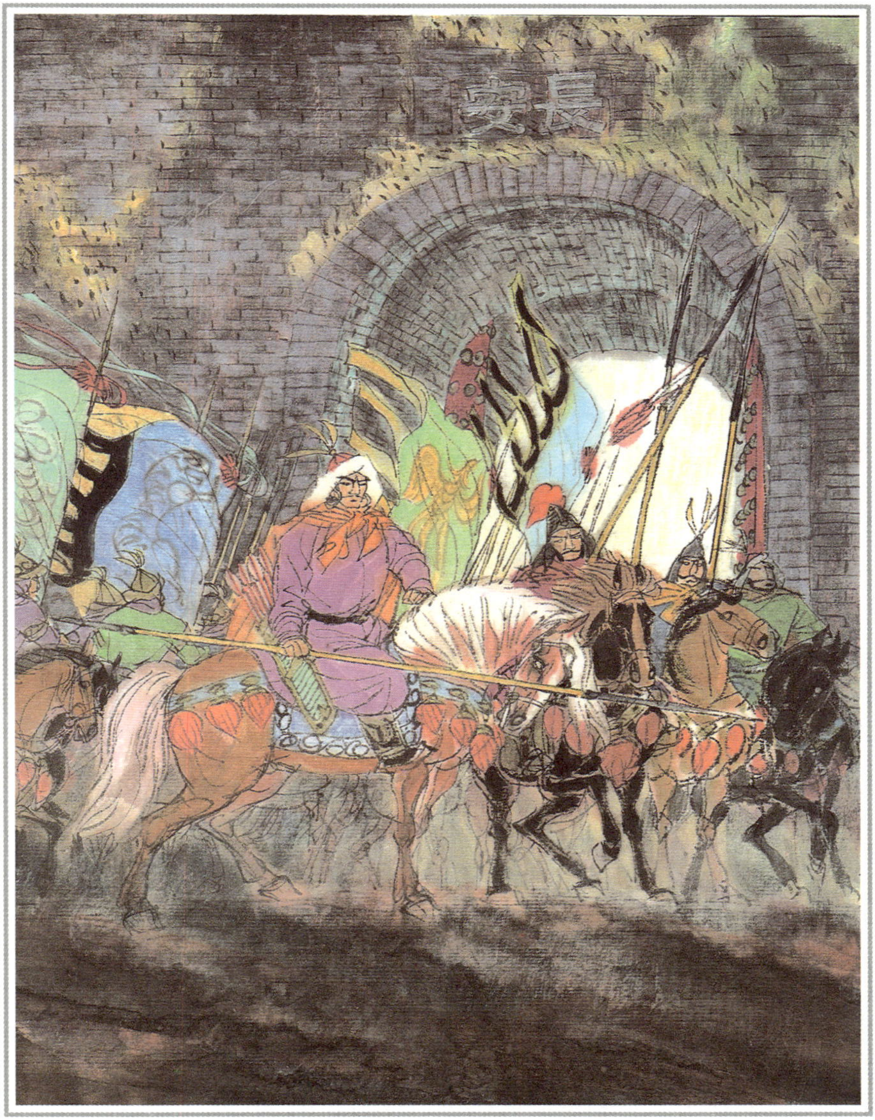
長安

山西离石北）开会商量。有个老年贵族说："我们匈奴从汉朝开始跟汉人结为兄弟。经过魏、晋两个朝代，匈奴单于后代虽然有封号，却没有自己的尺寸土地，跟一般百姓没有什么两样。现在晋朝发生内乱，自相残杀。这正是我们匈奴人恢复地位的好时机啊！"

大家都觉得他的主意对，叫谁来带头呢？大家一议论，认为刘渊有才能，威望高，推他当单于挺合适。

贵族们派个使者到邺城，把大伙儿的意思告诉刘渊，请他回来。刘渊很高兴，就借口要回匈奴葬自己的父亲，向司马颖请假。司马颖不同意，刘渊只好让使者先回去，并且要五部匈奴集结兵力，向南移动。

后来，晋朝的并州刺史司马腾、将军王浚联络鲜卑贵族攻打司马颖，司马颖失败了，逃往洛阳。刘渊向司马颖要求回去带匈奴兵马来助战，司马颖才让他走了。

公元 304 年，刘渊回到左国城，大伙儿拥戴他做大单于。他集中了五万人马，亲自率领南下，帮助晋军攻打鲜卑兵。有人问他，为什么不趁这个机会把晋朝灭掉，反倒去帮助晋军呢？

刘渊说："要灭掉晋朝，还不是像摧枯拉朽一样容易，但是晋朝的百姓未必会向着我们。我看汉朝立国的年代最长，在百姓中影响大。我们的上代又是汉朝皇室的兄弟。现在汉朝亡了，我们用继承汉朝的名义，也许可以得民心。"

大家听了，觉得是一个好主意。刘渊就宣布自己是汉王。

刘渊称汉王后，很快攻下了上党、太原、河东、平原等几个郡，势力越来越大。一些势力比较小的各族反晋力量也都来归附刘渊。

公元 308 年，刘渊称汉帝。第二年迁都平阳（今山西临汾西南），集中兵力进攻洛阳。洛阳的老百姓虽然恨透腐朽的西晋王朝，但是也不愿受匈奴贵族的统治。所以刘渊两次进攻，都遭到洛阳军民的猛烈抵抗，不得不退兵。

那时候，八王中最后的一个王——东海王司马越还在和一批大臣互相仇杀。晋朝留下的一点点兵力也消耗得差不多了。

后来刘渊死去，他儿子刘聪接替做汉国皇帝，又派大将刘曜、石勒进攻洛阳。洛阳的军民奋勇抵抗，但是毕竟寡不敌众。公元 311 年，洛阳城终于被攻陷，晋怀帝做了俘虏。

刘聪进洛阳后，杀了大批晋朝的官员和百姓，有一次，刘聪举行宴会，让晋怀帝穿着奴仆穿的青衣给大家斟酒。一些晋朝的遗臣看了，禁不住失声痛哭。刘聪看晋朝遗臣还对怀帝这样有感情，一发狠，就把怀帝杀了。

晋怀帝死后，在长安的晋朝官员拥立怀帝的侄儿司马邺继承皇位，这就是晋愍（音 mǐn）帝。

公元 316 年，刘聪攻下长安。晋愍帝也遭到了怀帝同样的命运，在受尽侮辱后被杀。西晋王朝维持了五十二年，终于灭亡。

西晋灭亡之后，北方的各族人民（主要是匈奴、鲜卑、羯、氐、羌五个少数民族）纷纷起义，他们中间的上层分子乘机起兵，像李雄、刘渊一样建立政权，前前后后一共出现十六个割据政权，历史上称为“十六国”（旧称五胡十六国，胡是古时候对少数民族的泛称）。

116

闻鸡起舞

当匈奴贵族横行北方、西晋王朝面临崩溃的时候，晋朝有一些有志气的将领还坚持在北方战斗。刘琨就是这样的杰出代表。

刘琨年轻的时候，有一个要好的朋友叫祖逖。在西晋初期，他们一起在司州（治所在今洛阳东北）做主簿，晚上，两人睡在一张床上，谈论起国家大事来，常常谈到深更半夜。

一天夜里，他们睡得正香的时候，一阵鸡叫的声音，把祖逖惊醒了。祖逖往窗外一看，天边挂着残月，东方还没有发白。

祖逖不想睡了，他用脚踢踢刘琨。刘琨醒来揉揉眼睛，问是怎么回事。祖逖说："你听听，这可不是坏声音呀。它在催我们起床了。"

两个人高高兴兴地起来，拿下壁上挂的剑，走出屋子，在熹微的晨光下舞起剑来。

就这样，他们一起天天苦练武艺，研究兵法，终于都成为有名的将军。

公元308年，晋怀帝任命刘琨做并州刺史。那时候，并州被匈奴兵抢夺杀掠，百姓到处逃亡。刘琨招募了一千多个兵士，冒着千难万险，转战到了并州的晋阳（今山西太原市西南）。

晋阳城里，房屋被焚毁，满地长着荆棘，到处是一片荒凉。偶然见到一些留下来的百姓，已经饿得不像样子了。

刘琨看到这种情况，心里很难过。他命令兵士砍掉荆棘，掩埋尸体，重新把房屋城池都修复起来。他亲自率领兵士守城，防备匈奴兵的袭击。他还采取计策，让匈奴的各部落互相猜疑。后来，有一万多个匈奴人投降了刘琨，连汉主刘渊也害怕了，不敢侵犯。

刘琨把流亡的百姓都召回来耕种荒地。不到一年时间，到处可以听到鸡鸣狗叫的声音，晋阳城渐渐恢复了繁荣的景象。

刘聪攻破洛阳之后，西晋在北方的兵力大多被打散了，只有刘琨还在并州一带坚持战斗。晋愍帝在长安即位后，派人封刘琨为大将军，要他统率并州的军事。

那时候，汉国大将石勒，占据了襄国（在今河北邢台西南），集结了几十万大军，想夺取并州。刘琨南面有刘聪，北面有石勒，前后受敌，处境困难到了极点。可是刘琨没有害怕，没有退缩。他在给晋愍帝的一份奏章里说："臣跟刘聪、石勒，势不两立。如果不讨平他们，臣决不回朝。"

据说,刘琨在晋阳的时候,有一次,晋阳被匈奴的骑兵层层包围。晋阳城里兵力太少,没有力量打退敌人。大家都感到惊慌,刘琨却仍然泰然自若。到了傍晚,他登上城楼,在月光下放声长啸,声调悲壮。匈奴的骑兵听了,都随着啸声叹息。半夜里,刘琨又叫人用胡笳(一种乐器)吹起匈奴人的曲调,勾起了匈奴骑兵对家乡的怀念,伤感得流下眼泪。天快亮的时候,城头的笳声又响了起来,匈奴兵竟自动跑散了。

后来,刘琨联络鲜卑族首领一起进攻刘聪,没有成功。接着,石勒进攻乐平(今山西昔阳西南),刘琨派兵去救,被石勒预先埋伏好的精兵打得几乎全军覆没。正在这个时候,又传来了长安被刘聪攻陷的消息。到了这步田地,尽管刘琨怎样顽强,也没法保住并州,只好率领残兵投奔幽州去了。

117

王马共天下

刘聪攻下长安后，南方还在晋朝官员手里。晋愍帝在被俘前留下诏书，要镇守在建康（原名建业，今江苏南京市）的琅琊（音 láng yá）王司马睿（音 ruì）继承皇位。

司马睿在西晋皇族中，地位和名望并不高。晋怀帝的时候，他被派到江南去镇守。他带去了一批北方的士族官员，其中最有名望的是王导。司马睿对王导言听计从，把他看作知心朋友。

司马睿刚到建康的时候，江南的一些大士族地主嫌他地位低，不怎么看得起他，也不来拜见他。为了这个，司马睿心里不踏实，要王导想个办法。

王导有个堂哥王敦，当时在扬州做刺史，很有点势力。王导把王敦请到建康，两个一商量，想出一个主意来。

这年三月初三，按照当地的风俗是禊（音 xì）节，百姓和官员都要到江边去“求福消灾”。这一天，王导让司马睿坐上华丽的轿子到江边去，前面有仪仗队鸣锣开道，王导、王敦和从北方来的大官、名士，一个个骑着高头大马跟在后面，排成一支十分威武的队伍。

这一天，在建康江边看热闹的人本来很多。大家看到这种从来没见到过的大排场，都轰动了。

江南有名的士族地主顾荣等听到这个消息，从门缝里偷偷张望。他们一看王导、王敦这些有声望的人对司马睿这样尊敬，大吃一惊，怕自己怠慢了司马睿，一个接一个地出来排在路旁，拜见司马睿。

这一来，提高了司马睿在江南士族地主中的威望。王导接着就劝司马睿说：“顾荣、贺循是这一带的名士。只要把这两人拉过来，就不怕别人不跟着我们走。”

司马睿派王导上门请顾荣、贺循出来做官，两个人都高兴地来拜见司马睿。司马睿殷勤地接见了他们，封他们做官。

打那以后，江南大族纷纷拥护司马睿，司马睿在建康就站稳了脚跟。

北方发生大乱以后，北方的士族地主纷纷逃到江南来避难。王导又劝说司马睿把他们中间有名望的人都吸收到王府来。司马睿听从王导的意见，前前后后吸收了一百零六个人，在王府里做官。

司马睿听从王导的安排，拉拢了江南的士族，又吸收了北方的人才，巩固了地位，心里十分感激王导。他对王导说：“你真是我的萧何啊！”

公元317年，司马睿在建康即位，重建晋朝。这就是晋元帝。在这以后，晋朝的国都在建康。为了和司马炎建立的晋朝（西晋）相区别，历史上把这个朝代称为东晋。

晋元帝登基的那天，王导和文武官员都进宫来朝见。

晋元帝见到王导，从御座站了起来，把王导拉住，要他一起坐在御座上接受百官朝拜。

这个意外的举动，使王导大为吃惊。因为在封建时代，是绝对不允许有这样的事的。王导忙不迭推辞，他说："这怎么行。如果太阳跟普通的生物在一起，生物还怎么能得到阳光的照耀呢？"

王导这一番吹捧，使晋元帝十分高兴。晋元帝也不再勉强。但是他总认为他能够得到这个皇位，全靠王导、王敦兄弟的力量，所以，对他们特别尊重。他封王导担任尚书，掌管朝内的大权；又让王敦总管军事。王家的子弟中，很多人都封了重要官职。

当时，民间流传着一句话，叫做"王与马，共天下"。意思就是王氏同皇族司马氏共同掌握了东晋的大权。

王敦掌握军权，自以为了不起，把晋元帝不放在眼里。晋元帝也看出了王敦的骄横，另外重用了大臣刘隗和刁协，对王氏兄弟渐渐疏远起来。这样，刚刚建立的东晋王朝内部就出现了裂痕。

118

石勒读汉书

晋元帝即位的第二年，匈奴族的汉国国主刘聪病死。汉国内部也发生分裂。刘聪的侄儿刘曜接替了国主的地位。他觉得用汉朝的名义并不能欺骗人民，在公元 319 年，改国号为赵。汉国大将石勒在反晋战争中扩大了兵力，不愿再受刘曜的统治，也自称赵王。

石勒是羯族人，他家世代是羯族部落的小头目。年轻的时候，并州地方闹饥荒，他和部落失散了，曾经给人家做过奴隶、佣人。有一次，石勒被乱兵捉住，关在囚车里。正好他的囚车旁边有一群鹿跑过。乱兵纷纷去追捕鹿群，石勒才趁机会逃走。

石勒受尽苦难，没有出路，就招集一群流亡的农民，组成了一支强悍的队伍。刘渊起兵以后，石勒投降汉国，在刘渊部下当了一员大将。

羯族人的文化比匈奴人要低。石勒从小没有像刘渊那样受过汉族文化教育,不识字。他担任大将以后,渐渐懂得要成大事业,光靠武力不行,就依靠一个汉族士人张宾,采取了许多政治措施。他还收留了一批北方汉族中的贫苦的读书人,组织了一个“君子营”。

由于石勒骁勇善战,加上有了张宾一批谋士帮他出谋划策,石勒的势力更加强大。到了公元328年,终于消灭了刘曜。过了两年,石勒在襄国自称皇帝,国号仍是赵。历史上把刘氏的赵国称为“前赵”,把石勒建立的赵国称为“后赵”。

石勒自己没有文化,但是却十分重视读书人。他做了后赵皇帝后,命令部下,凡捉到读书人,不许杀死,一定要送到襄国来,让他自己处理。

他听从张宾的意见,设立学校,要他部下将领的子弟进学校读书。他还建立了保举和考试的制度。凡是各地保举上来的人经过评定合格,就选用他们做官。

石勒严禁部下提到“胡”字、“羯”字。但是为了安抚汉族士人,有时候也没有执行禁令。

有一次,有个汉族官员樊坦被任用做官。樊坦进宫朝见的时候,穿了一身破破烂烂的衣服。石勒吃惊地问他:“你怎么穷到这步田地?”

樊坦忘记了禁令,回答说:“刚刚碰到一批羯贼,把我的家当都抢走,家里连一件像样的衣服都没有了。”

石勒知道他吃了亏,就安慰他说:“羯贼这样乱抢东西,太不应该!我来替他们赔偿吧!”

樊坦忽然想起了触犯了禁令,吓得浑身发抖,连忙向石勒请罪。

石勒笑着说:“我这个禁令,是对付一般百姓的。你们这些老书生,我不怪你们。”

说着,真的赔给樊坦一些衣服钱财,还赏给他一辆车,一匹马。

石勒挺喜欢读书。他自己不识字,就找一些读书人把书讲给他听,一边听,一边还随时发表自己的见解。

有一次,他让人给他读《汉书》,听到有人劝汉高祖封旧六国贵族的后代的历史。他就说:“唉!刘邦采取这样错误做法,还怎么能够得天下呢?”讲书的人马上给他解释,后来由于张良的劝阻,汉高祖并没有这样做。石勒点头说:“这才对啦。”

又有一次,石勒举行宴会招待大臣,宴席上,他问一个大臣,说:“你看我可以比得上古代什么样的帝王?”

大臣吹捧说:“陛下英明神武,比汉高祖还强,别人更比不上了。”

石勒笑了笑说:“你说得太过分了。我要是遇到汉高祖,只能做他的臣下,大概跟韩信、彭越差不多。要是我生在汉光武帝那个时候,倒可以和他并驾齐驱,还说不定谁胜谁负呢。”

由于石勒重用人才,在政治上比较开明,后赵初期出现了兴盛的气象。

119

祖逖中流击楫

自从匈奴人占领中原，北方有许多人避难到南方来。刘琨的好友祖逖也带了几百家乡亲来到淮河流域一带。在逃难的行列中，祖逖主动出来指挥，把自己的车马让给老弱有病的坐，自己的粮食、衣服给大家一起吃用。大家都十分敬重他，推他做首领。

到了泗口（今江苏淮阴市西南），祖逖手下已经有一批壮士，他们都是背井离乡的北方人，希望祖逖带领他们早日恢复中原。

当时，司马睿还没有即皇帝位。祖逖渡江到建康，劝琅琊王司马睿说："晋朝大乱，主要是由于皇室内部自相残杀，使胡人乘机攻进了中原。现在中原的百姓遭到敌人残酷迫害，人人想要起来反抗。只要大王下令出兵，派我们去收复失地。那么北方各地的人民一定会群起响应。"

司马睿并没有恢复中原的打算，但是听祖逖说得有道理，也不好推辞，勉强答应他的请求，派他做豫州（今河南东部和安徽北部）刺史，拨给一千个人吃的粮食和三千匹布，至于人马和武器，叫他自己想办法。

祖逖带着随同他一起来的几百家乡亲，组成一支队伍，横渡长江。船到江心的时候，祖逖拿着船桨，在船舷边拍打（文言是“中流击楫”），向大家发誓说：“我祖逖如果不能扫平占领中原的敌人，决不再过这条大江。”他的激昂的声调和豪壮的气概，使随行的壮士个个感动，人人激奋。

到了淮阴，他们停下来一面制造兵器，一面招兵买马，聚集了两千多人马，就向北进发了。

祖逖的军队一路上得到人民的支持，迅速收复了许多失地。当时，长江以北还有不少豪强地主，趁中原大乱的机会，占据堡坞，互相争夺。祖逖说服他们停止内争，跟随他一起北伐，对不听号令、依附敌人的，就坚决打击。祖逖的威望就越来越高了。

刘琨在北方听到老朋友祖逖起兵北伐，也很高兴，说：“我夜间枕着兵器睡觉等天亮，就是一心要消灭敌人。现在祖逖跑到我前面去了。”

公元319年，陈留地方的豪强地主陈川投降后赵国主石勒，祖逖决定发兵进攻陈川。石勒派兵五万援救，被祖逖打得大败。接着，后赵的将领桃豹和祖逖的部下韩潜又争夺蓬陂（今河南开封市附近）城。战斗了四十天，相持不下，双方的军粮都发生了困难。

有一天，祖逖用布袋装满了泥土，派一千多名兵士扛着，运到了晋营，装作运粮的样子。最后又派了几个兵士扛着几袋米，运到半路上，故意停下来休息。

桃豹在赵营内看到晋兵运来那么多的米，自然眼红，就趁晋兵休息的时候，派了大批兵士来抢。晋兵丢下米袋就逃。赵营里早已断了粮，抢到了一点米，只能够勉强维持几天，但是大家看到晋营里军粮那么充足，军心就动摇起来了。桃豹赶快派人向石勒求救。

过了几天，石勒派了一千头驴子装运了粮食接济桃豹。祖逖早就探得情报，在路上设下伏兵，把后赵的粮食全部截夺下来。这样一来，桃豹再也支持不住，连夜放弃阵地逃跑了。

祖逖领导晋兵艰苦斗争，收复了黄河以南的全部领土，后赵的兵士陆续向祖逖投降的也很多。晋元帝即位后，因为祖逖功劳大，封他为镇西将军。

祖逖在战斗的艰苦环境中，和将士们同甘共苦，自己的生活很节约，把省下的钱尽量帮助部下。他还奖励耕作，招纳新归附的人。即使是跟自己关系疏远和地位低下的人，他也同样热情地对待。当地的百姓都很拥护他。

有一次，祖逖举行宴会招待当地父老。人们高兴得又是唱歌，又是跳舞。有些老人流着眼泪说："我们都老了，今天能够在活着的日子里看到亲人，死了也可以闭上眼睛了。"

祖逖一面操练士兵，一面扩大兵马，预备继续北伐，收复黄河以北的国土。哪儿想到昏庸的晋元帝对祖逖竟放心不过，怕祖逖势力太大了不好控制，派了一个戴渊来当征西将军，统管北方六州的军事，叫祖逖归他指挥。祖逖辛辛苦苦收复失地，反而受到朝廷的牵制，心里很不舒坦。

不久，祖逖听说他的好友刘琨在幽州被王敦派人害死，又听说晋元帝跟王敦正在明争暗斗，心里又是忧虑，又是气愤，终于得病死了。豫州的男女老少听到祖逖去世的消息，像死了自己的亲人一样伤心。

祖逖虽然没有完成恢复中原的事业，但他那中流击楫的英雄气概，一直被后代的人所传诵。

120

陶侃运砖头

祖逖死后，东晋王朝接连发生几次内乱。晋元帝想抵制王氏势力，王敦起兵攻进建康，杀了一批反对他的大臣。元帝的儿子晋明帝即位后，王敦又一次攻打建康失败，自己病死了。到了晋成帝（明帝的儿子）的时候，历阳（今安徽和县）镇将苏峻起兵叛变，攻进了建康。东晋的一些大臣束手无策，后来依靠荆州刺史陶侃出兵，花了两年时间，才平定了苏峻的叛乱。

陶侃在王敦得势的时候，本来是王敦的部下。那时候，陶侃立了战功，做了荆州刺史。有人妒忌他，在王敦面前说他坏话。王敦把他调到广州。那时候，广州还是偏僻的地区，调到广州实际上是降了他的职。

陶侃到了广州，并没有灰心丧气。他每天早晨把一百块砖头（文言是“甓”，音 pì）从书房里搬到房外；到了晚上，又把砖头一叠叠运到屋里。人们看到他每天这样做，感到很奇怪，忍不住问他为什么这样做。

陶侃严肃地说："我虽然身在南方，但心里想的是收复中原。如果闲散惯了，将来国家需要我的时候，还怎么能担当重任呢？所以，我每天借这个练练筋骨。"

王敦失败以后，东晋王朝才把陶侃提升为征西大将军兼荆州刺史。荆州的百姓听到陶侃回来，都高兴地互相庆贺。

官虽然做得大了，可陶侃还是十分小心谨慎。荆州衙门里大大小小的事情，他都要亲自认真检查，从来不放松。他常常对他的部下说："大禹是个圣人，还爱惜一寸光阴。像我们这种普通人，论智慧和能力，都跟大禹差得很远，更应该爱惜每一分光阴，怎能贪图安逸。如果活着对国家没有贡献，死了没有留下什么好名誉，那不是自暴自弃吗？"

他部下有些官吏，喜欢吃酒赌博，往往因此耽误了公事，陶侃知道了非常生气。他吩咐人把酒器和赌具都收起来，一古脑儿扔到江里去；还把那些官吏鞭打了一顿。打这以后，大家都吓得不敢再赌博喝酒了。

有一次，陶侃到郊外去视察，看见一个过路人一面走，一面随手摘了一把没有成熟的稻穗，拿在手里玩弄。

陶侃叫住他问："你拔了这棵稻子，干什么用？"

那个过路人只好实说："没有什么，顺手拔一点玩玩罢了。"

陶侃听了，勃然大怒说："你自己不耕种，还无缘无故毁坏人家的庄稼，真是岂有此理！"

说罢，就命令他的兵士把那人捆绑起来，狠狠地鞭打了一顿，才把他放了。

人们听到刺史这样保护庄稼，种田就更勤快了。荆州地方就渐渐富裕起来。

荆州地方在长江边上。官府造船，常常留下许多木屑和竹头。要是在别人手里，不是打扫掉，就是烧了。但是陶侃却吩咐人把它收拾起来，收藏在仓库里。人们见了，不懂他为什么要这样做，也没敢问。

后来，有一次新春过节，荆州的官员都到官府来拜见陶侃。恰好前几天下了几场大雪。天气放晴，积雪融化后，大厅前面又湿又滑，不好走路。陶侃就吩咐管事的官吏，把仓库里的木屑拿出来铺地，这样，走路的时候就再不怕滑跤了。

又有一次，东晋水军造一批战船需要竹钉。陶侃又叫人把收藏起来的竹头拿出来给兵士去做造船用的竹钉。

到这时候，大家才知道陶侃收集木屑和竹头的用处，佩服他考虑得周到。

陶侃前前后后带兵四十一年，由于他执法严明，办事认真，谁都佩服他。据说，在他管辖的地方，社会秩序安定，真做到了“路不拾遗”哩！

121

王羲之写字换鹅

在“王马共天下”的东晋时期，王氏是高级的士族。王导、王敦家族的子弟，都当上了大小的官员，他们大多数是庸庸碌碌的官僚，但在他们当中，也出了一个我国历史上有名的书法家。他就是王羲之（羲音 xī）。

王羲之从小喜爱写字。据说他平时走路的时候，也随时用手指比划着练字，日子一久，连衣服都划破了。经过勤学苦练，王羲之的书法就达到很高的水平。

因为他出身士族，加上他的才华出众，朝廷中的公卿大臣都推荐他做官。他做过刺史，也当过右军将军（人们也称他王右军）。后来又在会稽郡做官。他不爱住在繁华的京城，见到会稽的风景秀丽，非常喜爱，一有空，就和他的朋友们一起游览山水。有一次，王羲之和他的朋友在会稽郡山阴的兰亭举行宴会。大家一面喝酒，一面写诗。最后由王羲之当场挥笔，写了一篇文章纪念这次宴会，这就是有名的《兰亭集序》。那幅由王羲之亲笔书写的《兰亭集序》，历来被认为是我国书法艺术的珍品，可惜它的真迹已经失传了。

王羲之的书法越来越有名，当时的人都把他写的字当宝贝看待。据说有一次，他到他门生家里去，门生很热情地接待他。他坐在一个新的几案旁，看到几案的面又光滑又干净，引起了他写字的兴趣，叫门生拿笔墨来。

那个门生高兴得不得了，马上把笔墨拿来给王羲之。王羲之在几案上写了几行字，留作纪念，就回去了。

过了几天，那个门生有事出门去了。他的父亲进书房收拾，一看新几案给墨迹弄脏了，就用刀把字刮掉。等门生回来，几案上的字迹已经不见了。门生为这件事懊恼了好几天。

又有一次，王羲之到一个村子去。有个老婆婆拎了一篮子六角形的竹扇在集上叫卖。那种竹扇很简陋，没有什么装饰，引不起过路人的兴趣，看样子卖不出去了。老婆婆十分着急。

王羲之看到这情形，很同情那老婆婆，就上前跟她说："你这竹扇上没画没字，当然卖不出去。我给你题上字，怎么样？"

老婆婆不认识王羲之，见他这样热心，也就把竹扇交给他写了。

王羲之提起笔来，在每把扇面上龙飞凤舞地写了五个字，就还给老婆婆。老婆婆不识字，觉得他写得很潦草，很不高兴。

王羲之安慰她说："别急。你只告诉买扇的人，说上面是王右军写的字。"

王羲之一离开，老婆婆就照他的话做了。集上的人一看真是王右军的书法，都抢着买。一篮竹扇马上就卖完了。

许多艺术家都有各自的爱好，有的爱种花，有的爱养鸟。但是王羲之却有他特殊的癖好。不管哪里有好鹅，他都有兴趣去看，或者把它买回来玩赏。

山阴地方有一个道士，他想要王羲之给他写一卷《道德经》。可是他知道王羲之是不肯轻易替人抄写经书的。后来，他打听到王羲之喜欢白鹅，就特地养了一批品种好的鹅。

王羲之听说道士家有好鹅，真的跑去看了。当他走近那道士屋旁，正见到河里有一群鹅在水面上悠闲地浮游着，一身雪白的羽毛，映衬着高高的红顶，实在逗人喜爱。

王羲之在河边看着看着，简直舍不得离开，就派人去找道士，要求把这群鹅卖给他。

那道士笑着说："既然王公这样喜爱，就用不到破费，我把这群鹅全部送您好了。不过我有一个要求，就是请您替我写一卷经。"

王羲之毫不犹豫地给道士抄写了一卷经，那群鹅就被王羲之带回去了。

122

桓温北伐

陶侃平定了苏峻的叛乱以后，东晋王朝暂时获得了安定的局面。这时候，北边却乱了起来。

后赵国主石虎（石勒的儿子）死了以后，内部发生大乱，后赵大将冉闵称帝，建立了魏国，历史上称为冉魏；鲜卑族贵族慕容皝（音 huǎng）建立的前燕又灭了冉魏。公元 352 年，氐族贵族苻健也乘机占领了关中，建立了前秦。

后赵灭亡的时候，东晋的将军桓温向晋穆帝（东晋的第五个皇帝）上书，要求带兵北伐。桓温是个很有军事才能的人，他在当荆州刺史的时候，曾经进兵蜀地，灭掉了成汉，给东晋王朝立了大功。

但是东晋王朝内部矛盾很大。晋穆帝表面上提升了桓温的职位，实际上又猜忌他。桓温要求北伐，晋穆帝没有同意，却另派了一个殷浩带兵北伐。

殷浩是个只有虚名、没有军事才能的文人。他出兵到洛阳，被羌族人打得大败，死伤了一万多人马，连粮草武器也丢光了。

桓温又上了道奏章，要求朝廷把殷浩撤职办罪。晋穆帝没办法，只好把殷浩撤了职，同意桓温带兵北伐。

公元 354 年，桓温统率晋军四万，从江陵出发，分兵三路，进攻长安。前秦国主苻健派兵五万在峣关抵抗，被晋军打得落花流水。苻健只好带了六千名老弱残兵，逃回长安，挖了深沟坚守。

桓温胜利进军，到了灞上。长安附近的郡县官员纷纷向晋军投降。桓温发出告示，要百姓安居乐业。百姓欢天喜地，都牵了牛，备了酒，到军营慰劳。

自从西晋灭亡以后，北方百姓受尽混战的痛苦。他们看到桓温的晋军，都高兴地流着眼泪说："想不到今天还能够重新见到晋军。"

桓温驻兵灞上，想等关中麦子熟了的时候，派兵士抢收麦子，补充军粮。可苻健也厉害，他料到桓温的打算，就把没有成熟的麦子全部割光，叫桓温收不到一粒麦子。

桓温的军粮断了，呆不下去，只好退兵回来。但是这次北伐毕竟打了一个大胜仗，晋穆帝把他提升为征讨大都督。

以后，桓温又进行了两次北伐。最后一次，进攻前燕，一直打到枋头（今河南浚县西南），后来，因为被前燕切断粮道，遭到失败。

桓温长期掌握东晋的军事大权，野心越来越大。有一次，他自言自语地说："男子汉如果不能流芳百世，也应当遗臭万年。”

有个心腹官员知道他的野心，向他献计，说要提高自己的威信，就先得学西汉霍光的办法，把现在的皇帝废了，自己另立一个皇帝。

那时候，晋穆帝已经死去。在位的皇帝是晋废帝司马奕（音 yì）。桓温带兵到建康，把司马奕废了，另立一个司马昱（音 yù）当皇帝，这就是晋简文帝。桓温当了宰相，带兵驻在姑孰（今安徽当涂）。

过了两年，晋简文帝病重，留下遗诏由太子司马曜继承皇位。这就是晋孝武帝。桓温本来以为简文帝会把皇位让给他，听到这个消息十分失望，就带兵进了建康。

桓温到达建康那天，随身带的将士，都是全副盔甲，手里拿着明晃晃的武器。朝廷官员到路边去迎接时，看到这个情景，吓得变了脸色。

桓温请两个最有名望的士族大臣王坦之、谢安到他官邸去会见，王、谢两人早已听说桓温事前在客厅的背后埋伏一批武士，想杀掉他们。所以，王坦之到了相府，浑身出冷汗，连衣服都湿透了。

谢安却十分镇静。进了厅堂坐定之后，他对桓温说："我听说自古以来，讲道义的大将，总是把兵马放在边境去防备外兵入侵。桓公为什么却把兵士藏在壁后呢？"

桓温听了，也有点不好意思，说："我也是不能不防备点儿。"说着，就命令左右把后面埋伏好的兵撤去。

桓温看到建康的士族中反对他的势力还不小，不敢轻易动手。不久，就病死了。

桓温死后，谢安担任了宰相，桓温的弟弟桓冲担任荆州刺史，两人同心协力辅佐晋孝武帝，东晋王朝出现了团结的气氛。

123

王猛扪虱谈天下

桓温第一次北伐驻军灞上的时候，有一天，一个穿着一身破旧短衣的读书人到军营前求见桓温。桓温正想招揽人才，听说来了个读书人，很高兴地接见了他。

这个读书人名叫王猛，从小家里很贫困，靠卖畚箕过活。但是他挺喜欢读书，学问渊博。当时关中士族嫌他出身低微，瞧不起他，他毫不在乎。有人曾经请他在前秦的官府里做小官吏，他也不愿去。后来索性在华阴山隐居了下来。这次听到桓温打进关中，特地到灞上求见桓温。

桓温想试试王猛的学识才能，请王猛谈谈当今天下形势。

王猛把南北双方的政治军事形势分析得一清二楚，见解十分精辟，桓温听了不禁暗暗佩服。

王猛一面谈，一面把手伸进衣襟里摸虱子（文言是“扪

虱”，扪音 mén）。桓温左右的兵士们见了，差一点笑出来。但是王猛却旁若无人，照样跟桓温谈得起劲。

桓温问他说：“这次我带了大军，奉皇上的命令远征关中，为百姓除害。但是为什么我来到这里，地方上的豪杰都不来找我呢？”

王猛淡淡一笑说：“您不怕千里跋涉，深入敌人腹地。但是长安近在眼前，您却不渡过灞水。大家不知道您心里怎么打算，所以不愿来见您啊。”

王猛这一番话正说中了桓温的心事。原来桓温北伐，主要是想在东晋朝廷树立他的威信，制服他在政治上的对手。他驻军灞上，不急于攻下长安，正是想保存他的实力。

桓温无话可答。但是他看出王猛是一个难得的人才，从关中退兵的时候，他再三邀请王猛一起南下，还封他一个比较高的官职。王猛知道东晋王朝的内部矛盾很大，拒绝了桓温的邀请，仍旧回到他的华阴山去了。

但是这样一来，这个摸虱子的读书人却出了名。

后来，前秦的皇帝苻健死了，他的儿子苻生是一个十分残暴的人，很快就被他的堂兄弟苻坚推翻。

苻坚是前秦王朝中一个有作为的皇帝。他在即位以前，就想找一个得力的助手，有人向他推荐王猛。

苻坚派人把王猛请了来，两个人一见如故，谈起历史上兴亡大事，见解完全吻合。苻坚高兴得了不得，认为真像刘备找到诸葛亮一样。

苻坚即位后，自称大秦天王。王猛成为他最亲信的大臣，一年里被提升五次，权力大得没人能跟他比。

那时候，王猛才三十六岁，年纪轻轻，又是汉族人。前秦的氐族老臣见到苻坚这样信任王猛，哪会心服。有个氐族大臣樊世，是跟着苻健一起打下关中的。有一次见到王猛，很生气地骂他："我们耕种好土地，你倒来吃白饭。"

王猛也顶了他一句说："你们不但要耕种，还要给我做饭呢！"

樊世更冒火了，说："我不把你的头割下来挂在长安城头上，我也不想活了。"

隔了几天，樊世和王猛在苻坚面前又争论起来，樊世当着苻坚的面，要想打王猛。苻坚觉得樊世闹得不像话，把他办了死罪。从此以后，氐族官员再不敢在苻坚面前说王猛的坏话了。

王猛受苻坚的信任，帮助苻坚镇压豪强，整顿朝政。王猛兼任京兆尹的时候，太后的弟弟、光禄大夫强德酗酒闹事，强抢人家财物和妇女。王猛一到任，就逮捕了强德，一面派人报告苻坚。等到苻坚派人来宣布赦免强德，王猛早已把强德处决了。以后几十天里，长安的权门豪强，皇亲国戚，被处死、判刑、免官的二十多人。朝廷官员大为震惊，坏人也不敢胡作非为了。苻坚赞叹说："我现在才懂得国家应该有法制呢。"

过了十几年，前秦在苻坚和王猛的治理下，国力越来越强大，先后灭掉了前燕、代国和前凉三个小国，统一了黄河流域地区。

公元 375 年，王猛得了重病。苻坚去探望他。王猛恳切地对苻坚说："东晋虽然远在江南，但是它继承晋朝正统，而且现在朝廷内部相安无事。我死之后，陛下千万不要去进攻晋国。我们的敌手是鲜卑人和羌人，留着他们总是后患。一定要把他们除掉，才能保障秦国的安全。”

124

一意孤行的苻坚

苻坚在王猛生前对王猛是言听计从的，但是他却没有听王猛临死留下的忠告。

王猛认为前秦的敌手是鲜卑人和羌人，但是苻坚却十分信任从前燕来投奔他的鲜卑贵族慕容垂和羌族贵族姚苌（音 cháng）。王猛劝他不要进攻东晋，但苻坚却把东晋当作唯一的敌人，非把它消灭不可。

王猛死后的第三年，苻坚就派他的儿子苻丕和慕容垂、姚苌等带了十几万大军，分兵几路进攻东晋的襄阳。守襄阳的晋将朱序坚决抵抗。秦兵花了将近一年时间，把襄阳攻了下来。

苻丕把朱序俘虏了，送到长安。苻坚认为朱序能够为晋国坚守襄阳，是个有气节的忠臣，把他收在秦国做个官员。

苻坚接着又派兵十几万从襄阳向东进攻淮南。东晋守将谢石、谢玄率领水陆两路进攻，把秦兵打得一败涂地。

但是，苻坚不肯就此罢休。到了公元382年，他认为准备成熟，就下决心大举进攻东晋。

这一年十月，苻坚在皇宫里的太极殿召集大臣商量。苻坚说："我继承王位到现在已快三十年，各地的势力差不多都平定了。只有盘踞在东南的晋国，还不肯降服。现在，我们有九十七万精兵。我打算亲自带领去讨伐晋国，你们认为怎么样？"

大臣们纷纷表示反对。大臣权舆说："晋国虽然弱小，但是他们的国主还没犯什么大错，手下还有像谢安、桓冲那样的文武大臣，团结一致。咱们要大举攻晋，恐怕不是时候。"

苻坚听了权舆的话，拉长了脸很不高兴。另一个武将石越说："晋国有长江作为天然屏障，再加上百姓都想抵抗，只怕我们不能够取胜。"

苻坚更加生气，他大声说："哼，长江天险有什么了不起，我们的军队那么多，大家把手里的马鞭子投到长江里，也可以把长江的水堵塞。他们还能拿什么来做屏障。"

大伙儿议论了半天，没有一个结果。苻坚不耐烦地说："你们都走吧。还是让我自己来决断。"

大臣们看见苻坚发火，只好一个个退出宫殿。最后，只有他弟弟苻融还留在殿上。

苻坚把苻融拉在他的身边，说："自古以来，决定国家大计的，总是靠一两个人。今天，大家议论纷纷，没有议出

个结果来。这件事还是咱们两人来决定吧。”

苻融心情沉重地回答说：“我看攻打晋国确有许多困难。再说，我军连年打仗，兵士们也已经精疲力乏，不想再打。今天这些反对出兵的，都是陛下的忠臣。希望陛下采纳他们的意见。”

苻坚没料到苻融也会反对他，马上沉下脸来，说：“连你也会说出这种丧气的话来，真叫人失望。我有精兵百万，兵器、粮草堆积如山，要打下晋国这样残余敌人，哪有不胜的道理。”

苻融看见苻坚这样一意孤行，急得差不多要哭起来。他苦苦劝告苻坚说：“现在要打晋国，不但没有必胜的希望，而且京城里还有许许多多鲜卑人、羌人、羯人。陛下离开长安远征，要是他们起来叛乱，后悔也来不及了。陛下难道忘记王猛临终前讲的一番话吗！”

打那以后，还有不少大臣劝苻坚不要攻晋。苻坚一概不理睬。有一次，京兆尹慕容垂进宫求见。苻坚要慕容垂谈谈他的看法。慕容垂说：“强国吃掉弱国，大国并吞小国，这是自然的道理。像陛下这样英明的君王，手下有雄师百万，满朝是良将谋士，要灭掉小小晋国，不在话下。陛下只要自己拿定主意就是，何必去征求许多人的意见呢？”

苻坚听了慕容垂的话，高兴得眉开眼笑，说：“看来，能和我一起平定天下的，只有你啦！”说着，马上吩咐左右拿五百匹绸缎赏给慕容垂。

经过慕容垂一怂恿，苻坚兴奋得连晚上都睡不着觉。他的妃子张夫人听到朝廷内外很多人不赞成出兵，也好言好语劝他。苻坚说:“打仗的事,你们女人家别管。”

苻坚最宠爱的小儿子苻铣,也劝苻坚说:“皇叔(指苻融)是最忠于陛下的,陛下为什么不听他的话?”

苻坚冷淡地说:“天下大事,孩子别乱插嘴。”

苻坚拒绝了大臣和亲人的劝说,决心孤注一掷,进攻东晋。

他派苻融、慕容垂充当先锋,又把姚苌封为龙骧将军,指挥益州、梁州的人马,准备出兵攻晋。

慕容垂的两个侄儿偷偷地跟慕容垂说:“皇上骄傲得过分了。看来,这次战争,倒是我们恢复燕国的好机会呢!”

125

谢安东山再起

公元383年八月，苻坚亲自带领八十七万大军从长安出发。向南的大路上，烟尘滚滚，步兵、骑兵，再加上车辆、马匹、辎重，队伍浩浩荡荡，差不多拉了千把里长。

过了一个月，苻坚主力到达项城（在今河南沈丘南），益州的水军也沿江顺流东下，黄河北边来的人马也到了彭城（今江苏徐州市），从东到西一万多里长的战线上，前秦水陆两路进军，向江南逼近。

这个消息传到建康，晋孝武帝和京城的文武官员都着了慌。晋朝军民都不愿让江南陷落在前秦手里，大家都盼望宰相谢安拿主意。

谢安是陈郡阳夏（今河南太康）人，出身士族，年轻的时候，跟王羲之是好朋友，经常在会稽东山游览山水，吟诗谈文。他在当时的士大夫阶层中名望很大，大家都认为他是个挺有才干的人。但是他宁愿隐居在东山，不愿做官。有人推举他做官，他上任一个多月，就不想干了。当时在士大夫中间流传着一句话："谢安不出来做官，叫百姓怎么办？"

到了四十多岁的时候，他才重新出来做官。因为谢安长期隐居在东山，所以后来把他重新出来做官这样的事称为"东山再起"。

苻坚强大起来以后，东晋的北面边境经常遭到秦兵的骚扰。朝廷想找一个文武全才的将军去防守边境。谢安把自己的侄儿谢玄推荐给孝武帝。孝武帝把谢玄封为将军，镇守广陵（今江苏扬州市），掌管江北的各路人马。

谢玄也是个军事人才。他到了广陵以后，就招兵买马，扩大武装。当时有一批从北方逃难到东晋来的人，纷纷应征。他们中间有个彭城人叫刘牢之，从小练得一身武艺，打仗特别勇猛。谢玄派他担任参军，叫他带领一支精锐的人马。这支人马经过谢玄和刘牢之的严格训练，成为百战百胜的军队。由于这支军队经常驻扎在京口（今江苏镇江市），京口又叫"北府"，所以把它叫做"北府兵"。

这一回，苻坚率领百万大军进攻东晋，谢安决定自己坐镇建康，派弟弟谢石担任征讨大都督，谢玄担任前锋都督，带领八万军队前往江北抗击秦兵，又派将军胡彬带领水军五千到寿阳（今安徽寿县）去配合作战。

谢玄手下的北府兵虽然勇猛。但是前秦的兵力比东晋大十倍，谢玄心里到底有点紧张。出发之前，谢玄特地到谢安家去告别，请示一下这个仗怎么打法。

哪儿知道谢安听了像没事一样，轻描淡写地回答说：

“我已经有安排了。”

谢玄心里想，谢安也许还会嘱咐些什么话。等了老半天，谢安还是不开腔。

谢玄回到家里，心里总不大踏实。隔了一天，又请他的朋友张玄去看谢安，托他向谢安探问一下。

谢安一见到张玄，也不跟他谈什么军事，马上邀请他到他山里一座别墅去。到了那里，还有许多名士先到了。张玄要想问，也没有机会。

谢安请张玄陪他一起下围棋，还跟张玄开玩笑，说要拿这座别墅做赌注，比一个输赢。张玄是个好棋手。平常跟谢安下棋，他总是赢的。但是，这一天，张玄根本没心思下棋，勉强应付，当然输了。

下完了棋，谢安又请大伙儿一起赏玩山景，整整游玩了一天，到天黑才回家。

这天晚上，他把谢石、谢玄等将领，都召集到自己家里，把每个人的任务一件件、一桩桩交代得很清楚。大家看到谢安这样镇定自若，也增强了信心，高高兴兴地回到军营去了。

那时候，桓冲在荆州听到形势危急，专门拨出三千名精兵到建康来保卫京城。谢安对派来的将士说：“我这儿已经安排好了。你们还是回去加强西面的防守吧！”

将士回到荆州告诉桓冲，桓冲很担心。他对将士说：“谢公的气度确实叫人钦佩，但是不懂得打仗。眼看敌人就要到了，他还那样悠闲自在；兵力那么少，又派一些没经验的年轻人去指挥。我看我们准要遭难了。”

126

淝水之战

谢安派出的将领胡彬，率领水军沿着淮河向寿阳进发。在路上，他得知寿阳已经被前秦的前锋苻融攻破。胡彬只好退到硖石（今安徽凤台西南），扎下营来，等待谢石、谢玄的大军会合。

苻融占领寿阳以后，又派部将梁成率领五万人马进攻洛涧（今安徽淮南东），截断了胡彬水军的后路。晋军被围困起来，军粮一天天少下去，情况十分危急。

胡彬派出兵士偷偷送信给谢石告急，说："现在敌人来势很猛，我军粮食快完，恐怕没法跟大军会合了。"

送信的晋兵偷越秦军阵地的时候，被秦军捉住。这封告急信落在苻融手里，苻融立刻派快马到项城去告诉苻坚。

苻坚一连得到秦军前锋的捷报，更加骄傲起来。他把大军留在项城，亲自率领八千名骑兵赶到寿阳，恨不得一口

气把晋军吞掉。

他到了寿阳，跟苻融一商量，认为晋军已经不堪一击，就派了一个使者到晋军大营去劝降。

那个派出的使者不是别人，恰恰是前几年在襄阳坚决抵抗过秦军、后来被俘虏的朱序。

朱序被俘以后，虽然被苻坚收用，在秦国当个尚书，但是心里还是向着晋朝。他到晋营见了谢石、谢玄，像见了亲人一样高兴，不但没按照苻坚的嘱咐劝降，反而向谢石提供了秦军的情报。他说："这次苻坚发动了百万人马攻打晋国，如果全部人马一集中，恐怕晋军没法抵挡。现在趁他们人马还没到齐的时候，你们赶快发起进攻，打败他们的前锋，挫伤他们的士气，就可以击溃秦军了。"

朱序走了以后，谢石再三考虑，认为寿阳的秦军兵力很强，没有把握打胜，还是坚守为好。谢安的儿子谢琰劝说谢石听朱序的话，尽快出兵。

谢石、谢玄经过一番商议，就派北府兵的名将刘牢之率领精兵五千人，先对洛涧的秦军发起突然袭击。这支北府兵果然名不虚传，他们像插了翅的猛虎一样，强渡洛涧，个个勇猛非凡。守在洛涧的秦军，不是北府兵的对手，勉强抵挡一阵，败了下来，秦将梁成被晋军杀了。秦兵争先恐后渡过淮河逃走，大部分掉在水里淹死。

洛涧大捷，大大鼓舞了晋军的士气。谢石、谢玄一面命令刘牢之继续援救硖石，一面亲自指挥大军，乘胜前进，直到淝水（今淝河，在安徽寿县南）东岸，把人马驻扎在八公山边，和驻扎寿阳的秦军隔岸对峙。

苻坚派出朱序劝降以后，正在洋洋得意，等待晋军的投降，突然听到洛涧失守，像头上挨了一下闷棍一样，有点沉不住气。他要苻融陪着他到寿阳城楼上去看看对岸形势。

苻坚在城楼上一眼望去，只见对岸晋军一座座的营帐排列得整整齐齐，手持刀枪的晋兵来往巡逻，阵容严整威武。再往远处看，对面八公山上，隐隐约约不知道有多少晋兵。其实，八公山上并没有晋兵，不过是苻坚心虚眼花，把八公山上的草木都看作是晋兵了（文言是"草木皆兵"）。

苻坚有点害怕了，他转过头对苻融说："这确实是强大的敌人啊！怎么能说他们弱呢？"

打那以后，苻坚命令秦兵严密防守。晋军没能渡过淝水，谢石、谢玄十分着急。如果拖延下去，只怕各路秦军到齐，对晋军不利。

谢玄派人给苻坚送去一封信，说："你们带了大军深入晋国的阵地，现在却在淝水边摆下阵势，按兵不动，这难道是想打仗的吗？如果你们能把阵地稍稍往后撤一点，腾出一块地方，让我军渡过淝水，双方就在战场上比一比输赢。这才算有胆量呢！"

苻坚一想，要是不答应后撤，不是承认我们害怕晋军吗？他马上召集秦军将领，说："他们要我们让出一块阵地，我们就撤吧。等他们正在渡河的时候，我们派骑兵冲上去，保管能把他们消灭。"

谢石、谢玄得到苻坚答应后撤的回音，迅速整好人马，准备渡河进攻。

约定渡河的时刻到来了，苻坚一声令下，苻融就指挥秦军后撤。他们本来想撤出一个阵地就回过头来总攻。没料到许多秦兵一半由于厌恶战争,一半由于害怕晋军,一听到后撤的命令,撒腿就跑,再也不想停下来了。

谢玄率领八千多骑兵,趁势飞快渡过淝水,向秦军猛攻。

这时候,朱序在秦军阵后叫喊起来:“秦兵败了!秦兵败了!”后面的兵士不知道前面的情况,只看到前面的秦军往后奔跑,也转过身跟着边叫嚷,边逃跑。

苻融气急败坏地挥舞着剑,想压住阵脚,但秦兵像潮水般地往后涌来,哪里压得住。一群乱兵冲来,把苻融的战马冲倒了。

苻融挣扎着想起来,晋兵已经从后面赶上来,把他一刀砍了。主将一死,秦兵更是像脱了缰绳的惊马一样,四处乱奔。

阵后的苻坚看到情况不妙,只好骑上一匹马拼命逃走。不料一支流箭飞来,正好射中他的肩膀。苻坚顾不得疼痛,继续催马狂奔,一直逃到淮北才歇了口气。

晋军乘胜追击,秦兵没命地溃逃,被挤倒的、踩死的兵士,满山遍野都是。那些逃脱的兵士,一路上听到风声和空中的鹤鸣声(文言是“风声鹤唳”,唳音 lì,就是鹤鸣声),也当作东晋追兵的喊杀声,吓得不敢停下来。

谢石、谢玄收复了寿阳,派飞马往建康送捷报。

这一天,谢安正跟一个客人在家里下棋。他看完了谢石送来的捷报,不露声色,随手把捷报放在床上,照样下棋。

客人知道是前方送来的战报,忍不住问谢安说:“战事情况怎么样?”

谢安慢吞吞地说:“孩子们到底把秦人打败了。”

客人听了,高兴得不想再下棋,想赶快把这个好消息告诉别人,就告别走了。

谢安送走客人,回到内宅去,他的兴奋心情再也按捺不住,跨过门槛的时候,踉踉跄跄地,把脚上木屐的齿也碰断了。

经过这场大战,强大的前秦大伤元气。苻坚逃到洛阳,收拾残兵败将,只剩下十几万。但是慕容垂的兵力却丝毫没受到损失。不出王猛所料,鲜卑族的慕容垂和羌族的姚苌终于背叛了前秦,各自建立了新的国家——后燕和后秦,苻坚本人也被姚苌杀了。

127

陶渊明不折腰

淝水之战以后，谢安趁前秦崩溃的时机，派谢玄收复黄河流域大片失地。可是晋孝武帝却重用他弟弟会稽王司马道子，竭力排挤谢安，使谢安不能施展他的才能。到了谢安一死，东晋政权落在昏庸的司马道子手里，东晋的朝政就越来越腐败了。

公元 399 年，晋安帝在位的时候，会稽郡一带爆发了孙恩领导的农民起义，过了两年，起义军十几万逼近建康，东晋王朝出动北府兵，才把起义镇压下去。

这时候，东晋的统治集团内部又乱了起来。桓温的儿子桓玄占领了长江上游，带兵攻进建康，废了晋安帝，自立为帝。过了三四个月，北府兵将领刘裕打败桓玄，迎晋安帝复位，打那以后，东晋王朝已经名存实亡了。

在这个动荡不安的年代里，在柴桑地方，有一个出名的

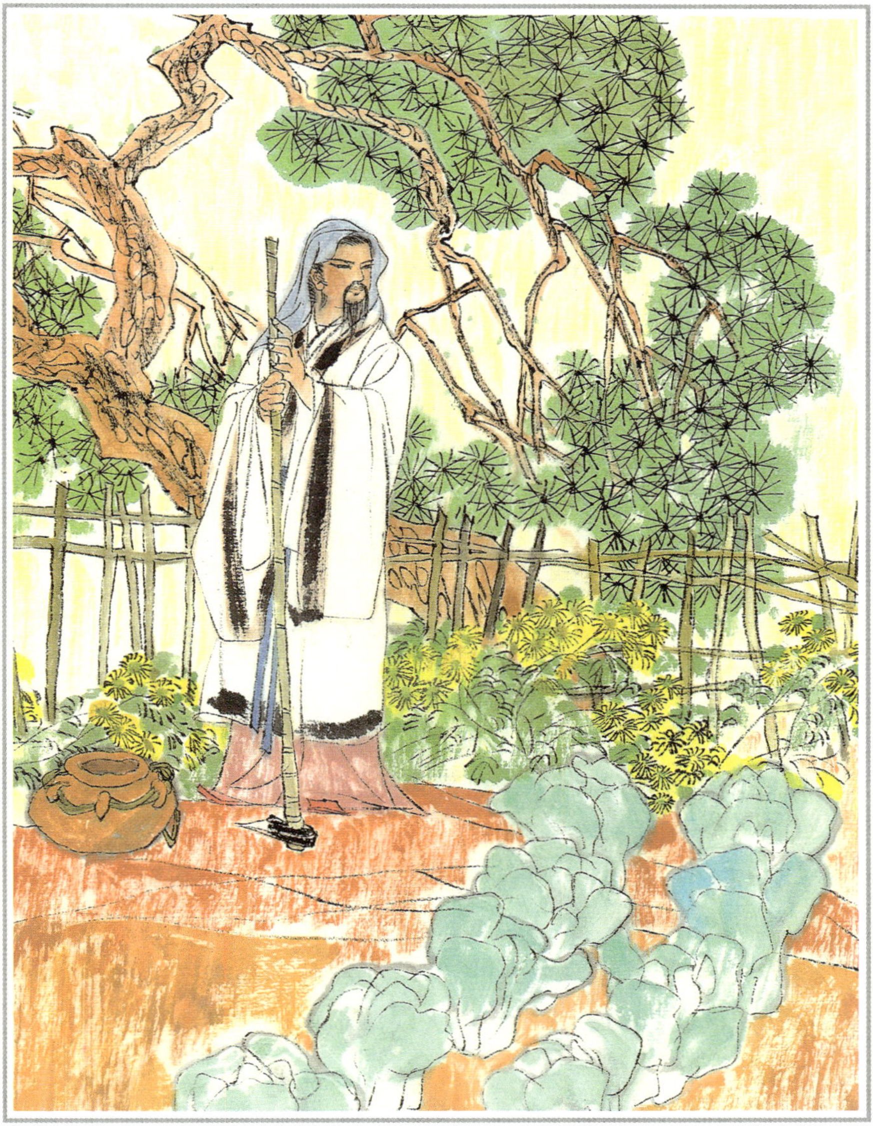

诗人，名叫陶潜，又叫陶渊明，因为看不惯当时政治腐败，在家乡隐居。陶渊明的曾祖父是东晋名将陶侃，虽然做过大官，但不是士族大地主，到了陶渊明一代，家境已经很贫寒了。陶渊明从小喜欢读书，不想求官，家里穷得常常揭不开锅，但他还是照样读书做诗，自得其乐。他的家门前有五株柳树，他给自己起个别号，叫五柳先生。

后来，陶渊明越来越穷了，靠自己耕种田地，也养不活一家老少。亲戚朋友劝他出去谋一官半职，他没有办法只好答应了。当地官府听说陶渊明是个名将后代，又有文才，就推荐他在刘裕手下做了个参军。但是过不了多少日子，他就看出当时的官员、将军互相倾轧，心里很厌烦，又要求出去做个地方官。上司就把他派到彭泽（在今江西省）当县令。

当时做个县令，官俸是不高的。陶渊明一不会搜刮，二不懂贪污，日子过得并不富裕，但是比起他在柴桑家里过的穷日子，当然要好一些。再说，他觉得留在一个小县城里，没有什么官场应酬，也还比较自在。

有一天，郡里派了一名督邮到彭泽视察。县里的小吏听到这个消息，连忙向陶渊明报告。陶渊明正在他的内室里捻着胡子吟诗，一听到来了督邮，十分扫兴，只好勉强放下诗卷，准备跟小吏一起去见督邮。

小吏一看他身上穿的还是便服，吃惊地说："督邮来了，您该换上官服，束上带子去拜见才好，怎么能穿着便服去呢！"

陶渊明向来看不惯那些依官仗势、作威作福的督邮，一听小吏说还要穿起官服行拜见礼，更受不了这种屈辱。他叹了口气说："我可不愿为了这五斗米官俸，去向那号小人打躬作揖（文言是"不为五斗米折腰"）！"

说着，他也不去见督邮，索性把身上的印绶解下来交给小吏，辞职不干了。

陶渊明回到柴桑老家，觉得这个乱糟糟的局面跟自己的志趣、理想距离得太远了。从那以后，他下决心隐居过日子，空下来就写了许多诗歌文章，来抒发自己的心情。

陶渊明写过一篇非常有名的文章，叫做《桃花源记》。在那篇文章里，他写了武陵地方的一个渔人，有一次，沿着小溪划船打鱼，来到了一座繁花如锦、芳草鲜嫩的桃树林。

渔人被眼前的景色吸引住了，划着船再往前走，到了树林尽头，发现了一个小洞。他丢了船，顺着洞口摸进去，开始很狭窄，走了一段，豁然开朗，原来洞里有一个很大的村子，那里土地肥沃，桑木成行，男女老幼，来来往往，勤恳劳动，过着无忧无虑的和平生活。

大家看到渔人是个陌生客人，都热情地邀请他喝酒吃饭。渔夫跟大家谈起，才知道那村子里的人的祖先还是秦朝末年避难到这儿来的。他们根本不知道秦以后还有汉朝，更不用说有什么魏、晋了。

渔人在那里住了几天，告别回家。他在回家路上，做了好多标记，准备下一次再去访问。回到武陵，他报告了太守。太守也很感兴趣，派人跟着渔人去找桃花林，但是怎么也找不到那个洞口了。

陶渊明写的那个世外桃源，在当时的社会里是不会有的。但是他在文章里描绘的那种人人劳动，个个过着富裕、安定生活的图景，反映了在当时黑暗动荡时代的人民的一种美好愿望。所以《桃花源记》这篇文章，后来一直被人们所喜爱。

128

刘裕摆却月阵

晋安帝复位后，刘裕掌握了东晋大权。刘裕本来是个出身贫苦的小军官，在士族中没有什么地位。他为了提高自己的威望，决定发动北伐。

公元409年，刘裕从建康出发，先出兵包围了南燕（十六国之一）的国都广固（今山东益都西北）。南燕的国主慕容超着急了，向后秦讨救兵。

当时，后秦在北方是个比较大的国家。后秦国主姚兴派使者到晋军大营去见刘裕，说："燕国和我们秦国是友好邻国。我们已派出十万大军驻扎在洛阳。你们一定要逼燕国，我们不会坐视不救。"

刘裕听了使者这番威胁的话，冷笑一声说："你回去告诉姚兴。我本来打算灭掉燕国之后，休整三年再来消灭你们。现在既然你们愿意送上门来，那就来吧！"

使者走了以后，有人对刘裕说："您这样回答他，只怕激怒了姚兴。如果秦兵真的来攻，我们怎么对付？"

刘裕泰然说："你就不懂得这个理儿。俗话说：'兵贵神速'，他们如果真的要出兵，就会偷偷出兵，何必先派人来通知呢？这完全是姚兴虚张声势，吓唬我们。我看他自己也顾不过来，哪有什么能力救人呢。"

不出刘裕所料，那时候后秦正跟另一个小国夏国互相攻打，还打了败仗，更谈不上出兵救南燕。没有多久，刘裕就把南燕消灭了。

过了几年，刘裕平定了南方的割据力量，再一次北伐，进攻后秦。他派大将王镇恶、檀道济带领步兵，从淮河一带出兵向洛阳方向进攻，自己亲自率领水军沿着黄河进军。

那时候，北方鲜卑族建立的北魏开始强大起来，它的势力已经发展到黄河北岸。北魏在北岸集结了十万大军，威胁晋军。刘裕的水军沿着黄河前进，有时风猛水急，晋军的船只被水冲到北岸，就受到魏兵的攻击。

刘裕派水军上北岸去打魏军，魏兵就逃，等晋军回到船上，他们又在北岸骚扰，弄得晋军来回奔跑，没法顺利进兵。

刘裕派了一个将军带了七百兵士、一百辆兵车登上北岸，沿岸摆开一个半圆形的阵势，两翼紧紧靠着河岸，中间鼓出，当中的一辆兵车上竖了一根白羽毛。因为这种布阵形状像个月钩，所以名叫"却月阵"。

魏兵远远观察着晋军的布阵，不懂是什么意思，也没有敢动。

一会儿，只见晋军中间车上有人举起白羽毛，两侧就涌

出了二千名兵士，带着一百张大弓，奔向兵车。

魏兵看看这个阵势，也没有什么大不了，就集中三万骑兵向河岸猛攻晋阵。晋阵上一百辆兵车上的弓箭齐发，仍旧挡不住魏兵。

没料到晋军在却月阵后面，另外布置好一千多支长矛，装在大弓上。这种长矛约有三四尺长，矛头特别锋利。魏兵正向晋军猛攻的时候，晋军兵士们就用大铁锤敲动大弓，那长矛往魏军飞去，每支长矛就能射杀魏兵三四个，三万名魏兵一下子就被射死了好几千。其他魏兵不知道晋军阵后还有多少这种武器，吓得抱头乱窜，全线崩溃。晋军又乘胜追击，杀死了大批魏兵。

刘裕打退魏军，打通了沿黄河西进的道路，顺利西进。那时候，王镇恶和檀道济带领的步兵，已经攻下洛阳，在潼关和刘裕水军会师。接着刘裕派王镇恶攻下长安，灭了后秦。

刘裕灭了后秦，把他一个十二岁的儿子和王镇恶留在长安，自己带兵回南方。

过了几年，晋安帝死去，刘裕认为时机成熟，就派人劝说刚刚即位的晋恭帝让位。公元420年，刘裕即位做了皇帝，改国号为宋。这就是宋武帝。东晋王朝在南方统治了一百零四年，到这时候灭亡了。

129

檀道济唱筹量沙

宋武帝刘裕在南方建立了宋朝后，过了十九年（公元439年），北魏太武帝拓跋焘（拓跋是姓，焘音tāo）灭了十六国中最后一个小国北凉，统一了北方。在东晋灭亡后的一百七十年的时间里，我国历史上出现了南北两个政权对峙的局面。南朝先后换了宋、齐、梁、陈四个朝代；北朝的北魏，后来分裂为东魏、西魏；东魏、西魏又分别被北齐、北周代替。历史上把这段时期合起来称为南北朝。

宋武帝做了两年皇帝，到第三年，就病死了。武帝的儿子宋文帝即位以后，北魏大举渡过黄河，进攻宋朝，在黄河以南占领了大片土地。宋文帝派檀道济率领大军抵抗。

有一次，北魏兵进攻济南，檀道济亲自率领将士到济水边，在二十多天里，跟魏军打了三十多仗。宋军节节胜利，一直追到历城（在今山东省）。

这时候，檀道济骄傲起来，防备也有点松懈了。魏军瞅个机会，用两支轻骑兵向檀道济的宋军前后两翼发起突然袭击，把宋军的辎重粮草，放了把火烧了。

檀道济的将士虽然英勇善战，但是断了军粮，就没法维持下去，准备从历城退兵。

宋军中有个兵士逃到魏营投降，把宋军缺粮的情况告诉了北魏的将领。北魏就派出大军追赶檀道济，想把宋军围困起来。

宋军将士看到大批魏军围上来，都有点害怕，有的兵士偷偷逃跑了。檀道济却不慌不忙地命令将士就地扎营休息。

当天晚上，宋军军营里灯火通明，檀道济亲自带领一批管粮的兵士在一个营寨里查点粮食。一些兵士手里拿着竹筹唱着计数，另一些兵士用斗子在量米。

有人偷偷地向营里望了一下，只见一只只米袋里面都是雪白的大米。

这个消息马上被魏兵的探子听到了，赶快去告诉魏将。说檀道济营里军粮还绰绰有余，要想跟檀道济决战，准是又打败仗。

魏将得到情报，以为前面来告密的宋兵是假投降，来诱骗他们上当的，就把投降的宋兵杀了。

其实，魏将中了檀道济的计。檀道济在营里量的并不是白米，而是一斗斗的沙土，只是在沙土上覆盖着少量白米罢了。

到了天色发白，檀道济命令将士戴盔披甲，自己穿着便

服，乘着一辆马车，大模大样地沿着大路向南转移。

魏将被檀道济打败过多次，本来对宋军有点害怕，再看到宋军从容不迫地撤退，吃不准他们在哪儿埋伏了多少人马，不敢追赶。

檀道济靠他的镇静和智谋，保全了宋军，使宋军安全地回师。以后，北魏也没敢轻易进攻宋朝。

檀道济在宋武帝和宋文帝两代，都立过大功。但是由于他功劳大，威望高，却引起了宋朝统治者的猜疑。

有一次，宋文帝生了一场病。宋文帝的兄弟刘义康就跟心腹商量说："如果皇上有什么三长两短，留了檀道济总是一个祸根。"

他们就用宋文帝的名义下了一道诏书，硬说檀道济收罗坏人，企图谋反，把檀道济逮捕起来，要办他死罪。

檀道济在他被捕的时候，气得瞪圆了眼，愤怒的目光像要喷射出火焰来。他恨恨地把头巾拉下，摔在地上，说："你们不是在毁坏自己的万里长城吗？"

檀道济终于被杀了。这个消息传到北魏，魏朝的将士都高兴得互相庆贺，说："檀道济一死，南方就没有叫人害怕的人啦！"

后来，宋文帝也很后悔。有一次，北魏的大军打到江北的瓜步（今江苏六合）。宋文帝在建康的石头城上瞭望远处，很感慨地说："如果檀道济还活着的话，不会让胡骑横行到这个地步。"

130

说实话的高允

北魏的统治者是鲜卑族拓跋部人。在东晋初年，拓跋部还是我国东北的一个游牧部落，后来吸收了中原文化，逐步建立了封建的经济制度。公元386年，鲜卑贵族拓跋珪建立了北魏，就是魏道武帝，魏道武帝建立北魏王朝以后，任用了一批汉族士人当他的谋士。其中最有名望的要数崔浩。

崔浩在北魏统一北方的战争中，立了很大功劳，受到北魏三代皇帝的信任。到魏太武帝即位以后，他担任司徒，掌握了朝政大权，还派了几十名汉族士人，担任各地郡守。这样，他和鲜卑统治者之间就发生了矛盾。

魏太武帝派崔浩带几个文人编写魏国的历史。太武帝叮嘱他们，写国史一定要根据实录。

崔浩和他的同事按照这个要求，采集了魏国上代的资料，编写了一本魏国的国史。当时，皇帝要编国史的目的，本来只是留给皇室后代看的。但是崔浩手下有两个文人，偏偏别出心裁，劝崔浩把国史刻在石碑上，让百官看了，也可以提高崔浩的声望。

崔浩自以为功大官高，没有什么顾虑，真的花了大批人工和费用，把国史刻在石碑上，还把石碑竖在郊外祭天坛前的大路两旁。

国史里记载的倒是史实，但是北魏的上代文化还十分落后，有些事情在当时看来，是不体面的。过路的人看了石碑，就纷纷议论起来。

北魏的鲜卑贵族认为这一来丢了皇族的面子，就向魏太武帝告发，说崔浩一批人写国史，是存心揭朝廷的丑事。

魏太武帝本来已经嫌崔浩太自作主张，一听这件事，就发了火，命令把写国史的人统统抓起来查办。

参加编写的著作郎高允是太子的老师。太子得到这个消息，着急得不得了，把高允找到东宫（太子居住的宫），跟他说："明天我陪你朝见皇上，如果皇上问你，你只能照我的意思答话，别的什么也别说。"

高允不知道是怎么回事。第二天就跟随太子一起上朝。

太子先上殿见了太武帝，说："高允这个人向来小心谨慎，而且地位比较低。国史案件全是崔浩的事，请陛下免了高允的罪吧。"

太武帝召高允进去，问他说："国史都是崔浩写的吗？"

高允老老实实地回答说："不，崔浩管的事多，只抓个纲要。具体内容，都是我和别的著作郎写的。”

太武帝转过头对太子说：“你看，高允的罪比崔浩还严重，怎么能饶恕呢？”

太子又对魏太武帝说：“高允见了陛下，心里害怕，就胡言乱语。我刚刚还问他来，他说是崔浩干的。”

太武帝又问高允：“是这样的吗？”

高允说：“我犯了罪，怎么还敢欺骗陛下。太子刚才这样说，不过是为了想救我的命。其实太子并没问过我，我也没跟他说起过这些话。”

魏太武帝看到高允这样忠厚直率，心里也有点感动，对太子说：“高允死到临头，还不说假话，这确是难能可贵的。我赦免他的罪就是了。”

魏太武帝又派人把崔浩抓来审问。崔浩已经吓得面无人色，什么也答不上来。太武帝大怒，要高允起草一道诏书，把崔浩满门抄斩。

高允回到官署，犹豫了半天，也没有写出半个字来。太武帝派人一再催问，高允说：“我要求再向皇上面奏一次。”

高允进宫对太武帝说：“我不知道崔浩还犯了什么罪。如果仅仅是为了写国史，触犯朝廷，也不该判死罪。”

魏太武帝认为高允太不识好歹，吆喝一声，叫武士把他捆绑起来。后来太子再三恳求，太武帝气消了，才把他放了。

事后，太子埋怨高允说：“一个人应该见机行事。我替你告饶，你怎么反而去触怒皇上。我想起这件事，真有点害怕。”

高允说："崔浩做这件事私心重，是有错误的，但是，编写历史，记载帝王活动，朝政得失，这并没有错。再说，国史是我和崔浩一起编写的，出了事，怎能全推给他呢。殿下一心救我，我是十分感激的。但是要我为了活命说违背良心的话，我是不干的。"

魏太武帝到底没有饶过崔浩，把崔浩和他的几家亲戚满门抄斩。但是由于高允的直谏，没有株连到更多的人。据太武帝自己说：要不是高允，他还会杀几千个人呢。

公元 452 年，魏太武帝被宦官杀死；过了一年，宋文帝的儿子刘骏即位，这就是宋孝武帝。

131

大发明家祖冲之

从宋孝武帝即位之后，宋王朝很快就衰落了。在这个时期，却出了一个杰出的科学家祖冲之。

祖冲之的祖父名叫祖昌，在宋朝做了一个管理朝廷建筑的长官。祖冲之长在这样的家庭里，从小就读了不少书，人家都称赞他是个博学的青年。他特别爱好研究数学，也喜欢研究天文历法，经常观测太阳和星球运行的情况，并且做了详细记录。

宋孝武帝听到他的名气，派他到一个专门研究学术的官署"华林学省"工作。他对做官并没有兴趣，但是在那里，可以更加专心研究数学、天文了。

我国历代都有研究天文的官，并且根据研究天文的结果来制定历法。到了宋朝的时候，历法已经有很大进步，但是祖冲之认为还不够精确。他根据他长期观察的结果，创

制出一部新的历法,叫做“大明历”(“大明”是宋孝武帝的年号)。这种历法测定的每一回归年(也就是两年冬至点之间的时间)的天数,跟现代科学测定的相差只有五十秒;测定月亮环行一周的天数,跟现代科学测定的相差不到一秒,可见它的精确程度了。

公元462年,祖冲之请求宋孝武帝颁布新历,孝武帝召集大臣商议。那时候,有一个皇帝宠幸的大臣戴法兴出来反对,认为祖冲之擅自改变古历,是离经叛道的行为。

祖冲之当场用他研究的数据回驳了戴法兴。戴法兴依仗皇帝宠幸他,蛮横地说:“历法是古人制定的,后代的人不应该改动。”

祖冲之一点也不害怕。他严肃地说:“你如果有事实根据,就只管拿出来辩论。不要拿空话吓唬人嘛。”

宋孝武帝想帮助戴法兴,找了一些懂得历法的人跟祖冲之辩论,也一个个被祖冲之驳倒了。但是宋孝武帝还是不肯颁布新历。直到祖冲之死了十年之后,他创制的大明历才得到推行。

尽管当时社会十分动乱不安,但是祖冲之还是孜孜不倦地研究科学。他更大的成就是在数学方面。他曾经对古代数学著作《九章算术》作了注释,又编写一本《缀术》。他的最杰出贡献是求得相当精确的圆周率。经过长期的艰苦研究,他计算出圆周率在3.1415926和3.1415927之间,成为世界上最早把圆周率数值推算到七位数字以上的科学家。

祖冲之在科学发明上是个多面手,他造过一种指南车,随便车子怎样转弯，车上的铜人总是指着南方；他又造过"千里船"，在新亭江（在今南京市西南）上试航过，一天可以航行一百多里。他还利用水力转动石磨，舂米碾谷子，叫做"水碓磨"。

祖冲之死后，他的儿子祖暅（音 gèng）、孙儿祖皓都继承了祖冲之的事业，刻苦研究数学和历法。据说祖暅在研究学问的时候，全神贯注，连天上打响雷也听不到。他常常一面走路，一面思考问题。有一次，他在路上走，前面来了个大官僚徐勉。祖暅根本没有发觉，一头就撞在徐勉身上。等到徐勉招呼他，祖暅才像梦中惊醒一样，慌忙答礼。徐勉知道他研究出了神，也没有责怪他。

祖冲之晚年的时候，掌握宋朝禁卫军的萧道成灭了宋朝。公元 479 年，萧道成称帝，建立南齐。他就是齐高帝。

132

范缜反对迷信

南北朝时代，佛教渐渐盛行起来。南齐的朝廷里，从皇帝到大臣，都提倡佛教。南齐的宰相——竟陵王萧子良就是一个笃信佛教的人。

萧子良在建康郊外的鸡笼山有一座别墅，他常常在那里招待名士文人，喝酒谈天。有时候，也请来一些和尚，到他那里讲解佛教的道理。萧子良还亲自给和尚备饭倒茶水。人家都认为他这样做有失宰相的体统。他却并不在乎。

有宰相一提倡，佛教的势力自然更大了。这些和尚宣传人死了以后，灵魂是不会死的。还说一个人的富贵或者贫贱，都是前世的因果报应，穷人受苦受罪，都是命里注定，没法抗拒的。

当时，有一个大胆的读书人名叫范缜（音 zhěn），起来揭露这一说法是一种迷信，要大家别信那一套。

范缜的堂哥范云就是经常在萧子良家里走动的。萧子良听到范缜竟敢跟他唱对台戏，反对佛教，十分恼火，叫范云把范缜找到他家来。

萧子良问范缜说："你不相信因果报应，那么，你倒说说，为什么有的人生下来富贵，有的人生下来就贫贱呢？"

范缜不慌不忙地说："这没有什么奇怪。打个比方，人生好比树上的花瓣。花经风一吹，花瓣随风飘落。有的掠过窗帘，落在座席上面；有的吹到篱笆外，落在茅坑里。"

萧子良瞪着眼睛，一下子还听不懂范缜说的是什么意思。范缜接着说："落在座席上就像您；落在茅坑里的，就像我。富贵、贫贱，就是这么一回事，哪里有什么因果报应呢？"

范缜从萧子良那里回来，觉得虽然驳斥了萧子良，但是还没有把他反对迷信的道理说透彻，就专门写了一篇文章，叫作《神灭论》。文章里面说：

"形体是精神的本质，精神只是形体的作用。精神和形体的关系，好比一把刀和锋利的作用。没有刀，就不能起锋利的作用。没有形体，哪里有什么精神呢？"

范缜在那篇文章里，还断定人死以后灵魂是不存在的，什么因果报应，都是骗人的话。

这篇文章一出来，朝廷上上下下都闹翻了天。一些萧子良的亲信、朋友，都认为非把范缜狠狠地整一下不可。萧子良又找了一批高僧来跟范缜辩论，但是范缜讲的是真理，那些高僧到底还是辩不过范缜。

有个佛教信徒王琰讽刺他说:“唉,范先生啊!您不信神灵,那您就连祖先的神灵在哪里也不知道了。”

范缜针锋相对地嘲笑王琰说:“可惜呀,王先生。您既然知道您的祖先神灵在哪里,为什么不早点去找他们呢?”

萧子良怕范缜的影响太大,会动摇大家对佛教的信仰。隔了几天,他派了一个亲信王融去劝说范缜,说:“宰相是十分赏识有才能的人的。像您这样有才干的人,要做个中书郎,还不容易!何苦一定要去发这样违背潮流的议论呢?我真替您可惜。我看您还是把那篇背时文章收回了吧。”

范缜听了,仰起头哈哈大笑,说:“我范缜如果放弃自己的观点去求官,那么要做更大的官也不难,何在乎您说的中书郎呢?”

萧子良拿范缜没有办法,也只好由他去了。

南齐王朝只经历了齐高帝、齐武帝两代,就发生内乱。雍州刺史萧衍起兵攻进建康,公元502年,萧衍灭了南齐,建立梁朝,这就是梁武帝。

133

魏孝文帝改革风俗

北魏自从太武帝死去后，政治腐败，鲜卑贵族和大商人压迫人民，不断引起北方人民的反抗。公元 471 年，魏孝文帝即位后，决心采取改革的措施。

魏孝文帝规定了官员的俸禄，严厉惩办贪官污吏；实行了“均田制”，把荒地分配给农民，成年男子每人四十亩，妇女每人二十亩，让他们种植谷物，另外还分给桑地。农民必须向官府交租、服役。农民死了，除桑田外，都要归还官府。这样一来，开垦的田地多了，农民的生产和生活比较稳定，北魏政权的收入也增加了。

魏孝文帝是一个政治上有作为的人，他认为要巩固魏朝的统治，一定要吸收中原的文化，改革一些落后的风俗。为了这个，他决心把国都从平城（今山西大同市东北）迁到洛阳。

他怕大臣们反对迁都的主张，先提出要大规模进攻南齐。有一次上朝，他把这个打算提了出来，大臣纷纷反对，最激烈的是任城王拓跋澄。

孝文帝发火说："国家是我的国家，你想阻挠我用兵吗？"

拓跋澄反驳说："国家虽然是陛下的，但我是国家的大臣，明知用兵危险，哪能不讲。"

孝文帝想了一下，就宣布退朝，回到宫里，再单独召见拓跋澄，跟他说："老实告诉你，刚才我向你发火，是为了吓唬大家。我真正的意思是觉得平城是个用武的地方，不适宜改革政治。现在我要移风易俗，非得迁都不行。这回我出兵伐齐，实际上是想借这个机会，带领文武官员迁都中原，你看怎么样？"

拓跋澄恍然大悟，马上同意魏孝文帝的主张。

公元493年，魏孝文帝亲自率领步兵骑兵三十多万南下，从平城出发，到了洛阳。正好碰到秋雨连绵，足足下了一个月，到处道路泥泞，行军发生困难。但是孝文帝仍旧戴盔披甲骑马出城，下令继续进军。

大臣们本来不想出兵伐齐，趁着这场大雨，又出来阻拦。孝文帝严肃地说："这次我们兴师动众，如果半途而废，岂不是给后代人笑话。如果不能南进，就把国都迁到这里。诸位认为怎么样？"

大家听了，面面相觑，没有说话。孝文帝说："不能犹豫不决了。同意迁都的往左边站，不同意的站在右边。"

一个贵族说："只要陛下同意停止南伐，那么迁都洛

阳，我们也愿意。”许多文武官员虽然不赞成迁都，但是听说可以停止南伐，也都只好表示拥护迁都了。

孝文帝把洛阳一头安排好了，又派任城王拓跋澄回到平城去，向那里的王公贵族，宣传迁都的好处。后来，他又亲自到平城，召集贵族老臣，讨论迁都的事。

平城的贵族中反对的还不少。他们搬出一条条理由，都被孝文帝驳倒了。最后，那些人实在讲不出道理来，只好说：“迁都是大事，到底是凶是吉，还是卜个卦吧。”

孝文帝说：“卜卦是为了解决疑难不决的事。迁都的事，已经没有疑问，还卜什么。要治理天下的，应该以四海为家，今天走南，明天闯北，哪有固定不变的道理。再说我们上代也迁过几次都，为什么我就不能迁呢？”

贵族大臣被驳得哑口无言，迁都洛阳的事，就这样决定下来了。

孝文帝把国都迁到洛阳以后，决定进一步改革旧的风俗习惯。

有一次，他跟大臣们一起议论朝政。他说：“你们看是移风易俗好，还是因循守旧好？”

咸阳王拓跋禧说：“当然是移风易俗好。”

孝文帝说：“那么我要宣布改革，大家可不能违背。”

接着，孝文帝就宣布几条法令：改说汉语，三十岁以上的人改口比较困难，可以暂缓，三十岁以下、现在朝廷做官的，一律要改说汉语，违反这一条就降职或者撤职；规定官民改穿汉人的服装；鼓励鲜卑人跟汉族的士族通婚，改用汉人的姓。北魏皇室本来姓拓跋，从那时候开始改姓为元。

魏孝文帝名元宏，就是用了汉人的姓。

魏孝文帝大刀阔斧的改革，使北魏政治、经济有了较大的发展，也进一步促进了鲜卑族和汉族的融合。

134

北魏的分裂

北魏孝文帝迁都洛阳以后，曾经两次调动大军攻打南齐。由于南齐军民的抵抗，没有胜利。公元499年，南齐派兵攻打北魏。魏孝文帝带病抵抗，打退了齐兵。不久，孝文帝也病死了。

魏孝文帝死后，魏宣武帝元恪继位，北魏又开始衰落。到了魏孝明帝即位，因为年纪太小，由他母亲胡太后临朝。胡太后是个专横奢侈的人。她相信佛教，认为佛法能减轻她的罪过。她在皇宫旁边造起一座气势宏伟的永宁寺。寺里供奉的佛像有用金子塑的，也有用白玉雕的，高的一座有一丈八尺。寺的旁边又建造了一座九十丈高的九层宝塔。每到夜深人静的时候，风吹动塔上的铃，发出的声音，十里以外都听得到。寺里有一千间僧房，都用珠玉锦绣装饰，叫人看了眼花缭乱。据说从佛教传到中国以后，像这样华丽

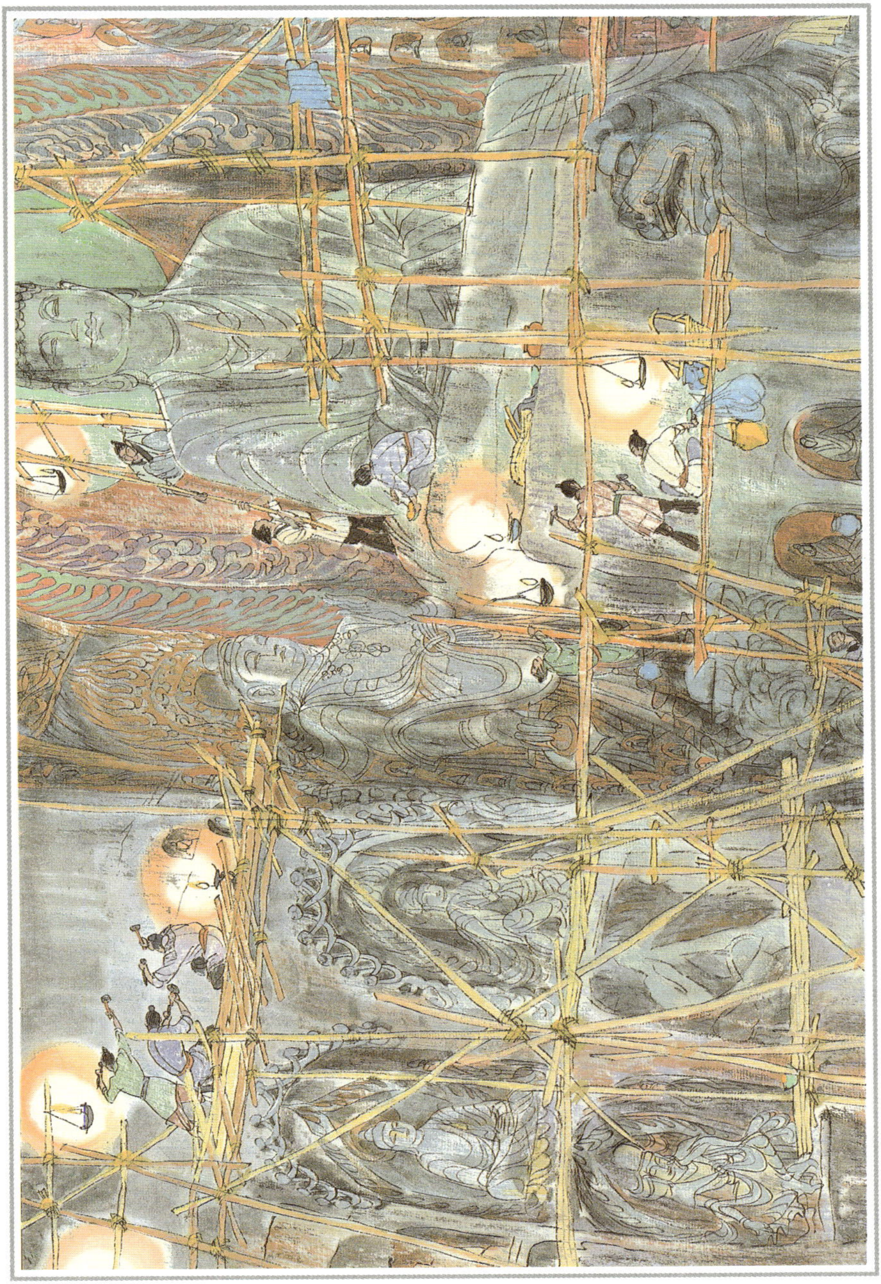

的寺院，还从来没有过。

北魏的统治者，还动用大量人力物力，开凿石窟，建造佛像。在迁都洛阳之前，他们花了三十多年时间，在云冈（今山西大同市武周山）开凿大批石窟，有大小佛像十万尊以上。从宣武帝到胡太后，又在洛阳伊阙的龙门山开凿石窟，建造佛龛（音 kān）。前前后后开凿了二十四年，花了八十多万人工。这些石窟和佛像表现了我国古代人民高度的雕塑艺术水平，但它也大大加重了当时劳动人民的负担。

由于北魏以前几代国力强盛，统治阶级搜刮了不少财富，有一次，胡太后偶然到库房去看，发现那里积累的绫罗绸缎多得用不完。就想出一个主意，下命令叫贵族大臣都到库房里来，把绫罗赏赐给他们。她规定各人凭自己的力气，拿得动多少就拿多少。这批贵族大臣是些贪得无厌的家伙，吵吵嚷嚷地都想多拿一些。可是，他们平时养尊处优，哪里拿得动许多绢匹。尚书令李崇、章武王元融两个人各背了一叠绢，累得汗流浃背，刚迈开两步，就连人带绢跌倒在地上。李崇伤了腰，元融别了腿胫，都躺在地上哼哼唧唧叫疼。

胡太后看了，派人把他们两人背上的绢匹全夺了下来。两个大臣偷鸡不着蚀把米，一个揉着腰眼，一个拐着腿，一步一拐空手出了宫门。宫里宫外的人看见了，都笑得前俯后仰。

有胡太后带头，下面的贵族豪门，也互相比阔气。

西晋时代不是有大富豪石崇吗？北魏的河间王元琛（音 chēn），也要学石崇的样儿。他特地邀请贵族、大臣到他家宴会，宴席上用的食器，有水晶杯，玛瑙碗，都精巧华丽得出奇。元琛还请大家参观他的堆满金银绸缎的仓库。后来大家到他家的马厩一看，发现喂马的食槽也是用银子打的。

元琛一面领着大家看，一面对章武王元融说："大家都说晋朝的石崇富。我不恨自己见不到石崇，只可惜石崇没有见到我。"

元融从元琛家里回去，觉得自己比不上元琛家富，懊恼得三天没有起床。

北魏的皇室贵族这样穷奢极侈，当然得向百姓穷凶极恶地搜刮。人民忍受不住，终于起来反抗了。

那时候，北魏在北方边境设立了六个镇，派了将士防守。公元523年，沃野镇（今内蒙古五原北）的匈奴人破六韩拔陵（破六韩是姓）首先带领兵士杀死镇将，发动起义。其他五个镇的兵士也纷纷响应。反对北魏的起义势力越来越大。由于北魏勾结北方的柔然族人共同镇压，六镇兵士的起义失败了。

北魏政府为了防止六镇兵民的反抗，把起义失败的六镇兵士二十多万人都押送到冀州、定州、瀛州（治所都在今河北）。这些兵士哪里肯受魏朝的奴役，在冀州，又燃烧起起义的火焰。鲜卑族的葛荣率领起义军，进攻瀛州。北魏政府派章武王元融为大司马，广阳王元深（和元琛是两个人）为大都督，发动大军镇压。

那些只知吃喝玩乐的贵族哪里会打仗。葛荣起义军到了博野镇（今河北省中部），就派出一支轻骑兵偷袭元融的大营。元融没有防备,被起义军杀了。元深听到元融被杀,退到定州,也被葛荣的骑兵俘虏了。

葛荣把各路起义兵士都合在一起,号称百万,准备向洛阳进军,声势浩大。这时候,秀容(在今山西省)有个部落酋长尔朱荣,手下有八千强悍的骑兵,专门和农民军作对。北魏孝明帝就利用尔朱荣的兵力来对付葛荣。

葛荣认为尔朱荣人马少,容易对付。他把兵士在几十里的阵地上散开,准备围捕尔朱荣。想不到尔朱荣把兵埋伏在山谷里,发动精兵突击,把葛荣的兵士冲散,再前后夹击。起义军遭到失败,葛荣本人也被杀害了。

葛荣起义失败后,北魏内部也发生大乱。尔朱荣和胡太后、孝明帝在内乱中互相残杀。最后北魏的实权,落在两员大将高欢和宇文泰手里。公元534年,北魏的孝武帝逃到长安投靠宇文泰。第二年,宇文泰杀了孝武帝,另立文帝;高欢另立魏孝静帝,迁都邺城。从那时候起,北魏就分裂成两个朝廷。历史上把建都在长安的叫西魏,建都在邺城的叫东魏。

135

梁武帝做和尚

北魏发生内乱以后，南方的梁朝曾经几次起兵北伐。但是梁武帝指挥无能，不但不能恢复土地，反而死伤了无数军民。北魏分裂后，也没有能力再进攻南方，梁朝才有一个比较长的安定时期。

梁武帝看到宋、齐两个朝代都因为皇族之间互相残杀而发生内乱，他就对自己亲属格外宽容。皇族中有人犯罪，他只好言好语教训一番，从不办罪。梁武帝有个六弟临川王萧宏，是个贪得无厌的人，尽情搜刮财富。临川王府内室后面有几十间库房，平日锁得严严实实的。有人怀疑里面藏的是兵器，向梁武帝告发，说萧宏私藏兵器，准备造反。

梁武帝听说他弟弟要夺他的权，也有点吃惊，亲自带领禁军去搜查。萧宏一见梁武帝，神色慌张。梁武帝更加起了疑心，就命令萧宏把库房全部打开，让他挨间检查，打开库房一看，发现其中三十多间库房里都堆满了钱，共有三万亿以上，其他的库房里囤积着布、绢、丝、绵等杂货，更是多得不计其数。

萧宏跟在梁武帝后面，心惊胆战，怕梁武帝发现了他的赃物，一定要办他的罪。想不到梁武帝检查完了，转过身来，笑嘻嘻地对萧宏说："阿六，你的日子过得不错嘛！"

打那以后，他知道萧宏不会谋反，反而对萧宏更加信任了。

梁武帝对亲属和士族百般纵容，对待百姓就完全是另外一套，谁触犯当时的法律，就要严办。如果一个人逃亡，全家人都要罚做苦工。这样，贵族官僚有恃无恐，更加横行不法，有的甚至在大街上公开杀人，都没有人敢干涉。

有一个正直的官员贺琛上了一个奏章，对梁武帝提出四条意见，说现在各地州郡官吏搜刮残酷，百姓实在受不了；官员穷奢极侈，浪费太严重；奸臣当道，作威作福，陷害好人；大造官府，没完没了，百姓终年服役不得休息。

贺琛说的条条是事实，但是梁武帝一句也听不进。他口授一道诏书，责备贺琛。在那份诏书里，他把自己说成一个天底下少有的贤明君主，又是勤劳，又是节俭，把贺琛的意见顶了回去。

梁武帝也是个佛教信徒。他在建康建造了一座规模宏大的同泰寺，每天早晚到寺里去烧香拜佛，讲解佛法，说这样做是为了替百姓消灾积德。到了他年老的时候，更干出一件奇怪荒唐的事来。

有一次，他到同泰寺“舍身”，也就是要出家做和尚。皇帝做和尚，这还是破天荒第一次。可是皇帝说要出家，谁敢反对！再说，那时候佛教盛行，皇帝肯做和尚，还表示他对佛法的虔诚哩。

梁武帝做了四天和尚，宫里的人把他接回去了。后来他一想，这样做不妥当。因为按当地的风俗，和尚还俗，要出一笔钱向寺院“赎身”。皇帝当了和尚，怎么能够例外。第二次，他又到同泰寺舍身，大臣们请他回宫，他就不答应了。

后来，大臣们懂得他的意思，就凑了一万万钱到同泰寺给这位“皇帝菩萨”赎身。寺里和尚能够收进一大笔钱，怎么不高兴，当然同意他还俗。大臣们就排了仪仗，到寺里把他接回来。

第三次，梁武帝又想个新花样，他到同泰寺舍身的时候，说他为了表示他对佛的虔诚，不但把自己的身子舍了，还把他宫里人和全国土地都舍了。

舍的多，赎的钱当然应该更多。过了一个月，大臣们就凑足了二万万钱去把他赎了回来。

说巧也巧。正好在那天晚上，同泰寺里的一座塔被火烧了。和尚赶快报告梁武帝。梁武帝合着手掌，说这一定是恶魔干的。他又下了一道诏书说：“道越高，魔也越盛。我们要造更高的塔，才能压住魔鬼的邪气。”

过了一年，他又舍了一次身。大臣们又花了一万万钱把他赎回来。梁武帝前后做了四次和尚（一说是三次），大臣们一共花了四万万赎身钱。这笔钱，当然转嫁到老百姓身上去了。

梁武帝热心做和尚，把朝廷大事弄得混乱不堪。有个野心家就利用他的昏庸，发动了一场空前的大叛乱。

136

反复无常的侯景

梁武帝最后一次出家那年的一天晚上，他做了一个梦，梦见北朝的刺史、太守都来向南梁王朝投降。这当然只是他日思夜想造成的幻梦。第二天上朝，他就把这件事告诉大臣，说："我这个人很少做梦，这个梦一定是个好兆头。"

过了二十多天，恰好西魏的大将侯景派人来，说他跟东魏、西魏都有冤仇，决心向南梁投降，还表示愿意把他控制的函谷关以东十三个州都献给南梁。

侯景本来是东魏丞相高欢手下的一员大将。高欢让他带兵十万，镇守黄河以南。高欢临死的时候，怕侯景靠不住，派人把侯景召回洛阳。侯景听到高欢死了，就不接受东魏的命令，带着人马投降了西魏。

西魏丞相宇文泰也不信任侯景，一面接受侯景的献地，一面召侯景到长安去，准备解除他的兵权。侯景不肯上宇文泰的当，又转向南梁投降。

梁武帝接见了侯景派来的使者以后，马上召集大臣商议。大臣们大多认为南梁和北朝多年相安无事，现在接纳了北朝叛将，只怕引起纠纷。但是梁武帝却认为接纳了侯景，可以乘机恢复中原，再想起他做过的一个梦，认为这是佛祖来帮助他了。他就不听大臣的劝阻，接受了侯景的投降，把侯景封为大将军、河南王，并且派他的侄儿萧渊明带兵五万去接应侯景。

萧渊明带兵北上，受到东魏的进攻。梁军多年没有打仗，纪律很差，跟东魏一交锋，几乎全军覆没。萧渊明也被俘虏了。

东魏又进攻侯景，侯景大败，只剩下八百个人逃到南梁境内的寿阳。

东魏派使者到南梁，主张双方重新讲和，说他们愿意把萧渊明送回来。侯景知道这件事，害怕起来，派一个人冒充东魏使者送信到建康，提出用萧渊明交换侯景。梁武帝不知道这是侯景的试探，写了一封信交给使者，说只要把萧渊明放还，就立即把侯景交给东魏。

侯景本来不是真心投降南梁，看到梁武帝的信，就决定叛变了。

被东魏打得走投无路的侯景，对付腐败的南梁，倒还很有力量。他的人马很快就打到长江北岸。梁武帝派他的侄儿萧正德在长江南岸布防抵抗。

侯景派人诱骗萧正德说，只要他肯做内应，在推翻梁武帝之后，就拥戴他做皇帝。萧正德权迷心窍，秘密派了几十艘大船，帮助侯景的叛军渡过长江，还亲自带领叛军渡过秦淮河。侯景顺利地进入建康，把梁武帝居住的内城——台城包围起来。

侯景用尽办法攻台城，台城里的军民坚决抵抗。叛军放火烧城，城里的军民用水浇灭。叛军用木驴（一种攻城用具）掩护攻城，城上的人丢大石块，把叛军逼回去。叛军又在城东城西堆起两座土山，想从土山上攻进城去，城里的人也筑土山对付。

这样，双方相持了一百三十多天。台城刚被围的时候，城内还有百姓十几万人，兵士二万多。到了后来，有的在打仗中死去，有的病死饿死，剩下的不满四千人。城里到处是尸体，没人掩埋。大家都盼着南梁各州的诸侯王军队，迟早会来救援。

哪儿知道各地来救援的诸侯王带了二三十万人马，在建康周围按兵不动。大家都推三阻四，说要等别的救兵来。临时被推为大都督的柳仲礼，躲在自己家里，每天喝酒作乐。

有一次，梁武帝问大臣，有什么办法打退侯景。这个大臣老实回答他说："陛下的王公大臣，都是一些不忠不孝的人，怎么能对付叛贼呢？"

到了这个时候，谁也没法挽回这个局面了。叛军攻进了台城。梁武帝也成了侯景的俘虏。

侯景自封为大都督，掌握了朝廷大权。他先杀了那个一心想做皇帝的同伙萧正德，又把梁武帝软禁起来，连吃的喝的也给他很少。梁武帝要什么没什么，最后，活活饿死在台城里。

梁武帝死后，侯景又先后立了两个梁朝皇帝当傀儡。公元551年，自立为皇帝。

侯景到处屠杀掠夺，给百姓带来深重的灾难，百姓对侯景切齿痛恨。第二年，梁朝大将陈霸先、王僧辩率领大军从江陵出发，进攻建康。侯景的叛军立刻土崩瓦解。最后，侯景只带了几十个心腹乘了一只小船狼狈逃走，半路上被他的部下刺杀了。

南梁王朝经过这场大乱，内部四分五裂。公元557年，陈霸先在建康建立了陈朝，这就是陈武帝。

137

陈后主亡国

陈武帝建立南陈王朝的时候，北方的东魏、西魏已经分别被北齐、北周代替。公元550年，东魏高欢的儿子高洋建立了北齐，公元557年，西魏宇文泰的儿子宇文觉建立了北周。北齐和北周互相攻战，到北周武帝时，灭掉了北齐，统一了北方。

北周武帝是个比较有作为的皇帝，但是继承他的周宣帝却是一个荒淫暴虐的人。周宣帝死去后，他的岳父杨坚夺取了政权。公元581年，杨坚即位，建立隋朝。这就是隋文帝。

在北方政治上动乱的时候，南陈王朝获得了一个暂时的安定局面，经济渐渐恢复起来。但是传到第五个皇帝，却是一个荒唐得出奇的陈后主。

陈后主名叫陈叔宝，是个完全不懂国事，只知道喝酒享

乐的人。他大兴土木，造起了三座豪华的楼阁，让他的宠妃们住在里面。他手下的宰相江总、尚书孔范等，都是一伙腐朽的文人。陈后主和宠妃经常在宫里举行酒宴，宴会的时候，让他们一起参加。大家通宵达旦地喝酒赋诗，你唱他和，还把他们的诗配上曲子，挑选了一千多个宫女，为他们演唱。

陈后主这样穷奢极侈，他对百姓的搜刮当然非常残酷。百姓被逼得过不了日子，流离失所，到处可见倒毙的尸体。

有个大臣傅縡（音 zài）上奏章说："现在已经到了天怒人怨、众叛亲离的田地了。这样下去，恐怕东南的王朝就要完了。"

陈后主一看奏章就火了，派人对傅縡说："你能改过认错吗？如果愿意改过，我就宽恕你。"

傅縡说："我的心同我的面貌一样。如果我的面貌可以改，我的心才可以改。"

陈后主就把傅縡杀了。

陈后主过了五年的荒唐生活。这时候，北方的隋朝渐渐强大起来，决心灭掉南方的陈朝。

隋文帝听从谋士的计策，每逢江南将要收割庄稼的季节，就在两国边界上集结人马，扬言要进攻陈朝，使得南陈的百姓没法收割。等南陈把人马集中起来，准备抵抗隋兵，隋兵又不进攻了。这样一连几年，南陈的农业生产受了很大影响，守军的士气也松懈下来。隋兵还经常派出小股人马袭击陈军粮仓，放火烧粮食，使陈朝遭到很大损失。

公元 588 年，隋文帝造了大批大小战船，派他的儿子晋王杨广、丞相杨素担任元帅，贺若弼、韩擒虎为大将，率领五十一万大军，分兵八路，准备渡江进攻陈朝。

隋文帝亲自下了讨伐陈朝的诏书，宣布陈后主二十条罪状，还把诏书抄写了三十万张，派人带到江南各地去散发。陈朝的百姓本来恨透陈后主，看到了隋文帝的诏书，人心更加动摇起来。

杨素率领的水军从永安出发，乘几千艘黄龙大船沿着长江东下，满江都是旌旗，战士的盔甲在阳光下闪闪发光。南陈的江防守兵看了，都吓得呆了，哪里还有抵抗的勇气。

其他几路隋军也都顺利地开到江边。北路的贺若弼的人马到了京口，韩擒虎的人马到了姑孰。江边陈军守将告急的警报接连不断地送到建康。

陈后主正跟宠妃、文人们醉得七颠八倒，他收到警报，连拆都没有拆，就往床下一丢了事。

后来，警报越来越紧了。有的大臣一再请求商议抵抗隋兵的事，陈后主才召集大臣商议。

陈后主说："东南是个福地，从前北齐来攻过三次，北周也来了两次，都失败了。这次隋兵来，还不是一样来送死，没有什么可怕的。"

他的宠臣孔范也附和着说："陛下说得对。我们有长江天险，隋兵又不长翅膀，难道能飞得过来！这一定是守江的官员想贪功，故意造出这个假情报来。"

大家你一言，我一语，根本不把隋兵进攻当作一回事，笑话了一阵，又照样叫歌女奏乐，喝起酒来。

公元589年正月，贺若弼的人马从广陵渡江，攻克京口;韩擒虎的人马从横江渡江到采石,两路隋军逼近建康。

到了这个火烧眉毛的时候,陈后主才有些惊醒过来。城里的陈军还有十几万人,但是陈后主手下的宠臣江总、孔范一伙都不懂得怎么指挥。陈后主急得哭哭啼啼,手足无措。隋军顺利地攻进建康城,陈军将士被俘的被俘,投降的投降。

隋军打进皇宫,到处找不到陈后主。后来,捉住了几个太监,才知道陈后主逃到后殿投井了。

隋军兵士找到后殿,果然有一口井。往下一望,是个枯井,隐约看到井里有人,就高声呼喊。井里没人答应。

兵士们威吓着叫喊说:“再不回答,我们要扔石头了。”说着,真的拿起一块大石头放在井口,装出要扔的样子。

井里的陈后主吓得尖叫了起来。兵士把绳索丢到井里,才把陈后主和两个宠妃拉了上来。

南朝的最后一个朝代陈朝灭亡了。中国自从公元316年西晋灭亡起,经过二百七十多年的分裂局面,重新获得了统一。

138

赵绰依法办事

隋文帝统一全国以后，采取了各种巩固统治的措施，像改革官制兵制，建立科举制度，选用办事能干的官员，严办贪官污吏。经过他的一番整顿改革，政局稳定，社会经济出现了繁荣的景象。

隋文帝还派人修订刑律，废除了一些残酷的刑罚。这本来是件好事，但是隋文帝本人就不完全按照这个刑律办事，往往一时气愤，不顾刑律规定，随便下令杀人。

这种情形，叫大理（管理司法的官署）的官员很为难。大理少卿赵绰觉得维护刑律是他的责任，常常跟隋文帝顶撞起来。

隋文帝曾经下令禁止使用不合标准的钱币。有一次，大兴（隋朝的都城名，今陕西西安市）大街上有人拿次币换好币，被人发现了，捉到衙门里。这件事让隋文帝得知了，隋文帝听说有人竟敢违反他下的禁令，一气之下，就下令把换钱的两个人统统砍头。

赵绰接到命令，赶忙进宫求见隋文帝。他对隋文帝说："这两个人犯了禁令，按刑律只能打板子，不该处死。"

隋文帝不耐烦地说："这是我下的命令，不干你的事。"

赵绰说："陛下不嫌我愚笨，叫我充当大理官员。现在遇到不依刑律杀人的情况，怎么能说跟我没关系呢？"

隋文帝气冲冲地说："你想撼动大树吗？撼不动你就走开吧！"

赵绰说："我只是想劝说陛下改变主意，谈不上想撼动大树。"

隋文帝又说："你想触犯天子的威严吗？"

赵绰不管隋文帝怎样威吓，还是坚持自己的意见。隋文帝怎样骂他赶他，他也不走。隋文帝没法，很不高兴地进内宫去了。

后来，由于别的官员也上奏章谏阻，隋文帝终于取消了杀人的命令。

又有一次，官员辛亶（音 dǎn）被人告发搞不法的迷信活动。隋文帝又命令大理把辛亶处死。

赵绰上朝对隋文帝说："辛亶没有死罪，我不能接受这个命令。"

隋文帝气得浑身发抖，说："你想救辛亶，就没有你自己的命。"说着，喝令左右侍从把赵绰拉下殿去。

赵绰面不改色，说："陛下可以杀我，但是不该杀辛亶。"

左右侍从真的把赵绰扭下朝堂，剥了他的官服，摘掉他

的官帽，准备处斩。这时候，隋文帝也想到杀赵绰太没道理，就派人跟赵绰说："你还有什么话说？"

赵绰跪在地上，挺直了腰说："臣一心执法，不怕一死。"

隋文帝并不真想杀赵绰，磨蹭了一阵子，气也平了。他想赵绰能忠实执法，毕竟是有利于他的统治的，就把赵绰放了，过了一天，还派人慰问了赵绰。

在大理官署里，有一个官员名叫来旷，听说隋文帝对赵绰不满意，想迎合隋文帝，就背着赵绰给隋文帝上了一道奏章，认为大理衙门执法太宽。隋文帝看了奏章，认为来旷说得很中肯，就把他提升了官职。

来旷自以为受到皇帝的赏识，就昧着良心，诬告赵绰徇私舞弊，把不该赦免的犯人放了。

隋文帝虽然嫌赵绰办事不顺他的心，但是对来旷的上告，却有点怀疑。他派亲信官员去调查，根本没有这回事。隋文帝弄清真相，勃然大怒，立刻下命令把来旷处死。

隋文帝把这个案子交给赵绰办，认为这一回来旷诬告的是赵绰自己，赵绰不会不同意。哪儿知道赵绰还是说："来旷有罪，但是不该判斩。"

隋文帝很不高兴，袖子一甩，就退朝往内宫去了。

赵绰在后面大声嚷着说："来旷的事臣就不说了。不过臣还有别的要紧事，请求面奏。"

隋文帝信以为真，就答应让赵绰进内宫。

隋文帝问赵绰有什么事。赵绰说："我有三条大罪，请陛下发落。第一，臣身为大理少卿，没有把下面的官吏管好，使来旷触犯刑律；第二，来旷不该处死，臣不能据理力争;第三,臣请求进宫,本来没有什么事,只是因为心里着急,才欺骗了陛下。”

隋文帝听到最后几句话,禁不住哑然失笑。旁边独孤皇后(独孤是姓)在座,也很赏识赵绰的正直,命令左右赐给赵绰两杯酒。隋文帝也同意赦免来旷死刑,改判革职流放。

隋文帝吸取陈后主亡国的教训,比较注意节俭,发现官吏有贪污奢侈的行为,都要严办,连他的儿子也不例外。皇子秦王杨俊背着他在外面造了华丽的宫室,他发觉了,马上撤了杨俊的爵位,把杨俊禁闭起来。

大臣们说:“秦王没有什么大错误,不过是多花了点钱造房子,应该宽容他。”

宰相杨素也认为对杨俊处理太重。隋文帝说:“我是一国之主,不单是几个孩子的父亲,只能依一个刑律办事。照你们这种说法,是不是还要为皇子另外制订一种刑律?”

大臣们才没话说。

隋文帝又发现太子杨勇生活奢侈,讲究排场,很不高兴,十分严厉地教训杨勇说:“自古以来,凡是喜欢奢侈的帝王,命运没有能够长得了的。你是太子,要特别注意节俭啊!”

皇子晋王杨广比他两个兄弟狡猾,他摸到他父亲脾气,表面上装得特别朴素老实,骗得了隋文帝和独孤皇后的信任,再加上杨素帮他说话。结果,隋文帝把杨勇废了,改立杨广为太子。直到他病重的时候,才发现杨广是个品质很坏的人。他想再召回杨勇,已经来不及。杨广害死了父亲,夺取皇位,这就是历史上出名的暴君隋炀帝。

139

隋炀帝游江都

隋炀帝杨广即位后，为了加强对全国政治上的控制，并且使江南地区的物资能够更方便地运到北方来，加上他个人追求享乐，一开始就办了两件事：一是在洛阳建造一座新的都城，叫东都；二是开一条贯通南北的大运河。

公元 605 年，隋炀帝派管理建筑工程的大臣宇文恺（音 kǎi）负责造东都。宇文恺是个高明的工程专家，他迎合隋炀帝追求奢侈的心理，把工程规模搞得特别宏大。建造宫殿需要的高级木材石料，都是从大江以南、五岭以北地区运来的，光一根柱子就得用上千人拉。为了造东都，每月征发二百万民工，日夜不停地施工。他们还在洛阳西面专门造了供隋炀帝玩赏的大花园，叫做"西苑"，周围二百里，园里人造的海和假山，亭台楼阁，奇花异草，应有尽有；尤其别出心裁的是到了冬天树叶凋落的时候，他们派人用彩绫剪成花叶，扎在树上，使这座花园四季长春。

在建造东都的同一年，隋炀帝就下令征发河南、淮北各地百姓一百多万人，从洛阳西苑到淮水南岸的山阳（今江苏淮安），开通一条运河，叫“通济渠”；又征发淮南百姓十多万人，从山阳到江都（今江苏扬州），把春秋时期吴王夫差开的一条“邗（音 hán）沟”疏通。这样，从洛阳到江南的水路交通就便利得多了。

以后五年里，隋炀帝又两次征发民工，开通运河，一条是从洛阳的黄河北岸到涿郡（今北京市），叫“永济渠”；一条是从江都对江的京口（今江苏镇江）到余杭（今浙江杭州），叫“江南河”。最后，把四条运河连接起来，就成了一条贯通南北、全长四千里的大运河。这条大运河是我国历史上伟大工程之一，它对我国经济、文化的发展和祖国的统一，起着积极的作用。不用说，这是我国成千上万劳动人民用血汗甚至生命换来的。

隋炀帝特别喜欢外出巡游，一来是游玩享乐，二来也是向百姓摆威风。

从东都到江都的运河刚刚完工，隋炀帝就带着二十万人的庞大队伍到江都去巡游。

隋炀帝早就派官员造好上万条大船。出发那天，隋炀帝和他妻子萧后分乘两条四层高的大龙船，船上有宫殿和上百间宫室，装饰得金碧辉煌；接着就是宫妃、王公贵族、文武官员坐的几千条彩船；后面的几千条大船，装载着卫兵和他们随带的武器和帐幕。这上万条大船在运河上排开，船头船尾连接起来，竟有二百里长。

这样庞大的船队,怎么行驶呢?那些专为皇帝享乐打算的人早就安排好了。运河两岸,修筑好了柳树成荫的御道,八万多名民工,被征发来给他们拉纤,还有两队骑兵夹岸护送。河上行驶着光彩耀目的船只,陆地上飘扬着五色缤纷的彩旗。一到晚上,灯火通明,鼓乐喧天,真是说不尽的豪华景象。

为了满足船队大批人员的享受,隋炀帝命令两岸的百姓,给他们准备吃的喝的,叫做"献食"。那些州县官员,就逼着百姓办酒席送去,有的州县,送的酒席多到上百桌。别说隋炀帝吃不了那么多,就连他带的宫妃太监、王公大臣一起吃,也吃不完。留下的许多剩菜,就在岸边掘个坑埋掉。可是那些被迫献食的百姓,却弄得倾家荡产了。

江都在当时是个繁华的地方。隋炀帝到了江都,除了尽情游玩享乐,还大摆威风。为了装饰一个出巡时候用的仪仗,就花了十多万人工,耗费的钱财更是上亿论万。这样整整闹腾了半年,又耀武扬威地回到东都来。

打这以后,隋炀帝几乎每年出巡。有一次,他从陆路到北方去巡视,征发了河北十几个郡的民工,开凿太行山,铺一条巡行的道路;为了保护他巡行的安全,又征发了一百多万人修筑长城,限期二十天筑成。这样,他才在五十万将士的护卫下,在北方边境上巡行了一转。北方没有现成的宫殿,好在隋炀帝身边的宇文恺是个巧匠,专门为他造了一个活动宫殿,叫做"观风行殿"。这种行殿上面可以容纳侍卫几百人,使用的时候装起来,不用的时候可以拆卸装运;下面装着轮子,可以随意转动。这在当时可算是一种发明,可惜只是供隋炀帝一个人享乐罢了。

隋炀帝建东都，开运河，筑长城，加上连年的大规模的巡游，无休无止的劳役和越来越重的赋税，已经把百姓压得喘不过气来。但是隋炀帝的骄奢淫逸的心理却越来越重了。为了炫耀武功，公元611年，他发动对高丽的战争。

这一年，他从江都乘龙船，沿着大运河直达涿郡，亲自指挥这场战争。他下令全国军队，不论远近，一律向涿郡集中；还派人在东莱（今山东掖县）海口督造兵船三百艘，造船的民伕在官吏监视下，日日夜夜在海边造船，得不到休息。他们下半身泡在海水里，时间一久，从腰以下都腐烂得生了蛆，许多人受不了这样折磨，倒在海水里死了。

接着，隋炀帝又命令河南、淮南、江南各地督造五万辆大车，送到高阳，给兵士运输衣甲、帐幕；又征发江淮以南民伕和船只把黎阳（今河南浚县东南）和洛口仓的粮食运到涿郡。于是，无数的车辆，无数的船只，不分白天黑夜，沿着陆路和运河源源不断由南向北，形成一支滚滚洪流。几十万运输物资的民伕，在半路上有不少累死饿死，沿路都是倒毙的尸体。由于民伕死亡太多，耕牛也被征发拉车，弄得田园荒芜，民不聊生。

人民没法忍受下去了。要想活下去，只有反抗。邹平（今山东邹平）人王薄，首先领导农民在长白山起义，他写了一首《无向辽东浪死歌》（浪死就是白白送死的意思），号召大家反抗官府，歌中写道：

"……忽闻官军至，提刀向前荡。譬如辽东死，砍头何所伤。”

接着，在山东、河北广大地区，接二连三地发生了农民起义，隋王朝的统治开始不稳了。

140

李密牛角挂书

隋炀帝第一次进攻高丽，被打得大败。一百多万隋军兵士，逃回来的只有二千七百人。这样的惨败，并没有使这个骄横的暴君死心。才隔一年，他又发动第二次对高丽的进攻。他亲自率领大军攻打辽东，派大臣杨玄感在后方黎阳督运粮草。

杨玄感的父亲杨素，原是隋炀帝的亲信，帮助炀帝夺取皇位。后来受到炀帝猜忌，郁郁不乐地死去。杨玄感为这个对隋炀帝早就不满，这一回看到局势混乱，就想利用这个时机推翻隋炀帝。

杨玄感用督运粮草的名义，征发了年轻力壮的民伕、船工八千多人，要他们运粮到辽东前线。那些年轻人怨透了劳役，听说叫他们远离家乡去干苦差使，更加气愤。

有一天，杨玄感把民伕集合在一起，说："当今皇上不顾百姓的死活，让成千上万的父老兄弟死在辽东，这种情况不能再忍受下去。我也是被逼来干这件事的。现在我决心跟大伙一起，推翻暴君。你们看怎么样？”

大伙儿一听有人带头反对朝廷，怎么不愿意，顿时响起一片欢呼声。

杨玄感把八千民伕编成队伍，发给武器，准备进攻隋军。他发现他身边缺少一个谋士帮他出谋划策，不禁想起了正在长安的好朋友李密。

李密的上代是北周和隋朝的贵族。李密少年时候，被派在隋炀帝的宫廷里当侍卫。他生性灵活，在值班的时候，左顾右盼，被隋炀帝发现了，认为这孩子不大老实，就免了他的差使。李密并不懊丧，回家以后，发愤读书，决心做个有学问的人。

有一回，李密骑了一条牛，出门看朋友。在路上，他把《汉书》挂在牛角上，抓紧时间读书。正好宰相杨素坐着马车在后面赶上来，看到前面有个少年在牛背上读书，暗暗奇怪。

杨素在车上招呼说：“哪个书生，这么用功啊？”

李密回过头来一看，认得是宰相，慌忙跳下牛背，向杨素作了一个揖，报了自己的名字。

杨素问他说：“你在看什么？”

李密回答说：“我在读项羽的传记。”

杨素跟李密亲切地谈了一阵，觉得这个少年人很有抱负。回家以后，杨素跟他儿子杨玄感说：“我看李密这孩子的学识、才能，比你们几个兄弟强得多。将来你们有什么紧

要的事，可以找他商量。”

打那以后，杨玄感就跟李密交上了朋友。

这回杨玄感要找谋士，想起他父亲的叮嘱，就派人到长安，把李密接到黎阳来。

李密到了黎阳，杨玄感向他请教：要推翻隋炀帝，这个仗该怎么打法。

李密说：“要打败官军，有三种办法。第一，皇上现在在辽东，我们带兵北上，截断昏君退路。他前有高丽，后无退路，不出十天，军粮接济不上，我们不用打也能取胜，这是上策。第二是向西夺取长安，抄他们的老巢。官军如果想退军，我们就拿关中地区做根据地，凭险坚守，这是中策。第三是就近攻东都洛阳。不过这可是一条下策。因为朝廷在东都还留着一部分守兵，不一定能很快攻得下来。”

杨玄感急于求成，听完这三条计策，觉得前两条都太费时间，说：“我看你说的下策，倒是个好计策。现在朝廷官员家属，都在东都。我们攻下东都，把家属都俘虏起来。官军军心动摇，保管能取胜。”

杨玄感立刻从黎阳出兵攻打东都，一路上，有许多农民踊跃参加起义军，队伍扩大到十万人，接连打了几个胜仗。隋炀帝正在带领大军猛攻辽阳，得到告急文书，连夜退兵，派大将宇文述等带领大军分路攻杨玄感。杨玄感抵挡不住，想往西退到长安去。宇文述带兵跟踪追击，最后，把杨玄感的人马围住。杨玄感没路可走，终于被杀。

李密从混乱中逃了出来，想偷偷地逃回长安。但是隋军搜捕得很紧，李密还是被抓住了。

隋将派兵把李密押送到隋炀帝的行营去。半路上，李密跟十几个犯人一商量，把他们随身带的钱财都送给押送的隋兵，供他们吃喝。隋兵受了他们的贿赂，喝酒作乐，防备松懈下来。李密他们就趁隋兵酒醉糊涂的时候，瞅个机会跳墙逃跑了。

李密脱离危险以后，想另找机会，反抗隋朝。他想找个起义军的首领做靠山，但是有的起义军首领看他是个文弱书生，不大重视他。李密没办法，只好改姓换名，东躲西藏，几次险些儿被官府抓去。最后，他听说东郡(今河南滑县东)瓦岗寨有一支起义军，兵力很强。带头的叫做翟(音zhái)让，为人厚道，又喜欢结交英雄，就决定上东郡去投奔瓦岗军。

141

瓦岗军开仓分粮

瓦岗军首领翟让，本来是东郡的一个小吏，因为得罪了上司，被打进牢监，还被判了死罪。有个狱吏同情他，跟他说："我看你是条好汉，怎么能在牢里等死呢。"一天夜里，狱吏偷偷地砸了镣铐，打开牢门，把翟让放了。

翟让逃出了牢监，逃到东郡附近的瓦岗寨，招集了一些贫苦农民，组织了一支起义队伍。当地一些青年人，听到这个消息，都来投奔他。其中有一个青年叫徐世勣(音jì)，年纪才十七岁，不但武艺高强，而且很有计谋。

徐世勣劝翟让说："这里附近都是贫苦的老乡，我们不应该去打扰他们；我看荥阳一带，来往的豪门富商很多，不如到那里去筹办点钱粮。"

翟让听从徐世勣的意见，带领农民军到荥阳一带，专门打击官府富商，夺取大批资财。附近农民来投奔翟让的越

来越多，很快就发展到一万多人。

李密投奔翟让以后，帮助翟让整顿人马。那时候，附近各地还有一些小股的农民队伍。李密到各处去联络，说服他们联合起来，听从翟让指挥。翟让十分高兴，跟李密渐渐亲近起来。

翟让虽然有了很多人马，但是他并没想到自己能推翻隋炀帝。李密对翟让说："从前刘邦、项羽，本来也是普通老百姓，后来终于推翻秦朝。现在皇上昏庸暴虐，百姓怨声载道，官军大部分又远在辽东。您手下兵强马壮，要拿下东都和长安，打倒暴君，还不是轻而易举的事！"

翟让听了很高兴，说："您的意见太好了，我倒没想到这一点呢。"

接着，两人商量了一番，决定先攻打荥阳。荥阳太守向隋炀帝告急。隋炀帝派大将张须陀带大军镇压。

张须陀是镇压农民军的老手。翟让曾经在他手里打过败仗，这次听说又是张须陀来了，有点害怕。李密说："张须陀有勇无谋，再加上他自以为强大，骄傲轻敌。我们利用他的弱点，保管能打败他。"

李密请翟让摆开阵势，正面迎击敌人；他自己带了一千人马在荥阳大海寺北面的密林里设下埋伏。

张须陀欺翟让不是他的对手，莽莽撞撞地指挥人马掩杀过来。翟让抵挡了一阵，假装败退。张须陀紧紧追赶，追了十多里，路越来越窄，树林越来越密，正是李密布置的埋伏圈。李密一声令下，埋伏的瓦岗军将士一齐杀出，把张须陀的人马团团围住。张须陀虽然勇猛，但是被伏兵层层包围，左冲右突，没法脱围，终于全军覆没。张须陀也被起义军打死了。

经过这一场战斗，李密在瓦岗军里提高了威信。李密不但号令严明，而且生活朴素，凡是从敌人那里缴获来的钱财，他都分给起义将士。日子一久，将士们就渐渐向着他了。

第二年（公元617年）春天，李密劝说翟让，趁隋炀帝在江都巡游，东都空虚的机会，进攻东都。瓦岗军派人到东都刺探军情，被隋朝官员发觉，加强了东都的防御。李密就改变计划，提议先打东都附近的兴洛仓（在今河南巩县）。

兴洛仓也叫做洛口仓，是隋王朝建造的最大的一个粮仓。仓城周围二十多里，城里挖了三千个大窖，每个窖里贮藏着八千石粮食。这都是隋王朝多年来从各地农民身上搜刮来的血汗。

翟让、李密两人带七千名精兵攻打兴洛仓。这些兵士原是流离失所的农民，一听得攻打官府的粮仓，个个摩拳擦掌，勇气百倍。他们向兴洛仓发起猛攻。驻守在兴洛仓的隋军还想顽抗，但是怎么也抵挡不住像插翅猛虎一般的瓦岗军。兴洛仓被攻破了。

瓦岗军攻破兴洛仓以后，立刻发布命令，开仓分粮。兵士们打开一口口粮窖，让老百姓尽情地拿。受饥挨饿的农民从四面八方拥向粮仓，从头发花白的老人，到背着孩子的妇女，一个个眼里带着激动的泪花，前来领粮。大伙对瓦岗军的感激心情，就不用提了。

接着，瓦岗军又打败了东都派来的隋军救兵。到这时候，瓦岗军的指挥权渐渐集中在李密手里。翟让觉得自己的才能不如李密，就把首领的地位让给李密。大家推李密为魏公，兼任行军元帅。

瓦岗军在洛口建立了自己的政权后，乘胜攻下许多郡县，隋朝官吏兵士纷纷投降。瓦岗军一面继续围攻东都，一面发出讨伐隋炀帝的檄文，声讨炀帝的罪恶，号召百姓起来推翻隋王朝的统治。这一来，把整个中原都震动了。

正当瓦岗军胜利发展的时候，内部发生了严重分裂。翟让把首领位子让给李密后，翟让手下有些将领很不愿意。有人劝翟让把权夺回来，翟让却总是笑呵呵的不当一回事。但是这些话传到李密耳朵里，李密就很不高兴。李密的部下撺掇他除掉翟让。李密为了保自己的地位，竟起了狠心。

有一天，李密请翟让喝酒。在宴会中间，把翟让的兵士都支开了，李密假意拿出一把好弓给翟让，请他试射。翟让转过身子，刚拉开弓。李密布置好的刀斧手就动起手来，把翟让砍倒了。

打那时候起，瓦岗军开始走了下坡路。但是，北方由李渊带领的一支反隋军却正在强大起来。

142

李渊太原起兵

李渊本来是隋王朝的贵族，靠继承祖上的爵位，当上了唐国公。公元617年，隋炀帝派他到太原去当留守（官名），镇压农民起义，开始他也打过几个胜仗，后来看到起义军越打越强，越打越多，他也感到紧张起来了。

李渊有四个儿子。第二个儿子李世民那时候刚十八岁，是个很有胆识的青年，平时喜欢结交有才能的人。人们也觉得他慷慨好客，喜欢跟他打交道。他看准隋朝的统治长不了，心里早有了自己的打算。

晋阳（今山西太原）县令刘文静，十分看重李世民。李世民也把他看作知心朋友。刘文静跟李密有亲戚关系。李密参加起义军以后，隋炀帝下令捉拿李密亲友。刘文静受到株连，被革了职，关在晋阳的牢监里。

李世民听到刘文静坐了牢，十分着急，赶到牢监里去探望。

李世民拉着刘文静的手说："刘大哥，我来探望，不但是为了叙叙友情，主要是想请您帮我出个主意。"

刘文静早就知道李世民的心思。他说："现在皇上远在江都，李密逼近东都，到处都有人造反。这倒是打天下的好时机哩。我可以帮您收集十万人马，您父亲手下还有几万人。如果用这支力量起兵，打进长安，号令天下，不出半年，可以取得天下。"

李世民高兴地说："您真说到我心里去了。"

李世民回到家里，想想刘文静的话，越想越觉得有道理。但是要说服他父亲，倒是个难题。正好在这个时候，太原北面的突厥（我国古代北方少数民族之一）可汗进攻马邑。李渊派兵抵抗，接连打败仗。李渊怕这件事给隋炀帝知道了，要追究他的责任，急得不知道该怎么办。

李世民抓住这个机会，就找李渊劝他起兵反隋。李渊一听，吓得要命，说："你怎么说出这种没上没下的话来。要是我去报官，准会把你抓起来。"

李世民并不害怕，说："父亲要告就去告吧，儿才不怕死呢。"

李渊当然不会真的去告发，只是叮嘱他以后别说这样的话。

第二天，李世民又找李渊说："父亲受皇上的委派，到这里讨伐反叛的人。可是眼看造反的人越来越多，您能讨伐得了？再说，皇上猜忌心很重，就算您立了功，您的处境更加危险。只有照我昨天说的办，才是唯一的出路。"

李渊犹豫了许多时候，才长叹一口气说："昨天夜里，我想想你说的话，也有道理。我也拿不定主意。从现在起，是家破人亡，还是能化家为国，就凭你啦！"

李渊把刘文静从晋阳牢监里放了出来。刘文静帮助李世民，分头招兵买马。李渊又派人把正在河东打仗的另两个儿子李建成和李元吉召了回来。

太原的两个副留守看到李渊父子的举动反常，想出来阻挠。李渊借口他们勾结突厥，把他们抓起来杀了。

李渊又听从刘文静的计策，派人备了一份厚礼，到突厥可汗那里讲和，约他一起反隋。突厥可汗觉得这样做对他们有好处，就答应帮助李渊。

李渊稳住突厥这一头，就正式起兵反隋。李渊自称大将军，派李建成和李世民分别做左右领军大都督、刘文静做司马，又把兵士都称为"义士"。他们带领三万人马离开晋阳，向长安进军。一路上继续招募人马，并且学农民起义军的做法，打开官仓发粮给贫民。这样一来，应募的百姓就越来越多了。

唐军到了霍邑（今山西霍县），遭到隋朝将军宋老生的拦击。霍邑一带道路狭隘，又正赶上接连几天大雨，唐军的军粮运输中断了。兵士中还纷纷传说突厥兵正准备偷袭晋阳。李渊动摇起来，想撤兵回晋阳去。

李世民对李渊说："现在正是秋收季节，田野里有的是粮食，哪怕缺粮！宋老生也没有什么可怕。我们用义兵的名义号召天下，如果还没打仗就后撤，岂不叫人失望。回到晋阳，是断断没有生路的。"

李建成也支持他弟弟的主张。李渊这才改变了主意，取消了撤兵的打算。

八月的一天，久雨刚刚放晴。唐军一早沿着山边小路，急行军来到霍邑城边。李渊先派建成率领几十个骑兵在城下挑战。宋老生一看唐军人少，亲自带了三万人马出城。李世民带兵居高临下从南面山头冲杀下来，把宋老生的人马冲得七零八落。宋老生急忙回头想逃回城去。李渊的兵士已经占了城池，把城门关得紧腾腾的。宋老生走投无路，被唐军杀了。

唐军攻下霍邑以后，继续向西进军，在关中的农民军的配合下，渡过黄河。留在长安的李渊的女儿也招募了一万多人马，号称“娘子军”，响应唐军进关。

李渊集中了二十多万大军攻打长安。守在长安的隋军，要想抵抗也没用了。李渊攻下长安以后，为了争取民心，宣布约法十二条，把隋王朝的苛刻法令一概废除，并且暂时让隋炀帝的孙子杨侑（音 yòu）做个挂名的皇帝。

第二年（公元 618 年）夏天，从江都传来了隋炀帝被杀的消息，李渊才把杨侑废了，自己即位称帝，改国号为唐。这就是唐高祖。

143

李世民取东都

李渊占领长安的同时，各地起义军也不断发展壮大。除了瓦岗军之外，主要的还有窦建德领导的河北起义军和杜伏威领导的江淮起义军，不断在各地打击隋军。残暴荒淫的隋炀帝自己知道末日来到，索性躲到江都，每天和皇后、妃子喝酒作乐，醉得昏昏沉沉。

他不愿听到失败的消息，但是心里到底发慌，对萧皇后说："听说外面有不少人想算计我，且别管他，还是快快活活喝酒吧。"

有一次，他拿起一面镜子，呆呆地照了半晌，说："好头颅，不知道谁来砍它呢！"

隋炀帝担心的日子终于到来了。他身边的一批禁卫军兵士，多数是关中地区的人。他们眼看跟着隋炀帝没有生路，都想开小差回家。将军宇文化及利用兵士想回家的心

理，发动兵变。宇文化及带领兵士，攻进行宫，派人把隋炀帝监视起来。

隋炀帝对监视的官员说："我犯的什么罪？"

官员说："你发动战争，穷奢极侈；相信奸邪，拒绝忠告；使男子死在战场，妇女儿童走上绝路，百姓流离失所，你还说没罪吗？"

隋炀帝说："我确实对不起百姓，但是你们这些人也跟着我享受富贵，我没对不起你们。今天这样做，是谁带的头？"

官员说："全国的人都恨透你这昏君，哪儿是一个人带的头！"

隋炀帝这才无话可说，他自己解下巾带交给官员。这个作恶多端的统治者就这样被勒死了。统治中国三十八年的隋王朝宣告灭亡。

隋炀帝死后，东都洛阳还在隋朝的东都留守杨侗（炀帝的孙子）和大臣王世充手里。王世充把杨侗立为皇帝，继续打着隋朝的旗号，对抗起义军。

东都周围本来是瓦岗起义军活动的地区，李密曾经多次打败隋军，但是因为李密骄傲自满，跟将领们互相猜忌，在跟北上的宇文化及人马打了一仗之后，力量渐渐削弱。王世充看准李密的弱点，发起一次袭击，打垮了李密大军。李密带着残兵败将，逃到长安投靠唐朝。

王世充赶跑了李密，自以为力量强大，把杨侗废了，自立为帝，国号叫郑。

这时候，唐军已经削平了西北的几个豪强割据势力，稳定了后方。公元620年,唐高祖派李世民统率大军进攻东都。李世民大军一出关,河南许多州县纷纷投降,很快就把东都包围起来。

李世民不但善于打仗,而且善于用人。他从原瓦岗军和别的割据势力的降将中,收留了一批人。像有名的秦叔宝、程咬金、尉迟敬德((尉迟是姓,尉音yù)都成了他的得力助手。

有一次,李世民亲自带了五百骑兵在阵地上巡视,被王世充发现,发动一万多步兵骑兵突然围上来,王世充的大将单雄信冲到李世民身边,用长矛直刺过来。李世民后面的尉迟敬德飞马赶上,大喝一声,把单雄信刺下马来。尉迟敬德保护李世民突出包围,两个人又带着骑兵转过身在郑军阵地来回冲杀,吓得郑兵不敢阻挡。接着,后面的唐军源源不绝地上来,把郑军打得一败涂地。

从这年秋天一直到第二年春天,唐军把东都越围越紧,日夜不停地攻城。王世充在城里严密防守,不断用石炮、弩箭袭击城外唐军。日子一久,唐军将士也感到疲劳,有人向李世民建议暂时停止进攻,回长安休整后再打。

李世民说:"现在四周各州都已经投降,洛阳成了一座孤城,迟早可以攻下,怎么能半途停下来。"接着就向将士发出命令说:"不攻下东都,决不退兵。"

王世充被逼得走投无路,只好派人偷偷地出城,赶到河北向窦建德求救。

窦建德领导的起义军是河北一支强大的力量。王世充自称郑帝以后,窦建德也自称皇帝,国号叫夏,攻占了唐军许多土地。他接到王世充的求救信，一面带领三十万人马，水陆并进，援救东都；一面派出使者给李世民送去一封信，要李世民退回关中。

唐军许多将军都被夏军的强大兵力吓得害怕了，主张暂时离开东都。但是有人认为王世充兵力还很强，缺少的是粮食。如果让窦建德跟王世充两军会合，用河北的粮食接济东都，那末胜利就没有希望了。所以，一定要把南下的窦建德大军堵住。

李世民接受了这个意见，把李元吉留在东都继续围攻王世充，自己带三千多精兵北上，扼守武牢关（就是虎牢关，在今河南荥阳汜水镇）。

窦建德大军到了武牢关，被唐兵拦住，夏军发起几次进攻都没成功，李世民却派轻骑兵抄小路，把夏军的粮道切断了。

窦建德认为自己兵力强大，不怕攻不下武牢关。他拒绝了他部下和妻子的劝阻，命令全军出动，摆开阵势，鼓噪着冲了过来。

李世民上高地观察了夏军的阵势，说："窦建德没有遇到过强大的敌手，从他的阵势，就可以看出他骄傲轻敌。我们只要按兵不动，等待他们兵士疲劳的时候，一举出击，一定能打败他们。"

夏军兵士摆开阵势，准备交锋。但是，从早上到中午，还没有见唐军出来交战，兵士们又疲劳，又饥饿，有的坐在地上，有的到河滩上舀水喝。李世民一见时机已到，就命令将士渡过汜水，直冲窦建德大营。

窦建德正和他的将帅在大营聚会，听到唐军骑兵突然冲来，赶忙指挥骑兵应战。双方发生了激战，阵地上尘土飞扬，箭如雨落。

李世民乘夏军不防备，带领一支队伍猛插到夏军阵后，举起了唐军的大旗。夏军将士回头一看，以为唐军已经占领大营，没有心思再战，争先恐后地逃散。窦建德在混战中受了伤，被唐军俘虏了。

窦建德失败后，李世民再回兵围攻东都。王世充还想突围，将士们说："现在夏王已经失败，我们就是突围出去，也没有用。"王世充眼看大势已去，只好向唐军投降。

窦建德被送到长安，不久就被杀害，他的部将刘黑闼（音 tà）率领河北夏军，继续和唐军作战。唐军又花了三年时间，才把河北地区稳定下来。公元 623 年，唐统一中国的战争基本结束。但是，唐朝皇室内部的矛盾却尖锐起来。

144

玄武门之变

唐高祖即位以后，封李建成为太子，李世民为秦王，李元吉为齐王。三个人当中，数李世民功劳最大。太原起兵，原是他的主意；在以后几次战斗中，他立的战功也最多。李建成的战功不如李世民，只是因为他是高祖的大儿子，才取得太子的地位。

李世民不但有勇有谋，而且手下有一批人才。在秦王府中，文的有房玄龄、杜如晦等，号称十八学士；武的有尉迟敬德、秦叔宝、程咬金等著名勇将。太子建成自己知道威信比不上李世民，心里妒忌，就和弟弟齐王元吉联合，一起排挤李世民。

建成、元吉知道唐高祖宠爱一些妃子，就经常在这些宠妃面前拍马送礼，讨她们的欢喜。李世民就没有这样做。李世民平定东都之后，有的妃子私下向李世民索取隋宫里的珍宝，还为她们的亲戚谋官做，都被李世民拒绝了。于是，宠妃们常常在高祖面前说太子的好话，讲秦王的短处。唐高祖听信宠妃的话，跟李世民渐渐疏远起来。

李世民多次立功，建成和元吉更加忌恨，千方百计想除掉李世民。

有一次，建成请李世民到东宫去喝酒。世民喝了几盅，忽然感到肚子痛。别人把他扶回家里，他一阵疼痛，竟呕出血来。李世民心里明白，一定是建成在酒里下了毒，赶快请医服药，总算慢慢好了。

建成、元吉想害李世民，但是又怕世民手下勇将多，真的动起手来，占不到便宜，就想先把这些勇将收买过来。

建成私下派人送了一封信给秦王手下的勇将尉迟敬德，表示要跟尉迟敬德交个朋友，还给尉迟敬德送去一车金银。

尉迟敬德跟建成的使者说："我是秦王的部下。如果私下跟太子来往，对秦王三心二意，我就成了个贪利忘义的小人。这样的人对太子又有什么用呢？"说着，他把一车金银原封不动地退了。

建成受到尉迟敬德的拒绝，气得要命。当天夜里，元吉派了个刺客到尉迟敬德家去行刺。尉迟敬德早就料到建成他们不会放过他。一到晚上，故意把大门打开。刺客溜进院子，隔着窗户偷看，只见尉迟敬德斜靠在床上，身边放着长矛。刺客本来知道他的名气，怕他早有防备，没敢动手，偷偷地溜回去了。

建成、元吉一计不成，又生一计。那时候，突厥进犯中

原，建成向唐高祖建议，让元吉代替李世民带兵北征。唐高祖任命元吉做主帅后，元吉又请求把尉迟敬德、秦叔宝、程咬金三员大将和秦王府的精兵都划归元吉指挥。他们打算把这些将士调开以后，就可以放手杀害李世民。

有人把这个秘密计划报告给李世民。世民感到形势紧急，连忙找他舅子长孙无忌和尉迟敬德商量。两人都劝李世民先发制人。李世民说："兄弟互相残杀，总不是件体面的事。还是等他们动了手，我们再来对付他们。"

尉迟敬德、长孙无忌都着急起来，说如果世民再不动手，他们也不愿留在秦王府白白等死。李世民看他的部下十分坚决，就下了决心。

当天夜里，李世民进宫向唐高祖告了一状，诉说太子跟元吉怎么谋害他。唐高祖答应等明天一早，叫兄弟三人一起进宫，由他亲自查问。

第二天早上，李世民叫长孙无忌和尉迟敬德带了一支精兵，埋伏在皇宫北面的玄武门，只等建成、元吉进宫。

没多久，建成、元吉骑着马朝玄武门来了，他们到了玄武门边，觉得周围的气氛有点反常，心里犯了疑。两人拨转马头，准备回去。

李世民从玄武门里骑着马赶了出来，高喊说："殿下，别走！"

元吉转过身来，拿起身边的弓箭，就想射杀世民，但是心里一慌张，连弓弦都拉不开来。李世民眼明手快，射出一支箭，把建成先射死了；紧接着，尉迟敬德带了七十名骑兵一起冲了出来，尉迟敬德一箭，把元吉也射下马来。

东宫和齐王府的将士听到玄武门出了事,全部出动,猛攻秦王府的兵士。李世民一面指挥将士抵抗,一面派尉迟敬德进宫。

唐高祖正在皇宫里等着三人去朝见,尉迟敬德手拿长矛气吁吁地冲进宫来,说:"太子和齐王发动叛乱,秦王已经把他们杀了。秦王怕惊动陛下,特地派我来保驾。"

高祖这才知道外面出了事,吓得不知道该怎么办才好。

宰相萧瑀等说:"建成、元吉本来没有什么功劳,两人妒忌秦王,施用奸计。现在秦王既然已经把他们消灭,这是好事。陛下把国事交给秦王,就没事了。"

到了这步田地,唐高祖要反对也没用了,只好听左右大臣的话,宣布建成、元吉罪状,命令各府将士一律归秦王指挥。过了两个月,唐高祖让位给秦王,自己做太上皇。李世民即位,就是唐太宗。

145

魏徵直言敢谏

玄武门之变后，有人向秦王李世民告发，东宫有个官员，名叫魏徵，曾经参加过李密和窦建德的起义军，李密和窦建德失败之后，魏徵到了长安，在太子建成手下干过事，还曾经劝说建成杀害秦王。

秦王听了，立刻派人把魏徵找来。

魏徵见了秦王，秦王板起脸问他说："你为什么在我们兄弟中挑拨离间？"

左右的大臣听秦王这样发问，以为是要算魏徵的老账，都替魏徵捏了一把汗。但是魏徵却神态自若，不慌不忙地回答说："可惜那时候太子没听我的话。要不然，也不会发生这样的事了。"

秦王听了，觉得魏徵说话直爽，很有胆识，不但没责怪魏徵，反而和颜悦色地说："这已经是过去的事，就不用再提了。”

唐太宗即位以后，把魏徵提拔为谏议大夫（官名），还选用了一批建成、元吉手下的人做官。原来秦王府的官员都不服气，背后嘀咕说：“我们跟着皇上多少年。现在皇上封官拜爵，反而让东宫、齐王府的人先沾了光，这算什么规矩？”

宰相房玄龄把这番话告诉了唐太宗。唐太宗笑着说：“朝廷设置官员，为的是治理国家，应该选拔贤才，怎么能拿关系来作选人的标准呢。如果新来的人有才能，老的没有才能，就不能排斥新的，任用老的啊！”

大家听了，才没有话说。

唐太宗不记旧恨，选用人才，而且鼓励大臣们把意见当面说出来。在他的鼓励之下，大臣们也敢于说话了。特别是魏徵，对朝廷大事，都想得很周到，有什么意见就在唐太宗面前直说。唐太宗也特别信任他，常常把他召进内宫，听取他的意见。

有一次，唐太宗问魏徵说：“历史上的人君，为什么有的人明智，有的人昏庸？”

魏徵说：“多听听各方面的意见，就明智；只听单方面的话，就昏庸（文言是‘兼听则明，偏听则暗’）。”他还举了历史上尧、舜和秦二世、梁武帝、隋炀帝等例子，说：“治理天下的人君如果能够采纳下面的意见，那末下情就能上达，他的亲信要想蒙蔽也蒙蔽不了。”

唐太宗连连点头说：“你说得多好啊！”

又有一天，唐太宗读完隋炀帝的文集，跟左右大臣说：

"我看隋炀帝这个人,学问渊博,也懂得尧、舜好,桀、纣不好,为什么干出事来这么荒唐?"

魏徵接口说:"一个皇帝光靠聪明渊博不行,还应该虚心倾听臣子的意见。隋炀帝自以为才高,骄傲自信,说的是尧舜的话,干的是桀纣的事,到后来糊里糊涂,就自取灭亡了。"

唐太宗听了,感触很深,叹了口气说:"唉,过去的教训,就是我们的老师啊!"

唐太宗看到他的统治巩固下来,心里高兴。他觉得大臣们劝告他的话很有帮助,就向他们说:"治国好比治病,病虽然好了,还得好好休养,不能放松。现在中原安定,四方归服,自古以来,很少有这样的日子。但是我还得十分谨慎,只怕不能保持长久。所以我要多听听你们的谏言才好。"

魏徵说:"陛下能够在安定的环境里想到危急的日子,太叫人高兴了(文言是'居安思危')。"

以后,魏徵提的意见越来越多。他看到太宗有不对的地方,就当面力争。有时候,唐太宗听得不是滋味,沉下了脸,魏徵还是照样说下去,叫唐太宗下不了台阶。

有一次,魏徵在上朝的时候,跟唐太宗争得面红耳赤。唐太宗实在听不下去,想要发作,又怕在大臣面前丢了自己接受意见的好名声,只好勉强忍住。退朝以后,他憋了一肚子气回到内宫,见了他的妻子长孙皇后,气冲冲地说:"总有一天,我要杀死这个乡巴佬!"

长孙皇后很少见太宗发那么大的火,问他说:"不知道陛下想杀哪一个？”

唐太宗说：“还不是那个魏徵！他总是当着大家的面侮辱我，叫我实在忍受不了！”

长孙皇后听了，一声不吭，回到自己的内室，换了一套朝见的礼服，向太宗下拜。

唐太宗惊奇地问道：“你这是干什么？”

长孙皇后说：“我听说英明的天子才有正直的大臣，现在魏徵这样正直，正说明陛下的英明，我怎么能不向陛下祝贺呢！”

这一番话就像一盆清凉的水，把太宗满腔怒火浇熄了。后来，他不但不记魏徵的恨，反而夸奖魏徵说：“人家都说魏徵举止粗鲁，我看这正是他妩媚可爱的地方哩！”

公元643年，那位直言敢谏的魏徵病死了。唐太宗很难过，他流着眼泪说：“一个人用铜作镜子，可以照见衣帽是不是穿戴得端正；用历史作镜子，可以看到国家兴亡的原因；用人作镜子，可以发现自己做得对不对。魏徵一死，我就少了一面好镜子了。”

由于唐太宗重用人才，能采纳大臣的直谏，政治比较开明，而且注意减轻百姓的劳役，采取了一些发展生产的措施，唐朝初期经济出现了繁荣景象，社会秩序比较安定，历史上把这段时期称作“贞观之治”（贞观是唐太宗的年号）。

146

李靖夜袭阴山

唐太宗即位初期，中原战事虽然结束，但西边边境上还很不安定。特别是东突厥，当时还很强大，成为唐朝主要的威胁。太原起兵以后，唐高祖一心对付隋朝，只好靠妥协办法，维持了和东突厥的和好关系，但东突厥贵族仍旧不断侵扰唐朝境界，闹得地方不得安宁。

唐太宗即位不满二十天，东突厥的颉利（颉音 jié）可汗率领人马十多万，一直打到离长安只有四十里的渭水边。颉利以为唐太宗刚即位，未必敢抵抗，他先派出使者进长安城见唐太宗，扬言突厥兵一百万，马上开到。

唐太宗是见过世面的人，他不理颉利的威胁，把使者扣押起来。他先布置长安的唐军摆开阵势。接着，又亲自带了房玄龄等六名将领，骑马到渭水边的便桥，指名要颉利出来，隔河对话。

颉利听说使者被扣，已经有点吃惊；再看到太宗亲自上阵，后面唐军旌旗招展，军容整齐，不禁害怕起来。他带着突厥将领在渭水对岸，下马拜见太宗。

唐太宗隔着渭水对颉利说："我们两家早已订立盟约，几年来也没有少给你们金帛，为什么要背信弃义，带兵进犯？"

颉利被责备得无话可说，表示愿意讲和。过了两天，双方在便桥上订立盟约。接着，颉利就退兵了。

打这以后，唐太宗加紧训练将士，每天召集几百名将士在殿前练习弓箭。他跟将士们说："外敌进犯，这是常有的事，并不可怕。怕只怕边境稍为安定，人主就贪图安逸，忘记战争，敌人来了就抵挡不了。从现在起，平时我做老师，教你们弓箭；战时我当将帅，带领你们抵抗敌人。"

经过唐太宗的鼓励，将士专心练武，不出几年，就训练出一批精锐军队。

第二年，北方下了一场大雪。东突厥的牲畜死了不少。大漠以北发生饥荒。颉利可汗加紧对其他部族的压迫，又引起各部族的反抗。颉利派他的堂兄弟突利去镇压，反被打得大败。突利逃回去后，被颉利责打一通。两人因此翻了脸，突利投降了唐朝。

唐太宗抓住这个时机，派出李靖、徐世勣等四名大将率领大军十多万，由李靖统率，分路出击突厥。

李靖是唐朝初年有名的军事家，精通兵法。他在隋朝末年归附唐朝，在唐朝统一战争中，立了不少战功。

公元 630 年，李靖亲自率领三千精锐骑兵，从马邑出发，趁颉利不防备，连夜进军，逼近突厥营地。颉利毫无防备，发现唐军突然出现，大惊失色。将士们也慌了手脚，说："这次一定是唐朝发动全国兵力来了，要不然，李靖怎敢孤军深入呢？"

还没有到唐军发起攻击，突厥兵先乱了起来。李靖又派间谍混进突厥内部活动，说服颉利一个心腹将领投降。颉利一看形势不妙，就偷偷逃跑了。

李靖攻下定襄，得胜回朝，唐太宗十分高兴，说："从前汉朝李陵带兵五千，结果不幸被匈奴所俘虏；现在你以三千轻骑深入敌人后方，克服定襄，威震北方，这是自古以来少有的盛事啊！"

颉利逃到阴山以北，怕唐军继续追赶，派使者到长安求和，还说要亲自朝见。唐太宗一面派唐俭到突厥，表示安抚；另一方面又命令李靖带兵前去察看颉利动静。

李靖领兵到白道（今内蒙古呼和浩特西北）和徐世勣会师。两个人商量怎样对付。李靖说："颉利虽然打了败仗，但是手下人马不少。如果让他逃跑，以后我们再要追他，就很困难了。我们只要选一万精兵，带二十天粮，跟踪袭击，一定能把颉利活捉住。"徐世勣也赞成这个意见。两支军队就向阴山进发。

颉利可汗求和实际上只是缓兵之计，想等草青马肥的季节来到，再逃到漠北。他看到唐俭来到，以为唐太宗中了他的计，暗暗高兴，防备也自然松懈下来。

当天晚上，李靖和徐世勣率领唐军到了阴山，命令部将苏定方率领二百名轻骑，冒着夜雾悄悄进军。到突厥前哨发现唐军的时候，唐军离开颉利营帐只有七里地了。

颉利得知唐军骑兵来到，赶快找唐俭，唐俭已经瞅机会脱身回到唐营。颉利慌忙骑上他的千里马逃走。李靖指挥唐军追杀，突厥兵没有主帅，乱成一团。唐军歼灭突厥兵一万多，还俘获大批俘虏和牲畜。

颉利东奔西逃，最后带着几个亲兵躲在荒山里，被他的部下抓住后交给唐军，后来被押送到长安。

一度很强大的东突厥灭亡了。唐太宗并没有杀死俘虏。在东突厥原地设立了都督府，让突厥贵族担任都督，由他们管理突厥各部。

这次胜利，提高了唐太宗在西北各族中的威信。这一年，回纥等各族首领一起来到长安，朝见唐太宗，拥护唐太宗为他们的共同首领，尊称他是“天可汗”。

打那以后，西域各族人和亚洲许多国家的人，不断来到长安。在这一时期，我国高僧玄奘（音 zàng）和尚也通过西域各国到天竺去。

147

玄奘和尚取经

玄奘是长安大慈恩寺的和尚，原名叫陈祎（音 huī），洛州缑氏（今河南偃师缑氏镇，缑音 gōu）人。十三岁那年，他出家做和尚，就认真研究佛学。后来他到处拜师学习，精通佛教经典，被尊称为三藏法师（三藏是佛教经典的总称）。他发现原来翻译过来的佛经错误很多，又听说天竺地方有很多的佛经，就决定到天竺去学习。

公元 629 年（一说 627 年）他从长安出发，到了凉州（今甘肃武威）。当时，朝廷禁止唐人出境，他在凉州被边境兵士发现，叫他回长安去。他逃过边防关卡，向西来到玉门关附近的瓜州（今甘肃安西）。

玄奘在瓜州，打听到玉门关外有五座堡垒，每座堡垒之间相隔一百里，中间没有水草，只有堡垒旁有水源，并且由兵士把守。这时候，凉州的官员已经发现他偷越边防，发出

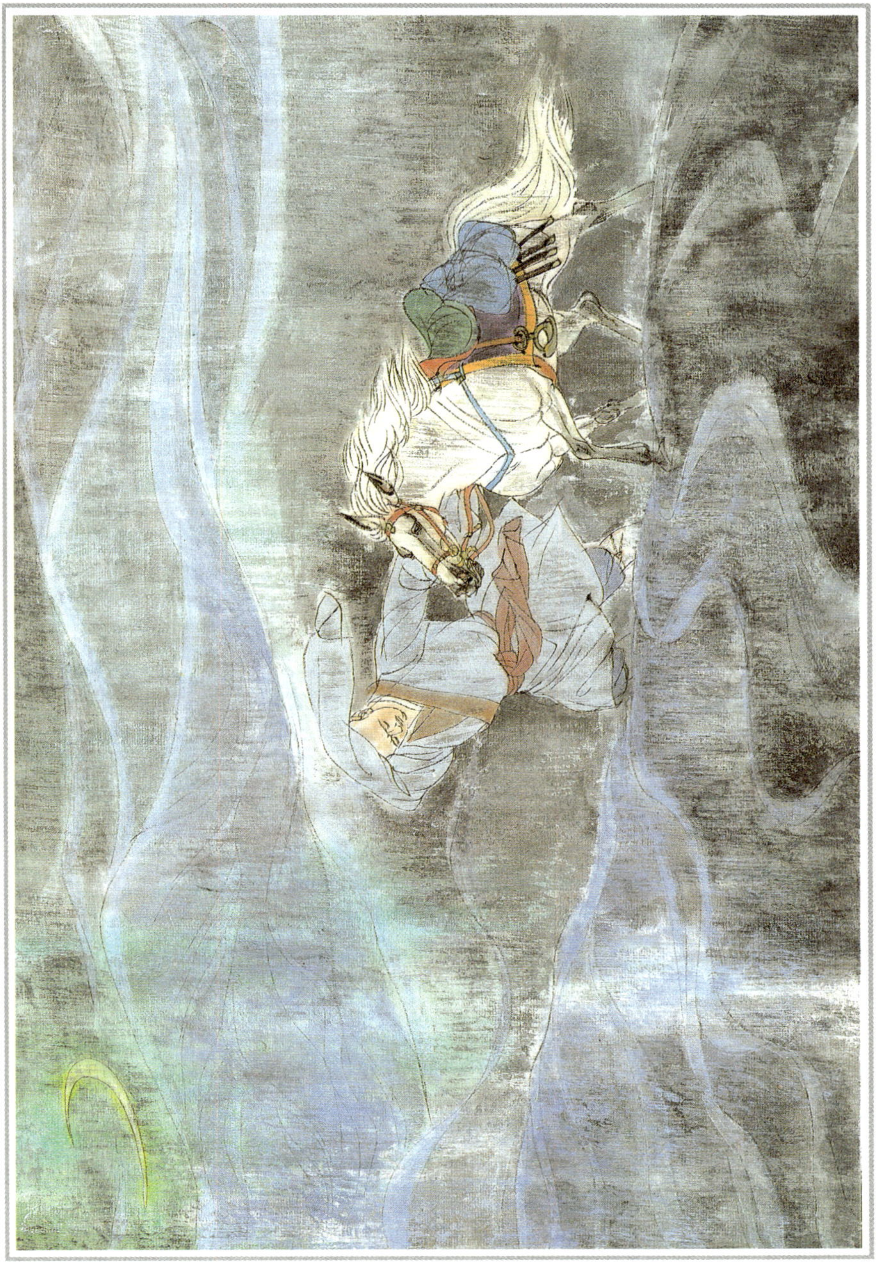

公文到瓜州通缉他。如果经过堡垒,一定会被兵士捉住。

玄奘正在束手无策的时候,碰到了当地一个胡族人,名叫石槃陀,愿意替他带路。

玄奘喜出望外,变卖了衣服,换了两匹马,连夜跟石槃陀一起出发,好不容易混出了玉门关。他们在草丛里睡了一觉,准备继续西进。

哪儿想到石槃陀走了一程,就不想再走了,甚至想谋杀玄奘。玄奘发现他不怀好意,把他打发走了。

打那以后,玄奘单人匹马在关外的沙漠地带摸索前进。约摸走了八十多里,才到了第一堡边。他怕被守兵发现,白天躲在沙沟里,等天黑了才走近堡垒前的水源。他正想用皮袋盛水,忽然一支箭射来,几乎射中他的膝盖。玄奘知道躲不过,索性朝着堡垒喊道:"我是长安来的和尚,你们别射箭!"

堡中的人停止射箭,打开堡门,把玄奘带进堡垒。幸好守堡的校尉王祥也是信佛教的,问清楚玄奘的来历后,不但不为难他,还派人帮他盛水,还送了一些饼,亲自把他送到十几里外,指引他一条通向第四堡的小道。

第四堡的校尉是王祥的同族兄弟,听说玄奘是王祥那里来的,也很热情地接待他,并且告诉他,第五堡的守兵十分凶暴,叫他绕过第五堡,到野马泉去取水,再往西走,就是一片长八百里的大沙漠了。

玄奘离开第四堡,又走了一百多里,迷了路,没有找到野马泉。他正要拿起随带的水袋喝水,哪知一失手,一皮袋的水都泼翻在沙土上了。没有水,怎么越过沙漠呢。玄奘想折回第四堡去取水，走了十几里，忽然想起临走的时候，他曾经立下誓言，不到达目的地，决不后退一步。现在怎么能遇到困难就后退呢？想到这里，他拨转马头，继续朝西前进。

大沙漠里一片茫茫，上不见飞鸟，下不见走兽，有时一阵旋风，卷起满天沙土，像暴雨一样落下来。玄奘在沙漠里接连走了四夜五天，没有一点水喝，口渴得像火烧一样，终于支持不住昏倒在沙漠上。到了第五天半夜，天边起了凉风，把玄奘吹得清醒过来。他站起来，牵着马又走了十几里，发现了一片草地和一个池塘。有了水和草，人和马才摆脱绝境。又走了两天，终于走出大沙漠，经过伊吾（今新疆哈密），到了高昌（今新疆吐鲁番东）。

高昌王麴（音 qū）文泰也是信佛的，听说玄奘是大唐来的高僧，十分敬重，请他讲经，还恳切要他在高昌留下来。玄奘坚持不肯。麴文泰没法挽留，就给玄奘准备好行装，派了二十五人，随带三十匹马护送；还写信给沿路二十四国的国王，请他们保护玄奘过境。

玄奘带领人马，越过雪山冰河，冲过暴风雪崩，经历了千辛万苦，到达碎叶城（今吉尔吉斯斯坦共和国北部托克马克附近），受到西突厥可汗的接待。打那以后，一路顺利，通过西域各国进了天竺。

天竺是佛教的发源地，有很多佛教古迹。玄奘在天竺游历各地，朝拜圣迹，向高僧学经。有一次，他在乘船渡恒河的时候，碰到一群强盗。他们迷信妖神，每年秋天都要杀个人祭神。船中的强盗看中玄奘，要把他杀了祭神，玄奘再三向他们解释也没有用，只好闭着眼睛念起经来。说也凑巧，这时正好起了一阵狂风，河里浊浪汹涌，差一点打翻了船。强盗害怕起来，赶快跪下忏悔，把玄奘放了。

这件事很快传开了，当地的人都还认为玄奘真有什么佛法保护呢。

天竺摩揭陀国有一座古老的大寺院，叫做那烂陀寺。寺里有个戒贤法师，是天竺的大学者。玄奘来到那烂陀寺，跟着戒贤法师，学了五年，把那里的经全部学会了。

摩揭陀国的戒日王是个笃信佛教的国王，听到玄奘的名声，在他的国都曲女城（今印度北方邦境内卡瑙季）为玄奘开了一个隆重的讲学大会。天竺十八个国的国王和三千多高僧到了会。戒日王请玄奘在会上讲学，还让大家辩论。大会开了十八天，大家对玄奘的精彩演讲十分佩服，没有一个人提出不同的意见。最后，戒日王派人举起玄奘的袈裟，宣布讲学成功。

戒日王接见玄奘的时候，说起他早就听说中国有个英武的秦王。玄奘告诉他，秦王就是现在的大唐皇帝。

玄奘的游历，不但在佛学上取得很大成功，而且促进了东西方的文化交流。公元645年，他带了六百多部佛经，回到阔别十多年的长安。

玄奘和尚百折不挠的取经事迹，轰动了长安。正在洛阳的唐太宗，对玄奘的壮举十分赞赏，在洛阳行宫接见了玄奘。玄奘把他游历西域的经历向太宗作了详细的汇报。

在这以后，玄奘就定居下来，专心翻译从天竺带回来的佛经。他还和他的弟子一起，编写了一本《大唐西域记》。

在这本书里，他把亲自到过的一百十个国家和听到过的二十八个国家的地理情况、风俗习惯记载下来，成为重要的历史和地理著作。

由于玄奘取经这件事本身带有传奇色彩，后来，在民间流传了许多关于唐僧取经的神话，说他取经路上，遇到许多妖魔精怪，这当然是虚构出来的。到了明朝，小说家吴承恩，根据民间传说作了艺术加工，写成优秀的长篇神话小说《西游记》，在我国文学史上占有很重要的地位。但是那里面的故事，跟真正的玄奘取经事迹已经离得很远了。

148

文成公主进吐蕃

唐太宗灭了东突厥后，又派李靖击败了西南的吐谷浑（我国古代少数民族之一，在今青海省，谷音 yù），打通了西域的通道。西域各国纷纷和唐朝交往，远在西南的吐蕃（我国古代藏族在青藏高原建立的政权，蕃音 bō），也派使者来了。

当时的吐蕃赞普（吐蕃王的称号）名叫松赞干布，是个能文能武的人才。他在十三岁的时候，就精通骑马、射箭、击剑等各种武艺，而且爱好民歌，善于写诗，受到吐蕃人的爱戴。他的父亲死去后，吐蕃贵族发动叛乱，松赞干布靠他的勇敢才智，很快把叛乱平定了。

年轻的松赞干布并不满足吐蕃的贵族生活，为了学习唐朝的文化，他派出使者，长途跋涉，到长安来要求跟唐朝建立友好关系。

唐太宗也听到吐蕃的名声，愿意跟他们结交，还派使者

到吐蕃去回访。

过了两年，松赞干布又派使者到长安向唐朝求亲，唐太宗没有答应。吐蕃使者怕松赞责备他不会办事，回到吐蕃后，向松赞撒谎说："唐天子快要答应把公主下嫁给我们啦，因为吐谷浑王也去求亲，才把我们求亲的事给耽搁了。"

吐蕃和吐谷浑两国本来就在闹摩擦，松赞干布听了使者的回报，更加怨恨吐谷浑。他马上出动二十万人马进攻吐谷浑。吐谷浑王看吐蕃军攻势很猛，抵挡不住，就退到环海一带。

松赞干布打败了吐谷浑，乘胜打到唐朝境内的松州（今四川松潘），又打了个大胜仗。松赞干布骄傲起来，派人威胁唐朝说："如果不把公主嫁给我，我就带兵打到长安。"

唐太宗生气了，派大将侯君集带兵反击吐蕃。吐蕃将士对松赞干布挑起跟唐朝的战争，本来不愿意，看到唐朝派大军前来，都要求退兵。松赞干布眼看蛮干下去，要遭到失败，就向唐朝求和。

唐太宗本来愿意同吐蕃友好，也就同意讲和了。

公元640年，松赞干布又派了个能干的使者禄东赞带了一百人的出使队伍，备了五千两黄金和许多珍宝的厚礼，到长安去求亲。

唐太宗接见了禄东赞。禄东赞传达了他们的年轻国王想跟唐朝友好的心愿，说得娓娓动听。唐太宗心里挺满意，就在皇族的女儿中，挑选一个美丽温柔的，封为文成公主，把她许嫁给松赞干布。

据说，使者禄东赞是个绝顶聪明的人。后来，在青藏高原的人民中，流传着一个"五难求婚使"的动人故事：

禄东赞在长安求亲的时候，各国来求亲的使者很多，唐太宗下了一道命令，要前来求亲的使者先解答五个难题。哪一国使者能够解答，就答允跟那国和亲。

第一道题目是要求把一根很细的丝线，穿过一颗有九曲孔道的明珠。禄东赞把丝线系在一只蚂蚁的腰部。蚂蚁带着丝线，爬过明珠的九曲孔道，丝线也就带过来了。

第二道题目是把一百匹母马和一百匹小马驹儿放在一起，要求辨认出哪匹马驹儿是哪匹母马生的。禄东赞把母马和马驹儿分开关了一天，断绝了马驹儿的饲料和水。第二天，再把它们放在一起。饿慌了的马驹儿分别奔到自己的母亲那里去吃奶。它们的母子关系也就认出来了。

禄东赞通过了一道道考试，最后一道是要从二千五百名美貌年轻的女子中，找出谁是文成公主。禄东赞凭他敏锐的眼力，一下子就把那仪态大方的公主认出来了。

这些传说不大可能是事实，但是却反映了吐蕃人民对唐蕃友好的愿望和完成这个使命的使者的赞美。

公元 641 年，二十四岁的文成公主在江夏王李道宗的护送下，动身到吐蕃去。唐朝廷为公主备了一份十分丰富的嫁妆。金银珠宝，绫罗绸缎，当然是少不了的，除此以外，还有许多吐蕃没有的谷物、果品、蔬菜的种子、药材、蚕种。她还带了大批的医药、种树、工程技术、天文历法的书籍。

文成公主出嫁的消息传到吐蕃，从唐朝边境到吐蕃，一路上都有人准备好马匹、牦牛、船只、食物，接送文成公主。

松赞干布亲自从逻些（今西藏拉萨）赶到柏海（今青海鄂陵湖或札陵湖）迎接。松赞干布和文成公主在那里举行了隆重的婚礼。

婚礼结束后，松赞干布和文成公主越过雪山高原，到了逻些城。公主入城的那天，逻些人民像过盛大节日一样，载歌载舞，夹道欢迎。松赞干布还在逻些按照唐朝的建筑格式，为公主专门建造了一座城郭宫殿，给公主居住。

文成公主在吐蕃生活了四十年，她为汉藏两族人民的友好联系和发展藏族经济文化作出了贡献。直到现在，在西藏的大昭寺和布达拉宫，还供奉着松赞干布和文成公主的塑像。

公元 650 年，松赞干布死去。唐太宗也在前一年病死，接替他的是太子李治，这就是唐高宗。

149

女皇帝武则天

唐太宗是个精明能干的皇帝，但是他的儿子高宗却是个庸碌无能的人。唐高宗即位以后，自己不会处理朝政大事，一切靠他的舅父、宰相长孙无忌拿主意。后来，他立了皇后武则天，情况就发生了变化。

武则天本来是唐太宗宫里的一个才人（一种妃嫔的称号），十四岁那年，就服侍太宗。当时太宗的御厩里，有匹名马，叫"狮子骢"，长得肥壮可爱，但是性格暴躁，不好驾驭。

有一次，唐太宗带着宫妃们去看那匹马，跟大家开玩笑说："你们当中有谁能制服它？"

妃子们不敢接嘴，十四岁的武则天勇敢地站了出来，说："陛下，我能！"

太宗惊奇地看着她，问她有什么办法。武则天说："只要给我三件东西：第一件是铁鞭，第二件是铁锤，第三件是匕首。它要是调皮，就用鞭子抽它；还不服，用铁锤敲它的头；如果再捣蛋，就用匕首砍断它的脖子。”

唐太宗听了哈哈大笑。他虽然觉得武则天说的有点孩子气，但是也很赞赏她的泼辣性格。

唐太宗死了后，按照当时宫廷的规矩，武则天被送进尼姑庵。这当然是她很不情愿的。

唐高宗在他当太子的时候，就看中了武则天。即位两年后，他把武则天从尼姑庵里接出来，封她为昭仪（妃嫔的称号）。后来，又想废了原来的王皇后，立武则天做皇后。这件事遭到很多老臣的反对，特别是高宗的舅父长孙无忌，说什么也不同意。

武则天私下拉拢一批大臣，在高宗面前支持武则天当皇后，有人对高宗说：“这是陛下的家事，别人管不着。”唐高宗这才下了决心，把王皇后废了，让武则天当皇后。

武则天当了皇后以后，就使出她那果断泼辣的手段，把那些反对她的老臣一个个降职、流放，连长孙无忌也被逼自杀。

不多久，那个本来已经十分无能的高宗害了一场病，成天头昏眼花，有时候连眼睛都张不开。唐高宗看武则天能干，又懂得文墨，索性把朝政大事全交给她管了。

武则天掌了权，渐渐不把高宗放在眼里。高宗想干什么，没有经过武则天同意，就干不了。唐高宗心里气恼，有一次，他跟宰相上官仪（上官是姓）商量。上官仪是反对武则天掌权的，就说：“陛下既然嫌皇后太专断，不如把她废了。”

高宗是个没主意的人，听了上官仪的话，说："好，那就请你去给我起草一道诏书吧。"

两个人的说话，被旁边的太监听见了。那些太监都是武则天的心腹，连忙把这件事报告武则天。等上官仪把起草好的诏书送给高宗，武则天已经赶到了。她厉声问高宗说："这是怎么回事？"

唐高宗见了武则天，吓得好像矮了半截。他把上官仪起草的诏书藏在袖子里，结结巴巴地说："我本来没这个意思，都是上官仪教我干的。"

武则天立刻下命令把上官仪杀了。

打那以后，唐高宗上朝，都由武则天在旁边监视；大小政事，都得由皇后点了头才算数。

公元683年，高宗死了。武则天先后把两个儿子立为皇帝——中宗李显和睿（音ruì）宗李旦，都不中她的意。她把中宗废了，把睿宗软禁起来，自己以太后名义临朝执政。这一来，又遭到一些大臣和宗室的反对。

有个官员徐敬业被武则天降职，借这个由头，在扬州起兵反对武则天。武则天找宰相裴炎商量。裴炎说："现在皇帝年纪大了，还不让他执政，人家就有了借口，只要太后把政权还给皇帝，徐敬业的叛乱自然会平息。"

武则天认为裴炎跟徐敬业一样，都想逼她下台，一气之下，就把裴炎打进牢监；又派出大将带领三十万大军讨伐徐敬业。徐敬业兵少势孤，抵抗了一阵，就失败了。

接着，又有两个唐朝宗室——越王李贞和琅琊王李冲起兵反对武则天，也被武则天派兵镇压了。

经过这两场小小的兵变，全国恢复了安宁，没有人再敢反对武则天。武则天巩固了她的统治，就不满足太后执政的地位了。

有个和尚猜到了太后的心思，伪造了一部佛经，献给武则天。那部佛经里说，武则天本来是弥勒佛投胎到人世来的。佛祖派她下凡，就是要让她代替唐朝皇帝统治天下。

又过了几月，有个官员名叫傅游艺，联络了关中地区九百多人联名上书，请求太后即位称帝。武则天一面推辞，一面提升了傅游艺的官职。结果，劝她做皇帝的人越来越多。据说当时文武官员、王公贵族、远近百姓、各族首领、和尚道士，上劝进表的有六万多人。

公元 690 年九月，武则天接受大家的请求，自称圣神皇帝，改国号为周。她就成了中国历史上唯一的女皇帝。

150

请君入瓮

武则天在平定徐敬业叛乱之后，决心除掉那些反对她的唐朝宗室和大臣。可是，谁在暗中反对她，用什么办法才能知道呢？

于是，她就下了一道命令，发动全国告密。不论大小官吏，普通百姓，只要发现有人谋反，都可以直接向她告密。地方官吏遇到有人告密，不许自己查问，一定要替告密的人备好车马，供给上等伙食，派人护送到太后行宫，由武则天亲自召见。如果告密的材料属实，告密人可以马上做官；查下来不符事实，也不追究诬告。

这样一来，四面八方告密的人当然越来越多了。

武则天收到许多告密材料，总得有人替她审问。有一个胡族将军索元礼，就是靠告密起家的。武则天派他专门办谋反的案件。索元礼是一个极端残忍的家伙，审问案件，不管有没有证据，先用刑罚逼犯人供出同谋。犯人受不住刑，就胡乱招了一些假口供。这样，他审问一个人就会牵连到几十个几百个人。株连越广，案情就越大。索元礼向太后一汇报，太后直夸他办事能干。

有些官吏看到索元礼得到太后赏识，就学起索元礼的样儿来。其中最残酷的是周兴和来俊臣。他们每人手下养了几百个流氓，专门干告密的事。只要他们认为谁有谋反嫌疑，就派人同时在几个地方告密，捏造了许多证据。更奇怪的是，来俊臣还专门编了一本《告密罗织经》，传授怎样罗织罪状的手段。

周兴、来俊臣办起案来，比索元礼还要残忍。他们想出各种各样惨无人道的刑罚，名目繁多，花样百出。他们抓到人，先把各种刑具在“犯人”面前一放，“犯人”一看，就被迫招认了。

周兴、索元礼前前后后一共杀了几千人，来俊臣毁了一千多家，他们的残酷就出了名。

有个正直的大臣对太后说：“现在下面告发的谋反案件，多数是冤案、假案，也许有人阴谋离间陛下和大臣之间的关系，陛下可不能不慎重啊！”

可是，武则天不愿听这种劝告。告密的风气越来越盛，连她的亲信、掌管禁军的大将军丘神勣，也被人告发谋反，被武则天下令杀了。

有一天，太后接到告密信，说周兴跟已经处死的丘神勣同谋。太后一听，大吃一惊，立刻下密旨给来俊臣，叫他负责审理这个案件。

说巧也巧，太监把太后的密旨送到来俊臣家，来俊臣正跟周兴在一起，边喝酒，边议论案件。来俊臣看完武则天密旨，不动声色，把密旨往袖子里一放，仍旧回过头来跟周兴谈话。

来俊臣说："最近抓了一批犯人，大多不肯老实招供，您看该怎么办？"

周兴捻着胡须，微微笑着说："这还不容易！我最近就想出一个新办法，拿一个大瓮（音 wèng）放在炭火上。谁不肯招认，就把他放在大瓮里烤。还怕他不招？"

来俊臣听了，连连称赞说："好办法，好办法。"他一面说，一面就叫公差去搬一只大瓮和一盆炭火到大厅里来，把瓮放在火盆上。盆里炭火熊熊，烤得整个厅堂的人禁不住流汗。

周兴正在奇怪，来俊臣站起来，拉长了脸说："接太后密旨，有人告发周兄谋反。你如果不老实招供，只好请你进这个瓮了。"

周兴一听，吓得魂飞天外。来俊臣的手段，他是最清楚的。他连忙跪在地上，像捣蒜一样磕响头求饶，表示愿意招认。来俊臣根据周兴的口供，定了他死罪，上报太后。

武则天想，周兴毕竟为她干了不少事；再说，周兴是不是真的谋反，她也有点怀疑，就赦免了周兴的死罪，把他革职流放到岭南（今广东、广西一带）去。

周兴干的坏事多，冤家也多，到了半路上，就被人暗杀了。后来，武则天发现索元礼害人太多，民愤很大，就借个因头，把他杀了。

留下的一个来俊臣，仍旧得到武则天的信任，继续干了五六年诬陷杀人的事，前前后后不知道杀害了多少官吏百姓，连宰相狄仁杰也曾经被他诬告谋反，关进牢监，差一点被他整死。

来俊臣的胃口越来越大，他想独掌朝廷大权，嫌武则天的侄儿武三思和女儿太平公主势力大，索性告到他们身上去了。这些人当然也不是好惹的，他们先发制人，把来俊臣平时诬陷好人、滥施刑罚的老底全都揭了出来，并且把来俊臣抓起来，判他死罪。武则天还想庇护他，一看反对来俊臣的人不少，只好批准把他处死。

来俊臣被处死刑那天，人人称快。大家互相祝贺，说："从现在起，夜里可以安心睡觉了。"

151

狄仁杰桃李满门

武则天对于反对她掌权的人，进行无情镇压；但她又十分重视任用贤才。她经常派人到各地去物色人才，只要发现谁有才能，就不计较门第出身、资格深浅，破格提拔，大胆任用。所以，在她的手下，涌现出一批有才能的大臣。其中最著名的是宰相狄仁杰。

狄仁杰当豫州刺史的时候，办事公平，执法严明，受到当地百姓的称赞。武则天听说他有才能，把他调到京城当宰相。

一天，武则天召见他，告诉他说：“听说你在豫州的时候，名声很好，但是也有人在我面前揭你的短。你想知道他们是谁吗？”

狄仁杰说：“别人说我不好，如果确是我的过错，我应该改正；如果陛下弄清楚不是我的过错，这是我的幸运。至

于谁在背后说我的不是,我并不想知道。"

武则天听了,觉得狄仁杰器量大,更加赏识他。

来俊臣得势的时候,诬告狄仁杰谋反,把狄仁杰打进了牢监。来俊臣逼他招供,还诱骗他说:"只要你招认了,就可以免你死罪。"

狄仁杰坦然说:"如今太后建立周朝,什么事都重新开始。像我这种唐朝旧臣,理当被杀。我招认就是了。"

另一个官员偷偷告诉狄仁杰说:"你如果供出别人来,还可以从宽。"

狄仁杰这下可生了气,说:"上有天,下有地,叫我狄仁杰干这号事,我可干不出来!"说着,气得用头猛撞牢监里的柱子,撞得满面流血。那个官员害怕起来,连忙把他劝住了。

来俊臣根据逼供的材料,胡乱定了狄仁杰的案,对他的防范也就不那么严密了。狄仁杰趁狱卒不防备,偷偷地扯碎被子,用碎帛写了封申诉状,又把它缝在棉衣里。

那时候,正是开春季节。狄仁杰对狱官说:"天气暖了,这套棉衣我也用不上,请通知我家里人把它拿回去吧。"

狱官也不怀疑,就让前来探监的狄家人把棉衣带回家去。狄仁杰的儿子拆开棉衣,发现父亲写的申诉状,就托人送给武则天。

武则天看了狄仁杰的申诉状,才下令把狄仁杰从牢监里放了出来。武则天召见狄仁杰,说:"你既然申诉冤枉,为什么要招供呢?"

狄仁杰说:“要是我不招,早就被他们拷打死了。”

武则天免了狄仁杰死罪,但还是把他宰相职务撤了,降职到外地做县令。直到来俊臣被杀以后,才又把他调回来做宰相。

在狄仁杰当宰相之前,有个将军娄师德,曾经在武则天面前竭力推荐他;但是狄仁杰并不知道这件事,他认为娄师德不过是普通武将,不大瞧得起他。

有一次,武则天故意问狄仁杰说:“你看娄师德这人怎么样?”

狄仁杰说:“娄师德做个将军,小心谨慎守卫边境,还不错。至于有什么才能,我就不知道了。”

武则天说:“你看娄师德是不是能发现人才?”

狄仁杰说:“我跟他一起工作过,没听说过他能发现人才。”

武则天微笑说:“我能发现你,就是娄师德推荐的啊。”

狄仁杰听了,十分感动,觉得娄师德的为人厚道,自己不如他。后来,狄仁杰也努力物色人才,随时向武则天推荐。

一天,武则天问狄仁杰说:“我想物色一个人才,你看谁行?”

狄仁杰说:“不知陛下要的是什么样的人才?”

武则天说:“我想要找个能当宰相的。”

狄仁杰早就知道荆州地方有个官员叫张柬之,年纪虽然老了一些,但办事干练,是个宰相的人选,就向武则天推荐了。武则天听了狄仁杰的推荐,提拔张柬之担任洛州(治所在洛阳)司马。

过了几天,狄仁杰上朝,武则天又向他提起推荐人才的事。狄仁杰说:“上次我推荐的张柬之,陛下还没用呢!”

武则天说:“我不是已经把他任用了吗?”

狄仁杰说:“我向陛下推荐的,是一个宰相的人选,不是让他当司马的啊。”

武则天这才把张柬之提拔为侍郎,后来,又任命他为宰相。

像张柬之那样,狄仁杰前前后后一共推荐了几十个人,后来都成为当时有名的大臣。这些大臣都十分钦佩狄仁杰,把狄仁杰看作他们的老前辈。有人对狄仁杰说:“天下桃李,都出在狄公的门下了。”

狄仁杰谦逊地说:“这算得上什么,推荐人才是为了国家,不是为了我个人的私利啊!”

狄仁杰一直活到九十三岁。武则天很敬重狄仁杰,把他称作“国老”。他多次要求告老,武则天总是不准。他死去后,武则天常常叹息说:“老天为什么这样早夺走我的国老啊!”

152

张说不做伪证

狄仁杰死了以后，魏元忠当了宰相。那时候，武则天宠幸两个官员，叫张昌宗、张易之。这两个人权势大得不得了，满朝文武官员见到两张，都让他们三分。可是，宰相魏元忠就不把他们放在眼里。

魏元忠是个有名的硬汉，在周兴、来俊臣得势的时候，他三次被诬陷遭到流放，有一次差点被处死，但是他始终没有屈服过。后来他担任洛州刺史的时候，张易之的仆人在洛阳大街上仗势闹事，欺压百姓。洛阳官员因为闹事的是张府里的人，不敢奈何他。这件事传到魏元忠那里，魏元忠把那个仆人抓了起来，一顿板子打死了。

魏元忠做了宰相后，武则天想把张易之的弟弟张昌期任命为长史，一些大臣迎合武则天的意思，都称赞张昌期能干。魏元忠却说张昌期年轻不懂事，干不了这样的大事。

这件事就只好搁了下来。

为了这些事，张昌宗、张易之两人把魏元忠恨得要死，千方百计想把魏元忠除掉。他们在太后面前诬告魏元忠，说魏元忠在背后议论：太后老了，不如跟太子靠得住。

武则天一听就火了，把魏元忠打进了牢监，准备亲自审讯，并且要张昌宗他们两人当面揭发。

张昌宗恐怕辩不过魏元忠，就偷偷地去找魏元忠部下官员张说（音 yuè），要张说作伪证，并且说，只要张说答应，将来就提拔他。

第二天，武则天上朝，召集太子和宰相，让张昌宗和魏元忠当面对质。魏元忠说什么也不承认有这回事。两人争论了半天，没有结果。张昌宗说："张说亲耳听到魏元忠说过这些话，可以找他来作证。"

武则天立刻传令张说进宫。跟张说一起的官员听说他要上朝作证，知道发生了什么事，一个官员宋璟（音 jǐng）对张说说："一个人的名誉是最可贵的。千万不要为了保全自己，去附和奸臣，陷害好人啊！为这个得罪了朝廷，被流放出去，脸上也光彩。"

史官刘知几也在旁边提醒张说说："不要玷污你的历史，连累后代子孙啊！"

张说明知魏元忠冤枉，但是又害怕两张的权势，思想斗争得挺厉害，头上直冒汗，听了宋璟他们的一番话，才觉得胆子壮了些。

张说进了朝堂。武则天问他说："你听到魏元忠诽谤朝廷的话了吗？"

魏元忠一见张说进来，就高声叫起来说："张说，你想跟张昌宗一起诬陷人吗？"

张说回过头来哼了一声说："魏公枉做宰相，竟说出这种不懂道理的话来。"

张昌宗一看张说的话不对头，就在旁边催促他，说："你别去管他，快来作证。"

张说向武则天说："陛下请看，在陛下面前，他还这样胁迫我，可以想象他在宫外是怎样作威作福了。现在我不能不实说，我确实没听魏元忠说过反对陛下的话，只是张昌宗逼我做伪证罢了。"

张昌宗一见张说变了卦，气急败坏地叫了起来："张说这小子是魏元忠的同谋犯。"

武则天是个聪明人，听了张说的答话，知道魏元忠的确冤枉，但是她又不愿给张昌宗他们下不了台阶，就骂张说说："你真是反复无常的小人。"说着，就命令侍从把张说抓起来。以后，武则天又派人审讯张说。张说横下一条心，咬定他没有听到魏元忠说过谋反的话。

武则天没有抓到魏元忠谋反的证据，但是还是撤了魏元忠宰相职务，又把张说判了流放罪。

公元705年，武则天病重，她的侄儿武三思和张昌宗、张易之勾结起来，把持政权。宰相张柬之和一些官员趁武则天病重，夺取禁卫军军权，把两张逮捕起来杀了，迎接唐中宗复位。不久，那个显赫一时的女皇帝武则天病死了。

153

姚崇灭蝗

唐中宗复位以后，让他的妻子韦后掌握政权，重用武三思，把朝政弄得混乱不堪。公元 710 年，中宗死后，唐睿宗的儿子李隆基起兵杀了韦后，拥戴睿宗复位。过了两年，睿宗把皇位让给李隆基。这就是唐玄宗。

二十多岁的唐玄宗刚即位的时候，一心想恢复唐太宗的事业。他任用姚崇为宰相，整顿朝政，把中宗时期的混乱局面扭转了过来。唐王朝重新出现了兴盛的景象。

正在玄宗励精图治的时候，河南一带发生了一次特大的蝗灾。中原的广阔土地上，到处出现成群的飞蝗。那蝗群飞过的时候，黑压压的一大片，连太阳都被遮没了。蝗群落到哪里，哪个地方的庄稼都被啃得精光。

那时候，人们没有科学知识，认为蝗灾是天降给人们的灾难。再加上有些人有意搞迷信宣传，于是，各地为了消灾求福，都烧香求神。眼看庄稼被蝗虫糟蹋得这样惨，人们拿它一点没有办法。

灾情越来越严重，受灾的地区也越来越扩大。地方官吏不得不向朝廷告急。

宰相姚崇向玄宗上了一道奏章，认为蝗虫不过是一种害虫，没有不能治的。只要各地官民齐心协力驱蝗，蝗灾是可以扑灭的。

唐玄宗十分信任姚崇，立刻批准了姚崇的奏章。姚崇下了一道命令，要百姓一到夜里就在田头点起火堆。等飞蝗看到火光飞下来，就集中扑杀；同时在田边掘个大坑，边打边烧。

这个命令一下去，汴州（今河南开封）刺史倪若水拒不执行。他也写了一道奏章，说蝗虫是天灾，人力是没法抗拒的，要消除蝗灾，只有积德修行。

姚崇看到倪若水的奏章，十分恼火，专门发了一封信责备倪若水，并且严厉警告他说，如果眼看蝗灾流行，不采取救灾灭蝗措施，将来造成饥荒，要他负责。

倪若水看宰相说得很硬，不敢不依。他发动各地官民，用姚崇规定的办法灭蝗，果然有效。光汴州一个地方就扑灭了蝗虫十四万担，灾情缓和了下来。

倪若水在事实面前服输了，可是在长安朝廷里还有一批官员，认为姚崇灭蝗的办法，过去从来也没人做过，现在这样冒冒失失推行，只怕闯出什么乱子来。

唐玄宗听到反对的人多，也有点动摇起来。他又找姚崇来问，姚崇从容不迫地回答说："做事只要合乎道理，就

不能讲老规矩。再说历史上大蝗灾的年头,都因为没有很好扑灭,造成严重灾荒。现在河南河北,积存的粮食不多,如果今年因为蝗灾而没收获,将来百姓没粮吃,流离失所,国家就危险了。"

唐玄宗一听蝗灾不除,要威胁国家安全,也害怕起来,说:"依你说,该怎么办才好?"

姚崇说:"大臣们说我的办法不好,陛下也有顾虑。我看这事陛下且别管,由我来处理。万一出了乱子,我愿意受革职处分。"

唐玄宗这才点头同意了。

姚崇出宫的时候,有个宦官悄悄扯住他的衣袖,说:"杀虫太多,总是伤和气的事,希望相公好好考虑一下。"

姚崇说:"这件事就这么定了,请你不必再说。如果不杀蝗虫,到处都是荒地。河南百姓,统统饿死,这难道不伤和气吗?"

由于姚崇考虑到国家的安全、百姓的生活,不顾许多人反对,坚决灭蝗,各地的蝗灾终于平息下来。

姚崇办事干练是出名的。有一次,姚崇家里有丧事,请了十天假,朝廷的公事就积压了一大堆。另一个宰相卢怀慎不知道该怎么处理,急得团团转。过了十天,姚崇回朝,没有花多少时间,就把案头的积件处理完了。旁边的官员看了,没有一个不佩服他。姚崇自己也有点得意,问一个官员说:"我这个宰相,能跟古代什么人相比?能不能比得上管仲、晏婴?"

那官员说:"跟管仲、晏婴似乎比不上,但是也可以称得上‘救时宰相’了。”

唐玄宗在他即位以后的前二十多年里，除了姚崇以外，还任用过好几个有名的贤相，像宋璟、张说、韩休、张九龄等，他还比较肯接受宰相和大臣们的正确意见，采取了一些有利于经济发展的措施。这个时期唐朝国力强盛，财政充裕。据说，当时各州县的仓库里都堆满了粮食布帛，长安和洛阳的米和帛都跌了价。历史上把这段时期称为“开元之治”（“开元”是唐玄宗前期的年号）。

154

口蜜腹剑的李林甫

唐玄宗做了二十多年太平天子，渐渐滋长了骄傲怠惰的情绪。他想，天下太平无事，政事有宰相管，边防有将帅守，自己何必那么为国事操心。于是，他就追求起享乐的生活来。

宰相张九龄看到这种情况，心里挺着急，常常给唐玄宗提意见。唐玄宗本来很尊重张九龄，但是到了后来，对张九龄的意见也听不进去了。

有一个大臣李林甫，是一个不学无术的人。他什么事都不会，专学了一套奉承拍马的本领。他和宫内的宦官、妃子勾结，探听宫内的动静。唐玄宗在宫里说些什么，想些什么，他都先摸了底。等到唐玄宗找他商量什么事，他就对答如流，简直跟唐玄宗想的一样。唐玄宗听了挺舒服，觉得李林甫又能干，又听话，比张九龄强多了。

唐玄宗想把李林甫提为宰相，跟张九龄商量。张九龄看出李林甫不是正路人，就直截了当地说："宰相的地位，关系到国家的安危。陛下如果拜李林甫为相，只怕将来国家要遭到灾难。"

这些话传到李林甫那里，李林甫把张九龄恨得咬牙切齿。

朔方（治所在今宁夏灵武）将领牛仙客，目不识丁，但是在理财方面，很有点办法。唐玄宗想提拔牛仙客，张九龄没有同意。李林甫在唐玄宗面前说："像牛仙客这样的人，才是宰相的人选；张九龄是个书呆子，不识大体。"

有一次，唐玄宗又找张九龄商量提拔牛仙客的事，张九龄还是不同意。唐玄宗发火了，厉声说："难道什么事都得由你作主吗！"

唐玄宗越来越觉得张九龄讨厌，加上听信了李林甫的诽谤，终于借个因头撤了张九龄的职，让李林甫当宰相。

李林甫一当上宰相，第一件事就是要把唐玄宗和百官隔绝，不许大家在玄宗面前提意见。有一次，他把谏官召集起来，公开宣布说："现在皇上圣明，做臣下的只要按皇上意旨办事，用不到大家七嘴八舌。你们没看到立仗马（一种在皇宫前作仪仗用的马）吗？它们吃的饲料相当于三品官的待遇，但是哪一匹马要是叫了一声，就被拉出去不用，后悔也来不及了。"

有一个谏官不听李林甫的话，上奏本给唐玄宗提建议。第二天，就接到命令，被降职到外地去做县令。大家知道这是李林甫的意思，以后谁也不敢向玄宗提意见了。

李林甫知道自己在朝廷中的名声不好。凡是大臣中能力比他强的，他就千方百计地把他们排挤掉。他要排挤一个人，表面上不动声色，笑脸相待，却在背地里暗箭伤人。

有一次，唐玄宗在勤政楼上隔着帘子眺望，兵部侍郎卢绚骑马经过楼下。唐玄宗看到卢绚风度很好，随口赞赏几句。第二天，李林甫得知这件事，就把卢绚降职为华州刺史。卢绚到任不久，又被诬说他身体不好，不称职，再一次降了职。

有一个官员严挺之，被李林甫排挤在外地当刺史。后来，唐玄宗想起他，跟李林甫说："严挺之还在吗？这个人很有才能，还可以用呢。"

李林甫说："陛下既然想念他，我去打听一下。"

退了朝，李林甫连忙把严挺之的弟弟找来，说："你哥哥不是很想回京城见皇上吗，我倒有一个办法。"

严挺之的弟弟见李林甫这样关心他哥哥，当然很感激，连忙请教该怎么办。李林甫说："只要叫你哥哥上一道奏章，就说他得了病，请求回京城来看病。"

严挺之接到他弟弟的信，真的上了一道奏章，请求回京城看病。李林甫就拿着奏章去见唐玄宗，说："真太可惜，严挺之现在得了重病，不能干大事了。"

唐玄宗惋惜地叹了口气，也就算了。

像严挺之这样上当受骗的还真不少。但是，不管李林甫装扮得怎么巧妙，他的阴谋诡计还是被人们识破。人们就说李林甫这个人是"嘴上像蜜甜，肚里藏着剑"（成语"口蜜腹剑"就是这样来的）。

李林甫当了十九年宰相，一个个有才能的正直的大臣全都遭到排斥，一批批钻营拍马的小人都受到重用提拔。就在这个时期，唐朝的政治从兴旺转向衰败，“开元之治”的繁荣景象消失，接着出现的就是“天宝之乱”（天宝是唐玄宗后期的年号）。

155

李白蔑视权贵

唐玄宗六十一岁那年，宠爱上了年轻的杨贵妃。据说，杨贵妃是个少见的美人，而且生得聪明伶俐，懂得音乐。唐玄宗把她的两个哥哥都封了官，三个姐姐都封为夫人。杨贵妃有个远堂兄弟杨钊（音 zhāo，后来改名杨国忠），在蜀中穷得过不了日子，听到他堂妹封了贵妃，就带点礼物到长安找杨贵妃。杨贵妃在玄宗面前说了几句好话，杨国忠就当上了一名禁卫军参军。

唐玄宗早把政事交给了李林甫。有了杨贵妃以后，他更是经常留在宫里寻欢作乐，连每天例行的早朝也懒得出来了。杨贵妃想要什么，他就总想方设法给她办到。杨贵妃爱吃新鲜的荔枝。荔枝是南方出产的果品，长安在西北，哪来的荔枝？唐玄宗为了讨杨贵妃的欢喜，专门下命令叫岭南官员派人骑着快马拼着命赶送，像接力棒一样，一站一

站把荔枝运到长安。荔枝到杨贵妃手里的时候，还又红又香，味道没变哩。

唐玄宗、杨贵妃每天饮酒作乐，少不了叫人奏奏音乐，唱唱歌曲，但是宫里原来的一些老歌词都听腻了。他想找人来给他填点新歌词。

有一个官员贺知章在唐玄宗面前说，长安新来了一个大诗人，名叫李白，是个天才，无论做诗写文章，都十分出色。唐玄宗也早就听到过李白的名声，就吩咐贺知章赶快通知李白进宫。

李白字太白，是唐代最著名的大诗人之一。他出生在碎叶，上代是陇西成纪（今甘肃秦安东）人，从小博览群书，性格豪放，除读书之外，还练得一手好剑。李白二十多岁起，为了增长见识，到各地游历。他不仅到过长安、洛阳、金陵、江都许多大城，还到过洞庭、庐山、会稽等许多名山胜地。由于他见识广博，加上才智过人，因此，他在诗歌写作上有了杰出的成就。

李白是个有政治抱负的人，他生性高傲，对当时官场上的腐朽风气很不满意，希望得到朝廷任用，让他有机会施展政治上的才干。这一次到长安来，听到唐玄宗召见他，也很高兴。

唐玄宗在宫殿上接见了李白，和他谈了一阵，觉得他的确很有才华，高兴地说："你是个普通人士，但你的名字连我都知道了。要不是有真才实学，怎么可能这样出名呢？"

接见以后，唐玄宗就把李白留在翰林院，要他专门给他起草诏书。

李白爱好喝酒，喝起酒来，还非喝到酩酊大醉没有完。进了翰林院之后，他改不了这个习惯，空下来，还是找一些诗友到长安酒店里去喝酒。

有一次，唐玄宗叫乐工写了一支新曲子，还没填上歌词，就命令太监去找李白。太监们在翰林院和李白家，都找不到李白。有人告诉太监，李白上街喝酒去了。

太监们在长安街上找呀找呀，好容易在酒店里找到李白，原来李白喝醉了酒，躺在那里睡着了。太监把他叫醒，告诉他皇上召见他。李白揉揉眼睛，站起了身，问是怎么回事。太监们来不及跟他细说，七手八脚把李白拉进轿子，抬到宫里。

李白进了内宫，抬头一看是唐玄宗，想行朝拜礼，身子却不听使唤。太监们见他醉得厉害，就有人拿了一盆凉水，洒在李白脸上，李白才渐渐醒过来。

唐玄宗爱他的才，也不责怪他，只叫他马上把歌词写出来。

太监们忙着在他面前的几案上放好笔砚绢帛。李白席地坐了下来，忽然觉得脚上还穿着靴子，很不舒服。他一眼看见身边有个年老的宦官，就伸长了腿，朝着那宦官说："请您帮我把靴子脱下来！"

那个老宦官原来是唐玄宗宠信的宦官头子高力士。他平时仗着皇帝的势，在官员前作威作福，现在一个小小的翰林官居然命令他脱靴，简直气昏了。但是唐玄宗在旁边等着李白写歌词，如果得罪了李白，让唐玄宗扫了兴，也担当不起。他忍住气，装出满不在乎的样子，笑嘻嘻地说："唉，真是喝醉了酒，拿他没办法。”说着，就跪着给李白脱了靴子。

李白脱了靴子，连正眼也不看高力士，拿起笔来龙飞凤舞地写起来，没有多少时间，就写好了三首叫做《清平调》的歌词交给唐玄宗。

唐玄宗反复吟了几遍，觉得文词秀丽，节奏铿锵，确是好诗，马上叫乐工演唱起来。

唐玄宗十分赞赏李白，但是那个给李白脱过靴子的高力士却记恨在心。有一次，高力士陪伴杨贵妃在御花园里赏玩景色，杨贵妃很高兴地唱起李白的诗来。

高力士装作惊讶地说：“哎呀，李白这小子在这些诗里侮辱了贵妃，您还不知道吗？”

杨贵妃奇怪地问怎么回事。高力士就添枝加叶地造了一些谣言，说李白写的诗里有一句话，把杨贵妃比作汉朝一个行为放荡的皇后赵飞燕，是有心讽刺她。

杨贵妃听信了高力士的话，真的生了气，后来在唐玄宗面前一再讲李白怎么怎么不好，唐玄宗渐渐对李白也看不惯了。

李白终于看出在唐玄宗周围，都是一些像李林甫、高力士那样的趋炎附势的小人；他留在唐玄宗身边，不过帮他解闷散心，要想政治上有所作为是不可能的。到了第二年春天，就上了一道奏章，请求辞官还家。唐玄宗顺水推舟批准了他的要求，为了表示他爱才，还赐给李白一笔钱，送他回家。

李白离开长安以后，重新过着诗人自由自在的生活，有的时候隐居读书，有的时候周游各地。在这些日子里，他写下了许多讴歌祖国壮丽山河的诗篇。

有一次，他从白帝城出发，乘船经过长江三峡，到江陵去。一路上他即景生情，写下了一首诗：

朝辞白帝彩云间，千里江陵一日还。
两岸猿声啼不住，轻舟已过万重山。

李白的许多诗篇表现了他豪放的气概、丰富的想象和热烈的感情，成为我国文学史上的不朽名作。

正当李白热情地讴歌祖国山河的时候，由于唐王朝的腐败，中原地区遭受了一场浩劫。

156

安禄山叛乱

唐玄宗在位时，为了加强边境的防御，在重要的边境地区设立了十个军镇（也叫做藩镇），军镇的长官叫节度使。节度使带领军队，还兼管行政和财政，权力很大，地位很重要。按照当时的惯例，节度使立了功，就可能被调到朝廷当宰相。

李林甫掌权以后，不但排挤朝廷的文官，还猜忌边境的节度使。担任朔方等四个镇节度使的王忠嗣，立了很多战功。他手下的将领哥舒翰、李光弼，都是骁勇善战的名将，李林甫看王忠嗣的功劳大，威望高，怕他被唐玄宗调回京城当宰相，派人向唐玄宗诬告王忠嗣想拥戴太子谋反，害得王忠嗣险些丢掉了性命。后来还是哥舒翰在唐玄宗面前苦苦为王忠嗣申冤，玄宗才免了王忠嗣的死罪，改为降职处分。王忠嗣受不了这个冤枉，一气之下就病死了。

当时，边境将领中有一些胡族人。李林甫认为胡人文化低，不会被调到朝廷当宰相，就在唐玄宗面前竭力主张重用胡人，理由是胡人善战，而且跟朝官没联系，靠得住。唐玄宗本来最怕边境的将领谋反，就听李林甫的话，提拔了一些胡人当节度使。

在这些胡族的节度使中，唐玄宗、李林甫特别看中一个平卢（治所在今辽宁朝阳）节度使安禄山。

安禄山年轻时在平卢军里当过将官，因为不遵守军令，打了败仗。边境守将把他解送到长安，请朝廷处分。当时的宰相张九龄为了严肃军纪，把安禄山判了死刑。唐玄宗听说安禄山挺能干，下令把安禄山释放。

张九龄跟唐玄宗说："安禄山违反军令，损兵折将，按军法不能不杀；而且据我观察，安禄山不是个善良人，不杀恐怕后患无穷。"

唐玄宗不听张九龄劝谏，还是赦免了安禄山。后来，张九龄被撤了职。安禄山却靠他奉承拍马的手段，一步一步地升官，当上了平卢节度使。不出三年，又兼任范阳（治所在今北京市）节度使。

安禄山当了节度使以后，就尽量搜罗奇禽异兽，珍珠宝贝，经常送到宫廷讨好唐玄宗。他知道唐玄宗喜欢边境将领报战功，就采取阴谋手段，诱骗平卢附近的少数民族首领和将士，参加宴会。在酒席上，用药酒灌醉他们，把兵士杀了，又把他们的首领割了头，献给朝廷报功。

唐玄宗常常召安禄山到长安朝见。安禄山抓住这个机会，使出他狡猾的手段，尽量讨唐玄宗的喜欢。安禄山长得特别肥胖，凸肚子，矮个子，装出一副傻乎乎的样子。唐玄宗一见到他就乐了。

有一次，唐玄宗指着他的肚子开玩笑说："这么大的肚子，里面装的什么东西？"

安禄山不假思索地回答说："没有别的，只有一颗赤诚的心。"

唐玄宗认为安禄山真对他一片忠心，心里更高兴了。以后又封安禄山为郡王，还替他在长安造了一座跟王公贵族住的一样华丽的府第。安禄山搬进王府后，唐玄宗每天派人陪他一起喝酒作乐；还让杨贵妃把安禄山收作干儿子，让安禄山在内宫随便进出，亲热得像一家人一样。

安禄山骗取了唐玄宗和李林甫的信任，除了范阳、平卢两镇外，又兼了河东（治所在今山西太原）节度使，控制了北方边境的大部地区。他秘密扩充兵力，提拔了史思明、蔡希德等一批猛将，任用汉族士人高尚、严庄帮他出谋划策；又从边境各族的降兵中挑选了八千名壮士，组成一支精兵，囤积粮草，磨砺武器。只等唐玄宗一死，他就准备叛乱。

没多久，李林甫病死，杨贵妃的同族哥哥杨国忠凭着他的外戚地位，接任了宰相。杨国忠本来是个流氓，安禄山瞧不起他，他也看不惯安禄山，两个人就闹起矛盾来。杨国忠几次三番在唐玄宗面前说安禄山一定要谋反。但是唐玄宗正在宠信安禄山，哪里会相信。

日子一长，安禄山的谋反的迹象渐渐暴露出来了。他向朝廷要求把范阳的三十二名汉将都撤换了，由他自己另外委派；唐玄宗亲手写诏书要安禄山到长安，他也推托有病不去。唐玄宗开始对安禄山怀疑起来。但是无论唐玄宗或是杨国忠,都没有想到该怎样防备安禄山的叛乱。

公元755年十月,安禄山经过周密准备,决定发动叛乱。这时候,正好有个官员从长安到范阳来。安禄山假造了一份唐玄宗从长安发来的诏书,召集将士宣布说:"接到皇上密令,要我立即带兵进京讨伐杨国忠。"

将士们都觉得很突然,面面相觑,但是有谁敢对圣旨表示怀疑呢。

第二天一早,安禄山就带领叛军南下。十五万步兵、骑兵在河北平原上进发,一路上烟尘滚滚,鼓声震地。中原一带已经有一百年左右没有发生战争,老百姓好几代没有看到过打仗。沿路的官员逃跑的逃跑,投降的投降。安禄山叛军一直向南进攻,几乎没有遭到什么抵抗。

范阳叛乱的消息传到长安,唐玄宗开始认为是有人造谣,还不相信,到后来警报一个个传来,他也慌了起来,立刻召集大臣商议。满朝官员没有经过这样的大变乱,个个吓得目瞪口呆,只有杨国忠反而得意洋洋地说:"我早说安禄山要反,还不是被我说准了吗?不过,陛下尽管放心。他的将士不会跟他一起叛乱。不出十天,一定有人把安禄山的头送来。"

唐玄宗听了这番话,也有些安心了。但是,哪儿知道,没有多久,叛军长驱直入,渡过黄河,占领了洛阳。

157

颜杲卿骂贼

在这个危急的时刻，首先起来打击叛军的是常山（今河北正定）太守颜杲（音 gǎo）卿。

颜杲卿本来是安禄山的部下。安禄山发动叛乱以后，颜杲卿就准备反抗。叛军到了藁城（今河北省，藁音 gǎo）的时候，颜杲卿已经招募了一千多名壮士。他知道自己力量不够，不能跟安禄山硬拼，就跟手下的官员袁履谦向叛军假投降。安禄山仍旧让他守常山，但是心里不放心，一面把颜杲卿的儿子、侄子带到军营里做人质，一面派了一个叛将守在井陉关（今河北井陉）。

安禄山渡过黄河，攻下洛阳之后，颜杲卿决心起兵，他的堂弟平原（今山东平原）太守颜真卿也招募了一万多人马，派人跟颜杲卿联络，要他攻占井陉关，截断安禄山的后路。

颜杲卿打听到守井陉关的叛将是个糊涂的酒鬼，就假传安禄山的命令，派人带了美酒好菜去慰劳他，等叛将喝得酩酊大醉的时候，把叛将杀死，占领了井陉关。

颜杲卿攻下了井陉关，士气振奋。第二天又接连活捉了两名叛将。颜杲卿派人分头到河北各郡去告诉官吏说：现在朝廷派出三十万大军讨伐安禄山，已经出了井陉关，早晚就到河北各郡了。受安禄山胁迫叛变的，趁早投降，可以受到重赏；如果顽抗，罪加一等。

河北各郡官员一听到安禄山站不住脚，都纷纷响应颜杲卿。河北二十四个郡，有十七个郡又站到唐军一边来。

安禄山正准备向潼关方向进兵，一听到河北各郡都响应颜杲卿，后方不稳，只好改变主意，回到洛阳。他在洛阳自称大燕皇帝，派大将史思明、蔡希德各带一万人马分两路攻打常山。

颜杲卿虽然打了几个胜仗，但是起兵只有八天，常山周围的防御工事都没修好，兵力又少，怎样敌得过两路叛军！叛军到了常山城下，颜杲卿派人到太原去求援，但是太原守将王承业不肯出兵。

史思明叛军把常山紧紧围困，颜杲卿带领常山军民拼死抵抗了四天，城里粮食断了，箭也完了。常山终于陷落在叛军手里。

史思明纵容叛兵杀害了一万多常山军民，又把颜杲卿、袁履谦抓起来，押送到洛阳去见安禄山。

安禄山命令兵士把颜杲卿押到他跟前，责问颜杲卿说："你本来只是个范阳小官，我把你提拔为太守，为什么反叛我？"

颜杲卿怒气冲冲地骂着说:“你是一个牧羊的小子,国家让你做了三镇节度使,有哪点对不起你?我为国除奸,恨不得斩你的头,叫什么反叛?”

安禄山恼羞成怒,要左右兵士把颜杲卿、袁履谦拖到一座桥边的柱子上缚起来,使用残酷的刑罚折磨他们。

颜杲卿神色凛然,一面忍受着酷刑,一面仍旧痛骂安禄山。叛军兵士用刀割了颜杲卿的舌头,颜杲卿满口鲜血,还发出含糊的骂声。

袁履谦看到颜杲卿受刑的惨酷情景,气得自己咬碎舌头,连血带舌喷在旁边一个叛将的脸上。

颜杲卿、袁履谦骂不绝口,一直到他们咽气。

颜杲卿从起兵到失败,虽然只有十几天,但是他们的抵抗,拖住了叛军的兵力,为唐王朝调兵遣将争取了时间;他们的誓死抵抗的精神,鼓舞了更多的人抗击叛军。

颜杲卿被杀后一月,河东节度使李光弼率领步兵骑兵一万多人、太原弓箭手三千人出兵井陉关,打退叛军,收复常山。接着,朔方节度使郭子仪也带领精兵到常山和李光弼会合。河北的一些百姓受尽安禄山叛军掳掠的痛苦,听到郭子仪、李光弼大军打过来,自发集合起来,修筑营垒,抵抗叛军;等郭、李大军一到,就参加了大军队伍。郭、李两支大军兵强马壮,士气旺盛,接连打击安禄山叛军。河北十几个郡重新回到唐军手中。

河北大捷,截断了叛军的后路,叛军军心动摇。安禄山大起恐慌,埋怨谋士高尚、严庄说:“几年来你们劝我起兵造反,说这是万全的计策。现在西边打潼关,几个月也打不进去；北边的路也被截断。我们困守在这里，叫什么万全！”他打算放弃洛阳，逃回范阳去。

正在安禄山进退两难的时候，唐王朝统治者自己却替叛军打开了潼关大门。

158 马嵬驿兵变

潼关是京城长安的门户，那里形势险要，道路狭窄。唐玄宗派大将哥舒翰带领重兵把守。叛将崔乾祐在潼关外屯兵半年，没法打进去。潼关的守军每天晚上在烽火台烧起一把火，作为平安的信号。关里的烽火台接到信号，也一座接一座放“平安火”，一直传到长安，让长安人民放心。

叛军攻不进潼关，但是关里的唐王朝内部却闹起矛盾来。哥舒翰主张坚守潼关，等待时机；郭子仪、李光弼也从河北前线给唐玄宗上奏章，他们请求引兵北上，攻打安禄山的老巢范阳；要潼关守军千万不要出关。但是，宰相杨国忠却反对这样做。有人对杨国忠说：“现在重兵都在哥舒翰手里，如果哥舒翰打胜了，回到长安，你的宰相位子就保不住了。”杨国忠自己知道他这个宰相最不得人心，听了这番话，更加害怕，就在唐玄宗面前说潼关外的叛军已经不堪一

击，哥舒翰守在潼关按兵不动，会丧失歼灭叛军的时机。昏庸的唐玄宗听信杨国忠的话，接二连三派使者到潼关，逼哥舒翰带兵出潼关。

哥舒翰明知出关没有好处，但是没法违抗皇帝的圣旨，痛哭一场，只好带兵出关了。

关外的叛将崔乾祐早已养精蓄锐，只等唐军出关。崔乾祐派精兵埋伏在灵宝(今河南省西部)西面的山谷里。哥舒翰的二十万大军一出关，就中了埋伏，几乎被叛军打得全军覆没。二十万人马只剩下八千。

哥舒翰还想收拾残兵，他的部下先乱了起来，叛军乘胜打进潼关。哥舒翰也被俘虏了。

潼关一失守，关内就没险可守。从潼关到长安之间的一些地方官员和守兵，都纷纷放弃城逃走。

开始，哥舒翰还派人到长安告急。后来，告急的文书中断；晚上，烽火台上的“平安火”也见不到了。到这时候，唐玄宗才感到形势危急，着急起来，要杨国忠想办法。

杨国忠把文武百官召集起来商量，大家都干着急，谁也想不出一个好主意来。杨国忠知道留在长安，没有生路，就劝玄宗逃到蜀地去。

当天晚上，唐玄宗、杨国忠带着杨贵妃和一批皇子皇孙，在将军陈玄礼和禁卫军护送下，悄悄地打开宫门，逃出长安。他们派个宦官先到沿路各地，要官员准备接待。

哪知道才到咸阳，派出的宦官和县令都已经逃了。唐玄宗一伙人走了半天，没有人给他们送饭。随行太监好容易找到当地百姓，向他们讨了点粮食。有几个百姓送上一点高粱饽饽。那些皇子皇孙平时养尊处优，哪里吃过这样的饭，但是实在饿得慌，也顾不得什么体面，没有碗筷，就用手捞着吃，一下子就吃得精光。

唐玄宗勉强咽了几口饽饽，直流眼泪。有个老人挤到车前，对玄宗说："安禄山想造反，已经不是一天了。这么多年来，有人向朝廷告发，反而被关被杀。陛下周围的大臣，只会奉承拍马，外面的情况，陛下一概听不到。我们普通百姓早知道有这么一天，不过朝廷宫门太深，百姓的意见陛下听不到。要不是到了今天这步田地，我们怎么能站在陛下面前说话呢！"

唐玄宗垂头丧气地说："这是我太糊涂，现在后悔也来不及了。"

这样走走停停，第三天到了马嵬驿(今陕西兴平县西，嵬，音 wéi)。随行的将士又饿又疲劳，实在忍不住了。他们心里越想越气，好好的长安呆不住，弄得到处流亡，受尽辛苦。他们认为，这全是受了奸相杨国忠的累，这笔账得向杨国忠算。

这个时候，有二十几个吐蕃使者拦住杨国忠的马，向杨国忠要粮。杨国忠还没来得及答话，周围的兵士已经嚷起来："杨国忠要造反了！"一面嚷，一面就射起箭来。

杨国忠慌里慌张想逃走，几个兵士赶上去，把他的头砍了下来。

兵士们杀了杨国忠，情绪激昂，把唐玄宗住的驿馆包围了起来。唐玄宗听到外面闹哄哄的，问是怎么回事，左右太监告诉他，兵士们已把杨国忠杀了。玄宗大吃一惊，不得不扶着拐杖,走出驿门,慰劳兵士,要将士们回营休息。

兵士们不理唐玄宗的话,照样吵吵嚷嚷。玄宗派高力士找到陈玄礼,问兵士们为什么不肯散。陈玄礼回答说:“杨国忠谋反,贵妃也不能留下来了。”

这下可把唐玄宗难住了,他怎么舍得杀这个宠爱的妃子呢?他低着头站了半晌,才说:“贵妃住在内宫,怎么知道杨国忠谋反呢?”

高力士知道不杀杨贵妃,不能平息兵士的气愤,就说:“贵妃是没有罪,但是将士们杀了杨国忠,如果留着贵妃,将士哪会心安。希望陛下慎重考虑,将士心安,陛下也安全了。”

唐玄宗为了保自己的命,只好狠了狠心,叫高力士把杨贵妃带到别的地方,用带子勒死了。

将士们听到杨贵妃已经被处死,总算消了口气,才撤围回营。

经过这场兵变,唐玄宗像惊弓之鸟一样,急急忙忙逃到成都去了。太子李亨被当地百姓挽留下来主持朝政。李亨从马嵬驿一路收拾残余的队伍北上,在灵武(今宁夏灵武西南)即位,这就是唐肃宗。

159

张巡草人借箭

唐玄宗逃出长安后，安禄山叛军攻进长安。郭子仪、李光弼听到长安失守，不得不放弃河北，李光弼退守太原，郭子仪回到灵武。原来已经收复的河北郡县又重新陷落在叛军手里。

叛军进潼关之前，安禄山派唐朝的降将令狐潮去进攻雍丘（今河南杞县）。令狐潮本来是雍丘县令，安禄山占领洛阳的时候，令狐潮就已经投降。雍丘附近有个真源县，县令张巡不愿投降，招募了一千来个壮士，占领了雍丘。令狐潮带了四万叛军来进攻。张巡和雍丘将士坚守六十多天，将士们穿戴着盔甲吃饭，包扎好创口再战，打退了叛军三百多次进攻，杀伤大批叛军，使令狐潮不得不退兵。

第二次，令狐潮又集合人马来攻城。这时候，长安失守的消息已传到雍丘。令狐潮十分高兴，送了一封信给张巡，劝张巡投降。

长安失守的消息在唐军将士中传开了。雍丘城里有六名将领，原来都是很有声望的人，看看这个形势，都动摇了。他们一起找张巡说："现在双方力量相差太大，再说，皇上是死是活也不知道，还不如投降吧。"

张巡一听，肺都气炸了。但是表面上装作若无其事，答应明天跟大伙一起商量。到了第二天，他召集了全县将士到厅堂，把六名将领喊到跟前，宣布他们犯了背叛国家、动摇军心的罪，当场把他们斩了。将士们看了，都很激动，表示坚决抵抗到底。

叛军不断攻城，张巡组织兵士在城头上射乱箭把叛军逼回去。但是，日子一长，城里的箭用完了。为了这件事，张巡怎么不心焦呢！

一天深夜，雍丘城头上黑魆魆一片，隐隐约约有成百上千个穿着黑衣服的兵士，沿着绳索爬下墙来。这件事被令狐潮的兵士发现了，赶快报告主将。令狐潮断定是张巡派兵偷袭，就命令兵士向城头放箭，一直放到天色发白，叛军再仔细一看，才看清楚城墙上挂的全是草人。

那边雍丘城头，张巡的兵士们高高兴兴地拉起草人。那千把个草人上，密密麻麻插满了箭。兵士们粗粗一点，竟有几十万支。这样一来，城里的箭就不用愁啦！

又过了几天，还是像那天夜里一样，城墙上又出现了"草人"。令狐潮的兵士见了又好气，又好笑，认为张巡又来骗他们的箭了。大家谁也不去理它。

哪儿知道这一次城上吊下来的并不是草人，而是张巡派出的五百名勇士。这五百名勇士乘叛军不防备，向令狐

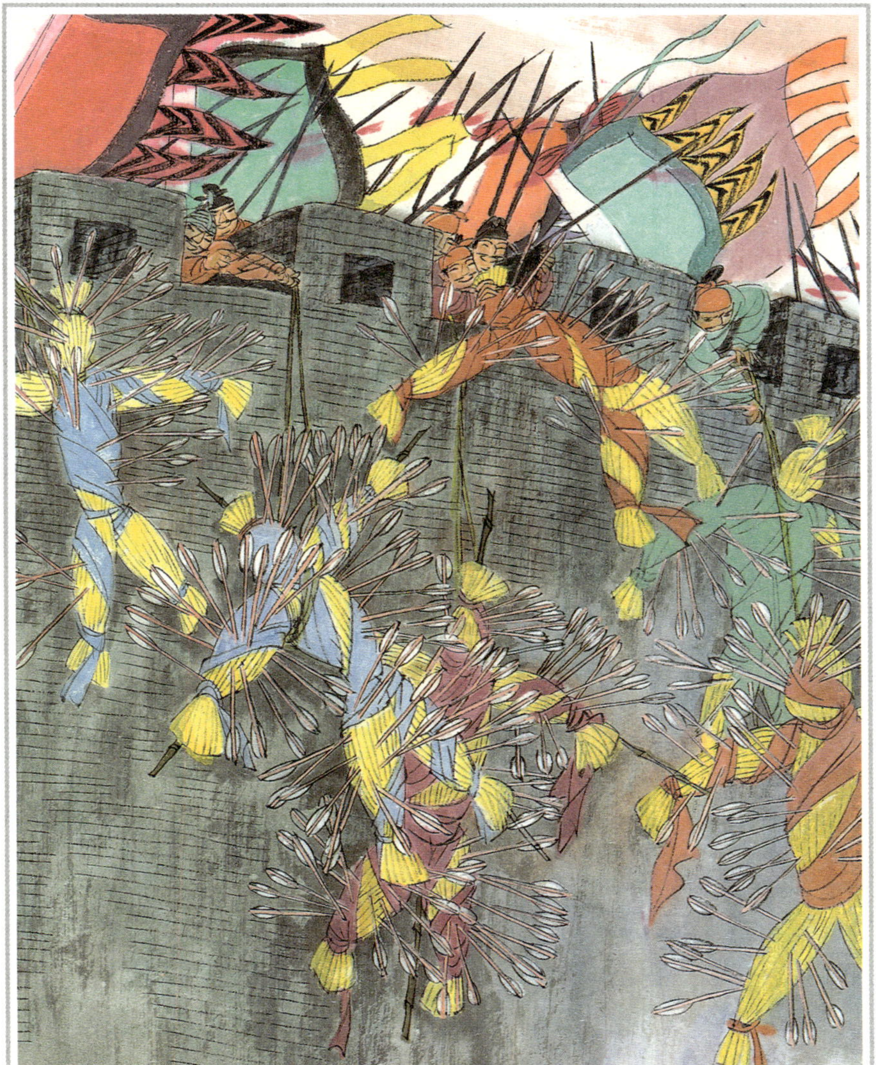

潮的大营发起突然袭击。令狐潮要想组织抵抗已经来不及了。几万叛军失去指挥，四下里乱奔，一直逃到十几里外，才喘了口气停下来。

令狐潮一连中计，气得咬牙切齿，回去后又增加了兵力攻城。张巡派他的部将雷万春在城头上指挥守城。叛军看到城头出现了一个将领，就放起箭来。雷万春没防备，一下子脸上中了六箭。他为了安定军心，忍住了疼痛，动也不动地站立着。叛军将士认为张巡诡计多端，这一次一定又放了个什么木头人来骗他们。

后来，令狐潮从间谍那里得知，那个中箭后屹立不动的"木人"就是将军雷万春，不禁大吃一惊。令狐潮在城下喊话，请张巡见面。张巡上了城头，令狐潮对他说："我看到雷将军的勇敢，知道你们的军纪确实严明。但是可惜你们不识天命啊！"

张巡冷笑一声回答说："你们连做人的道理都不懂，还谈什么天命！"说着，就命令将士出城猛冲过去。令狐潮吓得拨转马头没命地逃跑，他手下的十四个叛将，都被张巡将士活捉了。

打那以后，令狐潮屯兵在雍丘北面，不断骚扰张巡的粮道。叛军经常有几万人，张巡的兵不过一千多，但是张巡瞅准机会就出击，总是打胜仗。

过了一年，睢阳（今河南商丘，睢音 suī）太守许远派人向张巡送来告急文书，说叛军大将尹子奇带领十三万大军要来进攻睢阳。

张巡接到告急文书，赶紧带兵到睢阳去。

160

南雾云借兵

睢阳太守许远地位比张巡高，但是他知道张巡善于用兵，智勇双全，就请张巡指挥守城。叛将尹子奇带了十三万人攻城，张巡、许远的兵力合起来才六千多人，双方兵力相差很大。张巡带兵坚守，和叛军激战十六天，俘获敌将六十多人，歼灭敌军二万多人，使尹子奇不得不退兵。

过了两个月，尹子奇得到了增援兵力，又把睢阳城紧紧围住，千方百计进攻。张巡虽然接连打了几次胜仗，但是叛军去了又来，形势越来越紧急。

一天夜里，张巡叫兵士敲起战鼓，号令整队。城外的叛军听到城里的鼓声，连忙摆开阵势，准备交锋。等到天亮，还没见唐军出城。尹子奇派人登上高处眺望，只见城里静悄悄的，一点动静都没有，就命令兵士卸了盔甲休息。许多叛军将士紧张了一夜，一倒在地上就呼呼地睡着了。

正在这时候，张巡和雷万春、南霁云等十几名将领，每人带领五十名骑兵，打开各城门杀出来，分路猛冲敌营。叛军没有防备，阵势大乱，又被唐军杀了五千多人。

张巡想在尹子奇出阵指挥的时候，射杀尹子奇。但是尹子奇是个狡猾的家伙，平时上阵，总让几个将领伴随着。他们穿着一色的战袍，骑着同样的战马，叫唐军没法辨认出哪个是主将。张巡想出了一个办法。有一次，在两军对阵的时候，张巡叫兵士把一支用野蒿削成的箭射到敌阵里，叛军兵士拾到这支箭，以为城里的箭已经使完了，高高兴兴地拿着箭报告尹子奇。

尹子奇刚刚把蒿箭接到手里，城头上的张巡看在眼里，立刻吩咐身边的南霁云对准尹子奇射箭。南霁云本来是个好箭手，他一箭射去，不偏不倚，正射中尹子奇的左眼。尹子奇捂住脸，大叫一声，跌下马来。张巡下令出城冲杀，又打了一个大胜仗。

尹子奇攻城不成，反瞎了一只眼睛，哪里肯罢休。他回去养了一阵子伤，又带了几万大军，像箍铁桶一样把睢阳围住。城外的兵越聚越多，城里的兵越打越少。到后来，睢阳城里只剩下一千六百多人，又断了粮食，唐军兵士每天只分到一合（音 gě，一升的十分之一）米，拿树皮、茶叶、纸张和着烧来吃。最后，连一粒米都没有了。兵士们熬不住，一个接一个饿倒了。

情况越来越危急。张巡没法，只好派南霁云带了三十名骑兵突出重重包围，到临淮（今江苏盱眙西北）去借兵。

驻守临淮的大将贺兰进明（贺兰是姓）害怕叛军，不愿

出兵救睢阳。他见南霁云是个勇将，想把南霁云留下来作自己的部下，特地为南霁云举行一次酒宴，请众将领作陪。

南霁云心里急得像火烧，哪里喝得下酒。他流着眼泪激动地说："睢阳的军民已经有一个多月没进一粒米了，我在这里怎能忍心吃饭；就是吃了，又怎么能咽得下呀？将军手下有的是兵，眼看睢阳城陷落，不肯分兵救援，难道是忠臣义士所该做的吗？"说着，他把自己的一个手指咬了下来，咬得满口鲜血淋漓，气愤地说："霁云不能完成主将交给我的使命，只好留下这个手指作证，回去也好有个交代。"

参加宴会的官员看了大吃一惊，都用袖子掩住脸，有的忍不住哭了起来。

南霁云知道贺兰进明不肯出兵，只好离开临淮，从别处借了三千兵士回到睢阳。到了睢阳城边，被叛军发现，又把他们围了起来。南霁云带着人马，横冲直撞，在城下展开了一场血战。

张巡听到城外厮杀声，知道南将军回来，就打开城门，杀退敌人，把南霁云和一批兵士接应进城，只留下了一千人。南霁云把借救兵的情况向张巡、许远报告以后，城里的将士听到借兵没有希望，都痛哭起来。

张巡和许远反复商量，认为睢阳是江淮的屏障。为了保卫江淮，不让叛军南下，决心死守睢阳。城里粮食断了，他们就煮树皮吃；树皮吃完，就杀战马；战马杀光了，只好捉麻雀老鼠给战士充饥。

城里的将士、百姓被张巡的誓死战斗的精神激动了，他们明明知道守下去没有希望,也没有一个叛逃。

到了最后,全城只留下四百个人,尹子奇再率领叛军用云梯爬上城头,城头上的守军饿得连使弓箭的力气都没有了。

公元 757 年十月,睢阳城终于陷落。张巡、许远、雷万春、南霁云等三十六名将领全部被俘。

叛将把他们一个个绑了起来,逼他们投降。他们把刀架在张巡脖子上,张巡冷笑一声,把叛将痛骂一顿。接下来轮到南霁云,南霁云没有作声。

张巡转过脸朝着南霁云高喊说:"南八(南霁云排行第八)!男子汉死就死,可不能在叛贼面前屈服啊!"

南霁云笑笑说:"张公放心吧。我心里在盘算用什么办法来收拾他们。哪会怕死?"

叛将知道他们都不肯屈服,终于把他们杀害了。

河南节度使张镐得到睢阳危急的消息,赶快发兵,急行军赶到睢阳,打退尹子奇叛军,睢阳城已经陷落三天了。又过了七天,郭子仪带领唐军收复洛阳。

由于张巡他们的坚守,睢阳以南的江淮地区才没遭到叛军的破坏。

161

李泌归山

唐肃宗刚在灵武即位的时候，身边的文武官员不满三十人，那个临时建立的朝廷，什么都乱糟糟的。一些武将，也不大肯听指挥。肃宗要想平定叛乱，多么需要有个能人来帮助他啊。

这时候，他想起他当太子的时候的一个好朋友李泌（音bì），就派人把李泌从颍阳（今河南省）接到灵武来。

李泌原是长安人，小时候很聪明，读了不少书。当时的宰相张九龄看到他写的诗文，十分器重他，称赞他是个“神童”。肃宗当太子的时候，李泌已经长大了，他向玄宗上了奏章，对国家大事提了一些意见。唐玄宗看了很欣赏，召见他，想给他一个官职。他推说自己年轻，不愿做官。玄宗就要他和太子交个朋友。以后，他经常到东宫去，太子也特别喜欢接近李泌，把他当作老师看待。

后来，李泌看不惯杨国忠掌权，曾经写诗讽刺杨国忠。为了这个，他被杨国忠排挤出长安。他看到政局混乱，不愿受这个气，索性跑到颍阳隐居起来了。

这一回，唐肃宗来请他，他想到朝廷正遭到困难，就到了灵武。唐肃宗看见李泌，真像得到宝贝一样高兴。那时候的临时朝廷，不那么讲究礼节。唐肃宗跟李泌就像年轻时候一样，进进出出，都在一起，大小事情，全都跟他商量。李泌有什么主意，唐肃宗没有不听从他的。

唐肃宗想封他当宰相，李泌可不愿意。他说："陛下待我像知心朋友一样，这就比当宰相的地位还贵了，何必非要我挂个名不可呢？"

肃宗见不能勉强他，也就算了。李泌在乡间隐居的时候穿的是布衣，到了灵武，还是那件旧的布褂子。

有一次，李泌陪唐肃宗一起骑着马巡视军队，兵士们在后面，指指点点说："那个穿黄袍的是皇上，穿白褂子的是山里来的隐士。"

唐肃宗听到兵士们的议论，觉得这样太显眼了，就给李泌一件紫色的官服，硬要他穿上。李泌没办法，只好穿上。肃宗笑着说："你既然穿上了官服，还能没有个官衔？"说着，从袖里拿出一份诏书，任命李泌为元帅府行军长史（相当军师）。

李泌还不肯答应，唐肃宗说："现在国家困难，只好暂时委屈你一下，等平定叛乱之后，还是听你自由。"

那时候，郭子仪也已经到了灵武。朝廷要指挥全国的战事，军务十分繁忙。四面八方送来的文书，从早到晚没有间歇的时刻。唐肃宗命令把收到的文书，一律先送给李泌拆看，有特别紧要的，才送给肃宗。宫门的钥匙，由太子李俶（音 chù）和李泌两人掌管。李泌忙得连饭也顾不上吃，觉也没能好好睡。

唐肃宗一心想回长安，问李泌说："敌人这样强大，我们怎么办？"

李泌说："安禄山发动叛乱，真心帮他出力的是少数，其余都是被迫参加的。照我的估计，不出两年，就可以把他们消灭。"接着，他又给肃宗定了一个军事计划，暂缓收复长安，派郭子仪、李光弼分两路进军河北，攻打叛军老巢范阳，叫叛军进退两难，再发动各路官军围攻，把叛军消灭。

第二年春天，叛军发生内讧，安禄山的儿子安庆绪杀了安禄山，自己称帝。要消灭叛军，这本来是个好机会。但是肃宗急于回长安，不听李泌的计划，把郭子仪的人马从河东调回，强攻长安，结果打了一个败仗。后来，郭子仪借了回纥（我国古代北方少数民族之一，纥音 hé）的精兵，集中了十五万人马，才把长安攻了下来。接着，又收复了洛阳，叛乱头目安庆绪逃到河北，史思明也被迫投降。

唐军收复了长安和洛阳，唐肃宗觉得心满意足，用骏马把李泌接到长安。

唐肃宗的宠妃张良娣和宦官李辅国，嫌李泌权大，早就互相勾结，想把李泌除掉。

太子李俶发现张良娣他们想害李泌，就告诉了李泌。李泌说："不打紧。我和皇上有约在先，等收复京城，我就归山，就没有事了。"

这回，李泌见唐军收复两京，算是了却一个心愿，决心离开朝廷。

有一天晚上，唐肃宗请李泌喝酒，并且留他一起睡。李泌趁机会就对肃宗说："我已经报答了陛下，请让我回家再做个闲人吧！"

唐肃宗说："哎，我和先生共了几年患难，现在正想跟您一起享受安乐，怎么您倒要走了呢？"

李泌恳切地说："我和陛下结交太早；陛下太重用我，信任我。就是因为这些缘故，我不能不走。"

唐肃宗说："今天先睡吧，隔天再说。"

李泌说："今天我跟陛下坐在一个榻上谈话，你不答应我。将来到了公堂上面，就没有我说话的余地了。如果你不让走，那就等于杀我了。"

唐肃宗虽然不愿让李泌离开，但是经不住李泌一再请求，只好同意。

李泌到了衡山（今湖南省），在山上造个屋子，重新过他的隐居生活。

李泌走了以后，唐肃宗身边少了一个正直的大臣，李辅国等一批宦官的权力就大起来了。

162

李光弼大破史思明

唐王朝收复两京以后，安庆绪逃到河北，占领六十座城，继续顽抗。唐肃宗决定派大军进剿安庆绪。这一次进军，唐军一共集中了九个节度使带领的六十万兵力。这九路大军归谁统率呢，论地位和威望，应该是郭子仪和李光弼，但是猜忌心很重的唐肃宗，怕郭、李两人权力太大，故意不设主帅，却派了一个完全不懂打仗的宦官鱼朝恩做观军容使（监视出征将帅的军事长官），九个节度使都得听他指挥。

唐军攻打邺城的时候，史思明又举兵反唐，从范阳带兵救援安庆绪。六十万唐军，准备跟叛军决战，还没来得及摆开阵势，忽然刮起一阵狂风，吹得沙尘弥漫，天昏地暗。九路大军没有统一指挥，就都像受惊的马群一样逃散了。

唐军打了败仗，鱼朝恩把失败的责任一古脑儿推给郭子仪。唐肃宗听信鱼朝恩的话，把郭子仪朔方节度使的职务撤了，让李光弼接替郭子仪的职务。

这时候，叛军又发生内讧。史思明在邺城杀了安庆绪，自立为大燕皇帝，整顿人马，向洛阳方面进攻。

李光弼到了洛阳，洛阳的官员听到史思明的兵势猛，有点害怕，有人主张退到潼关。李光弼说："现在双方势均力敌，我们退了，敌人更加猖獗，不如把我军转移到河阳（今河南孟县），进可以攻，退可以守。"

李光弼下令把官员和老百姓全部撤出洛阳，带兵到了河阳，等史思明进洛阳的时候，洛阳已成了一座空城。史思明要人没人，要粮没粮，又怕李光弼偷袭，只好带兵出城，在河阳南面筑好阵地，和李光弼的唐军对峙。

李光弼是个久经沙场的老将。他知道眼前的兵力不如叛军，只好智取，不好力攻。他听说史思明从河北带来一千多匹战马，每天放在河边沙洲洗澡吃草，就命令部下把母马集中起来，又把小马拴在马厩里，等叛军的战马一到沙洲，就把母马放出来和敌人的战马混在一起。过了一会，母马想起小马，嘶叫着奔了回来，敌人的战马也跟着到唐军阵地来了。

史思明一下子丢了上千匹战马，气得要命，立刻命令部下集中几百条战船，从水路进攻。前面用一条火船开路，准备把唐军的浮桥烧掉。

李光弼探听到这个消息，准备好几百枝粗大的长竹竿，用铁甲裹扎竿头。等叛军火船驶来，几百名兵士站在浮桥上，用竹竿顶住火船。火船没法前进，被烧得樯倒舷裂，一下子就沉没了。唐军又在浮桥上发射石头炮向敌人的战船

攻击，把船上的敌兵打得头破血流。有的连人带船都沉入水底；有的挣扎着爬上岸，没命地逃跑了。

史思明几次三番派部将进攻河阳，都被李光弼用计打退。

最后，史思明发了狠心，集中了强大兵力，派叛将周挚进攻河阳的北城，自己领了一支精兵攻打南城。

早上，李光弼带领部将一起登上北城，观察敌军军情，只见敌军黑压压的一大片，正一队一队向北城逼近。唐军将领嘴上不说，心里先慌了。李光弼看出大伙儿的心情，镇静地说："别怕，叛军虽然多，但是队伍不整齐，看得出他们有点骄傲。你们放心，不到中午，保险能击败他们！"

接着，李光弼就命令将士分头出击。将士们虽然打得勇猛，但是敌人退了一阵，又来了后续部队。太阳已经到了头顶上，双方还不分胜败。

李光弼又召集部将商量，说："你们观察敌军的阵势，哪个方向的战斗力最强？"

部将们回答说："西北角和东南角。"

李光弼点点头，马上拨出五百名骑兵，派两名将领率领，分路攻打西北角和东南角。

李光弼把留下的将士都集中起来，严肃地宣布军令，说："将士们看我的旗帜行动：我缓慢地挥旗，你们可以各自行动；如果急速挥旗着地，就是总攻的信号。将士们看到这个信号，必须奋勇向前，不准临阵退却。"说到这里，他拿了一把短刀插在靴子里，说："打仗本来是拼死活的事儿。我是国家的大臣，决不死在敌人手里。你们如果战死在前线，我就在这儿自杀。"

将士们听了李光弼一番激励的话，都勇气百倍地杀上阵去。没有多久，部将郝廷玉从阵前转身奔回来，李光弼立刻派兵士带着他的剑迎上去，要把郝廷玉就地斩首。

郝廷玉见传令的兵士要杀他，大声叫嚷起来："我的马中了箭，并不是退却。"

传令的兵士报告李光弼，李光弼立刻命令给郝廷玉换上战马，重新上阵指挥作战。

李光弼看到唐军士气旺盛，就急速挥动旗帜着地，下令总攻，各路将士看到城头旗号，争先恐后地冲进敌阵，喊杀声震天动地。叛军受到猛烈的攻击，再也抵挡不住，纷纷溃退，被唐军杀死、俘虏了一千多，还有一千多兵士被挤到水里淹死，攻北城的叛将周挚逃走了。

史思明正在继续进攻南城。李光弼把北城俘虏来的叛军赶到河边，史思明知道周挚已经全军崩溃，不敢再战，连忙下令撤退，逃回洛阳。

李光弼连续打退史思明的进攻，双方相持了将近两年。唐肃宗听信鱼朝恩的话，命令李光弼攻打洛阳，李光弼认为敌人兵力还很强，不该轻易攻城。唐肃宗接二连三派了宦官逼他进攻，李光弼冒险进攻，果然打了个败仗，李光弼也被撤了主帅的职。

史思明去了一个强大对手，就乘胜进攻长安。幸亏在这个时候叛军发生了第三次内讧，史思明被他儿子史朝义杀死。叛军内部四分五裂。公元 763 年，史朝义兵败自杀。

从安禄山发动叛乱，一直到史朝义失败。中原地区打了八年的内战，历史上把这件事称为"安史之乱"。

163

杜甫写“诗史”

安史之乱结束了。这对于饱受战乱痛苦、盼望安定的百姓来说，毕竟是一件值得高兴的事。当时在梓州（今四川三台）过流亡生活的诗人杜甫，听到这个消息，更是欣喜若狂，泪流满面。

杜甫，字子美。他跟李白一样，是唐代最著名的大诗人之一。在文学史上，把他们合称“李杜”。杜甫原是河南巩县人，生长在一个没落的官僚家庭，从小就下苦功读书，也游历了许多名山大川，写了不少优秀的诗歌。三十几岁的时候，他在洛阳，遇见了李白。杜甫比李白小十一岁。两个人性格不一样，但是，共同的志趣和爱好使他们成为亲密的好友。

后来，他到长安参加进士考试。那时候正是奸相李林甫掌权的时候。李林甫最忌恨读书人，怕这些来自下层的

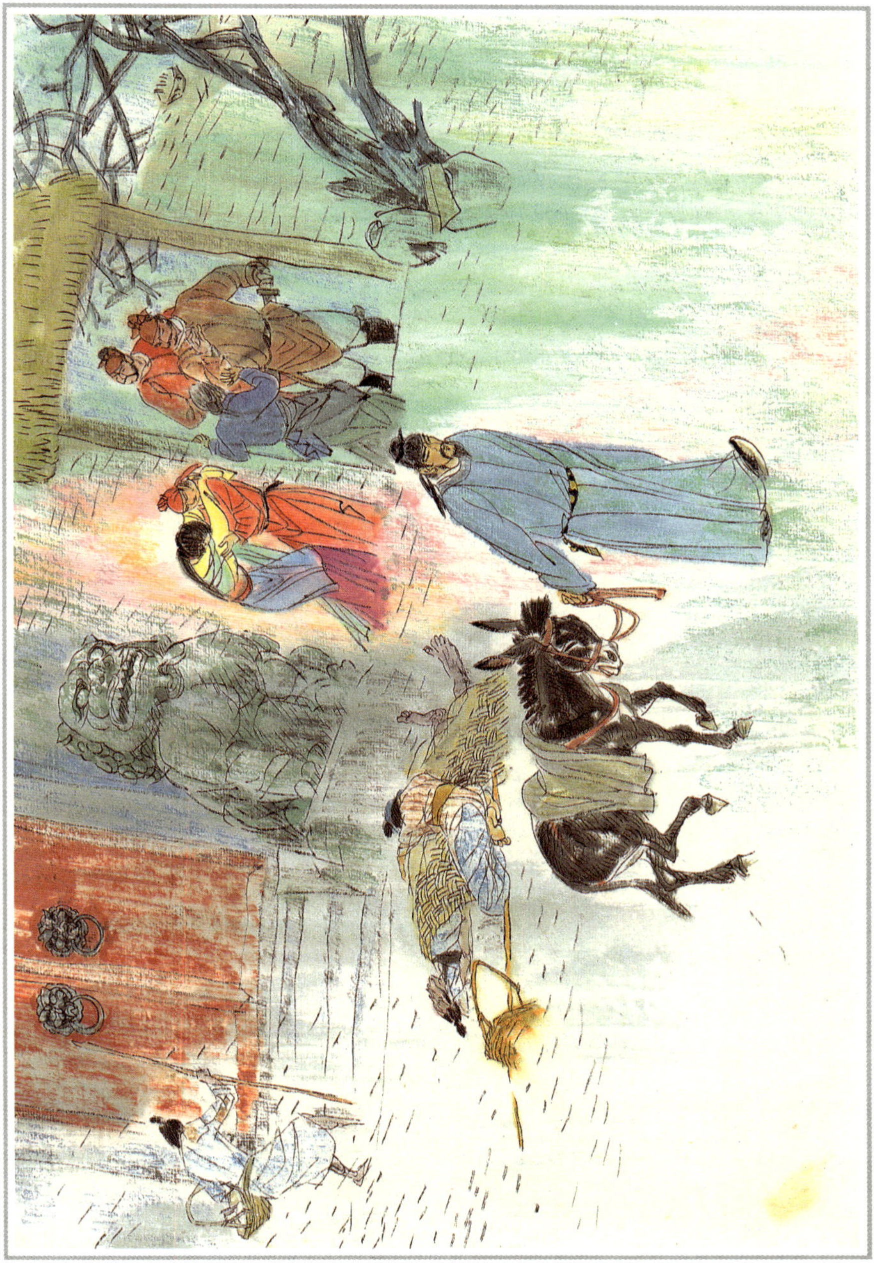

读书人当了官，议论起朝政来，对他不利，于是勾结考官，欺骗玄宗说这次应考的人考得很糟，没有一个够格的。唐玄宗正在奇怪，李林甫又上了一道祝贺的奏章，说这件事正说明皇帝圣明，有才能的人都已经得到任用，民间再没有遗留的贤才了。

那时候的读书人都把科举作为谋出路的途径，杜甫受到这样的挫折，懊丧的心情就不用说了。他在长安过着贫穷愁苦的生活，亲眼看到权贵的豪华奢侈和穷人受冻挨饿的凄惨情景，按捺不住心里的愤慨，就用诗歌控诉这种不平的现象。“朱门酒肉臭，路有冻死骨”，就是他写下的不朽诗句。

杜甫在长安呆了十年，唐玄宗刚刚封他一个官职，安史之乱爆发了。长安一带的百姓纷纷逃难。杜甫的一家，也挤在难民的行列里，吃尽了千辛万苦，好容易找到一个农村，把家安顿下来。正在这时候，他听到唐肃宗在灵武即位的消息，就离开家投奔肃宗，哪想到在半路上碰到叛军，被抓到长安。

长安已经陷落在叛军手里，叛军到处烧杀抢掠，宫殿和民房在大火中熊熊燃烧。唐王朝的官员，有的投降了，有的被叛军解送到洛阳去。杜甫被抓到长安以后，叛军的头目看他不像什么大官，就把他放了。

第二年，杜甫从长安逃了出来，打听到唐肃宗已经到凤翔（今陕西凤翔），就赶到凤翔去见肃宗。那个时候，杜甫已经穷得连一套像样的衣服都没有了，身上披的是一件露出手肘的破大褂，脚上穿的是一双旧麻鞋。唐肃宗对杜甫长途跋涉投奔朝廷，表示赞赏，派他一个左拾遗的官职。

左拾遗是个谏官。唐肃宗虽然给杜甫这个官职，可并没重用他的意思，杜甫却认真地办起事来。过了不久，宰相房琯（音 guǎn）被唐肃宗撤了，杜甫认为房琯很有才能，不该把他罢免，就上了奏章向肃宗进谏。这一来，得罪了肃宗，亏得有人在唐肃宗面前说了好话，才把他放回家去。

唐军收复长安以后，杜甫也跟着许多官员一起回到长安。唐肃宗把他派到华州（今陕西华县）做个管理祭祀、学校工作的小官。杜甫带着失意的心情，来到华州。那时候，长安、洛阳虽然被官军收复了，但是安史叛军还没消灭，战争还很激烈。唐军到处拉壮丁补充兵力，把百姓折腾得没法过活。

有一天，杜甫经过石壕村（今河南陕县东南），时间已经很晚了。他到一家穷苦人家去借宿，接待他的是老农夫妻俩。半夜里，他正翻来覆去睡不着觉的时候，忽然响起一阵急促的敲门声。杜甫在房里静静听着，只听到隔壁那个老人翻过后墙逃了，老婆婆一面答应，一面去开门。

进屋的是官府派来抓壮丁的差役，他们厉声吆喝着，问老婆婆说："你家男人到哪里去了？"

老婆婆带着哭声说："我的三个孩子都上邺城打仗去了，前两天刚接着一个儿子来信，说两个兄弟都已经死在战场上。家里只有一个儿媳和吃奶的孙儿。你还要什么人？"

老婆婆讲了许多哀求的话，差役还是不肯罢休。老婆婆没有法子，只好自己被差役带走，到军营去给兵士做苦役。

天亮了，杜甫离开那家的时候，送别的只有老农一个人了。

杜甫亲眼看到这种凄惨情景，心里很不平静，就把这件事写成诗歌，叫《石壕吏》。他在华州的时候，前后一共写过六首这样的诗，合起来叫做“三吏三别”（《石壕吏》、《潼关吏》、《新安吏》、《新婚别》、《垂老别》、《无家别》）。由于杜甫的诗歌大多是写安史之乱中人民的苦难，反映了唐王朝从兴盛到衰落的过程，所以，人们把他的诗篇称作“诗史”。

第二年，他辞去了华州的官职。接着，关中闹了一场大旱灾，杜甫在那里穷得过不下去，带了全家流亡到成都，依靠朋友的帮助，他在成都西郊的浣花溪边，造了一座草堂，在那里过了将近四年的隐居生活。后来，因为他的朋友死去，在成都没有依靠，又带了全家向东流亡。公元 770 年，竟因贫困和疾病，死在湘江的一条小船上。

他死后，人们为了纪念这位伟大诗人，把他在成都住过的地方保存起来，这就是有名的“杜甫草堂”。

164

段秀实不怕强暴

郭子仪在平定安史之乱中立了大功，威望很高，他怕唐肃宗猜忌他，自己要求解除兵权，连手下的亲兵也遣散了。唐肃宗死去后，他的儿子李俶（又名李豫）即位，就是唐代宗。吐蕃贵族趁唐朝西部边境空虚的机会，纠合了吐谷浑等几个部落共二十多万人马打了过来，一路没遇到什么抵抗，一直打到长安。唐代宗被迫逃到陕州（今河南陕县）。

唐代宗赶快请郭子仪出来抵抗吐蕃兵的进攻。那时候，郭子仪身边已经没有兵士了。他临时召募了二十名骑兵赶到咸阳，长安已经陷落。郭子仪派出将士在长安附近虚张声势，白天打鼓扬旗，晚上点起火堆；又派人进城找了几百个少年在大街上打鼓，大叫大嚷，说郭令公（对郭子仪的尊称）带了大军来了，人数多得数也数不清。吐蕃将领听了害怕了，抢掠了一些财物，就逃出长安。

郭子仪又立了一次大功，唐代宗回到长安后，重新封郭子仪为副元帅。过了一年，吐蕃、回纥兵又逼近邠州（今陕西彬县，邠音 bīn），郭子仪派他的儿子郭晞（音 xī）带兵去协助邠州节度使白孝德防守。

郭晞仗着他父亲的地位，滋长了骄傲情绪。他部下的兵士纪律松弛，有的兵士在外面欺负百姓，干了坏事，郭晞只当不知道。

邠州地方有些地痞流氓，觉得在郭家军里当个兵士，既没有约束，又有个靠山，就纷纷找熟识的兵士，在郭晞军营中挂个名，穿起兵士的服装。那批流氓和兵士勾结起来，大白天成群结队在街上为非作歹，遇到他们看不顺眼的人，就动手殴打，甚至把人打成残废。街上的商铺，也常常遭到他们的抢掠。

邠州节度使白孝德为这件事很头痛，但是他自己也是郭子仪的老部下，不敢去管郭家的人。

邠州旁边是泾州（今甘肃泾川北）。泾州刺史段秀实听到这情况，特地派人送信给白孝德，要求接见。

白孝德把段秀实请了来。段秀实说："白公受国家的托付，治理这块地方，现在眼看地方上弄得乱七八糟，您倒若无其事。这样下去，我看天下又要大乱了。"

白孝德知道段秀实是个有见识的人，就向他请教。

段秀实说："我看到您这里这样乱，心里也很不安，所以特地来，请求在您部下做个都虞候（军法官），来管理地方治安，怎么样？"

白孝德拍手说："好啊，你肯来，我真求之不得哩。"

段秀实在邠州当上了都虞候。这件事并没有引起郭晞手下将士的留意，一些兵士照样胡作非为。

有一天，郭晞军营里有十七个兵士在街上酒店里酗酒闹事，酒店主人要他们付酒钱，他们就拔出刀刺伤主人，还把店堂里的酒桶全部打翻，酒全流到水沟里去了。

段秀实得到报告，立刻派出一队兵士，把十七名酗酒闹事的人统统逮住，就地正法。

老百姓看到这批害人的家伙受到惩罚，个个称快，人人高兴。

这消息传到郭晞军营。兵士们一听到有人居然敢杀郭家的人，都大吵大嚷起来，一下子，大家都穿戴好盔甲，只等郭晞发出号令，就跟白孝德的兵士拼命。

白孝德害怕了，直怪段秀实给他闯了祸。段秀实说："白公不要害怕，我自会去对付。"说着，就准备到郭晞军营里去。

白孝德要派几十个兵士跟随段秀实一起去，段秀实说："用不着了。"他解下佩刀，选了一个跛脚的老兵替他拉着马，一起到了郭晞军营。

郭晞的卫士们全身盔甲，杀气腾腾地在营门口拦住段秀实。

段秀实一面笑，一面走进营门，说："杀个老兵，还用得上摆这个架势！我把我的头带来了，叫你们将军出来吧。"

卫士们看到段秀实泰然自若的样子，呆住了，报告郭晞。郭晞连忙请段秀实进来。

段秀实见了郭晞，作了一个揖，说："郭令公立了那么大的功劳，大伙都敬仰他。现在您却纵容兵士横行不法。这样下去，能不大乱才怪呢！如果国家再发生大乱，你们郭家的功名也就完了。”

郭晞听了，猛然惊醒过来，说：“段公指教我，这是对我的爱护，我一定听您的劝告。”他边说，边回过头对左右兵士说：“快去传我的命令，全军兵士一律卸下盔甲，回自己营里休息。再敢胡闹的处死！”

当天晚上，郭晞把段秀实留下来请他喝酒。段秀实把带来的老兵打发走了，自己在郭晞的营里过了一夜。郭晞怕坏人来暗算段秀实，自己不敢睡，专门派兵士在段秀实宿营地巡逻保护。第二天一早，郭晞还跟段秀实一起到白孝德那儿道歉。

打那以后，郭家的兵士军纪肃然，没有人再敢违法闹事。邠州地方的秩序也安定下来。但是，不到一年，长安又紧张起来。

165

郭子仪单骑退回纥

郭子仪手下有一名大将叫仆固怀恩，在安史之乱中立过战功。他不满意唐王朝对他的待遇，发动叛变，派人跟回纥和吐蕃联络，欺骗他们说，郭子仪已经被宦官鱼朝恩杀害，要他们联合反对唐朝。

公元 765 年，仆固怀恩带引回纥、吐蕃几十万大军进攻长安。仆固怀恩到了半途上，得急病死了。回纥和吐蕃大军继续进攻，唐军抵抗不住，回纥、吐蕃联军一直打到长安北边的泾阳(今陕西泾阳)，长安也受到威胁。

唐代宗和朝廷上下都震动了。宦官鱼朝恩劝代宗再一次逃出长安。由于大臣反对，才没有逃走。大家都认为，要打退回纥、吐蕃，只有指望郭子仪。

那时候，郭子仪正在泾阳驻守，手下没有多少兵力。他一面吩咐将士构筑防御工事，不许跟敌人交战。一面派探

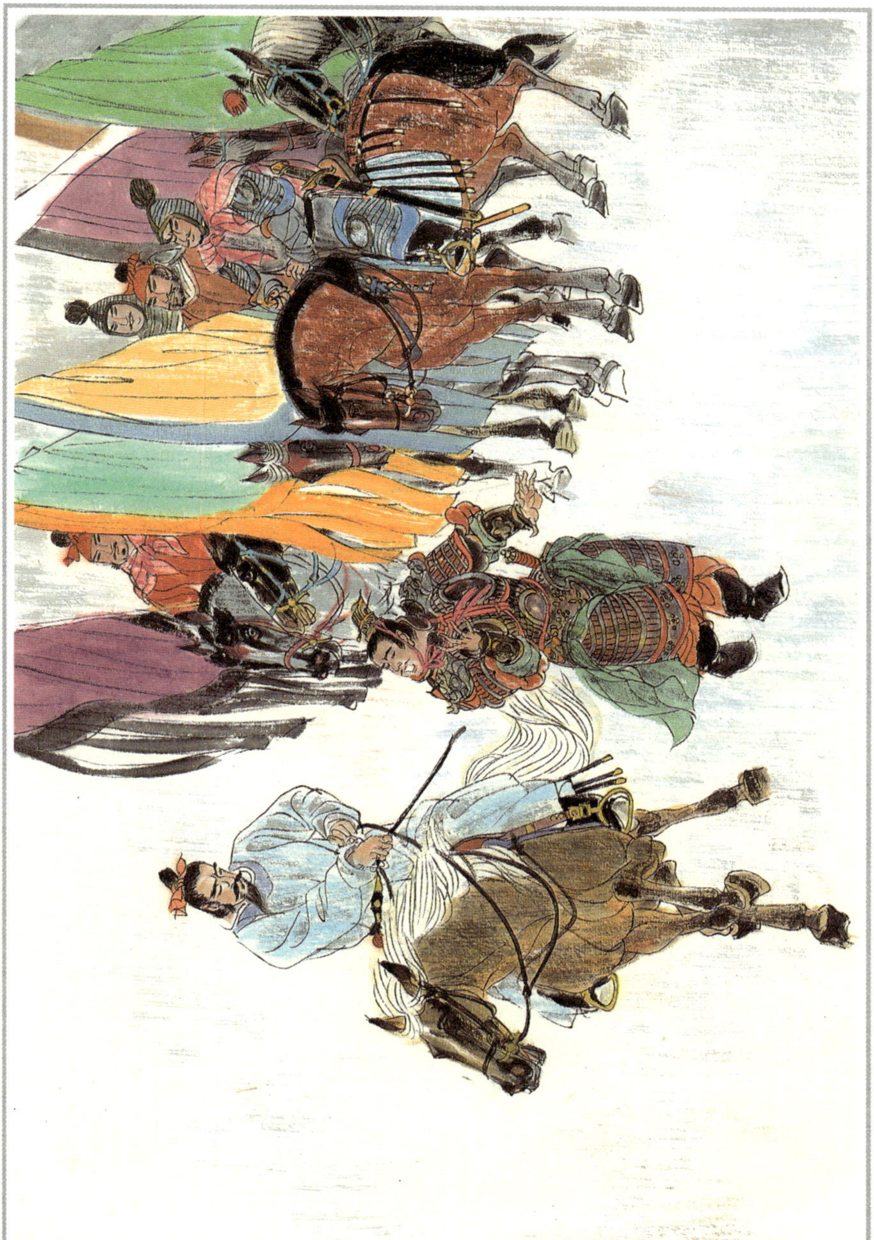

子去侦察敌军的情况。

根据侦察到的情况，回纥和吐蕃两支大军虽说是联军，但是也在闹不团结。他们本来是仆固怀恩引进来的，仆固怀恩一死，谁也不愿听谁的指挥，两股力量捏不到一块儿去。

郭子仪知道这个情况，决定采取分化敌人的办法。回纥的将领过去跟郭子仪一起打过安史叛军，有点老关系。郭子仪就决定先把回纥将领拉过来。

当天晚上，郭子仪派他的部将李光瓒偷偷地到了回纥的大营，去见回纥都督药葛罗。

李光瓒跟药葛罗说："郭令公派我来问你，回纥本来和唐朝友好，为什么要听坏人的话，来进攻我们呢？"

药葛罗奇怪地说："郭令公还活着？听说郭令公早已被杀，你别骗人了。"

李光瓒告诉药葛罗，郭令公现在就在泾阳。但是回纥将领说什么也不相信。他们说：要是郭令公真在这里，那就请他亲自来见个面。

李光瓒回到唐营，把回纥人的怀疑向郭子仪回报了。郭子仪说："既然这样，我就自己去走一趟，也许能劝说回纥退兵。"

将领们都觉得这是个好办法，但是又认为让元帅亲自到敌营去太冒险。有人提出，派五百个精锐的骑兵跟郭子仪一起去，万一回纥人动起手来，也有人保护。

郭子仪说："不行！带了这样多兵去，反而会坏事。我只要几个人陪我一起去就可以了。"

说着,就命令兵士给他牵过战马来。

郭晞上前拦住他的马说:“您老人家现在是国家元帅,怎么能这样到虎口去冒险呢。”

郭子仪说:“现在敌人兵多,我们兵少,要真的打起来,不但我们父子两人性命难保,国家也要遭难。我这回去,如果和他们谈判成功,那就是国家的幸运;即使我有什么三长两短,还有你们在嘛!”

说着,他跳上了马,扬起鞭子把郭晞拦马的手打了一下。郭晞一缩手,马就撒开蹄子跑了。

郭子仪带着几个随从兵士,骑马出了城,向回纥营的方向走去。兵士们一面走,一面叫喊:“郭令公来了!”“郭令公来了!”

回纥兵士远远望见有几个人骑马过来,又隐约地听见兵士的吆喝声,连忙报告药葛罗。药葛罗和回纥将领们大吃一惊,命令兵士摆开阵势,拈弓搭箭,准备迎战。

郭子仪带着随从兵士到了阵前,他们摘下头盔,卸掉铁甲,把枪扔在地上,拉紧马缰,缓缓向回纥营靠近。

药葛罗和将领们目不转睛望着来人,异口同声地叫了起来:“啊,真是令公他老人家!”说着,大伙一起翻身下马,围住郭子仪下拜行礼。

郭子仪跳下马来,走上去握住药葛罗的手,和气地对他说:“你们回纥人曾经给唐朝立过大功,唐朝待你们也不错,为什么要帮助仆固怀恩闹叛乱呢。我今天到这儿来,就为了劝你们悬崖勒马。我现在是单身到这儿,准备被你们杀掉,但是我的将士会跟你们拼命的。”

药葛罗很抱歉地说:“令公别这样说。我们受了仆固怀恩的骗,以为皇帝和令公都已经死去,中原没有主人,才跟着他上这里来。现在知道令公还在,哪会同您打仗呢?”

郭子仪说:“吐蕃和唐朝是亲戚关系,现在也来侵犯我们,掠夺我们百姓财物,实在太不应该啦!我们决心要回击他们。如果你们能帮我们打退吐蕃,对你们也有好处。”

药葛罗听了郭子仪的话,连连点头说:“我们一定替令公出力,将功补过。”

郭子仪和药葛罗正在谈话的时候,两边回纥将士听着听着,慢慢都围了拢来。郭子仪的随从一看回纥兵靠近,有点紧张起来,也挨到郭子仪身边,想保护他。

郭子仪挥了挥手,叫随从让开,接着就叫药葛罗派人拿酒来。药葛罗的左右送上酒,郭子仪先端起一杯,把酒洒在地上,起誓说:“大唐天子万岁!回纥可汗万岁!两军将领万岁!打现在起,谁要违反盟约,叫他死在阵上!”

药葛罗也跟着郭子仪起了誓,洒了酒。双方订立了盟约。

郭子仪单骑访回纥营的消息,传到吐蕃营里,吐蕃的将领们害怕唐军和回纥联合起来袭击他们,连夜带着大军撤走了。

166

颜真卿刚强不屈

经过安史之乱，唐王朝从强盛转向衰落。各地节度使乘机割据地盘，扩大兵力，造成了藩镇割据的局面。唐代宗死后，他的儿子李适（音 kuò）即位，就是唐德宗。唐德宗想改变藩镇专权的局面，结果引起了藩镇叛乱。唐德宗派兵讨伐的结果，叛乱不但没有平定，反而蔓延开来了。

公元 782 年，有五个藩镇叛乱，其中淮西节度使李希烈兵势最强。他自称天下都元帅，向唐境进攻。

五镇叛乱，使朝廷大为震惊。唐德宗找宰相卢杞商量，卢杞说："不要紧。只要派一位德高望重的大臣去劝导他们，用不到动一刀一枪，就能把叛乱平息下来。"

唐德宗问卢杞说："你看派谁去合适？"

卢杞推荐年老的太子太师颜真卿，唐德宗马上同意。

颜真卿是当时一个很有威望的老臣。安史之乱前，他担任平原太守。安禄山发动叛乱后，河北各郡大都被叛军占领，只有平原城因为颜真卿坚决抵抗，没有陷落。后来，他的堂兄颜杲卿在藁城起兵，河北十七郡响应，大家公推颜真卿做盟主。在抗击安史叛军中，立了大功。唐代宗的时候，他被封为鲁郡公。所以，人们又称他颜鲁公。

颜真卿又是我国历史上著名的书法家。他写的字雄浑刚健，挺拔有力，表现了他的刚强性格。后来，人们把他的字体称为“颜体”。

颜真卿为人正直，常常被奸人诬陷排挤，只是因为他的威望高，一些奸人不得不表面上尊重他。宰相卢杞是个心狠手辣的人。他忌恨颜真卿，平时没法下手，这一回，趁藩镇叛乱的机会，派颜真卿去做劝导工作，是存心陷害他。

这时候，颜真卿已经是七十开外的老人了。许多文武官员听说朝廷派他到叛镇那里去，都为他的安全担心。但是，颜真卿却不在乎，带了几个随从就到淮西去了。

李希烈听到颜真卿来了，想给他一个下马威。在见面的时候，叫他的部将和养子一千多人都聚集在厅堂内外。颜真卿刚刚开始劝说李希烈停止叛乱，那些部将、养子就冲了上来，个个手里拿着明晃晃的尖刀，围住颜真卿又是谩骂，又是威胁，摆出要杀他的架势。颜真卿毫不畏惧，面不改色，朝着他们冷笑。

李希烈假惺惺站起来护住颜真卿，命令他的养子退出。接着，把颜真卿送到驿馆里，企图慢慢软化他。

过了几天，四个叛镇的头目都派使者来跟李希烈联络，劝李希烈即位称帝。李希烈大摆筵席招待他们，也请颜真

卿参加。

叛镇派来的使者见到颜真卿来了,都向李希烈祝贺说:“早就听到颜太师德高望重。现在元帅将要即位称帝,正好太师来到这里,不是有了现成的宰相吗?”

颜真卿扬起眉毛,朝着四个使者骂道:“什么宰相不宰相!我年纪快八十了,要杀要剐都不怕,难道会受你们的诱惑,怕你们的威胁吗?”

四名使者被颜真卿凛然的神色吓住了,缩着脖子说不出话来。

李希烈拿他没办法,只好把颜真卿关起来,派兵士监视着。兵士们在院子里掘了一个一丈见方的土坑,扬言要把颜真卿活埋在坑里。第二天,李希烈来看他,颜真卿对李希烈说:“我的死活已经定了,何必玩弄这些花招。你把我一刀砍了,岂不痛快!”

过了一年,李希烈自称楚帝,又派部将逼颜真卿投降。兵士们在关禁颜真卿的院子里,堆起柴火,浇足了油,威胁颜真卿说:“再不投降,就把你放在火里烧!”

颜真卿二话没说,就纵身往柴火跳去,叛将们连忙把他拦住,向李希烈回报。

李希烈想尽办法,没有能使颜真卿屈服,就派人逼迫颜真卿自杀了。

167

浑瑊和李晟

李希烈发动叛乱以后，派兵围攻襄城（今河南襄城）。襄城危急，洛阳也吃紧了。公元783年，唐德宗从西北抽调泾原（治所在今甘肃泾川县北）的人马去增援襄城。泾原节度使姚令言接到命令，带了五千人马到了长安。

泾原兵士听说朝廷下令调动，本来认为一定有什么犒（音kào）赏。到了长安，正碰上下雨，兵士们浑身透湿，冻得发抖。第二天，朝廷官员带着军粮去劳军。兵士们一看，都是些粗饭冷菜，大伙十分失望，气得把饭罐子踢翻了，嚷嚷说："我们是冒着生命危险去打敌人的。连饭都不让吃饱，还打什么仗呀？"

有个兵士站了出来，说："他们当官的不给，咱们自己去拿！长安有的是钱和绸缎。听说皇宫两边有两座官库，里面的钱和帛多得放不下。大家去拿吧！"

经过这样一鼓动，兵士们更激怒了。大家不管将领们的拦阻，乱哄哄地往城里拥去。

有人报告唐德宗，德宗慌了神，赶快派宦官带着二十车钱帛，去慰劳兵士。激怒的兵士根本不理，他们杀了宦官，一股劲儿往皇宫冲。

唐德宗听到乱兵快要进宫来，想召禁卫军抵抗。但是那些禁卫军腐败得很，听说泾原兵士闹起来，不敢出头。德宗没办法，只好带着妃子、王子和公主从后花园逃到奉天（今陕西乾县）去避难了。

兵士们进了宫，听说皇帝跑了，就打开官库，拿钱的拿钱，取绸缎的取绸缎，整整闹了一夜。最后，他们找到节度使姚令言，要他拿个主意。姚令言说，还不如请太尉朱泚（音 cǐ）来做个头吧。

朱泚原来也是泾原节度使。因为他弟弟朱滔反叛唐朝，牵连到他，被唐德宗解除了兵权，留在长安，挂个太尉的名。他本来是个野心勃勃的人。现在泾原将士拥他做头领，怎么不愿意？

朱泚接管了长安兵权，就有一批失意政客和藩镇将领拥护他。朱泚有了兵力，就在长安立起新朝廷来，自称大秦皇帝，并且亲自带兵进攻奉天。

唐德宗逃到奉天，刚刚喘了口气，朱泚已经打过来了。幸亏禁卫军将军浑瑊（音 jiān）赶到。浑瑊本来是郭子仪手下大将，是个很有威望的将领，由他来统率将士抵抗朱泚，人心才安定下来。

朱泚督率叛军攻打奉天城。浑瑊带领将士日日夜夜血战。朱泚使尽力气攻了一个月，还没有攻下来。朱泚着急了，派人造了特别大的云梯攻城。浑瑊在城墙边掘通了地道，地道里堆满了干柴，还在城头准备好大批松脂火把。叛军兵士纷纷攀着云梯往上爬，城外的箭像雨点一样射到城里，眼看城快被攻破了。忽然云梯一架架都陷进地道，地道里烧着的干柴冒出烟火，城头上的唐军又往下扔火把，把云梯烧着了，大火熊熊燃烧，云梯上的兵士被烧得焦头烂额，掉了下去。

浑瑊率领城里守军从各城门一起杀出，把朱泚叛军杀得大败。

这时候，奉天外围又来了两支援军，一支是朔方节度使李怀光率领的，一支是神策军大将李晟（音 chéng）率领的。朱泚一看形势不妙，赶快撤了对奉天的包围，退回长安。

唐德宗命令李怀光和李晟乘胜收复长安。哪料到李怀光到了咸阳，却和朱泚暗中勾结，一起反唐。李晟到了长安城外，前有朱泚，后有李怀光，内无粮草，外无救兵，处境极其危险。

李晟是个有勇有谋的人。他用自己的勇气和决心激励将士，使唐军将士士气始终很旺盛。长安附近的唐军都自愿接受李晟指挥。李怀光想命令他部下将士袭击李晟，将士们都不答应。李怀光害怕起来，先逃到河中去了。

李怀光一逃，朱泚就孤立起来。

浑瑊守住了奉天，也跟李晟彼此呼应，进逼长安。唐军声势浩大，吓得朱泚龟缩在长安城里不敢出来。

李晟召集将领商量怎样攻城。将领们说："当然是先打下外城，占领街坊，再进攻皇宫。”

李晟说：“街坊狭窄，如果我们跟敌人在街头作战，就要伤害百姓。听说敌人重兵在皇宫后面的御苑里。我们不如从北面打开城墙，集中兵力向御苑进攻。这样，宫室不会遭到破坏，百姓也不受惊扰。”

大家都佩服李晟想得周到。接着，李晟就分派部将出击，先消灭城外的敌军。最后，打开了城北城墙，大批步兵骑兵一起猛攻御苑。朱泚没法抵抗，不得不丢了长安逃走。来不及逃走的士兵也都缴械投降了。

李晟进了长安，向全军将士下了命令，说：“长安居民，受够了叛军的苦，不能再去惊扰他们。”唐军进城以后，果然纪律严明，秋毫无犯。

公元784年，李晟收复长安，朱泚被杀。唐德宗回到长安。过了一年，浑瑊又进攻河中，消灭了李怀光。那个自称楚帝的李希烈打了几次败仗，也被部将杀了。

李晟、浑瑊为维护唐王朝的统一，立了大功。吐蕃贵族害怕他们掌握兵权，对他们不利，就采用离间的计策。唐德宗本来猜忌功臣，又中了吐蕃贵族的计，把李晟的兵权撤了，神策军归宦官掌握。从此，藩镇割据没有解决，宦官的权力倒越来越大了。

168

东宫里的棋手

唐德宗宠信宦官。那些贪得无厌的宦官，想尽办法来欺压和剥削百姓，不择手段地掠夺财物。他们设立了“宫市”，让一批太监专门到宫外采购宫里需要的东西。这些太监见到老百姓在市上出卖货物，只要他们需要，就强行购买，只付十分之一的价钱。后来，索性派了几百个太监在街上瞭望，看中了什么，抢了就走，叫做“白望”。

还有一些宦官在长安开设“五坊”。五坊是专门替皇帝养雕、养鹘（音 gǔ）、养鹞、养鹰、养狗的地方。有一批太监在五坊里当差，叫做五坊小儿。这批人吃饱了饭不干正经事，到处向百姓敲诈勒索。他们要敲哪家的竹杠，就把鸟网张在人家的门口或者井架上。谁要是在家门口进出，或者到井里去打水的时候，碰到了鸟网，就说谁吓走了供奉皇帝的鸟雀，围住他痛打，直到这家人出钱赔礼，他们才扬长而去。

五坊小儿常常在酒店里要酒要菜，大吃大喝，吃得醉醺醺的，七歪八倒地扬长走了。酒店主人向他们要酒钱，不是挨骂，就是挨打。有一次，五坊小儿喝了酒不付钱，他们把捉来的一袋蛇交给店主说："大爷没带钱，把它放在你这里做个抵押吧，过几天我拿钱来取。不过这些蛇都是宫里捉鸟雀用的，你得小心饲养，要是饿死了一条，小心你的脑袋。"

店主人吓得要命，苦苦哀求五坊小儿把蛇带走，至于酒钱，当然不敢再要了。

宫市和五坊小儿的胡作非为，引起了长安百姓的痛恨，但是在宦官掌权的日子里，有冤往哪儿去诉呢？

那时候，在太子李诵的东宫里，有两个陪伴太子读书的官员。一个叫王叔文，是个好棋手；另一个叫王伾，写得一手好字。李诵除了读书之外，喜欢下棋写字，王叔文、王伾就经常在东宫陪太子读书下棋。

王叔文出身下级官员，多少懂得一些百姓疾苦。他利用跟太子一起下棋的机会，向太子反映外面的情形。太子听到宦官借宫市为名在外面为非作歹，很不满意。有一次，几个侍读的官员一起在东宫议论起这件事，太子气愤地说："我见到父皇，一定要提出这件事。"

大家听了，都赞扬太子贤明，只有王叔文在一边一言不发。等别的官员走了，太子把王叔文单独留下来谈话，说："你不是常谈起宫市的坏处吗？刚刚谈到宫市，你为什么不说话？"

王叔文说:“我看殿下眼下还是少管这些外事为好。如果坏人在皇上面前挑拨是非,说殿下想收买人心,皇上怀疑起来,殿下要辩白也难了。”

太子恍然大悟说:“不是先生提醒,我还想不到这一点。”

打那以后,太子更加信任王叔文。王叔文认为德宗老了,太子迟早要接替皇位,就暗地里替他物色朝廷中有才能的官员,跟他们结交。他私下对太子说,这个人将来可以当宰相,那个人将来可以担任将军。

不料过了一年,太子得了中风病,舌头不听使唤,讲不出话来。老年的唐德宗为了这件事,急出病来,先咽了气。公元805年,太子李诵带病即了位,这就是唐顺宗。

唐顺宗不能说话,只好靠原来在东宫伴他读书的官员王叔文、王伾来帮他处理朝政。王叔文知道自己声望不够,不便公开掌握朝政大权,另外请一个老资格的官员韦执谊出面做宰相,自己当一名翰林学士,帮助顺宗起草诏书。他和韦执谊、王伾里外配合,又起用了刘禹锡、柳宗元等一些有才能的官员,总算把朝政大权抓了过来。

王叔文掌权后,第一件要改革的就是整顿宦官欺压百姓的坏风气。他替唐顺宗下了一道诏书,免了一些苛捐杂税;把宫市、五坊小儿一类欺负百姓的事,统统取缔了。

这个措施一实行,长安百姓没有一个不拍手称快,一些作恶多端的宦官却气歪了脸。

王叔文又把财政权拿了过来,进行了改革。历史上把这件事叫做“永贞革新”(“永贞”是唐顺宗的年号)。

王叔文大刀阔斧进行改革，当然触犯了掌权的宦官。宦官头子俱文珍认为王叔文的权力太大了，用顺宗的名义解除了王叔文翰林学士的职务。

王叔文知道要想跟宦官斗争，还得把他们手里的兵权夺过来。他就派老将范希朝去接管宦官掌握的神策军。但是那些神策军将领大都是宦官的亲信。范希朝去接管人马，一些将领不来理他，只好空手回来了。

不到一个月，俱文珍勾结一批附和他们的老臣，宣布顺宗因为病重不能执政，由太子李纯监国。又隔了一个月，太子正式即位，这就是唐宪宗。

顺宗一下台，俱文珍等一批宦官立刻把王叔文、王伾革职，贬谪到外地去。第二年，又把王叔文处死。永贞革新不到一年就全盘失败，那些支持王叔文一起改革的官员也受到了株连。

169

刘禹锡游玄都观

王叔文实行改革的时候，不但一批宦官恨王叔文，还有不少大臣嫌王叔文地位低，办事专断，也对他不满。到了唐宪宗即位，大伙都纷纷攻击王叔文。原来支持王叔文改革的八个官员，都被看作是王叔文的同党。宪宗下了诏书，把韦执谊等八个人一律降职，派到边远地方当司马（官名），历史上把他们和王叔文、王伾合起来称作“二王八司马”。

“八司马”当中，有两个是有名的文学家，就是柳宗元和刘禹锡。柳宗元擅长散文，刘禹锡善于写诗，两个人又是很要好的朋友。这一回，柳宗元被派到永州（今湖南零陵），刘禹锡被派到朗州（今湖南常德）。永州和朗州都在南边，离开长安很远，那时候还是荒僻落后的地区。要是换了一些想不开的人，心情是够难受的。幸好他们都是很有修养的人，他们相信自己的作为是正直的，失败了也不那么懊

丧。到了那里，除了办公以外，常常游览山水，写写诗文。在他们的诗文中，常常抒发自己的政治抱负，也反映了一些人民的疾苦，像柳宗元的《捕蛇者说》就是在永州写的。

两个人在那里一住就是十年。日子一久，朝廷里有些大臣想起他们来，觉得这些都是有才干的人，放在边远地区太可惜了，就奏请宪宗，把刘禹锡、柳宗元调回长安，准备让他们留在京城做官。

刘禹锡回到长安，看看长安的情况，已经发生了很大变化，朝廷官员中，很多新提拔的都是他过去看不惯、合不来的人，心里很不舒坦。

京城里有一座有名的道观叫玄都观，里面有个道士，在观里种了一批桃树。那时候正是春暖季节，观里桃花盛开，招引了不少游客。有些老朋友约刘禹锡到玄都观去赏桃花。刘禹锡想，到那里去散散心也不错，就跟着朋友们一起去了。

刘禹锡过了十年的贬谪生活，回到长安，看到玄都观里新栽的桃花，很有感触，回来以后就写了一首诗：

紫陌红尘拂面来，无人不道看花回。
玄都观里桃千树，尽是刘郎去后栽。

刘禹锡的诗本来挺出名，这篇新作品一出来，很快就在长安传开了。有一些大臣对召回刘禹锡，本来就不愿意，读了刘禹锡的诗，就细细琢磨起来，里面到底有什么含意。也不知道哪个说，刘禹锡这首诗表面是写桃花，实际是讽刺当时新提拔的权贵的。

这一下子可惹了麻烦，唐宪宗对他也很不满意。本来主张留他在京城的人也不便说话了。刘禹锡又被派到播州（今贵州遵义市）去做刺史。刺史比司马高一级，似乎是提升，但是播州地方比朗州更远更偏僻，那时候还是人烟稀少的地方呢。

刘禹锡家里有个老母亲，已经八十多岁了，需要人伺候；如果跟着刘禹锡一起到播州，上了年纪的老人受不了这个苦。这可叫刘禹锡太为难啦！

这时候，柳宗元在长安也呆不住了，朝廷把他改派为柳州刺史。柳宗元得知刘禹锡的困难情形，决心帮助好朋友。他连夜写了一道奏章，请求把派给他柳州的官职跟刘禹锡对调，让他到播州去。

柳宗元待朋友一番真诚，使许多人很受感动。后来，大臣裴度也在唐宪宗面前替刘禹锡说情，宪宗总算答应把刘禹锡改派为连州（今广东连县）刺史。以后，刘禹锡又被调动了好几个地方。过了十四年，裴度当了宰相，才把他调回长安。

刘禹锡重新回到京城，又是暮春季节。他想起那个玄都观的桃花，有心旧地重游。到了那里，知道那个种桃的道士已经死去，观里的桃树没有人照料，有的被砍，有的枯死了，满地长着燕麦野葵，一片荒凉。他想起当年桃花盛开的情景，联想起一些过去打击他们的宦官权贵，一个个在政治争斗中下了台，而他自己倒是顽强地坚持自己的见解。想到这里，他就又写下了一首诗，抒发他心里的感慨，诗里说：

百亩中庭半是苔，桃花净尽菜花开。
种花道士归何处？前度刘郎今又来。

一些大臣听到刘禹锡写的新诗，认为他又在发牢骚，挺不高兴，在皇帝面前说了他不少坏话。过了三年，又把他派到外地当刺史去了。

170

白居易进长安

唐宪宗即位以后，对政治进行了一些改革，任用了一些像李绛那样的正直的大臣当宰相。但是他仍旧宠信宦官。他想讨伐藩镇，用一个宦官头子做统帅。这件事引起一些大臣的反对。反对得最激烈的是左拾遗白居易。

白居易是唐代著名诗人，下邽（今陕西渭南东北，音 guī）人。他擅长作诗的名气，很早就传开了。白居易自小聪明，生下来刚六七个月，就能辨认“之”、“无”两个字，五六岁就开始学写诗。大概在他十五六岁那年，他父亲白季庚在徐州做官，让他到京城长安去见世面，结交名人。

那时候，正是朱泚叛乱之后，长安遭到很大的破坏。特别是连年战争，到处闹粮荒，长安米价飞涨，百姓的日子很不好过。

当时，长安有一个文学家顾况，很有点才气，但是脾气

高傲，遇到后生晚辈，常常倚老卖老。白居易听到顾况的名气，带了自己的诗稿，到顾况家去请教。

顾况听说白居易也是个官家子弟，不好不接待。白居易拜见了顾况，送上名帖和诗卷。

顾况瞅了瞅这个小伙子，又看了看名帖，看到“居易”两个字，皱起眉头打趣说：“近来长安米价很贵，只怕居住很不容易呢！”

白居易被顾况莫名其妙地数落了几句，也不在意，恭恭敬敬地站在旁边请求指教。顾况拿起诗卷随手翻着翻着，他的手忽然停了下来，眼睛盯着诗卷，轻轻地吟诵起来：

离离原上草，一岁一枯荣；
野火烧不尽，春风吹又生……

顾况读到这里，脸上显露出兴奋的神色，马上站起来，紧紧拉住白居易的手，热情地说：“啊！能够写出这样的好诗，住在长安也不难了。刚才跟您开个玩笑，您别见怪。”

打这次见面以后，顾况十分欣赏白居易的诗才，逢人就夸说白家的孩子怎么了不起。一传十，十传百，白居易也就在长安出了名。不到几年，他考取了进士。唐宪宗听说他的名气，马上提拔他做翰林学士，后来又派他担任左拾遗。

白居易可不是那种争名求利、向上级阿谀奉承的官僚。他一面不断地创作新的诗歌，揭露当时社会上的一些不良现象，一面在宪宗面前多次直谏，特别是反对让宦官掌握兵权。

这一回，白居易谏阻宪宗封宦官做统帅，惹得宪宗很气恼。他跟宰相李绛说："白居易这小子，是我把他提拔上来的，怎么对我这样不敬，我实在忍耐不住啦！"

李绛说："白居易敢在陛下面前直谏，不怕杀头，正说明他对国家的忠心。如果办他的罪，只怕以后没人敢说真话了。"

唐宪宗勉强接受李绛的意见，暂时没有把白居易撤职。但是，过了没有多少天，终于把他左拾遗的职务撤掉，改派别的官职。

白居易写了许多诗，其中有不少是反映现实的，像《秦中吟》和《新乐府》。在这些诗篇中，有的揭露了宦官仗势欺压百姓的罪恶，有的讽刺官僚们穷奢极侈的豪华生活，有的反映了劳动人民的痛苦遭遇。他的诗歌通俗好懂，受到当时广大人民的欢迎，街头巷尾，到处都传诵着白居易的诗篇。据说，白居易写完一首诗，总先念给不识字的老婆婆听，如果有听不懂的地方，他就修改，一直到能够使她听懂。这当然只是一种传说，但是说明他写的诗歌是比较接近群众的。

正因为他的诗反映现实，触犯了掌权的宦官和大官僚，也招来了一些人的咒骂和忌恨。有些人想诬陷白居易，只是一时找不到借口。

过了几年，白居易在太子的东宫里做大夫。有一次，宰相武元衡被人派刺客暗杀了。这次暗杀有复杂的政治背景，朝廷的官僚谁也不想开口。只有白居易站了出来，首先向宪宗上了奏章，要求通缉凶手。宦官和官僚抓住这个机会，说白居易不是谏官，不该对朝廷大事乱主张，狠狠地告了一状。

接着，又有一批一向讨厌白居易的官员，乱哄哄造谣污蔑，向白居易泼污水。有人说白居易的母亲是看花掉到井里淹死的，白居易居然还写过《赏花》、《新井》的诗，那不是大不孝吗？

经过这样罗织罪名，谁也没法给白居易辩护，白居易终于被降职到江州（今江西九江）去当司马了。

白居易无辜受到贬谪，到了江州之后，心情十分抑郁。有一天晚上，他在江州的湓浦口送客人，听到江上传来一阵哀怨的琵琶声，叫人一打听，原来是一个漂泊江湖的歌女弹的。白居易见了那歌女，又听她诉说她的可悲身世，十分同情；再联想到自己的遭遇，引起满腔心事。回来以后，写下了著名的叙事长诗《琵琶行》，诗中说：

> 我闻琵琶已叹息，又闻此语重唧唧。
> 同是天涯沦落人，相逢何必曾相识。

后来白居易又几次回到京城，做过几任朝廷大官。但是当时的朝政十分混乱，像白居易这样正直的人不可能有什么作为。他把他全部精力倾注到诗歌创作中去。他的一生一共写了二千八百多首诗，成为我国文学宝库里的一份十分珍贵的遗产。

171

李愬雪夜下蔡州

在各个藩镇中，淮西是个顽固的割据势力。公元814年，淮西节度使吴少阳死去，他的儿子吴元济自立。唐宪宗发兵征讨淮西，但是他派去的统帅，不是腐朽的官僚，就是自己另有企图。结果，花了整整三年工夫，费了大量财力，都失败了。朝廷官员都认为不能再打下去，大臣裴度却认为淮西好比身上长的毒疮，不可不除。唐宪宗拜裴度做宰相，决心继续征讨淮西。

公元817年，朝廷派李愬担任唐州（今河南唐河）等三州节度使，要他进剿吴元济的老巢蔡州（今河南汝南）。

唐州的将士打了几年仗，都不愿再打，听到李愬一来，有点担心。李愬到了唐州，就向官员宣布说："我是个懦弱无能的人，朝廷派我来，是为了安顿地方秩序。至于打吴元济，不干我的事。"

这个消息传到吴元济那里。吴元济打了几次胜仗，本来就有点骄傲，听到李愬不懂得打仗，更不把防备放在心上了。

以后，李愬一点不提打淮西的事。唐州城里有许多生病和受伤的兵士，李愬一家家上门慰问，一点官架子也没有。将士们都很感激他。

有一次，李愬的兵士在边界巡逻，碰到一小股淮西兵士，双方打了一阵，唐军把淮西兵士打跑了，还活捉了淮西军的一个小军官丁士良。

丁士良是吴元济手下的一名勇将，经常带人侵犯唐州一带，唐军中很多人都吃过他的亏，非常恨他。这一回活捉了他，大伙都请求李愬把他杀了，给死亡的唐军兵士报仇。

将士们把丁士良押到李愬跟前。李愬吩咐兵士松了他的绑，好言好语问他为什么要跟吴元济闹叛乱。丁士良本来不是淮西兵士，是被吴元济俘虏过去的，见李愬这样宽待他，就投降了。

李愬靠丁士良的帮助，打下了淮西的据点——文城栅和兴桥栅，先后收服了两个降将，一个叫李祐，一个叫李忠义。李愬知道这两人都是有勇有谋的人，就推心置腹地信任他们，跟两人秘密讨论攻蔡州的计划，有时讨论到深更半夜。李愬手下的将领为了这件事都很不高兴，军营里沸沸扬扬，都说李祐是敌人派来做内应的。有的还有凭有据地说，捉到的敌人探子，也供认李祐是间谍。

李愬怕这些闲话传到朝廷，让唐宪宗听信了这些话，自己要保李祐也保不住了，就向大家宣布说："既然大家认为李祐不可靠，我就把他送到长安去，请皇上去发落吧。”

他吩咐兵士把李祐套上镣铐，押送到长安，一面秘密派人送了一道奏章给朝廷，说他已经跟李祐一起定好攻取蔡州的计划，如果杀了李祐，攻蔡州的计划也就吹了。

唐宪宗得到李愬的密奏，就下令释放李祐，并且叫他仍旧回到唐州协助李愬。

李祐回到唐州，李愬见了他，高兴极了，握着他的手说：“你能安全回来，真是国家有福了。”说着，立刻派他担任军职，让他携带兵器进出大营。李祐知道李愬千方百计保护他，感动得偷偷地痛哭。

没多久，宰相裴度亲自到淮西督战。原来，各路唐军作战都有宦官监阵，将领没有指挥权。打胜仗是宦官的功劳，打败仗却轮到将领挨整。裴度到了淮西，发现这个情形，立刻奏请唐宪宗，把宦官监阵的权撤消了。将领们听到这个决定，都很兴奋。

李祐向李愬献计说：“吴元济的精兵都驻扎在洄曲（今河南商水西南）和四面边境上，守蔡州的不过是一些老弱残兵。我们抓住他的空隙，直攻蔡州，活捉吴元济是没问题的。”

李愬把这个计划秘密派人告诉裴度。裴度也支持他，说：“打仗就是要出奇制胜，你们看着办吧。”

李愬命令李祐、李忠义带领精兵三千充当先锋，自己亲率中军、后卫陆续出发。除了李愬、李祐几个人，谁也不知道到哪里去。有人偷偷问李愬，李愬说：“只管朝东前进！”

赶了六十里地，到了张柴村。守在那儿的淮西兵毫无防备，被李祐带的先锋部队全部消灭。李愬占领了张柴村，命令将士休息一会，再留下一批兵士守住张柴村，截断通往洄曲的路。一切安排妥当，就下令连夜继续进发。

将领们又向李愬请示往哪里去，李愬这才宣布："到蔡州去，捉拿吴元济！"

将领中有一些是在吴元济手里吃过败仗的，一听到这个命令，吓得脸色都变了。监军的宦官特别胆小，急得哭了起来，说："我们果然中了李祐的奸计了。"

这个时候，天色黑洞洞的，北风越刮越紧，鹅毛般的大雪越下越密。从张柴村通往蔡州的路，是唐军从来没走过的小道。大家暗暗叫苦，但是，李愬平日治军很严，谁也不敢违抗军令。

半夜里，兵士们踏着厚厚的积雪，又赶了七十里，才到了蔡州城边。正好城边有一个养鹅、鸭的池塘，鹅鸭的叫声，把人马发出的响声掩盖过去了。

李祐、李忠义吩咐兵士在城墙上挖了一个个坎儿，他们带头踏着坎儿爬上城，兵士们也跟着爬上去。守城的淮西兵正在呼呼睡大觉，唐军把他们杀了，只留着一个打更的，叫他照样敲梆子打更。接着，打开城门，让李愬大军进城。

大军到了内城，也照这个办法顺利地打进了城，内城里的淮西军一点也没有发觉。

鸡叫头遍的时候，天蒙蒙亮了，雪也止了。唐军已经占领了吴元济的外院，吴元济还在里屋睡大觉呢。有个淮西兵士发现了唐军，急忙闯进里屋报告吴元济说："不好了，官军到了。"

吴元济懒洋洋躺在床上不想起来，笑着说："这一定是犯人们在闹事，等天亮了看我来收拾他们。"

刚说完，又有兵士气急败坏地冲进来说："城门已经被官军打开了。"

吴元济奇怪起来，说："大概是洄曲那边派人来找我们讨寒衣的吧！"

吴元济起了床，只听见院子里一阵阵吆喝传令声："常侍传令啰……"（常侍是李愬的官衔）接着，又是成千上万的兵士的应声。吴元济这才害怕起来，说："这是什么常侍？怎么跑到这儿来传令？"说着，带了几个亲信兵士爬上院墙抵抗。

李愬对将士说："吴元济敢于顽抗，是因为他在洄曲还有一万精兵，等待那边来援救。"

驻洄曲的淮西将领董重质，家在蔡州。李愬派人慰抚董重质的家属，派董重质的儿子到洄曲劝降。董重质一看大势已去，就亲自赶到蔡州向李愬投降了。

李愬命令将士继续攻打院墙，砸烂了外门，占领了军械库。吴元济还想凭着院墙顽抗。第二天，李愬又放火烧了院墙的南门。蔡州的百姓们受够吴元济的苦，都扛着柴草来帮助唐军，唐军兵士射到内院里的箭，密集得像刺猬毛一样。

到太阳下山的时候，内院终于被攻破，吴元济没有办法，只好哀求投降。

李愬取得了全胜，一面用囚车把吴元济押送到长安去，一面派人向宰相裴度报告战果。

裴度、李愬平定淮西、活捉吴元济的消息传到河北，使河北藩镇大为震动，纷纷表示服从政府。唐代藩镇叛乱的局面总算暂时安定了下来。

172

韩愈反对迎佛骨

唐宪宗依靠裴度、李愬，平定了淮西叛乱，觉得脸上光彩。他决定立一个纪功碑，来纪念这一次大胜利。叫谁来写这个碑文呢？恰好裴度手下有个行军司马韩愈，擅长写文章，又跟随裴度到过淮西。唐宪宗就命令韩愈起草《平淮西碑》。

韩愈是唐朝一位杰出的文学家，河南河阳（今河南孟县西）人。他认为自从魏晋南北朝以来，社会风气不好，连文风也衰落了。许多文人写的文章，喜欢堆砌词藻，讲求对偶，缺少真情实感。他决心对这种文风进行改革，写了不少散文，在当时发生了很大的影响。他的主张和写作实践实际上是一种改革，但是也继承了古代散文的一些传统，所以被称作“古文运动”。后来，人们把他和柳宗元两人称为“古文运动”的创导人。

韩愈不但善于写文章，还是个直言敢谏的大臣。在他写完《平淮西碑》之后，又发生了一件得罪朝廷的事儿。

原来唐宪宗到了晚年，迷信起佛法来。他打听到凤翔的法门寺里，有一座宝塔，叫护国真身塔。塔里供奉着一根骨头，据说是释迦牟尼佛留下来的一节指骨，每三十年开放一次，让人瞻仰礼拜。这样做，就能够求得风调雨顺，人人平安。

唐宪宗给人说得相信了，特地派了三十人的队伍，到法门寺把佛骨隆重地迎接到长安。他先把佛骨放在皇宫里供奉，再送到寺里，让大家瞻仰。下面的一班王公大臣，一看皇帝这样认真，不论信或是不信，都要凑个趣。许多人千方百计想弄到瞻仰佛骨的机会。有钱的，捐了香火钱；没钱的，就用香火在头顶、手臂上烫几个香疤，也算表示对佛的虔诚。

韩愈是向来不信佛的，更不要说瞻仰佛骨了。他对这样铺张浪费来迎接佛骨，很不满意，就给唐宪宗上了一道奏章，劝谏宪宗不要干这种迷信的事。他说，佛法的事，中国古代是没有的，只有在汉明帝以来，才从西域传了进来。他又说，历史上凡是信佛的王朝，寿命都不长，可见佛是不可信的。

唐宪宗收到这个奏章，大发脾气，立刻把宰相裴度叫了来，说韩愈诽谤朝廷，非把他处死不可。

裴度连忙替韩愈求情，唐宪宗气慢慢平了，说："韩愈说我信佛过了头，我还可宽恕他；他竟说信佛的皇帝，寿命都短促，这不是在咒我吗？就凭这一点，我不能饶他。"

后来，替韩愈求情的人越来越多，唐宪宗没杀韩愈，就把他降职到潮州去当刺史。

从长安到潮州，路远迢迢，韩愈孤单一个人，被派到那么边远的地方去，一路上的辛酸心情，就别提了。

韩愈到了潮州，想到自己的不幸遭遇，也考虑到百姓的生活。他把潮州官府里的官员找了来，问当地老百姓有什么疾苦。

有人说："这儿出产少，老百姓日子过得很苦；还有城东恶溪（今广东韩江）里有条鳄鱼，经常上岸来伤害牲畜，百姓真被它害苦了。"

韩愈说："既是这样，我们就得想法把它除掉。"

话虽那样说，可韩愈是个文人，一不会动刀，二不会射箭，怎能除掉鳄鱼呢？后来，他写了一篇《祭鳄鱼文》，专门派人到江边去读这篇祭文，又叫人杀了一口猪一头羊，把它丢到江里去喂鳄鱼。在那篇祭文里，他限令鳄鱼在七天之内迁到大海里去，否则就用强弓毒箭，把鳄鱼全部射杀。

韩愈不信佛，怎么会信鳄鱼有灵呢？这当然只是他安定人心的一种手法罢了。

事有凑巧，据说打那以后，大池里的鳄鱼真的没有再出现过。当地的百姓认为朝廷派来的大官给鳄鱼下的驱逐令见了效，都安心生产了。

韩愈在外地做了一年官，才又回到长安，负责国子监（朝廷设立的最高教育机构）的工作。就在这一年（公元820年），唐宪宗被宦官所杀。他的儿子李恒即位，这就是唐穆宗。

173

甘露事件

从唐穆宗以后，唐朝的皇帝都是由宦官拥立的。这样一来，宦官的权力就更大了，连皇帝的命运都掌握在他们的手里，还有谁敢跟他们作对呢？

唐文宗李昂（穆宗的儿子）即位的第二年，各地推荐的举人到京都应试。有一个举人叫做刘蕡（音 fén），在试卷里公开反对宦官掌权，认为要国家安定，应该排斥宦官，把政权交给宰相，把兵权交给将帅。

这份考卷落在几个考官手里，考官们传来传去地看，赞不绝口，觉得不但文采好，而且说理精辟，是篇难得的好文章。但是到了决定录取的时候，谁也不敢表示态度，因为录取了刘蕡，得罪了宦官，他们的位子也就保不住了。

结果，跟刘蕡一起来投考的二十二人都中了，刘蕡却落了选。刘蕡是大家公认的杰出人才，这次因为说了些正直话落选，大家都觉得委屈了他。中选的举人说："刘蕡落选，我们倒中了榜，太叫人惭愧了。"

唐文宗在宦官操纵之下过日子，自己也很气恼，他一心一意想除掉宦官。有一次，唐文宗生了一场病，急于找医生。正好宦官头子王守澄手下有个官员叫做郑注，精通医道。王守澄把他推荐给唐文宗治病。文宗服了他的药，果然病一天天好了起来。唐文宗很高兴，召见郑注，发现郑注口齿伶俐，像是个有才干的人，就把他提拔为御史大夫。

郑注有个朋友李训，原是个很不得志的小官员，听到郑注受到朝廷重用，就带了一些礼物求见郑注。郑注正好想找个帮手，就请王守澄把李训推荐给文宗。李训也得到文宗的信任，后来，竟被提升为宰相。

李训、郑注两人取得了唐文宗的信任，文宗把自己想除掉宦官的心事告诉他们。他们就跟文宗秘密商量，想法削弱王守澄的权。他们打听到王守澄手下有个宦官仇士良，跟王守澄有矛盾，就请文宗封仇士良为左神策中尉，带领一部分禁卫军。

接着，李训又解除了王守澄的兵权。王守澄失了兵权，就容易摆布了。最后，唐文宗给王守澄一杯毒酒，把他杀了。

去了王守澄，接下来就要除掉仇士良了。李训经过一番策划，联络了禁卫军将军韩约，决定动手。公元 835 年的一天，唐文宗上朝的时候，韩约上殿启奏，说禁卫军大厅后院的一棵石榴树上，昨天夜里降了甘露。

原来，封建王朝是最讲迷信的，天降甘露被认为是好兆

头。李训当即带领文武百官向文宗庆贺，还请唐文宗亲自到后院观赏甘露。

唐文宗命令宰相李训先去察看。李训装模作样到院子里去兜了一转回来说："我去看了一下，恐怕不是真的甘露，请陛下派人复查。"

唐文宗又命令仇士良带领宦官去观看。仇士良叫韩约陪着一起去。韩约走到门边，神情紧张，脸色也发白了。仇士良发现这个情况，觉得奇怪，问韩约说："韩将军，您怎么啦？"

正说着，一阵风吹来，吹动了门边挂的布幕。仇士良发现布幕里埋伏了不少手拿明晃晃武器的兵士。

仇士良大吃一惊，连忙退出，奔回唐文宗那里。李训看到仇士良逃走，立刻命令埋伏的卫士赶上去。哪知道仇士良和宦官们已经把文宗抢在手里，把他拉进软轿，抬起就走。

李训赶上去，拉住文宗的轿子不放，一个宦官抢前一步，朝李训劈胸一拳，把他打倒在地。仇士良趁机扶着文宗的软轿，进内宫去了。

李训预谋失败，只好从小吏身上讨了一件便衣，化装逃走。仇士良立即派兵出宫，大规模逮捕一些参加预谋的官员，把他们全都杀害。李训东奔西逃，走投无路，在路上被杀。郑注正从凤翔带兵进京，得到消息，想退回凤翔，也被监军的宦官杀死。

唐文宗和李训、郑注策划的杀宦官的计谋彻底失败，在这次事变后受株连被杀的有一千多人。历史上把这个事件称为“甘露之变”。

从这个事件后，宦官把唐文宗严密监视起来，唐文宗的日子更不好过。过了五年得病死去。仇士良立文宗的兄弟李炎即位，这就是唐武宗。

174

朋党的争吵

在宦官专权的日子里，朝廷官员中，反对宦官的，大都遭到排挤打击。一些依附宦官的朝官，又分成两个派别。两派官员互相倾轧，争吵不休，一直闹了四十年，历史上把这种争吵叫做“朋党之争”。

这场争吵还是在唐宪宗在位时候开始的。有一年，长安举行考试，选拔能够直言敢谏的人才。在参加考试的人中，有两个下级官员，一个叫李宗闵，一个叫牛僧孺。两个人在考卷里批评了朝政。考官看了卷子，认为这两个人符合选拔的条件，就把他们推荐给唐宪宗。

这件事让宰相李吉甫知道了。李吉甫是个士族出身的官员，他本来就瞧不起科举出身的官员，现在出身低微的李宗闵、牛僧孺居然敢批评朝政，揭了他的短处，更加生气。他在唐宪宗面前说，这两人被推荐，完全是因为跟试官有私

人关系。唐宪宗听信了李吉甫的话，把几个试官降了职，李宗闵和牛僧孺也没有受到提拔。

李吉甫死后，他的儿子李德裕依靠他父亲的地位，做了翰林学士。那时候，李宗闵也在朝做官。李德裕对李宗闵批评他父亲这件事，仍旧记恨在心。

唐穆宗即位后，又举行进士考试。有两个大臣因为熟人应考，私下里托过考官，考官钱徽没卖他们的面子。正好李宗闵有个亲戚应考，被选中了。这些大臣就向唐穆宗告发钱徽徇私舞弊。唐穆宗问翰林学士，李德裕说真有这样的事。唐穆宗就把钱徽降了职，李宗闵也受到牵连，被贬谪到外地去。

李宗闵认为李德裕成心排挤他，把李德裕恨透了。牛僧孺当然同情李宗闵。打这以后，李宗闵、牛僧孺就跟一些科举出身的官员结成一派，李德裕也跟士族出身的官员结成一派，两个明争暗斗得厉害。

到了唐文宗即位以后，李宗闵走了宦官的门路，当上了宰相。李宗闵向文宗推荐牛僧孺，也把他提为宰相。这两人一掌权，就合力打击李德裕，把李德裕调出京城，当西川（治所在今四川成都）节度使。

那时期，西川附近有个吐蕃将领投降。李德裕趁机收复了一个重镇维州（治所在今四川理县）。这本来是李德裕立了一功，但是宰相牛僧孺却跟唐文宗说："收复一个维州，算不了什么；跟吐蕃搞坏关系，才不上算呢。"他要唐文宗下令叫李德裕把维州让还吐蕃，使李德裕气得要命。

后来，有人告诉唐文宗，说退出维州城是失策，并且说这件事是牛僧孺排挤李德裕的手段。唐文宗挺懊悔，对牛僧孺也疏远了。

唐文宗本人也受宦官控制，没有一定的主见。一会儿用李德裕，一会儿用牛僧孺。一派掌了权，另一派就没好日子过。两派势力就像走马灯似地转悠着，把朝政搞得十分混乱。唐文宗也闹不清谁是谁非，想起这件事直叹气，说："要平定河北容易，要除掉朝廷的朋党可真难啊！"

牛、李两派为了争权夺利，都讨宦官的好。李德裕做淮南节度使的时候，监军的宦官杨钦义被召回京城，大家传说杨钦义回去一定掌权。临走的时候，李德裕就办酒席请杨钦义，还送给他一份厚礼。杨钦义回去以后，就在唐武宗面前竭力推荐李德裕。

到了唐武宗即位，李德裕果然当了宰相。他竭力排斥牛僧孺、李宗闵，把他们都贬谪到南方去。

李德裕得了武宗信任，当了几年宰相，因为办事专断，遭到不少朝臣的怨恨。公元846年，唐武宗病死，宦官们立武宗的叔父李忱即位，就是唐宣宗。唐宣宗把武宗时期的大臣一概排斥，即位第一天，就撤了李德裕的宰相职务。过了一年，又把李德裕贬谪到崖州（今海南海口及琼山、文昌等地）。

闹了四十年的朋党之争终于收场，但是混乱的唐王朝已经闹得更加不好收拾了。

175

冲天大将军黄巢

唐朝末期，经过藩镇混战、宦官专权和朝廷官员中的朋党争吵，朝政越来越混乱。唐宣宗算是一个比较精明的皇帝，也并没有能改变这个局面。到了唐宣宗死后，先后接替皇位的唐懿宗李漼、僖宗李儇（音 xuān），一味寻欢作乐，追求奢侈糜烂的生活，更是腐朽到了极点。皇室、官僚和地主加紧对农民的剥削，税收越来越重；加上连年不断的天灾，农民纷纷破产，到处逃亡。有的忍受不了苦难，只有走上反抗这条路了。

唐懿宗即位那年，浙东地区爆发了裘甫领导的农民起义，起义队伍从一百人发展到三万，坚持斗争八个月，震动了整个越州（治所在今浙江绍兴）。

过了八年，驻守在桂林的八百名兵士（大多是徐州一带的农民），因为驻防期满，上司一再延期不让他们换防。他

们杀了军官，推庞勋为首领，发动起义。他们从桂林向北进攻，打回老家，沿路和徐州附近农民纷纷响应，到了徐州，队伍发展到二十万人。

这两次起义都被朝廷镇压下去。但是，百姓反抗的情绪越来越高，新的起义的规模也更大了。

唐朝末年盐税特别重，加上奸商抬高盐价，百姓买不起盐，只好淡食。有些贫苦农民，为了逃避官税，就靠贩私盐挣钱，但贩私盐是很危险的，要有一些伙伴一起干，日子一久，就结成一支支贩私盐的队伍，在他们中间，涌现了一些首领，有的后来成为农民起义的领袖。

公元874年，也就是唐僖宗即位那一年，濮州（治所在今河南范县）地方有个盐贩首领王仙芝，聚集了几千农民，在长垣（在今河南）起义。王仙芝自称天补平均大将军，发出文告，揭露朝廷官吏造成贫富不平的罪恶。这个号召很快得到贫苦农民的响应。不久，冤句（今山东曹县北）地方的盐贩黄巢也起兵响应。

黄巢从小读过书，又能骑马射箭。他曾经到京城长安去参加进士考试。考了几次，都没有考中。他在长安看到唐朝廷的腐败和黑暗，心里十分气愤。据说，就在那个时候，他写下了一首咏《菊花》的诗，用菊花作比喻，表示他推翻唐王朝的决心。诗中说：

待得秋来九月八，我花开时百花杀；
冲天香阵透长安，满城尽带黄金甲。

黄巢和王仙芝两支起义队伍会合之后，转战山东、河南一带，接连攻下许多州县，声势越来越大。唐王朝非常恐慌，命令各地将领，镇压起义军。但是各地藩镇都害怕跟义军交锋，互相观望，使唐王朝束手无策。

唐王朝硬的一套不行，就采用软的手法。在起义军攻下蕲州（今湖北蕲春，蕲音 qí）的时候，他们派宦官到蕲州见王仙芝，封他"左神策军押牙兼监察御史"的官衔。王仙芝听得有官做，迷了心窍，表示愿意接受任命。

黄巢得知这个消息，气极了。他带了一群起义将士，到王仙芝那里，狠狠地责备王仙芝，说："当初大家起过誓，要同心协力，平定天下，现在你想去当官，叫我们弟兄往哪里去？"

王仙芝还想搪塞，黄巢抡起拳头，朝王仙芝劈头盖脑地打了过去，打得王仙芝满脸是血。旁边起义将士也你一言、我一语骂王仙芝。王仙芝自己知道理亏，只好认错，把唐朝派来的宦官赶跑。

经过这番波折，黄巢决定跟王仙芝分两路进军。王仙芝向西，黄巢向东。不久，王仙芝率领的起义军在黄梅（在今湖北）被唐军打败，他本人也被杀死。

王仙芝失败后，起义军重新会合，大家推黄巢为王，又称冲天大将军。

当时，官军在中原地区力量比较强，起义军进攻河南的时候，唐王朝在洛阳附近集中大批兵力准备围攻。黄巢看出敌人企图，决定选择官军兵力薄弱的地区，带兵南下。他们顺利渡过长江，打进浙东。起义军一路上势如破竹，接连打下越州、衢州（今浙江衢县）；接着，又劈山开路，打通了从衢州到建州（今福建建瓯）的七百里山路。经过一年多的长征，一直打到广州。

起义军在广州休整以后，岭南地区发生瘟疫。黄巢决定带兵北上。唐王朝命令荆南节度使王铎、淮南节度使高骈（音 pián）集合大批官军沿路拦击，被黄巢起义军一个个击破。起义大军顺利地渡过长江，吓得高骈推说得了中风症，躲进扬州城不敢应战。

起义军渡过淮河，向官军将领发出檄文，说："我们进攻京城，只向皇帝问罪，不干众人的事。你们各守各的地界，不要触犯我们的锋芒！"

各地将领接到檄文，害怕起义军，都想保存实力，不愿为唐王朝卖命。消息传到长安，唐僖宗吓得朝着大臣哭哭啼啼。

公元 880 年，黄巢带领六十万大军，浩浩荡荡开进潼关。潼关周围满山遍野，飘扬着起义军洁白的大旗，一眼望不到边。守潼关的官军还想顽抗。黄巢亲自到阵前督战，将士们见了，一齐欢呼，声音在山谷间回响，震天动地。官军将士听了心惊胆战，哪敢抵抗，纷纷烧掉营寨，四下逃命。

起义军攻下潼关，唐王朝惊慌失措，唐僖宗带着妃子，和宦官头子田令孜（音 zī）逃到成都去了，来不及逃走的唐朝官员全部出城投降。

当天下午，黄巢坐着金色轿子，在将士的簇拥下，进入长安城。长安百姓扶老携幼，夹道欢迎。起义军大将尚让当场向大家宣布说："黄王起兵，本来是为了百姓，不会像姓李的（指唐朝皇帝）那样虐待你们，你们可以安居乐业了。”兵士们看到人群里的贫苦百姓，就把自己得到的财物散发给他们。

过了几天，黄巢在长安大明宫即位称皇帝，国号叫大齐。起义军经过七年的斗争，终于取得了胜利。

但是，黄巢起义军长期流动作战，占领过的地方，都没留兵防守。几十万起义军进入长安以后，四周还是官军势力。没有多久，唐王朝调集各路兵马，包围长安。长安城里的粮食供应发生了严重困难。

黄巢派出大将朱温驻守同州（今陕西大荔）。但是在起义军最困难的时候，朱温竟投降了唐朝，做了可耻的叛徒。

唐王朝又召来了沙陀（古代西北少数民族）贵族、雁门节度使李克用，率领四万骑兵进攻长安。起义军十五万迎战，遭到大败，只好撤出长安。

黄巢带领起义军撤退到河南，又遭到朱温、李克用的围攻。公元 884 年，黄巢在攻打陈州（今河南淮阳）失败之后，受到官军紧紧追赶，最后，退到泰山狼虎谷，英勇牺牲。

176

唐王朝的末日

黄巢起义失败以后，唐僖宗回到长安。这时候，唐王朝的中央政权已经名存实亡。各地藩镇在镇压起义过程中，扩大势力，争夺地盘，成为大大小小的割据力量。其中最强大的是河东节度使李克用和宣武（治所在今河南开封）节度使朱温。

朱温出身贫苦家庭，从小游手好闲，他家兄弟三个，数他最凶恶奸诈。黄巢起义后，他参加了起义军，受到黄巢的重用。到了起义军危急的关头，他带兵叛变，投靠唐朝，为唐王朝帮了大忙。唐僖宗给他高官厚禄，还赏他一个名字叫“全忠”，派他镇压起义军。

当黄巢从长安退到河南的时候，兵力还很强，有一次，黄巢军攻打汴州，朱温向李克用求救。李克用打败了起义军，回到汴州。朱温假意殷勤招待，大摆酒宴，趁李克用喝得酩酊大醉的时候，派兵把驿馆团团围住，想把李克用害死。李克用靠几个亲兵拼命救出，才突围逃走。打那时候起，李克用就跟朱温结下了冤仇。这两支割据力量一直互相攻打。朱温的势力越来越大，李克用只能保住河东地区。

唐僖宗病死后，他的弟弟唐昭宗李晔（音 yè）想依靠朝臣来反对宦官，一次次都失败了。到了后来，宦官把唐昭宗软禁了起来，另立新皇帝。

这件事给野心勃勃的朱温一个好机会。朱温派出亲信偷偷溜进长安，跟宰相崔胤秘密策划。崔胤有了朱全忠做后台，胆也壮了，就发兵杀了宦官头目刘季述，迎接唐昭宗复位。

唐昭宗和崔胤还想杀所有宦官，另一些宦官就投靠另一个藩镇、凤翔节度使李茂贞，把唐昭宗劫持到凤翔。

崔胤向朱温求救，朱温带兵进攻凤翔，要李茂贞交出唐昭宗，李茂贞兵力敌不过朱温，连连打败仗。朱温大军把凤翔城包围起来，最后城里的粮食断了，又碰到大雪天，兵士和百姓饿死、冻死的多得没法数。李茂贞被围在孤城里，毫无出路，只好投降。

朱温攻下凤翔，把唐昭宗抢了过来，带回长安。从此唐王朝政权就从宦官手里，转到朱温手里，唐昭宗日子更不好过。

朱温掌了大权，把宦官全部杀光，挟持唐昭宗迁都洛阳。离开长安的时候，朱温派人把长安的宫室、官府和民屋全部拆光，把材料运到洛阳，还逼迫长安的官吏、百姓一起搬到洛阳去。长安百姓扶着老人，拖着孩子，在兵士的驱赶下赶路。一路上,大家一面哭泣,一面痛骂祸国殃民的叛贼朱温。

唐昭宗到了洛阳,还想秘密召各地藩镇来救他。但是还没有盼到,朱温已经动手把唐昭宗杀了,另立了一个十三岁的孩子做傀儡,就是昭宣帝。

宦官完了,皇帝也完了,留下的还有一批唐王朝的大臣。朱温手下的谋臣对朱温说:"你要干大事,这批人最难对付,不如把他们统统赶走。"

有一个谋士李振,绰号叫做猫头鹰,因为考进士没考上,更加痛恨朝臣。他跟朱温说:"这批人平时自命清高,把自己称作'清流',应该把他们扔到浊流(指黄河)里去。"朱温依了他的话,在一个深夜,把三十几名朝臣集中起来杀掉,扔到黄河里。

公元907年,朱温废了唐昭宣帝,自立为帝,改国号为梁,建都汴(今河南开封)。叛徒朱温成了梁太祖。统治了将近三百年的唐朝就宣告结束。

177

“海龙王”钱镠

从朱温建立梁朝开始的五十多年里，中原地区前后换了五个短暂的王朝——梁、唐、晋、汉、周（为了跟以前相同名称的王朝区别，历史上把它们称作后梁、后唐、后晋、后汉、后周），合起来叫做五代。五代时期，在南方和巴蜀地方，还有许多割据政权，有的称帝，有的称王，前后一共建立了九个国（前蜀、吴、闽、吴越、楚、南汉、南平、后蜀、南唐），加上在北方建立的北汉，一共是十国。所以五代时期又叫做“五代十国”时期。

朱温即位不久，镇海（治所在今浙江杭州）节度使钱镠（音 liú）首先派人到汴京祝贺，表示愿意称臣。朱温十分高兴，马上封他做吴越王。

钱镠原来出身贫穷，年轻时候做过盐贩，后来到浙西镇将董昌手下当部将。黄巢起义军攻打浙东的时候，钱镠用小股兵力保住了临安（今浙江杭州）。唐王朝认为他有功，封他为都指挥使，后来，又提拔为节度使。

钱镠当上节度使以后，摆起阔绰来。在临安盖起豪华的住宅，出门的时候，坐车骑马，都有兵士护送。他的父亲对他这样做法，很不满意。每次听到钱镠要出门，就有意避开。

钱镠得知父亲回避他，心里不安。有一次，他不用车马，不带随从，步行到他父亲的家里，问老人为什么要回避他。

老人说："我家世世代代都是靠打鱼种庄稼过活的，没有出过有财有势的人。现在你挣到这个地位，周围都是敌对势力，还要跟人家争城夺池。我怕我们钱家今后要遭难了。"

钱镠听了，表示一定要记住父亲的嘱咐。打那以后，他小心翼翼，只求保住这块割据地区。当时，吴越是个小国，北方的吴国比吴越强大，吴越国常常受他们的威胁。

钱镠长期生活在混乱动荡的环境里，养成了一种保持警惕的习惯。他夜里睡觉，为了不让自己睡得太熟，用一段滚圆的木头做枕头，叫做"警枕"，倦了就斜靠着它休息；如果睡熟了，头从枕上滑下，人也惊醒过来了。他又在卧室里放了一个盛着粉的盘子，夜里想起什么事，就立刻起来在粉盘上记下来，免得白天忘记。

他不但自己保持警惕，对他的将士要求也挺严。每天夜里在他住所周围，有兵士值更巡逻。有一天晚上，值更的兵士坐在墙脚边打起盹来。忽然，隔墙飞来几颗铜弹子，正

好掉在兵士身边，把兵士惊醒过来。兵士们后来知道这些铜弹子是钱镠从墙里打过来的，在值更的时候，就不敢打盹了。

又有一天夜里，钱镠穿了便服，打北门进城。城门已经关闭了。钱镠在城外高喊开门，管门的小吏不理他。钱镠说："我是大王派出去办事的，现在急着要回城。"

小吏说："夜深了，别说是大王派的人，就是大王亲自来，也不能开。"

钱镠在城外绕了半个圈子，打南门进了城。第二天，他把管北门的小吏找来，称赞他办事认真，并且给他一笔赏金。

钱镠就是靠他的谨慎小心，一直保持他在吴越的统治地位。吴越国虽然小，但是因为长期没有遭到战争的破坏，经济渐渐繁荣起来。

钱镠巩固了他的统治，就过起奢侈的生活来。他把临安城扩大了三十里，大造亭台楼阁，把自己的王府造得像龙宫一样。这样做，自然加重了百姓的负担。

钱镠还征发民工修筑钱塘江的石堤和沿江的水闸，防止海水往里灌；又叫人凿平江里的大礁石，方便船只来往。因为他在兴修水利方面做了一点事，所以民间给他起个外号，叫"海龙王"。

178

伶人做官

朱温建立梁朝的时候，在北方还有两个较大的割据势力。一个是幽州的刘仁恭，一个是河东的晋王李克用。这时候，北方的契丹族开始强大起来，它的首领耶律阿保机（耶律是姓）统一了契丹的各部，建立政权。公元907年，阿保机带领三十万人马，攻入云州（治所在今山西大同），李克用想利用契丹兵力，对付朱温，就跟阿保机联络，双方在云州东城见了面，结为兄弟，还约定日子一起攻梁。但是阿保机一回到契丹，看到朱温势大，就反悔了，另外派人跟朱温结成同盟。

李克用听到这消息，气得差点昏过去。到第二年春天，他连气带累，背上长了毒疮，病倒了。他自己知道再也起不来，就把儿子李存勖（音xù）叫到床边，叮嘱说："朱温是咱家的冤家，这不说你也知道；刘仁恭是我保举上去的，后来他反复无常，投靠朱温；契丹曾经跟我结为兄弟，结果撕毁盟约，翻脸不认人。这几口气没出，我死了也闭不上眼睛。”

说着，他吩咐侍从去拿三支箭来，亲手交给李存勖说：“这三支箭留给你，你要记住三个仇人，给咱家报仇。”

李存勖跪在床边含着眼泪，接过箭，表示一定牢记父亲的嘱咐。李克用听了，才阖上眼睛死了。

李克用死后，李存勖接替他父亲做了晋王。他用心训练兵士，整顿军纪，把散漫的沙陀族兵士训练成一支精锐善战的队伍。

李存勖决心消灭仇人，把他父亲留给他的三支箭十分郑重地供奉在他的家庙里。每次出征的时候，他先派个官员到家庙里把箭取了出来，放在一个精致的丝套套里，带着上阵去；打了胜仗，再送回家庙。

李存勖出兵跟梁兵进行了几次大战，把朱温率领的五十万大军打得晕头转向，狼狈逃窜。朱温又羞又气，发病死了。

接着，李存勖又攻破幽州，把刘仁恭和他的儿子刘守光都活捉过来，押回太原。

公元916年，耶律阿保机即位称帝，过了五年，派兵南下。李存勖亲自出兵，大破契丹兵，把阿保机赶回北边去了。

朱温死后，他的儿子梁末帝又跟李存勖打了十来年仗，到了公元923年，李存勖灭了梁朝，统一北方，即位称帝，改国号为唐，建都洛阳。这就是后唐庄宗。

唐庄宗报了他父亲的仇，志满意得，认为敌人已经消灭，中原已经安定，就图起享受来了。他小时候，最喜欢看戏演戏。那时候，晋王府里有一个戏班子，专给王府演戏。唐庄宗小时就跟戏班子里的伶人（旧社会称以唱戏为职业的人为伶人）混得挺熟。后来，他在河北战场上拼死拼活地打仗，把演戏的事搁起来了。到做了皇帝，他又沾上了演戏的癖好，成天跟伶人在一起，穿着戏装，登台表演，把国家大事丢在一边。他给自己起了艺名，叫“李天下”。

有一次，他上台演戏，自己叫了两声“李天下”。有个伶人上去给他两个耳刮子，把唐庄宗打得莫名其妙。别的伶人见了也大吃一惊，冲上去揪住那个伶人责问。那个打耳光的伶人笑嘻嘻地说：“理（理和李同音）天下只有皇帝一个人，你叫了两声，还有一个是谁呢？”唐庄宗听他一说，才知道是跟他开玩笑，挨了打也不生气。

伶人们受到唐庄宗的宠幸，在宫里自由进出。他们跟皇帝可以打打闹闹，对一般官员，就更神气活现了。官员们受了他们的欺负，心里气恼，谁也不敢拿他们怎么样。有些官员为了要他们在庄宗面前说句好话，还得向他们送礼讨好。有个伶人名叫景进，专门替庄宗刺探外面的情况。谁不讨他的好，他就在庄宗面前说坏话，谁就该倒霉。所以，官员们见了景进，没有不害怕的。

唐庄宗要封两个伶人当刺史。有人劝阻他说：“现在新朝刚建立，跟陛下一起身经百战的将士，还没得到封赏，反倒让伶人当刺史，只怕大家不服。”

唐庄宗根本不理这些话，照样让伶人当了官，一些将士见了，果然气得要命。不出几年，后唐朝廷内部先乱了起来，大将郭崇韬被害。另一个大将李嗣源（李克用的养子）也被猜忌，差点丧了命。

李嗣源受到将士的拥戴，决定反对唐庄宗。他带兵打进汴京，准备自立为皇帝。

唐庄宗在洛阳听到这个消息，想回汴京。半路上听到李嗣源已经进了汴京。各地将领纷纷支持李嗣源。他知道自己已经完全孤立，垂头丧气地跟左右将士说："这下我完了！"

唐庄宗回到洛阳，还想抵抗李嗣源。他的亲军指挥使郭从谦，原来也是个伶人，曾经认大将郭崇韬做叔父。郭崇韬被杀后，郭从谦早就怀恨在心，趁这个机会，就发动亲军叛变，攻进皇宫。唐庄宗想抵抗也来不及，被一支流箭射中，丧了命。

李嗣源接替唐庄宗做了后唐皇帝，这就是后唐明宗。

179

“儿皇帝”石敬瑭

后唐明宗在位的时候，他手下有两员大将，一个是他儿子李从珂，一个是他的女婿、河东节度使石敬瑭。两个人都骁勇善战，但又互不服气。到了李从珂做了后唐皇帝（就是唐末帝）以后，两人终于闹到公开破裂的地步。

李从珂派了几万人马攻打石敬瑭所在的晋阳城。石敬瑭抵挡不了，晋阳十分危急。有个谋士桑维翰给他出个主意，要他向契丹人讨救兵。

那时候，耶律阿保机已经死去，他的儿子耶律德光接替了契丹国主的位子。桑维翰帮石敬瑭起草了一封求救信给耶律德光，表示愿意拜契丹国主做父亲，并且答应在打退唐军之后，把雁门关以北的燕云十六州（又称幽云十六州，指幽州、云州等十六个州，都在今河北、山西两省北部）土地献给契丹。

石敬瑭的投降活动遭到他的部将的反对。部将刘知远说："您向契丹求救，称臣还说得过去，拜他做父亲未免过分；再说，答应给他们一些金银财宝还不要紧，不该割让土地。"

石敬瑭一心想保住自己的利益，哪儿肯听刘知远的劝阻，急急忙忙派桑维翰带了这些卖国条件去见耶律德光。

耶律德光本来想向南扩张土地，听到石敬瑭提出这样优厚的条件，真是喜出望外，立刻派出五万精锐骑兵去救晋阳。石敬瑭从晋阳城出兵夹击，把唐军打得大败。

耶律德光来到晋阳，石敬瑭亲自出城迎接，卑躬屈膝地把比他小十岁的耶律德光称作父亲，还请教契丹兵为什么这样快就能打败唐军。耶律德光得意洋洋地吹了一通，石敬瑭马上表示十分钦佩，捧得耶律德光满心欢喜。

耶律德光经过一番观察，觉得石敬瑭的确是死心塌地投靠他，就对石敬瑭说："我奔波三千里，来救你们，总算有个收获。我看你的外貌和气度，够得上做个中原的主人，我就封你做皇帝吧！"

石敬瑭还假惺惺推辞，经部下一劝说，就高兴地接受了。契丹国主正式宣布石敬瑭为皇帝。石敬瑭称帝后，立刻按照原来答应的条件，把燕云十六州割让给契丹。

石敬瑭依靠契丹的支持，带兵南下攻打洛阳。唐末帝李从珂接连打了几次败仗，被契丹的声势吓破了胆，意志消沉，成天边喝酒边哭泣，等待灭亡，哪儿还有反抗的勇气。石敬瑭的兵还没进洛阳，唐末帝已经在宫里烧起一把火，带着一家老少投在火里自杀了。

石敬瑭攻下洛阳，灭了后唐，正式做了中原的皇帝，国号叫晋，建都汴。这就是后晋高祖。石敬瑭对契丹国主耶律德光感恩戴德，向契丹上奏章，把契丹国主称作“父皇帝”，自己称“儿皇帝”。除了每年向契丹进贡帛三十万匹外，逢年过节，还派使者向契丹国主、太后、贵族大臣送礼。那些人一不满意，就派人责备石敬瑭，石敬瑭总是恭恭敬敬，赔礼请罪。晋朝使者到了契丹，契丹官员傲气十足，说了许多侮辱性的话。使者受了气，回到汴京，把这些事传了开去。朝廷上下都觉得丢脸，只有石敬瑭毫不在乎。

石敬瑭靠契丹的保护，做了七年可耻的儿皇帝，病死了。他的侄儿石重贵即位，就是晋出帝。晋出帝向契丹国主上奏章的时候，自称孙儿，不称臣。耶律德光就认为对他不敬，带兵进犯。

契丹两次进犯中原，在晋朝军民的奋力抵抗下，遭到惨重失败。但是到了最后，由于汉奸的出卖，契丹兵打进汴京，晋出帝当了俘虏，被押送到契丹。后晋就灭亡了。

公元 947 年，耶律德光进了汴京，自称大辽皇帝（这一年契丹改国号为辽）。京城百姓听到辽兵进城，纷纷逃难。辽主耶律德光登上城楼，派人用汉语宣布说：“大家别怕，我也是人嘛。我本来并不想来，是汉人引我们进来的。我一定会让你们的生活过得更好些。”

话虽然这样说，但是做的又是一套。他纵容辽兵以牧马为名，到处抢劫财物，叫做“打草谷”，闹得汴京、洛阳附近几百里地方，成了没有人烟的“白地”。他又命令晋国官员搜刮钱帛，不论官员百姓，都要献出钱帛“劳军”。

中原的百姓受不了辽兵的残杀抢掠，纷纷组织义军，反抗辽兵。少的几千，多的几万。他们攻打州县，杀死辽国派出的官员。东方的起义军声势浩大，攻下了三个州。

耶律德光害怕了，跟左右侍从说："想不到中原人这样不容易对付。"过了一段时期，他把晋朝官员召集起来，宣布说："天气热了，我在这里住不惯，要回到上国（指辽国）去看望太后了。"

辽兵被迫退出中原。但是，被石敬瑭出卖的燕云十六州仍旧被契丹贵族占领，成为后来他们进攻中原的基地。

180

周世宗斥冯道

辽兵撤出开封的时候，后晋大将刘知远在太原称帝，率领大军南下。一路上军纪严明，受到中原百姓的支持。各地辽将听到风声，慌忙逃走。刘知远很快收复了洛阳、汴京。这年六月，刘知远定都汴京，改国号为汉。这就是后汉高祖。

刘知远只做了十个月皇帝就死去。他的儿子后汉隐帝刘承祐即位以后，后汉内部发生动乱。汉隐帝嫌手下将领权力太大，秘密派人到邺都杀害大将郭威，激起郭威发动兵变。公元950年，郭威推翻了后汉，被将士拥戴为皇帝。

第二年，郭威在汴京即位，国号周，就是后周太祖。周太祖出身贫苦，懂得民间疾苦；也读过一点书，注意重用人才，改革政治。在他的治理下，五代时期的混乱局面开始好转。

后周建国的时候，刘知远的弟弟刘崇不服后周统治，占据太原，成为一个割据政权，历史上称为北汉（十国之一）。刘崇为了跟后周对抗，投靠辽朝，拜辽主为“叔皇帝”，自称“侄皇帝”，多次在辽兵帮助下进犯周朝，都被周太祖打败。

公元954年，周太祖死。他没有儿子，柴皇后有个侄儿柴荣，从小聪明能干，练得一身武艺。周太祖把他收作自己的儿子。到周太祖一死，柴荣继承皇位，这就是周世宗。

周世宗新即位，北汉国主刘崇认为周朝局势不稳，进占中原的时机到来，就集中三万人马，又请求辽主派出一万骑兵，向潞州（治所在今山西长治）进攻。

消息传到汴京，周世宗立刻召集大臣商量。他提出要亲自带兵抵抗。大臣们说：“陛下刚刚即位，人心容易动摇，不宜亲自出征，还是派个将军去吧！”

周世宗说：“刘崇趁我刚遭到丧事，又欺侮我年纪轻新即位，想吞并中原。这次他亲自来，我不能不自己去对付他。”

大臣们看周世宗的态度挺坚决，也就不作声了。只有一个老臣站出来反对，他就是太师冯道。

冯道从后唐明宗那时候起，就当了宰相。以后，换了四个朝代，他在每个朝代的主子面前，都能随机应变，讨得新主子的欢心；辽兵占领汴京的时候，他主动朝见辽主。一些新王朝的皇帝，也乐得利用他。所以，他一直保持着宰相、太师、太傅等重要职位。

这一回，冯道看周世宗年轻，就以老资格的身份来劝阻周世宗亲自带兵出征。

周世宗对冯道说："过去唐太宗平定天下，都是自己带兵。我怎么能苟且偷安呢？"

冯道冷冷地笑了一声说："陛下能够比得上唐太宗吗？"

周世宗看出冯道瞧不起他，激动地说："我们有强大的兵力，要消灭刘崇，还不是像大山压鸡蛋一样容易。"

冯道说："不知道陛下能像一座山吗？"

周世宗听了十分气愤，一甩袖子，就起身离开朝堂。后来，别的大臣也出来支持他，周世宗就把亲征的事决定下来。

为了这件事，周世宗对冯道十分不满。不久，派他去管修造周太祖坟墓的事。冯道碰了钉子后，闷闷不乐地死去。

周世宗率领大军到了高平（在今山西省），跟北汉兵碰上了。双方摆开了阵势。北汉刘崇看到周军人少，骄傲起来，说："早知道这样，我何必借契丹兵呢。这一次，我不但要打败周军，还要让契丹人看看我的厉害呢。"

刘崇指挥北汉军猛攻周军，周军右军的将领顶不住，带领骑兵败了下来，步兵也纷纷投降。眼看情况十分危急，周世宗亲自上阵，冒着乱箭督战。他的两名将领赵匡胤（音yìn）和张永德各带领两千亲兵冲进敌阵。周军兵士看到周世宗沉着应战，也奋勇冲杀，一个抵上一百个，争先恐后地冲向敌阵。北汉兵就像山崩一样败了下来。

后面的辽军看到北汉军失败，不敢跟周军交锋，悄悄地把兵撤走。北汉刘崇节节败退，前有追军，后无救兵，最后，只剩下一百多骑兵，狼狈不堪地逃回晋阳。

经过高平大战，周世宗的声望大大提高：他回到汴京后着手整顿军队，减轻百姓负担，准备统一中国的战争。过了两年，他亲自征讨南唐（十国之一），攻下了长江以北十四个州。接着，他又下令北伐，带领水陆两路进军，收复北方大片失地。可惜正当他要实现统一全国的愿望的时候，却病倒了。

公元959年，周世宗即位六年后死去，由年才七岁的儿子柴世训接替皇位，就是周恭帝。

曹余章 编著

上下五千年

〔下〕

Five Thousand Years of Chinese Nation

上海人民出版社

181

黄 袍 加 身

周恭帝即位的时候，年纪太小，由宰相范质、王溥辅政。后周的政局不稳。京城里人心浮动，谣言纷纷，说赵匡胤（音 yìn）快要夺取皇位啦。

赵匡胤本来是周世宗手下得力大将，跟随周世宗南征北战，立下不少战功。周世宗在世的时候，十分信任赵匡胤，派他做禁军统帅，官名叫殿前都点检。禁军是后周一支最精锐的部队。

世宗一死，军权落在赵匡胤手里。五代时期，武将夺取皇位的事情多得很，所以，人们有这种猜测也是不足为奇的。

公元 960 年春节，后周朝廷正在举行朝见大礼的时候，忽然接到边境送来的紧急战报，说北汉国主和辽朝联合，出兵攻打后周边境。

大臣们慌作一团，后来由范质、王溥作主，派赵匡胤带兵抵抗。

赵匡胤接到出兵命令，立刻调兵遣将，过了两天，就带了大军从汴京出发。跟随他的还有他弟弟赵匡义和亲信谋士赵普。

当天晚上，大军到了离开京城二十里的陈桥驿，赵匡胤命令将士就地扎营休息。兵士们倒头就呼呼睡着了，一些将领却聚集在一起，悄悄商量。有人说："现在皇上年纪那么小，我们拼死拼活去打仗，将来有谁知道我们的功劳，倒不如现在就拥护赵点检做皇帝吧！"

大伙听了，都赞成这个意见，就推一名官员把这个意见先告诉赵匡义和赵普。

那个官员到赵匡义那里，还没有把话说完，将领们已经闯了进来，亮出明晃晃的刀，嚷着说："我们已经商量定了，非请点检即位不可。"

赵匡义和赵普听了，暗暗高兴，一面叮嘱大家一定要安定军心，不要造成混乱，一面赶快派人告诉留守在京城的大将石守信、王审琦。

没多久，这消息就传遍了军营。将士们全起来了，大家闹哄哄地拥到赵匡胤住的驿馆，一直等到天色发白。

赵匡胤隔夜喝了点酒，睡得挺熟，一觉醒来，只听得外面一片嘈杂的人声，接着，就有人打开房门，高声地叫嚷，说："请点检做皇帝！"

赵匡胤赶快起床，还没来得及说话，几个人把早已准备好的一件黄袍，七手八脚地披在赵匡胤身上。大伙跪倒在

地上磕了几个头，高呼“万岁”。接着，又推又拉，把赵匡胤扶上马，请他一起回京城。

赵匡胤骑在马上，才开口说：“你们既然立我做天子，我的命令，你们都能听从吗？”

将士们齐声回答说：“自然听陛下命令。”

赵匡胤就发布命令：到了京城以后，要保护好周朝太后和幼主，不许侵犯朝廷大臣，不准抢掠国家仓库。执行命令的将来有重赏，否则就要严办。

赵匡胤本来就是禁军统帅，再加上有将领们拥护，谁敢不听号令！将士们排好队伍开往京城。一路上军容整齐，秋毫无犯。

到了汴京，又有石守信、王审琦等人作内应，没费多大劲儿就拿下了京城。

将领们把范质、王溥找来。赵匡胤见了他们，装出为难的模样说：“世宗待我恩义深重。现在我被将士逼成这个样子，你们说怎么办？”

范质等不知该怎么回答。有个将领声色俱厉地叫了起来：“我们没有主人。今天大家一定要请点检当天子！”

范质、王溥吓得赶快下拜。

周恭帝让了位。赵匡胤即位做了皇帝，国号叫宋，定都东京（今河南开封）。历史上称为北宋。赵匡胤就是宋太祖。经过五十多年混战的五代时期，宣告结束。

赵匡胤做了皇帝，他的母亲当然成了太后。当大臣们向太后祝贺的时候，太后却皱起眉头，显出很忧愁的样子。

等大臣退了朝，侍从们问太后说：“皇上即位，您怎么还不快活?”

太后说:“我听说做天子很不容易。能够把国家管理好,这个位子才是很尊贵的;要是管理不好,出了乱子,再想做一个老百姓还做不成哩。”

太后的担心不是没有道理的。赵匡胤虽然即了位,但是全国还没有统一,别说周围还有一个个割据政权,就是原来后周统治的中原地区,也还有一些节度使,对赵匡胤即位很不服气呢。

182

杯酒释兵权

宋太祖即位后不出半年，就有两个节度使起兵反对宋朝。宋太祖亲自出征，费了很大劲儿，才把他们平定。

为了这件事，宋太祖心里总不大踏实。有一次，他单独找赵普谈话，问他说："自从唐朝末年以来，换了五个朝代，没完没了地打仗，不知道死了多少老百姓。这到底是什么道理？"

赵普说："道理很简单。国家混乱，毛病就出在藩镇权力太大。如果把兵权集中到朝廷，天下自然太平无事了。"

宋太祖连连点头，赞赏赵普说得好。

后来，赵普又对宋太祖说："禁军大将石守信、王审琦两人，兵权太大，还是把他们调离禁军为好。"

宋太祖说："你放心，这两人是我的老朋友，不会反对我。"

赵普说："我并不担心他们叛变。但是据我看，这两个人没有统帅的才能，管不住下面的将士。有朝一日，下面的人闹起事来，只怕他们也身不由主呀！"

宋太祖敲敲自己的额角说："亏得你提醒一下。"

过了几天，宋太祖在宫里举行宴会，请石守信、王审琦等几位老将喝酒。

酒过几巡，宋太祖命令在旁侍候的太监退出。他拿起一杯酒，先请大家干了杯，说："我要不是有你们帮助，也不会有现在这个地位。但是你们哪儿知道，做皇帝也有很大难处，还不如做个节度使自在。不瞒各位说，这一年来，我就没有一夜睡过安稳觉。"

石守信等人听了十分惊奇，连忙问这是什么缘故。

宋太祖说："这还不明白？皇帝这个位子，谁不眼红呀？"

石守信等听出话音来了。大家着了慌，跪在地上说："陛下为什么说这样的话？现在天下已经安定了，谁还敢对陛下三心二意？"

宋太祖摇摇头说："对你们几位我还信不过？只怕你们的部下将士当中，有人贪图富贵，把黄袍披在你们身上。你们想不干，能行吗？"

石守信等听到这里，感到大祸临头，连连磕头，含着眼泪说："我们都是粗人，没想到这一点，请陛下指引一条出路。"

宋太祖说："我替你们着想，你们不如把兵权交出来，到地方上去做个闲官，买点田产房屋，给子孙留点家业，快快活活度个晚年。我和你们结为亲家,彼此毫无猜疑,不是更好吗?”

石守信等齐声说:“陛下给我们想得太周到啦!”

酒席一散,大家各自回家。第二天上朝,每人都递上一份奏章,说自己年老多病,请求辞职。宋太祖马上照准,收回他们的兵权,赏给他们一大笔财物,打发他们到各地去做节度使。

历史上把这件事称为“杯酒释兵权”(“释”就是“解除”)。

过了一段时期,又有一些节度使到京城来朝见。宋太祖在御花园举行宴会。太祖说:“你们都是国家老臣,现在藩镇的事务那么繁忙,还要你们干这种苦差,我真过意不去!”

有个乖巧的节度使马上接口说:“我本来没什么功劳,留在这个位子上也不合适,希望陛下让我告老回乡。”

也有个节度使不知趣,唠唠叨叨地把自己的经历夸说了一番,说自己立过多少多少功劳。宋太祖听了,直皱眉头,说:“这都是陈年老账了,尽提它干什么?”

第二天,宋太祖把这些节度使的兵权全部解除了。

宋太祖收回地方将领的兵权以后,建立了新的军事制度,从地方军队挑选出精兵,编成禁军,由皇帝直接控制;各地行政长官也由朝廷委派。通过这些措施,新建立的北宋王朝开始稳定下来。

183

李后主亡国

宋太祖稳定了内部，雄心勃勃，准备出兵统一全国。当时，五代时期的“十国”，留下来的北方有北汉，南方还有南唐、吴越、后蜀、南汉、南平等。要统一全国，该先从哪里下手呢？先打北汉，还是先打南方呢？宋太祖想了几天，还是决定不下来。

一天夜里，风雪交加。赵普正在家里烤火取暖，忽然听得门外一阵敲门声。赵普心里奇怪，这么寒冷的夜里，还有谁会来找他？他打开门一看，只见一个人披着斗篷，在雪地里站着。赵普定睛一看，大吃一惊，原来来的竟是宋太祖。

赵普连忙把宋太祖请进屋里，拨红了炭火，在炭火上炖上肉，叫他老妻拿出酒来招待。

赵普问：“雪下得这么大，陛下为什么还要出来？”

宋太祖说：“我想事，反正睡不着，就来找你商量一下。”

赵普想了一会，说："如果我们先打下北汉，就会受到辽朝的威胁。还不如先削平南方，回过头来再打北汉。小小北汉，不过像弹丸一样大，晚一点收拾也跑不了。"

宋太祖笑着说："我们想到一起去了。"

宋太祖和赵普决定了先南后北的计划以后，约摸花了十年时间，先后出兵消灭了南平、后蜀、南汉。这样，南方的割据政权只留下南唐和吴越两国。

南唐是"十国"中最大的一个割据政权，那里土地肥沃，没有像中原那样遭到战争的破坏，所以经济繁荣，国力富裕。但是，南唐的国主都是政治上十分昏庸无能的人，后来弄得国力渐渐衰弱下来。

最后的一个国主李煜（音 yù），历史上称南唐后主，是一个著名的词人，对诗词、音乐、书画，十分精通，可就是不懂得处理国事。北宋建国后，李煜每年向北宋进贡大量金银财宝，想维持他的地位。后来，他看到宋太祖接连消灭了周围三个小国，才着慌起来，赶快派使者给宋太祖送去一封信，表示愿意取消南唐国号，自己改称"江南国主"。但是这一点小小让步，怎么能改变宋太祖统一中国的决心呢。

公元 974 年九月，宋太祖派大将曹彬、潘美带领十万大军分水陆两路攻打南唐。曹彬从荆南带领水军沿江东下，很快就占领了池州（今安徽贵池），进驻采石矶（今安徽马鞍山市）。潘美带领的步兵到了江北，被辽阔的江面挡住了进军的道路。

有人向宋军献计，如果用竹筏和大船搭成浮桥，步兵就可以全部顺利过江。潘美听了这个计策，马上赶造浮桥。

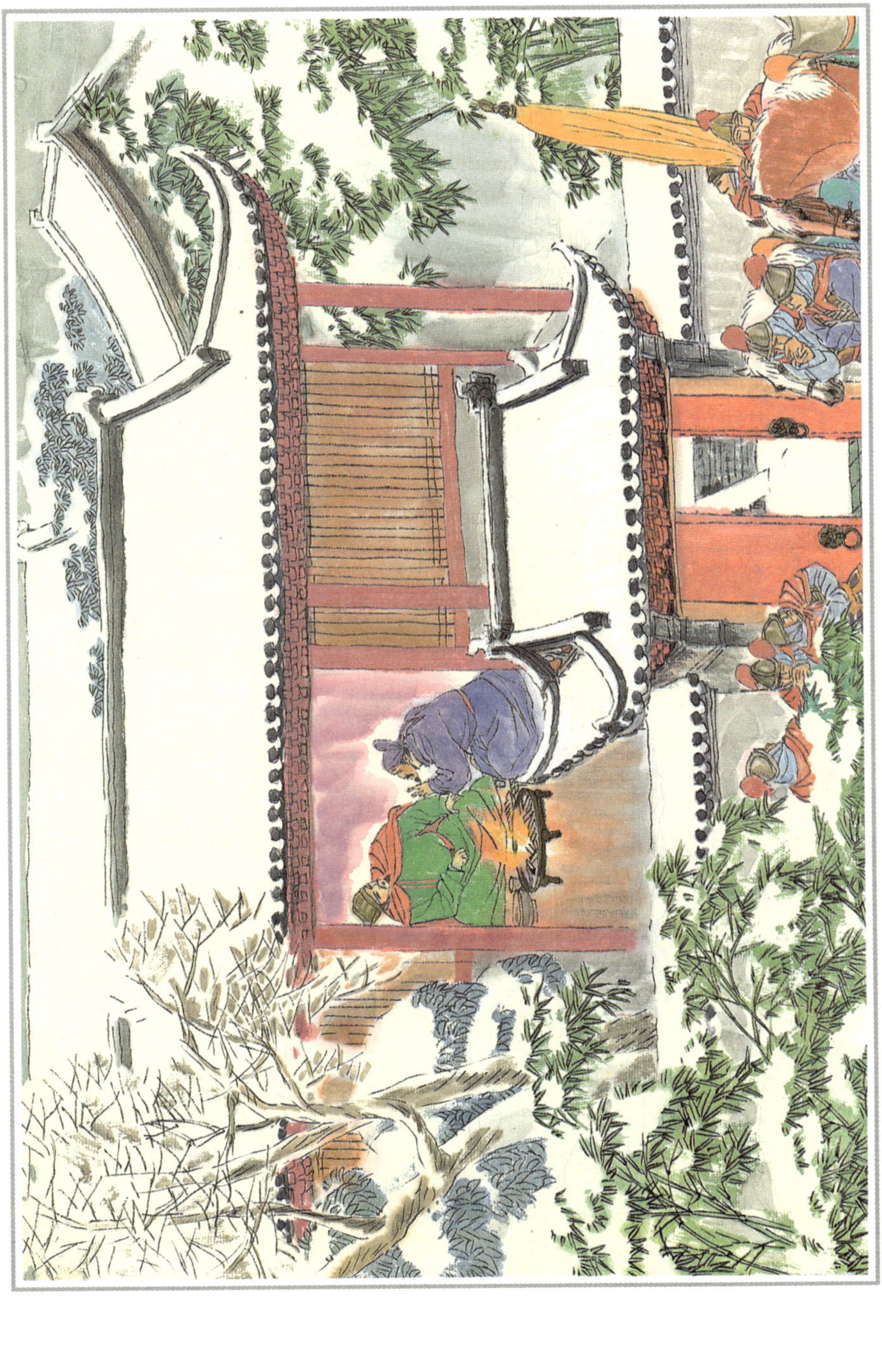

这个消息传到南唐的国都金陵(今江苏南京市),南唐君臣正在喝酒。李后主问周围大臣该怎么办?大臣说:"自古以来,没听说搭浮桥过江的,一定办不成!"

后主听了,哈哈大笑说:"我早说他们是小孩子闹着玩罢了。"

过了三天,宋军搭好浮桥,潘美的步兵像在陆地上行军一样,跨过长江。南唐的守将败的败,投降的投降。十万宋军很快就打到金陵城边。

那时候,李后主还正在宫里跟一批和尚道士诵经讲道,宋军到了城外,他还蒙在鼓里呢。有一天,他到城头上巡视,发现城外到处飘扬着宋军旗帜,这才大吃一惊,回宫以后,派大臣徐铉(音 xuàn)到东京去求和。

徐铉见了宋太祖说:"李煜待陛下,就像儿子待父亲一样孝顺,为什么还要讨伐他?"

宋太祖反问道:"那么你倒说说,父亲和儿子能分成两家吗?"

徐铉没话说,回到金陵向李后主回报。过了一个月,宋军围城越来越紧,李后主又派徐铉到东京去。

徐铉苦苦恳求宋太祖不要进攻金陵,宋太祖听得不耐烦,一手按住利剑,怒气冲冲地说:"你不要多说了。李煜并没有什么罪。但是现在天下一家,我的床边,怎么能让别人睡着打呼噜呢!"

徐铉眼看再恳求也没用,只好再回到金陵。李后主听了回报,知道求和没有希望,连忙调动驻守上江的十五万大军来救。兵到皖口,受到宋军两路夹攻。南唐军放火烧宋军,哪知正碰到起北风,火反烧了自己。南唐军全军覆没。

曹彬派人进城告诉李后主,劝他趁早投降,免得城里百姓的生命财产遭到毁灭。后主还想拖下去,曹彬就下令攻城。

第二天,城被攻破了。曹彬率领宋军整队进城,秩序井然。李后主叫人在宫里堆了柴草,准备放火自杀,但是毕竟没有这个勇气。最后还是带着大臣出宫门,向曹彬投降。

李后主被押到东京,宋太祖对他还比较优待。但是李后主从一个尽情享乐的国君变成一个亡国的俘虏,心里十分辛酸,每天流着眼泪过日子。他本来是写词的能手,在这段时期里,写了一些感情忧伤的词。"问君能有几多愁,恰似一江春水向东流"就是他这段时期词作中的名句。

184

赵 普 收 礼

从宋太祖取得政权开始，到平定南方，赵普是主要的谋士，立了不少大功。宋太祖拜赵普为宰相，事无大小，都跟赵普商量。

赵普出身小吏，比起一般文臣来，他的学问差得多。他当上宰相以后，宋太祖劝他读点书。赵普每次回家，就关起房门，从书箱里取书，认真诵读。第二天上朝处理政事，总是十分敏快。后来，家里人发现，他的书箱里藏的不过是一部《论语》。于是人们就流传一种说法，说赵普是靠“半部《论语》治天下”的。

宋太祖信任赵普，赵普也敢于在宋太祖面前坚持自己的意见。有一次，赵普向宋太祖推荐一个人做官。接连两天，宋太祖没有同意。第三天赵普上朝的时候，又送上奏章，坚持要求宋太祖同意他的推荐，这下可触怒了宋太祖。

宋太祖把奏章撕成两半，扔在地上。

赵普趴在地上，不慌不忙地把扯碎的奏章拾起来，放在袖子里。退朝回家以后，赵普把扯碎的奏章粘接起来，过了几天，又带着它上朝交给宋太祖。宋太祖见赵普态度这样坚决，只好接受了他的意见。

再有一次，赵普要提拔一名官员，宋太祖不批准。赵普就像前次一样坚持自己的意见。宋太祖说："我就是不准，你能怎么样？"

赵普说："提拔人才，都是为国家着想，陛下怎能凭个人的好恶专断！"

宋太祖听了，气得脸色变白，一甩袖就往内宫走。赵普紧紧跟在后面。宋太祖进了内宫，赵普站在宫门外不走。

宫门前的卫士见宰相站在门口不走，只好向宋太祖回报。这时候宋太祖气已经平了，就叫太监通知他，说皇上已经同意他的请求，叫他回家。

赵普做了十年宰相，权力很大。日子久了，就有人想走他的门路，不时有人给他送礼物来。

宋太祖经常到赵普家里去，事先也不派人通知。有一次，吴越王钱俶（音 chù）派个使者送信给赵普，还捎带了十坛"海产"。赵普把十坛"海产"放在堂前，还没来得及拆信，正好宋太祖到了。

宋太祖在厅堂里坐下，看到这十只坛，就问赵普是什么东西。赵普回答说："是吴越送来的海产。"

宋太祖笑着说："既然是吴越送来的海产，一定不错，把它打开来看看吧！"

赵普吩咐仆人，打开坛盖，在场的人一看都傻了眼。原来坛里放的不是什么海产，竟是一块块金子。

宋太祖向来怕官员接受贿赂，滥用权力，看到这情况，心里窝了一肚子火，脸色也就沉了下来。

赵普满头大汗，惶恐地向宋太祖请罪，说："臣没有看信，实在不知道里面是什么东西，请陛下恕罪。"

宋太祖冷冷地说："你就收下吧！他们以为国家大事都由你们书生决定的呢。"

打这以后，宋太祖对赵普就有点猜疑起来；不久，又有官员告发赵普违反禁令，贩运木料。原来，当时朝廷禁止私运秦、陇（今陕西、甘肃一带）大木。赵普曾经到那里运木料为自己造住宅。他的部下趁机冒用赵普名义，私运一批大木到东京贩卖。这件事牵连到赵普。宋太祖大怒，要治赵普的罪，尽管其他大臣为他说情，宋太祖还是撤了赵普的宰相职位。

185

杨无敌

宋太祖花了十三年工夫，灭了南方五国，接着，就出兵攻打北汉都城太原。北汉请辽朝出兵援助，宋军吃了败仗。不久，宋太祖也得病死去，他的弟弟赵匡义继承皇位。这就是宋太宗。

宋太宗决心完成统一北方的事业，公元979年，他亲自率领四路大军围攻北汉都城太原。辽军又来援助，宋太宗派兵截断援兵要道。太原城在宋军重重包围之中，外无援兵，内无粮草。北汉国主刘继元没法，只好投降。刘继元手下有一名老将杨业，也归附宋朝。宋太宗早就听说杨业武艺高强，十分器重他，任命他做大将。

宋太宗灭了北汉，想乘胜攻打辽朝，收复北方失地。宋军攻势凌厉，北方有几个州的辽朝守将纷纷投降。宋军一直打到幽州（今北京市）。后来，辽朝派大将耶律休哥救援。

双方在高梁河(今北京市城西)打上一仗,宋兵大败,宋太宗乘了一辆驴车,逃回东京。

打那以后,辽军不断袭击宋朝边境。宋太宗十分担心,就派杨业为代州刺史,扼守雁门关。

公元980年,辽朝派了十万大军攻打雁门关。那时候,杨业手下只有几千人马,兵力相差很大。杨业是个有经验的老将,知道靠硬拼是不行的,就把大部分人马留在代州,自己带领几百名骑兵,悄悄地从小路绕到雁门关北面敌人后方。

辽兵向南进军,一路上没遇到抵抗,正在得意。忽然,后面响起一片喊杀声,只见烟尘滚滚,一支骑兵从背后杀来,像猛虎冲进羊群一样,乱砍猛杀。辽兵毫无防备,又弄不清后面来了多少人马,个个心惊胆战,阵容大乱,哪儿还抵挡得了,纷纷向北逃窜。杨业带兵追赶上去,杀伤大批辽兵,还杀死了一名辽朝贵族,活捉了一员辽将。

雁门关大捷以后,杨业威名远扬。辽兵一看到“杨”字旗号,就吓得不敢交锋。人们给杨业起了个外号,叫做“杨无敌”。

杨业立下大功,也引起一些边防将领的妒忌。有人给宋太宗上奏章,说了杨业许多坏话。宋太宗正要依靠杨业,不理睬那些诬告,把那些奏章封好了,派人送给杨业。杨业见宋太宗这样信任他,自然十分感动。

过了几年,辽景宗耶律贤死去,即位的辽圣宗耶律隆绪才十二岁,由他的母亲萧太后执政。有个边将向宋太宗上奏章,认为辽朝政局变动,正好趁这个机会收复燕云十六州

失地。宋太宗接受了这个意见。公元 986 年,宋太宗派出曹彬、田重进、潘美率领三路大军北伐,并且派杨业做潘美的副将。

三路大军分路进攻,旗开得胜。潘美、杨业的一路人马出了雁门关,很快就收复了四个州。但是曹彬率领的主力因为孤军深入,后来被辽军杀得大败。宋太宗赶快命令各路宋军撤退。

潘美、杨业接到命令,就领兵掩护四个州的百姓撤退到狼牙村。那时候,辽军已经占领寰州(今山西朔县东,寰音 huán),兵势很猛。杨业建议派兵佯攻,吸引住辽军主力,并且派精兵埋伏在退路的要道,掩护军民撤退。

监军王侁(音 shēn)反对杨业的意见,说:“我们带了几万精兵,还怕他们?我看我们只管沿着雁门大路,大张旗鼓地行军,也好让敌人见了害怕。”

杨业说:“现在敌强我弱,这样干一定要失败。”

王侁带着嘲笑的口吻说:“杨将军不是号称无敌吗?现在在敌人面前畏缩不战,是不是另有打算?”

这一句话把杨业激怒了。他说:“我并不是怕死,只是看到现在时机不利,怕让兵士们白白丧命。你们一定要打,我可以打头阵。”

主将潘美也支持王侁的主张。杨业无可奈何,只好带领手下人马出发了。临走的时候,他流着眼泪对潘美说:“这个仗肯定要失败。我本来想看准时机,痛击敌人,报答国家。现在大家责备我避敌,我不得不先死。”

接着,他指着前面的陈家峪(今山西朔县南,峪音 yù)对潘美说:“希望你们在这个谷口两侧,埋伏好步兵和弓弩手。我兵败之后,退到这里,你们带兵接应,两面夹击,也许有转败为胜的希望。”

杨业出兵没有多远,果然遭到辽军的伏击。杨业虽然英勇,但是辽兵像潮水一样涌上来。杨业拼杀了一阵,抵挡不住,只好一边打一边后退,把辽军引向陈家峪。

到了陈家峪,正是太阳下山的时候。杨业退到谷口,只见两边静悄悄,连宋军的影儿都没有。潘美带领的主力到哪儿去了呢?原来杨业走了以后,潘美也曾经把人马带到陈家峪。等了一天,听不到杨业的消息,王侁认为一定是辽兵退了。他怕让杨业抢了头功,催促潘美把伏兵撤去,离开了陈家峪;等到他们听到杨业兵败,又往另外一条小道逃跑了。

杨业见约定的地点没人接应,气得直跺脚,只好带领部下转身跟追上来的辽兵展开搏斗,兵士们个个奋勇抵抗。但是辽军越来越多,到了后来,杨业身边只有一百多个兵士。他含着泪,高声向兵士说:“你们都有自己的父母家小,不要跟我一起死在这里,赶快突围出去,也好让朝廷得知我们的情况。”

兵士们听了这些话,再看看杨业浴血奋战的情景,感动得都流下热泪,没有一个愿意离开杨业。最后,兵士都战死了,杨业的儿子杨延玉和部将王贵也牺牲了。杨业身上受了十几处伤,浑身是血,还来回冲杀,杀伤了几百名敌人。不料一支箭飞来,正射中他的战马,马倒在地下,把他摔了下来。辽兵乘机围了上来,把他俘虏了。

杨业被俘以后，辽将劝他投降。他抬起头叹了口气说：“我杨业本来想消灭敌人，报答国家。没想到被奸臣陷害，落得全军覆没。哪还有脸活在世上呢？”他在辽营里，绝食了三天三夜，就牺牲了。

杨业战死的消息传到东京，朝廷上下都为他哀痛叹息。宋太宗丧失了一名勇将，自然也感到难过，把潘美降职处分，王侁革职查办。

杨业死后，他的后代继承他的事业，儿子杨延昭、孙子杨文广在保卫宋朝边境的战争中都立了功。他们一家的英勇事迹受到人们的传诵和赞美，民间流传的杨家将故事，就是根据他们的事迹发展起来的。

186

王小波起义

宋太宗征讨辽朝，落得个惨败的结果，又丧失了像杨业这样的勇将，没有勇气再跟辽朝作战。再说，国内局势也很不稳定，特别是川蜀地区接二连三爆发农民起义，弄得宋王朝手忙脚乱，难以应付。

川蜀地区在五代时期，先后建立过前蜀、后蜀两个政权，长期没遭战争破坏，因此，后蜀时期，国库积贮得满满的。宋太祖灭了后蜀后，纵容将士在成都抢掠，把后蜀贮积的财富运到东京，激起了百姓的愤恨。到了宋太宗的时候，又在那里设立衙门，垄断买卖。蜀地出产的茶叶、丝帛，都被官府垄断了。一些地主、大商人趁机投机倒把，贱买贵卖，蜀地百姓的日子就更难过了。

青城县（今四川灌县西南）有个农民叫王小波，和他妻子的弟弟李顺，都是靠贩卖茶叶谋生的。官府禁止私卖茶叶后，王小波断了生路，决心起义。公元993年，王小波聚集了一百多个茶农和贫民，跟他们说："如今这个世道，穷人越来越穷，富人越来越富，实在太不公平了。现在，我们一起来消灭这种不平均的现象，你们说怎么样？"

这些茶农和贫民平时受够官府、富人的剥削，听了王小波的话，都热烈拥护。消息一传开，各地贫民都来参加王小波的起义军。不出十天，就集中了几万人。

王小波有了人马，先打下了青城。接着，又乘胜攻打彭山（今四川彭山）。

彭山县令齐元振，是个刁钻狠毒的贪官。宋太宗禁止地方官员贪污，有一次，派钦差到蜀地调查。齐元振听到钦差要来，先把贪污得来的财物分散藏在富商家里。钦差到了彭山县，查不出那里官员有贪污行为，回去向朝廷回报，朝廷就下令嘉奖齐元振清白能干。

齐元振骗过了朝廷，搜刮得更厉害。王小波知道彭山的百姓对齐元振怨恨最深，就带起义军攻打彭山。在彭山百姓的响应下，起义军很快占领了县城，杀了大贪官齐元振，把他平日从百姓那里搜刮得来的钱财，分给那里的贫苦百姓。

王小波又带兵北上，向江原（今四川崇庆东南）进攻。驻守江原的宋将张玘（音qǐ）发兵反击，双方在江原城外展开一场大战。

王小波的起义军打得十分英勇顽强，张玘招架不了，就放起冷箭来。王小波没防备，被冷箭射中了前额。王小波不顾满脸鲜血，继续进攻，终于打败宋军，把凶恶的张玘杀了。

起义的队伍进占了江原，但是王小波却因为伤势太重死去。

王小波一死，起义将士推李顺做首领，继续带领大家反抗官军。

在李顺的指挥下，起义军越聚越多，连续攻下许多城池，杀死了一批贪官污吏，最后终于攻取了蜀地的中心成都。成都的文武官员抵挡不住，全都逃跑。

公元994年正月，李顺在军民的拥护下，建立大蜀政权。李顺当了大蜀王，一面整顿人马，一面继续派兵四出攻占州县。从北面剑阁到东面的巫峡，到处是起义军的势力。

消息传到东京，宋太宗大吃一惊，赶快召集宰相商量，说："没想到李顺这样厉害。一定要派遣人马，把他讨平。"

宋太宗派了宦官王继恩为剑南西川治安使，前往镇压。王继恩分兵两路，派人从东面堵住巫峡的起义军，自己率领大军向剑门进发。

剑门是西川通向关中的要道。李顺占领成都之后，也派将领进攻剑门，不幸遭到官军阻击，打了败仗。

王继恩顺利地通过了剑门，集合各地宋军，进攻成都。那时候，驻守成都的起义军还有十几万，但是在敌人重兵包围之下，经过英勇激战，战死了三万人。成都城终于被攻破，李顺也在战斗中牺牲。

后来，民间传说在成都陷落的时候，李顺并没有死，他化装成一个和尚，秘密逃出成都，继续率领农民军战斗。宋军进城时，抓到一个胡子很长的人，外貌很像李顺，就把他当李顺杀了。又过了四十年，在广州街上出现了一个老翁，有位大臣认出他是李顺，官府把他抓起来，在监狱里秘密杀死了。这些传说虽然不一定可靠，但是说明李顺在群众中，影响是很大的。

187

寇准抗辽

辽朝欺侮宋朝无能，多次进犯边境。到宋太宗的儿子宋真宗赵恒即位后，有人向宋真宗推荐寇准担任宰相，说寇准忠于国家，办事有决断。

宋真宗说："听说寇准这个人好强任性，怎么办？"

这个大臣说："现在辽朝进犯中原，正需要像寇准这样的人来承担大事。"

寇准在宋太宗时期担任过副宰相等重要官职，他的正直敢谏是出了名的。有一次，寇准上朝奏事，触犯了宋太宗。宋太宗听不下去，怒气冲冲站起来想回到内宫去。寇准却拉住太宗的袍子不让走，一定请太宗坐下听完他的话。宋太宗拿他没有办法，后来还称赞他说："我有寇准，就像唐太宗有魏征一样。"

但是正因为寇准为人正直，得罪了一些权贵，后来被排

挤出朝廷，到地方去做知州。这一回，宋真宗看到边境形势紧急，才接受大臣的推荐，把寇准召回京城。

公元1004年，辽朝萧太后、辽圣宗亲自率领二十万大军南下，前锋已经到了澶州（今河南濮阳，澶音chán）。告急文书像雪片一样飞到朝廷。寇准劝真宗带兵亲征；副宰相王钦若和另一个大臣陈尧叟却暗地里劝真宗逃跑。王钦若是江南人，主张迁都金陵（今江苏南京）；陈尧叟是蜀人，劝真宗逃到成都去。

宋真宗听了这些意见，犹豫不决，最后召见新任宰相寇准，问他说："有人劝我迁都金陵，有人劝我迁都成都，你看该怎么办才好？"

寇准一看两边站着的王钦若和陈尧叟，心里早有了数。他声色俱厉地说："这是谁出的好主意？出这种主意的，应该先斩他们的头！"他认为只要真宗亲自带兵出征，鼓舞士气，一定能打退辽兵；并且说，如果放弃东京南逃，人心动摇，敌人就会乘虚而入，国家就保不住了。

宋真宗听了寇准一番话，也壮了胆，决定亲自率兵出征，由寇准随同指挥。

大队人马刚刚到韦城（今河南滑县东南），听到南下辽军兵势强大，一些随从大臣吓坏了，趁寇准不在的时候，又在真宗身边唠叨，劝真宗暂时退兵，避一避风头。宋真宗本来很不坚决，一听这些意见，动摇起来，又召见寇准。

宋真宗对寇准说："大家都说往南方跑好，你看呢？"

寇准严肃地说："主张南逃的都是懦弱无知的人。现在敌人迫近，人心动荡。我们只能前进一尺，不可后退一寸。如果前进，河北各军士气百倍；如果回兵几步，那么全军瓦解，敌人紧紧追赶。陛下想到金陵也去不成了。”

宋真宗听寇准说得义正辞严，没话可说，但是心里还是七上八下，定不下主意。

寇准走出行营，正好碰到殿前都指挥使高琼。寇准冲着高琼说：“您受国家栽培，该怎么报答？”

高琼说：“我愿以一死报国。”

寇准就带着高琼又进了行营，重新把自己的意见向宋真宗说了一遍，并且说：“陛下如果认为我的话不对，请问问高琼。”

高琼在旁边接着说：“宰相说的话是对的。禁军将士家属在东京，都不愿南逃。只要陛下亲征澶州，我们决心死战，击败辽兵不在话下。”

宋真宗还没开口，寇准紧接着又逼了一句说：“机不可失，请陛下立刻动身！”

在寇准、高琼和将士们的催促下，宋真宗才决定动身到澶州去。

这时候，辽军已经三面围住了澶州。宋军在要害的地方设下弩箭。辽军主将萧挞凛带了几个骑兵视察地形，正好进入宋军伏弩阵地，弩箭齐发，萧挞凛中箭丧了命。

辽军主将一死，萧太后又痛惜又害怕。她又听说宋真宗亲自率兵抵抗，觉得宋朝不好欺负，就有心讲和了。

澶州城横跨黄河两岸。宋真宗在寇准、高琼等文武大臣的护卫下，渡过黄河，到了澶州北城。这时候，各路宋军也已经集中到澶州，将士们看到宋真宗的黄龙大旗，士气高涨，欢声雷动。

萧太后派使者到了宋朝行营议和，要宋朝割让土地。宋真宗听到辽朝肯议和，正合他的心意。他找寇准商量说："割让土地是不行的。如果辽人要点金银财帛，我看可以答应他们。"

寇准根本反对议和，说："他们要和，就要他们归还燕云失地，哪能再给他们钱财。"

但是，宋真宗一心要和，不顾寇准的反对，派使者曹利用到辽营谈判议和条件。曹利用临走的时候，宋真宗叮嘱他说："如果他们要赔款，迫不得已，就是每年一百万也答应算了。"

寇准在旁边听了很痛心，只是当着真宗面不便再争。曹利用离开行营，寇准紧紧跟在后面，一出门，一把抓住曹利用的手说："赔款数目不能超过三十万，否则回来的时候，我要你的脑袋！"

曹利用知道寇准的厉害，到了辽营，经过一番讨价还价，最后定下来，由宋朝每年给辽朝银绢三十万。

曹利用回到行营，宋真宗正在吃饭，不能马上接见。真宗急着要知道谈判结果，就叫小太监出来问曹利用到底答应了多少。曹利用觉得这是国家机密，一定要面奏。太监要他说个大概，曹利用没法，只好伸出三个指头做了个手势。

太监向真宗一回报，宋真宗以为曹利用答应的赔款数目是三百万，不禁惊叫起来："这么多！"他略略想了一下，又轻松起来，说："能够了结一件大事，也就算了。"

他吃完饭，就让曹利用进来详细汇报。当曹利用说出答应的银绢数目是三十万的时候，宋真宗高兴得简直要跳起来，直称赞曹利用办事能干。

接着宋辽双方正式达成和议，宋朝每年给辽朝绢二十万匹，银十万两。不用说，这笔巨额赔款，长期成为北宋人民额外的沉重负担。历史上把这次和议叫做“澶渊之盟”。

由于寇准的坚持抗战，到底避免了更大的失败。宋真宗也觉得寇准有功劳，挺敬重他。但是原来主张逃跑的王钦若却在宋真宗面前说，寇准劝真宗亲征，是把皇上当赌注，孤注一掷，简直是国家的一个大耻辱。宋真宗一想起在澶州的情景，真有点后怕，就反过来怨恨寇准，竟把那忠心耿耿的寇准的宰相职位撤了。

188

元昊建立西夏

宋真宗用妥协求和的办法，安下了辽朝那一头，西北边境的党项族（我国古代少数民族之一）贵族趁宋朝忙着对付辽朝的机会，经常侵犯宋朝边境。宋真宗疲于应付，只好妥协退让，封党项族首领李继迁为夏州刺史、定难军节度使。公元1004年，李继迁死后，又封他的儿子李德明为西平王，每年给大批银绢，才平稳了三十多年。

李德明的儿子元昊（音 hào）是个雄心勃勃的人。他精通汉文和佛学，多次带兵打败吐蕃、回鹘等部落，扩大地盘。他劝说德明不要再向宋朝称臣。德明不愿跟宋朝决裂，对儿子说："我们三十年来，能够穿上锦衣，都是宋朝的赏赐，可不好背叛他们啊！"

元昊说："穿毛皮，牧牛羊，这是我们党项的风俗。英雄好汉，应该创立自己的事业，哪能贪图这点好处？"

德明说:“依你说,该怎么办?”

元昊说:“我们得到的赏赐,只是我们自己享受,可是部落的人还很穷困。依我看,不如拒绝朝贡,训练兵马。力量小可以去掳掠,大了可以去夺取土地,这样上下都能富裕起来,岂不更好。”

可是李德明还是不肯接受他的意见,直到德明死去,元昊继承了西平王的爵位,才按照自己的主张,设置官职,整顿军队,准备摆脱宋朝的控制,自立门户。

他的叔父山遇劝元昊不要反宋,元昊不听。山遇逃奔宋朝,宋朝的延州官员怕得罪元昊,反把山遇抓起来送还元昊。元昊知道他的意图已经暴露,就在公元 1038 年,正式宣布即位称帝,国号大夏,建都兴庆(今宁夏银川市)。因为它在宋朝的西北,历史上叫做西夏。

元昊即位以后,上表要求宋朝承认。那时候,宋真宗已经死去,在位的是他的儿子宋仁宗赵祯。宋朝君臣议论了一下,认为这是元昊反宋的表示,宋仁宗就下令削去元昊西平王爵位,断绝贸易往来,还在边境关卡上张榜悬赏捉拿元昊。这一来激怒了元昊,他就决定大举进攻。

那时候,宋军在西北驻防兵士有三四十万,但是这些兵士分散在二十四个州的几百个堡垒,而且各州人马,都直接由朝廷指挥,互相不配合。再加上宋军好久没有打仗,兵士缺乏训练。西夏的骑兵却是集中指挥,机动灵活,所以宋军常常打败仗。

过了一年,西夏军进攻延州,宋军又打了一个大败仗。宋仁宗十分恼火,把延州知州范雍撤了职,另派大臣韩琦和范仲淹到陕西指挥抗西夏的战争。

范仲淹到了延州，把边境上的军事制度作了一番改革，他把延州一万六千人马分为六路，由六名将领率领，日夜操练，使原来十分散漫的宋军提高了战斗力。

西夏将士看到宋军防守严密，不敢进犯延州。他们议论说："小范老子（指范仲淹）胸中有几万甲兵，可不像大范老子（指范雍）那样好欺负了。"

范仲淹分析了双方兵力，主张加强防守，牵制西夏兵力，但是韩琦却主张进攻。

公元1041年二月，西夏军由元昊亲自率领，进犯渭州，韩琦集中所有人马，还选了一万八千名勇士，由任福率领出击。

任福带了几千骑兵赶了一阵，见到一支西夏兵，双方打了一阵，西夏兵丢下战马、骆驼就逃。任福派人侦察，听说前面的敌兵不多，就在后面紧紧追赶。赶了三天三夜，来到好水川（今宁夏隆德西），天色已经黑了下来。任福命令将士就地休息，打算等第二天一早和预先约定的另一支宋军会师好水川，把敌兵杀个片甲不留。

第二天，任福带着宋军沿好水川西进，到了六盘山下，没有发现西夏兵。只见路边有几只银泥盒子，封得十分紧密，兵士们走上前去，拿起银泥盒子听了一下，里面还发出一种跳动声音。兵士报告任福，任福吩咐兵士把盒子打开。只听得"噗噗"几声，接连飞出了一百多只带哨的鸽子，在宋军的头上盘旋飞翔。

原来，那小股西夏兵的败退是假的。在六盘山下，元昊带了十万精兵,布置好埋伏。只等那鸽子飞起,四面的西夏兵就一齐杀出,将宋军紧紧包围。宋军奋力突围。从早晨一直打到中午,敌阵里挥动一面大旗。又有大批西夏兵从两边杀出。宋兵边打边退,许多人退到悬崖摔死。

任福身中十多支箭,兵士劝任福逃脱。任福说:“我身为大将,现在兵败,只有以死报国。”他又冲了上去,被西夏兵刺杀了。

这一仗,元昊取得大胜,宋军死伤惨重。韩琦听到这消息,十分伤心,上书请朝廷处分,宋仁宗把韩琦撤了职。范仲淹虽然没直接指挥这场战争,但是被人诬告,也降了职。

打这以后,宋夏多次发生战争,宋军连连损兵折将,宋仁宗不得不重新起用韩琦、范仲淹防守边境。两人同心协力,爱抚士卒,严肃军纪,西夏才不敢再进攻。

189

狄青不怕出身低

韩琦、范仲淹刚到陕西的时候，有人向他们推荐，当地军官中有个狄青，英勇善战，有大将的才干。范仲淹正需要将才，听了这话，很感兴趣，要部下把狄青的事迹详细说一下。

原来，狄青本是京城禁军里的一个普通兵士。他从小练得一身武艺，骑马射箭，样样精通，加上胆壮力大，后来被选拔做了小军官。

西夏的元昊称帝以后，宋仁宗派禁军到边境去防守，狄青被派到陕西保安（今陕西志丹）。

不久，西夏兵进攻保安。保安的宋军多次被西夏兵打败，兵士们一听说打仗都有点害怕。守将卢守懃为了这件事正在发愁。狄青主动要求让他担任先锋，抗击西夏军。

卢守懃见狄青愿意当先锋，自然高兴，就拨给他一支人

马，跟前来进犯的西夏军交战。

狄青每逢上阵，先换了一身打扮。他把发髻打散，披头散发，头上戴着一个铜面具，只露出两只炯炯的眼睛。他手拿一支长枪，带头冲进敌阵，东挑西杀。西夏兵士自从进犯宋境以来，没有碰到过这样厉害的对手。他们看到狄青这副打扮，已经胆寒了。经狄青和宋军猛冲了一阵，西夏军的阵脚大乱，纷纷败退。狄青带领宋军冲杀过去，打了一个大胜仗。

捷报传到朝廷，宋仁宗十分高兴，把卢守懃提升了官职，狄青提升四级。宋仁宗还想把狄青召回京城，亲自接见。后来因为西夏兵又进犯渭州，调狄青去抵抗，不得不取消了召见的打算，叫人给狄青画了肖像，送到朝廷去。

以后几年里，西夏兵不断在边境各地进犯，弄得地方不得安宁。狄青前后参加了二十五次大小战斗，受了八次箭伤，从没有打过一次败仗。西夏兵士一听到狄青的名字，就吓得不敢跟他交锋。

范仲淹听了部下的推荐，立刻召见狄青，问他读过什么书。狄青出身兵士，识字不多，要他说读过什么书，他答不上来。

范仲淹劝他说："你现在是个将官了。做将官的如果不能博古通今，只靠个人的勇敢是不够的。"接着，他还介绍狄青读一些书。

狄青见范仲淹这样热情鼓励他，十分感激。以后，他利用打仗的空隙时间刻苦读书。过了几年，他把秦汉以来名将的兵法都读得很熟，又因为立了战功，不断得到提升，名声更大。后来,宋仁宗把他调回京城,担任马军副都指挥。

宋朝有个残酷的制度。为了防止兵士开小差,在兵士的脸上刺上字。狄青当小兵的时候也被刺过字。过了十多年,狄青当了大将,但是脸上还留着黑色的字迹。

有一次,宋仁宗召见他以后,认为当大将脸上留着黑字,很不体面,就叫狄青回家以后,敷上药,把黑字除掉。

狄青说:“陛下不嫌我出身低微,按照战功把我提到这个地位,我很感激。至于这些黑字,我宁愿留着,让兵士们见了,知道该怎样上进!”

宋仁宗听了,很赞赏狄青的见识,更加器重他。

后来,因为狄青多次立功,被提拔为掌握全国军事的枢密使。一个小兵出身的人当上枢密使,这是宋朝历史上从来没有过的事。有些大臣嫌狄青出身低,劝仁宗不该把狄青提到这么高的职位,但是宋仁宗这时候正在重用将才,没有听这些意见。

狄青当了枢密使,有人总觉得他的出身和地位太不相称。有一个自称是唐朝名相狄仁杰后代的人,拿了狄仁杰的画像,送给狄青说:“您不也是狄公的后代吗?不如认狄公做祖宗吧!”

狄青谦虚地笑了笑说:“我本来是个出身低微的人,偶然碰到机会得到高位,怎么能跟狄公高攀呢。”

190

范仲淹实行新政

由于范仲淹军纪严明，还注意减轻边境上百姓的负担，北宋的防守力量加强了。西夏和北宋打了几年仗，没得到什么好处。到了公元 1043 年，西夏国主元昊愿意称臣求和，宋朝答应每年送给西夏一批银绢、茶叶，北宋的边境局势才暂时稳定下来。

范仲淹不但是个军事家，而且是宋代著名的政治家、文学家。他是苏州吴县人，从小死了父亲，因为家里贫穷，母亲不得不带着他另嫁到一个姓朱的人家。范仲淹在十分艰苦的环境中成长，他住在一个庙宇里读书，穷得连三餐饭都吃不上，天天只得熬点薄粥充饥，但是他仍旧刻苦自学。有时候，读书到深更半夜，实在倦得张不开眼，就用冷水泼在脸上，等倦意消失了，继续攻读。这样苦读了五六年，终于成为一个很有学问的人。

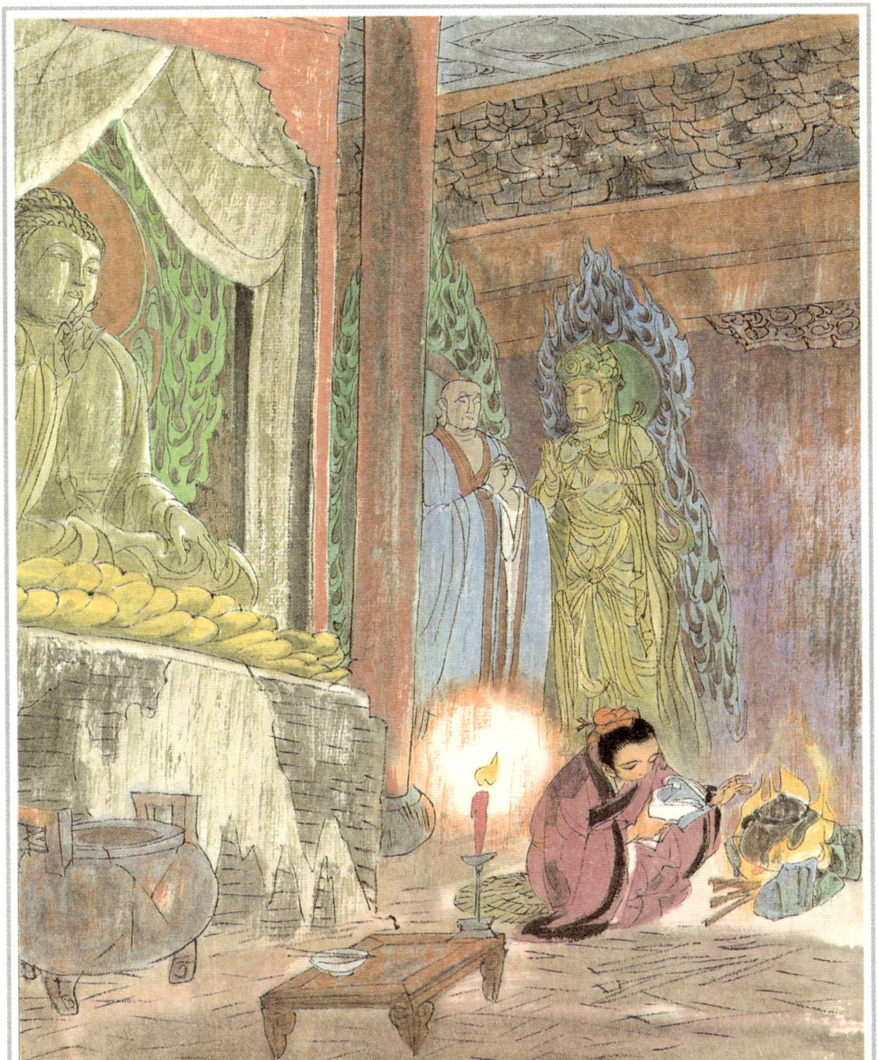

范仲淹原来在朝廷当谏官，因为看到宰相吕夷简滥用职权，任用私人，就向仁宗大胆揭发。这件事触犯了吕夷简，吕夷简反咬一口，说范仲淹交结朋党，挑拨君臣关系。宋仁宗听信吕夷简的话，把范仲淹贬谪到南方，直到西夏战争发生以后，才把他调到陕西去。

范仲淹在宋夏战争中立下了大功，宋仁宗觉得他的确是个人才。这时候，宋王朝因为内政腐败，加上在跟辽朝和西夏战争中军费和赔款支出浩大，财政发生恐慌。宋仁宗就把范仲淹从陕西调回京城，派他担任副宰相。

范仲淹一回到京城，宋仁宗马上召见，要他提出治国的方案。范仲淹知道朝廷弊病太多，要一下子都改掉不可能，准备一步一步来。但是，禁不住宋仁宗一再催促，就提出了十条改革措施，它的主要内容是：

> 一、对官吏一定要定期考核，按他们的政绩好坏提拔或者降职；
>
> 二、严格限制大臣子弟靠父亲的关系得官；
>
> 三、改革科举制度；
>
> 四、慎重选择任用地方长官。

还有几条是提倡农桑，减轻劳役，加强军备，严格法令等等。

宋仁宗正在改革的兴头上，看了范仲淹的方案，立刻批准在全国推行这十条改革措施。历史上把这次改革称为“庆历新政”（“庆历”是宋仁宗的年号）。

范仲淹为了推行新政，先跟韩琦、富弼（音 bì）等大臣审查分派到各路（路是宋朝行政区划的名称）担任监司（监察官）的人选。有一次，范仲淹在官署里审查一份监司的名单，发现有贪赃枉法行为的人员，就提起笔来把名字勾去，准备撤换。

在他旁边的富弼看了心里不忍，就对范仲淹说："范公呀，你这笔一勾，可害得一家子哭鼻子呢。"

范仲淹严肃地说："要不让一家子哭，那就害了一路（路是北宋政区名称）的百姓都要哭了。"

富弼听了这话，心里顿时亮堂了，佩服范仲淹的见识高明。

范仲淹的新政刚一推行，就像捅了马蜂窝一样。一些皇亲国戚，权贵大臣，贪官污吏，纷纷闹了起来，散布谣言，攻击新政。有些原来就对范仲淹不满的大臣，天天在宋仁宗面前说坏话，说范仲淹一些人交结朋党，滥用职权。

宋仁宗看到反对的人多，就动摇起来。范仲淹被逼得在京城呆不下去，就自动要求回到陕西防守边境，宋仁宗就把他打发走了。

范仲淹一走，宋仁宗就下命令把新政全部废止。

范仲淹为了改革政治，受了很大打击，但是他并不因为个人的遭遇感到懊恼。隔了一年，他的一位在岳州（治所在今湖南岳阳）做官的老朋友滕宗谅，修建当地的名胜岳阳楼，请范仲淹写篇纪念文章。范仲淹挥笔写下了《岳阳楼记》。在那篇著名的文章里，范仲淹提到，一个有远大政治抱负的人，他的思想感情应该是"先天下之忧而忧，后天下之乐而乐”（意思是“担忧在天下人之前，享乐在天下人之后”）。这两句名言一直被后来的人传诵，而岳阳楼也由于范仲淹的文章而更加出名了。

191

欧阳修改革文风

范仲淹被排挤离开朝廷以后，他的同事富弼，因为支持新政，被诬陷是范仲淹的同党，丢了官职；韩琦替范仲淹、富弼辩护，也受到牵连。当时，有些人虽然同情范仲淹，但是不敢出头说话。只有谏官欧阳修大胆上书给宋仁宗说："自古以来，坏人陷害好人，总是说好人是朋党，诬蔑他们专权。范仲淹是国家有用的人才，为什么要把他罢免？如果听信坏人的话，把他们罢官，只会让坏人得意，敌人称快！"

欧阳修是我国著名的文学家。庐陵（今江西永丰）人。他四岁的时候，父亲病死，母亲带着他到随州（今湖北随县）依靠他叔父生活。欧阳修的母亲一心想让儿子读书，可是家里穷，买不起纸笔。她看到屋前的池塘边长着荻草，就用荻草秆儿在泥地上划着字，教欧阳修认字。幼小的欧阳修在母亲的教育下，很早就爱上了书本。

欧阳修十岁的时候，经常到附近藏书多的人家去借书读，有时候还把借来的书抄录下来。一次，他在一家姓李的人家借书，从那家的一个废纸篓里发现一本旧书，他翻了一下，知道是唐代文学家韩愈的文集，就向主人要了来，带回家里细细阅读。

宋朝初年的时候，社会上流行的文风讲求华丽，内容空洞。欧阳修读了韩愈的散文，觉得它文笔流畅，说理透彻，跟流行的文章完全不一样。他就认真琢磨，学习韩愈的文风。长大以后，他到东京参加进士考试，连考三场，都得到第一名。

欧阳修二十多岁的时候，他在文学上的声誉已经很大了。他官职不高，但是十分关心朝政，正直敢谏。当范仲淹得罪吕夷简、被贬谪到南方去的时候，许多大臣都同情范仲淹，只有谏官高若讷认为范仲淹应该被贬。欧阳修十分气愤，写信责备高若讷不知道人间有羞耻事。为了这件事，他被降职到外地，过了四年，才回到京城。

这一回，欧阳修为了支持范仲淹新政，又出来说话，使朝廷一些权贵大为恼火。他们捕风捉影，诬陷欧阳修一些罪名，朝廷又把欧阳修贬谪到滁州（今安徽滁县）。

滁州四面环山，风景优美。欧阳修到滁州后，除了处理政事之外，常常游览山水。当地有个和尚在滁州琅琊山上造了一座亭子供游人休息。欧阳修登山游览的时候，常在这座亭上喝酒。他自称“醉翁”，给亭子起个名字叫醉翁亭。他写的散文《醉翁亭记》，成为人们传诵的杰作。

欧阳修当了十多年地方官,宋仁宗想起他的文才,才把他调回京城,担任翰林学士。

欧阳修担任翰林学士以后,积极提倡改革文风。有一年,京城举行进士考试,朝廷派他担任主考官。他认为这正是他选拔人才、改革文风的好机会,在阅卷的时候,发现华而不实的文章,一概不录取。考试结束以后,有一批人落了选,对欧阳修十分不满。一天,欧阳修骑马出门,半路上被一群落选的人拦住,吵吵嚷嚷地辱骂他。后来,巡逻的兵士过来,才把这批人赶跑。

经过这场风波,欧阳修虽然受到了一些压力,但是考场的文风就发生了变化,大家都学着写内容充实和朴素的文章了。

欧阳修不但大力改革文风,还十分注意发现和提拔人才。许多原来并不那么出名的人才,经过他的提拔和推荐,一个个都成了名家。最出名的是曾巩、王安石、苏洵(音xún)和苏洵的儿子苏轼、苏辙。在文学史上,人们把欧阳修等六个人和唐代的韩愈、柳宗元合起来,称为“唐宋八大家”。

192

铁面无私的包拯

范仲淹的新政失败以后，北宋的朝政越来越腐败，特别是在京城开封府，权贵大臣贪污受贿的风气十分严重；一些皇亲国戚更是肆无忌惮，不把国法放在眼里。后来，开封府来了个新任知府包拯，这种情况才有了点改变。

包拯是庐州合肥人，早年做过天长县（今安徽天长）的县令。有一次，县里发生一个案件，有个农民夜里把耕牛拴在牛棚里，早上起来，发现牛躺倒在地上，嘴里淌着血，掰开牛嘴一看，原来牛的舌头被人割掉了。这个农民又气又心痛，就赶到县衙门告状，要求包拯为他查究割牛舌的人。

这个无头案该往哪里去查呢？包拯想了一下，就跟告状的农民说："你先别声张，回去把你家的牛宰了再说。"

农民本来舍不得宰耕牛，按当时的法律，耕牛是不能私自屠宰的。但是一来，割掉了舌头的牛也活不了多少天；二来，县官叫他宰牛，也用不到怕犯法。

那农民回家后，果真把耕牛杀掉了。第二天，天长县衙门里就有人来告发那农民私宰耕牛。

包拯问明情况，立刻沉下脸，吆喝一声说："好大胆的家伙，你把人家的牛割了舌头，反倒来告人私宰耕牛？"

那个家伙一听就呆了，伏在地上直磕头，老老实实供认是他干的。

原来，割牛舌的人跟那个农民有冤仇，所以先割了牛舌，又去告发牛主人宰牛。

打那以后，包拯审案的名声就传开了。

包拯做了几任地方官，每到一个地方，都取消了一些苛捐杂税，清理了一些冤案。后来，他被调到京城做谏官，也提出不少好的建议。宋仁宗正想整顿一下开封的秩序，才把包拯调任开封府知府。

开封府是皇亲国戚、豪门权贵集中的地方。以前，不管哪个当这差使，免不了跟权贵通关节，接受贿赂。包拯上任以后，决心把这种腐败的风气整顿一下。

按照宋朝的规矩，谁要到衙门告状，先得托人写状子，还得通过衙门小吏传递给知府。一些讼师恶棍，就趁机敲诈勒索。包拯破了这条规矩，老百姓要诉冤告状，可以到府衙门前击鼓。鼓声一响，府衙就大开正门，让百姓直接上堂控告。这样一来，衙门的小吏要想做手脚也不敢了。

有一年，开封发大水，那里一条惠民河河道阻塞，水排泄不出去。包拯一调查，河道阻塞的原因是有些宦官、权贵侵占了河道，在河道上修筑花园、亭台。包拯立刻下命令，要这些园主把河道上的建筑全部拆掉。有个权贵不肯拆除。开封府派人去催促，那人还强词夺理，拿出一张地契，硬说那块地是他的产业。包拯详细一检查，发现地契是那个权贵自己伪造的。包拯十分生气，勒令那人拆掉花园，还写了一份奏章向宋仁宗揭发。那人一看事情闹大，要是仁宗真的追究起来，也没有他的好处，只好乖乖地把花园拆了。

一些权贵听到包拯执法严明，都吓得不敢为非作歹。有个权贵想通关节，打算送点什么礼物给包拯，旁人提醒他，别白操心了，包拯的廉洁奉公是出了名的。他原来在端州（今广东肇庆）做过官。端州出产的砚台，是当地的特产。皇宫规定，端州官员每年要进贡一批端砚到内廷去。在端州做官的人往往借进贡的机会，向百姓大肆搜刮，私下贪污一批，去讨好那些权贵大臣。搜刮去的端砚比进贡的要多出几十倍。后来，包拯到了端州，向民间征收端砚，除了进贡朝廷的以外，连一块都不增加。直到他离开端州，从没有私自要过一块端砚。

那权贵听了，知道没有空子好钻，也只好罢休。后来开封府的男女老少，没有人不知道包拯是个大清官。民间流传着两句歌谣："关节不到，有阎罗、包老。"（"阎罗"是传说里管地狱的神。）

包拯对亲戚朋友也十分严格。有的亲戚想利用他做靠山，他一点也不照顾。日子一久，亲戚朋友知道他的脾气，也不敢再为私人的事情去找他了。

宋仁宗很器重包拯，提升他为枢密副使。他做了大官，家里的生活照样十分朴素，跟普通百姓一样。过了五年，他得重病死了，留下了一份遗嘱说：后代子孙做了官，如果犯了贪污罪，不许回老家；死了以后，也不许葬在咱包家的坟地上。

由于包拯一生做官清廉，不但生前得到人们的赞扬，在他死后，人们也把他当作清官的典型，尊称他“包公”，或者叫他“包待制”、“包龙图”（包拯得过天章阁待制、龙图阁学士的官衔），民间流传着许多包公铁面无私、打击权贵的故事，还编成包公办案的戏曲和小说。虽然其中大都是虚构的传说，但是也反映了人们对清官的敬慕心情。

193

王安石变法

宋仁宗做了四十年皇帝，虽然也用过像范仲淹、包拯等一些正直的大臣，但是并没有改革的决心，国家越来越衰弱下去。他没有儿子，死后由一个皇族子弟做他的继承人，这就是宋英宗。英宗即位四年，就害病死了。太子赵顼（音xū）即位，这就是宋神宗。

宋神宗即位的时候才二十岁，是个比较有作为的青年。他看到国家的不景气情况，有心改革一番，可是他周围的人，都是仁宗时期的老臣，就是像富弼这样支持过新政的人，也变得暮气沉沉了。宋神宗想，要改革现状，一定得找个得力的助手。

宋神宗即位前，身边有个官员叫韩维，常常在神宗面前谈一些很好的见解。神宗称赞他，他说："这些意见都是我朋友王安石说的。"宋神宗虽然没见过王安石，但是对王安石已经有了一个好印象。现在他想找助手，自然想到了王安石，就下了一道命令，把正在江宁做官的王安石调到京城来。

王安石是宋朝著名的文学家和政治家，抚州临川（今江西抚州西）人。他年轻时候，文章写得十分出色，得到欧阳修的赞赏。王安石二十岁中进士，就做了几任地方官。他在鄞县（今浙江鄞县，鄞音 yín）当县官的时候，正逢那里灾情严重，百姓生活十分困难。王安石兴修水利，改善交通，治理得井井有条。每逢青黄不接的季节，穷人的口粮接不上，他就打开官仓，把粮食借给农民，到秋收以后，要他们加上官定的利息偿还。这样做，农民可以不再受大地主豪强的重利盘剥，日子比较好过一些。

王安石做了二十年地方官，名声越来越大。后来，宋仁宗调他到京城当管理财政的官，他一到京城，就向仁宗上了一份万言书（约一万字的奏章）提出他对改革财政的主张。宋仁宗刚刚废除范仲淹的新政，一听到要改革就头疼，把王安石的奏章搁在一边。王安石知道朝廷没有改革的决心，跟一些大臣又合不来，他就趁母亲去世的时机，辞职回家。

这一回，他接到宋神宗召见的命令，又听说神宗正在物色人才，就高高兴兴应召上京。

王安石一到京城，宋神宗就叫他单独进宫谈话。神宗一见面就问他说："你看要治理国家，该从哪儿着手？"

王安石从容不迫地回答说："先从改革旧的法度，建立新的法制开始。"

宋神宗要他回去写个详细的改革意见。王安石回家以后，当天晚上就写了一份意见书，第二天送给神宗。宋神宗认为王安石提出的意见都合他的心意，越加信任王安石。公元1069年，宋神宗把王安石提升为副宰相。那时候，朝廷里名义上有四名宰相，病的病了，老的老了，有的虽然不病不老，但是一听见改革就叫苦连天。王安石知道，跟这批人一起办不了大事，经过宋神宗批准，任用了一批年轻的官员，并且设立了一个专门制定新法的机构，把变法的权抓了来。这样一来，他就放开手脚进行改革了。

王安石变法的主要内容是：

一、青苗法。这个办法是他在鄞县试用过的，现在拿来推广到全国实行。

二、农田水利法。政府鼓励地方兴修水利，开垦荒地。

三、免役法。官府的各种差役，民户不再自己服役，改为由官府雇人服役。民户按贫富等级，交纳免役钱，原来不服役的官僚、地主也要交钱。这样既增加了官府收入，也减轻了农民的劳役负担。

四、方田均税法。为了防止大地主兼并土地，隐瞒田产人口，由政府丈量土地，核实土地数量，按土地多少、肥瘠收税。

五、保甲法。政府把农民按住户组织起来，每十家是一保，五十家为一大保，十大保为一都保。家里有两个以上成年男子的，抽一个当保丁，农闲练兵，战时编入军队打仗。

王安石的变法对巩固宋王朝的统治、增加国家收入，起了积极的作用。但是，也触犯了大地主的利益，遭到许多朝臣的反对。

有一次，宋神宗把王安石找去，问他说："外面人都在议论，说我们不怕天变，不听人们的舆论，不守祖宗的规矩，你看怎么办？"

王安石坦然回答说："陛下认真处理政事，这就可说是防止天变了。陛下征询下面的意见，这就是照顾到舆论了；再说，人们的话也有错误的，只要我们做得合乎道理，又何必怕人议论。至于祖宗老规矩，本来就不是固定不变的。"

王安石坚持三不怕，但是宋神宗并不像他那么坚决，听到反对的人不少，就动摇起来。

公元1074年，河北闹了一次大旱灾，一连十个月没下雨，农民断了粮食，到处逃荒。宋神宗正为这个发愁，有一个官员趁机画了一幅"流民图"献给宋神宗，说旱灾是王安石变法造成的，要求神宗把王安石撤职。

宋神宗看了这幅流民图，只是长吁短叹，晚上睡不着觉。神宗的祖母曹太后和母亲高太后也在神宗面前哭哭啼啼，诉说天下被王安石搞乱了，逼神宗停止新法。

王安石眼看新法没法实行下去，气愤得上书辞职。宋神宗也只好让王安石暂时离开东京，到江宁府去休养。

第二年，宋神宗又把王安石召回京城当宰相。刚过了几个月，天空上出现了彗星。这本来是正常的自然现象，但是在当时却被认为是不吉利的预兆。宋神宗又慌了，要大臣对朝政提意见。一些保守派又趁机攻击新法。王安石竭力为新法辩护，要宋神宗不要相信这种迷信说法，但宋神宗还是犹豫不定。

王安石没办法继续贯彻自己的主张。到第三年（公元1076年）春天，再一次辞去宰相职位，回江宁府去了。

194

沈括出使

自从宋真宗以后，宋朝一直依靠每年送大量银绢，维持了几十年跟辽朝暂时妥协的局面，但是辽朝欺宋朝软弱，想进一步侵占宋朝土地。公元1075年，辽朝派大臣萧禧到东京，要求划定边界。

宋神宗派大臣跟萧禧谈判，双方争论了几天，没有结果。萧禧一定说黄嵬山（在今山西原平西南，嵬音 wéi）一带三十里地方应该属于辽朝。宋神宗派去谈判的大臣不了解那里的地形，明知萧禧提出的是无理要求，又没法反驳他。宋神宗就另派沈括去谈判。

沈括，杭州钱塘人，原是支持王安石新法的官员。沈括不但办事认真细致，而且精通地理。他先到枢密院，从档案资料中把过去议定边界的文件都查清楚了，证明那块土地应该是属于宋朝的。他向宋神宗报告，宋神宗听了很高兴，

就要沈括画成地图送给萧禧看，萧禧才没话说。

宋神宗又派沈括出使上京（辽朝的京城，在今内蒙古自治区巴林左旗南）。沈括首先收集了许多地理资料，并且叫随从的官员都背熟。到了上京，辽朝派宰相杨益戒跟沈括谈判边界，辽方提出的问题，沈括和宋朝官员们对答如流，有凭有据。杨益戒一看没有空子好钻，就板起脸来蛮横地说："你们连这点土地都斤斤计较，难道想跟我们断绝友好关系吗？"

沈括理直气壮地说："你们背弃过去的盟约，想用武力来胁迫我们。真要闹翻了，我看你们也得不到便宜。"

辽朝官员说不服沈括，又怕闹僵了，对他们没好处，只好放弃了他们的无理要求。

沈括带着随员从辽朝回来，一路上，每经过一个地方，把那里的大山河流，险要关口，画成地图，还把当地的风俗人情，调查得清清楚楚。回到东京以后，他把这些资料整理起来，献给宋神宗。宋神宗认为沈括立了功，拜他为翰林学士。

沈括为了维护宋朝边境的安全，十分重视地形勘察。有一次，宋神宗派他到定州（今河北定县）去巡视。他假装在那里打猎，花了二十多天时间，详细考察了定州边境的地形，还用木屑和融化的蜡捏制成一个立体模型。回到定州后，沈括要木工用木板根据他的模型，雕刻出木制的模型，献给宋神宗。这种立体地图模型当然比绘制在纸上的地图更清楚了。

宋神宗对沈括画的地图和制作的地图模型很感兴趣。

第二年,就叫沈括编制一份全国地图。但是不久,沈括受人诬告,被朝廷贬谪到随州(今湖北随县)去。在那里,环境虽然很困难,但是他坚持绘制没有画完的地图;后来,他换了几个地方的官职,也是一面考察地理,一面修订地图,坚持了十二年,终于完成了当时最准确的一本全国地图——《天下郡国图》。

沈括不但在地理研究上作出了出色的成就,而且是个研究兴趣很广泛的科学家。他在天文、历法、音乐、医药、数学等方面,都十分精通。他很早就研究天文历法。后来,他担任司天监的工作,发现在那里工作的人,不少是不学无术的人,不懂得用仪器观测。他到了司天监以后,添置了天文仪器。为了观察北极星的位置,他一连三个月,每天夜里用浑天仪观察,终于计算出北极星的正确位置。

沈括晚年的时候,闲居在润州(今江苏镇江)的梦溪园。他把一生研究的成果记载下来,写了一本著作《梦溪笔谈》。在那本书里,除了记载他自己研究的成果以外,还记录了当时劳动人民的许多创造发明,其中特别有名的是毕昇的活字印刷技术。

印刷术是我国古代四大发明之一。在北宋之前,已经有了雕版印刷术。但是雕版花工夫大,而且刻好一块木板,要改动一个字,就要全部重刻。沈括在他钱塘老家看到一位老工匠毕昇,用一种很细的黏土,做成许多小块,刻上字后放在窑里烧硬,成为一个个活字。用这种活字排版印刷,比雕版印刷方便多了。沈括看到这件新鲜事,十分感兴趣,就进行详细的观察和了解，还把毕昇的发明，记载在他的《梦溪笔谈》里，后代的人读了他的书，才知道活字印刷术的来历。

195

司马光写《通鉴》

王安石罢相以后，宋神宗还把王安石定下的新法维持了将近十年。公元 1085 年，宋神宗病死，年才十岁的太子赵煦（音 xù）即位，就是宋哲宗。哲宗年幼，由他祖母高太后临朝。高太后是一向反对新法的。她一临朝，就把反对新法最激烈的司马光召到东京担任宰相。

司马光是当时最有名望的大臣，陕州夏县（今山西夏县）人。他的名声，从他幼小的时候已经开始传开了。他七岁那年，就开始专心读书。不论是大伏暑天，或者数九寒冬，他总捧着书不放，有时候连吃饭喝水都忘了。他不但读书用功，而且很机灵。有一次，他跟小伙伴们在后院子里玩耍。院子里有一口大水缸，有个小孩爬到缸沿上，一不小心，掉到缸里。缸大水深，眼看那孩子快要没顶了。别的孩子们一见出了事，吓得一面哭喊，一面往外跑，找大人来救。

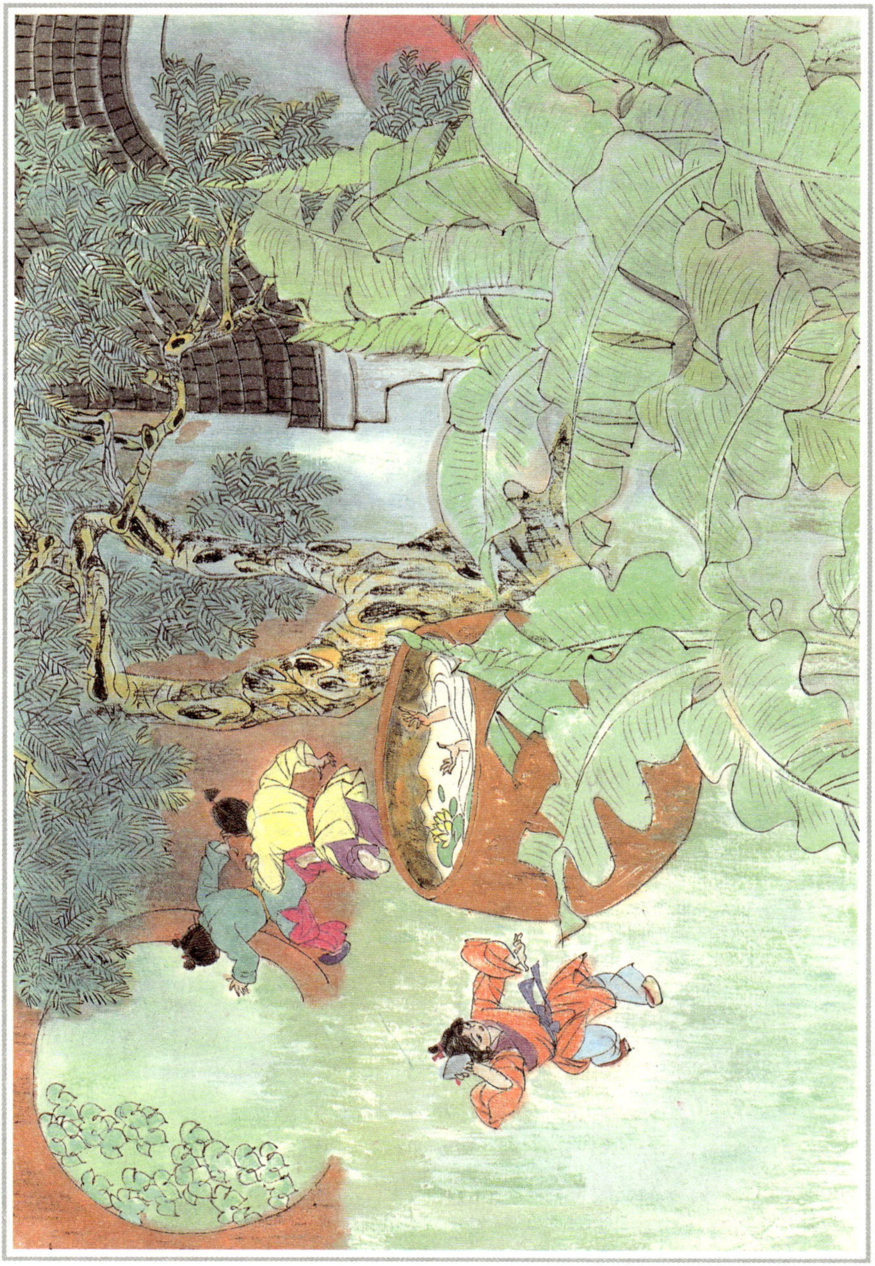

司马光不慌不忙，顺手从地上拾起一块大石块，使尽力气朝水缸砸去。“砰”的一声，水缸破了，缸里的水流了出来，被淹在水里的小孩也得救了。

这件偶然的事情，使幼小的司马光出了名。东京和洛阳有人把这件事画成图画，广泛流传。

宋神宗在位的时候，司马光担任翰林学士。司马光和王安石本来是要好的朋友，后来王安石主张改革，司马光思想保守，两个人就谈不到一块儿去了。

王安石做了宰相以后，提出的一件件改革措施，司马光没有一件不反对。有一次，司马光向宋神宗提出要取消青苗法，同时，以老朋友的资格，写了一封信，责备王安石侵犯其他官员的职权，惹是生非，搜刮财富，还拒不接受别人的意见。

王安石写了一封回信，对司马光的四条责难针锋相对地作了反驳。信里说：我受皇上的命令，改革法制，怎能说我侵犯别人职权；为国家办事，怎能说我惹是生非；为天下理财，怎能说是搜刮财富；驳斥错误的言论，怎能说拒绝意见。

司马光接到回信，气得要命。但是眼看王安石有皇帝撑腰，也无可奈何。最后，他辞去朝廷职务，离开京城，到了洛阳，表示不愿过问政事，关起门来写书了。

原来，司马光对历史很有研究，他认为治理国家的人，一定要通晓从古以来的历史，从历史中吸取兴盛、衰亡的经验教训。他又觉得，从上古到五代，历史书实在太多，做皇帝的人没有那么多时间看。于是，他很早就动手编写一本从战国到五代的史书。宋英宗在位的时候，他把一部分稿子献给朝廷。宋英宗觉得这本书对巩固王朝统治有好处，十分赞赏这项工作，专门为他设立一个编写机构，叫他继续编下去。

宋神宗即位以后，司马光又把编好的一部分献给宋神宗。

宋神宗并不信司马光的政治主张，但是对司马光编书却十分支持。他把自己年轻时候收藏的二千四百卷书都送给司马光，要他好好完成这部著作。还亲自为这本书起了个书名，叫《资治通鉴》（“资治”就是能帮助皇帝治理天下的意思）。

司马光罢官回到洛阳之后，就专心写《资治通鉴》，一共花了十九年时间，才把这部著作完成。这部书按历史年代编写，对战国时期公元前403年到五代时期公元959年，记载了一千三百六十二年的历史。

为了写这一部巨大篇幅的著作，司马光和他的助手们收集和整理了大量资料，除了采用历代的正史之外，还参看各种历史著作三百多种。据说，这部书写成的时候，原稿足足堆放了两间屋子。由于它的材料丰富、剪裁恰当和考证严格，加上文字精练生动，所以成为我国史学史上最有价值的著作之一。它对于后来的人研究历史，提供了比较完备的资料。

在整整十九年时间里，司马光把全部精力放在这部著作上面，每天工作到深夜。到《资治通鉴》完成的时候，他的身体已经十分衰弱，眼睛昏花，牙齿大多脱落了。由于他在史学方面作出了贡献，他被认为是我国历史上著名的史学家。

司马光在洛阳写了十多年书，但是因为他反对新法出了名，一些保守的官员都很记挂他。他虽然口口声声说不谈政治，但是许多人还把他当作“真宰相”看待，连普通百姓也知道洛阳住着一个司马相公。

高太后临朝执政，把司马光召回朝廷，司马光已经是又老又病了。但是，他反对王安石新法却丝毫不肯放松。他一当上宰相，第一件大事就是废除新法。有人劝阻他说，神宗刚刚去世，马上把他的政治措施改掉，总不大好吧！司马光气呼呼地说：“先皇帝立的法度，好的自然不要去改动，像王安石搞的那一套，却是害民的事，为什么不能改？再说，现在高太后执政，高太后是神宗的母亲，做母亲的改动儿子的主张，有什么不可以？”

就这样，他不顾许多官员的反对，到了第二年（公元1086年），就把王安石建立的新法一股脑儿废除了。王安石听到这个消息，当然十分生气，不久就郁郁不乐地死去。而司马光的病也越来越重，在同年九月咽了气。

196

苏东坡游赤壁

司马光执政后，把宋神宗贬谪的许多大臣都召回朝廷，其中有两个是宋朝著名的文学家——苏轼（音 shì）和苏辙（音 zhé）。

苏轼兄弟俩，是眉州眉山（今四川眉山）人。苏轼二十岁刚出头的那年，他的父亲苏洵带着他和苏辙到京城去考进士。主考官欧阳修，正在注意从考生中物色有才华的人。第一场考试下来，他在阅卷的时候，看到一篇文章，高兴得拍案叫好。

考卷是密封的，上面没有考生的名字。欧阳修心里想，能写出这样精彩的文章，一定是一个文坛能手。京城里有点名气的文人，欧阳修多少了解一点，这篇文章究竟是谁写的呢？他猜想了半晌，觉得从文章的风格看，很可能是他的门生曾巩。他本来想把这篇文章评为第一名，但是曾巩是他门生，评得高了，怕人们说他偏袒，就把它评为第二。

直到发榜的那天，欧阳修才知道，那个写精彩文章的不是曾巩，却是刚到京城的青年考生苏轼。

苏轼考取以后，照例要去拜见主考老师欧阳修。欧阳修跟他谈了一阵子，觉得他气度大方，才华出众，打心眼里喜欢。苏轼走了以后，欧阳修跟他的老同事梅尧臣说："像这样出众的人才的确难得，我真应该让他高出一头呢！"（成语"出人头地"就是这样来的。）

欧阳修这番话一传出去，一些读书人听了都不服气。京城里这样多的人才，难道比不上一个初出茅庐的小伙子。后来，大家读到苏轼才气横溢的诗歌和文章，才不得不服输。

苏轼出了名，他的弟弟、十九岁的苏辙也在同年考取了进士，他们的父亲苏洵的高兴劲儿就不用说了。但是苏洵另外有一番感触。原来苏洵也是个擅长散文的人。他在少年时期，没认真读书，到二十七岁那年，看到别人一个个都上进了，才发个狠劲读书。过了一年，考进士没考中，回到家里，一气之下把他过去写的文章，一把火烧了，从头学起，果然进步很大。

这回，他带儿子到了京城，眼看儿子年轻轻的都考中了，怎么不感慨呢。他听说欧阳修是最重视文才的，就把他几年来写的二十多篇文章托人送给欧阳修，请欧阳修指教。欧阳修一看，苏洵的文章文笔老练，别具风格，就向宰相韩琦推荐，韩琦也很赞赏。后来，没经过考试，破格把苏洵任命为秘书省校书郎。

这样，苏家父子三人在当时京城中都出了名。后来，人们把他们父子三人合起来称作“三苏”。

王安石实行新法的时候，苏洵已经死了。苏辙在王安石手下干过事，后来，因为跟王安石合不来，被降了职到外地去了。苏轼主动要求外调，先后当过杭州、湖州（今浙江吴兴）等地方的刺史。他每到一个地方，都兴修水利，减轻赋税，提倡生产，做了一些对人民生活有益的事。

后来，苏轼在湖州看到了地方豪强官吏的横行霸道，很不满意，写了一些诗，讽刺这些事。没想到这些诗传到京城，几个反对苏轼的官僚从苏轼的诗文里摘出几句话，诬陷苏轼诽谤朝廷，大逆不道。他们撤了苏轼的职，把他押解到东京，关在大狱里，想把他处死。

苏轼在监牢里足足被关了一百天，受尽折磨。后来，因为实在算不上什么大罪，宋神宗才下令把他释放，贬谪到黄州（今湖北黄冈）。

苏轼到了黄州，挂了个小小的空头官衔，实际上过着流放的生活。他穷得过不了日子，后来靠朋友的帮助，弄到一块地，自己耕种起来。他还亲自整理场地，在东边山坡上盖了一间屋。他给自己起了一个别号，叫东坡居士。后来，人们常把苏轼叫做苏东坡。

苏轼在政治上失意的日子里，常常游览山水，写作诗歌，抒发他的心情。有一次，他打听到长江边有个名胜古迹叫做赤壁，就在一个月光皎洁的夜里，约了几个朋友，乘着小船到赤壁去游览。在那里，他想起三国时期曹操和周瑜大战的情景，触景生情，十分感慨。回来以后，写了一篇文章，叫做《赤壁赋》。

苏轼不但是写散文和写诗的能手，而且在词的写作上也有很高的成就。他写的词，有一种与众不同的豪放风格。在游赤壁之后，他又写了一首《念奴娇》（词牌名），词的上半首是：

大江东去，浪淘尽千古风流人物。
故垒西边，人道是三国周郎赤壁。
乱石崩云，惊涛拍岸，卷起千堆雪。
江山如画，一时多少豪杰。

苏轼是个博学多才的人，但是他在地理上却出了一个不小的差错。原来黄州的赤壁并不是周瑜火烧曹军的地方。三国的赤壁在现在武汉的上游，而黄州却在武汉下游。不过，黄州的赤壁却因为苏轼这一个差错出了名。后来人们为了纪念这位大文学家，就称它为“东坡赤壁”。

197

花 石 纲

高太后掌了八年权死去，由宋哲宗亲政。年轻的宋哲宗对他祖母重用保守派，本来就不满意。等到他亲自执政，就重新起用变法派。但是后来的变法派不像王安石那样真心实意改革朝政，内部纷争不休。一批投机分子打着变法的幌子，趁机捣乱。等宋哲宗一死，他的弟弟宋徽宗赵佶（音jí）即位后，朝政更加混乱。

宋徽宗是个出名的浪荡子，不懂得管理国家大事，专门寻欢作乐。他身边有个心腹宦官童贯，迎合他的心意，替他搜罗书画珍宝供他赏玩。有一次童贯到苏州一带去搜集书画珍宝，有个不得志的官员蔡京想投靠童贯，每天陪着童贯鬼混，还把他自己书写的屏风扇面等送给童贯。童贯得到蔡京的好处，把这些书画马上送到东京，并且捎话给宋徽宗，说他物色到一个少有的人才。

蔡京到了东京,又拉了一帮子人替他活动。有个官员对宋徽宗说:“推行新法是件大事,朝臣中是没有人能帮助办好这件事的。如果陛下要继承神宗的遗志,非用蔡京不可。”那个官员还画了一幅图献给宋徽宗,图表上列了大批朝臣名字,把保守派写在右面,把变法派写在左边。右边的名字都是当朝大臣,但左边的名单只有两个名字,其中一个就是蔡京。宋徽宗看了,满心喜欢,马上决定让蔡京当宰相。

蔡京一上台,就打起变法的旗帜,把一些正直的官员,不论是保守的或是赞成变法的,一律称作奸党。他还操纵宋徽宗在端礼门前立一块党人碑,把司马光、文彦博、苏轼、苏辙等一百二十人称作元祐(元祐是宋哲宗前期的年号)奸党,已经死了的削去官衔,活着的一律降职流放。这样一来,一些正直的官员就全部被排挤出朝,而蔡京的同伙却步步高升了。至于王安石制定的新法,到蔡京手里就完全变了样。像免役法本来可以减轻百姓的劳役负担,蔡京一伙却不断增加雇役的税收,变成敲诈人民的手段。

宋徽宗和蔡京又迷信道士,大造道观。有个道士叫林灵素,在宋徽宗面前胡吹说:天上有九霄,最高一层叫神霄,神霄宫有个玉清王,是上帝长子。宋徽宗就是上帝长子下凡。神霄宫还有仙官八百,蔡京、童贯就是仙官再世。这一番胡言乱语,居然把宋徽宗哄得心花怒放,天天请大批道士在宫中讲道。道士们还给宋徽宗献了个称号,叫教主道君皇帝。这一来,皇帝就成为道士头子了。

宋徽宗尽情追求享乐腐朽的生活。童贯替他在苏州、杭州两地征用几千名工匠，每天制作象牙、牛角、金银、竹藤的雕刻或织绣品，供他玩赏。所有制作材料，一律向百姓搜刮。日子一久，宋徽宗对那些玩艺儿腻了，想找一些奇草、怪石来换换口味。蔡京、童贯为了讨好宋徽宗，派了一个二流子朱勔，在苏州办了一个“应奉局”，搜罗花石。朱勔手下养了一批差官，专门管这件事。听说哪个老百姓家有块石头或者花木比较精巧别致，差官就带了兵士闯进那家，用黄封条一贴，算是进贡皇帝的东西，要百姓认真保管。如果有半点损坏，就要被派个“大不敬”的罪名，轻的罚款，重的抓进监牢。有的人家被征的花木高大，搬运起来不方便，兵士们就把那家的房子拆掉，墙壁毁了。那些差官、兵士乘机敲诈勒索，被征花石的人家，往往被闹得倾家荡产，有的人家卖儿卖女，到处逃难。

朱勔把搜刮来的花石，用大批船只运送到东京。运送的船只不够，就截劫运粮的船和商船，把船上货物倒掉，装运花石。这大批船只自然还要征用大量民伕。于是船只在江河里穿梭似地来往，民伕们为运送花石日夜奔忙。这种运送的队伍叫做“花石纲”。

花石纲一到东京，宋徽宗见了，果然高兴，给朱勔加官升职。花石纲越来越多，朱勔的官也越做越大。一些达官贵人，谁敢不讨朱勔的好。人们把朱勔主持的苏杭应奉局称作“东南小朝廷”，可见朱勔权力之大了。

198

方腊起义

花石纲把东南一带闹得昏天黑地，出产花石多的地方，百姓遭殃也最重。睦州青溪（今浙江淳安县）地方，出产各种花石竹木，朱勔的应奉局常常派差人到那里，搜刮花石。当地有个方腊，家里有个漆园。方腊平时靠这个园里的出产，日子勉强过得去。自从朱勔办了花石纲以后，方腊家也遭到勒索。方腊恨透那些官府差役，又看到当地农民兄弟受尽花石纲的苦，就决心把大家组织起来，造官府的反。

公元1120年的一天，几百个苦大仇深的农民聚集在方腊的漆园里，方腊激动地跟大家说："国家好比一个家庭，如果一户人家，小辈整年劳动，好容易挣了一点粮食布帛，却被他们的父兄胡乱花费了。小辈稍为不称他们的心，就挨他们鞭打。你们说这应该不应该？"

大伙儿齐声回答说："不应该！"

方腊又说："那些做父兄的浪费还不算，又拿家里财物去向敌人讨好求情，你们说该不该？"

大伙儿愤怒地回答说："哪有这种理儿？"

方腊流着眼泪说："现在官府赋税劳役那么重，那些大官们还要敲诈勒索。老百姓好容易生产了些漆、纸，也被他们搜刮得精光。我们一年到头劳苦，结果一家老小受冻挨饿，连一餐饱饭都吃不上，你们看怎么办？"

大伙儿听到这里，都高声嚷起来说："请您下命令吧！我们听您的。"

方腊受到农民的拥护，就打起杀朱勔的旗号，发动起义。方腊担任起义军的统帅，自称"圣公"。将士们带着各色头巾，作为标志。愤怒的起义将士，杀死那里的官吏，焚烧他们的住宅。青溪附近一带的百姓都被官府害苦了，纷纷响应方腊起义军。没到十天，起义军就聚集了几万人马。

当地官军将领派兵镇压，被起义军打得落花流水，两名宋将被杀死。起义军乘胜攻进青溪县，赶跑了那儿的县官。接着，又接连打下了几十座县城，很快打到了杭州。

警报传到东京，把宋徽宗吓昏了。宋徽宗赶快派童贯带领十五万官军到东南去镇压起义。

童贯到了苏州，知道花石纲引起的民愤太大，立刻用宋徽宗的名义下了一道诏书，承认错误，并且撤销了专办花石纲的"应奉局"，把朱勔撤职。

东南的百姓看到朝廷取消了花石纲，罢免了朱勔，总算出了一口气。哪儿知道童贯正在这时候，加紧部署镇压起义的兵力呢。

童贯集中各路大军进攻，方腊不得不退回青溪，据守在山谷深处的帮源洞坚持战斗。官军不知道山路，没法进攻。就在这个节骨眼上，起义军里出了奸细，给官军引路。官军终于摸到帮源洞，方腊没有防备，被俘虏了，没多久，被押解到东京，惨遭杀害。

方腊起义虽然失败了，但是给北宋王朝一次沉重的打击。这时候，在北方也爆发了大规模的起义，起义领袖宋江等三十六人从河北起兵，在青州、齐州、濮州（都在今山东省）流动作战，打得官军心惊胆颤，一听到他们打来就跑。

在山东梁山泊，也发生渔民起义。据说宋江的起义军也到过梁山泊。后来民间流传的"梁山泊好汉""一百零八将"的故事，就是根据他们的事迹发展起来的。到了元朝末年明朝初年，小说家施耐庵把梁山泊农民起义的传说加工写成长篇小说《水浒》（浒音 hǔ），成功地塑造了林冲、鲁智深、武松等许多梁山英雄好汉的艺术形象，成为我国文学史上优秀长篇小说之一。

199

头鱼宴上的阿骨打

童贯镇压了方腊起义没多久，东北的金朝派人到东京，催促北宋攻打燕京，夹攻辽朝。

原来，辽朝经过几次内乱和各族人民起义力量的打击，渐渐腐朽衰落。在这时期，我国东北地区的女真族（我国古代少数民族之一）逐渐强大起来。女真人民长期受辽朝贵族的统治和压榨，早就产生了强烈的反抗情绪。

公元 1112 年的春天，辽天祚（音 zuò）帝耶律延禧到东北春州（在今吉林省）巡游，兴致勃勃地在混同江（今松花江）捕鱼，并且命令当地的女真各部酋长都到春州朝见。

按照当地风俗，在每年春季最早捉到的鱼，要先给死去的祖先上供，并且摆酒宴庆祝。这一年，辽天祚帝在春州举行了头鱼宴，请酋长们喝酒。辽天祚帝几杯酒下肚，有了几分醉意，叫酋长们给他跳舞。那些酋长虽然不愿意，但是不敢违抗命令，就挨个儿离开座位，跳起民族舞蹈来。

接下去轮到一个青年人，他神情冷漠，两眼直瞪瞪地望着天祚帝，一动也不动。这个青年就是女真族完颜部酋长乌雅束的儿子，名叫阿骨打。

辽天祚帝见阿骨打居然敢当着大家的面顶撞他，很不高兴，一再催他跳；一些酋长怕他得罪天祚帝，也从旁劝他。可是不管好说歹说，阿骨打拿定主意不跳，叫天祚帝下不了台阶。

这场头鱼宴闹得不欢而散。辽天祚帝当场没发作，散席之后，他跟大臣萧奉先说："阿骨打这小子这样跋扈，实在使人没法容忍。不如趁早杀了他，免得发生后患。"

萧奉先认为阿骨打没有大过失，杀了他怕引起其他酋长的不满，就说："他是个粗人，不懂得礼节，不值得跟他计较。就算他有什么野心，小小一个部落，也成不了气候。"

辽天祚帝觉得萧奉先说得有道理，也就把这件事搁在一边。

阿骨打当然不是不会跳舞，他是个性格刚强的人，多年来对辽朝贵族欺负女真人民，早就不满。现在，眼看辽朝越来越腐败，就决心自立门户。

不久，阿骨打的父亲乌雅束死去，阿骨打继任完颜部首领，他建筑城堡，修理武器，训练人马，逐步统一了女真各部，准备反辽。

辽天祚帝得知阿骨打备战，一面派使者到阿骨打那里去责问，一面调动河北几路人马到东北威胁。

阿骨打对部下说："现在辽人快要动手了，我们要先发制人，免得被动。”他集中女真各部骑兵二千五百人，亲自率领袭击辽朝。辽将没有准备，狼狈奔逃。辽天祚帝得知消息，立刻派大军镇压，在混同江边，遭到阿骨打骑兵的痛击。女真兵乘胜追击，兵力发展到一万人。

公元 1115 年，阿骨打在会宁（今黑龙江阿城南）正式称帝，国号大金。他就是金太祖。

金太祖即位后，攻打辽朝东北重镇黄龙府（今吉林农安县）。辽天祚帝派了二十多万步兵、骑兵到东北去防守，被金兵打得大败，连武器、耕具都丢得精光。辽天祚帝想跟金朝讲和，金太祖可不答应，指名道姓要辽天祚帝投降。

辽天祚帝恼羞成怒，组织兵力七十万，亲自带领到黄龙府去。

金太祖命令将士筑好营垒，挖掘壕沟，准备抵抗。正在这个时候，辽朝发生内乱，辽天祚帝下令撤兵。金太祖趁机追击，几十万辽军一下就垮了下来。辽天祚帝一天一夜逃了几百里，才算保住了一条命。

这时候，辽朝兵力大部丧失，北方人民不满辽朝贵族的统治，纷纷起义。

有人向宋徽宗提议，辽朝快要灭亡，收复北方燕云失地，这可是个好机会。宋徽宗派人从山东渡海，前往金朝会见金太祖，表示愿意夹攻辽朝。双方约定灭掉辽朝之后，北宋收回后晋时期割让给辽朝的燕云十六州失地，北宋把每年送给辽朝的银、绢，如数转送给金朝，历史上把这件事称作“海上之盟”。

金兵向南进攻，接连攻下了辽朝四座京城。还留下一个燕京，按照双方约定，应该由宋军攻打。

童贯刚刚镇压了方腊起义军，就带领十五万大军赶到北方，攻打燕京。他满以为辽兵的主力已经被金军消灭，打下燕京可以不费多大劲儿。哪知道辽兵虽然虚弱，比宋军还强得多。童贯一连打了两次败仗，不但燕京没有收复，而且损兵折将，把多年以来积存的粮草、武器全都丢光。

童贯为了逃避失败的责任，暗地派人请金军攻燕京。金军一举拿下了燕京，不肯还给北宋。童贯只好答应把燕京的租税每年一百万贯钱献给金朝，才把燕京赎了回来。

这一来，北宋王朝的腐朽可让金朝看穿了。公元1125年，金太祖的弟弟金太宗完颜晟（音 shèng）派兵追杀辽天祚帝，灭了辽朝。接着发兵南下，把进攻矛头转向北宋王朝。

200

李纲守东京

金太宗灭了辽朝之后，借口宋朝收留了一名辽朝逃亡的将领，分兵两路进攻北宋。西路由宗翰（又名粘罕）率领，攻打太原；东路由宗望（又名斡离不，斡音 wò）率领，攻打燕京。两路大军约定在东京会师。

前线的告急文书像雪片一样飞到北宋朝廷。金太宗又派出使者到东京，胁迫北宋割地称臣。满朝文武大臣吓得不知该怎么办，只有太常少卿（掌管礼乐和祭祀的官）李纲坚决主张抵抗金兵。

东路金兵攻下燕京，宋将郭药师投降。金将宗望叫郭药师做向导，领兵南下，直取东京。

宋徽宗看到形势危险，又气又急，拉住一个大臣的手说：“唉，没想到金人会这样对待我。”话没说完，一口气塞住喉咙，昏厥过去，倒在床上。大臣们手忙脚乱地把他扶起，把太医请来灌药急救，总算把他救醒过来。他向左右侍从要了纸笔，写下了“传位东宫”的诏书，宣布退位。不久，他带着二万亲兵逃出东京，到亳州（今安徽亳县）避难去了。

太子赵桓即位，就是宋钦宗。宋钦宗把李纲提升为兵部侍郎，并且下诏亲自讨伐金兵。其实，宋钦宗并不比他父亲强多少，他做了一番表面文章，心里却七上八下没主意呢。

宋军在前线接连打败仗，东京吃紧起来，宰相白时中、李邦彦两人劝宋钦宗逃跑，宋钦宗也动摇了。

李纲得知这个消息，立刻求见宋钦宗，说：“太上皇（指宋徽宗）传位给皇上，正是希望陛下能留守京城，陛下怎么能走呢？”

宋钦宗还没开口，宰相白时中先搭了腔，说：“敌军声势浩大，哪能守得住？”

李纲驳斥说：“天下的城池，没有比京城更坚固的。再说，京城是国家的中心，文武百官集中在这里，只要皇上督率抗战，哪有守不住的道理？”

旁边有个宦官也嘟嘟囔囔说东京的城池不牢固，抵挡不住金兵进攻。宋钦宗叫李纲视察城池。李纲去了一会，回来说：“我视察过了，城楼又高又坚固，护城河虽然浅狭一些，只要安下精兵强弩，不愁守不住。”接着，他还提出许多防守措施，要钦宗团结军民，共同坚守，等各地援军到来，就组织反攻。

宋钦宗还有点犹豫，说：“那么，谁能担当守城的重任呢？”

李纲把目光向大臣们扫视了一下，说："国家平时用高官厚禄供养官员，就是为了危急的时候要大家出力。白时中、李邦彦身为宰相，应当担当起守城的责任。"

白时中、李邦彦在旁边听了，急得直翻白眼。白时中气急败坏地嚷道："李纲你说得好听！你能打仗吗？"

李纲神色从容地说："如果陛下不嫌我没有能耐，派臣带兵守城，臣甘愿用生命报答国家！"

宋钦宗看李纲态度坚决，就派他负责全线防守。

白时中等和一批宦官并不死心，等李纲一走，又偷偷劝钦宗逃跑。第二天一早，李纲上朝的时候，只见禁军列队在皇宫两边，车马仪仗都已经准备停当，只等钦宗上车出发。

李纲大为恼火，厉声对禁军将士说："你们到底愿意守卫京城，还是想逃跑？"

将士们齐声回答说："愿意保卫京城！"

李纲和禁军将领一起进宫，对宋钦宗说："禁军将士的家属都在东京，不愿离开。如果强迫他们走，万一半路上逃散，敌人追来，谁来保护皇上？"宋钦宗一听逃跑也有风险，才不得不留下来。

李纲立刻出宫向大家宣布："皇上已经决定留守京城，以后谁再提逃跑，一律处斩。"兵士们听了，激动地欢呼起来。

李纲稳住了宋钦宗，就积极准备防守，在京城四面都布置好强大兵力，配备好各种防守的武器；还派出一支精兵到城外保护粮仓，防止敌人偷袭。

过了三天，宗望率领的金兵已经到了东京城下。他们用几十条火船，从上游顺流而下，准备火攻宣泽门。李纲招募敢死队兵士二千人，在城下列队防守。金军火船一到，兵士们就用挠钩钩住敌船，使它没法接近城墙。李纲又派兵士从城上用大石块向火船投掷，石块像冰雹一样泻了下来，把火船打沉了，金兵纷纷落水。

宗望眼看东京城防坚固，一下子攻不下来，就派人通知北宋，答应讲和。宋钦宗和李邦彦一伙人早想求和，立刻派出使者到金营谈判议和条件。

宗望一面向北宋提出苛刻条件，一面加紧攻城。李纲亲自登上城楼，指挥作战。金兵用云梯攻城，李纲就命令弓箭手射箭，金兵纷纷应弦倒下。李纲又派几百名勇士沿着绳索吊到城下，烧毁了金军的云梯，杀死几十名金将。金兵被杀死的、落水淹死的不计其数。

正当李纲指挥将士拼死抵抗的时候，宋钦宗的使者带来了金营的议和条件。

201

太学生请愿

金将宗望提出的议和条件是十分苛刻的，他要北宋赔给金朝大量金银、牛马、绸缎；割让太原、中山、河间三镇土地；宋钦宗尊称金皇帝为伯父；还要派亲王、宰相到金营作人质。宋钦宗、李邦彦一心求和，准备全部接受。

李纲听到朝廷准备接受这些丧权辱国的条件，肺都气炸了。他竭力反对赔款割地，主张跟金人拖延谈判时间，只等四方援兵一到，就可以反攻。

宋钦宗不耐烦地说："你只管带兵守城，和谈的事，慢慢再说吧。"

过了十天，各地救援东京的宋军陆续到了城外，共有二十万人。东京守军士气振奋。围城的金兵只有六万。宗望一看形势不妙，赶快把人马后撤，龟缩在堡垒里。

援军大将种师道、姚平仲都支持李纲的抗战主张。种师道是个经验丰富的老将，主张长期相峙，等敌人粮草接济不上被迫退兵的时候，再找机会反击；但是姚平仲心急，主张派一支人马乘黑夜偷袭金营，活捉宗望。这个偷袭计谋偏偏又被泄露了出去，金军得到情报，事先作了准备。姚平仲偷袭没成功，反而中了金兵伏击，损失了一千多人马。

这一来，一批投降派大臣就幸灾乐祸，大肆造谣，说援军已经全军覆没，还攻击李纲闯了大祸。宋钦宗听信投降派的话，惊慌失措，一面派使者到金营赔礼，一面把李纲、种师道撤职。

这个消息一传出来，东京全城骚动，军民个个气愤。特别是太学里的学生，群情激昂。太学生陈东，是个爱国热情很高的年轻人。东京被金人围攻以后，他曾经带领太学生三次上书宋钦宗，要求钦宗处斩蔡京、童贯、朱勔等六名国贼，震动朝廷内外，逼得宋钦宗不得不把六贼惩办。陈东和李纲素不相识，但是李纲坚决抗战的行动使他们十分钦佩。

这一天，陈东带领几百名太学生，拥到皇宫的宣德门外，上书请愿，要求朝廷恢复李纲、种师道的原职，惩办李邦彦、白时中等奸贼。他们在请愿书中恳切地说："罢免李纲的命令一下，全城军民痛哭流涕，都说这样下去早晚要当亡国奴。这不是正中敌人的计吗？"

东京城的军民听说太学生请愿，不约而同地来到宣德门前，一下子就聚集了几万人。这时候，李邦彦正好从宫里退朝出来，群众一见到奸贼，眼都红了，指着李邦彦的鼻子痛骂，有的还从地上捡起瓦片、石头，向李邦彦劈头盖脑地扔去，吓得李邦彦抱头缩颈，赶快逃进宫去。

宋钦宗在宫里听见群众闹了起来，吓得要命，连忙派个官员传旨，说："李纲用兵失败，朝廷不得已把他罢职；等金兵一退，马上让他复职。"

群众哪儿肯答应，大伙儿愤怒地冲进朝堂，拼命敲打那里的"登闻鼓"（有急事上奏时敲的鼓），把鼓面也打破了。抗议的呼声震天撼地。

开封府知府赶来，威胁太学生说："你们怎么能够胁迫皇上呢？"

太学生高声回答说："我们用忠义胁迫皇上，总比奸臣胁迫皇上卖国好吧。"一面说，一面又要把那知府揪住，吓得那知府灰溜溜地逃走了。

禁卫军将领一看事情闹大了没法收拾，进宫劝宋钦宗答应大家的要求。宋钦宗没法，只好派人召李纲进宫，并且当众派人宣布，恢复李纲、种师道的职务。群众还不放心，这时候，种师道正乘车赶了来。大家掀开车帘，一看果然是种老将军，爆发出一阵雷鸣般的欢呼声，才陆续散去。

太学生的请愿终于得到胜利。李纲复职后，重新整顿队伍，下令凡是能够英勇杀敌的一律受重赏。宋军阵容整齐，士气高涨。宗望看到这种情况，也有点害怕，不等宋朝交足赔款，就匆忙撤退。

202

两个皇帝当俘虏

由于东京军民的坚决抵抗，金将宗望被迫退兵。种师道向宋钦宗建议，在金兵渡黄河退却的时候，发动一次袭击，把金兵消灭掉。这本来是个好主意，但是宋钦宗不但不同意，反而把种师道撤了职。

金兵退走以后，宋钦宗和一批大臣以为从此可以过太平日子了。他们把宋徽宗接回东京。李纲一再提醒宋钦宗要加强军备，防止金军再次进攻，可是每次提出来，总受到一些投降派大臣的阻挠。宋钦宗也嫌李纲啰唆。

哪料到东路的宗望刚退兵，西路的宗翰率领的金兵却不肯罢休，加紧攻打太原。宋钦宗派大将种师中带兵援救，半路上被金兵包围，种师中兵败牺牲。投降派大臣正嫌李纲留在京城碍事，就撺掇宋钦宗把李纲派到河北去指挥作战。

一些正直的大臣认为朝廷不该在这个时候让李纲离开京城，但是宋钦宗却硬要把李纲调走。

李纲明知道自己遭到排挤，但是要他上前线抗金，他也不愿推辞。钦宗拨给他一万二千人，他向朝廷请求拨军饷银、绢、钱各一百万，朝廷只给了二十万。李纲想做好准备工作再走，宋钦宗嫌他拖拉，一再催促，李纲只好匆匆出兵。

李纲到了河阳，招兵买马，修整武器。但是朝廷却命令他解散招来的新兵，立刻前去太原。李纲调兵遣将，分三路进兵，但是，那里的将领直接受朝廷指挥，根本不听李纲的调度。三路人马没统一指挥，结果打了一个大败仗。

李纲名义上是统帅，实际上没有指挥权，只好向朝廷提出辞职。投降派又攻击他专门主张抗金，打起仗来却损兵折将。宋钦宗把李纲撤了职，贬谪到南方去了。

金朝君臣最怕李纲，现在李纲罢了官，他们就没有顾忌了。金太宗又命令宗翰、宗望进攻东京。

这时候，太原城已经被宗翰的西路军围困了八个月。太原守将王禀率领军民坚决抵抗。金兵用尽一切办法攻城，都被王禀打退。日子一久，城里断了粮，兵士把牛马、骡子杀了充饥；牛马吃完了，就把弓弩上的皮革煮来吃。老百姓天天吃野草、糠皮，没有一个人投降。最后，太原城终于被金兵攻破。王禀带着饥饿的兵士跟金兵巷战之后，自己跳到汾水里牺牲了。

太原失守之后，两路金兵继续南下。各路宋军将领听到东京吃紧，主动带兵前来援救。宋钦宗和一些投降派大臣忙着准备割地求和，竟命令各路援军退回原地。

这时候，在黄河南岸防守的宋军还有十二万步兵和一万骑兵。宗翰的西路军到了黄河北岸，不敢强渡。到了夜里，他们虚张声势，派兵士打了一夜战鼓。南岸的宋军听到对岸鼓声，以为金兵要渡河进攻，纷纷丢了营寨逃命，十三万宋军一下子逃得精光。宗翰没动一刀一枪，就顺利地渡过了黄河。

宗望率领的东路，也攻下大名（今河北大名），渡河南下。两路金兵不断向东京逼近，把宋钦宗吓昏了。一些投降派大臣又成天向宋钦宗嘀咕，说除了求和之外，没有别的出路。宋钦宗只好派他弟弟康王赵构到宗望那里去求和。

赵构经过磁州（今河北磁县），州官宗泽跟赵构说："金朝要殿下去议和，这是骗人的把戏。他们已经兵临城下，求和又有什么用呢？"

磁州的百姓也拦住赵构的马，不让他到金营去求和。赵构害怕被金朝扣留，就在相州（今河南安阳）留了下来。

没有多久，两路金军已经赶到东京城下，猛烈攻城。城里只剩下三万禁卫军，也是七零八落，差不多逃亡了一大半。各路将领因为朝廷下过命令，也不来援救东京。这时候，宋钦宗再想召回李纲，已经来不及了。

宋钦宗急得束手无策。东京城里有个大骗子，名叫郭京，吹嘘会使"法术"，只要招集七千七百七十九个"神兵"，就可以活捉金将，打退金兵。一些朝廷大臣，居然把郭京当作救命稻草，让他找了一些地痞无赖，充当"神兵"。到金兵攻城的时候，郭京和他的"神兵"上去一交锋，就全垮下来。东京城被金兵攻破。

宋钦宗眼看末日来到，痛哭了一场，只好亲自带着几个大臣手捧求降书，到金营去求和。宗翰勒令钦宗把河东、河北土地全部割让给金朝，并且向金朝献金一千万锭，银二千万锭，绢帛一千万匹。宋钦宗一一答应，金将才放他回城。

钦宗回到城里，向百姓大刮金银，送到金营。金将嫌他太慢，过不久，又把宋钦宗叫到金营，扣押起来，说要等交足金银后再放。宋钦宗派了二十四名官吏帮金兵在皇亲国戚、官吏、和尚道士等家里彻底查抄，前后抄了二十多天，除了搜去大量金银财宝之外，把珍贵的古玩文物、全国州府地图档案也一抢而空。

公元 1127 年四月，宗翰、宗望和他们率领的金军，俘虏了宋徽宗、钦宗两个皇帝和皇族、官吏二三千人，满载着搜刮来的财物，回北方去。从赵匡胤称帝开始的北宋王朝统治了一百六十七年，宣告灭亡。

203

宗泽三呼“过河”

北宋灭亡以后，原来留在相州的康王赵构逃到南京（今河南商丘）。公元 1127 年五月，赵构在南京即位，这就是宋高宗。这个偏安的宋王朝，后来定都临安（今浙江杭州），历史上称作南宋。

宋高宗即位以后，在舆论的压力下，不得不把李纲召回朝廷，担任宰相。但是实际上他信任的却是黄潜善和汪伯彦两个亲信。

李纲提出许多抗金的主张。他还跟宋高宗说：“要收复东京，非用宗泽不可。”

宗泽是一位坚决抗金的将领。北宋灭亡之前，宋钦宗曾经派他当和议使，到金京议和。宗泽跟人说：“我这次出使，不打算活着回来。如果金人肯退兵就好；要不然，我就跟他们争到底。宁肯丢脑袋，也不让国家蒙受耻辱。”

宋钦宗一听宗泽口气那么硬,怕他妨碍和谈,就撤了他和议使的职务,派他到磁州去当地方官。

金兵第二次攻打东京的时候,宗泽领兵打击金兵,一连打了十三次胜仗,形势很好。他写信给当时的康王赵构,要求他召集各路将领,会师东京;又写信给三个将领,要他们联合行动,救援京城。哪知道那些将领不但不愿出兵,反嘲笑宗泽在说疯话。宗泽没办法,只好单独带兵作战。有一次,他率领的宋军遭到金军的包围,金军的兵力比宋军大十倍。宗泽对将士说:"今天进也是死,退也是死,我们一定要从死里杀出一条生路来。"将士们受到他的激励,以一当百,英勇作战,果然杀退了金军。

宋高宗早就了解宗泽的勇敢,这次听了李纲的推荐,就派宗泽为开封府知府。

这时候,金兵虽然已经撤出开封,但是开封城经过两次大战,城墙全部被破坏了。百姓和兵士混杂居住;再加上靠近黄河,金兵经常在北岸活动。开封城里人心惶惶,秩序很乱。

宗泽在军民中有很大的威望。他一到开封,先下了一道命令:"凡是抢劫居民财物的,一律按军法严办。"命令一下去,城里仍旧发生了几起抢劫案件。宗泽杀了几个抢劫犯,秩序就渐渐安定了下来。

河北人民忍受不了金兵的掠夺烧杀,纷纷组织义军,打击金军。李纲竭力主张依靠义军力量,组织新的抗金队伍。宗泽到了开封之后,积极联络义军。河北各地义军听到宗泽的威名,自愿接受他的指挥。

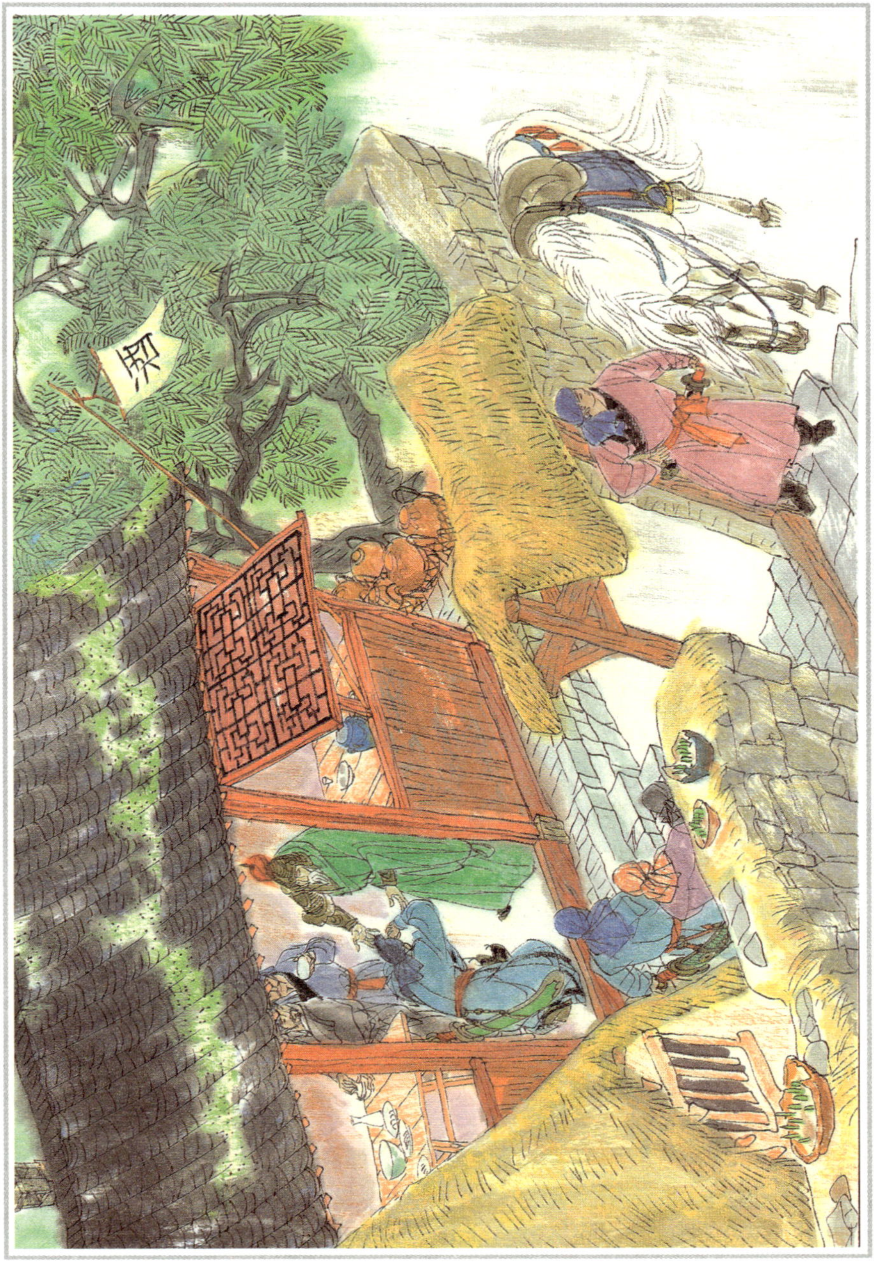
酒

河东有个义军首领王善，聚集了七十万人马，想袭击开封。宗泽得知这个消息，单身骑马去见王善。他流着眼泪对王善说："现在正是国家危急的时候，如果有像您这样的几个英雄，同心协力抗战，金人还敢侵犯我们吗？"

王善被他说得流下了感动的眼泪，说："愿听宗公指挥。"

其他义军像杨进、王再兴、李贵、王大郎，都有人马几万到几十万。宗泽也派人去联络，说服他们团结一致，共同抗金。这样一来，开封城的外围防御巩固了，城里人心安定，存粮充足，物价稳定，恢复了大乱前的局面。

但是，就在宗泽准备北上恢复中原的时刻，宋高宗和黄潜善、汪伯彦却嫌南京不安全，准备继续南逃。李纲因反对南逃，被宋高宗撤了职。

宗泽十分焦急，亲自渡过黄河，约河北各路义军将领共同抗击金兵。他在开封周围，修筑二十四座堡垒，沿着黄河设立营寨，互相连接，密集得像鱼鳞一样，叫做"连珠寨"，加上河东、河北各地义军民兵互相呼应，宋军的防御力量，越来越强了。

宗泽一再上奏章，要求高宗回到开封，主持抗金。但是奏章到了黄潜善等手里，这批奸人竟取笑宗泽是个狂人，把他的奏章扣了下来。过了不久，宋高宗就从南京逃到扬州去了。

没有多久，金兵果然又分路大举进攻。金太宗派大将兀术（音 wù zhú，又叫宗弼）进攻开封，宗泽事先派部将分别驻守洛阳和郑州。兀术带兵接近开封的时候，宗泽派出几千精兵，绕到敌人后方，截断敌人退路，然后又和伏兵前后夹击，把兀术打得狼狈逃走。

又有一次，金将宗翰率领金兵攻占洛阳，宗泽派部将郭振民、李景良带兵袭击宗翰，打了败仗。郭振民向金军投降，李景良畏罪逃走。

宗泽派兵捉拿到李景良，责备他说："打仗失败，本来可以原谅；现在你私自逃走，就是目中没有主将了。"说完，下令把李景良推出斩首。

郭振民向金军投降之后，宗翰派了一名金将跟郭振民一起到开封，劝宗泽投降。宗泽在开封府大堂接见他们，对郭振民说："你如果在阵上战死，算得上一个忠义的鬼。现在你投降做了叛徒，居然还有什么脸来见我！"说着，喝令兵士把郭振民也斩了。

宗泽又回过头对劝降的金将冷笑一声，说："我守住这座城，早准备跟你们拼命。你是金朝将领，没能耐在战场上打仗，却想用花言巧语来诱骗我！"

金将吓得面无人色，只听得宗泽吆喝一声，几个兵士上来，把金将也拉下去杀了。

宗泽一连杀了三人，表示了抗金的坚定决心，大大激励了宋军士气。他号令严明，指挥灵活，接连多次打败金兵，威名越来越大。金军将士对宗泽又害怕，又钦佩，提到宗泽，都把他称作宗爷爷。

宗泽依靠河北义军，聚兵积粮，认为完全有力量收复中原，接连写了二十几道奏章，请高宗回到开封。不用说，那些奏章都被黄潜善他们搁了起来。

这时候，宗泽已经是快七十岁的老人了，他受不了这个气，背上发毒疮病倒了。部下一些将领去问候他，宗泽病已经很重。他张开眼睛激动地说："我因为国仇不能报，心里忧愤，才得了这个病。只要你们努力杀敌，我死了也没有遗憾了。"

将领们听了，个个感动得掉下热泪。大伙离开的时候，只听得宗泽念着唐朝诗人杜甫的两句诗："出师未捷身先死，长使英雄泪满襟！"接着，又用足力气，呼喊："过河！过河！过河！"才阖上眼睛。

开封军民听到宗泽去世的消息，没有一个不伤心得痛哭流涕。

宗泽去世后，宋朝派杜充做东京留守。杜充是个昏庸残暴的人，一到开封，把宗泽的一切防守措施都废除了。没多久，中原地区又全都落在金军手里。

204

女词人李清照

金兵横行中原，但是南宋王朝却没有丝毫抵抗的准备，宋高宗在行都扬州过着纸醉金迷的生活。公元1129年正月，金将宗翰带兵南下，接连攻下许多城池，沿路南宋官员降的降，逃的逃，金兵前锋很快渡过淮河，逼近扬州。

宋高宗正在扬州行宫寻欢作乐，听到金兵打来，才手忙脚乱带了五六名亲信太监，骑上马，一口气狂奔到江边，找到一只小船，连夜渡江。金兵在扬州大肆烧杀抢掠，最后放火把扬州烧成一片焦土，才满载掠夺到的财宝退回北方。

宋高宗逃到临安，把黄潜善、汪伯彦撤了职，南宋朝廷发生了一场内讧。金太宗见南宋王朝腐败可欺，这年十月，又派大将兀术大规模南侵，占领了建康（今江苏南京）。宋高宗听说金兵追来，又从临安逃到越州（今浙江绍兴），从越州逃到明州（今浙江宁波）。兀术带兵紧紧追赶，宋高宗走投无路，就乘着海船，漂洋过海逃到温州。直到金兵北撤，才回到临安。

金兵南下的残暴掠夺，宋王朝的腐朽昏庸，给人民带来了说不尽的苦难，许多人家遭受了家破人亡的痛苦。北宋著名女词人李清照，也有同样的悲苦遭遇。

李清照是历城（今山东济南）人，是我国著名女词人。她父亲李格非也是个文学家，在宋徽宗时期做过官，因为为人正直，又是苏轼的学生，受到蔡京的打击。李清照从小受父亲的熏陶，十分爱好文学，喜欢吟诗作画，特别是作词方面，有很高的成就。十八岁那年，她结了婚。她的丈夫赵明诚也是个官家子弟，夫妻俩志同道合，除都能诗善文外，还有一个共同的爱好，就是收藏金石（古代铜器和石碑上镌刻的文字书画）。这些文物既显示了我国古代的精湛艺术，又保存着丰富的历史材料。

那时候，赵明诚还在京城太学里读书。赵、李两家虽然都担任不小的官职，但不是豪富人家，没有多余的钱让他们购买文物。这并不影响他们对金石的追求。每逢初一月半，赵明诚请假回家，就拿了些衣服到当铺里去押半吊钱，到大相国寺去。

大相国寺是东京最大的佛寺，那里经常举行庙会，在庙会上，摆满着各种商品，也有出卖书籍、古玩和碑帖字画的。赵明诚在那里，看到中意的碑文字画，就买下来。回到家里，和李清照一起细细整理、欣赏。夫妻俩把这件事当作他们生活上的最大乐趣。

过了两年，赵明诚当了官，他把所得的官俸几乎全花在购买金石图书上，他的父亲有一些亲戚朋友在国家的藏书阁里工作，那里有许多外面没有流传的古书刻本，赵明诚通过这些亲友，千方百计把它们借来摹写。这样日积月累，他们家收藏的金石书画越来越多。李清照建立了书库大橱，编好目录，发现有一点污损，一定随时整理好。经过将近二十年的努力，赵明诚完成了一部记载古代历史文物的著作，叫《金石录》。

在国家动荡的年代，要埋头整理文物已经不可能了。东京被金兵攻陷的时候，李清照和赵明诚还在淄州（今山东省）。不久，风声越来越紧，李清照跟着赵明诚到了建康。他们把最名贵的金石图书，随身带走了十五车。后来金兵攻下青州，李清照留在老家的十几间文物，竟被战火烧成一堆灰烬。

到了建康以后，赵明诚接到诏令，被派到湖州当知府。那时候，兵荒马乱，李清照不可能跟他上任。临走的时候，李清照问丈夫说："万一金人再打过来，我该怎么办？"

赵明诚坚定地说："瞧着办吧。实在不行，你把家具衣被先放弃了；再不行，把书画古器丢了；但是有几件珍贵的古代礼器，你可一定得亲自保护好，要看作自己生命一样。"

想不到赵明诚这一去，就得了一场疟疾死去了。

李清照死了丈夫，她的伤心可别提了。但是最要紧的还是继承丈夫的遗志，把文物保护好。赵明诚有个妹婿在洪州（今江西南昌），那时候李清照身边还有图书二万卷，金石刻本二千卷，就托人带到洪州。没有多久，金兵打到洪州，这些文物又不知去向。

赵明诚病重的时候，有个名叫张飞卿的学士来看望他，随身带着一个玉壶。李清照是善于鉴别文物的人，一眼就看出那玉壶并不真是玉制的，而是一种玉石制品。后来，张飞卿把那个壶带走了。赵明诚死后，有人捕风捉影说赵明诚把名贵文物送给了金朝人。这种谣言使李清照大为冤屈，她想找朝廷申诉，但是宋高宗的小朝廷已经逃之夭夭了。

李清照为了逃难，到处奔走。到她在绍兴定居的时候，她身边的文物散失的散失，被偷的被偷，只留了一些残简零篇了。

国家山河的破碎，珍贵文物的散失，对李清照的打击实在太大了。她把国破家亡的痛苦写成了许多诗词，她的词在艺术上有很高成就，有的还富有爱国精神。她在一首诗里表达了她对南宋统治者渡江南逃的不满。诗中说：

生当作人杰，死亦为鬼雄，
至今思项羽，不肯过江东。

205

韩世忠阻击金兵

金兵南下，一直赶到明州海边，一路上不断遭到百姓组织起来的义军的袭击。金将兀术想到长江沿岸还留着宋军的大批人马，不敢多留，带领金兵抢掠了一阵以后，向北方退兵。

公元1130年三月，兀术带了十五万金兵北撤，到了镇江附近，就遇到宋军大将韩世忠的拦击。韩世忠是主张抗金的将领，他对金兵的侵略暴行，十分气愤，决心趁金兵北撤的时候，狠狠阻击。

兀术到了江边，打听到韩世忠不放他们过江，就派个使者到宋营下了战书，要求跟宋军决战。韩世忠答应了他们，还跟兀术约定了决战的日期。那时候，金兵有十万人，但是韩世忠手下宋军总共才八千人，双方兵力相差很大。韩世忠明白，要打赢这个仗，只有依靠士气。他跟妻子梁红玉商量。梁红玉是个很有见识、又懂武艺的女将。她支持丈夫的计划，并且要求一起参加战斗。

韩世忠又召集部将商量，说："这一带地势，要数金山（今镇江西北）上的龙王庙最险要。估计金人一定会到那儿去侦察。"他派出一名部将带领二百兵士到龙王庙设下埋伏。

果然不出韩世忠所料，过了一天，就有五名金军将士骑马上了金山，到龙王庙前察看宋军动静。庙里埋伏的宋兵等到金人靠近，擂响战鼓，冲杀出来。五名金军将士一见中了埋伏，拨转马头就逃。宋兵追赶上去，抓住了两名金兵。另外三名伏在马背上没命地逃奔，其中一个身穿红色战袍、系着玉腰带的金将，慌里慌张从马上摔了下来，又急忙跳上马背逃走。宋军审问了俘虏，才知道那个穿红袍的，就是金军主帅兀术。

决战的时刻来到了。双方在江边摆开阵势，展开了一场血战。韩世忠披挂上阵，他的夫人梁红玉身穿戎装，在江心的一艘战船上擂响战鼓。将士们见主帅夫人上阵助战，士气高涨，纷纷冲杀过去。金兵虽然人马多，但是，一来军纪涣散，二来长途行军，十分疲劳，哪儿敌得过韩世忠手下精兵的袭击。一场战斗下来，金兵被杀伤的多得数不清，连兀术的女婿龙虎大王也被活捉。

兀术又派出使者到宋营，情愿把从江南抢来的财物全还给宋军，只求让他们渡江，韩世忠不答应。兀术又提出把他带来的一匹名马献给韩世忠，也被拒绝。

兀术没法过江，只好带着金兵乘船退到黄天荡（今江苏南京市东北)。哪里知道黄天荡是一条死港,船驶进那里,找不到出路。正在进退两难的时候,有人献计说:"这里原来有一条河道,可以直达建康,只是现在堵塞不通,如果叫兵士开凿出来,就可以逃过宋军的追击了。"

兀术立刻命令金兵开挖河道。金兵人多,挖了一个通宵,就开凿了一条五十里长的水道。兀术赶忙指挥金兵沿水道逃到建康,不料半路上又遇到宋将岳飞的堵击,只好退回到黄天荡。

金兵在黄天荡被宋军围困了四十八天,将士们叫苦连天。这时候,江北的金军也派兵来接应。兀术想用小船渡江,韩世忠早有准备,他在大船上备好大批带着铁索的挠钩,等金兵的船只渡江的时候,大船上的宋兵用长钩把小船钩住,再用铁索用力一拉。小船翻了,金兵连人带船一起沉入江心里。

兀术十分焦急,请求韩世忠上阵对话,苦苦要求韩世忠让他们渡江。韩世忠说:"你们要过江不难,只要你们归还占领的地方,我就放你过江。"

兀术回到金营,跟金将商量对付宋军的办法,他愁眉苦脸地说:"宋军行船好像我们骑马,来去像飞一样快,我们怎么渡得了江?"

部下有人说:"现在形势紧急,只要悬赏叫人献计,也许还有希望。"

兀术下命令挂出悬赏牌,果然有一个奸细跑来献计说:"宋军的大海船,是靠风帆行驶的,只要挑个没风的日子出江,大船就驶不动了。"他还教兀术用火攻的办法攻击宋军。

过了几天，正遇到个大晴天，江面上风平浪静。金兵偷偷登上小船，分批渡江。韩世忠想用大船赶上去拦击，但是因为没有风，大船行驶慢，赶不上小船。正在着急的时候，金兵的火箭纷纷射来，射中了宋船的风帆。风帆起了火，整个船只都延烧起来，船上的宋军纷纷落水。韩世忠只好放弃船只，乘小船退回镇江。

兀术摆脱韩世忠的阻击，带兵回到建康，抢掠了一阵，准备撤回北方，到了静安镇(今江苏江宁西北)，又遭到了岳飞军的袭击，被杀得一败涂地，狼狈逃窜。岳飞赶走金兵，收复了建康。

206

岳家军大破兀术

收复建康的岳飞，是南宋抗金的名将，我国历史上著名的民族英雄。

岳飞是相州汤阴（今河南汤阴）人，出生那年，黄河决口，家乡闹了一场水灾，家里生活很困苦。岳飞从小刻苦读书，尤其爱读兵法。他力气大，十几岁的时候就能拉三百斤的大弓。后来，他听说同乡老人周同武艺高强，岳飞就拜周同做老师，学得一手好箭，能左右开弓，百发百中。

后来，岳飞从了军。金兵南下的时候，他在东京当小军官。有一次，他带了一百多名骑兵，在黄河边练兵，忽然对面来了大股金兵，兵士们都吓呆了，岳飞却不慌不忙地说："敌人虽然多，但他们不知道我们的兵力多少。我们可以趁他们没准备的时候击败他们。"说着，就带头冲向敌阵，斩了金军一名将领。兵士们受到岳飞的鼓励，也冲上去，果然把金军杀得七零八落。

这一来，岳飞的勇敢出了名。过了几年，他在宗泽部下当将领。宗泽很器重他，对他说："像你这样智勇双全，即使古代名将也不过如此。但是光靠冲锋陷阵，毕竟不是常胜的办法。"他交给岳飞一份古代的阵图，说："你拿这个去好好研究一下。"

岳飞接过阵图，向宗泽道谢了，接着说："按照阵图作战，这是兵法的常规。至于灵活运用，随机应变，还得靠当将领的善于用心。"

宗泽听了，连连点头，赞赏这个青年将领的见解。

岳飞跟宗泽一样，把抗金作为自己的职责。宋高宗即位以后，他就马上写了一份奏章，希望高宗能亲自率领宋军北伐，激励士气，恢复中原。他还批评了黄潜善、汪伯彦一伙投降派的主张。

奏章一上去，宋高宗不但不听，反而嫌岳飞小小将官，多管闲事，革了他的军职。

宗泽死后，岳飞归东京留守杜充指挥。金兵大举进攻，杜充逃到建康；金将兀术攻打建康，杜充又可耻地向金军投降。杜充手下的将士都散了伙，只有岳飞的队伍仍旧坚持在建康附近战斗。这回趁兀术北撤的时候，他跟韩世忠配合，把兀术打得大败。

金兵北撤以后，宋高宗从温州回到临安。金朝在中原地区立了一个傀儡皇帝刘豫，国号大齐，充当金朝的帮凶，骚扰南宋地界。岳飞率领将士多次打退了金齐联军，建立战功。到他三十二岁的时候，已经从一个普通将领提升到

节度使的地位，跟当时的名将韩世忠、刘光世、张俊并驾齐驱了。

就在这个时期，他写了一首传诵千古的词《满江红》，抒发了他抗金的壮志豪情。词的上半首是：

怒发冲冠，凭栏处，潇潇雨歇。
抬望眼，仰天长啸，壮怀激烈。
三十功名尘与土，八千里路云和月。
莫等闲白了少年头，空悲切。

岳飞一心恢复中原，他对自己要求十分严格。宋高宗曾经为他造一座住宅，岳飞推辞了，他说："敌人还没消灭，哪里顾得上家呢?"有人问他说天下什么时候能够太平，岳飞回答说："文官不贪财，武将不怕死，天下才有太平的希望。"

岳飞平时十分注意练兵。部队休整的时候，他也带将士穿着铁甲冲山坡，跳壕沟，要求像打仗时一样严格。有一次，他儿子岳云在骑马冲山坡的时候，因为战马失足，摔倒在地。岳飞知道了，狠狠责打了岳云。别的兵士看到主将对自己的儿子也这样严格，就格外认真操练了。

在岳家军里，军纪特别严。一次，有个兵士擅自用百姓一束麻来缚柴草，被岳飞发现，立刻按军法严办。岳家军行军经过村子，夜里都露宿在路旁。老百姓请他们进屋，没有人肯进去。岳家军中有一个口号，叫做："冻死不拆屋，饿死不掳掠。"

岳飞对待将士要求十分严格，又关心爱护。兵士生病，他常常亲自替他们调药；部下将领出征的时候，他就叫妻子岳夫人慰问他们的家属；将士在战争中阵亡，就抚育他们的子女；上级赏给他的财物，一概分配给将士，自己家里丝毫不留。

经过这样的训练和照顾，岳家军将士士气旺盛，作战勇猛。岳飞在作战之前，总是先召集将领，一起商量作战方案，然后才出战。所以打起仗来，每战必胜，从没有打过败仗。金军将士见到岳家军，没有一个不害怕，他们中间流传着一句话："撼山易，撼岳家军难。"

南宋有岳飞、韩世忠等一批名将，再加上各地百姓组织的义军的配合，要打退金兵本来是有条件的。但是宋高宗不顾岳飞等人反对，一味向金朝屈辱求和，公元 1139 年，竟向金朝称臣，每年进贡银二十五万两，绢二十五万匹；金朝把陕西、河南一带土地"偿还"南宋。

公元 1140 年十月，金朝又撕毁和约，发动全国精锐部队，以兀术为统帅，分四路大举进攻。不到一个月，根据和议还给南宋的土地，全被金军夺去。南宋王朝面临覆灭的危险。宋高宗这才不得不下诏书，要各路宋军抵抗。

岳飞得到这个命令，立刻一面派部将王贵、牛皋、杨再兴等分路出兵，一面派人到河北跟义军首领梁兴联络，要他率领义军在河东、河北包抄敌人后方。岳飞坐镇在郾城指挥。

过了几天，几路人马纷纷告捷，先后收复了颍昌（今河南许昌东）、陈州（今河南淮阳）和郑州。金军统帅兀术在东京听到岳飞进兵，大为恐慌，连忙召集部下将领一起商量对策。大家纷纷议论，说宋朝别的将帅还容易对付，就是岳家军攻势难挡。但是既然来了，只好集中全力，跟岳家军拼一下。接着兀术就和龙虎大王、盖天大王带大军进攻郾城。

兀术大军来到郾城，宋金双方都摆开战场。岳飞先派他儿子岳云领着一支精锐骑兵打先锋，他对岳云说："这次出战，只能打胜仗，如果不能打胜，回来就先砍你的头！"

岳云答应了一声，就带头冲上阵去，奋勇拼杀。宋军随着岳云，杀得金兵丢下了遍野的尸首。

兀术败了一阵，就调用他的"铁浮图"进攻。"铁浮图"是经过兀术专门训练的一支骑兵，这支人马都披上厚厚的铁甲，以三个骑兵编成一队，居中冲锋；又用两支骑兵从左右两翼包抄，叫做"拐子马"。

岳飞看准了拐子马的弱点，命令将士上阵的时候，带着刀斧。等敌人冲来，弯着身子，专砍马脚。马砍倒了，金兵跌下马来，岳飞就命令兵士出击，把铁浮图、拐子马打得落花流水。兀术听到这消息，哭得挺伤心，说："自从起兵以来，全靠拐子马打胜仗，这下全完了。"但他不肯认输，过了几天，又亲自率领十二万大军进攻宋军。岳飞部将杨再兴带领三百名骑兵在前哨巡视，见到金兵，立即投入战斗，杀伤敌人两千多人。杨再兴也中箭牺牲。宋将张宪从后面赶上，杀散金兵，兀术才不得不逃走。

兀术在郾城失败，又改攻颍昌。岳飞早料到这一着，派岳云带兵救援颍昌。岳云带领八百骑兵往来冲杀，金兵竟没人能抵挡。后来宋军步兵和义军分左右两翼包围，金兵又打了个大败仗。

这时候，由梁兴率领的太行山义军和黄河两岸的各路义军，也纷纷响应。他们打起岳家军的旗帜，到处打击金军，截断金军的运粮线。金兵看了吓得心惊胆战。

岳家军节节胜利，一直打到距离东京只有四十五里的朱仙镇。

河北的义军听到岳家军打到朱仙镇，都欢欣鼓舞，渡过黄河来同岳家军会合。老百姓用牛车拉着粮食慰劳岳家军，有的还顶着香盆来欢迎，个个兴奋得直流眼泪。

岳飞眼看这个胜利的形势，也止不住心里的兴奋。他鼓励部下说："大家努力杀敌吧。等我们直捣黄龙府的时候，再跟各路弟兄痛痛快快喝酒庆祝胜利吧！"

207

卖国贼秦桧

岳飞在朱仙镇大捷，逼近东京。兀术眼看在东京呆不下去，决定渡过黄河北撤。当他带着金兵离开东京的时候，有个书生拦住他的马，说："大王（指兀术）别走了。岳少保（'少保'是岳飞的官衔）马上会撤兵。东京一定没事儿。"

兀术很奇怪，问那个书生说："岳飞用五百骑兵打败我们十万大军，百姓日夜盼他们打过来，东京还能守得住？"

那个书生说："朝廷里有权臣，大将要在外面立功，是不可能的。依我看，岳少保自己性命难保，哪儿还谈得上立功？"

兀术听了，恍然大悟，马上拨转马头，带兵回到东京。

那个书生说的那个"权臣"，就是南宋朝廷的宰相秦桧（音 huì）。

秦桧本来是北宋时期的大臣。当宋徽宗、钦宗两个皇帝被金兵俘虏到北方去的时候，秦桧和他的妻子王氏也跟随他们一起被俘到金京。秦桧在金太宗面前，低声下气，百依百顺。金太宗认为他很有才干，就把他派到大将挞懒部下当军事参谋。

这时候，金朝发现南宋抗金力量越来越强大，又有岳飞、韩世忠等大将坚决主张抗战，不好对付，就决定把秦桧放回南方充当内奸。公元1130年，挞懒攻打楚州（今江苏淮安）的时候，把秦桧和他的妻子放回南宋。

秦桧来到越州宋高宗的行宫求见，天花乱坠地编造了一通谎话，说他在楚州怎样杀死敌人的看守，怎样夺了一条船逃出来。当时就有不少大臣怀疑，楚州到这儿路远迢迢，秦桧越过金兵防线逃回来，难道金兵没有追捕？再说，即使敌人防备不严，让他偷偷跑了，一定十分匆忙，又怎能带着王氏一起走？

但是，当时的宰相范宗尹跟秦桧是老朋友，竭力在高宗面前帮秦桧说话，并且说秦桧是个既可靠又能干的人才。宋高宗本来日思夜想要跟金朝讲和，听说秦桧从金朝回来，熟悉金朝内情，立刻召见秦桧。

秦桧第一次朝见高宗，就劝高宗跟金人讲和，还送上了代朝廷起草的一份求和信。

宋高宗接见秦桧之后，觉得秦桧的主张很合他口味。他对大臣们说："秦桧比谁都忠。有了他，我高兴得晚上也睡不着觉呢。"他立刻任命秦桧做礼部尚书，过了三个月，又提升他当副宰相；再过半年，秦桧就成为宰相兼枢密使，掌握了南宋军政大权。

秦桧当了宰相之后，就干起卖国求和的勾当来。因为遭到许多朝臣的激烈反对，曾经被罢免了宰相职位。但是昏庸的宋高宗还是把秦桧当做心腹看待，过了几年，又重新任秦桧为宰相。秦桧利用他的权力和地位，勾结金朝，千方百计破坏抗金将领的活动。这回听到岳飞连战连胜，准备直捣黄龙府，大起恐慌。因为金朝是他的后台，金朝一败，他在南宋也就站不住脚。于是，他就唆使宋高宗发出命令，要岳飞从前线撤兵。

岳飞突然接到宋高宗的撤兵命令，弄得莫名其妙。他派人送奏章给高宗说：金兵已经丧尽士气，我军士气高涨，胜利就在眼前，时机不能错过。他请求高宗取消撤兵命令，允许他继续进军。

秦桧接到岳飞奏章，又想了一个恶毒的手段，先命令张俊、刘光世等大将的人马从淮北前线撤兵，然后对高宗说，岳飞的军队在中原已经成为孤军，不能再留，叫宋高宗发出紧急金牌，叫岳飞撤军。

岳飞在前线等待高宗的进军诏令，没想到接到的却是朝廷催促退兵的紧急金牌。岳飞接到第一道金牌，正在犹豫，送金牌的快马又到了。从早到晚，快马一个接一个，一连接到十二道金牌。岳飞知道要改变高宗的决定已经没有希望，气愤得泪流满面，说："想不到我十年来的努力，一下子全给毁了。"（原文是"十年之功，废于一旦"。）

岳飞要从朱仙镇退兵的消息一传出去，附近的百姓十分震惊，纷纷聚集在街头。他们拦住岳飞的马，哭泣着说："我们顶着香盆，运着粮草，迎接官军，这是金人都知道的事。现在相公要回去，我们只有死路一条了。”

岳飞看到这个情景，也禁不住流下眼泪，他叫左右兵士拿出高宗的诏书来给大家看，说：“朝廷下了紧急金牌，我不能擅自作主留在这里啊！”

百姓们见留不住岳飞，都放声痛哭；兵士们也个个心酸，掩着脸哭。整个朱仙镇响起一片哭声。

岳飞心里不忍，宣布暂缓五天撤兵，让愿意跟随他们的百姓一起走。过了五天，岳家军开始撤兵的时候，当地百姓成群结队随军南迁。后来，岳飞奏请朝廷，把这些百姓安置在南方安家垦荒。

兀术打听到岳家军已走，马上重整旗鼓，向南进攻。本来被岳飞收复的河南许多州县，一下子又丢失得精光。

秦桧和宋高宗决心向金朝求和。他们恐怕受岳飞、韩世忠等人的阻挠，把他们召回京城，让韩世忠做枢密使，岳飞做枢密副使，名义上是提升，实际上是解除了他们的兵权。

秦桧夺了岳飞的兵权，就派人向金朝求和。公元 1141 年十一月，金朝派使者到临安，谈判议和条件。谈判结果：宋、金之间，东面以淮河为界，西面以大散关（今陕西宝鸡西南）为界；南宋向金朝称臣，每年向金朝进贡银绢各二十五万。历史上把这次屈辱投降的和约叫做“绍兴和议”（绍兴是高宗的年号）。

208

“莫须有”冤狱

绍兴和议之后，兀术派使者送密信给秦桧说：“你天天向我们求和，但是留着岳飞，我们不放心。一定得想法子把他除掉。”

秦桧接到主子的密信，就向岳飞下毒手了。

秦桧先唆使他的同党、监察御史万俟卨（音 mò qí xiè，万俟是姓）向朝廷上了一道奏章，攻击岳飞骄傲自大，捏造了岳飞在金兵进攻淮西的时候，拥兵不救，放弃阵地等许多“罪名”。万俟卨开了第一炮以后，又有一批秦桧同党接二连三上奏章攻击岳飞。

岳飞知道秦桧跟他过不去，就主动要求辞去枢密副使的职务，高宗马上批准。

事情并没有到此结束。大将张俊原来是岳飞的上司，后来岳飞立了大功，遭到张俊的妒忌。秦桧知道张俊对岳飞不满，就勾结张俊，唆使岳家军的部将王贵、王俊，诬告另一个部将张宪想占据襄阳，发动兵变，帮助岳飞夺回兵权，还诬告岳飞的儿子岳云曾经写信给张宪，秘密策划这件事。

秦桧根据王贵、王俊两个奸徒的诬告，先把张宪抓起来送进大理寺大狱，严刑拷打，张宪宁死不招。接着，秦桧又奏请高宗下令逮捕岳飞、岳云，到大理寺受审。

秦桧的使者去逮捕岳飞，岳飞笑着对使者说："上有天，下有地，会证明我是无罪的。"

岳飞、岳云两人被逮捕到大理寺的时候，张宪已被拷打得遍体鳞伤，浑身是血，不像个人样儿。岳飞见了心里又难过，又气愤。

审问岳飞的就是万俟卨。万俟卨拿出王贵、王俊的诬告状，放在岳飞面前，吆喝着说："朝廷哪里亏待你们三人，为什么要谋反？"

岳飞说："我没有什么对不起国家的地方。你们掌管国法的人，可不能诬陷忠良啊！"

旁边一些官员们也七嘴八舌地附和万俟卨，硬说岳飞想谋反。岳飞知道这批家伙都是秦桧的同党，申辩也没有用，就长叹一声说："我今天落在奸贼的手里，虽然有一片忠心，也没法申诉了。"

秦桧又派御史中丞何铸审问，岳飞一句话也不回答，他扯开上衣，露出脊梁让何铸看，只见岳飞背上刺着"精忠报国"四个大字，痕迹很深。何铸一看，大为震动，不敢再审，就把岳飞押回监狱，再看了一些案卷，觉得说岳飞谋反确实没有证据，只好向秦桧照实回报。

秦桧认为何铸同情岳飞，不再让他审问，仍叫万俟卨罗织罪状。万俟卨一口咬定岳云曾经写信给张宪，布置夺军谋反的计划。他们没有物证，就诬说原信已经被张宪烧毁了。

万俟卨反复拷问岳飞等三人，岳飞受尽酷刑，什么都不承认。有一天，万俟卨又逼岳飞写供词，岳飞在纸上只写下八个大字："天日昭昭，天日昭昭。"

这个案件拖了两个月，审讯毫无结果。朝廷官员都知道岳飞冤枉，有些官员大胆上奏章替岳飞伸冤，结果也遭到秦桧陷害。

老将韩世忠忍不住亲自去找秦桧，责问他凭什么说岳飞谋反，到底有什么证据。秦桧蛮横地说："岳云给张宪的信，虽然没有证据，但是这件事莫须有（就是'也许有'的意思）。"

韩世忠气愤地说："'莫须有'三个字，怎能叫天下人心服！"

韩世忠反复力争，没有结果，就自己上奏章把枢密使职务辞了。

有一天，秦桧上朝回家，跟他妻子王氏在东窗下一起喝酒。秦桧手里拿着一只柑子，心神不定地用手指甲在柑子皮上乱划。王氏是个比秦桧还狠毒的人，她看出秦桧对要不要马上杀岳飞，还在犹豫，冷笑着说："你这老头儿，好没有决断，要知道缚虎容易放虎难啊！"

秦桧听了王氏的话，狠了狠心，马上亲手写了一个纸条，秘密派人送到监狱。公元1142年一月的一个夜里，岳飞这位年仅三十九岁的民族英雄在牢里被害牺牲。岳云、张宪同时被害。

岳飞被害以后,临安狱卒隗顺偷偷地把他的遗骨埋葬起来。直到宋高宗死后,岳飞的冤狱得到平反昭雪,人们把岳飞的遗骨改葬在西湖边栖霞岭上,后来又在岳墓的东面修建了岳庙。现在,在庄严雄伟的岳庙大殿里,端坐着全身戎装的岳飞塑像,塑像上方悬挂的匾额上,刻着岳飞亲笔写的“还我河山”四个大字,使人肃然起敬。在岳飞墓门对面,还放着用生铁浇铸的秦桧、王氏、万俟卨和张俊四个反剪双手的跪像,反映了人民对民族英雄的景仰和对卖国贼的憎恨。

209

钟相杨么起义

南宋王朝一面对金朝屈辱求和，一面加紧对人民剥削，加重税捐，使老百姓遭到重重灾难。公元1130年，金兵攻占了潭州，抢掠了一阵走了。接着，有一个被金兵打败的宋朝团练使孔彦舟，带着一批败兵残卒在那里趁火打劫，催粮逼租。当地百姓忍无可忍，在钟相带领下举行了起义。

钟相是鼎州武陵（今湖南常德）人，在金兵南下的时候，他曾经组织过抗金民兵，没得到朝廷的支持，就回家乡组织农民自卫。他用宗教的形式在农民中宣传，自称“天大圣”，能够解救人民疾苦。他说：“现在朝廷的法把人分成贵贱贫富，这不是好法。我行的法，就是要不分贫富贵贱，人人平等。”一些受尽官府、地主压迫的农民，听到这些话，怎么不高兴？大家把钟相称作“老爷”，要求入“法”的人就越来越多。

当孔彦舟的骚乱激起民愤的时候，钟相就宣布起义。他自称楚王，建立政权。附近各县的农民纷纷参加起义军，钟相分派起义军攻占城池，焚烧官府，打击豪强大户，不出一个月，起义军就占领了洞庭湖周围十九个县。

南宋朝廷十分恐慌，任命孔彦舟担任捉杀使，镇压起义军。孔彦舟知道正面攻打敌不过钟相，就先派一批奸细，假扮成贫民，混进钟相起义军队伍。公元 1130 年三月，孔彦舟发起进攻，埋伏在内部的奸细里应外合，起义军措手不及，打了败仗，钟相和他的儿子钟子昂被捕，遭到杀害。

钟相被害后，起义军推杨么当首领，继续和官军作战。杨么原来名叫杨太，因为他年纪轻，当地群众亲密地称他叫杨么（么音 yāo，"幼小"的意思）。起义军在杨么领导下，在洞庭湖沿岸建立营寨，又在湖里和各个港汊上集中了大批船只，平时生产，战时打仗，队伍越来越壮大。

南宋王朝又派程昌寓（音 yù）担任镇抚使，镇压起义。程昌寓到了鼎州，不惜工本制造了大批车船，每船可装载水军一千人，由人踏车就可以使船进退。有一次，程昌寓指挥水军使用车船攻打起义军水寨，水寨滩头水浅，车船开进港汊，搁在浅滩里动弹不得。起义军趁势发起攻击，官军兵士丢了车船逃走，车船全部落在起义军手里。

杨么起义军在洞庭湖建立了据点，队伍发展到二十万人，占领的地区也越来越广。公元 1133 年四月，杨么拥立钟相的儿子钟子仪作太子，杨么自称大圣天王，在起义军占领的地方，宣布免除百姓的一切劳役和赋税，人民生活出现了兴旺气象。

南宋王朝把杨么起义军看作心腹大患，非把他们镇压不肯罢休。宋高宗又派王瓊（音 xiè）带兵六万进攻。王瓊不敢再用大船，改用小船进攻。起义军用车船迎战，车船高的有几丈，来往如飞。他们又在船身前后左右都装上了拍竿，拍竿上缚着一块块大石。官军的小船一接近，他们就摇动拍竿，发出大石，把敌船打沉。车船上还发出用硬木削尖的“木老鸦”，和弓箭一起发射，打得官军叫苦连天。

有一天，洞庭湖边的江面上，忽然出现了几只大车船，船上既不见旗帜枪械，也不见一个兵士。王瓊的水军将士见了，以为起义军在上游被官军打败，这几条船是顺流漂下来的，就指挥船只靠近空船。兵士们争先恐后地撑篙拉纤，把空船带着往上游驶去。哪料到到了湖面宽广的地方，几只大船里突然发出一阵擂鼓声、呐喊声，船舱里钻出来的起义兵士踏动车船，横冲直撞，把官军的几百只小船全部撞碎沉没在水里，两名将领落水丢了性命。其余留在沙滩上的官军步兵也遭到起义军攻杀。这一天，就消灭了官军一万人，缴获了大批武器盔甲。

这时候，王瓊在大营里等待消息，忽然来了一百多个穿新衣的农民军，一面走，一面打着鼓板，吹着笛子，拍着气球，后面还有人用竹竿挑着一卷文书。官军以为一定是起义军接受招安，送投降书来了，忙命令兵士不要放箭，派人把文书接过来。宋将把文书打开一看，里面是被起义军缴获的官府告示和印章。穿着新衣的起义兵士看他们上了当，哈哈大笑说：“你们的一万水军，前天晚上已经被我们杀得精光，衣甲、刀枪、旗号、钱粮，都是咱们的啦！”说完，都乐呵呵地又吹笛打鼓走了。王瓊知道了，气得直翻白眼。

刘豫的伪齐政权在襄阳的官员李成，听到起义军节节胜利的消息，派人带着金帛文书，到杨么大寨游说，要起义军联合进攻宋朝，说只要攻占州县，就封他们做知州知县，被起义军拒绝。李成又派了三十五个人带了官诰、金带、锦袍来诱降，起义军不再饶恕，把三十五名伪齐使者用酒灌醉后全部杀死。

南宋王朝和伪齐政权的“围剿”诱降，都没有使杨么屈服，到了公元1135年，也就是起义的第六个年头，宋高宗派宰相张浚亲自督战，又从抗金前线抽回了岳飞军队。由于起义军将领有人动摇叛变，杨么大寨被官军攻破，杨么被俘后遭到杀害，坚持六年的起义终于失败。

210

虞允文书生退敌

绍兴和议以后，宋金双方有二十年没有发生战争。宋高宗和一批投降派大臣对于这个偏安的局面十分满意，在临安修筑起豪华的宫殿府第，过着纸醉金迷的生活，把收复失地的事忘记得一干二净。

在这段时间里，金朝统治集团发生内讧，贵族完颜亮杀死了金熙宗，自立为帝，历史上称为海陵王。完颜亮把金朝的京都从上京迁到燕京，一心想发动战争，消灭南宋。有一次，他做了个梦，梦里他上了天宫，天帝命令他讨伐宋朝。他跟大臣谈起这个梦，一些凑趣的大臣都说这是个好兆头，向他祝贺。完颜亮就把发兵南侵的事决定下来了。

完颜亮准备发兵的风声，传到临安。有些官员要朝廷早作准备，反而被宋高宗斥责是造谣生事。有一回，金朝派使臣施宜生到临安。宋高宗叫大臣张焘（音dào）接待。张

焘想从施宜生那里探听消息。施宜生原来是宋朝的官员，也想透露点消息给张焘，但是旁边有金朝的随从官员，不好明说，只好暗示说："今天北风可刮得厉害啊！"又拿起几案上的笔说："笔来，笔来！"（"笔"和"毕"同音，"毕来"，就是都来的意思。）

张焘得到施宜生的暗示，连忙把金兵要大举南下的消息告诉宋高宗，但是宋高宗只当耳边风。

公元1161年九月，完颜亮做好一切准备，发动全国六十万兵力，组成三十二个军，全部出动，进攻南宋。出发之前，完颜亮趾高气扬地跟将领们说："从前梁王（指兀术）进攻宋朝，费了多少时间，没取得胜利。我这次出征，多则一百天，少则一个月，一定能扫平南方。"

完颜亮的大军逼近淮河北岸，防守江北的主帅刘锜（音qí）正在生病，派副帅王权到淮西寿春防守。王权是个贪生怕死的家伙，听到金兵南下，吓得丧魂落魄，根本没想抵抗。完颜亮渡过淮河，王权还没见到金兵的人影儿，早已闻风逃走，一直逃过长江，到采石才停下来。

宋高宗听到王权兵败，才害怕起来。他把王权撤了职，另派李显忠代替王权的职务，并且派宰相叶义问亲自去视察江淮守军。

叶义问也是个胆小鬼，不敢亲自上前线，另派一个中书舍人（文官名）虞允文，慰劳采石的宋军将士。

虞允文到了采石，王权已经走了，接替他职务的李显忠却还没到。对岸的金兵正在准备渡江。宋军没有主将，人心惶惶，秩序混乱。虞允文到了江边，只见宋军兵士三三两两垂头丧气地坐在路旁，把马鞍和盔甲丢在一边。

虞允文问他们说："金人都快要渡江了，你们坐在这里等什么？"

兵士们抬头一看，见是一个文官，没好气地说："将军们都跑了，我们还打什么仗？"

虞允文看到队伍这样涣散，十分吃惊，觉得等李显忠来已经来不及了，就立刻召集宋军将士，告诉他们说："我是奉朝廷的命令到这里来劳军的。你们只要为国家立功，我一定报告朝廷，论功行赏。"

大伙儿见虞允文出来作主，也打起精神来了。他们说："我们吃尽金人的苦，谁不想抵抗。现在既然有您作主，我们愿意拼命作战。"

有个跟随虞允文一起去的官员悄悄地对虞允文说："朝廷派您来劳军，又不是要您督战。别人把事办得那么糟，您何必背这个包袱呢？"

虞允文气愤地说："这算什么话！现在国家遭到危急，我怎么能考虑自己的得失，逃避责任。"

虞允文是个书生，从来没有指挥过战斗。但是爱国的责任心使他鼓起勇气。他立刻命令步兵、骑兵都整好队伍，排好阵势，又把江面的宋军船只分为五队，一队在江中，两队停泊在东西两侧岸边，另外两队隐蔽在港汊里作后备队。

宋军布置刚刚结束，金兵已经开始渡江。完颜亮亲自挥动着小红旗指挥。几百艘金军大船迎着江风，满载着金兵向南岸驶来。没有多少时间，金兵已经陆续登岸。

虞允文命令部将时俊率领步兵出击。时俊挥舞着双刀，带头冲向敌阵。兵士们士气高涨，拼命冲杀。金兵进军以来，从没有遭到过抵抗，一下子碰到这样强大的敌手，就都垮下来了。

江面上的宋军战船，也向金军的大船冲去。宋军的战船虽小，但是很坚实，就像尖利的钢刀一样，插进金军的船队，把敌船拦腰截断。敌船纷纷被撞沉。敌军一半落在水里淹死，一半还在顽抗。

太阳下山了，天色暗了下来，江面上的战斗还没有结束。这时候，正好有一批从光州（今河南潢川）逃回来的宋兵到了采石。虞允文要他们整好队伍，发给他们许多战旗和军鼓，从山后面摇动旗帜，敲着鼓绕到江边来。江上的金兵听到南岸鼓声震天，看到山后无数旗帜在晃动，以为是宋军大批援兵到来，纷纷逃命。

金军遭到意料不到的惨败，气得完颜亮暴跳如雷，一肚子怒气全发泄在兵士身上，把逃回去的兵士全拷打死了。

虞允文料想完颜亮不会甘心失败。当天夜里，就把战船分为两队，一队开到上游，一队留在渡口。到第二天天蒙蒙亮的时候，完颜亮果然又派金军渡江，虞允文指挥两队战船夹击。金兵尝过虞允文的厉害，没心思反抗。三百只大船被困在江心和渡口，宋军放起一把火，把敌船全烧了。

完颜亮在采石渡江不成功，又把他们的兵士乱杀了一批，才带着留下的人马到扬州去，想到那里去渡江。

宋军在采石大胜之后，主将李显忠才带兵到达。李显忠了解到虞允文指挥作战的情况，十分钦佩。

虞允文对李显忠说：“敌人在采石失败之后，一定会到扬州去渡江。对岸镇江那边没准备,情况很危险。您在这儿守着,我到那边去看看。”

李显忠马上拨给虞允文一支人马,由虞允文率领前往镇江。

镇江原来是由老将刘锜防守。那时候,刘锜已经病得不能起床了。虞允文到了镇江,先去探望刘锜。刘锜躺在床上,紧紧拉着虞允文的手,心情沉重地说:“国家养兵三十年,没有立过一点战功,想不到立大功的还是靠您这位书生,我们当将军的实在太惭愧了。”

虞允文安慰他一阵,就回到军营。他命令水军在江边演习。宋军制造了一批车船,由兵士驾驶,在江边的金山周围巡逻,来回像飞一样。北岸的金兵看了十分吃惊,赶快报告完颜亮。完颜亮大怒,把报告的人打了一顿板子。

这时候,金兵打了几次败仗,都害怕作战。有些将士暗地里商量逃走,完颜亮发现后,下了命令:兵士逃亡的杀死将领,将领逃亡的杀死主将;并且宣布第二天全军渡江,畏缩不前的处死。

金军将士对完颜亮的残酷统治再也忍受不住,还没等完颜亮发出渡江命令,当天夜里拥进完颜亮的大营,把他杀死。完颜亮一死,金兵就撤退了。

完颜亮带兵南侵的时候,金朝内部也出了事。一些不满完颜亮统治的大臣,另外拥戴完颜雍为皇帝,这就是金世宗。采石大战后,金世宗为了稳定内部,派人到南宋议和,宋金战争又暂时停了下来。

211

辛弃疾活捉叛徒

在完颜亮大举南下的时候，北方和中原人民趁金朝后方空虚，纷纷起义。济南府有一个农民叫耿京，也聚集了几十个人举行起义，先后攻占了莱芜、泰安（都在今山东省）两座县城。耿京的队伍很快就发展到二十几万人，成为各地起义军中最大的一支队伍。

投奔耿京起义军的人，大多是在金朝统治者残酷压迫下的贫苦农民，也有一个爱国的知识分子，他就是辛弃疾。

辛弃疾是南宋时期杰出的文学家，济南人。他出生的时候，家乡已经沦陷在金朝统治者的手里。祖父辛赞虽然在金朝占领区里做过几年地方官，但是心里却一直向着宋朝。辛赞常常给小孙子讲北宋灭亡的惨痛历史，带着辛弃疾登上高山，眺望祖国的大好河山，给辛弃疾留下很深的印象。

辛弃疾长大后，因为文才出众，被金朝的济南官府推荐到燕京去参加进士考试。临走的时候，辛赞叮嘱他在到燕京去的路上，注意沿路的地理形势和金朝内部的政治情况。辛弃疾到了燕京，没有考取进士，但是对祖父叮嘱的事情倒很留心观察。过了三年，他又到燕京去参加考试，对金朝内部的情况了解得更清楚了。

辛赞没有能盼到南宋恢复中原就死了。辛弃疾决心继承祖父的遗志。到了第二年，完颜亮发动南侵，二十二岁的辛弃疾眼看机会到来，就组织了一支两千多人的起义队伍，投奔耿京。

在耿京的起义队伍里，像辛弃疾那样有文才的人是少有的。耿京见他前来投奔，十分欢迎，派他负责起义军的文书工作，掌管起义军的大印。

辛弃疾告诉耿京，在济南附近有一支起义军，首领是他熟悉的一个和尚，名叫义端，懂得兵法。耿京听了很高兴，就派辛弃疾去跟义端联络。不多几天，义端就带着队伍参加了耿京的起义军。

义端到了起义军后，凭着老相识的关系，跟辛弃疾很接近，辛弃疾对义端也没有怀疑。哪知义端不怀好意，一天晚上，趁辛弃疾不防备，偷走了他保管的起义军大印，逃奔金军。

耿京认为辛弃疾引进了奸细，大为光火，马上要把辛弃疾处死。

辛弃疾恳切地说："义端偷印逃跑，我当然应当负责。请您给我三天时间，让我把义端抓回来。如果到了限期我不能把他抓到，愿意接受重刑。”

辛弃疾得到耿京同意，就快马加鞭向金营追去，赶了一段路，果然追上了义端。辛弃疾抓住义端，那叛徒吓得哆哆嗦嗦，跪在地上求饶。辛弃疾按捺不住心头怒火，当场砍了义端的头，把它拴在马背上，回到耿京营里。

耿京不但不办辛弃疾的罪，反而对他更加器重。

采石大战之后，金兵被迫北撤。金世宗一面跟南宋讲和，一面在北方使用招抚和镇压两种手段，企图瓦解北方抗金的义军。耿京的义军受到了严重威胁。

辛弃疾跟耿京说：“为了抗金，咱们一定要和朝廷取得联系，南北呼应；万一咱们在这里呆不住，也可以把人马拉到南边去。”

耿京接受了辛弃疾的意见，就派义军总提领贾瑞做代表，到建康去见宋高宗。贾瑞是个不识字的武将，不懂得朝见礼节，要求耿京派辛弃疾跟他一起去。耿京同意了。

公元1162年，贾瑞、辛弃疾带着十几个随从人员到了建康。宋高宗听说山东义军派人来归附，十分高兴，当天就在行宫里召见他们。辛弃疾陪同贾瑞上朝，从容不迫地宣读了他代义军起草的奏章，报告北方义军的抗金情况。

宋高宗立刻任命耿京为天平军节度使，对贾瑞、辛弃疾也各封了一个官衔，要他们回去向耿京传达。

贾瑞和辛弃疾完成了任务，高高兴兴地离开建康回去。不料，在经过海州（今江苏连云港）的时候，听到一个不幸的消息。原来，在他们离开义军的那段时间，耿京被人杀害了。

杀害耿京的是个义军的将领张安国。在金朝官府加紧他们的诱降活动以后，张安国为了贪图金人的赏赐，勾结耿京手下另一个部将，趁耿京没防备，闯进营帐把耿京杀了。张安国投奔金军后，金朝把这个叛徒封为济州（今山东巨野）的州官。义军失去了首领，又不甘心跟张安国投降金军，大多散伙走了。

辛弃疾听到这个消息，又是痛心，又是气愤，一定要除掉叛贼，为耿京报仇。他跟海州的守将一商量，就有不少将士自动要求跟辛弃疾去除奸。辛弃疾带了五十名勇士，一起骑马奔向济州。

辛弃疾的队伍到了济州官府，叛徒张安国正在里面设宴请客，一听是辛弃疾来了，有点心虚，但是一时还弄不清他们的来意，就吩咐兵士让他们进来。

辛弃疾和同去的勇士闯进大厅，看见张安国跟一些叛将正在宴席上喝酒作乐，气得眼都红了。他们也不跟张安国说话，拥了上去，七手八脚把张安国捆绑起来，拉出衙门。等济州兵士赶来的时候，他们已经把张安国缚在马上。

济州的兵士见了辛弃疾威严的神色，没人敢动手。辛弃疾当场向兵士们宣布说："朝廷大军马上就要来了。大家谁愿意抗金的，参加到我们队伍里来吧！"

济州的兵士多数原来跟过耿京，听到辛弃疾一号召，有上万人愿意跟他们走。辛弃疾立刻带着义军，押着叛徒，直奔南方。

辛弃疾把叛徒押到建康行营，南宋朝廷审清楚张安国的罪行，立刻把他砍头示众。

辛弃疾回到南方后，被派到江阴做官。他不顾自己职位低微，好几次向朝廷提出抗金的主张，可惜都没有被采纳。后来，虽然做了几任地方官，还创建过一支“飞虎军”，但是始终没有能够实现他北伐中原的愿望。在他四十二岁那年，竟受朝廷官僚打击，被迫退休。他一生写下了许多反映他的豪放性格和爱国热情的词。他的词在我国文学史上占有很重要的地位。

就在辛弃疾南下那一年，宋高宗退位，由他的侄儿赵昚（音 shèn）接替皇位，这就是宋孝宗。

212

陆游临终留诗

宋孝宗刚刚即位的时候，决心改变屈辱求和的政策，很想做一番恢复中原的大事业。公元1163年，他任用了一名很有名望的老将张浚（音 jùn）做枢密使。

张浚决定出兵北伐，并请朝廷发布诏书，号召中原人民奋起抗战，配合宋军收复失地。当时枢密院有个编修官陆游，很有文才，张浚就派陆游起草这份诏书。

陆游是南宋著名的爱国诗人，浙江山阴人，幼年的时候，正是北宋灭亡的年代。金兵在江南抢杀掳掠，陆游从小就尝够了国难的痛苦，也看到、听到江南军民抗击金兵的许多可歌可泣的事迹，在他幼小的心灵里，滋长了对祖国、对民族的深厚感情。

少年时代的陆游，由于勤奋学习，能写一手出色的文章。二十九岁那年，他参加两浙地区的考试，被取为第一

名。恰巧奸相秦桧的孙子秦埙(音 xūn)也参加这次考试。秦桧在考试前就暗示考官,要让秦埙得第一名。考官没买他的账,还是秉公办事,让陆游中了第一名。

这件事使秦桧十分恼火。到了第二年,陆游到京城临安参加考试。主考官发现陆游的文才,又想让他名列前茅。秦桧得知这件事,更是生气,蛮横地命令主考官取消陆游考试的资格,还要追究两浙地区试官的责任。打那以后,秦桧对陆游怀恨在心,不让他参加朝廷工作。直到秦桧死去,他才到临安担任枢密院的编修官。

陆游热情支持北伐。可是担任统帅的张浚缺少指挥的才能。张浚手下的两名主将又相互猜忌,发生摩擦。宋军出兵没有多久,就在符离(今安徽宿县北)打了一个败仗,宋军全线溃退。

北伐失败,一贯主张求和的大臣在宋孝宗面前对张浚大肆攻击,还说张浚用兵,原是陆游怂恿出来的。后来,张浚被排挤出朝廷,陆游也罢官回山阴老家去了。

宋孝宗在金兵的威胁下,抗金决心也就动摇起来。第二年又跟金朝订立了屈辱的和约,打那以后,再也不敢提北伐的事。

差不多过了十年,负责川陕一带军事的将领王炎听到陆游的名声,把他请到汉中去,做他的幕僚。汉中接近抗金的前线,陆游认为到那里去,也许有机会参加抗金战斗,为收复失地出一份力量,很高兴地接受了这个任命。到了那里,他曾经骑马到大散关边,观察金人占领的地区。在王炎衙门里,他常常亲眼看见金军占领区的老百姓,冒着危险给宋军送来军事情报。这些情景使他对抗金前途充满了希望。

他经过详细考察之后，向王炎提出一个计划。他认为恢复中原一定要先收复长安，要王炎在汉中积蓄军粮，训练队伍，做好一切准备，随时可以进攻。但是，当时临安的南宋朝廷并没有北伐的打算，川陕一带的将领大多骄横腐败，王炎对他们也没有办法，更谈不上按照陆游的意见出兵。陆游满怀的希望又落空了。

不久，王炎被调走，陆游也被调到成都，在安抚使范成大部下当参议官。范成大是他的老朋友，虽说是上下级关系，却并不讲究一般的官场礼节。陆游的抗金志愿得不到实现，心里气闷，就常常喝酒写诗，来抒发自己的爱国感情。但是，一般官场上的人看不惯他，说他不讲礼法，思想颓放。陆游听了，索性给自己起了个别号，叫“放翁”。后来人们就称他陆放翁。

这样一过又是二三十年，南宋王朝又换了两个皇帝——赵惇（音 dūn）和宋宁宗赵扩，南宋王朝始终没有决心收复失地。陆游长期过着闲居的生活，他把满腔爱国热情寄托在他的诗歌创作上。

公元1206年，韩侂胄（音 tuō zhòu）担任宰相，发动了一次大规模的北伐。这使陆游十分兴奋。但是韩侂胄的北伐，并没有充分准备，加上朝廷内部矛盾重重，使最后一次北伐又失败了。宋宁宗和一批投降派大臣杀害了韩侂胄，把他的头颅献给金朝，订立了屈辱的和约。

陆游一生渴望的收复失地、统一祖国的强烈愿望，始终没有实现。他只有用他的诗歌来表达他对祖国的热爱和对民族的忧虑。他一生辛勤创作,一共留下了九千多首诗。在我国历代诗人中,他的创作是最丰富的。

公元 1210 年,这位八十六岁的爱国诗人病重。临终的时候,他还念念不忘恢复中原。他把儿孙们叫到床边,念了他最后一首感人肺腑的《示儿》诗:

死去原知万事空,但悲不见九州同。
王师北定中原日,家祭无忘告乃翁。

213

成吉思汗统一蒙古

当韩侂胄北伐的时候，金朝内部也已经十分腐败。北方的蒙古族趁这个时机强大起来。公元 1206 年，蒙古各部落首领在斡难河（今鄂嫩河，斡音 wò）边，举行了一次盛大的集会，公推铁木真做全蒙古的大汗（就是大帝的意思），并且给他上了一个称号，叫成吉思汗。

铁木真本来是蒙古族孛儿只斤部酋长也速该的儿子。他幼年的时候，金王朝统治者对蒙古族人民实行残酷统治，蒙古各部落之间也互相打冤家，蒙古族人民的生活十分苦难。铁木真的祖先俺巴孩就是被金朝皇帝杀害的。

铁木真九岁那年，也速该把铁木真带到一个朋友家订亲。他把铁木真留在朋友家里独自回家，赶了一段路，肚子饿得慌，想找点东西吃，正好看见有一批塔塔儿部人在草原上举行宴会。他下马走进人群，按照当地风俗，参加了塔塔儿人的宴会。

塔塔儿部和孛儿只斤部打过冤家。也速该没想到这一层，塔塔儿部却有人认出了也速该，偷偷地在也速该吃的食物里放了毒药。也速该在离开宴会回家的路上，肚子疼得支不住，才想到刚才在宴会上中了毒，但是懊悔也来不及了。他熬着疼痛赶回家里，就咽了气。

也速该一死，孛儿只斤部失掉了首领，都散了伙。原来归附也速该的泰亦赤部也脱离了他们，还带走了不少也速该的奴隶和牲畜。铁木真的家境就一天不如一天了。

泰亦赤部的首领怕铁木真长大起来向他们报仇，就带领人马捉拿铁木真，想把他杀害。铁木真得到消息，连忙逃到一座森林里。

铁木真在森林里躲了九天九夜，没吃没喝，忍不住饥饿，走了出来。他一出森林，就被泰亦赤人抓住了。泰亦赤人给他戴上木枷，带到各个营帐里去示众。有一天，泰亦赤部的首领和百姓都在斡难河边举行宴会，只留了一个年轻的看守监视他。铁木真趁看守不防备，举起木枷把看守砸昏了，逃了出来。

以后，铁木真和他的母亲、弟妹又躲进深山里，靠捉土拨鼠、野鼠当饭吃，日子过得更艰苦了。

年轻的铁木真为了恢复父亲的事业，想尽办法，渐渐把他们部落失散的亲属和百姓聚集拢来。他在跟别的部落的战斗中打了胜仗，力量渐渐壮大起来。

铁木真跟另一个部落的首领札木合是朋友。他俩常常白天在树荫下举行宴会，晚间睡在一起，要好得像自己兄弟

一样。但是,后来铁木真力量强大了,札木合部下有人投奔铁木真,札木合很不高兴。有一次,札木合的弟弟抢夺铁木真的马群,被铁木真部下杀了,双方发生了冲突。札木合集合了他统治的十三部一共三万人马攻打铁木真。

铁木真也不肯示弱,把部下的三万人马分成十三支队伍,抵抗札木合的进攻。双方在斡难河边的草原上展开了一场大战,铁木真抵挡不住,败退了。札木合把抓住的战俘成批杀害。这件事引起札木合部下的不满,纷纷脱离札木合投奔铁木真,铁木真虽然打了败仗,实力反而更壮大了。

铁木真没有忘记杀害他父亲的仇人塔塔儿部首领蔑古真。没有多久,蔑古真得罪了金朝,金朝派丞相完颜襄约铁木真配合进攻塔塔儿部。铁木真认为这是个报仇的好机会,就和金兵一起夹击塔塔儿部,把塔塔儿部打得全军覆没,俘获了大批人口和牲畜、辎重。

金王朝认为铁木真立了功劳,封他做前锋司令官。

以后,铁木真又经过几次战斗,陆续消灭了蒙古高原好几个部落,终于统一了全蒙古。他被蒙古各部首领推举当了大汗,这就是举世闻名的成吉思汗。

成吉思汗即位以后,建立了军事和政治制度,使用了蒙古文字,使蒙古成了一个强大的汗国。但是金朝还把蒙古当作它的附属国,要成吉思汗向他们进贡。成吉思汗立志要改变这种屈辱的地位。

金章宗死后,太子完颜永济即位,派使者到蒙古下诏书,要成吉思汗下拜接受。成吉思汗问使者新皇帝是谁,使者告诉他是永济。成吉思汗轻蔑地吐了一口唾沫,说:“我原来以为中原主人是天上人做的，像这种庸碌无能的人也配做皇帝？”说罢，就把金朝的使者丢在一边，自己上马走了。

打那以后，成吉思汗就跟金朝决裂。

公元 1211 年，成吉思汗决心大举进攻金朝。他登上高山对天祈祷，说：“金朝皇帝杀害我的祖先俺巴孩，请允许我报这个仇吧！”接着，他就选了三千名精锐骑兵南下。金将胡少虎带了三十万金兵抵抗，被蒙古军打得一败涂地。过了两年，蒙古兵又打进居庸关，围攻金朝的中京（今北京市）。成吉思汗跟他四个儿子分兵几路，在河北广大平原上横冲直撞，所向无敌。

这时候，金朝内部十分混乱，金主完颜永济被杀，新即位的金宣宗不得不向成吉思汗求和，献出大批金帛，把公主嫁给成吉思汗。成吉思汗才撤兵回去。

成吉思汗打败了金朝，兵力更强大了。公元 1219 年，有一支蒙古商队受成吉思汗派遣到西方去，经过花剌子模（今里海东，咸海西），被当地的守将杀害。成吉思汗亲自率领二十万蒙古大军攻打花剌子模，接着，又向西攻打，占领了现在的中亚细亚各国，前锋一直打到现在的欧洲东部和伊朗北部，才带兵回国。

成吉思汗带兵西征的时候，曾经要西夏发兵帮助，西夏不但拒绝出兵，而且和金朝结了同盟。成吉思汗回来以后就决心灭掉西夏。在围攻西夏京城的最后时刻，他自己却得了重病。他知道好不起来，就在病床上对部下将领说：“我们攻打金朝，要向宋朝借路。宋朝和金朝冤仇很深，一定会答应我们。”

成吉思汗死后，他的儿子窝阔台接替他做大汗。窝阔台按照成吉思汗的遗嘱，向南宋借路，包围金朝京城开封。公元1233年，蒙古军攻破开封，金哀宗逃到蔡州（今河南汝南）。蒙古又联合南宋围攻蔡州。

金哀宗派使者向宋理宗（宋宁宗的继子，名叫赵昀）求和，说："金朝被灭，下一步就挨到宋国了；如果跟我们联合，对金、宋两国都有好处。"

宋理宗没有理睬他，金哀宗走投无路，只好自杀。公元1234年，金朝在蒙、宋两军夹攻下灭亡。

214

贾似道误国

蒙古、南宋联合灭掉金朝以后，南宋乘机出兵，想收复开封、河南一带土地。窝阔台借口南宋破坏协议，进攻南宋。打这以后，蒙宋双方不断发生战争。

到窝阔台的侄儿蒙哥即位后，派他弟弟忽必烈和大将兀良合台进军云南，控制了西南地区。公元1258年，蒙哥分兵三路，进攻南宋。他自己亲率主力进攻合州（今四川合川），忽必烈攻打鄂州（今湖北武昌），另一路由兀良合台率领，从云南向北攻打潭州（今湖南长沙），准备三路会师后，直取临安。

蒙哥的军队进攻合州的时候，合州宋将王坚和全城军民奋起反抗，坚守合州东面的钓鱼城。蒙古军把钓鱼城围了五个月还没有攻下来，蒙哥却在攻城的时候被炮石打中，受了重伤，回到大营不久就死了。

忽必烈正向鄂州进兵，还没过江，得到蒙哥的死讯，有人劝他赶快回到北方去争夺汗位。忽必烈说："我奉命来攻打宋朝，哪能空手回去？"

忽必烈观察了沿江的形势，就派几百人的敢死队当先锋，强渡长江。宋兵没有防备，果然溃败。蒙古兵就大举渡江，把鄂州围住。

警报一个接一个送到临安，把南宋王朝震动了。宋理宗命令各路宋军援救鄂州；又任命贾似道担任右丞相兼枢密使，到汉阳督战。

新任丞相贾似道，原是个不学无术的浪荡子，靠他的姐姐是宋理宗的宠妃，才得了官位。他当上官后，什么事都不干，经常带着一批歌女在西湖上喝酒作乐。有一天晚上，宋理宗在宫里登高眺望，看到西湖上灯火通明，就对左右侍臣说："这一定是似道这小子。"

侍臣知道宋理宗宠着贾似道，就凑趣说："别看他年纪轻轻，喜欢玩乐，他的才能大着呢。"

这回，宋理宗要他上汉阳前线督战，他只好硬着头皮去了。有一次，他听说前面有一队蒙古兵，吓得直打哆嗦，嘴里连声叫着："怎么办？怎么办？"后来，蒙古兵抢了一些财物走了，贾似道才拍拍胸口，喘了口气。

忽必烈攻城越来越猛。贾似道眼看形势紧张，就瞒着朝廷，偷偷地派个亲信到蒙古营去求和，表示只要蒙古退兵，宋朝就愿意称臣，进贡银绢。忽必烈攻得正起劲，不肯就此罢休。正在这时候，忽必烈接到他妻子从北方捎来的密信，说蒙古一些贵族正在准备立他弟弟阿里不哥做大汗。

忽必烈急着想回去争夺汗位，就答应了贾似道的请求，订下了秘密协定。贾似道答应把江北土地割给蒙古，并且每年向蒙古进贡银、绢各二十万。忽必烈得了贾似道的许愿，就急忙撤兵回北方去了。

贾似道回到临安，把私自订立和约的事瞒得严严实实，却抓了一些蒙古兵俘虏，吹嘘各路宋军取得大胜，不但赶跑了鄂州的蒙古兵，还把长江一带敌人的势力全部肃清了。

宋理宗听信了贾似道的弥天大谎，认为贾似道立了大功，专门下一道诏书，赞赏他奋不顾身，指挥有方，立刻给他加官进爵。

忽必烈回到北方，得到大多数蒙古贵族的支持，即了大汗位。他想起了在鄂州跟贾似道订下的和议，就派使者郝经到南宋去，要求履行和约议定的条件。

郝经到了真州（今江苏仪征），先派副使带信给贾似道。贾似道一听郝经要到临安来，怕他的骗局露馅，赶快派人到真州把郝经扣了起来。忽必烈听到这个消息，气得要命。那时候，蒙古内部发生了内讧，忽必烈的弟弟阿里不哥跟忽必烈争夺权力，发生了战争。忽必烈全力对付阿里不哥，只好暂时把南宋一头搁起来。

贾似道靠欺骗过日子，居然做了十几年的宰相。宋理宗死后，太子赵禥（音 qí）即位，就是宋度宗。宋度宗封贾似道为太师，拜魏国公，地位高得没人能跟他比。贾似道一面故意要求告老回家，一面又派亲信散播谣言，说蒙古军又要打过来了。刚即位的宋度宗就苦苦留他，这样一来，他的地位就越来越高了。度宗专门给他在西湖葛岭造了一座豪华的别墅。贾似道每天在葛岭过着享乐的生活，朝政大事，都得由官员到别墅去找他决定。

忽必烈稳定了内部，打败了阿里不哥以后，在公元1271年称帝，改国号叫元。这就是元世祖。

元世祖借口南宋不执行和约，派大将刘整、阿术出兵进攻襄阳，宋军连战连败，襄阳城被围了五年。贾似道把前线的消息封锁起来，不让宋度宗知道。有个官员上奏章向宋度宗告急，奏章落在贾似道手里，那个官员马上被革职了。

有一天，贾似道上朝的时候，宋度宗问他："听说襄阳城已经被蒙古兵围了几年，怎么办？"

贾似道故意装出惊讶的样子说："蒙古兵早就给我们打退，陛下从哪儿听来这种消息？"

度宗说："刚才听到一个宫女说起。"

散朝以后，贾似道查明了那个透露消息的宫女，找个借口把她杀死。打那以后，宋度宗再也听不到蒙古军进攻的消息了。

襄阳在蒙古兵围攻下，越来越危急。贾似道却每天躲在他的葛岭别墅里。有一次，有个亲信官员去找他，他正趴在地上跟他的几个侍女斗蟋蟀。那个官员拍拍贾似道的肩膀说："这难道也是国家大事吗？"贾似道玩得正起劲，也没当一回事。

襄阳终于被元兵攻破了。南宋王朝大为震动。这个时候，贾似道要再瞒也瞒不住，就把责任推给襄阳守将，把守将革职了事。

元世祖看到南宋这样腐败，决定一鼓作气消灭南宋。

他派左丞相伯颜率领元兵二十万，分两路进军，一路从西面攻鄂州，另一路从东面攻扬州。

这时候，宋度宗病死了，贾似道拥立了一个四岁的幼儿赵㬎（音 xiǎn）做皇帝。伯颜攻下鄂州，沿江东下，直取临安。贾似道一面带领七万宋军驻守芜湖，一面派使臣到元营求和。伯颜拒绝议和，命令元军在长江两岸发起进攻，宋军全线崩溃，贾似道逃回扬州。到了这个时候，南宋灭亡的局势已经无法挽回了。

215

文天祥起兵

元兵乘胜南下，进逼临安。四岁的皇帝赵㬎，只是挂个名的。他祖母谢太后和大臣们一商量，赶紧下诏书要各地将领带兵援救朝廷。诏书发到各地，响应的人很少。只有赣州的州官文天祥和郢州（今湖北钟祥）守将张世杰两人立刻起兵。

文天祥是我国历史上著名的民族英雄，吉州庐陵（今江西吉安）人。他从小爱读历史上忠臣烈士的传记，立志要向他们学习。二十岁那年，他到临安参加进士考试，在试卷里写了他的救国主张，受到主考官的赏识，中了状元。

文天祥在朝廷做了官之后，马上发现贾似道和一批宦官都是些祸国殃民的奸臣。有一回，蒙古军攻打南宋，宦官董宋臣劝宋理宗放弃临安逃跑，文天祥马上上了一道奏章要求杀掉董宋臣，免得动摇民心。为了这件事，他反被撤了职。后来,他回到临安担任起草诏书的工作,又因为得罪贾似道,在他三十七岁那年,竟被迫退休。一直到了南宋王朝快要灭亡的危急时刻,他才被派到江西去担任赣州的州官。

文天祥接到朝廷诏书,立刻招募了三万人马,准备赶到临安去。有人劝他说:“现在元兵长驱直入,您带了这些临时招募起来的人马去抵抗,好比赶着羊群去跟猛虎斗,明摆着要失败,何苦呢?”

文天祥泰然回答说:“这个道理我何尝不知道。但是国家养兵多年,现在临安危急,却没有一兵一卒为国难出力,岂不叫人痛心!我明知道自己力量有限,宁愿以死殉国。但愿天下忠义的人,闻风而起,人多势大,国家才有保全的希望。”

文天祥排除种种阻挠,带兵到了临安。右丞相陈宜中派他到平江(今江苏苏州)防守。这时候,元朝统帅伯颜已经渡过长江,分兵三路进攻临安。其中一路从建康出发,越过平江,直取独松关(今浙江余杭)。陈宜中又命令文天祥退守独松关。文天祥刚离开平江,独松关已经被元军攻破,想再回平江,平江也失守了。

文天祥回到临安,跟郢州来的将领张世杰商量,向朝廷建议,集中兵力跟元军拼个死活。但是胆小的陈宜中说什么也不同意。

伯颜带兵到了离临安只有三十里的皋亭山(今杭州东北)。朝廷里一些没有骨气的大臣,包括左丞相留梦炎都溜走了。谢太后和陈宜中惊慌失措,赶紧派了一名官员带着国玺和求降表到伯颜大营求和。

伯颜指定要南宋丞相亲自去谈判。

陈宜中害怕被扣留，不敢到元营去，逃往南方去了；张世杰不愿投降，气得带兵乘上海船出海。

谢太后没办法，只好宣布文天祥接替陈宜中做右丞相，要他到伯颜大营去谈判投降。

文天祥答应到元营去，但是他心里另有打算。他带着大臣吴坚、贾余庆等到了元营，见了伯颜，根本不提求和的事，反而严正地责问伯颜说："你们究竟是想跟我朝友好呢，还是存心消灭我朝？"

伯颜说："我们皇上（指元世祖）的意思很清楚，并不是要消灭宋朝。"

文天祥说："既然是这样，那么请你们立刻把军队撤退到平江或者嘉兴。如果你们硬要消灭我朝，南方军民一定跟你们打到底，对你们未必有好处。"

伯颜把脸一沉，用威胁的口气说："你们再不老实投降，只怕饶不得你们。"

文天祥也气愤地说："我是堂堂南宋宰相。现在国家危急，我已经准备好拼一死以报答国家，哪怕刀山火海，我也毫不害怕。"

文天祥洪亮的声音，庄严的语言，把伯颜的威胁顶了回去。周围的元将个个吓得惊慌失色。

双方会见之后，伯颜传出话来，让别的使者先回临安去跟谢太后商量，却把文天祥留下来。文天祥知道伯颜不怀好意，向伯颜抗议。伯颜装出若无其事的样子说："您别发火。两国和议大事，正需要您留下商量嘛。"

随同文天祥到元营的吴坚、贾余庆回到临安，把文天祥拒绝投降的事回奏谢太后。谢太后一心投降，改任贾余庆做右丞相，到元营去求降。伯颜接受降表后，再请文天祥进营帐，告诉他朝廷已另外派人来投降。文天祥气得把贾余庆痛骂一顿，但是投降的事已无法挽回了。

公元1276年，伯颜带兵占领临安。谢太后和赵㬎出宫投降，元军把赵㬎当作俘虏押送大都（今北京市），文天祥也被押到大都去。一路上，他一直在考虑怎样从敌人手里逃脱。路过镇江的时候，他和几个随从人员商量好，瞅元军没防备，逃出了元营，乘小船到了真州。

真州的守将苗再成听到文丞相到来，十分高兴，打开城门迎接。苗再成从文天祥那里知道临安已经陷落，表示愿意跟文天祥一起，集合淮河东西的兵力，打退元兵。

文天祥正在高兴，哪儿知道守扬州的宋军主帅李庭芝听信谣言，以为文天祥已经投降，是元军派到真州去的内奸，命令苗再成把他杀死。苗再成不相信文天祥是这样的人，但是又不敢违抗李庭芝的命令，只好把文天祥骗出真州城外，把扬州的来文给他看了，叫文天祥赶快离开。

文天祥没办法，又带着随从连夜赶到扬州。第二天天没亮，到了扬州城下，等候开门进城。城门边一些等着进城的人坐着没事都在闲谈。文天祥一听，知道扬州正在悬赏缉拿他，不能进城了。

文天祥等十二个人为了免得被缉拿，改名换姓，化了装，专拣僻静的小路走，想往东到海边去，找船向南转移。

十几个人走了一程，正遇到一队元朝的骑兵赶了上来。

他们躲进一座土围子里，幸亏没被元兵发现。

文天祥等日行夜宿，历尽千难万险，终于在农民的帮助下，从海口乘船到了温州。在那儿，他得到张世杰和陈宜中在福州拥立新皇帝即位的消息，就决定到福州去。

216

张世杰死守厓山

张世杰、陈宜中怎么会到福州去的呢？原来，在临安被元兵占领、小皇帝赵㬎被俘虏到大都去后，赵㬎的两个哥哥，九岁的赵昰（音 xià）和六岁的赵昺（音 bǐng），在南宋皇族和大臣陆秀夫护送下逃到福州。陆秀夫派人找到张世杰、陈宜中，把他们请到福州。三个大臣一商量，决定拥立赵昰即位，继续打起宋朝的旗帜，反抗元朝。

文天祥得到了这个消息，感到有了恢复的希望，马上也赶到福州，在新的朝廷里担任枢密使。他向陈宜中建议，从海路进攻元军，收复两浙地区。但是陈宜中认为这样做太冒险，不同意文天祥的意见。

文天祥只好改变主意，到南剑州（今福建南平）建立都督府，招募人马，准备反攻。第二年，文天祥进兵江西，在各地起义军的配合之下，连续打败元军，收复了会昌等许多县城。

这时候，另一路元军已经南下攻打福州。宋军节节败退，陈宜中眼看恢复没有希望，就独自乘船逃到海外去了。张世杰和陆秀夫等保护赵昰逃上海船，往广东转移。不幸海上刮起一场飓风，差点把船打翻，年幼的赵昰受了惊，得病死了。

张世杰和陆秀夫在海上又拥立赵昺即位，把水军转移到厓山（今广东新会南，厓音 yá）。

元朝大将张弘范向元世祖报告说，如果不迅速扑灭南方的小朝廷，恐怕有更多的宋人响应。元世祖就派张弘范为元帅，李恒为副帅，带领精兵二万人，分水陆两路南下。

张弘范先派兵攻打驻守在潮州的文天祥。文天祥兵少势孤，被迫转移到海丰的一座荒山岭。元军突然赶到，文天祥被俘虏了。

元兵把文天祥送到张弘范大营，张弘范假意殷勤，给文天祥松了绑，把他留在营里，接着，就下命令集中水军开往厓山。

元军到了厓山，张弘范先派人向张世杰劝降。张世杰说："我知道投降元朝，不但可以活命，而且可以得到富贵。但是，我宁可丢脑袋，决不变节。"

张弘范知道张世杰平日很敬佩文天祥，就要文天祥写信给张世杰招降。文天祥冷笑说："我自己不能救父母，难道会劝别人背叛父母吗？"

张弘范叫人拿来笔墨，逼他写信。文天祥接过笔，毫不犹豫地写下两句诗：

人生自古谁无死，留取丹心照汗青！

（意思是：自古以来，人免不了一死，我要留下赤诚的忠心，照耀千秋。原诗有八句，是文天祥过零丁洋的时候写的）

兵士把他写的诗句拿给张弘范，张弘范看了只好苦笑。他眼看劝降毫无希望，就只有拼命攻打。

厓山在我国南面海湾里，背山面海，地势险要。张世杰在海上把一千多条战船排成一字阵，用绳索连接，船的四周还筑起城楼，决心跟元兵决一死战。元军用小船满载茅草，浇足了油，点着了火，乘着风势向宋军发起火攻。张世杰早防到这一着，在船上涂上厚厚的一层湿泥，还缚了一根根长木头，顶住元军的火船。

张弘范的火攻失败了，就用船队封锁海口，断绝了张世杰通往陆地的交通。宋兵在海上饿了吃干粮，渴了喝海水。海水又咸又苦，兵士们喝了纷纷呕吐。张弘范发动元兵发起猛攻，宋兵誓死抵抗，双方相持不下。

这时候，元军副统帅李恒也从广州到厓山跟张弘范会师。张弘范增加了实力，重新组织力量进攻。他把元军分为四路，围攻宋军。潮落的时候，元军从北面冲击；潮涨的时候，元军又顺着潮水从南面进攻。

宋军两面受敌，正在拼命招架。忽然听到张弘范的坐船奏起音乐来。宋军听了，以为元将正在举行宴会，稍微松懈一下。哪想到这个乐声恰恰是元军总攻的信号。乐声一起，张弘范的坐船发起进攻，箭如雨一样射向宋船。元兵在乱箭掩护下，夺了宋军七条战船。各路元军一起猛攻。从晌午到傍晚，厓山的海上，海潮汹涌，杀声震天。

张世杰正在指挥战斗，忽然看见一条宋船降下了旗，停止抵抗，其他战船也陆续降下了旗。张世杰知道大势已去，急忙一面把精兵集中在中军，一面派人驾驶小船，准备把赵昺接过来，组织突围。

赵昺的坐船，由陆秀夫守着。他对张世杰派去接赵昺的小船，闹不清是真是假，怕小皇帝落在元军手中，就拒绝了使者的要求。他回过头对赵昺说："国家到了这步田地，陛下也只好以身殉国了。"说着，就背着赵昺一起跳进了大海，在滚滚波涛里淹没了。

张世杰没有接到赵昺，只好指挥战船，趁着夜色朦胧，突围撤退到海陵山。他点了一下战船，一千条战船只剩下十几条。这时候，海上又刮起了飓风，有人劝张世杰登岸避风。张世杰坚持不肯上岸。一阵巨浪袭来，把他的船打沉了。这位誓死抵抗的宋将终于落水牺牲。

公元 1279 年二月，元朝统一了中国，南宋宣告灭亡。

217

正　气　歌

元军攻下厓山以后，张弘范召集将领，举行庆功宴会，把文天祥请来。宴会席上，张弘范对文天祥说："现在宋朝灭亡，丞相已经尽到最后一片忠心。只要您回心转意，归顺我们大元皇上，还能保持您丞相的地位。"

文天祥含着眼泪说："国破家亡，我身为宋朝大臣，没能够挽回局势，死了还有罪孽，怎么还能贪图活命呢。"

张弘范一再劝降，没有结果，只好派人把文天祥押送到大都。

过了半年，文天祥被押到大都，元王朝下令把他送到上等的宾馆里，用美酒好菜招待他。过了几天，元朝丞相博罗派投降官员留梦炎去劝降。文天祥对这个叛徒早已深恶痛绝，现在见他居然老着脸皮来劝降，更是火冒三丈。没等留梦炎开口，就一顿痛骂，把留梦炎骂得抬不起头，灰溜溜地

走了。

元朝对文天祥劝降不成，就把他移送到兵马司衙门，戴上脚镣手铐，过着囚徒的生活。过了一个月，博罗把文天祥提到元朝的枢密院，亲自审问。

文天祥被兵士押着，来到枢密院大堂，只见博罗满脸凶相，坐在上面。文天祥正眼也不看，昂起头，挺直腰杆走上前去。左右兵士吆喝他跪下，被文天祥拒绝了。

博罗恼羞成怒，喝令左右动手。兵士们把文天祥拉的拉，推的推，将文天祥按倒在地上。

博罗说："你还有什么话可说?"

文天祥坦然说："从古以来，国家有兴有亡，做大臣的被灭被杀的，哪一个朝代没有？我是宋朝的臣子，现在既然已经失败，只求早死。"

博罗怕审问出现僵局，想缓和一下空气，就说："自从盘古到现在，有几个帝王，你倒说来听听。"

文天祥哼了一声，说："一部十七史（指《史记》等十七部历史书），从哪里说起？我今天不是到这里来应考，哪有心思跟你们闲扯。"

博罗被文天祥抢白几句，讨个没趣，就无理取闹地责问文天祥为什么丢了临安逃走，为什么要另立二王（指赵昰、赵昺）。文天祥一条条据理驳斥，最后，他慷慨激昂地说："我文天祥今天落在你的手里，早就准备一死，何必再啰唆!"

博罗气得吹胡子瞪眼睛，喝令把文天祥押回兵马司。他想杀掉文天祥。但是元世祖恐怕杀了文天祥，民心不服，不同意把他杀害。

文天祥被关的那间土牢，又矮又窄，阴暗潮湿。遇到雨天，屋面漏水，满地是水；一到夏天，地面上发出一阵阵蒸汽，更加闷热。牢房的隔壁，有狱卒的炉灶，有陈年的谷仓，发出阵阵烟火气、霉气，再加上厕所里大粪的气味，死老鼠的臭味，使人极其难受。

文天祥被关在这间牢房里，恶劣的环境只能折磨他的身体，却并不能摧毁他的意志。他相信，只要有爱国爱民族的浩然正气，就能够战胜一切恶劣的环境。

他在牢房中，写下了千古传诵的《正气歌》。他在那首诗里，举了历史上一些坚持正义、不怕牺牲的忠臣义士的例子，认为这都是正气的表现。他在诗中写道：

天地有正气，杂然赋流形。
下则为河岳，上则为日星。
于人曰浩然，沛然塞苍冥。
……
时穷节乃见（同“现”字），一一垂丹青。

（意思是：天地之间有一种正气，分别表现为各种物体。如地上的大河高山，天空的日月星辰。在人的身上就表现为浩然之气，充塞在宇宙之间。……到了危急的关头，才表现出他的气节，他们的事迹一件件留在史册上。）

文天祥进牢的第三年，河北中山府发生了一场农民起义。起义领袖自称是宋朝皇室的后代，聚集几千人马，号召大家打进大都，救出文丞相。

这一来可把元王朝吓坏了，如果不杀文天祥，恐怕闹出大乱子来。元世祖还没有丢掉招降的幻想，决定亲自劝降文天祥。

一天，文天祥被人从牢房里押出来，带到宫里。

文天祥见了元世祖，不肯下跪，只作了个揖。元世祖问他还有什么话说。文天祥说："我是大宋宰相，竭心尽力扶助朝廷，可惜奸臣卖国，叫我英雄无用武之地。我不能恢复国土，反落得被俘受辱。我死了以后，也不甘心。"说着，咬牙切齿，不断地捶打自己的胸膛。

元世祖和颜悦色地劝说："你的忠心，我也完全了解。事到如今，你如果能改变主意，做元朝的臣子，我仍旧让你当丞相怎么样？"

文天祥慷慨地说："我是宋朝的宰相，哪有服侍两朝的道理。我不死，哪还有脸去见地下的忠臣烈士？"

元世祖说："你不愿做丞相，做个枢密使怎么样？"

文天祥斩钉截铁地回答说："我只求一死，别的没有什么可说了。"

元世祖知道劝降已没有希望，才叫侍从把文天祥带出去。第二天，就下令把文天祥处死。

这一天，北风怒号，阴云密布。京城柴市的刑场上，戒备森严。市民们听到文天祥将要就义的消息，自发集中到柴市来，一下子就聚集了一万人，把刑场团团围住。只见文天祥戴着镣铐，神色从容，来到刑场。他问旁边的百姓，哪一面是南方。百姓们指给文天祥看了。他朝着正南方向拜了几拜，端端正正坐了下来，对监斩官说：“我的事结束了。”

公元1283年一月，这位四十七岁的民族英雄终于牺牲，在民族危亡的时刻，他表现了一身的浩然正气。

218

郭守敬修订历法

元世祖忽必烈即位以前,就重视吸收汉族的读书人,帮助筹划朝政大事。他重用一个汉族谋士刘秉忠。忽必烈称帝和定国号为元,都是刘秉忠的主意。后来,刘秉忠又向忽必烈荐引了一些朋友、学生,也一个个担任了元朝初年的重要官员。其中有一个是元代著名科学家郭守敬。

郭守敬是邢州(今河北邢台)人。他祖父郭荣学识渊博,不但通晓经书,对数学、天文、水利等都有研究。郭守敬少年时候,在祖父的影响下,对科学发生浓厚的兴趣。那时候,刘秉忠和他的朋友张文谦等正在邢州西南紫金山讲学,郭荣把他孙子送到刘秉忠那里学习。郭守敬在那里认识了许多爱好科学的朋友,学问就长进得更快。

忽必烈统一北方以后,为了发展农业生产,决定整治水利,征求这方面的人才。张文谦把郭守敬推荐给忽必烈,忽必烈很快就在开平(今内蒙古正蓝旗东)召见郭守敬。郭守敬对北方水利情况十分熟悉,当时就提出六条整治水利的措施。忽必烈听了十分满意,每听完一条,就点头赞许。最后,他很感慨地说:“让这样的人去办事,才不会是摆空架子吃闲饭的呢。”接见以后,就派郭守敬担任提举各路河渠的职务,经办河道水利的事。

过了两年,郭守敬又被派到西夏一带去整治水利。那里经过多年战乱,河道淤塞,土地荒芜,生产遭到严重破坏。郭守敬到了西夏,经过详细勘察以后,发动民工疏浚了一批原有的渠道、水坝,还开挖了一些新河道。不出一年时间,这一带九百多万亩农田灌溉畅达,粮食丰收,百姓的生活也都改善了。

为了加强大都到江南的交通运输,忽必烈又派郭守敬去勘测水路交通情况。经过郭守敬的勘测、设计,不但修通了原来的运河,还新开凿了一条从大都到通州的通惠河,这样,从江南到大都的水路运输,就畅通无阻了。

元世祖灭南宋以后,更加重视农业生产的恢复。农业生产要利用历法。过去,蒙古一直使用金朝颁布的历法,这种历法误差很大,连农业上常常使用的节气也算不准。元朝征服江南以后,南方用的又是另一种历法,南北历法不一样,更容易造成紊乱。元世祖决定统一制订一个新历法。他下令成立了一个编订历法的机构,名叫太史局(后来叫太史院)。负责太史局的是郭守敬的同学王恂。郭守敬因为精通天文、历法,也被朝廷从水利部门调到太史局,和王恂一起主办改历工作。

修订历法工作一开始,郭守敬就提出:研究历法先要重视观测,而观测必须依靠仪表。原来从开封运来的一架观察天象的大型浑天仪,已经陈旧不堪,得不到可靠的数据。郭守敬设计一套新的仪器。他觉得原来的浑天仪结构复杂,使用不方便,还创制了一种结构比较简单、刻度精密的简仪。他制作的仪器,精巧和准确程度都比旧的仪器高得多。

有了好的仪器,还要进行精确的实地观测。公元1279年,郭守敬在向元世祖报告的时候,提出在太史院里建造一座新的司天台,同时在全国范围进行大规模的天文测量的打算。这个大胆的计划马上得到元世祖批准。

经过王恂、郭守敬等一起研究,在全国各地设立了二十七个测点。最北的测点是铁勒(在今西伯利亚的叶尼塞河流域),最南的测点在南海(在今西沙群岛上),选派了十四个监候官员分别到各地进行观测。郭守敬也亲自带人到几个重要的观测点去观测。各地的观测点把得到的数据全部汇总到太史局。郭守敬根据大量数据,花了两年的时间,编出了一部新的历法,叫《授时历》。这种新历法,比旧历法精确得多。它算出一年有365.2425天,同地球绕太阳一周的时间,只相差26秒。这部历法同现在通行的格里历(即公历)一年的周期相同。但是郭守敬的《授时历》比欧洲人确立公历的时间要早三百零二年。

219

欧洲来客马可·波罗

元世祖在位的时候,成吉思汗时期开始建立的庞大的蒙古汗国,已经分裂成四个汗国(钦察汗国、察合台汗国、窝阔台汗国、伊尔汗国),元朝皇帝在名义上还是四个汗国的大汗。在那个时期,中国是世界上最强大最富庶的国家,西方各国的使者、商人、旅行家纷纷慕名到中国来观光。其中最有名的要数马可·波罗。

马可·波罗的父亲尼古拉·波罗和叔父玛飞·波罗,原来是威尼斯的商人。兄弟俩常常到国外去做生意。蒙古汗国建立以后,他们带了大批珍宝,到钦察汗国做生意。后来,那儿发生战争,他们又到了中亚细亚的一座城市——布哈拉,在那儿住了下来。

有一次,忽必烈的使者经过布哈拉,见到这两个欧洲商人,感到很新奇,对他们说:"咱们大汗没见过欧洲人。你们如果能够跟我一起去见大汗,保能得到富贵;再说,跟我们一起到中国去,再安全也没有了。"

尼古拉兄弟本来是喜欢到处游历的人,听说能见到中国的大汗,怎么不愿意?两人就跟随使者一起到了上都(今内蒙古自治区多伦县西北)。忽必烈听到来了两个欧洲客人,果然十分高兴,在他的行宫里接见了他们,问这问那,特别热情。

尼古拉兄弟没准备留在中国,忽必烈从他们那儿听到欧洲的情况,要他们回欧洲跟罗马教皇捎个信,请教皇派人来传教。两人就告别了忽必烈,离开中国。在路上走了三年多,才回到威尼斯。那时候,尼古拉的妻子已经病死,留下的孩子马可·波罗,已经是十五岁的少年了。

马可·波罗听父亲和叔父说起中国的繁华情况,十分羡慕,央求父亲带他到中国去。尼古拉觉得让孩子一个人留在家里不放心,就决定带他一起走。

尼古拉兄弟见了教皇之后,带着马可·波罗到中国来。路上又花了三年多,在公元1275年到了中国。忽必烈已经即位称帝,听到尼古拉兄弟来了,派人从很远的地方把他们迎接到上都。

尼古拉兄弟带着马可·波罗进宫拜见元世祖。元世祖一看尼古拉身边多了一个少年,诧异地问这是谁,尼古拉回答说:"这是我的孩子,也是陛下的仆人。"

元世祖见到马可·波罗英俊的样子,连声说:"你来得太好了。"

当天晚上,元世祖特地在皇宫里举行宴会,欢迎他们。

后来，又留他们在朝廷里办事。

马可·波罗非常聪明，很快学会了蒙古语和汉语。元世祖发现他进步很快，十分赏识他，没有多久，就派他到云南去办事。元世祖喜欢了解各地风俗人情，过去，朝廷使者到各地去视察，回来的时候，问他们风俗人情，都讲不出。马可·波罗出去，每到一处，都留心考察风俗人情。回到大都，就向元世祖详细汇报。元世祖听了，直夸马可·波罗能干。以后，凡是有重要的任务，元世祖总派马可·波罗去。

马可·波罗在中国整整住了十七年，被元世祖派到许多地方视察，还经常出使到国外，到过南洋好几个国家。他在扬州呆过三年，据说还在那里当过总管。

日子一久，三个欧洲人不免想念家乡，三番五次向元世祖请求回国。但是元世祖宠着马可·波罗，舍不得让他们走。恰好那时候，伊尔汗国国王的一个妃子死了，派使者到大都来求亲。元世祖选了一个名叫阔阔真的皇族少女，赐给伊尔汗国国王做王妃。伊尔汗国使者认为走陆路太不方便，知道尼古拉他们熟悉海路，就请元世祖派尼古拉他们一起护送王妃去伊尔汗国。元世祖只好答应。

公元 1292 年，尼古拉兄弟和马可·波罗就和伊尔汗国使者一起，离开中国，乘海船经过印度洋，把阔阔真护送到了伊尔汗国，经过三年的跋涉，才回到威尼斯。

这时候，他们离开威尼斯已经二十年。当地人长久没听到他们的消息，都以为他们死在国外了。现在看到他们穿着东方的服装回来，又听说他们到过中国，带回许多珍珠宝石，都轰动了。人们给马可·波罗起个外号，叫做“百万家产的马可”。

没有多久，威尼斯和另一个城邦热那亚发生冲突，双方的舰队在地中海里打起仗来。马可·波罗自己花钱买了一条战船，亲自驾驶，参加威尼斯的舰队。结果，威尼斯打了败仗，马可·波罗被俘，关在热那亚的监牢里。热那亚人听说他是个著名的旅行家，纷纷到牢监里来访问，请他讲东方和中国的情况。

跟马可·波罗一起关在监牢里有一个名叫鲁思梯谦的作家，把马可·波罗讲述的事都记录了下来，编成一本书，这就是著名的《马可·波罗行纪》（一名《东方见闻录》）。在那本游记里，马可·波罗把中国的著名城市，像大都、扬州、苏州、杭州等，都作了详细的介绍，称颂中国的富庶和文明。这本书一出版，激起了欧洲人对中国文明的向往。热那亚人因为马可·波罗出了名，把他释放回国。

打那以后，中国和欧洲人、阿拉伯人之间的往来更加密切。阿拉伯的天文学、数学、医学知识开始传到中国来；中国古代的三大发明——指南针、印刷术、火药，也在这个时期传到了欧洲（中国的另一个大发明造纸术，传到欧洲要更早一些）。

220

《窦娥冤》感天动地

由于元世祖采取了许多发展生产的措施，元朝初期的社会经济十分繁荣。但是这种繁荣只使蒙古的王公贵族和地主官僚得到好处。为了满足蒙古贵族过穷奢极欲的生活和军事的需要，元世祖还任用了一批管理财政的大臣，帮助他搜刮财富。这批大臣勾结地方官吏，贪赃枉法，无所不为。

元王朝还实行民族压迫政策，把全国人民划分为四个等级：第一等是蒙古人；第二等叫色目人，也就是西域各族和西夏人；第三等叫汉人，就是原来在金朝统治下的汉人、契丹、女真等族人；第四等叫南人，就是原来在南宋地区的各族人民。四个等级的人政治地位和待遇不同，汉人和南人受到百般歧视。

在残酷的阶级压迫和民族压迫下，各族劳动人民都过着悲惨的日子。贪污横行，冤案多得数也数不清。

元世祖死后，他的孙子铁穆耳即位，就是元成宗。元成宗时期，这种贪赃枉法的情况越来越严重。有一次，查出有贪污行为的官吏一万八千多人，冤案五千多件。

当时，在大都流行着一种戏剧，叫杂剧。一些有正义感的读书人，不满官府的黑暗统治，利用杂剧的形式来揭露官场的罪恶和社会的不平现象。

大都有个读书人叫关汉卿，从小喜爱音乐戏剧，会吹箫弹琴，还会唱歌跳舞。关汉卿在京城太医院当过官，可是他对医术不感兴趣，对编写剧本却特别热心。那时候，演戏的人社会地位很低，关汉卿却跟他们混得挺熟；有时候他自己也上场演出，扮个角色。因为他对音乐戏剧很有研究，所以编出的戏也就格外精彩。

在大都，一班贵族和普通百姓都喜欢看戏，关汉卿编的戏剧不是为了光给贵族消闲作乐，而是常常帮百姓说话。他把看到的、听到的人民的悲惨遭遇，写进他的剧本里。《感天动地窦娥冤》（也叫《窦娥冤》），就是他的杰出的代表作品。

《窦娥冤》的主要人物是楚州地方一个贫苦女子窦娥。窦娥从小死了母亲，她父亲窦天章还不起债，又因为上京赶考，缺少盘费，把她卖给孤苦的蔡婆婆家做童养媳。到蔡家没两年，丈夫就害病死了，只剩了窦娥和她婆婆两人相依为命地过日子。

楚州有个流氓叫张驴儿，欺负蔡家婆媳无依无靠，跟他父亲张老儿一起，赖在蔡家，逼迫蔡婆婆嫁给张老儿。蔡婆婆软弱怕事，勉强答应了。张驴儿又胁迫窦娥跟他成亲，窦娥坚决拒绝，还把张驴儿痛骂了一顿。

张驴儿怀恨在心。过几天，蔡婆婆害病，要窦娥做羊肚汤给她吃。张驴儿偷偷地在汤里下了毒药，想先毒死蔡婆婆，再逼窦娥成亲。窦娥把羊肚汤端给蔡婆婆喝。蔡婆婆接过碗，忽然要呕吐，不想喝，让给张老儿喝了。张老儿中了毒，在地上翻滚了几下，就咽了气。

张驴儿毒死了自己父亲，把杀人的罪名，栽到窦娥身上，告到楚州衙门。

楚州知府桃杌（音 wù）是个贪赃枉法的贪官，背地里被张驴儿用钱买通了，把窦娥抓到公堂讯问，逼她招认是她下的毒。窦娥受尽了百般拷打，痛得死去活来，还是不肯承认。

桃杌知道窦娥待她婆婆很孝顺，就当着窦娥的面要拷打蔡婆婆。窦娥想到婆婆年纪老，受不起这个酷刑，只好含冤招了供。

贪官桃杌把窦娥屈打成招，定了死罪，把她押到刑场去处死。窦娥眼看没有伸冤的地方，她满腔悲愤地咒骂天地："地也，你不分好歹何为地？天也，你错勘贤愚枉为天！"在临刑的时候，她又向天发出三桩誓愿：一要刀过头落，一腔热血全溅在白练上；二要天降大雪，遮盖她的尸体；三要让楚州大旱三年。窦娥的誓愿居然感动了天地。那时候，正是六月大伏天气，窦娥被杀之后，一霎时天昏地暗，大雪纷飞；接下来，楚州地方大旱了三年。后来，窦娥的父亲窦天章在京城做官，窦娥的冤案得到平反昭雪，杀人凶手张驴儿被处死刑，贪官桃杌也得到应有的惩罚。

这个戏剧所写的未必是真人真事，六月飞雪，更是一种神话式的想象。但是它反映了在封建统治下，无数含冤受苦的百姓伸冤报仇的强烈愿望。所以，千百年来，这出戏一直受到人们的喜爱赞赏，关汉卿也成为人民称颂的戏剧家。

221

一只眼的石人

元朝从成宗以后，又传了九个皇帝，皇室内部斗争十分激烈，政治也越来越腐败，人民灾难深重。最后一个皇帝元顺帝（又叫元惠宗）妥懽帖睦尔即位后，荒淫残暴，闹得国库空虚，物价飞涨，百姓忍受不下去，很多地方爆发了农民起义。

河北有个农民叫韩山童，他祖父是个教书先生，曾经利用传教的形式，暗地组织农民反抗元朝，被官府发现，充军到永年（今河北邯郸东北）。韩山童长大以后，继续组织白莲会（一种秘密宗教组织），聚集了不少受苦受难的农民，烧香拜佛。韩山童对他们说：现在天下大乱，佛祖将要派弥勒佛下凡，拯救百姓。这个传说很快就传到河南和江淮一带，百姓们都盼望着有那么一天，弥勒佛真会下凡来。

正巧在这个时候，黄河在白茅堤决口，又碰上接连下了

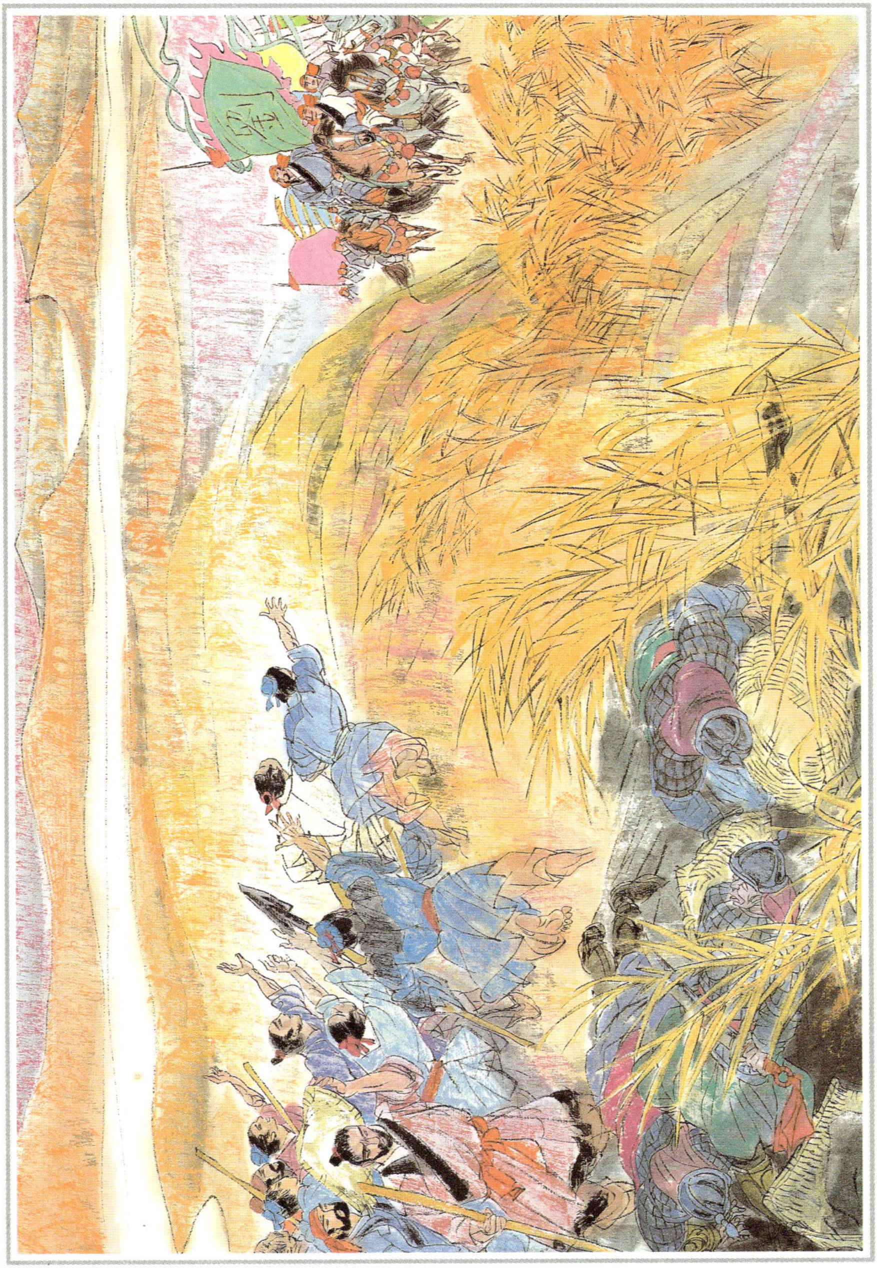

二十多天大雨，洪水泛滥，两岸百姓遭受严重水灾。有人向朝廷建议，把决口的地方堵住，另外在黄陵冈（今山东曹县西南）开挖河道，疏通河水。公元1351年，元王朝征发了汴梁（今河南开封）、大名等十三路民工十五万和兵士两万人，到黄陵冈开河。

修河工程开始了。民工们在烈日暴雨下，被迫日日夜夜没命地干活，可是朝廷拨下来的开河经费，却让治河的官吏克扣了去。修河的民工连饭也吃不饱，怨声载道。

韩山童决定抓住这个机会，发动群众。他先派几百个会徒去做挑河民工，在工地上传播一支民谣：

石人一只眼，挑动黄河天下反。

民工们不懂这歌谣是什么意思，但是听到里面有“天下反”三个字，就觉得好日子快要到来了。开河开到了黄陵冈，有几个民工挖呀挖呀，忽然挖出一座石人来。大家好奇地聚拢来一瞧，只见石人脸上正是一只眼，不禁呆住了。这件新鲜事又很快地在十几万民工中传开来，大家心里都想，民谣说的真的应验了，既然石人出来，天下造反的日子自然来到了。

不用说，这个石人是韩山童事先偷偷地埋在那里的。

百姓被鼓动起来了。韩山童有个伙伴刘福通，对韩山童说，现在元朝压迫百姓那么厉害，百姓还想念着宋朝。如果打起恢复宋朝的旗帜，拥护的人就会更多。韩山童很赞成这个主张，就跟大家宣布，说韩山童本来不姓韩，而是姓赵，按辈分排起来，还是宋徽宗的第八代孙子；刘福通也是南宋大将刘光世的后代。他们说得那么有鼻子有眼睛，百姓们听了，也不由不信。

韩山童、刘福通挑选个日子，聚集了一批人，杀了一匹白马，一头黑牛，祭告天地。大家推韩山童做领袖，号称“明王”，并约定日子，在颍州颍上（今安徽阜阳、颍上）起义，用红巾裹头作为起义军的标记。正在歃血立誓的时候，有人走漏了消息。官府派兵士把韩山童抓去，押到县衙门杀了。韩山童的妻子带着他儿子韩林儿，逃脱了官府追捕，到武安（今河北武安）躲了起来。

刘福通逃出包围，把约定起义的农民召集起来，攻占了颍州等一些据点。原来在黄陵冈开河的民工得到消息，也杀了河官，纷纷投奔刘福通的队伍。因为起义兵士头上裹着红巾，当时的百姓把他们称作红军，历史上把它称作红巾军。不到十天，红巾军已经发展到十多万人。

元王朝听到刘福通声势浩大，吓慌了神，赶忙调动了六千名色目人组成的阿速军和几支汉军，镇压红巾军。阿速军本来是元王朝的一支精锐的队伍，但是那时候，已经十分腐败，将领们只知道喝酒享乐，兵士们到处抢劫。一碰上红巾军，还没交锋，主将带头挥着鞭子，骑马向后逃奔，嘴里还不停地叫喊着：“阿卜，阿卜！”（阿卜是走的意思。）下面的兵士一看主将临阵脱逃，也都四散逃窜。

过了一个月，刘福通的红巾军又连续攻下了一批城池。江淮一带的农民早就受到白莲会的影响，听到刘福通起义，纷纷响应，像蕲水（今湖北浠水，蕲音 qí）的徐寿辉，濠州（今安徽凤阳）的郭子兴，都打起红巾军的旗号起义。也有不打红巾军旗号的，像江苏北部的张士诚。

公元1354年，元顺帝派丞相脱脱集中了诸王和各省人马，动用了西域、西番的兵力，号称百万，围攻占领高邮的张士诚起义军。高邮城被围得水泄不通。起义军正在危急的时候，元王朝突然发生内乱。元顺帝下令撤掉脱脱的官爵。百万元军失去了统帅，不战自乱，全军崩溃。

元军溃散以后，刘福通的北方起义军趁机出击，大破元军。第二年二月，刘福通把韩山童的儿子韩林儿接到亳州（今安徽亳县）正式称帝，国号叫宋。韩林儿被称为小明王。

韩林儿、刘福通在亳州建立政权以后，分兵三路，出师北伐。西路军由李武、崔德率领，进攻陕西、甘肃、宁夏、四川；东路军由毛贵率领，从山东、河北，直逼元朝京城大都；中路军由关先生、破头潘等率领，从山西打到辽东，配合东路军攻打大都。

三路北伐军都取得很大的进展。毛贵的东路军一直打到元大都城下。刘福通亲自率领大军攻占了汴梁，把小明王韩林儿接到汴梁，定为都城。红巾军声势浩大，元王朝大起恐慌，纠集地主武装加紧镇压，三路北伐军先后失利，汴梁又落在元军手里。元王朝又用高官厚禄招降了张士诚，刘福通保护小明王逃到安丰（今安徽寿县）后，受到张士诚的袭击，公元1363年，刘福通在战斗中牺牲。北方起义军经过十二年的战斗，终于失败。

222

和尚当元帅

在刘福通红巾军转战北方的时候，濠州郭子兴红巾军正在壮大起来。

郭子兴本来是定远（今安徽定远）地方一个财主，因为出身低微，经常受地方官吏的敲诈勒索，心里气忿不过，加入了白莲会。他拿出家里的钱财，摆酒杀牛，结交江湖好汉，只等一有机会，就杀死那批贪官污吏，出口恶气。

公元 1352 年，也就是刘福通起义的第二年，郭子兴看见时机成熟，就和四个朋友一起，带着几千个年轻人，趁着黑夜，打进濠州城，杀了州官，把濠州城占领了，宣布起义。郭子兴和他的四个好友都自称元帅。

元王朝派大将彻里不花带兵围攻濠州。彻里不花害怕红巾军，不敢攻城，在老远的地方扎下营垒，却派兵士在城外捉了一些百姓，当作俘虏向上级冒功请赏。城外的老百姓遭到迫害，过不了日子，纷纷逃到城里投奔郭子兴。郭子兴的队伍越来越壮大。

有一天晚上，濠州的红巾军正在城门边巡逻。忽然城外来了一个青年和尚，说要投奔红巾军。守门的红巾军兵士怀疑他是元军派来刺探军情的奸细，一面把他捆绑起来，一面派人报告郭子兴。

郭子兴一听，心想也许来的真是投奔他的好汉，亲自骑马到城门口去察看，只见那个被捆绑起来的和尚，虽然衣服穿得破破烂烂，却长得身材魁梧，浓眉大眼。郭子兴一看，心里十分喜欢，马上命令兵士松了绑，把和尚带回元帅府。

那个投奔郭子兴的青年和尚，名叫朱元璋。他父亲是濠州钟离（今安徽凤阳东）一个贫苦农民。朱元璋十七岁那年，淮北地方闹了一场严重的旱灾和蝗灾，接着又蔓延了瘟疫。朱元璋的父亲、母亲和大哥接连传染上了疫病，咽了气。剩下朱元璋和他的二哥，连买口棺材的钱也没有，亏得邻居同情他们，帮助他们把父母埋葬了。

朱元璋失去了父母亲，生活没有着落。邻居给他出了个主意，要他到附近的皇觉寺当小和尚，混口饭吃。这样，朱元璋就出了家。那种寺院里的小和尚，其实是给人使唤的佣人。朱元璋每天伺候师父、师兄，起早摸黑，扫地，上香，敲钟，做饭，日子过得挺苦。

但是，那个日子里要在皇觉寺混口饭吃也不容易。原来，皇觉寺是靠收租米过日子的，这年灾情严重，皇觉寺收不到租米。朱元璋在寺里呆了才五十天，眼看要断粮了。师父、师兄们一个个离开寺院到外面化缘去，朱元璋也被打

发出门，带着小木鱼和钵头到淮西一带流浪讨饭。过了三年，濠州的灾情稍微缓和了一点，他才又回到皇觉寺。

又过了一年，红巾军起义爆发了，朱元璋在寺里不断听到外面传来的消息，一会儿是刘福通占领了颍州，一会儿是芝麻李占领了徐州。到了年底，又听到濠州也被红巾军占领了。朱元璋早就听到弥勒佛要下凡救世的传说；现在又听到红巾军到处起兵，元兵节节败退，心里想，穷人出头的日子到了，就离开皇觉寺，到濠州来投奔郭子兴。

郭子兴跟朱元璋一谈话，发觉他口齿伶俐，十分赏识，马上叫他脱下和尚的袈裟，换上兵士服装，把他留在身边当个亲兵长。

朱元璋参加起义军以后，马上表现出他的才能。他打仗勇敢，又有计谋。郭子兴把他当作心腹看待，出去打仗，总要先跟他商量。在起义兵士中，朱元璋的声望渐渐提高了。

郭子兴有个好朋友姓马，在郭子兴起兵那年病死。马公临死的时候，把他的孤女托给郭子兴照顾。郭子兴把女孩带回家里，交给妻子张夫人抚养，把她当作自己的亲生女儿一样。郭子兴一直想给她选个好女婿，这一回，见朱元璋是个人才，就跟张夫人商量，要把马公的女儿嫁给朱元璋，张夫人一听也十分赞成。这样，皇觉寺的小和尚就做了郭元帅的女婿，地位也不同了。在起义军中，大家都称他“朱公子”。

濠州的红巾军里，连郭子兴在内，共有五个元帅。五个人平起平坐，不分高低，谁也管不了谁。除郭子兴外，另外四个元帅都有点江湖气，不讲纪律。郭子兴渐渐看不惯他们，他们也嫌着郭子兴。日子一久，矛盾越来越深，四个人就合在一起，排挤郭子兴。有一次，郭子兴差点被他们害死，亏得朱元璋得到消息，把郭子兴救了出来。

朱元璋发现起义军的几个将帅胸襟狭窄，在他们手下干事，成不了什么气候，就回到老家，招兵买马。他少年时候的伙伴徐达、汤和，听说朱元璋做了红巾军的将领，都来投奔，不到十天，就招募了七百人。后来，又袭击元军，招降了一批元军。

朱元璋得了大批生力军，整顿纪律，加紧训练，把手下的军队训练成一支战斗力很强的队伍，声势大振。

定远有个文人李善长，是个很有计谋的人，也来找朱元璋。朱元璋知道他很有学问，就留他在起义军里当谋士。有一次，朱元璋问李善长说："现在全国到处都在打仗，什么时候才能太平呢？"

李善长说："秦朝末年，也这样大乱过。汉高祖是平民出身，因为他气量大，能够用人才，又不乱杀人，只花了五年时间，就统一天下。现在元朝政治这样混乱，天下土崩瓦解，您何不向汉高祖学习呢？"

打那时候起，朱元璋就一心一意想学汉高祖刘邦。

朱元璋带着自己训练出来的队伍，连续打下滁州、和州。小明王韩林儿在亳州称帝那年，郭子兴得病死了。小明王就封郭子兴的儿子郭天叙为都元帅，朱元璋做了副元帅。

郭天叙没有什么指挥的经验，加上红巾军中大多将士都是朱元璋的亲信，朱元璋名义上是副帅，实权全掌握在他手里。没多久，郭天叙在攻打集庆（今江苏南京）的时候，被叛徒杀死，朱元璋就当了名副其实的元帅。

朱元璋独掌兵权以后，率领大军大破元朝水军，渡江攻打集庆，集庆五十多万军民投降。朱元璋进了集庆，出榜安民，把集庆改名应天府。打那时候起，朱元璋就以应天府作为根据地，向江南一带发展。

223

鄱阳湖大战

当朱元璋的势力向南方发展的时候，首先遇到一个强敌是陈友谅。陈友谅原是徐寿辉起义军的部将，后来他谋杀了徐寿辉，自立为王，国号叫汉。他占据江西、湖南和湖北一带，地广兵多，建立了一个强大的割据政权。公元1360年，他率领强大的水军，从采石沿江东下，进攻应天府，一心想并吞朱元璋占领的地盘。

朱元璋赶忙召集部下商量对付汉军的办法。有的说，跟汉军的力量相差太大，不如趁早投降；有的主张逃到钟山（在今南京）死守；也有人主张拼一死战，如果失败，再逃不晚。大家七嘴八舌，议论纷纷。只有新来的谋士刘基站在一边，一声不吭。

朱元璋犹豫不决，散了会，把刘基单独留下来，问他有什么主意。刘基说："我看那些主张投降和逃走的人就该杀!"

朱元璋说:"请问先生有什么办法打败敌人?"

刘基说:"敌人远道来侵犯,我们以逸待劳,还怕不能取胜? 您如果多用财物赏赐将士,再用一点伏兵,抓住汉军的弱点痛击,要打败陈友谅就大有希望。"

朱元璋听了刘基的话,满心喜欢。两个人又商量了一阵,把计策定了下来。

朱元璋的部将康茂才跟陈友谅是老相识。朱元璋把康茂才找来,对他说:"这次陈友谅来进攻,我要引他上钩,没有你帮助不行。请你写封信给陈友谅,假装投降,答应做他的内应;再给他一点假情报,要他兵分三路攻打应天,分散他的兵力。"

康茂才说:"这事不难。我家有个守门的老仆,给陈友谅当过差。派他送信去,陈友谅准不会怀疑。"

康茂才回到家里,按照朱元璋的吩咐写了信,连夜叫老仆赶到采石,求见陈友谅。陈友谅见了老仆送来的信,果然并不怀疑,问老仆说:"康公现在哪里?"

老仆回答说:"现在他带了一支人马,驻守江东桥,专等大王去。"

陈友谅连忙又问:"江东桥是啥样子?"

老仆说:"是座木桥,容易认得出来。"

陈友谅跟老仆谈了一阵,吩咐左右摆上酒菜,让老仆饱饱地吃了一顿,才打发他回去。临走的时候,陈友谅对老仆说:"你回去跟康公说,我马上就去江东桥,到了桥边,我叫几声'老康',请他马上接应。"

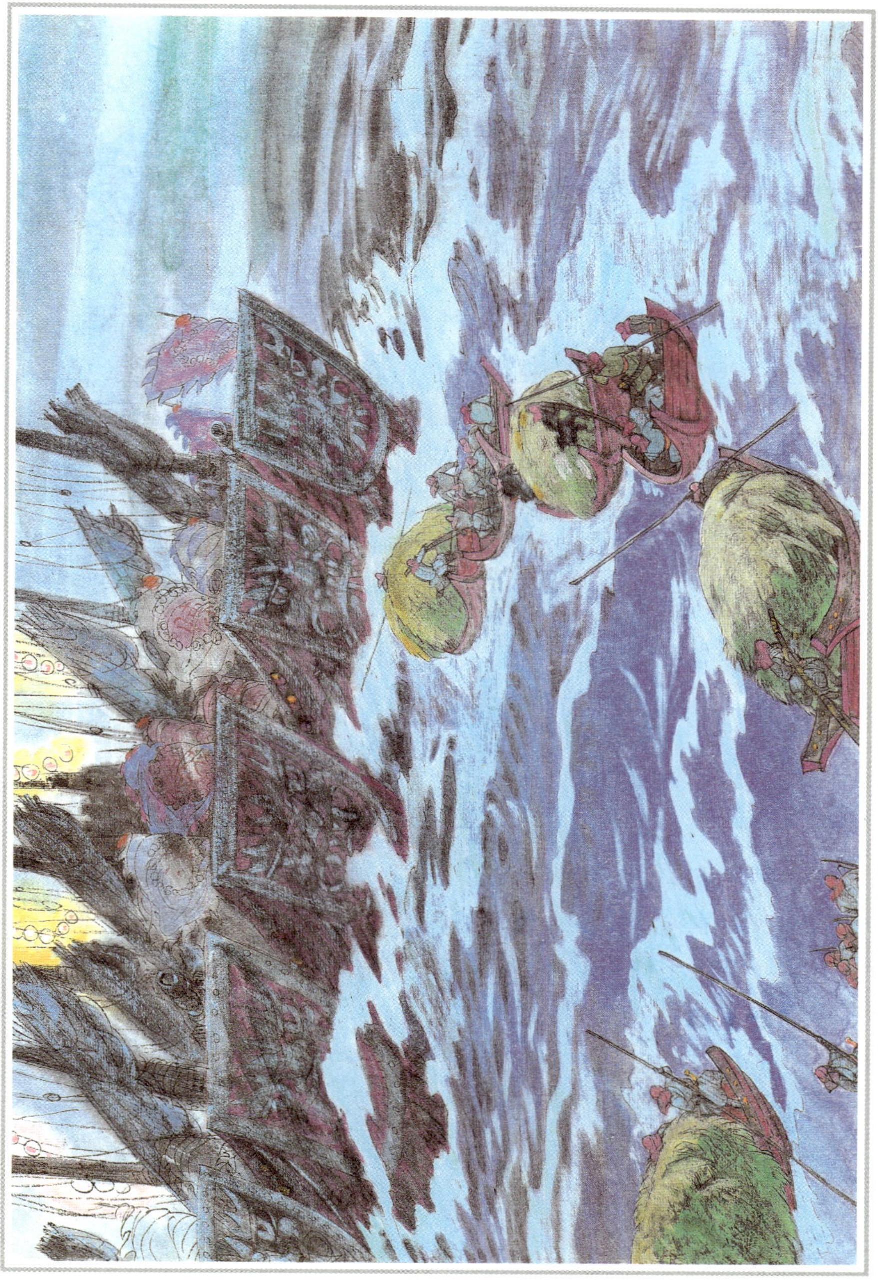

老仆回去后，把陈友谅的话全向朱元璋回报了。朱元璋连声叫好，当夜派人把江东的木桥拆掉，改成一座石桥。

朱元璋从陈友谅的逃兵那儿得到情报，弄清楚他们进攻的路线，就让大将徐达、常遇春等分几路在沿江几个重要关口埋伏了人马。朱元璋亲自统率大军守在卢龙山（今南京狮子山），布置兵士准备好红黄两面旗帜，规定了信号：举起红旗就是通知敌人已经到来，举起黄旗就是命令伏兵出击。一切都准备好了，只等陈友谅自投罗网。

陈友谅自从老仆走后，立刻下令全体水军出发，由他亲自带领，直驶江东桥。哪想到到了约定地点，竟没见木桥，只有石桥。陈友谅的部将们都起了疑心。陈友谅想，管他是石桥还是木桥，只要找到康茂才就好。他就到石桥旁边，一连喊了几声"老康"，也没人答应。陈友谅这才想到自己上了当，急忙命令船队撤退。

朱元璋发现敌人中计，立刻叫兵士举起黄旗，发动进攻。一霎间，战鼓齐鸣，岸上伏兵一起杀出，水港里的水军也加入战斗。

陈友谅受到突然袭击，几万大军一下子乱了套，被杀死的和落水淹死的数也数不清，两万兵士、一百多艘战船被朱元璋的将士俘获。陈友谅在部将保护下，抢了一条小船，总算逃了命。

这一仗打得陈友谅大伤元气。朱元璋的声势却越来越大。陈友谅哪肯甘心，他养精蓄锐，决心要报这个仇。过了三年，他造了大批战船，又带领六十万大军，进攻洪都（今江西南昌）。

朱元璋亲自带领二十万大军援救洪都，陈友谅才撤去包围，把水军全部撤到鄱阳湖。朱元璋把鄱阳湖出口封锁起来，堵住敌人，决定跟陈友谅在湖里决战。

陈友谅的水军有大批战船，又高又大，一字儿排开，竟有十几里长；朱元璋的水军，却尽是一些小船，论实力比陈友谅差得多。双方连续打了三天，朱军都失败了。

部将郭兴跟朱元璋说："双方的兵力相差太远，靠打硬仗不行，非用火攻不可。"

朱元璋立刻命令用七条小船，装载着火药，每条船尾带着一条轻快的小船。那天傍晚，正好刮起了东北风，朱元璋派了一支敢死队驾驶这七条小船，乘风点火，直冲陈友谅大船。风急火烈，一下子就把汉军大船全部延烧起来，火焰腾空，把湖水照得通红。陈友谅手下的将士不是被烧死，就是被俘虏。

陈友谅带着残兵败将向鄱阳湖口突围。但是湖口早已被朱元璋堵住。在陈友谅突围的时候，朱军一阵乱箭，把陈友谅射死。

朱元璋消灭了南方最大的割据势力陈友谅以后，自称吴王。

自从刘福通牺牲以后，朱元璋把小明王接到滁州，名义上还接受小明王的领导。到了这时候，他做皇帝的思想膨胀起来，觉得留着小明王对他是个障碍。公元 1366 年，他用船把小明王接到应天，趁小明王在瓜步（今江苏六合东南）过江的时候，派人暗暗凿沉了船，把小明王淹死。

第二年，朱元璋消灭了张士诚割据势力，接着，命令徐达为征虏大将军，常遇春为副将军，率领二十五万大军北伐。过了两个月，徐达的军队旗开得胜，占领了山东。公元1368年正月，朱元璋在应天即位称皇帝，国号叫明。他就是明太祖。

明军乘胜进军，元兵节节败退。这年八月，徐达率领大军直捣大都，元顺帝逃往上都。统治中国九十七年的元王朝终于被推翻。

224

刘伯温求雨

明太祖在统一战争中，依靠了一批英勇善战的将领争城夺地；又吸收了一些谋士，帮他出谋划策。在这些谋士中，刘基是最著名的一个。

刘基又叫刘伯温，本来是元朝的官员，因为对元朝的政治腐败不满意，常常写点文章，讽刺时事，后来，被解职回到他的家乡青田（今浙江省的一个县）。朱元璋的军队打到浙东的时候，把刘基请了出来，当他的谋士。在打败陈友谅、张士诚的战争中，刘基出了不少计策。由于他足智多谋，得到明太祖的信任。明太祖把他比做西汉初年的张良。

刘基不但谋略好，而且精通天文。在古代，往往把天文现象跟人间的吉凶扯在一起。刘基对天下形势观察仔细，考虑问题周到，他的预见往往比较准确。但是大家都认为这跟他精通天文有关。民间传说把刘伯温看作一个"未卜先知”的人物。

朱元璋当吴王的时候，江南发生了一场旱灾。刘基掌管天文，朱元璋问他为什么发生大旱，怎样才能求上天下雨。刘基说：“天一直不下雨，因为牢狱里关押的人有冤枉。”

朱元璋信了刘基的话，派他去查牢监里关的犯人。刘基一查，果然有不少冤案。他向朱元璋奏明后，平反了冤案，把错抓的人放了。

求雨和平反本来是毫不相干的两码事。刘基也不可能有求雨的法术。不过他懂得天文，可能观测到气象要发生变化，就借这个机会劝谏朱元璋平反冤案。果然不出几天，乌云密布，接着就下了一场透雨。刘基趁朱元璋高兴的时候，又劝他制定法律，依法办事，防止错杀无辜的人。

明太祖即位以后，叫刘基做御史中丞，负责司法工作。刘基严格执法。有一次，丞相李善长的一个亲信犯了法。李善长是明王朝开国功臣，又是明太祖的同乡，势力很大。但是刘基不顾李善长的阻挠，奏明明太祖，把那个亲信杀了。这件事当然招来了李善长的怨恨。

正巧这一年，京城又逢到大旱，明太祖十分着急。刘基乘机跟明太祖说：“战争中的死亡将士，他们的妻子需要抚恤；一些在筑城中死亡的工匠，尸骨还暴露在田野上，没人收埋。把这些事办了，说不定能下雨。”

明太祖一心求雨，当然很快批准了刘基的要求，抚恤了将士妻子，掩埋了工匠的尸骨。刘基虽然办了一件好事，但是靠这种办法劝谏，毕竟靠不住。这一次，他的预测不准，过了十天，还是烈日当空，一滴雨也没下。

这可使明太祖生了气，再加上李善长在旁边说坏话，叫刘基不能不害怕。这时候，他妻子在家乡得病死去。刘基请个假回老家了。

其实，明太祖对刘基是特别器重的。有一次，明太祖要拜刘基为丞相。刘基连忙推辞说："选丞相好比挑栋梁。要挑个大木材，如果用小木头当梁柱，房屋就有倒坍的危险。"

后来，明太祖撤了丞相李善长的职，又想请刘基出来当丞相。刘基说："我性子褊急，容不得坏人；再说年纪大了，也担当不了这样重任。天下有的是人才，希望陛下好好物色。"

刘基回到青田，过着隐居生活，从来不跟人谈起他过去的功劳。青田县令一再求见，都被刘基婉言拒绝。有一次，县令换上便服，装扮个乡下人去拜访刘基。刘基正在洗脚，见来了陌生人，连忙穿了鞋子，把来人请进屋，热情地留饭。

刘基请教来人姓名，县令只好实说："我是青田知县，特来拜见先生。"刘基大吃一惊，连忙起身作揖，自称是治下的普通百姓。打那以后，再也不跟县令见面了。

刘基住在家乡，仍旧很关心明朝的政事。有一次，明太祖派人到青田向刘基问天象吉凶。刘基说："冬天刚下过严霜冻雪，接下来便是阳春季节。现在国家已经安定，希望陛下施政稍为宽和一点。"

225

胡惟庸案件

明太祖是农家出身的，对农民生活多少有点了解。他即位以后，也注意实行休养生息的政策。他告诫地方官员说："现在天下刚刚安定，百姓财力困乏，好像初飞的鸟，不能拔它的毛；新种的树，不能摇它的根。"他要官员们廉洁守法，不能贪赃枉法，加重人民负担。以后，他又召集流亡农民，开垦荒地，免除三年的劳役和赋税；要各地驻军屯田垦荒，做到粮食自给。他还兴修水利，奖励植棉种麻。所以，明朝初年的农业生产有了很明显的发展。新建立的明王朝统治也巩固下来。

但是明太祖总不放心那些帮助他开国的功臣。他设立一个叫做"锦衣卫"的特务机构，专门监视、侦察大臣的活动。大臣在外面或者家里有什么动静，他都打听得一清二楚。谁被发现有什么嫌疑，就有被打进牢狱甚至杀头的危险。

明太祖对待官员极其严酷,大臣上朝的时候惹他发了火,就在朝廷上被按在地上打板子,叫做“廷杖”,也有被当场打死的。这种做法弄得一些大臣们个个提心吊胆,每天上朝的时候,都愁眉苦脸地向家里亲人告别。如果这一天平安无事,回到家里,亲人就高高兴兴庆幸他又活了一天。

公元1380年,丞相胡惟庸被告发叛国谋反,明太祖立刻把胡惟庸满门抄斩,还追究他的同党。这一追究,竟株连文武官员一万五千多人。明太祖一发狠心,把那些有胡党嫌疑的人全杀了。

学士宋濂,是明朝开国初期跟刘基一起受明太祖重用过的;后来,又当过太子的老师。宋濂为人谨慎小心,但是明太祖对他也并不放心。有一次,宋濂在家里请几个朋友喝酒。第二天上朝,明太祖问他昨天喝过酒没有,请了哪些客人,备了哪些菜。宋濂一一照实回答。明太祖笑着说:“你没欺骗我。”原来,那天宋濂家请客的时候,明太祖已暗暗派人去监视了。后来,明太祖在朝廷上称赞宋濂说:“宋濂伺候我十九年,从没说过一句谎言,也没说过别人一句坏话,真是个贤人啊!”宋濂六十八岁那年告老回乡,明太祖还送他一幅锦缎,说:“留着它,再过三十二年,做件百岁衣吧!”

胡惟庸案件发生后,宋濂的孙子宋慎也被揭发是胡党,于是株连到宋濂。明太祖派锦衣卫把宋濂从金华老家抓到京城,要把他处死。

这件事让马皇后知道了。马皇后劝明太祖说:“老百姓家为孩子请个老师，尚且恭恭敬敬，好来好去，何况是皇帝家的老师呢。再说，宋先生一向住在乡下，他孙子的事他怎么会知道？”

明太祖正在火头上，不肯饶恕宋濂。当天，马皇后陪明太祖吃饭。她呆呆地坐在桌边，不沾酒，也不吃肉。明太祖感到奇怪，问她是不是身子不舒服。马皇后难过地说：“宋先生犯了死罪，我心里十分难受，在为宋先生祈福呢。”

马皇后是跟太祖年轻时候共过患难的夫妻，明太祖平时对她比较尊重，听她这一说，也有点感动，才下令赦免宋濂死罪，改罚充军茂州（今四川茂县）。七十多岁的宋濂，禁不起这场惊怕，再加上路上劳累，没到茂州就死了。

过了十年，又有人告发李善长和胡惟庸往来密切，明知胡惟庸谋反不检举揭发，采取观望态度，犯了大逆不道的罪。李善长是第一号开国功臣，又是明太祖的亲家。明太祖大封功臣的时候，曾经赐给李善长两道免死铁券。这一年，李善长已经七十七岁了，可是明太祖一翻脸，把李善长和他的全家七十几口全部处死。

接着，又一次追查胡党，处死了一万五千多人。

自从胡惟庸案件发生以后，明太祖觉得把军政大权交给大臣不放心，就取消了丞相职位，由皇帝直接管辖吏部、户部、礼部、兵部、刑部、工部六个部的尚书（官名，部的长官）；又把掌握军权的大都督府废了，改设左、右、中、前、后五个都督府，分别训练兵士，需要打仗的时候，由皇帝直接发布命令。这样一来，明朝皇帝的权力就大大集中了。

事情并没到这里结束。过了三年，锦衣卫又告发大将蓝玉谋反。明太祖杀了蓝玉，追查同谋，又有文武官员一万五千多人受株连被杀。

这两件大案，几乎把朝廷功臣一扫而空，明太祖的专制和残暴在历史上也就出了名。

226

燕王进南京

明太祖一面杀了一些权位很高的大臣，一面把他的二十四个儿子分封到各地为王。其中一部分藩王还拥有军队。明太祖认为这样做，可以巩固他建立的明王朝的统治，哪料到后来反引起了一场大乱。

明太祖六十多岁的时候，太子朱标死了，朱标的儿子朱允炆（音 wén）以长孙的地位，被立为皇太孙。各地的藩王大都是朱允炆的叔父，眼看皇位的继承权落到侄儿手里，心里不舒服。特别是明太祖的第四个儿子——燕王朱棣（音 dì）一向带兵驻守北平（今北京市），多次立过战功，对朱允炆更不服气。

朱棣在明太祖的儿子中是比较精明能干的。据说有一次，明太祖叫朱允炆对对子，出的上联是“风吹马尾千条线”，朱允炆对的下联是“雨打羊毛一片膻（音shān）”。明

太祖嫌他对得不好,马上沉下了脸。朱棣正好在旁边,就接嘴说:“孩儿倒也想了一个下联。”明太祖叫他说来听听。朱棣说:“日照龙鳞万点金。”原来龙是皇帝的象征。朱棣的对语,无非是想讨明太祖的欢心。明太祖听了,连声夸奖朱棣对得好。朱棣也就更不把朱允炆放在眼里了。

朱允炆虽然老实,对朱棣瞧不起他,毕竟还看得出来。皇太孙的东宫里,有个官员叫黄子澄,是朱允炆的伴读老师。有一次,朱允炆一个人坐在东角门口,皱起眉头长叹气。黄子澄见他心事重重,问太孙为什么发愁。朱允炆说:“现在几个叔父手里都有兵权,将来怎么管得了他们。”

黄子澄跟朱允炆讲了一个西汉平定七国之乱的故事,接着说:“当时吴楚七国诸侯这样强大,但是到他们发动叛乱,汉景帝一出兵,他们就垮了。殿下是皇上嫡孙,将来也不怕他们造反。”朱允炆听了,心总算放宽了一点。

公元1398年,明太祖死去,皇太孙朱允炆即位,这就是明惠帝,历史上又叫建文帝(建文是年号)。当时京城里就听到谣传,说几位藩王正在互相串联,准备谋反。建文帝听了这消息害怕起来,把黄子澄找来说:“先生可记得那次在东角门说的话吗?”

黄子澄说:“陛下放心,我怎么会忘记呢!”

黄子澄退出宫门,就找建文帝另一个亲信大臣齐泰一起商量。齐泰认为诸王之中,燕王兵力最强,野心又大,应该首先削除燕王的权力。黄子澄不赞成这个做法,他认为燕王早有准备,先从他下手,容易打草惊蛇,不如先向燕王周围的藩王下手。周王朱橚(音 xiāo)是燕王的弟弟,他的封地在开封。如果先把周王除掉，就好比砍掉燕王的翅膀，下一步再除掉燕王就不难了。

两人商量停当，就向建文帝回奏。建文帝听了很高兴，就找个由头派兵到河南把周王朱橚抓起来押到南京，削去王位，充军到云南。接着，又查出三个藩王有不法行为，把他们一个个削去王位。

燕王早就暗中练兵，准备谋反。为了麻痹建文帝，他假装发了精神病，成天胡言乱语，有时候还躺在地上，几天不起来。建文帝派使臣去探病，那时候正是大热天，燕王却坐在火炉边烤火，嘴里还不停地叫冷。使臣一回报，建文帝也相信燕王真的病了。

但是齐泰、黄子澄却怀疑燕王装病，他们一面派人到北平把燕王的家属抓起来，一面又秘密命令北平都指挥使张信带兵逮捕燕王，还约定燕王府的一些官员当内应。不料张信是站在燕王一边的，反向燕王告密。

燕王得到消息，就把王府里充当建文帝内应的官员全抓起来，宣布起兵。燕王是个精明人，知道建文帝毕竟是法定的皇帝，公开反叛，对自己不利，就找个起兵的理由，说要帮助建文帝除掉奸臣黄子澄、齐泰。历史上把这场内战叫做"靖难之变"（靖难是平定内乱的意思）。

燕王本来有带兵打仗的经验，手下有一支经过训练的精兵。他起兵南下，很快攻下了一些据点，许多州县的官员纷纷投降。建文帝害怕起来，撤了齐泰、黄子澄的职，要想燕王退兵。燕王哪肯罢休。

这场内战，差不多打了三年。到了公元 1402 年，燕军在淮北遇到朝廷派出的南军的抵抗，打得十分激烈。有些燕军将领主张暂时撤兵，燕王说："这次进军，只能进，不能退！"

没多久，燕军截断南军运粮的通道，发起突然袭击。南军就一败涂地了。

燕军势如破竹，进兵到应天城下。建文帝见形势紧急，一面要将士拼死守城，一面派人向燕王求和，愿意割让土地，请求燕王退兵，又遭到燕王的拒绝。

过了几天，守卫京城的大将李景隆打开城门投降，京城终于被燕军攻破。

燕王带兵进城，只见皇宫大火熊熊，正在燃烧。燕王赶快派兵把大火扑灭，已经烧死了不少人。他查问建文帝的下落，有人报告说，燕兵进城之前，建文帝下命令放火烧宫，建文帝和皇后都跳到大火里自杀了。

燕王朱棣即位，这就是明成祖。到了公元 1421 年，明成祖迁都北京。打那时候起，北平一直是明朝的京城。

227

三保太监下西洋

明成祖用武力从他侄儿手里夺得了皇位，有一件事总使他心里不大踏实。皇宫大火扑灭之后，并没有找到建文帝的尸体。那么建文帝到底是不是真的死了？京城里传说纷纷，有的说建文帝并没有自杀，趁宫里起火混乱的时候，带着几个侍从太监从地道里逃出城外去了；别的地方传来的消息更离奇，说建文帝到了什么什么地方，后来还做了和尚，说得有鼻子有眼睛，使明成祖不得不怀疑。他想，如果建文帝真的没死，万一他在别的地方重新召集人马，用朝廷的名义讨伐他，岂不可怕。为了把这件事查个水落石出，他派了心腹大臣，到各地去秘密查问建文帝的下落，但是又不好公开宣布，就借口说是求神仙。这一找，就找了二三十年。

明成祖又想，建文帝会不会跑到海外去呢？那时候，我国的航海事业已经开始发展起来。明成祖心想，派人到海外去宣扬国威，跟外国人做点生意，采购一些珠宝，顺便探听一下建文帝的下落，岂不是一举两得。

这样，他就决定派一支队伍，出使国外。让谁来带这支队伍呢？当然非得是自己的心腹不可。他想到跟随他多年的宦官郑和，倒是个挺合适的人选。

郑和，原来姓马，小名叫三保，出生在云南一个回族家庭里。他的祖父、父亲都信奉伊斯兰教，还到麦加（伊斯兰教的主要圣地，在今沙特阿拉伯）去朝过圣。郑和小时候就从父亲那里听说过外国的一些情况。后来，他进燕王宫里当了太监，因为他聪明能干，得到明成祖的信任。这郑和的名字还是明成祖给他起的。但是民间把他的小名叫惯了，所以一直把他叫做“三保太监”，后来，有的书上也写成“三宝太监”。

公元1405年六月，明成祖正式派郑和为使者，带一支船队出使“西洋”。那时候，人们叫的“西洋”，并不是指欧洲大陆，而是指我国南海以西的海和沿海各地。郑和带的船队，一共有二万七千八百多人，除了兵士和水手外，还有技术人员、翻译、医生等。他们乘坐六十二艘大船，这种船长四十四丈，阔十八丈，在当时是少见的。船队从苏州刘家河（今江苏太仓浏河）出发，经过福建沿海，浩浩荡荡，扬帆南下。

郑和第一次出海，先到了占城（今越南南方），接着又到爪哇、旧港（今印度尼西亚苏门答腊岛东南岸）、苏门答腊、满剌加、古里、锡兰等国家。他带着大批金银财物，每到一个

国家，先把明成祖的信递交国王，并且把带去的礼物送给他们，希望同他们友好交往。许多国家见郑和带了那么大的船队，态度友好，并不是来威吓他们，都热情地接待他。

郑和这一次出使，一直到第三年九月才回国。西洋各国国王趁郑和回国，也都派了使者带着礼物跟着他一起回访。在出使的路上，虽然遇到几次惊涛骇浪，但是船上有的是经验丰富的老水手，船队从没出过事。只是在船队回国、经过旧港的时候，却遇到了一件麻烦事。

旧港地方有个海盗头目，名叫陈祖义。他占据了一个海岛，纠集了一支海盗队伍，专门抢劫过往客商的财物。这回听到郑和船队带着大批宝物经过，分外眼红，就和同伙计议，表面上准备迎接，趁郑和不防备，就动手抢劫。

这个计谋被当地人施进卿得知，他偷偷地派人到船队告诉了郑和。

郑和心想，我手下有二万兵士，还怕你小小海盗？既然你要来偷袭，就非得给你点教训不可。他命令把大船散开，在旧港港口停泊下来。命令船上的兵士准备好火药、刀枪，严阵以待。

夜深的时候，海面上风平浪静，陈祖义带领一群海盗乘着几十艘小船直驶港口，准备偷袭。只听到郑和的坐船上一声火炮响，周围的大船都驶拢来，把陈祖义的海盗船围住。明军人多势大，早有准备，把陈祖义杀得大败。大船上的兵士丢下火把，把海盗船烧着了。陈祖义想逃也逃不了，只好乖乖地当了俘虏。

郑和把陈祖义捆绑了起来，押回中国。到了京城，向明成祖献上了俘虏。各国的使者也会见了明成祖,送上大批珍贵的礼物。明成祖见郑和把出使的任务完成得很出色,高兴得眉开眼笑。

后来,明成祖相信建文帝确实是死了,没有必要再去寻找。但是出使海外的事,既能提高国家的威望,又能促进跟西洋各国的贸易往来,好处很多。所以打那以后,一次又一次派郑和带领船队下西洋。从公元1405年到1433年的将近三十年里,郑和出海七次,前前后后一共到过印度洋沿海三十多个国家,最远到达非洲的木骨都束国(今索马里的摩加迪沙一带)。

到郑和第六次出使回国的那年,明成祖得病死了。他的儿子明仁宗朱高炽即位后,不到一年也死了。继承皇位的是明宣宗朱瞻基。后来,大臣们认为郑和出使七次,国家花费太大,到国外航行的事业就停了下来。

郑和的七次航行,表现了我国古代人民顽强的探索精神,也说明当时我国航海技术已经有很高的水平。通过郑和出使,促进了我国和亚非许多国家的经济文化交流和友好往来。直到现在,那些国家里还流传着三保太监的事迹。

228

土木堡的惨败

明太祖在位的时候，吸取了历史上宦官专权引起国家混乱的教训，立下一条规矩，不让宦官过问国家政事。他把这条规矩写在大铁牌上，挂在宫里，想要他的子孙世世代代遵守。但是到明成祖的时候，这条规矩就给废除了。

明成祖从他侄儿手里夺得皇位，怕大臣反对他，特别信任身边的宦官，在他迁都北京以后，就在东安门外设立“东厂”，专门刺探大臣和百姓当中有没有谋反嫌疑的人。他怕外面的大臣靠不住，让亲信太监做东厂提督。这样，宦官的权力渐渐大起来。到了明宣宗的时候，连皇帝批阅奏章，也交给一个宦官代笔，叫做司礼监。这一来，宦官的权力更大了。

有一年，皇宫招收一批太监。蔚州（今河北蔚县，蔚音yù）地方的一个流氓，名叫王振，年轻的时候读过一点书，参

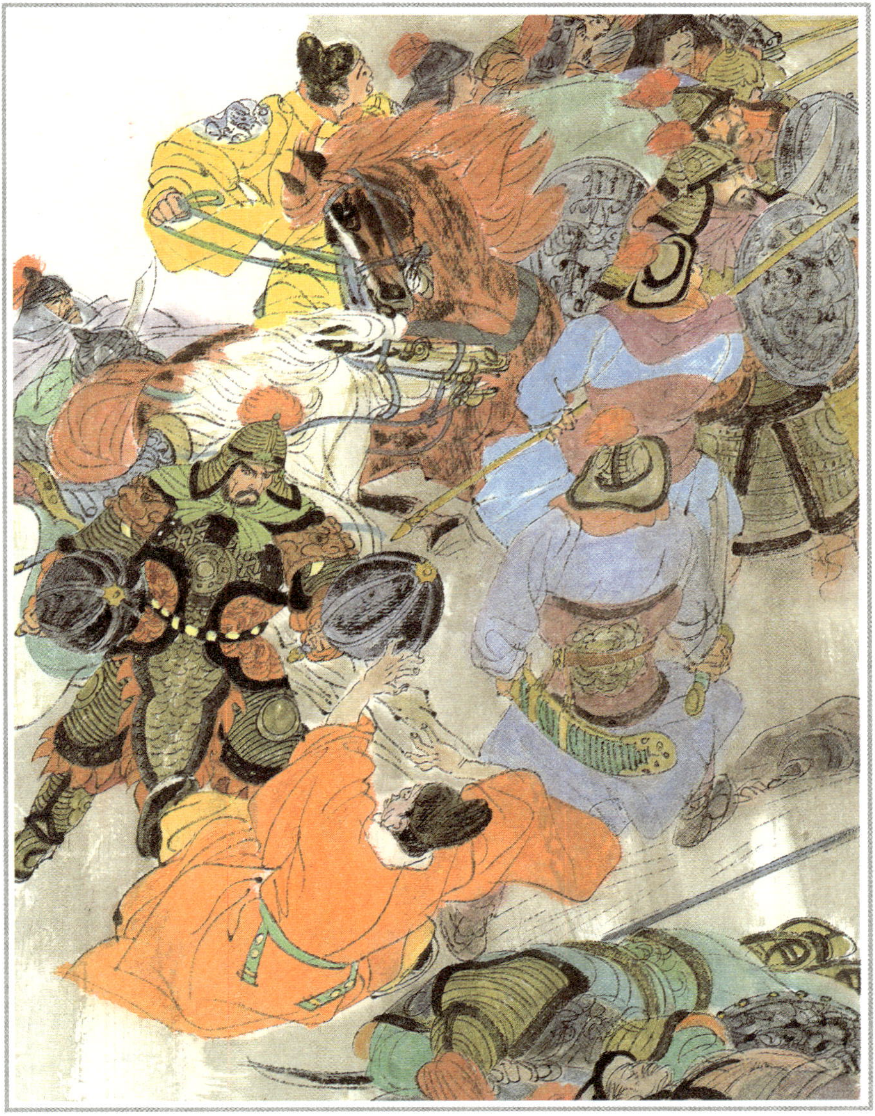

加了几次科举考试都没考取，在县里当教官，后来因为犯罪，本来该充军，他听说皇宫招太监，就自愿进宫做了太监。宫里识字的太监不多，只有王振粗通文字，于是大家都叫他王先生。后来，明宣宗派他教太子朱祁镇读书。朱祁镇年幼爱玩，王振就想出各种法子让他玩得痛快，朱祁镇挺喜欢他。

明宣宗死后，刚满九岁的太子朱祁镇即位，这就是明英宗。王振当上司礼监，帮助明英宗批阅奏章。明英宗一味追求玩乐，根本不问国事。王振趁机把朝廷军政大权抓在手里。朝廷大员谁敢得罪王振，不是被撤职，就是充军。一些王公贵戚都讨王振的好，称呼他"翁父"。王振的权力可算顶了天了。

这个时候，我国北方蒙古族的瓦剌部强大起来。公元1449年，瓦剌首领也先派三千名使者到北京，进贡马匹，要求赏金。王振发现也先谎报人数，削减了赏金和马价。也先为他的儿子向明朝求婚，也被王振拒绝。这一来激怒了也先，也先率领瓦剌骑兵进攻大同。守大同的明将出兵抵抗，被瓦剌军打得大败。

边境的官员向朝廷告急，明英宗慌忙召集大臣商量怎么对付。大同离开王振家乡蔚州不远，王振在蔚州有大批田产，他怕蔚州被瓦剌军侵占，竭力主张英宗带兵亲征。兵部尚书（兵部尚书和侍郎是军事部门的正副长官）邝埜（音kuàng yě，埜同野）和侍郎于谦认为朝廷没充分准备，不能亲征。明英宗是个没主见的人，王振怎么说，他就怎么做，不管大臣劝谏，就冒冒失失决定亲征。

明英宗叫他弟弟郕(音 chéng)王朱祁钰(音 yù)和于谦留守北京,自己跟王振、邝埜等官员一百多人,带领五十万大军从北京出发,浩浩荡荡向大同赶去。

这次出兵,本就没好好准备,军队纪律涣散。一路上又遇到大风暴雨,没有走几天,粮食就接济不上,兵士们又饿又冷,还没有碰上瓦剌兵,已经叫苦连天。到了大同附近,兵士们看到郊外的田野里,到处都横着明军兵士的尸体,更加人心惶惶。有个大臣发现士气低落,劝英宗退兵,被王振臭骂一顿,还罚跪了一天。

过了几天,明军前锋在大同城边被瓦剌军杀得全军覆没,各路明军纷纷溃退下来。到了这时候,王振感到情况危急,才下令退兵回北京。退兵本来是越快越好,但是王振却想到他老家蔚州去摆摆威风,劝英宗到蔚州去住几天。几十万将士离开大同,往蔚州方向跑了四十里地。王振又转念一想,这么多的兵马到蔚州,他家庄田里的庄稼岂不要遭到损失,又匆匆忙忙下命令往回走。这样一折腾,拖延了撤兵的时间,被瓦剌的追兵赶上了。

明军一面抵抗,一面败退,一直退到土木堡(今河北怀来东)。那时候,太阳刚刚下山,有人劝英宗趁天没黑,再赶一阵,进了怀来城(今河北怀来)再休息,瓦剌军赶来,也可以坚守。可是王振却因为装运他财产的几千辆车子还没到,硬要大军在土木堡停下来。土木堡名称叫做堡,其实没有什么城堡可守。明军大队人马赶了几天路,口渴得像火烧,但是土木堡没有水源。离开土木堡十五里的地方有条河,已经被瓦剌军占领了。兵士们就地挖井,挖了两丈深,也没找到水。

第二天，天刚蒙蒙亮，瓦剌军就赶到土木堡，把明军紧紧包围起来。明英宗知道没法突围，只好派人向瓦剌首领也先求和。也先一打听，明英宗带的明军人数还不少，要打硬仗，自己也要遭到一定的损失，就假装答应议和，停止进攻。

明英宗和王振信以为真，十分高兴，下命令让兵士到附近找水喝。兵士们争先恐后跳出壕沟往河边跑，乱成一团，将领们要制止也制止不了。

这时候，早就埋伏好的瓦剌军兵士从四面八方冲杀过来，个个抡起长刀，大声吆喝着："投降的不杀！"

明军兵士一听，纷纷丢盔弃甲，狂奔乱逃。瓦剌军紧紧追赶，被杀的和被乱兵踩死的，不计其数。邝埜也在混乱中被杀死。

明英宗和王振带着一批禁军，几次想突围都没冲出去。平时作威作福的王振，这时候吓得直发抖。禁军将领樊忠，早就恨透了这个祸国殃民的奸贼，气愤地说："我为天下百姓杀死你这个奸贼。"说着，抡起手里的大铁锤，朝着王振脑门一锤砸去，结果了王振的性命。樊忠自己冲向瓦剌军，拼杀了一阵，中枪倒下。

明英宗眼看脱逃没有希望，只好跳下马来，盘着腿坐在地上等死。瓦剌兵赶上来，俘虏了明英宗。历史上把这次事件称作"土木之变"。

经过这一场战斗，五十万明军，损失了一大半，明王朝元气大伤。瓦剌首领也先却更加骄横起来，北京也受到了瓦刺军的威胁。守卫京城的责任,就落在英宗的弟弟郕王朱祁钰和于谦的身上了。

229

于谦保卫北京

明朝五十万大军在土木堡全线崩溃，消息传到北京，太后和皇后急得哭哭啼啼，从宫里内库捡出大量金银珍宝、绫罗绸缎，偷偷派太监带着财宝去寻找瓦剌军，想把英宗赎回来。结果，当然是毫无希望。

从土木堡逃出来的伤兵，断了手的，缺了腿的，陆续在北京街道出现了。京城里人心惶惶，谁也不知道皇帝下落怎样。再说，京城里留下的人马不多，瓦剌军来了怎么抵挡呢？

为了安定人心，皇太后宣布由郕王朱祁钰监国（就是代理皇帝的职权），并且召集大臣，商量怎么对付瓦剌。大臣们七嘴八舌，不知怎么办才好。大臣徐有贞说："瓦剌兵强，怎么也抵挡不住。我考察天象，京城将遭到大难，不如逃到南方去，暂时避一下，再作打算。"

兵部侍郎于谦神情严肃地向皇太后和郕王说:“谁主张逃跑的,应该砍头。京城是国家的根本,如果朝廷一撤出,大势就完了。大家难道忘掉了南宋的教训吗?”

于谦的主张得到许多大臣的支持,太后决定叫于谦负责指挥军民守城。

于谦是明朝著名的民族英雄,浙江钱塘(今杭州)人。他自小有远大的志向。小时候,他的祖父收藏了一幅文天祥的画像。于谦十分钦佩文天祥,把那幅画像挂在书桌边,并且题上词,表示一定要向文天祥学习。长大以后,他考中进士,做了几任地方官,严格执法,廉洁奉公;后来担任河南巡抚,奖励生产,救济灾荒,比较注意人民疾苦。

王振专权的时候,贪污成风,地方官进京办事,总要先送白银贿赂上司,只有于谦从来不送礼品。有人劝他说:“您不肯送金银财宝,难道不能带点土产去?”于谦甩动他的两只袖子,笑着说:“只有清风。”他还写了一首诗,表明自己的态度,诗的后面两句是:“清风两袖朝天去,免得闾阎话短长。”(后句的意思是免得被人说长道短,闾阎就是里巷。“两袖清风”的成语就是这样来的。)

因为于谦刚正不阿,得罪了王振,王振就指使同党诬告于谦,把于谦打进监牢,还判了死刑。河南、山西的地方官员和百姓听到于谦被诬陷的消息,成千上万的人联名向明英宗请愿,要求释放于谦。王振一伙一看众怒难犯,又抓不住于谦什么把柄,只好释放了于谦,恢复了他的原职;后来,于谦又被调到北京担任兵部侍郎。

这一回,在京城面临危急的时刻,于谦毅然担负起守城的重任。他一面加紧调兵遣将，加强京城和附近关口的防御兵力；一面整顿内部，逮捕了一批瓦剌军的奸细。

有一天，监国的郕王朱祁钰上朝，大臣们纷纷要求宣布王振罪状。朱祁钰不敢作主。有个宦官马顺，是王振的同党，见大臣们不肯退朝，吆喝着想把大臣赶跑。这下激怒了大臣。有个大臣冲上去揪住马顺，大伙赶上来，一阵拳打脚踢，就把马顺揍死了。

朱祁钰见到朝堂大乱，想躲进内宫，于谦拦住他说："王振是这次战争失败的罪魁祸首，不惩办不能平民愤。陛下只要宣布王振罪状，大臣们就心安了。"

朱祁钰听了于谦的话，下令抄了王振的家，惩办了一些王振的同党，人心渐渐安定下来。

瓦剌首领也先俘虏了明英宗，没把他杀死，却挟持着英宗当人质，不断骚扰边境。看来，京城里没有皇帝不好办。于谦等大臣请太后正式宣布让朱祁钰做皇帝，被俘虏的明英宗改称太上皇。朱祁钰这才即位称帝，这就是明代宗（又叫景帝）。

也先知道明朝决心抵抗瓦剌，就以送明英宗回朝为借口，大举进犯北京。

这一年十月，瓦剌军很快打到北京城下，在西直门外扎下营寨。于谦立刻召集将领商量对策。大将石亨认为明军兵力弱，主张把军队撤进城里，然后把各道城门关闭起来防守，日子一久，也许瓦剌会自动退兵。

于谦说："敌人这样嚣张。如果我们向他们示弱，只会助长他们的气焰。我们一定要主动出兵，给他们一个迎头痛击。”接着，他分派将领带兵出城，在京城九门外摆开阵势。

于谦在城外把各路人马布置好后，他亲自率领一支人马驻守在德胜门外，叫城里的守将把城门全部关闭起来，表示有进无退的决心。并且下了一道军令：将领上阵，丢了队伍带头后退的，就斩将领；兵士不听将领指挥，临阵脱逃的，由后队将士督斩。

将士们被于谦勇敢坚定的精神感动了，士气振奋，斗志昂扬，下决心跟瓦剌军拼死战斗，保卫北京。

这时候，各地的明军接到朝廷的命令，也陆续开到北京支援。城外的明军增加到二十二万人。

明军声势浩大，戒备森严，也先发动几次进攻，都遭到明军奋勇阻击。城外的百姓也配合明军，跳上屋顶墙头，用砖瓦投掷敌人。经过五天的激战，瓦剌军死伤惨重。

也先遭到严重损失，又怕退路被明军截断，不敢再战，就带着明英宗和残兵败将撤退。于谦等明英宗去远了，就用火炮轰击，又杀伤了一批瓦剌兵。北京城保卫战，取得了辉煌的胜利。

于谦立了大功，受到了北京军民的爱戴。明代宗十分敬重他。于谦家的房屋简陋，只能遮蔽风雨，明代宗要给他造一座府第，于谦推辞了。他说：“现在正是国难当头的时候，怎么能贪图享受呢？”

也先失败后，知道扣住明英宗也没有用处。就把明英宗放回北京。

于谦一心保卫国家，但是那个在北京危急的日子里主张逃跑的徐有贞，还有被于谦责备过的大将石亨，都对他怀恨在心，在暗地里想法报复。

英宗回北京后过了七年，也就是公元1457年，明代宗生了一场大病，徐有贞、石亨跟宦官勾结起来，带兵闯进皇宫，迎明英宗朱祁镇复位。历史上把这件事称作“夺门之变”。没多久，明代宗就死了。

明英宗复位后，对于谦在他被俘流亡的时候，帮他弟弟即位称帝，心里本来有气，再加上徐有贞、石亨一伙在他面前说了不少诬陷的话，竟下了狠心，给于谦加上个“谋反”的罪名，把于谦杀害。

北京的百姓听到于谦受冤被害，不论男女老少，个个伤心痛哭。人们传诵着于谦年轻时候写的一首《咏石灰》的诗：

千锤万击出深山，烈火焚烧若等闲。
粉骨碎身全不怕，要留清白在人间！

人们认为，这正是于谦一生的写照。

230

杨一清计除刘瑾

土木之变以后，明王朝开始衰落。明英宗以后的几代皇帝，都昏庸腐败。他们不可能吸取王振误国的教训，一味依赖宦官。宦官专政的局面越来越严重。明宪宗朱见深（英宗的儿子）在位的时候，宦官汪直专权，在东厂以外，又设了一个西厂，加强特务统治，冤死不少好人。

公元 1505 年，明武宗朱厚照即位。他身边有八个宦官，经常陪他打球骑马，放鹰猎兔，为首的叫刘瑾。明武宗贪图玩乐，觉得刘瑾等称他的心意，十分宠信他们。这八个宦官依仗皇帝的威势，在外面胡作非为。人们把他们称为“八虎”。

一些大臣向武宗劝谏，要求武宗铲除“八虎”。刘瑾等得到消息，就在武宗面前哭诉。明武宗不但不听大臣劝谏，反而提升刘瑾为司礼监，又让刘瑾两个同党分别担任东厂、西厂提督。

刘瑾大权在手，就下令召集大臣跪在金水桥前，宣布一大批正直的大臣是“奸党”，把他们排挤出朝廷。

刘瑾每天给武宗安排许多寻欢作乐的事，等武宗玩得正起劲的时候，他把大臣的许多奏章送给武宗批阅。明武宗很不耐烦，说：“我要你们干什么？这些小事都叫我自己办？”说着，就把奏章撂给刘瑾。

打这以后，事无大小，刘瑾不再上奏。他假传明武宗的意旨，独断专行。刘瑾自己不通文墨，他把大臣的奏章全带回家里，让他的亲戚、同党处理。一些王公大臣，知道送给明武宗的奏章，皇上是看不到的。因此，有什么事上奏，就先把复本送给刘瑾，再把正本送给朝廷。民间流传着一种说法：“北京城里有两个皇帝：一个坐皇帝，一个立皇帝；一个朱皇帝，一个刘皇帝。”

刘瑾怕人反对，派出东厂、西厂特务四出刺探；还在东厂、西厂之外，设一个“内行厂”，由他直接掌管，连东厂、西厂的人，也要受内行厂监视。被这些特务机构抓去的人，都受到残酷刑罚，被迫害致死的有几千人，民间怨声载道。

刘瑾还利用权势，敲诈勒索，接受贿赂。地方官员到京都朝见，怕刘瑾给他找麻烦，先得给刘瑾送礼，一次就送二万两银子。有的官员进京的时候没带那么多钱，不得不先向京城的富豪借高利贷，回到地方后才偿还。当然，这笔负担全转嫁到老百姓身上了。

公元1510年，安化王朱寘𫔍（音 zhì fán）以反对刘瑾为名，发兵谋反。明武宗派杨一清总督宁夏、延绥一带军事，起兵讨伐朱寘鐇，派宦官张永监军。

杨一清原是陕西一带的军事统帅，在训练士卒、加强边防方面立过功。因为他为人正直，不附和刘瑾，被刘瑾诬陷迫害，后来经大臣们营救，才被释放回乡。这回明武宗为了平定藩王叛乱，才重新起用他。

杨一清到了宁夏，叛乱已经被杨一清原来的部将平定，杨一清、张永俘虏了朱寘鐇，押解到北京献俘。

杨一清早就有心除掉刘瑾，他打听到张永原是“八虎”之一，刘瑾得势以后，张永跟刘瑾也有矛盾，就决心拉拢张永。

回京的路上，杨一清找张永密谈，说：“这次靠您的大力，平定了叛乱，这是值得高兴的事。但铲除一个藩王容易，内患却不好解决，怎么办？”

张永惊异地说：“您说的内患是什么？”

杨一清把身子靠近张永，用右手指在左掌心里写了一个“瑾”字。

张永一看，皱起眉头说：“这个人每天在皇上身边，耳目众多，要铲除他可难啊！”

杨一清说：“您也是皇上亲信。这次凯旋回京，皇上一定会召见您。趁这个机会您把朱寘鐇谋反的起因奏明皇上，皇上一定会杀刘瑾。如果大事成功，您就能名扬后世啦！”

张永心里犹豫了一下，说：“万一不成功，怎么办？”

杨一清说：“如果皇上不信，您可以痛哭流涕，表明忠心，大事一定能成功。不过这件事一定要动手得快，晚了怕泄漏事机。”

张永本来对刘瑾不满，经杨一清一怂恿，胆子也壮了起来。

到了北京，张永按杨一清的计策，当夜在武宗面前揭发刘瑾谋反。明武宗命令张永带领禁军捉拿刘瑾。刘瑾毫无防备，正躺在家里睡大觉，禁军一到，就把他逮住，打进大牢。

明武宗派禁军抄了刘瑾的家，抄出黄金二十四万锭，银元宝五百万锭，珠玉宝器不计其数；还抄出了龙袍玉带，盔甲武器。明武宗这才大吃一惊，把刘瑾判处死刑。

刘瑾虽然被杀，但是明武宗的昏庸腐败却是无可救药的。他杀了刘瑾之后，又宠信了一个名叫江彬的宦官，在江彬的教唆下，他多次离开北京到宣府（今河北宣化）寻欢作乐。把朝政大权交给江彬，江彬又趁机贪污受贿，排斥好人。

由于明王朝的腐败统治，土地兼并十分严重，百姓的赋税和劳役负担更加繁重，农民起义此起彼伏。公元1510年，北京附近爆发刘六、刘七领导的起义。这次起义延续两年，起义军横扫河北、山东、山西等八个省，四次逼近北京，给腐朽的明王朝一次沉重的打击。

231

杨继盛冒死劾严嵩

明武宗死后，他的堂弟朱厚熜（音 cōng）继承皇位，这就是明世宗。明世宗刚即位的时候，在政治上采取一些改良措施，像限制宦官权力，整顿税收等等。但是后来迷信道教，在宫内设坛求仙，渐渐不大过问朝政。凡是迎合他信道的，就得到重用，大学士严嵩（音 sōng），就是因为他善于起草祭神的文书，逐步取得了内阁首辅（相当于宰相）的地位的。

严嵩并没有什么才能，他只知道奉承拍马，讨得世宗的欢心。他当上首辅后，和他儿子严世蕃一起，结党营私，贪赃枉法，干尽坏事。当时一些没骨气的朝臣都投靠他，有三十多个官员做了他的干儿子。有了这些爪牙，他更加可以操纵朝政了。

严嵩掌权的时候，北面鞑靼部（蒙古族的一支）强大起来，统一了蒙古各部，成为明朝很大的威胁。严嵩不但不想加强战备，反而贪污军饷，让兵士们受饥挨饿。鞑靼首领俺答好几次打进内地，明军没有力量抵抗。公元1550年，俺答带兵长驱直入，一直打到北京城郊。明世宗派严嵩的同党仇鸾为大将军，统率各路援军保卫京城。严嵩怕仇鸾打败仗，指使仇鸾不要抵抗。结果，让鞑靼兵在北京附近掳掠了大批人口、牲畜、财物，满载回去。京城附近十几万明军，竟一箭不发。

过了一年，仇鸾又勾结俺答，准备和鞑靼讲和。这件事引起了一些正直大臣的愤慨，特别是兵部员外郎杨继盛。

杨继盛，保定容城人，出身贫苦。他七岁的时候，就失去了母亲，继母待他不好，让他去放牛。杨继盛放牛经过私塾，看到村里一些孩子们在读书，十分羡慕，向他哥哥请求让他读书。哥哥说："你年纪太小，读什么书？"杨继盛回答说："我能放牛，就不能读书？"他父亲见他有志气，就让他一面读书，一面放牛，果然上进很快。后来应科举考试，中了进士，在京城里受到不少大臣的赏识。

杨继盛为人正直，看到严嵩、仇鸾一伙丧权辱国的行为，怎么也忍受不了。他向明世宗上奏章，反对议和，希望朝廷发奋图强，选将练兵，抵抗鞑靼。明世宗看了奏章，也有点心动，但是禁不起仇鸾一撺掇，反把杨继盛降职到狄道（今甘肃临洮）做典史。

杨继盛到了狄道，并不灰心丧气。狄道是少数民族聚居的地方，当地人不识字。杨继盛到了那里，挑选了一百多个青少年，请个老师教他们念书。学生家里没有钱，杨继盛把自己的马和妻子的衣服变卖了帮助他们。当地百姓都爱戴杨继盛,称呼他"杨父"。

杨继盛被贬谪后,明朝和鞑靼讲和,互相通商。但是不久俺答就破坏和议,多次进攻边境。仇鸾的密谋暴露,吓得发病死了。这时候,明世宗才想到杨继盛的意见是对的,把他调回京城。严嵩也想拉拢杨继盛,哪知道杨继盛对严嵩更是深恶痛绝。他回到京城刚一个月,就上奏章给明世宗弹劾(音 hé)严嵩,大胆揭发严嵩十大罪状,条条都有真凭实据。他在奏章中还说,严嵩有十大罪,却可以蒙蔽皇上,因为还有"五奸"帮助他,这就是严嵩的间谍、爪牙、亲戚、奴才、心腹,都密布在世宗的左右。

这道奏章打中严嵩的要害,严嵩气急败坏,在明世宗面前诬陷杨继盛。明世宗大怒,把杨继盛打了一百廷杖,关进大牢。

杨继盛被廷杖打得遍体鳞伤,腿肉也打烂了,连狱卒看了也心酸,杨继盛却态度泰然,像没事儿一样。亲友们听到杨继盛伤势重,通过狱卒送给他一只蛇胆当伤药。杨继盛推辞不受,说:"我自己有胆,用不着这个!"

杨继盛在监狱里被关了三年,实在审不出什么罪状,一些官员想营救他出狱。严嵩同党跟严嵩说:"你不杀杨继盛,不是养老虎给自己留后患吗?"严嵩下个狠心,撺掇明世宗把杨继盛杀害了。

严嵩掌权二十一年,把他的党羽安插在朝廷重要职位,权力越来越大。明世宗也渐渐讨厌他。有一次,明世宗请道士蓝道行扶乩(一种迷信活动),蓝道行借乩仙的意旨,劝世宗除掉严嵩，明世宗也有点心动。这件事让御史邹应龙打听到了，觉得这是打击严嵩的好时机，但他想想杨继盛的下场，又有点犹豫。经过周密考虑，决定先从弹劾严世蕃下手。

严世蕃依仗他父亲权势，作恶多端。邹应龙弹劾严世蕃的奏章一上去，明世宗果然下令把严世蕃办罪，充军到雷州，并且勒令严嵩退休。

严世蕃和他的同党是一批亡命之徒，他们没到雷州，就偷偷溜回老家，收容了一批江洋大盗，还勾结汉奸汪直和倭寇，准备逃亡到日本去。这一件事又被另一个御史林润揭发。

昏庸的明世宗看到这份奏章，也大为震惊，立刻下令把严世蕃和他的同党斩首示众，把严嵩革职为民。明朝最大的权奸，终于倒台。

232

海瑞刚正不阿

在严嵩掌权的日子里，别说是严家父子，就是他们手下的同党，也没有一个不是依官仗势，作威作福的。上至朝廷大臣，下至地方官吏，谁都让他们几分。

可是在浙江淳安县里，有一个小小知县，却能够秉公办事，对严嵩下面同党，一点不讲情面。他的名字叫海瑞。

海瑞是广东琼山人。他从小死了父亲，靠母亲抚养长大，家里生活十分贫苦。二十多岁他中了举人后，做过县里的学堂教谕，教育学生十分严格认真。不久，上司把他调到浙江淳安做知县。过去，县里的官吏审理案件，大多是接受贿赂，胡乱定案的。海瑞到了淳安，认真审理积案。不管什么疑难案件，到了海瑞手里，都一件件调查得水落石出，从不冤枉好人。当地百姓都称他是“青天”。

海瑞的顶头上司浙江总督胡宗宪，是严嵩的同党，他仗着有后台，到处敲诈勒索，谁敢不顺他心，就该谁倒霉。

有一次，胡宗宪的儿子带了一大批随从经过淳安，住在县里的官驿里。要是换了别的县份，官吏见到总督大人的公子，奉承都来不及。可是在淳安县，海瑞立下一条规矩，不管大官贵戚，一律按普通客人招待。

胡宗宪的儿子，平时养尊处优惯了，看到驿吏送上来的饭菜，认为是有意怠慢他，气得掀了饭桌子，喝令随从，把驿吏捆绑起来，倒吊在梁上。

驿里的差役赶快报告海瑞。海瑞知道胡公子招摇过境，本来已经感到厌烦；现在竟吊打起驿吏来，就觉得非管不可了。

海瑞听完差役的报告，装作镇静地说："总督是个清廉的大臣。他早有吩咐，要各县招待过往官吏，不得铺张浪费。现在来的那个花花公子，排场阔绰，态度骄横，不会是胡大人的公子。一定是什么地方的坏人冒充公子，到本县来招摇撞骗的。"

说着，他立刻带了一大批差役赶到驿馆，把胡宗宪儿子和他的随从统统抓了起来，带回县衙审讯。一开始，那个胡公子仗着父亲的官势，暴跳如雷，但海瑞一口咬定他是假冒公子，还说要把他重办，他才泄了气。海瑞又从他的行装里，搜出几千两银子，统统没收充公，还把他狠狠教训一顿，撵出县境。

等胡公子回到杭州向他父亲哭诉的时候，海瑞的报告也已经送到巡抚衙门，说有人冒充公子，非法吊打驿吏。胡宗宪明知道他儿子吃了大亏，但是海瑞信里没牵连到他，如

果把这件事声张起来，反而失了自己的体面，就只好打落门牙往肚子里咽了。

过了不久，又有一个京里派出的御史鄢懋卿（鄢音 yān，懋音 mào）被派到浙江视察。鄢懋卿是严嵩的干儿子，敲诈勒索的手段更狠。他到一个地方，地方官吏要是不“孝敬”他一笔大钱，他是不肯放过的。各地官吏听到鄢懋卿要来视察的消息，都犯了愁。但是鄢懋卿偏又要装出一副奉公守法的样子，他通知各地，说他向来喜欢简单朴素，不爱奉迎。

海瑞听说鄢懋卿要到淳安，给鄢懋卿送了一封信去，信里说：“我们接到通知，要我们招待从简。可是据我们得知，您每到一个地方都是大摆筵席，花天酒地。这就叫我们为难啦！要按通知办事，就怕怠慢了您；要是像别地方一样铺张，只怕违背您的意思。请问该怎么办才好。”

鄢懋卿看到这封信揭了他的底，直恼得咬牙切齿。但是他早听说海瑞是个铁面无私的硬汉，又知道胡宗宪的儿子刚在淳安吃过大亏，有点害怕，就临时改变主意，绕过淳安，到别处去了。

为了这件事，鄢懋卿对海瑞怀恨在心，后来，指使他的同党在明世宗面前狠狠告了海瑞一状，海瑞终于被撤了淳安知县的职务。

到严嵩倒了台，鄢懋卿也被充军到外地，海瑞恢复了官职，后来又被调到京城。

海瑞到了京城，对明世宗的昏庸和朝廷的腐败情况，见得更多了。那时候，明世宗已经有二十多年没有上朝，他躲在宫里一个劲儿跟一些道士们鬼混。一些朝臣谁也不敢说话。海瑞虽然官职不大,却大胆写一道奏章向明世宗直谏。他把明王朝造成的腐败现象痛痛快快地揭露出来。他在奏章上写道:“现在吏贪官横,民不聊生。天下的老百姓对陛下早就不满了。”

海瑞把这道奏章送上去以后,自己估计会触犯明世宗,可能保不住性命。回家的路上,顺道买了一口棺材。他的妻子和儿子看到全吓呆了。海瑞把这件事告诉了亲人们,并且把他死后的事一件件交代好,把家里的仆人也都打发走了,准备随时被捕处死。

果然,海瑞这道奏章在朝廷引起了一场轰动。明世宗看了,又气又恨,把奏章扔在地上,跟左右侍从说:“快把这个人抓起来,别让他跑了!”

旁边有个宦官早就听到海瑞的名声,跟明世宗说:“这个人是个出名的书呆子,他早知道触犯了陛下活不成,把后事都安排了。我看他是不会逃走的。”

后来,明世宗还是下命令把海瑞抓了起来,交给锦衣卫严刑拷问,直到明世宗死去,海瑞才得到释放。

233

戚继光驱逐倭寇

明世宗的时候，有一批日本的海盗经常在我国东南沿海一带骚扰。他们和中国的土豪、奸商勾结，到处抢掠财物，杀害百姓，闹得沿海不得安宁。历史上把这种海盗叫做“倭寇”。

公元 1553 年，在汉奸汪直、徐海的勾结下，倭寇集结了几百艘海船，在浙江、江苏沿海登陆，分成许多小股，抢掠了几十个城市。沿海的官吏和兵士不敢抵抗，见了倭寇就逃。

倭寇侵略越来越严重，使躲在深宫里的明世宗也不得不发愁了，叫严嵩想法子对付。严嵩的同党赵文华想出一个主意，说要解决倭寇侵犯，只有向东海祷告，求海神爷保佑。明世宗居然相信赵文华的鬼话，叫他到浙江去祷告海神。

后来，朝廷派了个熟悉沿海防务的老将俞大猷（音yóu）去抵抗。俞大猷一到浙江，就打了几个胜仗。但是不久，浙江总督张经被赵文华陷害，俞大猷也被牵连坐了牢。沿海的防务没人指挥，倭寇的活动又猖獗起来。朝廷把山东的将领戚继光调到浙江，才扭转了这个局面。

戚继光是我国历史上著名的民族英雄，山东蓬莱人。他到了浙江，先检阅那儿的军队，发现那些军队纪律松散，根本不能够打仗，就决心另外招募新军。他一发出招兵命令，马上有一批吃够倭寇苦的农民、矿工自愿参军，还有一些愿意抗倭的地主武装也参加了进来。戚继光组织的新军很快发展到四千人。

戚继光是个精通兵法的将领，他懂得兵士不经过严格训练是不能上阵的。他根据南方沼泽地区的特点，研究了阵法，亲自教兵士使用各种长短武器。经过他严格训练，这支新军的战斗力特别强。“戚家军”的名气就在远近传开了。

过了几年，倭寇又袭击台州（今浙江临海）一带，戚继光率领新军赶到台州。倭寇在哪里骚扰，他们就打到哪里。那些乱七八糟的海盗队伍，哪儿是戚家军的对手，交锋了九次，戚家军一次次都取得胜利。最后，倭寇在陆地上呆不住，被迫逃到海船上，戚继光又用大炮轰击。倭寇的船起了火，大批倭兵被烧死或掉到海里淹死，留在岸上的也只得乖乖投降。

倭寇见到浙江防守严密，不敢再侵犯。第二年，他们又到福建沿海骚扰。一路倭寇从温州往南，占据了宁德；

另一路倭寇从广东往北，盘踞在牛田。两路敌人互相声援，声势很大。福州的守将抵挡不了，向朝廷告急。朝廷又派戚继光援救。戚继光带了新军赶到宁德，打听到敌人的巢穴在宁德城十里外的横屿岛。那儿四面是水，地形险要。倭寇在那儿扎了大营盘踞，当地明军也不敢去攻打他们。

戚继光亲自调查了横屿岛的地形，知道那条水道既不宽，又不深。当天晚上潮落的时候，戚继光命令兵士每人随身带一捆干草，到了横屿对岸，把干草扔在水里。几千捆干草扔在一起，居然铺出了一条路来。戚家军兵士踏着干草铺成的路，神不知鬼不觉地插进倭寇大营。经过一场激烈战斗，盘踞在岛上的二千多个倭寇全部被歼灭。

戚家军攻下横屿，立刻又进兵牛田。到了牛田附近，戚继光传出命令，说："远路进军，人马疲劳，先就地休整再说。"

这些话很快传到敌人那里。牛田的倭寇真的相信戚家军暂时停止进攻，防备也就松懈下来。就在当天晚上，戚继光下令向牛田发起总攻击。倭兵毫无准备，匆促应战，禁不住戚家军猛攻猛冲，纷纷败退。倭寇头目率领残兵逃到兴化，戚家军又连夜跟踪追击，一连攻下了敌人六十多个营寨，消灭了溃逃的敌人。到天色发白的时候，戚家军进兴化城。城里的百姓才知道附近的倭寇已被戚家军消灭。大家兴高采烈，纷纷杀牛带酒，到军营来慰劳。

第二年，倭寇又侵犯福建，攻下兴化。这时候，俞大猷已经复职。朝廷派俞大猷为福建总兵，戚继光为副总兵。

两个抗倭名将一起，大败倭寇，收复兴化。公元 1565 年，俞、戚两军再次配合，大败倭寇。到这时候，横行几十年的倭寇被基本肃清了。

234

李时珍上山采药

明世宗即位四十几年，尽情享乐，但是他又担心自己一天天衰老下去，有朝一日死掉，快活日子就过不下去。于是，他就千方百计寻找一种长生不老的药方。

公元1556年，朝廷下令各地官吏推荐名医。当时封在武昌的楚王，把正在王府里的医生李时珍推荐给太医院。

李时珍是蕲州（今湖北蕲春，蕲音qí）人。他的祖父、父亲都当过医生。父亲李言闻对药草很有研究，李时珍从小受父亲的影响，常常跟小伙伴一起上山采集各种药草。日子一长，他能认得各种草木的名称，还能知道什么草能治什么病。他的医药知识渐渐丰富起来。

但是，在那个日子里，做一个普通医生是被上层社会看不起的。李言闻自己是医生，却要李时珍读书应科举考试。李时珍在父亲督促下，在十四岁那年考中秀才，但是以后参加举人考试，三次都没有考中。别人都替他可惜，李时珍却并不因此失望。他的志愿是做个替百姓治病的好医生。

打那时候起，李时珍就一心一意跟他父亲学医。正好在这一年，他的家乡发生一场大水灾，水退以后，又流行疫病，生病的都是没钱的穷百姓。李时珍家并不宽裕，但是父子俩都很同情穷人，穷人找他们看病，他们都悉心医治，不计报酬。老百姓认为他们医术高明，治病热心，都很感激他们。

李时珍为了研究医术，读了许多古代的医书。我国古代很早就有了医书。汉朝人写过一本《神农本草经》，以后一千多年，不断出了许多新的医书。李时珍常常替当地的王公贵族看病，那些贵族家里藏书不少，李时珍就靠他行医看病的方便，向王公贵族家借图书看。这样一来，他的学问就越来越丰富，医术也越来越高明了。

李时珍的名气越来越响，被他看好病的人，到处宣传李医生好。附近州县得病的人，也赶来请李时珍看病。

有一次，楚王的儿子得了一种抽风的病。楚王府虽然也有医官，但是谁都没法治好。这孩子是楚王的命根子，楚王怎么不着急？有人告诉楚王，只有找李时珍，才能治好这种病。楚王赶快派人把李时珍请到王府。李时珍一看病人的脸色，再按了按脉，就知道孩子得的这种抽风病是肠胃病引起的。他开个调理肠胃的药方，叫人上药铺抓了药。楚王的儿子一吃药，病就全好了。

楚王十分高兴，再三挽留李时珍在楚王府呆下来。没有多少日子，正碰上朝廷征求人才。楚王为了讨好明世宗，

就把李时珍推荐到北京太医院去。

太医院本来是国家最高的医疗机构。可是在那时候，明世宗对真正的医学并不重视，却迷信一批骗人的方士，在宫里做道场，炼金丹，想凭这些办法使自己长生不老。李时珍是一个正直的医生，看不惯那种乌烟瘴气的环境。他在太医院呆了一年，就辞职回家。

李时珍辞去官职，回家的路上，顺便游历了许多名山胜地。他上山不是为了欣赏景色，而是为了采草药，研究各种草木的药用性质。有一次，他到均州（今湖北均县）的武当山去，听说那里产一种榔梅，吃了能使人返老还童，人们把它称作"仙果"。宫廷的贵族都把它当作宝贝一样，要地方官吏年年进贡，并且禁止百姓采摘。李时珍可并不相信真有什么仙果。为了弄清真相，他冒着危险，攀登悬崖峭壁，采到了一颗榔梅，带回家乡。经过他详细研究，才知道那种果子只不过像一般梅子一样，有生津止渴的作用，根本谈不上什么"仙果"。

李时珍从长期的医疗工作和采集药物的过程中，得到了不少科学的资料。他发现古代医书上的记载，有不少错误；再说，经过那么多年代，人们又陆续发现了许多古代书上没有记载过的药草。他就决心编写一本新的完备的药书。辞职回家以后，他花了将近三十年的时间，写成了著名的医药著作《本草纲目》。在这本书里，一共记录了一千八百九十二种药，收集了一万多个药方，为发展祖国的医药科学作出了伟大的贡献。

《本草纲目》出版以后，一直流传到全世界，已经被翻译成日文、德文、英文、法文、俄文、拉丁文等许多种文字，在世界医药界中占有重要的地位。

至于那个迷信炼丹、一心想长生不老的明世宗，不但没有能长生不老，却因为误服了有毒的“金丹”，丢了性命。

明世宗死后，他的儿子朱载垕（音 hòu）即位，就是明穆宗。

235

张居正辅政

明穆宗在位的时候，大学士张居正因为才能出众，得到穆宗的信任。公元1572年，穆宗死去，太子朱翊钧即位，就是明神宗。穆宗遗命张居正等三个大臣辅政。

明神宗即位后不久，张居正成了首辅。张居正根据穆宗的嘱托，真的像老师教学生一样，辅导年才十岁的明神宗。他编了一本有图有文的历史故事书，叫做《帝鉴图说》，每天给神宗讲解。神宗看到这本书很高兴，兴致勃勃地听张居正讲解。有一次，张居正讲完汉文帝在细柳劳军的故事，就说："陛下应当注意武备。现在太平日子长了，武备越来越松弛，不能不及时注意啊！"

明神宗连忙点头称是。

又有一次，张居正讲完宋仁宗不喜欢用珠玉装饰的故事。明神宗就说："对呀，做君王的应该把贤臣当作宝贝，珠玉有什么用呢？”

张居正见十岁的孩子能说出这样的话，很高兴地说：“贤明的君主重视粮食，轻视珠玉。因为百姓靠粮食生活，珠玉这类东西饿了不能充饥，冷了不能御寒啊。”

张居正对神宗教育十分严格，神宗把张居正当作严师看待，既尊敬，又惧怕。再加上太后和宦官冯保的支持，朝政大事几乎全部由张居正作主。

张居正是明朝的一个能干的政治家，他掌握实权以后，就大刀阔斧地在军事、政治、经济几方面着实作了一番整顿。

那个时候，沿海的倭寇虽然已经解决，但北方的鞑靼贵族还不时侵入内地，成为明王朝的很大威胁。张居正把抗倭名将戚继光调到北方，镇守蓟州（在今河北北部），戚继光从山海关到居庸关的长城上修筑了三千多座堡垒。戚家军号令严明，武器精良，多次击败鞑靼的进攻。鞑靼首领俺答表示愿意和好，要求通商。张居正奏明朝廷，封俺答为顺义王，一面和鞑靼通商往来，一面在边境练兵屯田，加强防备。以后二三十年明朝和鞑靼之间就长期没有发生战争。北方各族人民的生活也安定多了。

当时，黄河年久失修，河水常常泛滥，大批农田被淹，影响农业和运输。张居正任命专治水利的潘季驯督修黄河水利工程。潘季驯修筑堤防，堵塞决口，使黄河不再泛滥，运输通畅，农业生产得到恢复和发展。

原来，由于朝政腐败，大地主兼并土地，逃避税收，一些豪强地主越来越富，国库却越来越穷。张居正下令丈量土地，经过清查，查出了一批被皇亲国戚、豪强地主隐瞒的土地，这一来，使一些豪强地主受到了抑制，国家的收入也增加了。

在丈量土地之后，张居正又把当时各种名目的赋税和劳役合并起来，折合银两征收，称为“一条鞭法”。经过这种税收改革，防止了一些官吏的营私舞弊，增加了国家的收入，也多少减轻一点农民的负担。

张居正花了十年努力，进行了大胆的改革，使十分腐败的明朝政治有了转机。国家的粮仓存粮充足，足够支用十年。但是这些改革自然触犯了一些豪门贵族的利益。他们表面不得不服从，背地里对张居正恨之入骨。

在张居正执政的第五年，他的年老的父亲死在江陵老家，按照封建的礼法，他必须离职守孝三年。但是张居正怕他一离开，正在进行的改革受到影响。在明神宗和一些大臣的挽留下，他让他儿子奔丧，自己留在京城任职。这一来，就有不少人抓住张居正父死不奔丧的事，大做文章，纷纷向明神宗上书弹劾，有人甚至在大街揭贴告白攻击张居正，闹得满城风雨。后来，明神宗不得不下令，再反对张居正留任的一律处死，攻击才平息下来。

张居正的权实在太集中了，明神宗渐渐长大起来，反而闲得没事干，就有一批亲近的太监在内宫用各种办法给他取乐。有一次，神宗喝醉了酒，无缘无故把两个小太监打得半死。这件事让太后知道了，马上把明神宗找来，狠狠地责备一顿，还叫左右拿《汉书·霍光传》叫神宗读。西汉霍光辅政的时候，不是有个昌邑王刘贺即位后，被太后和霍光废掉皇位吗？现在的张居正的地位就像当年的霍光一样，神宗想到这里，吓得浑身哆嗦，跪在太后面前求饶。

后来，张居正作主，把一些引诱神宗胡闹的太监全部赶走，太后还让张居正代神宗起草了罪己诏（皇帝责备自己的诏书）。这件事虽然过去了，但是明神宗对张居正，已经从惧怕发展到怀恨了。

公元1582年，张居正病死。明神宗亲自执政。原来对张居正不满的大臣纷纷攻击张居正专横跋扈。第二年明神宗竟把张居正的官爵全部撤掉；后来还派人查抄了张居正的家。张家子孙十几人，被关在屋子里活活饿死。大儿子被拷打后自杀。张居正的改革措施，当然也遭到破坏，刚刚有一点转机的明朝政治又走了下坡路。

236

葛贤痛打税监

明神宗是个贪财如命的昏君，他追求享乐生活，没完没了地搜罗金银珠宝，把国库都挥霍空了，就千方百计向民间搜刮。

这个时期，农业生产和手工业逐步发展，在东南沿海一带商业也繁荣起来，在苏州，丝织业特别发达，富裕的机户开始开设工场，雇用机工，城里的机工总共有几千人。

这种商业城市的繁荣情况，使明朝统治者认为有利可图。为了榨取更多钱财，明神宗就派了一批宦官到那些城市去收税，这种宦官就叫做税监。税监不但征收苛捐杂税，还向百姓敲诈勒索，把百姓害得好苦。

公元1601年，明神宗派税监孙隆到苏州征税，孙隆一到苏州，就跟当地地痞恶棍勾结，在苏州城各处设立关卡，凡是绸缎布匹进出关卡，一律征收重税。商贩交不起税，就不敢进城做买卖。这一年，正好又碰上一连两个月阴雨，苏州闹了一场水灾，桑田淹没，机户停工。孙隆一伙还要向机户收税，规定每台织机收税银三钱；每匹绸缎，收税银五分，这一来更逼得许多机户倒闭，机工失业。

有一天，织工葛贤（又名葛成）路过葑门，见到孙隆手下几个税棍，正围住一个卖瓜的农民痛打。葛贤一打听，才知道那瓜农挑瓜进城的时候，税棍逼他交税，交不出就抢他的瓜；等瓜农卖了瓜，买米出城的时候，税棍又抢他的米顶税银。瓜农不答应，就遭到税棍的痛打。

葛贤平日对税监的压迫剥削，本来怀着满腔气愤，看到这情形再也忍不住了，他挥动他手里的芭蕉扇，高声呼喊打坏蛋。路边的群众一呼百应，像潮水一样涌到葑门税卡。税棍黄建节想要逃跑已经晚了。群众把他包围起来，拾起乱石、瓦片向黄建节扔去。这个作恶多端的恶棍，被乱石打得头破血流，丧了性命。

这时候，群众越聚越多，反抗情绪也沸腾起来。葛贤看到大伙打死了黄建节，知道事情闹大了，就和群众一起，到玄妙观开会商量。大家一不做，二不休，推举葛贤等二十多人当首领，找税监孙隆算账。

葛贤等分路找到十二个税棍的家，点起了一把火，把他们的家全烧了；另一路群众浩浩荡荡来到苏州税监衙门，捉拿孙隆。一时间，呐喊声震天动地，孙隆吓得魂不附体，爬出后墙，狼狈地逃到杭州去了。

孙隆逃出苏州以后，苏州知府下令捉拿参加暴动的人。葛贤得到这消息，怕连累大家，自己跑到苏州府衙门，说：

“带头的就是我一个人，要杀要剐由我顶着，不要牵连别人。”

知府正为这个案子抓不到为首的人发愁，见到葛贤挺身出来投案，就把他关进监狱。

葛贤进监狱那天，成千上万的苏州市民含着眼泪为他送行。葛贤进了监狱，又有上千个人络绎不绝带着酒饭、衣服来慰问。葛贤再三推辞不收，大家还是不肯带回去，葛贤就把大伙慰问的酒饭等都分给监狱里被押的难友了。

明朝统治者看到这情况，没敢杀害葛贤。葛贤坐了两年牢，终于被释放。

237

努尔哈赤建立后金

明王朝政治越来越腐败，边防也越来越松弛，在我国东北地区的女真族的一支——建州女真趁机扩大势力，开始强大起来，它的领袖是爱新觉罗·努尔哈赤。

努尔哈赤出身建州女真的贵族家庭。祖父觉昌安和父亲塔克世，都是建州女真的贵族，被明朝封为建州左卫的官员。努尔哈赤从小就练习骑马射箭，练得一身好武艺。十岁那年，母亲死去，他的继母待他不好。努尔哈赤不得不离开家庭，和当地小伙伴在一起，在莽莽林海里打猎、挖人参、采松子、拾蘑菇，然后把这些山货带到抚顺去卖掉，挣钱过活。抚顺的集市很热闹，女真人常在那里用山货跟汉人交换铁器、粮食、盐和纺织品。努尔哈赤在抚顺接触了很多汉人，学会了汉文，他还挺喜欢读《三国演义》、《水浒》一类小说。

建州女真有好几个部落，互相攻杀。明朝总兵李成梁利用建州各部的矛盾来加强统治。努尔哈赤二十五岁那年，建州女真部有个土伦城的城主尼堪外兰，带引明军攻打古勒寨城主阿台。阿台的妻子是觉昌安的孙女。觉昌安得到消息，带着塔克世到古勒寨去探望孙女。正碰上明军攻打古勒寨，觉昌安和塔克世在混战中都被明军杀害。

努尔哈赤痛哭了一场，葬了他的祖父、父亲，但是想到自己的力量太小，不敢得罪明军，就把一股怨恨全集中在尼堪外兰身上。他跑到明朝官吏那里说："杀我的祖父、父亲是尼堪外兰，只要你们把尼堪外兰交给我，我也就甘心了。"明朝官吏只把他祖父、父亲的遗体交还他，但不肯交出尼堪外兰。

努尔哈赤满腔悲愤回到家里，翻出了他父亲留下的十三副盔甲，分发给他手下兵士，带领他们向土伦城进攻。努尔哈赤英勇善战，尼堪外兰不是他的对手，狼狈逃走。努尔哈赤攻克了土伦城，继续追击，趁机又征服了建州女真的一些部落。

尼堪外兰东奔西窜，最后逃到了鄂勒珲（今齐齐哈尔附近），请求明军保护。努尔哈赤也追到那里。明军看他不肯罢休，怕因此引起战争，就让努尔哈赤杀了尼堪外兰。

努尔哈赤灭了尼堪外兰，声势越来越大。过了几年，统一了建州女真。这就引起女真族其他部落的恐慌。当时的女真族，共有三部，除了建州女真之外，还有海西女真和"野人"女真。海西女真中有个叶赫部最强。公元 1593

年，叶赫部联合了女真、蒙古九个部落，结成联盟，合兵三万，分三路进攻努尔哈赤。

努尔哈赤听到九部联军来攻，事先做好迎战的准备。他在敌军来路上，埋伏了精兵；在路旁山岭边，安放了滚木石块。一切安排妥当，他就安安稳稳睡起觉来。他的妻子看了很着急，把他推醒，问他："九部兵来攻打，你怎么睡起觉来，难道你真的给吓糊涂了？"

努尔哈赤笑着说："如果我害怕，就是想睡也睡不着。"

第二天，建州派出的探子回报敌兵人数众多，将士们听了也有点害怕。努尔哈赤就解释说："别害怕，现在我们占据险要地形，敌兵虽然多，不过是乌合之众，一定互相观望。如有哪一个领兵先攻，我们就杀他一二个头目，不怕他们不退。"

九部联军到了古勒山下，建州兵在山上严阵以待，先派出一百骑兵挑战。叶赫部的一个头目冲来，马被木桩绊倒，建州兵上去把他杀了，另一头目看到这情景也吓昏过去。这样一来，九部联军没有统一指挥，四散逃窜，努尔哈赤乘胜追击，击败了叶赫部。又过了几年，基本统一了女真族各部。

努尔哈赤在统一女真过程中，把女真人编为八个旗，旗既是一个行政单位，又是军事组织。每旗下面有许多牛录，一个牛录三百人，平时耕田打猎，战时打仗。这样既推动了生产，又加强了战斗力。为了麻痹明朝，他继续向明朝朝贡称臣，明朝廷认为努尔哈赤态度恭顺，封他为龙虎将军。他还多次到北京，亲自察看明朝政府的虚实。公元 1616 年，他认为时机成熟，就在八旗贵族拥护下，在赫图阿拉（今辽宁新宾附近）即位称汗，国号大金。为了跟过去的金朝区别，历史上把它称为后金。

238

萨尔浒大战

努尔哈赤建立后金后，又花了两年多时间整顿内部，发展生产，扩大兵力。公元1618年，努尔哈赤召集八旗首领和将士誓师，宣布跟明朝有七件事结下了冤仇，叫作“七大恨”。第一条就是明朝无故挑衅，害死了他的祖父和父亲。为了报仇雪恨，决定起兵征伐明朝。

第二天，努尔哈赤亲自率领二万人马进攻抚顺。他先写信给抚顺明军守将，劝他投降。守将李永芳一看后金军来势凶猛，没有抵抗就投降了，后金军俘获了人口、牲畜三十万。明朝的辽东巡抚派兵救援抚顺，也被后金军在半路上打垮。努尔哈赤命令毁了抚顺城，带着大批战利品回到赫图阿拉。

消息传到北京，明神宗大怒，决定派杨镐为辽东经略，讨伐后金。杨镐经过一番紧张的调兵遣将，才集中了十万人马。公元1619年，杨镐分兵四路，由四个总兵官率领，进攻赫图阿拉。中路左翼是山海关总兵杜松；中路右翼是辽东总兵李如柏；北路是开原总兵马林；南路是辽阳总兵刘铤（音tǐng）。为了扩大声势，号称四十七万。杨镐坐镇沈阳，指挥全局。

那时候，后金八旗军兵力，合起来不过六万多。一些后金将士得到情报，不免有点害怕，来找努尔哈赤，要他拿主意。努尔哈赤胸有成竹地说："别怕，管他几路来，我就是一路去。"

经过侦察，努尔哈赤得知杜松率领的中路左翼是明军主力，已经从抚顺出发打了过来，他就集中兵力，先对付杜松。

杜松是一员身经百战的名将。从抚顺出发的时候，天正下着大雪，杜松想抢头功，不管气候恶劣，急急忙忙冒雪行军。他先攻占了萨尔浒（今辽宁抚顺东）山口；接着分兵两路，把一半兵力留在萨尔浒扎营，自己带了另一部精兵攻打后金的界藩城（今新宾西北）。

努尔哈赤一看杜松分散兵力，心里暗暗高兴，集中八旗的兵力，一口气攻下萨尔浒明军大营，截断了杜松后路。接着，又急行军援救界藩。正在攻打界藩的明军，听到后路被抄，军心动摇。驻守在界藩的后金军从山上居高临下地压下来，把杜松军杀得七零八落。努尔哈赤率领大军赶到，把明军团团围住。杜松左右冲杀想要突围，突然一箭飞来，正射中他的头部，杜松从马上栽下来死去。部下明军被杀得尸横遍野，血流成河。一路人马先覆灭了。

北路的马林从开原（今辽宁开原）出兵，刚刚到离开萨尔浒四十里的地方，得到杜松兵败的消息，吓得急忙转攻为守，就地依山，扎下营垒，挖了三层壕沟，准备防守。努尔哈赤率领八旗士兵从界藩马不停蹄地赶来，攻破明军营垒。马林没命地逃奔，才回到开原，第二路明军又被打散了。

坐镇沈阳的杨镐，正在等待各路明军的捷报，哪想到一连两天接到的竟是两路人马覆灭的坏消息，把他惊得目瞪口呆。他这才知道努尔哈赤厉害，连忙派快马传令另外两路明军立刻停止进军。

中路右翼的辽东总兵李如柏本来胆小，行动也特别迟缓，接到杨镐命令，急忙撤退。山上巡逻的二十来名后金哨兵远远望见明军撤退，大声鼓噪，明军兵士以为后面有大批追兵，争先恐后地逃跑，自相践踏，也死了不少。

剩下的一路是南路军刘铤。杨镐发出停止进军命令的时候，刘铤军已经深入到后金军阵地，各路明军失败的情况，他一点也不知道。刘铤是明军中出名的猛将，他使用一把一百二十斤的大刀，运转如飞，外号叫“刘大刀”。刘铤军军令严明，武器火药也多。进入后金阵地以后，连破几个营寨。

努尔哈赤知道刘铤骁勇，不能光靠拼硬仗。他选了一个投降过来的明兵，叫他冒充杜松部下，送信给刘铤，说杜松军已经到赫图阿拉城下，只等刘铤军去会师攻城。

刘铤没接到杨镐命令，不知道杜松军已经覆灭，信以为真，他怕让杜松独得头功，下令火速进军。这一带道路险狭，兵马不能够并列，只好改为单列进军。刘铤带兵走了一阵，忽然杀声四起，漫山遍谷都是后金伏兵，向明军杀来。刘𬘩正在着急，努尔哈赤又派一支后金兵穿着明军衣甲，打着明军旗帜，装扮成杜松军前来接应。刘𬘩毫不怀疑，把人马带进假明军的包围圈里。后金军里应外合，四面夹击，明军阵势大乱。刘𬘩虽然勇敢，挥舞大刀，杀退了一些后金兵，但是毕竟寡不敌众，他左右两臂都受了重伤，终于倒下。

这场战争从开始到结束，只有五天时间，杨镐率领的十万明军损失了一大半，文武将官死了三百多人。这就是历史上著名的“萨尔浒之战”。

萨尔浒之战后，明朝大伤元气，后金步步进逼，过了两年，努尔哈赤又率领八旗大军，接连攻占了辽东重要据点沈阳和辽阳。

公元1625年三月，努尔哈赤把后金都城迁到沈阳，把沈阳称为盛京。打那以后，后金就成了明朝最大的威胁。

239

徐光启研究西学

杨镐统率的四路大军在萨尔浒几乎全部覆没，满朝文武大臣都十分震惊。大家齐集在宫门外，呼吁明神宗增加兵力，调拨军饷，抵抗后金。翰林院官员徐光启，一连上了三道奏章，认为要挽救国家危局，只有精选人才，训练新兵，还自愿担任练兵的工作。明神宗听说徐光启熟识军事，就批准他到通州练兵。

徐光启是上海人。在他出生之前，上海沿海一带遭倭寇骚扰十分严重。徐光启小时候，常常听他的父亲谈起当地人民英勇反抗倭寇侵略的情景，心里滋长起爱国的激情。

徐光启长大以后，因为参加科举考试，路过南京，听说那儿来了个欧洲传教士利玛窦（音 dòu），经常讲些西方的科学知识。南京的一些读书人都喜欢跟利玛窦结交。徐光启经过别人介绍，认识了利玛窦。他听利玛窦讲的科学道

理，都是自己过去在古书上没有读到过的。打那时候起，他对西方科学发生了浓厚的兴趣。

利玛窦传播科学知识，主要是为了传教的方便。他觉得要扩大传教，一定要得到中国皇帝的支持。那时候，明朝是不让教士到北京传教的。利玛窦要地方大臣在明神宗面前帮他说话，他还到了北京，通过宦官马堂的门路，送给明神宗圣经、圣母图，还有几只新式的自鸣钟。

明神宗不懂得圣经，也不知道圣母是什么人。但是对新式自鸣钟，倒很感兴趣，命令马堂把利玛窦带进宫来。

明神宗接见利玛窦的时候，请利玛窦谈谈西洋的风俗人情。利玛窦本来是意大利人，为了夸耀自己，把自己说成是“大西洋国”的人。有人一查万国地图，找不到什么“大西洋国”，就怀疑利玛窦来历不明，要明神宗把他撵走。但是明神宗不听这个意见，倒赏给利玛窦一些财物，让他留在京城传教。有了皇帝的支持，利玛窦跟朝廷官员们接触就很方便了。

过了几年，徐光启考取了进士，也到了北京，在翰林院做官。他认为学习西方的科学，对国家富强有好处，就决心拜利玛窦为师，向他学习天文、数学、测量、武器制造各方面的科学知识。

有一次，徐光启到利玛窦那儿去学习。利玛窦跟他谈起，西方有一本数学著作叫《几何原本》，是古代希腊数学家欧几里得写的一本重要著作，可惜要翻译成汉文很困难。徐光启说：“既然有这样的好书，您又愿意指教，不管怎样困难，我也要把它翻译出来。”

打那以后，徐光启每天下午一离开翰林院，就赶到利玛窦那儿，跟利玛窦合作翻译《几何原本》，由利玛窦讲述，徐光启笔译。那时候，还没有人译过国外数学著作，要把原作译得准确，可不是件简单事。徐光启花了一年多时间，逐字逐句地反复推敲，再三修改，终于把前六卷《几何原本》翻译完成。

除了《几何原本》之外，徐光启还跟利玛窦和另一个西方传教士熊三拔合作，翻译过测量、水利方面的科学著作。后来，他又在研究我国古代历法的基础上，吸收了当时欧洲在天文方面的最新科学知识，对天文历法的研究，达到了很高的水平。

徐光启不但爱好科学，还十分关心民间疾苦。有一年，他父亲死去，徐光启回到上海守丧。那年夏天，江南遭到一场水灾，大水把稻、麦都淹了。水退之后，农田上颗粒无收。徐光启为这个心里挺着急。他想，如果不补种点别的庄稼，来年春天拿什么度荒呀！恰巧在这时候，有个朋友从福建带来了一批甘薯的秧苗。徐光启就在荒地上试种起甘薯来，过了不久，长得一片葱绿，十分茂盛。后来，他特地编了一本小册子，推广种甘薯的办法。本来只在福建沿海种植的甘薯就移植到江浙一带来了。

这一回，徐光启提出练兵的主张，得到明神宗的批准，他满怀希望，想尽快练好新兵，加强国防。哪料到朝廷各个部门腐败透了，练兵衙门成立了一个月，徐光启要人没人，要饷没饷，闲得没事干。后来，好容易领到一点军饷，到了通州，检阅了那儿招来的七千多新兵，大多是老弱残兵，能够勉强充数的只有二千人，更说不上精锐了。他大失所望，只好请求辞职。

公元1620年，明神宗死去，他的儿子明光宗朱常洛也接着病死，神宗的孙子朱由校即位，这就是明熹宗。徐光启又回到京城，他看到后金的威胁越来越严重，又竭力主张要多造西洋大炮。为了这件事，跟兵部尚书发生矛盾，徐光启被排挤出朝廷。

徐光启回到上海，已经是六十多岁的老人了。他本来对研究农业科学很有兴趣，回到家乡后，又在自己的田地上，亲自参加劳动，做一些试验。后来，他把他平日的研究成果，写成了一部著作，叫作《农政全书》。在这本书里，对我国的农具、土壤、水利、施肥、选种、嫁接等农业技术，都有详细的记载，真可以称得上我国古代的一部农业百科全书呢！

240

左光斗入狱

明神宗后期，有个官员名叫顾宪成，因为正直敢谏，得罪了明神宗，被撤了职。他回到无锡（今江苏无锡）老家后，约了几个志同道合的朋友在东门外东林书院讲学。附近一些读书人听到顾宪成学问好，都赶到无锡来听他讲学，把一所本来就不大的东林书院挤得满满的。顾宪成痛恨朝廷黑暗，在讲学的时候，免不了议论起朝廷，还批评一些当政的大臣。听过讲学的人都说顾宪成议论得对，京城里也有大臣支持他。东林书院名声越来越大。一些被批评的官僚权贵却对顾宪成恨得要命，把支持东林书院的人称作“东林党人”。

明熹宗刚即位的时候，一些支持东林党的大臣掌了权，其中最有名望的要数杨涟和左光斗。

有一次，朝廷派左光斗到京城附近视察，还负责那里的科举考试。

一天，北风刮得很紧，天上飘起了大雪。左光斗在官署里喝了几盅酒，忽然起了游兴。他带着几个随从，骑着马到郊外去踏雪。他们走着走着，见到一座古寺，环境十分幽静，左光斗决定到里面去休息一下。

他们下了马，推开虚掩的寺门，进了古寺，只见左边走廊边的小房间里，有个书生伏在桌上打瞌睡，桌上还放着几卷文稿。左光斗走近前去，拿起桌上的文稿细细看了起来。那文稿不但字迹清秀，而且文辞精彩，左光斗看了不禁暗暗赞赏。他放下文稿，正想转身回去，忽然想到，外面正下大雪，天气严寒，那书生穿得那样单薄，睡着了岂不要受凉，就毫不犹豫地把自己身上披的那件貂皮披风解下来，轻轻地盖在书生身上。

左光斗退出门外，把门掩上。他打发随从到寺里和尚那里去一打听，才知道那书生名叫史可法，是新到京城来应考的。左光斗把这个名字暗暗记住。

到了考试那天，左光斗进了厅堂。堂上的小吏高唱着考生的名字。当小吏唱到史可法的名字时，左光斗注意看那个送试卷上来的考生，果然是那天寺里见到的书生。左光斗接过试卷，当场把史可法评为第一名。

考试以后，左光斗在他的官府接见史可法，勉励了一番，又把他带到后堂，见过左夫人。他当着左夫人的面夸奖说："我家几个孩子都没有才能。将来继承我的事业，全靠这个小伙子了。"

打那以后，左光斗和史可法建立了亲密的师生关系。

史可法家里贫穷，左光斗要他住进官府，亲自指点他读书。有时候，左光斗处理公事到深更半夜，还跑到史可法的房间里，两人兴高采烈地讨论起学问来，简直不想睡觉。

左光斗和杨涟一心一意想整顿朝政，但是明熹宗是个昏庸透顶的人。他宠信一个很坏的宦官魏忠贤，让魏忠贤掌握特务机构东厂。魏忠贤凭借手中的特权，结党营私，卖官受贿，干尽了坏事。一些反对东林党的官僚就投靠魏忠贤，结成一伙，历史上把他们称作"阉党"（阉音 yān，指太监）杨涟对阉党的胡作非为气愤不过，大胆上了一份奏章，揭发魏忠贤二十四条罪状。左光斗也大力支持他。

这一来可捅了漏子。公元 1625 年，魏忠贤和他的阉党勾结起来攻击杨涟、左光斗是东林党，罗织罪状，把他们打进大牢，严刑逼供。

左光斗被捕以后，史可法急得不知怎么办才好。他每天从早到晚，在牢门外转来转去，想找机会探望老师。可阉党把左光斗看管得很严密，不让人探望。

左光斗在牢里，任凭阉党怎样拷打，始终不肯屈服。史可法听说左光斗被折磨得快要死了，不顾自己的危险，拿了五十两银子去向狱卒苦苦哀求，只求见老师最后一面。

狱卒终于被史可法的诚意感动了，想办法给史可法一个探监的机会。当天晚上，史可法换上一件破烂的短衣，扮作捡粪人的样子，穿着草鞋，背着竹筐，手拿长铲，由狱卒带领着进了牢监。

史可法找到左光斗的牢房，只见左光斗坐在角落里，遍体鳞伤，脸已经被烧得认不清，左腿腐烂得露出骨头来。史可法见了，一阵心酸，走近前去，跪了下来，抱住左光斗的腿，不断地抽泣。

左光斗满脸是伤，睁不开眼，但是他从哭泣声里听出史可法来了。他举起手，用尽力气拨开眼皮，愤怒的眼光像要喷出火来。他骂着说："蠢才！这是什么地方，你还来干什么！国家的事糟到这步田地。我已经完了，你还不顾死活地跑进来，万一被他们发现，将来的事靠谁干？"

史可法还是抽泣着没完。左光斗狠狠地说："再不走，我现在就干脆收拾了你，省得奸人动手。"说着，他真的摸起身边的镣铐，做出要砸过来的样子。

史可法不敢再说话，只好忍住悲痛，从牢里退了出来。

过了几天，左光斗和杨涟等终于被魏忠贤杀害。史可法又花了一笔钱买通狱卒，把左光斗的尸体埋葬好了。他想起牢里的情景，总是情不自禁落下眼泪，说："我老师的心肠，真是铁石铸成的啊！"

241

五 人 墓

魏忠贤杀害了杨涟、左光斗后，掌握了朝政大权。他把迎合他的官员和徒子徒孙统统提拔起来，担任朝廷要职。有的帮他出谋划策，有的专门干特务杀人的勾当。民间给他们起了一些绰号，叫做“五虎”、“五彪”、“十狗”、“十孩儿”、“四十孙”。

魏忠贤权力大得不得了，无论是朝廷和地方的官员，要想保住位子，就得向他奉承。魏忠贤出门的时候，排场跟皇帝一模一样，大家也把他当皇帝看待。封建时代把皇帝称作“万岁”。魏忠贤不是皇帝，不能叫他“万岁”。有个官员把魏忠贤称作“九千岁”，魏忠贤听了很高兴，重赏了那官员。打那以后，魏忠贤就成了“九千岁”了。还有个浙江的巡抚，为了讨好魏忠贤，给魏忠贤造了个祠堂。一般祠堂都是为纪念死去的人造的，魏忠贤还活着，就造起祠堂来，所以叫做“生祠”。这样的怪事一出来，就有人反对，魏忠贤把反对的人革了职。各个地方官怕得罪他，纷纷造起魏忠贤的“生祠”来。

那个时候，朝廷上下都是阉党和迎合阉党的官员，稍微有点正义感的人不愿意跟他们同流合污，都辞了职。有个官员周顺昌，看不惯阉党横行，请了长假回苏州闲居。公元1626年，魏忠贤又一次大捕东林党，兵士押解了一个东林党官员路过苏州，周顺昌替他摆酒席送行，在宴席上指名道姓大骂魏忠贤。押送的兵士回去，报告了魏忠贤。魏忠贤大怒，命令东厂派出兵士，由南京巡抚毛一鹭带领，到苏州捉拿周顺昌。

东厂到苏州抓人的消息一传开，轰动了苏州市民。二十多年前，苏州市民在葛贤的领导下，曾经跟税监斗争过。现在魏忠贤的特务又到苏州来抓人，怎么不激起大家的气愤。再说，周顺昌为反对阉党遭到迫害，大家也都同情他。所以到了东厂兵士到苏州的那天，苏州成千上万市民拥上街头，声援周顺昌。

大家拦住毛一鹭的轿子，推了几名秀才向毛一鹭请愿，要求取消逮捕周顺昌的命令。毛一鹭见群众声势浩大，吓得满头大汗，一句话都说不出来。旁边的兵士着急了，他们把手里的铁镣往地下一扔，厉声吓唬说：“我们是东厂来的，谁敢阻挡！”

铁镣发出“当啷”的声音，市民们被激怒了。有人站出来责问兵士说：“你们不是说奉皇上的圣旨抓人吗？原来是东厂搞的鬼！”

兵士还来不及回答，群众都高叫起来："原来是东厂来的奸贼！"大伙一面叫，一面向毛一鹭和兵士冲过去，声音像山崩地裂一样。这些平日仗势欺人的兵士吓得东奔西窜，想逃出群众的包围。愤怒的群众赶上去，把他们揪住，劈头盖脑地痛打。一个兵士被击中了心窝，倒在地上滚了滚，就断了气。其余的兵士也被打得头破血流，连滚带爬地逃走了。

市民们痛打了兵士，一不做，二不休，要找毛一鹭算账。毛一鹭还算乖巧，早钻出轿子，趁人群乱哄哄的时候，脱了官服，从一条小巷里溜出去，正见到前面有一个粪坑，也顾不得体面，钻到臭气熏天的粪坑角落里。直到市民群众散去，随从们才从粪坑边把吓昏了的巡抚拖了出来。

东厂特务逃回去后，立刻向魏忠贤哭诉。魏忠贤哪肯罢休，命令毛一鹭派兵到苏州镇压。他们把那天带领市民暴动的颜佩韦、杨念如、马杰、沈扬、周文元五人抓进监牢，加上一个煽动叛乱的罪名，把他们定了死罪。

当五个人被押到刑场就义的时候，他们神色自若，还指着魏忠贤、毛一鹭的名字大骂哩！

他们牺牲之后，当地人民出了钱，从刽子手那里领回尸体，把他们安葬在虎丘东边的山坡上。后来，还立了墓碑，碑上写着"五人之墓"。

这次暴动虽然被镇压下去，但是打那以后，东厂的特务看到了群众的力量，再不敢窜到各地乱抓人了。

242

袁崇焕大战宁远

当魏忠贤的阉党把明朝朝政闹得乌烟瘴气的时候，后金大汗努尔哈赤正不断在辽东进攻明军。萨尔浒大战以后，明王朝派了一位老将熊廷弼出关指挥辽东军事。熊廷弼是个很有才能的将领，可是担任广宁（今辽宁北镇）巡抚的王化贞却认为熊廷弼出关，影响了他的地位，千方百计阻挠熊廷弼的指挥。公元1622年，努尔哈赤向广宁进攻，王化贞带头逃进关内。熊廷弼无法抵御，只好保护一些百姓退到山海关内。

广宁失守，明王朝不分青红皂白，把熊廷弼和王化贞一起打进大牢。魏忠贤趁机向熊廷弼敲诈勒索，要熊廷弼拿出四万两银子，才免他死罪。熊廷弼是个正派人，哪来这些钱，当然拒绝。阉党就诬陷熊廷弼贪污军饷，把他处死。

明王朝杀了熊廷弼，派谁去抵抗后金军呢？掌管军事的兵部衙门正在着急。恰恰在这个时候，主事（官名）袁崇焕忽然失踪。衙门里的人找到他家里，家里的人也不知道他的去向。过了几天，袁崇焕才回来，原来他看到国事危急，单独一个人骑着马到山海关外视察去了。

袁崇焕详细研究了关内外的形势，回来向兵部尚书孙承宗报告，并且说："只要给我人马军饷，我能负责守住辽东。"

一些朝廷大臣正被后金的攻势吓破了胆，听袁崇焕自告奋勇，也都赞成让袁崇焕去试一试。明熹宗批准给他二十万饷银，要他负责督率关外的明军。

关外经过几年战争，一片荒凉，遍地都是死亡兵士的尸骨，加上冰天雪地，野兽横行，环境十分艰苦。袁崇焕出关后，带着几个随从兵士，连夜在荒野上骑马奔驰，天没亮就到了宁远（今辽宁兴城）的前屯。他在那里收容难民，修筑工事。那里的将士对袁崇焕的勇气和毅力，没有一个不钦佩的。

袁崇焕在关外，经过一番实地考察，决心派兵进驻宁远，在那里修筑防守工事。他把他的主张报告朝廷后，立刻得到孙承宗的支持。

袁崇焕在宁远筑起三丈二尺高、二丈宽的城墙，装备了各种火器、火炮。孙承宗还派了几支人马分驻在宁远附近的锦州、松山等地方，声援宁远。

袁崇焕号令严明，受到军民的爱戴。关外各地的商人听说宁远防守巩固，从四面八方拥到宁远来。辽东的危急局面很快扭转过来。

正当孙承宗、袁崇焕守卫辽东有了进展的时候，却遭到魏忠贤的猜忌。魏忠贤唆使阉党说了孙承宗不少坏话，孙承宗被迫离职。

魏忠贤排挤了孙承宗，派了他们的同党高第指挥辽东军事。高第是个庸碌无能的家伙，他一到山海关，就召集将领开会，说后金军太厉害，关外没法防守，要各路明军全部撤进山海关内。

袁崇焕反对撤兵，他说："我们好容易在关外站稳脚跟，哪能轻易放弃！"

高第硬要袁崇焕放弃宁远。袁崇焕气愤地说："我的职守是防守宁远，要死也死在那里，决不后撤。"

高第说不服袁崇焕，只好答应袁崇焕带领一部分明军留在宁远，却下命令要关外其他地区的明军，限期撤退到关内。这道命令下得十分突然，各地守军毫无准备，匆匆忙忙地退兵，把储存在关外的十几万担军粮丢得精光。

努尔哈赤看到明军撤退的狼狈相，认为明朝容易对付，公元 1626 年，他亲自率领十三万大军，渡过辽河，进攻宁远。

那时候，守在宁远周围几个据点的明军都已经撤走，宁远城只剩下一万多兵士，处境十分孤立。但是袁崇焕并不气馁。他咬破指头，写了一份誓死抗金的血书，给将士们看，并且说了一番激励大家的话。将士们听了，都感动得热血沸腾，纷纷表示一定跟着袁将军一起死守宁远。

接着，袁崇焕就命令城外百姓全部带了粮食、用具撤进城里，把城外的民房烧掉，叫后金军队来了没有粮食和掩体。他向城里的官员分派了任务，有的管军粮供应，有的清查内奸。他还发信给山海关的明军守将，如果发现宁远逃回关内的官兵，要他们就地处斩。这几道命令一下，宁远的人心都安定下来，大家除了一心一意守城杀敌之外，没有别的念头。

过了二十来天，努尔哈赤带领后金军气势汹汹地到了宁远城下。大批后金兵士头顶盾牌，冒着明军的箭石、炮火，猛烈攻城。明军虽然英勇抵抗，但是后金兵倒下一批，又来一批。在这紧急的关头，袁崇焕下令动用早就准备好的大炮，向后金军发射。炮声响处，只见一团火焰，后金兵士被轰得血肉横飞，留下的也被迫后撤。

第二天，努尔哈赤亲自督战，集中大股兵力攻城。袁崇焕登上城楼瞭望台，沉着地监视后金军的行动。直等到后金军冲到逼近城墙的地方，他才命令炮手瞄准敌人密集的地方发炮。这一炮使后金军受到更大伤亡。正在后面督战的努尔哈赤也受了重伤，不得不下令撤退。

袁崇焕听到敌人退兵，就乘胜杀出城去，一直追赶了三十里，才得胜回城。

努尔哈赤受了重伤，回到沈阳，跟他的部下说："我从二十五岁以来，战无不胜，攻无不克，没想小小的宁远城攻不下来。"他又气又伤心，加上伤势越来越重，拖了几天，就咽了气。他的第八个儿子皇太极接替他做了后金大汗。

243

皇太极施反间计

努尔哈赤受重伤死去以后,袁崇焕为了探听后金的动静,特地派使者到沈阳去吊丧。皇太极对袁崇焕窝了一肚子的怨恨,但是因为后金刚打败仗,需要休整,再说也想试探一下明朝的态度;所以,不但接待了袁崇焕的使者,还派使者到宁远去表示答谢。双方表面上缓和下来,背地里都在加紧准备下一步的战斗。

到了第二年,皇太极亲自率领大军,攻打明军。后金军分兵三路南下,先把锦州城包围起来。袁崇焕料定皇太极的目标是宁远,决定自己留在宁远,派部将带领四千骑兵援救锦州。果然,援兵还没出发,皇太极已经分兵攻打宁远。袁崇焕亲自到城头上督率将士守城,用大炮猛轰后金军;城外的明军援军也和城里内外夹击,把后金军赶跑了。

皇太极又把人马撤到锦州,但是锦州的明军守得严严实实，加上天气转暖，后金军士气低落。皇太极只好退兵。

袁崇焕又打了一个大胜仗。但是，魏忠贤阉党却把功劳记在自己名下，反而责怪袁崇焕没有亲自救锦州是失职。袁崇焕知道魏忠贤有心跟他为难，只好辞职。

公元 1627 年，昏庸的明熹宗死去，他的弟弟朱由检即位，就是明思宗，也叫崇祯帝（崇祯是年号）。

崇祯帝早就了解魏忠贤作恶多端，民愤太大。他一即位，就宣布了魏忠贤的罪状，把魏忠贤充军到凤阳。魏忠贤自己知道活不成，走到半路上自杀了。

崇祯帝惩办了阉党，又给杨涟、左光斗等人平反了冤狱，很想振作一番。许多大臣请求把袁崇焕召回朝廷。崇祯帝接受了这个意见，提拔袁崇焕为兵部尚书，负责指挥整个河北、辽东的军事。崇祯帝还亲自召见袁崇焕，问他有什么计划。袁崇焕说："只要给我指挥权，朝廷各部一致配合，不出五年，可以恢复辽东。"

崇祯帝听了十分兴奋，给袁崇焕一口尚方宝剑，准许他全权行事。

袁崇焕重新回到宁远，选拔将才，整顿队伍，军纪严明，士气振奋。东江总兵毛文龙作战不力，虚报军功，不服从袁崇焕的指挥。袁崇焕使用尚方剑，把毛文龙杀了。

皇太极打了败仗，当然不肯罢休，他知道宁远、锦州防守严密，决定改变进兵路线。他作好一切准备，公元 1629 年十月，率领几十万后金军，从龙井关、大安口（今河北遵化北）绕到河北，直扑明朝京城北京。

这一着可出乎袁崇焕的意外。袁崇焕赶快出发，想在半路上把后金军拦住，已经来不及了。后金军乘虚而入，到了北京郊外。袁崇焕得到情报，心急火燎带着明军赶了两天两夜，到了北京，没顾上休息，就和后金军展开激烈的战斗。别路明军，也陆续赶到，投入战斗。

后金军突然进攻北京，引起了全城震动。崇祯帝更是急得心慌意乱，不知该怎么办才好，后来听说袁崇焕带兵赶到，心才定了一些。他亲自召见袁崇焕，慰劳了一番。但是一些魏忠贤的余党却散布谣言，说这次后金兵绕道进京，完全是袁崇焕引进来的，说不定里面还有什么阴谋呢。

崇祯帝是个猜疑心极重的人，听了这些谣言，也有些怀疑起来。正在这个时候，有一个被金兵俘虏去的太监从金营逃了回来，向崇祯帝密告，说袁崇焕和皇太极已经订下密约，要出卖北京。这个消息简直像晴天霹雳，把崇祯帝惊呆了。

原来，明朝有两个太监被后金军俘虏去以后，被关在金营里。有天晚上，一个姓杨的太监半夜醒来，听见两个看守他们的金兵在外面轻声地谈话。

一个金兵说："今天咱们临阵退兵，完全是皇上(指皇太极)的意思，你可知道？"

另一个说："你是怎么知道的？"

一个又说："刚才我就看到皇上一个人骑着马朝着明营走，明营里也有两个人骑马过来，跟皇上谈了好半天话才回去。听说那两人就是袁将军派来的，他已经跟皇上有密约，眼看大事就要成功啦……"

姓杨的太监偷听了这番对话，趁看守他的金兵不注意，偷偷地逃了出来,赶快跑回皇宫,向崇祯帝报告。崇祯帝听了也信以为真。他哪里知道,这个情报完全是假的。两个金兵的谈话是皇太极预先布置的。

崇祯帝命令袁崇焕马上进宫。袁崇焕接到命令,也不知道发生了什么事,匆忙进了宫。崇祯帝拉长了脸,责问说:"袁崇焕,你为什么要擅自杀死大将毛文龙?为什么金兵到了北京,你的援兵还迟迟不来?"

袁崇焕不禁怔了一下,这些话都是从哪儿说起?他正想答辩,崇祯帝已经喝令锦衣卫把袁崇焕捆绑起来,押进大牢。

有个大臣知道袁崇焕平日忠心为国,觉得事情蹊跷,劝崇祯帝说:"请陛下慎重考虑啊!"

崇祯帝说:"什么慎重不慎重?慎重只会误事。"

崇祯帝拒绝大臣的劝告,一些魏忠贤余党又趁机诬陷。到了第二年,崇祯帝终于下令把袁崇焕杀害。

皇太极用反间计除了对手袁崇焕,退兵回到盛京。打那以后,后金越来越强大。到了公元1635年,皇太极把女真改称满洲;又过了一年,皇太极在盛京称帝,改国号叫清。这就是清太宗。

244

徐霞客远游探险

当明王朝闹得乌烟瘴气的时候，在江阴地方有个青年，不满朝政腐败，不愿应科举考试、谋求做官，却立志游历祖国的名山大川，探索自然的奥秘。他就是我国历史上杰出的地理学家徐霞客。

徐霞客名叫徐弘祖，霞客是他的别号。他从小爱读历史、地理一类书籍、图册。在私塾读书的时候，老师督促他读儒家经书，他往往背着老师，把地理书放在经书下面偷看，看到出神的时候，禁不住眉飞色舞。

十几岁那年，他的父亲死去，他决心亲自到名山大川去游历考察一番。但是他想到母亲年纪老了，家里没人照顾，没敢提这件事。

他的心事毕竟被母亲觉察到了。当母亲了解到他有这样的愿望，跟他说："男儿志在四方，哪能为了我留在家里，做篱笆下的小鸡、马圈里的小马呢!”母亲为他准备行装,还给他缝制了一顶远游冠。有了母亲的热情支持,徐霞客远游的决心更坚定了。

徐霞客在他二十二岁那年,开始离家外出游历。他先后游历了太湖、洞庭山、天台山、雁荡山、泰山、武夷山和北方的五台山、恒山等名山。每次游历回家,他跟亲友谈起各地的奇风异俗和游历中的惊险情景,别人都吓得说不出话来,他母亲却听得津津有味。

后来,老母亲死了,徐霞客就把他全副精力扑在游历考察的事业上。在他五十岁那年,他开始了一次路程漫长的旅行。他花了整整四年时间,游历了湖南、广西、贵州、云南四省,一直到我国边境腾冲。他跋山涉水,经过许多人迹不到的地方,攀登悬崖峭壁,考察奇峰异洞。有一次他在腾越经过一座高耸的山峰,发现悬崖上有一个岩洞,根本没路可通。他冒着生命危险,像猿猴一样爬上了悬崖,终于到达了洞口。

又有一次,他在湖南茶陵,听说当地有个麻叶洞,洞里有神龙或者精怪,不是有法术的人,都不敢进洞。徐霞客不信神怪,他出了高价雇个当地人当向导,进洞考察。正要进洞的时候,向导问他是什么人,当他知道徐霞客是个普通读书人的时候,向导吓得直往后退,说:“我以为您是什么法师,才敢跟您一起进洞,原来是个读书人,我才不冒这个险呢。”

徐霞客并不罢休,带着他的仆人举起火把进洞。村里的百姓听到有人进洞,都拥到洞口来看热闹。徐霞客在洞里考察了很久，一直到火把快烧完才出来。围在洞口的百姓看他们安全出洞，都十分惊奇，说：“我们等了好久，以为你们一定给妖精吃了呢。”

徐霞客漫游西南的时候，除了随身的一个仆人外，还有一个名叫静闻的和尚和他们作伴。有一次，他们在湘江乘船的时候，遇到了强盗，他们的行李财物被抢劫一空，静闻和尚因为受伤，在半路上死去。到最后，连他随身的仆人也离开他逃走了。但是这些挫折都没有动摇他探索自然的决心。

徐霞客在旅途中，每天晚上休息之前，把当天见到的听到的都详细记录，即使在荒山野林里露宿的日子，也总是在篝火旁，伏在包袱上坚持写日记。公元 1641 年徐霞客去世后，留下了大量日记，这实际上是他的地理考察记录。经过他的实地考察，纠正了过去地理书上记载的错误，发现了过去没人记载过的地理现象。像古代地理书上说岷江是长江的上游，徐霞客经过考察，弄清楚长江上游不是岷江而是金沙江。又像他在云南腾冲打鹰山考察的时候，发现了那里曾经发生火山爆发的遗迹。他在游历中考察最多的是岩溶现象，在桂林七星岩，他对那里千姿百态的石钟乳、石笋、石乳等地形，进行详细的记载。这是世界上最早研究岩溶现象的记录。后来，人们把他的日记编成一本《徐霞客游记》。这部书不但是我国古代地理学上宝贵文献，还称得上一部优秀的文学著作呢！

245

闯王李自成

崇祯帝即位的第二年，公元1628年，陕西闹了一场大饥荒。老百姓没粮吃，连草根树皮也掘光了，只好吃山上的泥土。但是一些地方官吏，照样催租逼税，叫老百姓没法忍受下去。陕西各地爆发了农民起义。

这年冬天，明王朝从甘肃调了一支军队到北京去。这支军队开到金县（今陕西榆林），兵士们领不到饷，闹到县衙门去。带兵的将官出来弹压，有个年轻兵士气愤地站出来，带领兵士们把将官和县官杀了。这个兵士就是李自成。

李自成是陕西米脂人，出生在一个农民家庭，少年时候，就喜欢骑马射箭，练得一身好武艺。后来，父亲死了，家境穷困，李自成到银川驿站里去当马夫。他待人热情，驿卒们也挺爱戴他。

李自成的家一向担负代官府收租税的差使。米脂连年收成不好,农民拿不出租税。当地有个姓艾的大地主,乘机放高利贷,想在农民身上盘剥。李自成看大家交不起租税,就自己一个人借了债把税交了。过了一段时间,姓艾的地主逼李自成还债,李自成还不起,姓艾的就唆使官府把他抓起来打得半死,还锁上镣铐,把他放在太阳底下晒,不让吃东西。百姓和驿卒向县官恳求把李自成放在树荫下,让他吃点东西,县官也不答应。这一下把群众激怒了,大家一哄而上,砸开李自成身上的镣铐,带着李自成一起逃出米脂,到甘肃当了兵。

这一回,李自成在金县杀了将官,带着几十个兵士一起投奔王左挂领导的农民军,当上一名头领。

明王朝派出的总督杨鹤看到起义军越来越多,十分害怕。他一面派兵镇压,一面采用高官厚禄招降农民军将领。王左挂禁不住诱惑,动摇投降了。李自成不得不另找队伍。后来,他打听到高迎祥领导一支队伍起义,自称“闯王”,就决心投奔高迎祥。

高迎祥听到李自成带兵来投奔,十分高兴,马上叫他担任一个队的将官,大家把他叫做闯将。

高迎祥和别的起义军联合起来,转战山西、河北等五个省,声势越来越大。官军到处围剿,遭到失败。最后,崇祯帝恼羞成怒,调动了各省官军,想把各路起义军全部包围,一口吃掉。

为了对付官军围剿,高迎祥约了十三家起义军的大小头领在荥阳开会,商量对策。

荥阳大会上,大家议论纷纷。有的认为敌人兵力太强,不如打回陕西老家避一避再说；也有的不同意，但是也拿不出更好的主意。这时候，李自成站了起来说："一个兵士肯拼命，也能奋战一下；我们有十万大军，敌人能拿我们怎么样？"

高迎祥赞许地说："依你的意思，该怎么办？"

李自成提出自己的主张。他认为起义军应该分成几路，分头出击，打破敌人的围剿。大家听了，都觉得李自成说得有理。经过一番商量，十三家起义军分成六路。有的拖住敌军，有的流动作战。高迎祥、李自成和另一支由张献忠领导的起义军向东打出包围圈，直取江淮地区的凤阳。

凤阳是明太祖朱元璋的老家。明太祖死后，那里成为明朝的中都。农民军出击凤阳，就是要打击明王朝的气焰。

高迎祥、张献忠领导的起义军一路进军，势如破竹，不到十天，就打下了凤阳，把明朝皇帝的祖坟和朱元璋做过和尚的皇觉寺一把火烧了。这一着真的震动了明王朝朝廷，崇祯帝听到这消息，又急又气，下令把凤阳巡抚处死。

高迎祥和李自成又带兵回到陕西，来回打击官军，让明朝的官员手忙脚乱，狼狈不堪。崇祯帝和地方大臣都把高迎祥的队伍看成眼中钉，千方百计要消灭他们。有一次，高迎祥带兵进攻西安。陕西巡抚孙传庭在盩厔（今陕西周至）的山谷里埋下伏兵拦击。高迎祥没有防备，经过一场激战，被捕牺牲。

李自成带领留下的队伍杀了出来。将士们失去了主帅，心里十分沉痛。大伙认为闯将李自成是高迎祥最信任的将领，加上他的武艺高强，打仗勇敢，就拥戴他接替高迎祥，做了闯王。打那以后，李闯王的名声就在远近传开了。

李闯王的威名越高，越引起明王朝的害怕和仇恨。崇祯帝命令总督洪承畴、巡抚孙传庭专门围剿李自成。李自成的处境越来越困难。但是因为起义军将士的英勇作战和李自成的足智多谋，多次冲破官军的包围圈，活跃在四川、甘肃、陕西一带，打击官军。

在这个困难的时刻，另两支起义军的首领张献忠、罗汝才都接受明朝招降，李自成手下的将领也有人叛变。这使李自成的处境增添了困难。

公元1638年，李自成从甘肃转移到陕西，准备打出潼关去。洪承畴、孙传庭事先探听到起义军的动向，在潼关附近的崇山峻岭中，布置了三道埋伏线，故意让开通向潼关的大路，引诱李自成进入他们的包围圈。

李自成中了敌人的计。当他带领起义军浩浩荡荡开到靠近潼关的山谷地带的时候，两面高山里杀出了大批明军。他们依仗人多和地势有利，向起义军发起一次次冲击。起义军经过几天几夜的搏斗，几万名战士在战斗中牺牲，队伍被打散了。

李自成和他的部将刘宗敏等十七个人打退了大批敌人，才冲出重重包围。他们翻山越岭，克服了重重困难，到了陕西东南的商洛山区，隐蔽起来。

明军占领了潼关，派出大批侦骑，搜捕李自成，搜了几个月，毫无信息。后来听有人传说，李自成在战斗中受了重伤，已经死去，明军才放松了搜捕。

246

卢象昇战死巨鹿

当李自成等十八人正在商洛山区休整的时候，明朝东北边境的形势越来越紧张。自从熊廷弼、袁崇焕被冤杀以后，明朝在东北没有得力将才。后金军曾一再派兵进关，掠杀人口和牲畜。公元 1638 年，清太宗派亲王多尔衮（音 gǔn）等率领大军第四次远征。清军直达北京外围，京城形势危急。明王朝内部意见分歧，有的主张抵抗，有的主张讲和。崇祯帝也拿不定主意，一面号召全国兵马援救京师；一面又让兵部尚书杨嗣昌和宦官高起潜秘密派人去东北找清朝试探求和。他听说总督宣府大同地区军事的卢象昇是个将才，就把卢象昇召到京城，命令他总督全国援兵。

卢象昇到了北京，崇祯帝立刻召见，问他该怎样对付清军进攻。卢象昇早就听说朝廷正在秘密议和，他直截了当对崇祯帝说："陛下要臣督师，臣只知道打仗，不知道别的。”

崇祯帝听得话里有刺，很不高兴地说：“议和是一些大臣的议论。朝廷从没讲过要和。”他要卢象昇跟杨嗣昌去商量对付清军的办法。

杨嗣昌对卢象昇阻挠他的和议，心里恼恨，让高起潜担任总监，把各路来的四万援兵分成两半，一半由高起潜指挥。这样，卢象昇名义上是统帅，实际上只掌管两万兵马。

清军分八路进军，长驱直入。一路打到高阳，原来支持袁崇焕的兵部尚书孙承宗已经告老在家，听到清军打来，带领全家十几口上城抵抗。高阳城被清兵攻破，孙承宗全家都壮烈牺牲。

卢象昇带兵开到保定，正在抵抗清兵，崇祯帝却听信杨嗣昌的诬告，责备卢象昇指挥不当，撤了他的职，要他戴罪立功。杨嗣昌还把卢象昇仅有的二万人马又分出一半给别的将领管辖。卢象昇到了巨鹿，兵力只剩下五千。那时候，高起潜带领的人马就驻在离巨鹿只有五十里的地方，卢象昇派人向高起潜求援，却遭到高起潜的拒绝。

卢象昇孤军作战，十分困难，由于杨嗣昌的破坏，粮饷也接济不上，将士们饿得发慌。一天早晨，卢象昇走出营门，向四周将士作揖说：“我们受国家的恩，只怕不能为国牺牲，不要怕活不了。”将士们听了，个个感动得掉泪。

卢象昇把五千残兵分成三路，命令将军虎大威、杨国柱分别率领左右军，他自己带领中军，和清兵激战了一阵，杀退了一批清兵。

到了那天半夜，明营四周响起了觱篥（音 bì lì，古代一种管乐器）声，几万清军骑兵把明军围得水泄不通。虎大威带兵突围，被清兵压了回来。卢象昇大声喊道："虎将军，我们为国尽忠的时刻到了！"

将士们齐声响应，喊杀声震天动地，战斗从早上一直打到晚上，卢象昇身上中了四箭，受了三处刀伤，杀得像血人儿一样。他还拼命格斗，杀了十几名清兵，终于倒下。

高起潜没等卢象昇那边战斗结束，早就拔营逃走。多尔衮率领清军一直打到山东济南，带了大批战利品，才撤回关外。

清太宗几次伐明，每次都打了胜仗，但没有在中原立足，主要是宁远、锦州等关外重镇还在明军手里，怕孤军深入，后路有被切断的危险。在第四次退兵以后，清太宗才决心先攻锦州。

公元 1641 年，清军围攻锦州，崇祯帝派蓟辽总督洪承畴，带领十三万人马援救锦州。明军才到松山，清太宗又亲自率领大军包围松山，断绝明军的粮道。到了第二年，松山城被攻破，洪承畴被俘，锦州守将听到松山失陷，也投降了。

洪承畴被押解到了盛京，清太宗派人劝降。一开始，洪承畴表现得很坚决，不管怎么劝说，他都不答理。过了几天，清太宗亲自去看望，还向洪承畴问寒问暖，把自己的貂皮大氅解下，披在他的身上。洪承畴腿一软，跪下投降了。

清太宗收服了洪承畴，十分高兴，赏了金银财宝不算，还演戏奏乐，表示庆贺。清军将领对太宗这样重视洪承畴想不通，清太宗对将领们说："大家风里来雨里去，天天打仗，为的是什么？"

将领们说:“还不是为了想夺取中原?”

清太宗笑着说:“我们要进中原,好比瞎子走路,现在找到个带路人,我怎么不高兴。”

松锦大战以后,山海关以北,全被清军控制。清兵要进中原,只差宁远和山海关大门了。正当清太宗雄心勃勃,想攻打山海关的时候,他突然得病死去。他的年才六岁的儿子福临即位,这就是清世祖,又称顺治帝。顺治帝年幼,由他的叔父、亲王多尔衮和济尔哈朗辅政。几乎在同一个时候,关内的形势发生了急转直下的变化。

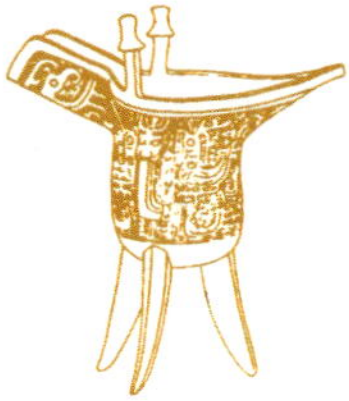

247

张献忠奇袭襄阳

公元1639年五月，张献忠在湖北谷城再一次起义。原来，张献忠曾经在谷城接受明朝的招安，并不是真心投降，而是暗暗积蓄兵力，准备再起。明朝将领发现张献忠的意图，准备派兵镇压。张献忠先发制人，在谷城杀掉明朝县令，焚毁了官衙，重新打起了起义的旗号。不久，罗汝才也起兵响应。

明朝总兵左良玉派兵进攻，被张献忠打得一败涂地，只留下几百残兵败将逃回，气得崇祯帝把主帅熊文灿和总兵左良玉都革了职务，另派兵部尚书杨嗣昌到湖广围攻张献忠。

杨嗣昌带了崇祯帝的尚方宝剑，率领了十万人马，耀武扬威到了襄阳。他派左良玉等将领把起义军四面包围起来。张献忠转移到玛瑙山的时候，由于起义军队伍里混进了奸细，起义军陷入敌人包围圈里，被左良玉军打败，损失了大量金银、战马。张献忠的妻子、儿子也被俘虏。

张献忠带了一千名骑兵，从湖北转移到四川。杨嗣昌跟踪追击，把他的行辕迁到重庆，准备在四川消灭起义军。

杨嗣昌在四川到处张榜，说有谁能抓住张献忠，赏给黄金万两，还封他侯爵。哪知道第二天，在杨嗣昌的行辕里，发现了许多标语，上面写着："有能斩杨嗣昌头的，赏银三钱。"

杨嗣昌派出大批官军到处追剿起义军，张献忠起义军却是忽东忽西，叫官军捉摸不定，一直到第二年正月，官军才在开县追上起义军。当明军将领猛如虎、刘士杰拖着疲劳不堪的兵士赶到，张献忠的起义军绕到背后，从山上呐喊着冲了下来，官军全部崩溃，刘士杰被杀，猛如虎好容易逃脱。起义军杀退敌人，在营里拍手唱歌："前有邵巡抚（指四川巡抚邵捷春），常来团转舞；后有廖参军（指监军廖大亨），不战随我行；好个杨阁部（指杨嗣昌），离我三尺路。"

这支歌谣传到明军那里，使杨嗣昌听了哭笑不得。

公元1641年，张献忠发现杨嗣昌把重兵都放到四川，襄阳兵力空虚，就摆脱明军，突然带兵离开四川，往东转移，一天一夜急行三四百里，把杨嗣昌大军远远甩在后边。到了湖北当阳，遇到另一支明军堵截，张献忠把罗汝才留在当阳，亲自率领精锐部队直奔襄阳。

杨嗣昌在重庆得到消息，连忙派使者赶到襄阳，命令襄阳明军严密防守。哪里知道使者走在半路上，被起义军发现抓了起来。起义军在使者身上搜到了令牌、文书，上面盖着杨嗣昌行辕的大印。张献忠把他的义子李定国叫来，叫他打扮为杨嗣昌使者，带了几名“随从”和令牌、文书，混进襄阳城去。

李定国带了公文、令牌，来到襄阳城边，正是夜色朦胧的时候。他在城门外向守军喊话，守城明兵听说是杨阁部派来的使者，验过令牌、文书，也没有怀疑，把李定国和随从兵士放进了城。

当天晚上，混进襄阳的起义军兵士在城里好几处放火，全城的百姓从睡梦里惊醒，发现到处火光冲天，全城大乱。在混乱中，起义军打开城门，大队人马赶到，官军要想抵抗也来不及了。

起义军进城以后，一面派人打开监狱，救出被俘的起义兵士和家属；一面直奔襄王府，活捉了襄王朱翊铭。

张献忠坐在襄王府大堂，派兵士把朱翊铭押上堂来。朱翊铭吓得直打哆嗦，跪在地上求饶。

张献忠说：“我不要别的，只要借你的头派个用场。”

朱翊铭听说要杀他，吓得捣蒜似地磕头，说：“我宫里有金银宝器，听凭千岁搬用，只求饶命。”

张献忠哈哈大笑，说：“我进了襄阳，你的金银财宝有什么法子叫我不搬？不过，你不把头借给我，那杨嗣昌还死不了呢！”

说着，吆喝一下，把朱翊铭拉下堂去杀了。

张献忠占了襄阳，缴获了杨嗣昌储存在那里的大批粮饷，兵器，又把襄王府金库里的十几万两银子分发给当地的饥民，百姓听说处决了罪恶累累的襄王，高兴劲儿就不用提了。

张献忠攻破襄阳的消息传到了四川，把杨嗣昌惊呆了。他处心积虑布置的围攻起义军的计划全部破产，特别是张献忠在他眼皮底下，来个突然袭击，使一个藩王丧了命。怎么向崇祯帝交代？

杨嗣昌丧魂落魄地从四川窜到湖北，刚到沙市，又听到一个消息，李自成率领的起义军离开商洛山区，重振旗鼓，趁河南兵力空虚的时候，攻破洛阳，杀死福王朱常洵。这一来，杨嗣昌更是又惊又害怕，他想来想去，没有出路，只好自杀。

248

李岩和红娘子

李自成离开商洛，到河南的时候，河南正发生一场大旱灾，成千上万饥民到处流亡。李自成一到河南，饥民听到李闯王出山的消息，纷纷前来投奔。

有一天，一群饥民拥着一个读书人模样的青年来找闯王。李自成询问来历，知道那青年名叫李岩（又名李信），刚被大家从河南杞县牢里救出来。

李岩本来是杞县地方一户富户人家的儿子。前几年，当地灾荒闹得凶，好多农民断了粮。李岩拿出家里的一些粮食，接济断粮的穷人。对于一个富户子弟来说，这样做是少见的。所以，穷人们觉得李岩为人不错，称呼他“李公子”。

杞县连年灾荒，穷人已经苦得过不了日子。但是，县官照样派差役向穷人逼税逼债。李岩怕逼出事来，去见姓宋

的县官，劝他暂时停止征税，还希望他拨出一部分官粮借给饥民。

县官对李岩说："上司向地方派军饷，催得紧。我不向他们要税收租，拿什么交账。再说，官仓里的粮食早就空了，拿什么借给饥民。要借，只有请你们几家富户人家出粮了。"

李岩见县官不答应，回到家，打开自家的粮仓，把二百多石粮食拿出来让饥民分了。

闹饥荒的百姓见李公子肯捐粮，很高兴。但是受灾的百姓多，光李家捐粮也不顶事。有人想个主意，聚集几十个人到别的富户人家去请愿，要他们学李家的样儿。

那些富户人家不但不同意，反而向上门的饥民瞪白眼，说家里根本没粮。饥民一气之下，闹了起来，冲进一个富户的粮仓，把他家的粮食分了。

富户们发了慌，纷纷向县官哭诉。县官说："这不是反了吗？"立刻派了几名差役拿着他的令牌前去制止，还扬言说，如果再聚众要挟，一定要重办。饥民们正在气头上，哪怕你县官硬压。他们揪住差役，把令牌扔在地上，砸得粉碎，还拥到县衙门前，嚷嚷说："我们没有粮，早晚得饿死，不如跟你们拼了吧。"

县官一听饥民要暴动，吓得躲在县衙里不敢出来。他一想，还是李岩跟饥民有点来往，就赶快派人把李岩找来，请他想个办法。

李岩说："你要不出乱子，只有赶快停止逼债，劝富户人家捐粮。"

县官没办法，只好勉强答应。聚集在县衙外的饥民听说李岩已经说服县官捐粮，才平息了气愤。有人说："大伙先回去吧。要是过几天再不见他们拿出粮来，再找他们算账！"

哪料饥民一散，县令就反悔了。他想，不向饥民逼税，虽然解了眼前的急，可上司催起来怎么办，自己的乌纱帽还保得住？他左思右想，就恨起李岩来，认为现在饥民闹得这样凶，全是那姓李的惹出来的。他立刻叫个办案的师爷写了一份公文给上司，诬告李岩收买民心，想要造反。

这消息泄漏了出来，人们都替李岩担心。附近林子里，有一支农民起义队伍，带头的青年女子，是江湖上卖艺的，人们叫她红娘子。红娘子平时听到李岩捐粮救灾的事，十分钦佩，现在听说李岩有遭害的危险，就到李岩家里，把李岩带到林子里躲避。

李岩开始并没弄清红娘子的本意，后来一听红娘子要把他留下，参加起义队伍，就不愿意。没多久，从红娘子那里偷偷地跑了回来。

李岩一回家，那如狼似虎的差役早就带着脚镣手铐等着他，一见李岩，就七手八脚把他铐了起来，带回县衙审问。

杞县的百姓听到李岩被捕，说："李公子坐牢，咱们难道能眼睁睁看他受苦不去救他？"

红娘子听到消息，也带着队伍来了。一大群饥民跟着她，拿刀的拿刀，使棒的使棒，一起攻打县衙门。

县官和差役一看起义队伍人多势大，料想抵挡不住，都溜走了。红娘子和饥民一起，打开牢监，把李岩救了出来。

到了这步田地，李岩觉得回家也没有出路，才听从红娘子的劝告，跟起义的饥民一起投奔李闯王。

李自成弄清了李岩的情况，知道李岩虽然是富户人家出身的读书人，也是个受迫害的；再说，起义军正需要找个谋士，就把李岩留在营里。李岩也早就知道李自成是个很有抱负的英雄，也就一心一意帮李自成推翻明王朝。

起义军队伍壮大以后，李自成着手整顿部队，严肃纪律，还接受李岩的建议，提出“均田免赋”（“赋”就是税收）的口号。李岩派出一批起义兵士打扮成商人模样，混进官军占领的城里，逢人就宣传：“李闯王带的队伍是挺讲纪律的，不杀人也不抢东西。”人们对官军的杀人抢劫，早就恨透了。现在听说李闯王的队伍纪律严明，自然向着李闯王了。当地的农民还传唱着一些歌谣，也是李岩编的：

> 吃他娘，穿他娘，开了大门迎闯王。闯王来时不纳粮。
>
> 朝求升，暮求合（一升的十分之一），近来贫汉难求活。早早开门拜闯王，管教大家都欢悦。

李自成的起义军受到人民的支持，在杀死福王朱常洵之后，又在河南接连打了几个大胜仗。公元 1643 年，李自成攻破潼关，打死明朝督师、兵部尚书孙传庭，没多久就占领了西安。

249

吴三桂借清兵

公元1644年,李自成在西安正式建立了政权,国号大顺。接着,李自成率领一百万起义将士,渡过黄河,分两路进攻北京。两路大军势如破竹,到了这年三月,就在北京城下会师。城外驻守的明军最精锐的三大营全部投降。

起义军猛攻北京城。第二天晚上,崇祯帝登上煤山(在皇宫的后面,今北京景山)往四周一望,只见火光映天,知道形势危急,跑回宫里,拼命敲钟,想召集官员们来保护他。等了好久,连个人影儿都没有。这时候,他才知道末日到来,又回到煤山,在寿皇亭边一棵槐树下上吊自杀。统治中国二百七十七年的明王朝,宣告灭亡。

大顺起义军攻破北京,大将刘宗敏首先率领队伍进城,接着,大顺王李自成头戴笠帽,身穿青布衣,跨着骏马,缓缓地进了紫禁城。北京的百姓像过节一样,张灯结彩欢迎起义军。

大顺政权一面出榜安民，叫大家安居乐业；一面严惩明王朝的皇亲国戚、贪官污吏。李自成派刘宗敏和李过，勒令那些权贵交出平时从百姓身上搜刮来的赃款，充当起义军的军饷，拒绝交付的处重刑。少数民愤大的皇亲国戚被起义军抓起来杀头。

有个大官僚吴襄，也被刘宗敏抄了家产，并且逮捕起来追赃。有人告诉李自成说，吴襄的儿子吴三桂是明朝的山海关总兵，手下还有几十万大军。如果把吴三桂招降了，岂不是解除了大顺政权一个威胁。

李自成觉得这个主意很有道理，就叫吴襄给他儿子写信，劝说他向起义军投降。

吴三桂原来是明朝派到关外抗清的，驻扎在宁远一带防守。起义军逼近北京的时候，崇祯帝接连下命令要吴三桂带兵进关，对付起义军。吴三桂赶到山海关，北京已被起义军攻破。过了几天，吴三桂收到吴襄的劝降信，倒犹豫起来。向起义军投降吧，当然是他不愿意的；要不投降吧，起义军勇猛善战，兵力强大，自己不是他们的对手。再说，北京还有他的家属财产，也舍不得丢掉。既然李自成来招降，不如到北京去看看情况再说。

吴三桂带兵到了滦州，离北京越来越近，就遇到一些从北京逃出来的人。吴三桂找来一问，开始，听说他父亲吴襄被抓，家产被抄，已经恨得咬牙切齿；接着，又听说他最宠爱的歌姬陈圆圆也被起义军抓走，更是怒气冲天，立刻下令退回山海关，并且要将士们一律换上白盔白甲，说是要给死去

的崇祯帝报仇。

李自成得知吴三桂拒绝投降，决定亲自带二十多万大军，进攻山海关。吴三桂本来就害怕农民军，听到这消息，吓得灵魂出窍。他也顾不了什么民族气节，写了一封信，派人飞马出关，请求清朝帮助他镇压起义军。

清朝辅政的亲王多尔衮接到吴三桂的求救信，觉得机会来到，立刻回信同意。接着，他亲自带着十几万清兵，日夜不停地向山海关进兵。

清军到了山海关下，吴三桂已经迫不及待地带着五百个亲兵出关迎接多尔衮。他见了多尔衮，卑躬屈膝地哀求多尔衮帮他报仇。多尔衮自然顺水推舟地答应。吴三桂把多尔衮请进关里，大摆酒宴，杀了白马乌牛，祭拜天地，订立了同盟。

李自成大军从南面开到山海关边。二十多万起义军，依山靠海，摆开浩浩荡荡的一字阵，一眼望不到边。老奸巨猾的多尔衮从城头望见起义军阵容坚强，料想不容易对付，就让吴三桂打先锋，叫清军埋伏起来，自己和几名清将远远躲在后面的山头观战。

战斗开始了，李自成骑着马登上西山指挥作战。吴三桂带兵一出城，起义军的左右两翼合围包抄，把吴三桂和他的队伍团团围住。明兵东窜西突，冲不出重围；起义军个个血战，喊杀声震天动地。

正在双方激烈战斗的时候，不料海边一阵狂风，把地面上的尘沙刮起，一霎时，天昏地黑，对面见不到人。多尔衮看准时机，命令埋伏在阵后的几万清兵一起出动，向起义军突然袭击。起义军毫无防备，也弄不清是哪儿来的敌人，心里一慌张，阵势也就乱了。直到风定下来，天色转晴，才看清楚对手是留着辫子的清兵。

李自成在西山上发现清兵已经进关，想稳住阵脚，指挥抵抗，已经来不及了，只好传令后撤。多尔衮和吴三桂的队伍里外夹击，起义军遭到惨重失败。

李自成带领将士边战边退。吴三桂仗着清兵的势，在后面紧紧追赶。起义军回到北京，兵力已经大大削弱。

李自成回北京后，在皇宫大殿里举行即位典礼，接受官员的朝见。第二天一清早就率领起义军，离开北京，向西安撤退。

李自成离开北京的第三天，多尔衮带领清兵，耀武扬威地开进北京城。公元 1644 年十月，多尔衮把顺治帝从沈阳接到北京，把北京作为清朝国都。打那时候起，清王朝就开始在中国建立了它的统治。

第二年，清朝分兵两路攻打西安。一路由阿济格和吴三桂、尚可喜率领，一路由多铎（音 duó）和孔有德率领。李自成率领农民军在潼关抗击清军，经过激烈战斗，终于被迫放弃西安，向襄阳转移。过了几个月，农民军在湖北通山县九宫山，遭到当地地主武装袭击，李自成战败牺牲。

李自成退出北京后，张献忠在四川称帝，国号大西，继续抗击清军。到公元 1647 年，清军进四川，张献忠在川北西充的凤凰山的一场战斗中，中箭死去。这样明朝末年的两支主要起义军都失败了。

250

史可法死守扬州

崇祯帝在煤山上吊自杀的消息传到明朝陪都南京，南京的大臣们一片慌乱。他们立了一个逃到南方的皇族、福王朱由崧做皇帝，在南京建立了一个政权，历史上把它叫做南明，把朱由崧称为弘光帝。

弘光帝朱由崧是个迷恋酒色、极端荒唐的人。凤阳总督马士英和一批魏忠贤的余党利用弘光帝昏庸，操纵了南明政权。弘光帝和马士英根本没想抵抗清兵，却过起荒淫作乐的生活来。

南明政权的兵部尚书史可法，本来不赞成让朱由崧做皇帝，为了避免引起内部冲突，才勉强同意。弘光帝即位以后，史可法主动要求到前方去统率军队。

那时候，长江北岸有四支明军，叫做四镇。四镇的将领都是骄横跋扈的人。他们割据地盘，互相争夺，放纵兵士残杀百姓。史可法在南方将士中威信高，他到了扬州，那些将领不得不听他的号令。史可法亲自去找那些将领，劝他们不要自相残杀；接着，又把他们分配在扬州周围驻守，自己坐镇扬州指挥。大家就称呼他史督师。

史可法做了督师，以身作则，跟兵士同甘共苦，受到将士们的爱戴。这年大年夜，史可法把将士都打发去休息，独自留在官府里批阅公文。到了深夜，他感到精神疲劳，把值班的厨子叫了来，要点酒菜。

厨子回报说："遵照您的命令，今天厨房里的肉都分给将士去过节，下酒的菜一点也没有了。"

史可法说："那就拿点盐和酱下酒吧。"

厨子送上了酒，史可法就靠着几案喝起酒来。史可法的酒量本来很大，来到扬州督师后，就戒酒了。这一天，为了提提精神，才破例喝了点。一拿起酒杯，他想到国难临头，又想到朝廷这样腐败，心里愁闷，边喝酒边掉热泪，不知不觉多喝了几盅，带着几分醉意伏在几案上睡着了。

第二天一清早，扬州文武官员按照惯例到督师衙门议事，只见大门还紧紧地关着。大家不禁奇怪，因为督师平常都是起得极早的。后来，有个兵士出来，告诉大家说："督师昨晚喝了酒，还没醒来。"

扬州知府任民育说："督师平日操劳过度，昨夜睡得这么好，真是难得的事。大家别去惊动他，让他再好好休息一会吧。"他还把打更的人找来，要他重复打四更的鼓（打四更鼓，表示天还没亮）。

史可法一觉醒来，天已经大亮，侧耳一听，打更人还在打四更，不禁勃然大怒，把兵士叫了进来说："是谁在那里乱打更鼓，违反我的军令。"兵士把任民育吩咐的话说了，史可法才没话说，赶快接见官员，处理公事。

打那天起，史可法下决心不再喝酒了。

没多久，清军在多铎带领下，大举南下。史可法指挥四镇将领抵抗，打了一些胜仗。可是南明政权内部却起了内讧。驻守武昌的明军将领左良玉为了跟马士英争权，起兵进攻南京。马士英害怕得要命，急忙将江北四镇军队撤回，对付左良玉，还用弘光帝名义要史可法带兵回南京保护他。

史可法明知道清军压境，不该离开。但是为了平息内争，不得不带兵回南京，刚过长江，知道左良玉已经兵败。他急忙回江北，清兵已经逼近扬州。

史可法发出紧急檄文，要各镇将领集中到扬州守卫。但是过了几天，竟没有一个发兵来救。史可法知道，只有依靠扬州军民，孤军奋战了。

清军到了扬州城下，多铎先派人到城里向史可法劝降，一连派了五个人，都被史可法拒绝。多铎恼羞成怒，下令把扬州城紧紧包围起来。

扬州城危急万分，城里一些胆小的将领害怕了。第二天，就有一个总兵和一个监军背着史可法，带着本部人马，出城向清军投降。这一来，城里的守卫力量就更薄弱了。

史可法把全城官员召集起来，勉励他们同心协力，抵抗清兵，并且分派了守城的任务。他分析一下形势，认为西门是最重要的防线，就亲自带兵防守西门。将士们见史可法坚定沉着，都很感动，表示一定要和督师一起，誓死抵抗。

多铎命令清兵没日没夜地轮番攻城。扬州军民奋勇作战，把清兵的进攻一次次打回去。清兵死了一批，又来了一批，形势越来越危急了。

多铎下了狠心，开始用大炮攻城。他探听到西门防守最严，又是史可法亲自防守，就下令炮手专向西北角轰击。炮弹一颗颗在西门口落下来，城墙渐渐塌下，终于被轰开了缺口。

史可法正在指挥军民堵缺口，大批清军已经蜂拥着冲进城来。史可法眼看城已经没法再守，拔出佩刀往自己脖子上抹。随从的将领们抢上前去抱住史可法，把他手里的刀夺了下来。史可法还不愿走，部将们连拉带劝地把他保护出小东门。这时候，有一批清兵过来，看见史可法穿的明朝官员的装束，就吆喝着问他是谁。

史可法怕伤害别人，就高声说："我就是史督师，你们快杀我吧！"

公元1645年四月，扬州城陷落，史可法被害。

多铎因为攻城的清军遭到很大伤亡，心里恼恨，竟灭绝人性地下令屠杀扬州百姓。大屠杀延续了十天才结束。历史上把这件惨案称作"扬州十日"。

大屠杀之后，史可法的养子史德威进城寻找史可法的遗体。因为尸体太多，天热又都腐烂了，怎么也认不出来，只好把史可法生前穿过的袍子和用过的笏板，埋葬在扬州城外的梅花岭上。这就是到现在还保存的史可法"衣冠墓"。

扬州失守后几天，清军攻破南京。南明政权的官员投降的投降，逃跑的逃跑，弘光政权被消灭了。

清兵继续南下，还颁布一道剃发令，强迫百姓在十天之内，改依清人的习惯，一律剃掉前半部头发，留下一条辫子，违抗命令的处死，实行“留头不留发，留发不留头”。这一来，更加激起了江南百姓的反抗情绪。江阴军民在典史（县衙里一种小官）阎应元的率领下，顶住二十多万清兵的重重包围，坚守了八十多天。城里男女老少，没有一个投降。清军死伤惨重。嘉定军民坚持抗清斗争三个月，被清军屠城三次，牺牲两万多人。历史上把这次惨案称作“嘉定三屠”。

251

夏完淳怒斥洪承畴

弘光政权瓦解以后，东南沿海一带的抗清力量继续战斗。1645 年六月，明朝官员黄道周、郑芝龙在福州另立明朝宗室、唐王朱聿键（聿音 yù）即位，历史上称为隆武帝。另一部分官员张国维、张煌言在绍兴拥戴鲁王朱以海监国。这样，就同时出现了两个南明政权。

为了对付抗清力量，清朝廷派了在松山战役中投降清朝的洪承畴总督军事，招抚江南。

这时候，在松江（在今上海市）有一批读书人也在酝酿抗清，领头的是夏允彝（音 yí）和陈子龙。夏允彝有个年才十五岁的儿子叫夏完淳（音 chún），又是陈子龙的学生。夏完淳自小就读了不少书籍，能诗善文，在他的父亲、老师影响下，也参加了抗清斗争。

靠几个读书人要组织义军是不行的。夏允彝有个学生吴志葵，是吴淞总兵，手下还有一些兵力。他们说服吴志葵一起抗清。吴志葵答应了，派出一支人马担任先锋队攻打苏州。一开始打得挺顺利，先锋队攻进了苏州城，但是吴志葵临阵犹豫，没有及时增援，结果进城的义军被围牺牲，吴志葵的主力在城外也被击败。

不久，清军围攻松江，夏允彝父子和陈子龙冲出清兵包围，到乡下隐蔽起来。清兵到处搜捕，还想引诱夏允彝出来自首。夏允彝不愿落在清兵手里，投到河塘里自杀。他留下遗嘱，要夏完淳继承他的抗清遗志。

父亲的牺牲引起夏完淳万分悲痛，也激起他对清朝的仇恨。他和陈子龙秘密回到松江，准备再组织起义军。这时候，他们打听到太湖长白荡有一支由吴易领导的抗清义军，正在重整旗鼓。夏完淳把家产全变卖了，捐献给义军做军饷，在吴易手下当了参谋。他还写了一道奏章，派人到绍兴送给鲁王，请鲁王坚持抗清。鲁王听说上书的是个少年，十分赞赏，封给夏完淳一个中书舍人的官衔。

吴易的水军在太湖边出没，把清军打得晕头转向。但是后来由于叛徒的出卖，义军失败，吴易也牺牲了。

过了一年，陈子龙又秘密策动清朝的松江提督吴胜兆反清，这次兵变不幸又失败了，吴胜兆被杀害，陈子龙也被清军逮捕。陈子龙不愿受辱，在被押解到南京的船上，挣脱绳索，跳河自杀。

夏完淳正在为失去他的老师而悲痛，因为叛徒告密，他自己也被捕了。清军派重兵把他押到南京。

夏完淳在监狱里被关押了八十天。他给他亲友写了许多可歌可泣的诗篇和书信。死亡的威胁并没有使他恐惧，他感到伤心的就是没有实现他保卫民族、恢复中原的壮志。

对夏完淳的审讯开始了，主持审讯的正是招抚江南的洪承畴。洪承畴知道夏完淳是江南出名的“神童”，想用软化的手段使夏完淳屈服。他问夏完淳说：“听说你给鲁王写过奏章，有这事吗？”

夏完淳昂着头回答：“正是我的手笔。”

洪承畴装出一副温和的神气说：“我看你小小年纪，未必会起兵造反，想必是受人指使。只要你肯回头归顺大清，我给你官做。”

夏完淳假装不知道上面坐的是洪承畴，厉声说：“我听说我朝有个洪亨九（洪承畴的字）先生，是个豪杰人物，当年松山一战，他以身殉国，震惊中外。我钦佩他的忠烈。我年纪虽然小，但是杀身报国，怎能落在他的后面。”

这番话把洪承畴说得啼笑皆非，满头是汗。旁边的兵士以为夏完淳真的不认识洪承畴，提醒他说：“别胡说，上面坐的就是洪大人。”

夏完淳“呸”了一声说：“洪先生为国牺牲，天下人谁不知道。崇祯帝曾经亲自设祭，满朝官员为他痛哭哀悼。你们这些叛徒，怎敢冒充先烈，污辱忠魂！”

说完，他指着洪承畴骂个不停。洪承畴被骂得脸色像死灰一样，不敢再审问下去，一拍惊堂木，喝令兵士把夏完淳拉出去。

公元1647年九月，这位年才十七岁的少年英雄在南京西市被害。他的朋友把他的尸体运回松江，葬在他父亲的墓旁。到现在，在松江城西，还留着夏允彝、夏完淳英雄父子的合墓。

252

郑成功收复台湾

隆武帝在福州建立政权之后，他手下大臣黄道周是个真心抗清的人，一心想帮助隆武帝出师北伐。但是掌握兵权的郑芝龙，只想保存自己的实力，不愿出兵。过了一年，清军进军福建的时候，派人向他劝降。郑芝龙贪图富贵，就抛弃了隆武帝，向清朝投降，隆武政权也灭亡了。

郑芝龙有个儿子叫郑成功（福建南安人），当时是个才二十二岁的青年将领。郑芝龙投降清朝的时候，郑成功苦苦劝阻他父亲。后来，他眼见父亲执迷不悟，气愤之下，就单独跑到南澳岛，招募了几千人马，坚决抗清。清王朝知道郑成功是个能干的将才，几次三番派人诱降，都被郑成功拒绝。清将又派他弟弟带了郑芝龙的信劝他投降。他弟弟说："你如果再不投降，只怕父亲的性命难保。"

郑成功坚决不动摇，写了一封回信，跟郑芝龙决绝。

郑成功兵力渐渐强大起来，在厦门建立了一支水师。他跟抗清将领张煌言联合起来，乘海船率领水军十七万人开进长江，分水陆两路进攻南京，一直打到南京城下。但是清军用假投降的手段欺骗他。郑成功中了清军的计，最后打了败仗，又退回厦门。

郑成功回到厦门，清军已经占领福建大部分地方，他们用封锁的办法，要福建、广东沿海百姓后撤四十里，断绝对郑军的供应，想困死郑成功。郑成功在那里招兵筹饷，都遇到困难，就决定向台湾发展。

台湾自古以来就是我国的领土。明朝末年，欧洲的荷兰人趁明王朝腐败无能，霸占了台湾的海岸，修建城堡，向台湾人民勒索苛捐杂税。台湾人民不断反抗，遭到了荷兰侵略军的镇压。

郑成功少年时期就跟随他父亲到过台湾，亲眼看到台湾人民遭受的苦难，早就想收复台湾。这一回，他下决心赶走侵略军，就下命令要他的将士修造船只，收集粮草，准备渡海。

恰好在这时候，有一个在荷兰军队里当过翻译的何廷斌，赶到厦门见郑成功，劝郑成功收复台湾。他说，台湾人民受侵略军欺侮压迫，早就想反抗了。只要大军一到，一定能够把敌人赶走。何廷斌还送给郑成功一张台湾地图，把荷兰侵略军的军事布置都告诉了郑成功。郑成功有了这个可靠的情报，进攻台湾的信心就更足了。

公元1661年三月，郑成功要他儿子郑经带领一部分军队留守厦门，自己亲率二万五千名将士，分乘几百艘战船，浩浩荡荡从金门出发。他们冒着风浪,越过台湾海峡,在澎湖休整几天,准备直取台湾。这时候,有些将士听说西洋人的大炮厉害,有点害怕。郑成功把自己乘坐的战船排在前面,鼓励将士说:“荷兰人的红毛火炮没什么可怕,你们只要跟着我的船前进就是。”

荷兰侵略军听说郑军要进攻台湾,十分惊慌。他们把军队集中在台湾(在今台湾东平地区)和赤嵌(在今台南地区)两座城堡,还在港口沉了好多破船,想阻挡郑成功的船队登岸。

郑成功叫何廷斌领航,利用海水涨潮的时机,驶进了鹿耳门,登上台湾岛。

台湾人民听到郑军来到,成群结队推着小车,提水端茶,迎接亲人。躲在城堡里的荷兰侵略军头目气急败坏地派了一百多个兵士冲来,郑成功一声号令,把敌军紧紧围住,杀了一个敌将,敌兵也溃散了。

侵略军又调动一艘最大的军舰“赫克托”号,张牙舞爪地开了过来,阻止郑军的船只继续登岸。郑成功沉着镇定,指挥他的六十艘战船把“赫克托”号围住。郑军的战船小,行动灵活。郑成功号令一下,六十多只战船一齐发炮,把“赫克托”号打中起了火。大火熊熊燃烧,把海面照得通红。“赫克托”号渐渐沉没下去,还有三艘荷兰船一看形势不妙,吓得掉头就逃。

荷兰侵略军遭到惨败,龟缩在两座城里不敢应战。他们一面偷偷派人到巴达维亚(今爪哇)去搬救兵,一面派使者到郑军大营求和,说只要郑军肯退出台湾,他们宁愿献上十万两白银慰劳。

郑成功扬起眉毛，威严地说："台湾本来是我国的领土，我们收回这地方，是理所当然的事。你们如果赖着不走，就把你们赶出去！"

郑成功喝退荷兰使者，派兵猛攻赤嵌。赤嵌的敌军还想顽抗，一时攻不下来。有个当地人给郑军出个主意说，赤嵌城的水都是从城外高地流下来的，只要切断水源，敌人就不战自乱。郑成功照这个办法做了，不出三天，赤嵌的荷兰人果然乖乖地投降。

盘踞台湾城的侵略军企图顽抗，等待救兵。郑成功决定采取长期围困的办法逼他们投降。在围困八个月之后，郑成功下令向台湾城发起强攻。荷兰侵略军走投无路，只好扯起白旗投降。公元1662年初，侵略军头目被迫到郑成功大营，在投降书上签了字后，灰溜溜地离开了台湾。

郑成功从荷兰侵略者手里收复了我国神圣领土台湾，成为我国历史上杰出的民族英雄。

253

李定国转战西南

隆武、鲁王两个南明政权先后覆灭之后，清军分三路向西南进攻，驻守在两广的明朝官员瞿式耜（音 sì）等在肇庆拥立桂王朱由榔即位，年号永历，历史上称他永历帝。

公元 1647 年十一月，明朝将领何腾蛟，依靠大顺军余部的力量，在全州大败清军；瞿式耜在桂林，也打退了清军的进攻。南明军声势大振。但是，由于桂王政权内部的不团结，湖广和广西又被清军占领。过了两年，何腾蛟在湘潭被俘杀害，瞿式耜也在桂林城被清兵攻陷后就义。在桂王政权面临覆灭的时刻，李定国领导的大西农民军，担负起抗清的重任，在西南一带又继续战斗了十多年。

李定国是张献忠手下四名勇将之一，又是他的义子，最大的是孙可望，李定国是老二。张献忠牺牲以后，留下五六万起义军由孙可望、李定国率领，南下贵州、云南。他们派人向永历帝建议，愿意和他们联合抗清。经过一番周折，永历帝看到形势危急，只好依靠大西军，封孙可望为秦王。

孙可望是个野心家，他把永历帝控制在手里，在贵阳作威作福，独断专横，不把抗清放在心里；李定国却一心抗清，他在云南花了一年时间，训练了三万精兵，加紧制造武器盔甲；他还找了一批驯象的人，组成一支象队。在做好准备之后，决定出兵进攻清军。

李定国领导的军队士气高涨，军纪严明。他们从云南、贵州一直打到湖南，连战连胜，收复了几座重镇，接着，又三路进攻桂林。驻守桂林的清军主帅孔有德几次派兵迎战，没有交战兵士就逃散了。孔有德不得不亲自带兵到严关，和明军对垒。李定国大军一到，前面是高大的象队，后面是雄赳赳的兵士。大象一上阵吼叫起来，清军的战马听到象吼，就吓得到处乱窜。那时，天忽然下起大雨，电闪雷鸣，象群趁势一冲，清兵大败，明军奋勇追击，杀得清军一败涂地。

孔有德急忙把兵士撤进桂林城，把城门关住。李定国把桂林城紧紧包围，日夜猛攻。孔有德亲自登城防守，明军的乱箭射去，正中孔有德的前额。这时候，他又得到城北山头已被李定国攻占的消息，就放起一把火，投到火里自杀了。

李定国攻进桂林，一面分兵继续肃清残敌，一面安定百姓，把逃到山里的南明官员接回城里。有一天，李定国在七星岩边摆了酒宴宴请官员，他跟官员们说：“现在的局势，就像南宋末年一样。你们不是敬佩文天祥、陆秀夫、张世杰诸公吗？他们的精忠浩气，固然是名留青史，但是我们尽忠国家,毕竟不希望有这样的结局啊。”

大家听了,都深深佩服李定国的豪迈气概。

永历帝得到捷报,封李定国为西宁王。接着李定国又带兵打下永州、衡阳、长沙,逼近岳州。清朝廷大为震惊,连忙派亲王尼堪带兵十万反攻长沙。李定国得到消息,知道敌人来势很猛,就主动从长沙撤出,却在退到衡阳的路上设下伏兵。尼堪亲自率兵追击,中了明军的埋伏,尼堪当场被砍死了。

李定国的胜利,引起秦王孙可望的妒忌,孙可望假意邀请李定国商量国事,想暗害李定国;李定国发现他的诡计,只好带兵离开湖南,回到云南。孙可望想提高自己的威望,亲自到湖南进攻清军,却打了个大败仗。

孙可望野心勃勃,想逼迫永历帝让位。他知道要达到这个目的,一定要除掉李定国,就亲自带兵十四万进攻云南。哪里想到,他手下的将士们恨透了他的分裂活动,在双方交战的时候,纷纷倒戈奔向李定国一边,孙军全部瓦解。孙可望狼狈逃回贵阳,又遭到留守贵阳的将士的反对。孙可望走投无路,就逃到长沙向清军投降。

南明政权经过孙可望叛乱,力量已经削弱。公元1658年,清兵由降将吴三桂、洪承畴等率领,分三路进攻云南、贵州。李定国分三路阻击,都遭到失败,不得不退回昆明。永历帝和他的几个亲信官员惊慌失措,逃往缅甸。

永历帝逃往缅甸后,李定国继续在云南边境上收集人马,打击清军,准备恢复。他接连十三次派人去接永历帝回国,永历帝都不敢回来。

公元1661年十二月，吴三桂带领十万清兵开进缅甸，逼迫缅甸交出永历帝，带回昆明。一到昆明，永历帝被吴三桂勒死，最后一个南明政权到这时候彻底灭亡。

李定国艰苦抗清十多年，没有实现他的愿望，他心情忧愤，终于得病死去。临死时候，他对他的儿子和部将说："宁可死在荒野，可不能投降啊！"

254

康熙帝平定三藩

南明最后一个政权灭亡的那年，顺治帝已经病死，他的儿子玄烨（音 yè）即位，这就是清圣祖，也叫康熙帝。

康熙帝八岁即位。按照顺治帝的遗诏，由四个满族大臣帮助他处理国家大事，叫做辅政大臣。四个辅政大臣中，有个叫鳌拜（鳌音 áo），仗着自己掌握兵权，又欺负康熙帝年幼，独断专横。别的大臣和他意见不合，就遭到排挤打击。

清王朝进关后，用强迫手段圈了农民大片土地，分给八旗贵族。鳌拜掌权以后，仗势扩大占地，还用差地强换别人的好地，遭到地方官的反对。鳌拜诬陷这些官员大逆不道，把反对他的三名地方官处死了。

康熙帝满十四岁的时候，亲自执政。这时候，另一个辅政大臣苏克萨哈和鳌拜发生争执。鳌拜怀恨在心，勾结同党诬告苏克萨哈犯了大罪，奏请康熙帝把苏克萨哈处死。康熙帝不肯批准。鳌拜在朝堂上跟康熙帝争了起来，后来竟揎（音 xuān）起袖子，拔出拳头，大吵大嚷。康熙帝非常生气，但是一想鳌拜势力不小，只好暂时忍耐，由他把苏克萨哈杀了。

打那以后，康熙帝决心除掉鳌拜。他派人物色了一批十几岁的贵族子弟担任侍卫，这些少年个个长得健壮有力。康熙帝把他们留在身边，天天练摔跤。

鳌拜进宫去，常常看到这些少年吵吵嚷嚷在御花园里摔跤，只当是孩子们闹着玩，一点不在意。

有一天，鳌拜接到康熙帝命令，要他单独进宫商量国事。鳌拜像平常一样大模大样进宫去。刚跨进内宫的门槛，忽然一群少年拥了上来，围住了鳌拜，有的拧胳膊，有的拖大腿。鳌拜虽然是武将出身，力气也大，可是这些少年人多，又都是练过摔跤的，鳌拜敌不过他们，一下子就被打翻在地。任凭他大声叫喊，也没有人搭救他。

鳌拜被抓进大牢，康熙帝马上要大臣调查鳌拜的罪行。大臣们认为，鳌拜专横跋扈，擅杀无辜，罪行累累，应该处死。康熙帝从宽发落，把鳌拜的官爵革了。

康熙帝用计除掉了鳌拜，朝廷上下都很高兴。一些原来比较骄横的大臣知道这个年轻皇帝的厉害，也不敢在他面前放肆。

康熙帝亲自执政后，大力整顿朝政，奖励生产，惩办贪污，使清王朝渐渐强盛起来。当时，南明政权虽然已经灭亡，但是南方有三个藩王却叫康熙帝十分担心。

这三个藩王本来是投降清朝的明军将领，一个是引清兵进关的吴三桂，一个叫尚可喜，一个叫耿仲明。因为他们帮助清朝消灭南明，镇压农民军，清王朝认为他们有功，封吴三桂为平西王，驻防云南、贵州；尚可喜为平南王，驻防广东；耿仲明为靖南王，驻防福建，合起来叫做“三藩”。

三藩之中，又数吴三桂最强。吴三桂当上藩王之后，十分骄横，不但掌握地方兵权，还控制财政，自派官吏，不把清朝廷放在眼里。

康熙帝知道要统一政令，三藩是很大的障碍，一定得找机会削弱他们的势力。正好尚可喜年老，想回辽东老家，上了一道奏章，要求让他儿子尚之信继承王位，留在广东。康熙帝批准尚可喜告老，但是不让他儿子接替平南王爵位。这一来，触动了吴三桂、耿精忠（耿仲明的孙子），他们想试探一下康熙帝的态度，假惺惺地主动提出撤除藩王爵位、回到北方的请求。

这些奏章送到朝廷，康熙帝召集朝臣商议。许多大臣认为吴三桂他们要求撤藩是假的，如果批准他们的请求，吴三桂一定会造反。

康熙帝果断地说：“吴三桂早有野心。撤藩，他要反；不撤，他迟早也要反。不如来个先发制人。”接着，就下诏答复吴三桂，同意他撤藩。诏令一下，吴三桂果然暴跳如雷。他自以为是清朝开国老臣，现在年纪轻轻的皇帝居然撤他的权，就非反不可了。

公元1673年，吴三桂在云南起兵。为了笼络民心，他脱下清朝藩王的穿戴，换上明朝将军的盔甲，在永历帝的墓前假惺惺地痛哭一番，说是要替明王朝报仇雪恨。但是，人们都记得很清楚，把清兵请进中原来的是吴三桂；最后杀死永历帝的，还是吴三桂。现在他居然打起恢复明朝的旗号来，还能欺骗谁呢？

吴三桂在西南一带势力大，一开始，叛军打得很顺利，一直打到湖南。他又派人跟广东的尚之信和福建的耿精忠联系，约他们一起叛变。这两个藩王有吴三桂撑腰，也反了。历史上把这件事称作“三藩之乱”。

三藩一乱，整个南方都被叛军占领。康熙帝并没有被他们吓倒，一面调兵遣将，集中兵力讨伐吴三桂；一面停止撤销尚之信、耿精忠的藩王称号，把他们稳住。尚之信、耿精忠一看形势对吴三桂不利，又投降了。

吴三桂开始打了一些胜仗，后来清兵越来越多，越打越强，吴三桂的力量渐渐削弱，处境十分孤立。经过八年战争，他自己知道支撑不下去，连悔带恨，生了一场大病断了气。

公元1681年，清军分三路攻进云南昆明，吴三桂的孙子吴世璠自杀。清军最后平定了叛乱势力，统一了南方。

但是，正在朝廷庆祝平定叛乱胜利的时候，在我国东北边境又传来沙皇俄国侵犯边境的消息，这就使康熙帝不得不把注意力放到北方边境上面去。

255

雅克萨的胜利

沙皇俄国是怎样侵略我国东北的呢？原来在明朝末年，清朝正忙着进关，把北方边境的防备放松了。沙皇俄国趁机向我国黑龙江地区进犯。他们在我国掠夺财物，杀害人民，遭到我国各族居民的反抗。清朝进关后，派兵打击沙俄侵略军，收复了被俄国占领的黑龙江北岸的雅克萨（在今黑龙江呼玛西北，漠河以东的黑龙江北岸）。

当康熙帝为了平定三藩，把大批兵力调到西南去的时候，有个俄国逃犯带了八十四名匪徒窜到我国雅克萨，在那里筑起堡垒，四出抢掠。他们把抢来的貂皮献给沙皇。沙皇不但赦免了逃犯的罪，还派他当了雅克萨长官，想永远霸占我国土地。

康熙帝刚刚平定了三藩之乱，听到东北边境遭到侵犯，怎么不气愤？为了弄清敌情，他亲自到盛京，一面派将军彭春、郎谈借打猎为名到边境侦察;一面要当地官员修造战船,建立城堡,准备征讨敌人。

康熙帝作好一切准备之后,派人送信给雅克萨的俄军头目,命令他趁早退出雅克萨。沙俄军不但不肯退出,反而向雅克萨增兵,跟清朝对抗。眼看和平解决已经不可能了,康熙帝就发布进军的命令。

公元 1685 年,康熙帝派彭春为都统,率领陆军水军一万五千人,浩浩荡荡开到雅克萨城下,把雅克萨围了起来。

沙俄军队经过几年的准备,把城堡修得十分牢固。彭春观察了地形之后,在城南筑起土山,让兵士站在土山上往城里放弩箭。城里的俄军以为清兵要在城南进攻,就把兵力拉到城南。哪儿知道清军却在城北隐蔽地方放了火炮,乘城北敌人防守空虚,突然轰起炮来。炮弹在城头呼啸着飞向城里,敌人的城楼被炮弹击中了,熊熊燃烧起来。

天色渐渐发白,清军又在城下堆起柴草,准备放火烧城。俄军头目这才吓慌了神,在城头上扯起白旗投降。

按照康熙帝的事前嘱咐,彭春把投降的俄军全部释放,勒令他们撤回本土。俄军头目托尔布津哭丧着脸,带着残兵败将走了。

俄军撤走后,彭春命令兵士把雅克萨城堡全部拆毁,让百姓耕种;接着,带着军队回到瑷珲城。

但是,遭到惨败的俄军头目并没有死心,他们打听到清军撤出的消息,过了不久,又带兵溜回雅克萨,把城堡修筑得更加坚固。

边境的警报传到了北京,康熙帝决定把侵略军彻底消灭。第二年夏天，黑龙江将军萨布素再一次进军雅克萨。清军将士想到从他们手里放走的敌人又来了，恨不得马上把他们消灭。这一次，清军的炮火更加猛烈，俄兵几次出城反扑，都被清军打了回去。守城头目托尔布津中弹死去；留下一批侵略军不得不躲到地窖里，但是没几天，病的病，死的死，最后只剩下了一百五十个人。

沙俄政府慌忙派使者赶到北京，要求谈判。康熙帝才下令停止攻城。

公元1689年，中国政府派出代表索额图，沙俄政府也派出戈洛文做代表，在尼布楚举行和谈，划分了两国边界，肯定了黑龙江和乌苏里江流域的广大地区都是中国领土。这就是《尼布楚条约》。

256

三征噶尔丹

沙俄政府在雅克萨失败以后，并不甘心，就在尼布楚条约签订的第二年，又唆使准噶尔部（蒙古族的一支）的首领噶尔丹进攻漠北蒙古。

那时候，蒙古族分为漠南蒙古、漠北蒙古和漠西蒙古三个部分。除了漠南蒙古早已归属清朝外，其他两部也都臣服了清朝。准噶尔是漠西蒙古的一支，本来在伊犁一带过游牧生活。自从噶尔丹统治准噶尔部以后，他野心勃勃，先兼并了漠西蒙古的其他部落，又向东进攻漠北蒙古。漠北蒙古抵抗一阵失败了，几十万的漠北蒙古人逃到漠南，请求清朝政府保护。康熙帝派使者到噶尔丹那里，叫他把侵占的地方还给漠北蒙古。噶尔丹自以为有沙俄撑腰，十分骄横，不但不肯退兵，还以追击漠北蒙古为名，大举进犯漠南。

康熙帝召集大臣宣布他决定亲征噶尔丹。他认为噶尔丹气势汹汹，野心不小，既然打进来，非反击不可。公元1690年，康熙帝分兵两路：左路由抚远大将军福全率领，出古北口；右路由安北大将军常宁率领，出喜峰口，康熙帝亲自带兵在后面指挥。

右路清军先接触噶尔丹军，打了败仗。噶尔丹长驱直入，一直打到离开北京只有七百里的乌兰布通（今内蒙古赤峰克什克腾旗）。噶尔丹得意扬扬，还派使者向清军要求交出他们的仇人。

康熙帝命令福全反击。噶尔丹把几万骑兵集中在大红山下，后面有树林掩护，前面又有河流阻挡。他把上万只骆驼，缚住四脚躺在地上，驼背上加上箱子，用湿毡毯裹住，摆成长长的一个驼城。叛军就在那箱垛中间射箭放枪，阻止清军进攻。

清军用火炮火枪对准驼城的一段集中轰击，炮声隆隆，响得震天动地。驼城被打开了缺口。清军的步兵骑兵一起冲杀过去，福全又派兵绕出山后夹击，把叛军杀得七零八落，纷纷丢了营寨逃走。

噶尔丹一看形势不利，赶快派个喇嘛到清营求和。福全一面停止追击，一面派人向康熙帝请示。康熙帝下令说："快进军追击！别中了贼人的诡计。"果然，噶尔丹求和只是缓兵之计，等清军奉命追击的时候，噶尔丹已经带了残兵逃到漠北去了。

噶尔丹回到漠北，表面向清朝政府表示屈服，暗地里重新招兵买马。公元1694年，康熙帝约噶尔丹会见，订立盟约。噶尔丹不但不来，还暗地派人到漠南煽动叛乱。他扬言他们已经向沙俄政府借到鸟枪兵六万，将大举进攻。内蒙古各部亲王纷纷向康熙帝告发。

公元1696年，康熙帝第二次亲征，分三路出击：黑龙江将军萨布素从东路进兵；大将军费扬古率陕西、甘肃的兵，从西路出兵，截击噶尔丹的后路；康熙帝亲自带中路军，从独石口出发。三路大军约定时期夹攻。

康熙帝的中路军到了科图，遇到了敌军前锋，但东西两路还没有到达，这时候，有人传说沙俄将要出兵帮助噶尔丹。随行的一些大臣就有点害怕起来，劝康熙帝班师回北京。康熙帝气愤地说："我这次出征，没有见到叛贼就退兵，怎么向天下人交代；再说，我中路一退，叛军全力对付西路，西路不是危险了吗？"

当下，康熙帝决定继续进兵克鲁伦河，并且派使者去见噶尔丹，告诉他康熙帝亲征的消息。噶尔丹在山头一望，见到康熙帝黄旗飘扬，军容整齐，连夜拔营撤退。

康熙帝一面派兵追击，一面赶快通知西路军大将费扬古，要他们在半路上截击。

噶尔丹带兵奔走了五天五夜，到了昭莫多（在今蒙古人民共和国乌兰巴托东南）正好遇到费扬古军。昭莫多原是一座大树林，前面有一个开阔地带，历来是漠北的战场。费扬古按照康熙帝的部署，在小山的树林茂密地方设下埋伏，先派先锋四百人诱战，边战边退，把叛军引到预先埋伏的地方，清军先下马步战，听到号角声起，就一跃上马，占据了山顶。叛军向山顶进攻，清军从山顶放箭发枪，展开了一场激战。费扬古又派出一支人马在山下袭击叛军辎重，前后夹击。叛军死的死，降的降。最后，噶尔丹只带了几十名骑兵脱逃。

经过两次大战，噶尔丹叛乱集团土崩瓦解，康熙帝要噶尔丹投降，但是噶尔丹继续顽抗。隔了一年，康熙帝又带兵渡过黄河亲征。这时候，噶尔丹原来的根据地伊犁已经被他侄儿策妄阿那布坦占领；他的左右亲信听说清军来到，也纷纷投降，愿意做清军的向导。噶尔丹走投无路，就服毒自杀。

打那以后，清政府重新控制了阿尔泰山以东的漠北蒙古，给当地蒙古贵族各种封号和官职。清政府又在乌里雅苏台设立将军，统辖漠北蒙古。

后来，噶尔丹的侄儿策妄阿那布坦攻占西藏。公元1720年，康熙帝又派兵远征西藏，驱逐了策妄阿那布坦，护送达赖喇嘛六世进藏。以后，清政府又在拉萨设置驻藏大臣，代表中央政府同达赖、班禅共同管理西藏。

257

顾炎武著书立说

自从平定三藩之乱以后，清王朝在全国的统治稳定下来了。但是，还有一点叫康熙帝不大放心，这就是怕有些明朝留下来的文人心里不服。于是，他采用一个办法开“博学鸿词科”，命令各地官员和朝廷大臣，把有学问的文人推荐给朝廷，马上封他做官。这一招果然很灵，不少全国著名的学者、文人应召到京城，做起官来了。

但是也有一些学者认为，他们是明朝的臣民，到清朝做官是丧失气节的事。他们宁愿冒杀头的危险，也不肯应召。其中有一个是著名的思想家顾炎武，有人想推荐他应博学鸿词科，他写信回答说：“我这个七十岁的老翁还巴望个什么？欠缺的就是一死，如果一定要逼我应召，我只能一死了事。”

顾炎武是江苏昆山人，出身江南大族，他的祖父是个很有见识的人，认为读书一定要研究实际。顾炎武受祖父影响，从小喜欢读《资治通鉴》、《史记》和孙吴兵法等书，十分关心时事。后来参加科举，没有考中，就干脆下决心放弃科举，通读历代历史典籍，研究全国各地的地方志和历代名人奏章，开始编写一本重要的历史地理著作《天下郡国利病书》。

正当他用心治学的时候，明朝灭亡，清兵南下，江南各地人民都组织抗清斗争，顾炎武和他的两位好友也参加了保卫昆山的战斗。昆山军民跟清军激战二十一天后，因为兵力悬殊，终于失败。昆山城陷落的时候，顾炎武的生母被清兵斫断了右臂；抚养他成长的婶母（也是他的继母），听到清兵攻破常熟，就绝食自杀，临死时嘱咐顾炎武说："我虽然是个女子，以身殉国也是理所应当的。希望你不要做清朝的臣子，我死后也可以闭上眼睛了。"

顾炎武痛哭一场，葬了他的继母，离开了他的家乡。他想渡海去投奔鲁王，还没有去成，鲁王政权已经覆灭了。顾炎武隐姓改名，在长江南北一带奔走，想组织一支抗清义军，但毕竟势孤力单，没能成功。

当时，沿海和太湖一带还有零星的抗清活动，清朝官府防备很严，发现有什么抗清嫌疑的人，就要加上"通海"的罪名，关进监狱。昆山有个官僚地主叶方恒，想吞没顾炎武家的田地，买通顾家的仆人，诬告顾炎武通海。叶方恒还把顾炎武抓起来，私设公堂，逼他自杀。

顾炎武一些朋友为了搭救他，去找在清朝做官的钱谦益帮忙。钱谦益本来是南明弘光政权的礼部尚书，又是个出名的文学家，清兵下江南的时候，他投降了清朝，名声不好。钱谦益表示，只要顾炎武承认是他的学生，他愿意保顾炎武出狱。那位朋友知道顾炎武不肯那样做，就自作主张，假造了一张顾炎武的名帖，送给钱谦益求助。

这件事让顾炎武知道了，直怪那朋友多事，非要把名帖讨还不可。朋友不肯讨还，他索性在大街上贴告白，声明那张名帖是假的，弄得钱谦益十分尴尬。

经过朋友们的奔走，顾炎武才被释放出来。叶方恒还不肯罢休，派人追踪他。有一天，顾炎武在南京太平门外经过，遭到暴徒袭击，头部受了重伤，幸亏有好心人救护，才脱离危险。顾炎武知道，在江南他是呆不下去了，决心到北方去游历。

顾炎武到北方去，一来想考察各地的地理形势，风俗民情；二来也想找机会结交一些志同道合的朋友，进行抗清活动。他在那长途跋涉的艰苦环境里，并没有放弃学术研究。一路上，他用两匹马、四头骡子，驮着他的书箱。遇到关塞险要的地方，他就访问当地的退伍老兵，了解那里的风土人情，如果跟他在书本上读到的不一样，就拿出书本核对，这样他的知识就更丰富了。

顾炎武从四十五岁起，用了二十多年时间，在山东、山西、河北、江南来回奔走，每年差不多有一半时间住在旅店里。他还曾经和朋友一起，在雁北开垦荒地。到了晚年，才在陕西华阴定居下来。

顾炎武从小读书有个习惯，有一点心得就记下来，后来如果发现错误，又随时修改；发现跟古人议论重复的，就删掉。这样日积月累，再加上他从调查访问得到的材料，编成一本涉及政治、经济、史地、文艺等内容极其广泛的书，叫做《日知录》。这书被公认为是极有学术价值的著作。在《日知录》里，他写了一段精辟的话，他认为社会的道德风气败坏，就是亡天下，为了保天下不亡，每一个地位低微的普通人，都应负起责任（原文是“保天下者，匹夫之贱，与有责焉耳矣！”“天下兴亡，匹夫有责”这句名言就是这样来的）。

跟顾炎武同时代的思想家，还有王夫之、黄宗羲，都是参加过抗清斗争，始终不愿应召到清朝做官的。他们在学术上都有很大成就，历史上把他们合称为清初三先生。

258

文字狱

清朝统治者对明朝留下来的文人，一面采取招抚办法，一面对不服统治的，采取了严厉的镇压手段。就在康熙帝即位的第二年，有官员告发，浙江湖州有个文人庄廷鑨(鑨，音 lóng)，私自召集文人编辑《明史》，里面有攻击清朝统治者的语句，还使用南明的年号。这时候，庄廷鑨已死去，朝廷下令，把庄廷鑨开棺戮尸，他的儿子和写序言的、卖书的、刻字的、印刷的以及当地官吏，被处死的处死，充军的充军。这个案件，一共株连到七十多人。

公元 1711 年，又有人告发，在翰林官戴名世的文集里，对南明政权表示同情态度，又用了南明的永历帝的年号，就下令把戴名世打进大牢，判了死刑。这个案件牵连到他的亲友和刻印他文集的，又有三百多人。

因为这些案件完全是由写文章引起的，就管它叫“文字狱”。

康熙帝做了六十一年皇帝，老死了。他的第四个儿子胤禛（音 yìn zhēn）即位，这就是清世宗，又叫雍正帝。雍正帝是一个残暴成性、猜忌心又很重的人。在他的统治下，文字狱也更多更严重。最出名的是吕留良事件。

吕留良也是一个著名学者。明朝灭亡以后，他参加反清斗争没有成功，就在家里收学生教书。有人推荐他应博学鸿词科，他坚决拒绝了。官员劝他不听，威胁他也没用，后来他索性跑到寺院里，剃光了头当和尚。官员们也拿他没办法。

吕留良当了和尚之后，躲在寺院里著书立说。书里面有反对清朝统治的内容。幸好书写成了，没有流传开去，吕留良死了，更没被人注意。

有个湖南人曾静，偶然见到吕留良的文章，对吕留良的学问十分敬佩，就派了个学生张熙，从湖南跑到吕留良的老家浙江去打听他遗留下来的文稿。

张熙一到浙江，不但打听到文稿的下落，还找到吕留良的两个学生。张熙跟他们一谈，很合得来。他向曾静汇报后，曾静也约两人见了面，四个人议论起清朝统治，都十分愤慨。大家就秘密商量，怎么想办法推翻清王朝。

他们懂得，光靠几个读书人办不了大事。后来，曾静打听到担任陕甘总督的汉族大臣岳钟琪，掌握很大兵权，因为讨伐边境叛乱的时候立了战功，受到雍正帝重用。他想，要是能劝说岳钟琪反清，成功就大有希望。

曾静写了一封信，派张熙去找岳钟琪。岳钟琪接见张熙，拆看来信，见是劝说他反清的，大吃一惊，问张熙说：“你是哪里来的，胆敢送这样大逆不道的信。”

张熙面不改色说：“将军跟清人是世仇，您难道不想报仇？”

岳钟琪说：“这话从哪儿说起？”

张熙说：“将军姓岳，是南宋岳忠武王（就是岳飞）的后代，现在的清朝皇帝的祖先是金人。岳王当年被金人勾结秦桧害死，千古称冤。现在将军手里有的是人马，正是替岳王报仇的好机会呢。”

岳钟琪听了，马上翻了脸，吆喝一声，把张熙打进牢监，并且要当地官吏审问张熙，追查他是什么人指使的。

张熙受尽种种酷刑，就是不招，说：“你们要杀要剐都可以，要问指使人，没有！”

岳钟琪心想，这个张熙是个硬汉，光使硬的治不了他，就另想一个软的办法。第二天，他把张熙从牢里放出来，秘密接见了他。岳钟琪假惺惺说：昨天的审问，不过是试探，他听了张熙的话，十分感动，决心起兵反清，希望张熙帮他出主意。

张熙开始不相信，禁不住岳钟琪装得郑重其事，还真的赌神罚咒，才相信了他。两人商谈了几天，渐渐热络起来。张熙无话不谈，把他老师曾静怎样交代的话都抖了出来。

岳钟琪哄得了张熙提供的情况，一面派人到湖南捉拿曾静，一面立刻写了一份奏章，把曾静、张熙怎样图谋造反的情节，一五一十报告了雍正帝。

雍正帝接到报告，又气又急，立刻下命令把曾静、张熙解送到北京，严刑审问。这时候，张熙才知道上了岳钟琪的大当，要不招也不中用了。雍正帝再一查，知道曾静还跟吕留良的两个学生有来往。

这样，案子就牵连到吕留良家。吕留良已经死了，雍正把吕留良的坟刨了，棺材劈了，还不解恨，又把吕留良的后代和他的两个学生满门抄斩。还有不少相信吕留良的读书人也受到株连，被罚到边远地区充军。

像这样的案子还是真由反对朝廷的活动引起的。另外有不少文字狱，完全是牵强附会，挑剔文字过错，甚至为了一句诗、一个字也惹出大祸。有一次，翰林官徐骏在奏章里，把“陛下”的“陛”字错写成“狴”（音 bì）字，雍正帝见了，马上把徐骏革职。后来再派人一查，在徐骏的诗集里找出了两句诗：“清风不识字，何事乱翻书？”挑剔说这“清风”就是指清朝，这一来，徐骏犯了诽谤朝廷的罪，把性命也送掉了。

259

乾隆帝禁书修书

清王朝统一中国后，经过康熙、雍正两朝的经营，经济有了很大发展。到雍正帝儿子清高宗弘历（也叫乾隆帝）在位的时候，国力强盛，财政富裕。清朝初期的文治武功（也就是文化和武力的统治），在这个时期都达到鼎盛的程度。

公元 1757 年，原来已归服清朝廷的准噶尔贵族阿睦尔撒纳发动叛乱。乾隆帝派兵两路，进攻伊犁，平定了叛乱。准噶尔平定以后，原来被准噶尔俘虏的维吾尔族首领大和卓木（又名布那敦）、小和卓木（又名霍集占）兄弟逃回新疆天山南路，起兵反清。乾隆帝又派兵征讨。大小和卓木在当地残酷压迫人民，遭到维吾尔族人民的痛恨，纷纷起来支持清军。清军顺利地平定了大小和卓木的叛乱。公元 1762 年，清朝在新疆设置伊犁将军，加强对天山南北的管理。

乾隆帝跟他祖父、父亲一样，除了武功之外，还十分重视文治。他一面继续开博学鸿词科，招收文人学者，编写各种书籍；一面又大兴文字狱，镇压有反清嫌疑的文人。乾隆时期文字狱之多，大大超过了康熙、雍正两朝。

但是，乾隆帝懂得，光靠文字狱来实行文化统治是不彻底的。还有成千上万的书籍，贮藏在民间。如果里面有不利他们统治的内容，该用什么办法来解决呢？

他终于想出一个办法，就是集中全国的藏书，来编辑一部规模空前巨大的丛书。这样做一来可以进一步笼络大批知识分子，显示皇帝重视文化；二来借这个机会把民间藏书统统审查一下。可说是一举两得。

公元 1773 年，乾隆帝正式下令开设四库全书馆。派了一些皇室亲王和大学士担任总裁，那些皇亲国戚大多是挂个名、起监督作用的。真正担任编纂官的都是当时一些有名的学者，像戴震、姚鼐（音 nài）、纪昀（音 yún）等人。那套丛书名称就叫做《四库全书》。

我国古代常把图书分成经、史、子、集四个大类：经部，包括历来儒家的经典著作（像《诗经》、《论语》、《孟子》等）和研究文字音韵的书；史部，包括各种历史、地理、传记等书；子部，包括古代诸子百家学说和科技著作，像农学、医学、天文、历法、算法、艺术等；集部，包括文学的总集和专集等。按照四大类集中贮藏起来就叫做“四库”。

要编一套规模巨大的丛书，先得把书籍收集起来。乾隆帝下了命令，叫各省官员搜集、收购各种图书上缴，并且定出了奖励办法，要私人进献图书，进献越多，奖励越大。

这道命令一下，各地图书果然源源不绝送到北京，只隔二年，就有二万多种，再加上宫廷内部原来的大量图书，数量就很可观了。

书收集起来了，乾隆帝就下令四库全书馆的编纂官员对图书认真检查。凡是有“违碍”（对清统治者不利）字句的，一概销毁。一查下来，发现在明朝后期的大臣奏章里，提到清皇族的上代，不那么尊重，譬如他们的上代就接受过明朝的官职和封号，这在乾隆帝看来是很不体面的；于是就下令把这类图书一概烧毁。至于像吕留良、黄道周等抗清文人的著作，那就更不用说了。后来再一查，在宋朝人的著作中，也有许多反对辽、金、元朝的内容，这种内容很容易使人联想到反对清王朝，也该销毁，或者销毁一部分。还有一个办法，就是发现这类字句，就随时删改涂抹，这样，书虽然被保存下来，但是已经弄得面目全非。为了这件事，乾隆帝可说是绞尽脑汁。据不完全统计，在编《四库全书》的同时，被查禁烧毁的图书也有三千种之多。

但是不管乾隆帝的动机怎样，这部规模巨大的《四库全书》到底编出来了，而且保存下来了。编纂《四库全书》的学者们对大批图书进行编辑、校勘、抄写，足足花了十年工夫，到公元1782年正式完成，共收图书三千五百零三种，七万九千三百三十七卷。当时把全书抄了七部，分别贮藏在皇宫、圆明园、热河行宫（今河北承德）、奉天（今沈阳）、杭州、镇江、扬州（其中三部后来在战争中被烧毁了）。这对后代人研究我国古代的丰富的文化遗产，毕竟是一项重大的贡献。至于查禁销毁一批书，当然对我国文化造成了损失，但是这种查禁也不可能彻底。当时就有不少爱护文物的人，冒着坐牢杀头的危险，把许多有价值的书藏了起来。到了清朝末年，就有不少被禁的书陆续出现了。

260

曹雪芹写《红楼梦》

乾隆帝连年用兵，军费花费很大；他又六次巡游江南，搞得十分铺张浪费。加上下面的官吏贪污浪费成风，弄得国家渐渐地衰弱下来。

就在这个时期，在京城流传着一本小说，叫《红楼梦》。开始，人们还弄不清作者是谁，后来经过研究，才知道写书的作者叫曹雪芹。

曹雪芹原来是一个贵族家庭的子弟。他的曾祖曹玺（音 xǐ）曾经得到康熙帝的宠信，被派到南方当江宁织造。江宁是南方富裕的地方，织造是专替皇族办服装的，是个攒钱的差使。曹玺死后，曹雪芹的祖父曹寅、父亲曹頫（音 fǔ）接替了这个差使，一家三代前后做了六七十年织造官，不用说家产越来越富，成了一个豪门。

雍正帝即位后，因为皇室内部的纠纷，牵连到曹家，雍正帝认为曹家反对过他，不但革了曹頫的职，还下令查抄了他们的家。那时候，曹雪芹是个十岁的孩子，已经懂事，看到家庭遭到这样大的灾难，幼小的心灵受到很大打击。

父亲丢了官，在江宁呆不下去，只好回到北京老家，生活越来越穷，家庭的灾难又接二连三发生。到后来，父亲曹頫也死了。曹雪芹的生活更加困难，他只好搬到北京西郊，在几间简陋的屋子里读书。有时候，连粮食也不够吃，只好喝点薄粥充饥。

曹雪芹住在郊外，环境变了，接触了一些穷苦百姓，再想起小时候家里的豪华生活，免不了产生许多感触。后来，他决心根据他的亲身体验写出一部反映当时社会生活的小说，这就是《红楼梦》。

曹雪芹在《红楼梦》里，写了一个贵族大家庭贾家从兴盛到衰落的故事。在那个贵族家庭里，大多是一些挥霍享受，专讲吃喝玩乐，放债收租的寄生虫。有些人表面上道貌岸然，内心肮脏刻薄。小说的主人公，贾家的公子贾宝玉和他的表妹林黛玉是一对嫌恶贵族习气、反对封建礼教的青年。在那个环境里，他们想摆脱旧礼教的束缚，也没有出路。结果林黛玉受尽歧视，害病死去；贾宝玉离家出走；而那个贵族大家庭，在享尽荣华富贵之后，也像腐朽的大厦一样，呼啦啦地倒塌了。

曹雪芹用十分深切同情的笔调写了这一对青年男女和一些受压迫凌辱的婢女，又满怀气愤揭露了封建统治阶级的腐朽和罪恶。在《红楼梦》里，有一段“护官符”的故事，就是专门揭露这些官僚和豪门怎样勾结起来欺压百姓的。

小说里的贾府有一门亲戚薛家。薛家的公子薛蟠,因为跟别人争夺一个婢女,行凶打死了人。被害人的仆人告到应天府,知府贾雨村正想派公差到薛家去捉拿凶犯,他的随身仆人暗示他别这样做。退堂以后,贾雨村把仆人留下,问他为什么阻止他捉拿凶犯。那仆人从袋里拿出一张纸,上面抄着民间流传很广的一首叫做《护官符》的歌谣:

贾不假,白玉为堂金作马。
阿房宫,三百里,住不下金陵一个史。
东海缺少白玉床,龙王来请金陵王。
丰年好大雪,珍珠如土金如铁。

贾雨村看不懂。经仆人一解说,才知道南京地方,有四家豪门大族:贾家是皇亲国戚,史家和王家都是金陵(就是南京)的大官僚;"雪"和"薛"同音,指当地一家富商薛家。这四家结成亲戚,互相勾结,势力大得没法说。当官的要想护住自己的官职,就不能得罪这四家豪门。仆人提醒贾雨村说,这次杀人的凶犯正是薛家公子,要是触犯了他们,不但要丢掉官职,只怕性命难保。

贾雨村听了仆人的话,吓了一大跳,马上打消了捉拿凶犯的念头,还按照仆人献的计,把杀人的凶犯说成是急病死去。一桩人命案,就这样稀里糊涂地了结。

曹雪芹花了十年时间,在北京西郊写这部小说,辛劳和疾病把他折磨得十分衰弱。当他写完八十回的时候,他的一个心爱的孩子得病夭折。曹雪芹受不了这个打击,终于放下了他没有完成的著作，离开了人世。

曹雪芹死后，他的小说稿本经过朋友们传抄，渐渐流传开来。许多人读了这本小说，又是赞赏，又是感动。但是对这样杰出的著作没有全部完成，总觉得是一件太可惜的事。后来，又有一个文学家高鹗（音 è），续写了四十回，使《红楼梦》成了一部结构完整的小说。

小说《红楼梦》经过一再传抄、翻印，越传越广。一直到现代，大家公认它是我国古代最杰出的长篇小说。人们不但欣赏它的高超的艺术成就，而且还从那里了解到我国封建社会快要没落的历史和社会状况。直到现在，从国内到世界各国，都有许多学者研究、考证这部伟大著作，人们把这门学问称作“红学”。

261

大贪官和珅

乾隆帝做了六十年皇帝，在文治武功方面，取得了胜利。他志满意得，骄傲起来，把自己称作“十全老人”。他越来越喜欢听颂扬的话，于是，就有人用讨好奉承的手段取得他的宠信，掌握了大权。

有一次，乾隆帝准备出外巡视，叫侍从官员准备仪仗。官员一下子找不到仪仗用的黄盖。急得不知怎么才好。乾隆帝十分恼火，问：“这是谁干的好事？”

官员们听到皇帝责问，吓得张口结舌。有一个青年校尉在旁从容不迫地说：“管事的人不能推卸责任。”

乾隆帝侧过脸一看，那个校尉眉目清秀，态度镇静，乾隆帝心里高兴，把追问黄盖的事也忘了，问他叫什么名字。那青年校尉回答，名叫和珅（音 shēn）。乾隆帝又问他的家庭情况，读过哪些书，和珅也无不对答如流。

乾隆帝十分赞赏和珅，马上宣布他总管仪仗，以后又派他当御前侍卫。和珅是个非常伶俐的人，乾隆帝要什么，他件件都办得十分称心；乾隆帝爱听好话，和珅就尽说顺耳的。日子一久，乾隆帝把和珅当作亲信，和珅也步步高升。不出十年，从一个侍卫提升到了大学士。后来，乾隆帝还把他女儿和孝公主嫁给和珅的儿子。和珅跟皇帝攀上了亲家，那权势更别提有多大了。再加上乾隆帝年老力衰，朝政大事，就自然落在和珅手里。

和珅掌了大权，别的大事他没心思管，却一味搜刮财富。他不但接受贿赂，而且公开勒索；不但暗中贪污，而且明里掠夺。地方官员献给皇帝的贡品，都要经过和珅的手。和珅先挑最精致希罕的留给自己，挑剩下来再送到宫里去。好在乾隆帝不查问，别人也不敢告发，他的贪心就越来越大了。

有一回，有个大臣叫孙士毅，从南方回到北京，准备朝见乾隆帝，正巧在宫门口遇到了和珅。和珅一见孙士毅手里拿着一只盒子，就问："你手里是什么东西？"

孙士毅说："没什么，是一只鼻烟壶。"

和珅走上前去，不客气地把盒子抓在手里。打开一看，那只鼻烟壶竟是用一颗大珠子雕刻出来的。和珅拿在手时，看了又看，嘴里连声啧啧称赞，涎（音 xián）皮赖脸地说："好宝贝！就送给我，怎么样？"

孙士毅慌忙说："哎，不行了。这件宝贝是准备献给皇上的，昨天已经奏明皇上了。"

和珅脸色一沉，把珠壶往孙士毅手里一塞，冷笑着说：

“我不过跟你开个玩笑，何必那样寒酸相！”

孙士毅把那只珠壶献给了乾隆帝。过了几天，他又跟和珅碰在一起，只见和珅得意扬扬地说：“我昨天也弄到一件宝贝，您看看，能不能跟您上次进贡的那只比？”

孙士毅走过去一看，原来就是他献给乾隆帝的那只珠壶。孙士毅嘴里随口应付了几句，心里想，这件宝贝怎么会落到和珅手里，一定是乾隆帝赏给他了。后来，他偷偷打听，才知道和珅是买通太监从宫里偷出来的。

和珅利用他的地位权力，千方百计搜刮财富，一些朝臣和地方官员，知道他的脾气，就尽量搜刮珍贵的珠宝去讨好和珅。大官压小吏，小吏又向百姓层层压榨，百姓的日子自然越来越难过了。

乾隆帝在做满六十年皇帝后，传位给了太子颙琰（音yóng yǎn），颙琰即位，就是清仁宗，又叫嘉庆帝。

嘉庆帝早知道和珅贪赃枉法的情况。过了三年，乾隆帝一死，嘉庆帝马上把和珅逮捕起来，叫他自杀；并且派官员查抄和珅的家产。

和珅的豪富，本来是出了名的，但是抄家的结果，还是让大家大吃一惊。长长的一张抄家清单里，记载着金银财宝，绫罗绸缎，希奇古董，多得数都数不清，粗粗估算一下，大约值白银八亿两之多，抵得上朝廷十年的收入。后来听说，那查抄出来的大批财宝，都让嘉庆帝派人运到宫里去了。于是，民间就有人编了两句顺口溜讽刺说：“和珅跌倒，嘉庆吃饱。”

262

女英雄王聪儿

和珅掌权的时候，清王朝十分腐败，地方官吏贪污横行，百姓怨声载道。当时，在湖北、河南一带，白莲教又盛行起来。有个安徽人刘松，到河南传教，利用给百姓治病的机会，劝人入教，后来被官府发现，流放到甘肃去。

刘松的徒弟刘之协和宋之清逃到湖北，继续传教。他们宣传说，清朝快要灭亡，将来会出现新的世界，入教的人都可以分到土地。当地的贫苦农民受够地主剥削的苦，渴望得到土地，听了这个宣传，纷纷参加了白莲教。

参加白莲教的人越来越多的消息，惊动了乾隆帝。乾隆帝命令各省官府捉拿教徒。一些官吏本来是敲诈勒索的老手，趁机派出差役，挨家挨户地查问，不管你是不是教徒，都得拿出一笔钱来“孝敬”他们。有钱的出钱买命，没钱的穷人就被抓到监狱里拷打，甚至送了命。武昌有个官员向百姓敲诈勒索不成，罗织罪状，受到株连的有几千人。不论教徒或没入教的，都被迫害得家破人亡，对官府更加切齿痛恨。

白莲教首领刘之协到了襄阳，召集教徒开会商量。大家道："这个世道，真是官逼民反了！不如索性造反吧。"经过一番商议，决定用"官逼民反"的口号，发动群众起义，并且派出教徒分头到各地去联络。

公元1796年，也就在嘉庆帝即位那年，白莲教徒在湖北宜都、枝江等地举行了起义。襄阳地方有个白莲教首领齐林，原定在元宵灯节起义，不料走漏了消息，遭到官府的袭击，齐林和一百多个同伴被杀害。

齐林有个年轻的妻子叫王聪儿，原是个江湖卖艺的女子，从小练得一身武艺。她决心给丈夫和起义的同伴们报仇，就和齐林的徒弟姚之富一起，重新整顿起义队伍，不出一个月，就组织了一支四五万人的起义军。王聪儿和其他首领一起率领队伍，到处打击官府，惩办贪官污吏。

当王聪儿在湖北起义的时候，四川、陕西的白莲教徒也起兵响应。起义的火焰在三省广大地区蔓延开来，一些贫民、流民，都参加了起义队伍。

嘉庆帝一看起义军声势越来越大，慌了手脚，连忙命令各地的总督、巡抚、将军、总兵等大小官员，派出大批人马镇压。可是那些大官、将军们只知道贪污军饷，不懂得怎样打仗。

王聪儿分兵三路，从湖北打到河南。起义军打起仗来不但勇敢，而且机动灵活。他们在行军的时候，不整队，见

了官军不正面迎战，不走平坦大道，专拣山间小路走，找机会袭击官军。他们又把兵士分成许多小队，几百人一队，有分有合，忽南忽北，把围剿他们的官军弄得晕头转向，疲于奔命。

王聪儿的起义军在湖北、河南、陕西流动作战，打击官军。第二年，在四川跟那里的起义军会师。

嘉庆帝见官军围剿失败，气得眼都红了，大骂王聪儿是罪魁祸首，又下了一道诏书把一些带兵的将军们狠狠地训斥了一通，撤职的撤职，办罪的办罪，并且严厉督促各地将军集中兵力，围剿王聪儿起义军。

清军将领明亮向嘉庆帝献了一条恶毒的计策，要各地地主组织武装民团，修筑碉堡。起义军一来，就把百姓赶到碉堡里去，叫起义军找不到群众帮助，得不到粮草供应。这种做法，叫做“坚壁清野”。嘉庆帝下令各地采用这种计策，起义军的活动果然越来越困难。

清军在川北一带围攻王聪儿。王聪儿摆脱清军围攻，亲自带领二万人马攻打西安，不料在西安遭到官军阻击，打了败仗；再打回湖北的时候，明亮率领官军紧紧追击。起义军后面有官军，前面又有地主武装民团的拦截，终于在郧西（在今湖北省，郧音 yún）的三岔河地方，陷进敌人的包围圈。

王聪儿临危不惧，指挥起义军退到茅山的森林里，准备组织突围。官军发现了，又围住茅山，从山前山后，密密麻麻地拥上来。起义军经过顽强抵抗，终于失败。王聪儿和姚之富眼看突围不成，退到山顶，纵身从陡峭的悬崖上跳下去，英勇牺牲。

女英雄王聪儿牺牲后，各地起义军继续进行反抗官府的斗争。清王朝共花了九年工夫，才把这场大起义镇压下去。但是，清王朝经过这场严重打击，从此一蹶不振。

嘉庆帝死后，他的儿子旻宁（旻音 mín）即位，就是清宣宗，也叫道光帝。道光帝即位后，清王朝越来越衰落，西方资本主义国家乘机加紧侵略，民族危机越来越严重。到了公元 1840 年，也就是道光帝即位的第二十年，爆发了鸦片战争。打这以后，中国从封建社会一步步变为半殖民地半封建社会，英勇的中国人民为了反对帝国主义侵略，反对封建统治，前仆后继，开展了不屈不挠的艰苦卓绝的斗争。中国历史进入了一个新的时期——近代史时期。

本书大事年表

约四千多年前	传说中的黄帝、尧、舜、禹时期。
约公元前 2070 年	夏朝建立。
约公元前 1600 年	商汤灭夏,商朝建立。
约公元前 1300 年	盘庚迁都至殷。
约公元前 1046 年	武王灭殷,西周时期开始。
公元前 841 年	国人暴动,共和行政。我国历史开始有确切纪年。
公元前 771 年	犬戎攻入镐京,周幽王被杀,西周结束。
公元前 770 年	周平王迁都洛邑。东周春秋时期开始。
公元前 685 年	齐桓公即位,任管仲为相。

公元前 684 年	齐鲁长勺之战。
公元前 656 年	齐桓公率鲁、宋等七国联军伐楚。
公元前 638 年	宋、楚泓水之战，宋襄公败。
公元前 632 年	晋、楚城濮之战，楚军大败，晋文公称霸。
公元前 623 年	秦穆公称霸西戎。
公元前 597 年	晋楚邲之战，晋军大败。楚庄王称霸。
公元前 551 年	孔子生。
公元前 506 年	吴王阖闾伐楚。
公元前 496 年	越王勾践大败吴军，阖闾死。吴王夫差即位。
公元前 475 年	战国时期开始。
公元前 473 年	越王勾践灭吴。
公元前 403 年	韩、赵、魏三家被立为诸侯。
公元前 359 年(一说，前 356 年)	商鞅在秦变法开始。
公元前 341 年	马陵之战，孙膑大败魏军。
公元前 307 年	赵武灵王实行胡服骑射。
公元前 284 年	乐毅率五国联军伐齐。
公元前 283 年	蔺相如完璧归赵。
公元前 279 年	田单用火牛阵攻燕，恢复齐国。
公元前 278 年	诗人屈原投汨罗江。
公元前 270 年	范雎入秦，秦实行远交近攻计。
公元前 260 年	长平之战，秦白起大破赵括。

公元前 257 年	魏信陵君救赵，大破秦军。
公元前 256 年	秦灭周。
公元前 238 年	秦王政亲政。
公元前 227 年	荆轲刺秦王失败。
公元前 230—前 221 年	秦灭六国。
公元前 221 年	秦王政称始皇帝，建立郡县制。
公元前 213、前 212 年	秦始皇焚书坑儒。
公元前 210 年	秦始皇死，李斯、赵高立二世皇帝。
公元前 209 年	陈胜、吴广起义，刘邦、项梁起兵。
公元前 207 年	巨鹿之战，项羽大破秦军。
公元前 206 年	刘邦灭秦。刘邦被封汉王。西汉纪年开始。
公元前 202 年	楚汉战争结束，项羽自杀，刘邦称帝。
公元前 200 年	汉高祖在白登被围。
公元前 196 年	汉高祖杀韩信、彭越。
公元前 188 年	吕太后临朝。
公元前 180 年	吕太后死，陈平、周勃迎汉文帝即位。
公元前 167 年	缇萦上书，汉文帝废除肉刑。
公元前 154 年	吴楚七国之乱。
公元前 138、前 119 年	张骞两次出使西域。
公元前 133 年	汉武帝诱匈奴兵至马邑。汉、匈之间战争开始。
公元前 119 年	卫青、霍去病大败匈奴，匈奴退至大

	漠西北。
公元前 100 年	苏武出使匈奴，被扣留（十九年后回汉）。
公元前 99 年	司马迁下狱。
公元前 87 年	汉昭帝即位，霍光辅政。
公元前 33 年	呼韩邪单于到长安，王昭君去匈奴。
公元 8 年	王莽建立新朝，西汉亡。
公元 17—27 年	绿林、赤眉起义。
公元 23 年	昆阳之战，刘秀大破王莽军，新朝亡。
公元 25 年	刘秀建立东汉。
公元 67 年	汉使者从天竺取佛经回国。
公元 73 年	班超第一次出使西域。
公元 132 年	张衡制作地动仪。
公元 166 年	第一次党锢事件。
公元 169 年	第二次党锢事件，李膺、范滂等被杀。
公元 184 年	张角领导黄巾军起义。
公元 189 年	董卓进洛阳。
公元 190 年	关东州郡起兵讨董卓。
公元 196 年	曹操迎汉献帝迁都许城。
公元 200 年	官渡之战，曹操大败袁绍。
公元 208 年	赤壁之战，孙权、刘备联军大破曹军。
公元 214 年	刘备进占益州。

公元220年	曹操死。曹丕称帝，国号魏。东汉亡。
公元221年	刘备称帝，国号汉，史称蜀汉。
公元222年	彝陵（猇亭）之战，刘备被陆逊所败。
公元225年	诸葛亮平定南中，七擒孟获。
公元229年	孙权称帝，国号吴。
公元234年	诸葛亮屯兵五丈原，病死。
公元249年	司马懿杀曹爽。
公元263年	钟会、邓艾攻蜀，蜀亡。
公元265年	司马炎废魏帝，建立西晋，魏亡。
公元280年	晋杜预、王濬等伐吴，吴亡。
公元291—306年	八王之乱。
公元301年	氐族人李特率流兵起义。
公元308年	匈奴人刘渊称帝。
公元316年	匈奴刘曜攻占长安，西晋亡。
公元317年	司马睿在建康即位，东晋开始。
公元319年	羯族人石勒称赵王。
公元354年	桓温北伐，到达灞上。
公元376年	前秦苻坚统一北方。
公元383年	淝水之战，苻坚大举进攻东晋失败。
公元399年	孙恩起义。
公元420年	刘裕建立宋朝（刘宋），东晋亡。南北朝开始。
公元439年	北魏统一北方。

公元462年	祖冲之创大明历。
公元479年	萧道成称帝,建立南齐,宋亡。
公元493年	北魏孝文帝迁都洛阳。
公元502年	萧衍称帝,建立梁朝,南齐亡。
公元523年	六镇起义。
公元534年	北魏分裂为西魏、东魏。
公元548—552年	侯景之乱。
公元550年	高洋建立北齐,东魏亡。
公元557年	陈霸先称帝,建立陈朝,梁亡。宇文觉建立北周。西魏亡。
公元581年	杨坚称帝,建立隋朝,北周亡。
公元589年	隋灭陈,统一中国。
公元605年	隋建东都,开凿大运河。
公元611年	隋末农民大起义开始。
公元613年	隋炀帝再征高丽失败。杨玄感反隋。
公元617年	瓦岗军占领兴洛仓;李渊太原起兵。
公元618年	李渊称帝,建立唐朝;隋炀帝被杀,隋亡。
公元621年	李世民平定东都。
公元626年	玄武门之变,唐太宗即位。
公元629年	玄奘赴天竺取经。
公元630年	唐灭东突厥。各族君长尊称唐太宗为“天可汗”。
公元641年	唐文成公主和吐蕃松赞干布结婚。

公元 683 年	唐高宗死，武则天临朝。
公元 690 年	武则天称帝，改国号为周。
公元 712 年	唐玄宗即位，次年任姚崇为相。
公元 755 年	安禄山叛乱，颜杲卿、颜真卿发兵抵抗。
公元 756 年	马嵬驿兵变。唐肃宗即位。
公元 757 年	张巡、许远守睢阳；郭子仪等收复长安、洛阳。
公元 762 年	诗人李白死。
公元 763 年	安史之乱结束。
公元 770 年	诗人杜甫死。
公元 783 年	朱泚之乱。
公元 805 年	王叔文改革（永贞革新）。
公元 817 年	裴度、李愬平定淮西。
公元 824 年	文学家韩愈死。
公元 835 年	甘露之变。
公元 846 年	诗人白居易死。
公元 874 年	王仙芝起义。
公元 880 年	黄巢进长安，建立大齐政权。
公元 907 年	朱温称帝，建立后梁。唐朝亡，五代时期开始。
公元 916 年	契丹耶律阿保机称帝。
公元 923 年	李存勗灭后梁，建立后唐。
公元 936 年	石敬瑭借契丹兵灭后唐，建立后晋，割让燕云十六州给契丹。

公元 946 年	契丹灭后晋。
公元 947 年	契丹改国号为辽。刘知远称帝,建立后汉。
公元 951 年	郭威称帝,建立后周,后汉亡。
公元 954 年	高平之战,周世宗大败北汉。
公元 959 年	周世宗死。
公元 960 年	赵匡胤称帝,建立北宋,后周亡。五代结束。
公元 986 年	北宋征辽失败,杨业战死。
公元 993 年	王小波、李顺起义。
公元 1004 年	寇准促宋真宗亲征,宋辽澶渊之盟。
公元 1038 年	党项族元昊称帝,建立西夏。
公元 1043 年	范仲淹实行新政。
公元 1069 年	王安石变法开始。
公元 1084 年	司马光完成《资治通鉴》。
公元 1115 年	女真族完颜阿骨打称帝,建立金朝。
公元 1120 年	方腊起义。
公元 1125 年	金灭辽。
公元 1127 年	金兵攻入东京,北宋亡。宋高宗即位,南宋开始。
公元 1130 年	钟相起义。韩世忠在黄天荡阻击金军。
公元 1140 年	郾城之战,岳飞大破金军。
公元 1141 年	宋金绍兴和议。次年,岳飞被杀害。
公元 1161 年	采石之战,虞允文大败金军。

公元 1162 年	辛弃疾到建康。
公元 1206 年	韩侂胄北伐失败。铁木真统一蒙古,称成吉思汗。
公元 1210 年	诗人陆游去世。
公元 1234 年	蒙古灭金。
公元 1271 年	忽必烈称帝,定国号为元。
公元 1276 年	元军攻占临安。
公元 1279 年	元军攻占厓山,南宋亡。
公元 1283 年	文天祥就义。
公元 1351 年	红巾军起义。
公元 1368 年	朱元璋称帝,建立明朝;明军攻入大都,元亡。
公元 1403 年	燕王朱棣进应天,建文帝下落不明。
公元 1403—1433 年	郑和七次下西洋。
公元 1449 年	土木堡之变;于谦率军民保卫北京。
公元 1457 年	夺门之变;于谦被杀害。
公元 1510 年	刘六、刘七起义。
公元 1565 年	戚继光、俞大猷基本肃清倭寇。
公元 1572 年	张居正辅政开始。
公元 1593 年	李时珍去世。
公元 1601 年	葛贤领导苏州织工反税监斗争。
公元 1616 年	努尔哈赤建立后金。
公元 1619 年	萨尔浒之战。
公元 1625 年	杨涟、左光斗被阉党杀害。
公元 1626 年	苏州市民暴动,颜佩韦等五人就义。

宁远之战，努尔哈赤受重伤死。

公元 1628 年	陕北农民起义。
公元 1633 年	徐光启去世。
公元 1636 年	李自成称闯王。后金皇太极称帝，改国号为清。
公元 1641 年	李自成破洛阳，张献忠破襄阳。徐霞客去世。
公元 1644 年	李自成建大顺政权，入北京，明朝亡；吴三桂降清，清兵入关。
公元 1645 年	清兵南下，史可法守扬州。
公元 1647 年	夏完淳被害。
公元 1652 年	李定国在桂林击败清军。
公元 1662 年	郑成功收复台湾。
公元 1681 年	康熙帝平定三藩之乱。
公元 1682 年	顾炎武去世。
公元 1685、1686 年	雅克萨之战。
公元 1689 年	中俄订《尼布楚条约》。
公元 1690、1696、1697 年	康熙帝三征噶尔丹。
公元 1764 年	曹雪芹去世。
公元 1782 年	《四库全书》修成。
公元 1796—1805 年	白莲教大起义。

后 记

《上下五千年》自 1979 年初版问世以后，在社会上产生如此广泛的影响，这是我始料所不及的。这部书原来是为少年儿童写的，后来知道在读者中，不仅有大量青年学生、职工，还有相当一部分老人。1984 年六月在香港举办的“上海书展”上，我亲自接触到许多香港青年竞买这部书、热情要求签名的情景。我还知道有一些老人，买了《上下五千年》寄给他们侨居国外的子女，为的是让下一代多了解一些祖国、民族的历史，身居异国，不忘根本。

上下五千年，英雄万万千。中华民族向来以勤劳、勇敢、智慧著称于世。我们的祖先们，创造了灿烂的民族文化；我们民族的优秀代表——许多杰出的思想家、政治家、军事家、文学家、科学家、艺术家，不少民族英雄、起义领袖，都以他们的业绩和成就，为民族的历史画卷增添了光彩。

重温五千年历史，的确使我们每个炎黄子孙感到自豪。我想，我们的读者正是抱着这样的深厚感情，喜爱这部书的。当然，学习历史，不仅仅是怀恋过去，重要的是创造未来，发扬我们源远流长的爱国主义传统，激励我们振兴中华、建设社会主义四个现代化强国的志气。

把历史知识故事化，首先是历史，其次才是故事。宁肯使故事性弱一点，也不虚构情节，敷衍成文。这是编写这部书遵循的一条原则。当然，在忠于史实和照顾历史系统性的前提下，采用什么史料，从什么角度去反映历史人物的活动；取什么，舍什么，哪些详，哪些略，作者有很大的选择余地。例如写明代东林党和阉党的斗争，没有写这场斗争前期的所谓"争国本"、"三案"一类宫闱琐事和官僚集团之间的无谓纷争，而直接采用了方苞《左忠毅公逸事》和张溥《五人墓碑记》的材料。这未必能反映这一历史事件的全貌或本质，但我认为这两则故事是很感人的。如果说作者在选择材料上有什么倾向的话，那就是着重发扬中华民族的传统美德，特别是一种为正义事业的献身精神，一种"富贵不能淫，贫贱不能移，威武不能屈"的英雄气概。

历史是不可能重复的，但历史又是一面镜子，这似乎是古往今来都承认的道理。在这部书所收集的故事中，读者不难找到一些有借鉴作用的东西；在一些优秀的历史人物身上，我们也可以找到某些思想品格和道德情操，至今仍有一定教育意义。但正如我在《前言》中说过，我们不能凭一则故事对历史人物作全面的反映。对一些优秀历史人物，主要写他们积极的一面（对这一面，只根据史料叙述，不作虚美描写，也不把人物拔高），但并不是说他们没有消极的一面。任何杰出的历史人物，都有他们的缺点或错误。例如古代的爱国将领、民族英雄和坚持改革的政治家，他们爱国的正义活动，几乎都羼杂着封建的忠君思想。我们不能超越历史条件苛求古人，也不能离开历史条件盲目崇拜古人。

尽管我读过一些史籍，对历史有比较浓厚的兴趣，但毕竟缺乏系统的研究。在这部书的整理和编著过程中，我花了较多时间查阅史料，但由于手头资料不足以及时间上的原因，不免有疏漏的地方。初版问世以后，许多读者除对本书给予热情的支持和鼓励外，有的还提出了宝贵的意见，为本书的修订工作提供了很大帮助。借这次修订版出版的机会，我谨向热情支持这部书的编辑、专家和读者致以最诚挚的谢意。

曹　余　章

1984 年除夕

图书在版编目(CIP)数据

上下五千年:珍藏版/林汉达,曹余章编著.
—上海:上海人民出版社,2014
ISBN 978-7-208-12302-1

Ⅰ.①上… Ⅱ.①林… ②曹… Ⅲ.①中国历史-青少年读物 Ⅳ.①K209

中国版本图书馆 CIP 数据核字(2014)第 107095 号

责任编辑 苏贻鸣 张晓玲 秦 堃
封面装帧 胡 斌

上下五千年
珍藏版
林汉达 曹余章 编著

出　　版 上海人民出版社
(201101 上海市闵行区号景路 159 弄 C 座)
发　　行 上海人民出版社发行中心
印　　刷 上海中华商务联合印刷有限公司
开　　本 890×1240 1/32
印　　张 39
插　　页 12
字　　数 741,000
版　　次 2014 年 6 月第 1 版
印　　次 2025 年 1 月第 14 次印刷
ISBN 978-7-208-12302-1/K·2226
定　　价 198.00 元